V&R

Meiner Mutter
und in Erinnerung an
meinen Vater

REINHARD WUNDERLICH

Johann Peter Hebels „Biblische Geschichten“

Eine Bibeldichtung zwischen Spätaufklärung und Biedermeier

VANDENHOECK & RUPRECHT
IN GÖTTINGEN

Arbeiten zur Religionspädagogik

Herausgegeben von
Gottfried Adam und Rainer Lachmann

Band 7

CIP-Titelaufnahme der Deutschen Bibliothek

Wunderlich, Reinhard:
Johann Peter Hebels „Biblische Geschichten": eine
Bibeldichtung zwischen Spätaufklärung und Biedermeier /
Reinhard Wunderlich. – Göttingen: Vandenhoeck und
Ruprecht, 1990
(Arbeiten zur Religionspädagogik; Bd. 7)
Zugl.: Bamberg, Univ., Diss., 1988/89
ISBN 3-525-61457-8
NE: GT

Gedruckt mit Unterstützung der Deutschen Forschungsgemeinschaft

Gesetzt aus Garamond auf Linotron 202 System 4
Satz und Druck: Gulde-Druck GmbH, Tübingen
Bindearbeit: Hubert & Co., Göttingen

Vorwort

Vorliegende Arbeit wurde im Wintersemester 1988/89 von der Fakultät Pädagogik/Philosophie/Psychologie der Otto-Friedrich-Universität Bamberg als Inauguraldissertation angenommen.

Den für die Arbeit und für meinen persönlichen Werdegang leitenden wissenschaftlichen Perspektivierungen entsprechend, gilt es, drei Lehrern einen ganz persönlichen Dank abzustatten.

Herr Prof. Dr. Wolfhart Pannenberg (München) erschloß mir in ebenso systematisch wie menschlich überzeugender Weise das Feld theologischen Nach-, Mit- und Vordenkens.

Herr Prof. Dr. Dieter Wuttke (Bamberg) eröffnete mir den Horizont interdisziplinärer Literaturbetrachtung in philologischer Verantwortung und historischer Verortung.

Herr Prof. Dr. Rainer Lachmann (Erlangen; Bamberg) war nicht nur mein erster und einziger Berufsberater, nicht nur ein steter, studienlanger Mentor in religionspädagogischer Theoriebildung und ihrer widerständigen, gerade so aber weltoffenen Praxisrealisation, sondern – vieles Ungesagte zusammenfassend – ein wahrhafter Doktor-Vater während meiner Assistentenzeit an seinem Lehrstuhl und danach während der Zeit als Studienrat am Bamberger E. T. A.-Hoffmann-Gymnasium. Ihm ist es auch zu verdanken, daß die Arbeit Aufnahme in die Reihe „Arbeiten zur Religionspädagogik" fand.

Eine großzügige Druckhilfe gewährte die Deutsche Forschungsgemeinschaft, ohne die der ansprechende Rahmen der Veröffentlichung nicht möglich gewesen wäre: Ich bin mir des geschuldeten Dankes sehr bewußt!

Daß auch die Bayerische Landeskirche, deren Mitglied und Lehrer ich bin, und die Badische Landeskirche, deren erster Prälat und Lehrer Hebel war, mit freundlicher Aufmerksamkeit und archivalischer Offenheit die vorliegende Arbeit gefördert haben, erfüllt mich mit Freude, weil auch so der in nachaufklärerischen Zeiten notwendig gewordene Brückenschlag zwischen Kirche und Lehrerschaft, den Johann Peter Hebel auf so eindrückliche, die Probleme keineswegs verdrängende Art vorgelebt hat, in einer nicht zu unterschätzenden Weise gefördert werden kann.

Bamberg, am 9. 9. 1990 — Reinhard Wunderlich

Inhalt

Einleitung

In seiner Dankesrede zur Verleihung des Johann Peter Hebel-Preises legte der Schriftsteller Peter Bichsel 1986 ein Bekenntnis zum unbekannten Hebel ab, „der noch ein ganz anderer sein darf als der, den wir zu erkennen glauben."[1] Und Bichsel kann für sich auch eine echte Neuentdeckung vermerken: „Dem Pädagogen Hebel bin ich übrigens erst durch diesen Preis direkt begegnet. Ich habe endlich auch die biblischen Geschichten gelesen. Interpreten und Biographen Hebels haben oft nur ein verlegenes Schulterzucken dafür übrig, und ich Esel habe ihnen jahrelang geglaubt. Ich bitte die Literaturhistoriker inständig, dieses Fehlurteil endlich zu korrigieren und nicht noch mehr Esel von der Lektüre abzuhalten. Ich habe den Aufklärer Hebel kennengelernt."

Von einem ganz anderen Blickwinkel kam im Jahr 1984 der Hinweis auf ein Desiderat innerhalb der religionspädagogischen Erforschung der Schul- und Kinderbibeln: Christine Reents wies in ihrer Arbeit über Johann Hübners Biblische Historien auf eine ganze Reihe noch unentdeckter bzw. unerforschter Bibelbearbeitungen hin, darunter auch die Biblischen Geschichten Johann Peter Hebels.[2]

Wenn ein Dichter und Religionspädagoge wie Johann Peter Hebel noch darüber hinaus auch ein versierter Theologe ist, der es immerhin bis zum Prälaten der unierten Kirche Badens gebracht hat, dann wird gerade ein Forschungsinteresse geweckt, das durch interdisziplinäre Perspektivierungen auszuloten versuchen möchte, inwieweit man dadurch neue Horizonte und Beurteilungsmaßstäbe gewinnen kann, um geschichtlich überkommene Vorurteile auszumerzen.

An Hebels Biblischen Geschichten kann nun in der Tat erstaunlich Neues und Unbekanntes zutage gefördert werden. Der zu erforschende Gegenstand – ein gewöhnliches, völlig harmloses Schulbuch, nichts weiter! – erweist sich bei näherem Zusehen als ein bis ins Detail durchreflektiertes und kalkuliert konstruiertes Kunstwerk, reich an theologischem Tiefgang, begnadet mit pädagogischem Eros und von einer Leichtigkeit der Vermittlung

---

[1] Peter Bichsel [Dankrede 1986], in: Allmende 13, Mai '86, S. 41–48, hier: S. 45 und 47.

[2] Chr. Reents, Die Bibel als Schul- und Hausbuch für Kinder. Werkanalyse und Wirkungsgeschichte einer frühen Schul- und Kinderbibel im evangelischen Raum: Johann Hübner, Zwey mal zwey und funffzig Auserlesene Biblische Historien, der Jugend zum Besten abgefasset..., Leipzig 1714 bis Leipzig 1874 und Schwelm 1902, Göttingen 1984 [= Arbeiten zur Religionspädagogik, Band 2], S. 219f. mit Anm. 130. S. 373f.

christlicher Heilsbotschaft, wie man sie in Schulstuben nur allzu oft entbehrt. Man kann durch diese schmalen Bändchen einer Bearbeitung des Alten und Neuen Testamentes mit heiterem Blick die ganze heilvolle Geschichte Gottes mit den Menschen begreifen, ohne sich ganz in der Vergangenheit verlieren zu müssen. Man kann in einen aktuellen Dialog mit der Bibel treten, wie man ihn so beziehungs- und anspielungsreich noch nicht geführt hat. Man kann dies, weil man sich einem Führer anvertrauen darf, der einem nichts vormacht, sondern der ganz durchdrungen von den wahren menschlichen Problemen hier auf dieser Erde gleichwohl die Zuversicht auf den kommenden Gott nicht ganz beiseite schieben möchte. Wozu Hebel sich in seinen Biblischen Geschichten aufschwingt, das ist die meist nur beschworene, von Hebel aber geleistete *zweite Naivität*. Und insofern ist er einer der wenigen (christlichen) Schriftsteller, die nach der Aufklärung die Aufklärung ernstnehmen und dennoch diese über sich selbst aufzuklären vermögen. Oder einfacher gesagt: Hebel ist tatsächlich der Aufklärer mit Herz, das auch nach der Aufklärung noch christlich schlagen darf und kann!

Vergegenwärtigt man sich die Forschungslage zu Johann Peter Hebels Biblischen Geschichten, dann wird man sehr schnell feststellen können, daß eine literaturhistorische Perspektivierung allein nicht ausreicht, um die Verkennung und Verleugnung von Hebels Spätwerk zu korrigieren. Unser *erstes Kapitel (Perspektivierungen)* macht deutlich, daß es auch einer theologischen und einer (religions-)pädagogischen Perspektivierung bedarf, um allen Aspekten dieses Schulbuches, aber auch den uns heute zur Verfügung stehenden Quellen zu Hebels breit gefächerten Interessen gerecht zu werden. Diese sich aus der bisherigen defizitären Forschungslage ergebenden Perspektivierungskonsequenzen und -entscheidungen sollen auch in ihren interdisziplinären und konvergenztheoretischen Implikationen transparent gemacht werden, um unserem Forschungsvorhaben den nötigen Orientierungsrahmen zu verleihen; am Schluß der jeweiligen Perspektivierungsreflexionen bieten die *zusammenfassenden Thesen* noch einmal die prinzipiellen Markierungen und Maßgaben, denen wir uns im Folgenden dann verpflichtet wissen.

Aus der Überlegung heraus, daß jede Bearbeitung von bestimmten individuellen und überindividuellen Voraussetzungen geprägt ist, schreiten wir im *zweiten Kapitel (Voraussetzungen)* alle jene thematischen Problemkreise und biographischen Eigentümlichkeiten Hebels ab, die sich uns als relevant für sein Projekt eines Biblische-Geschichten-Buches gezeigt haben. Dabei können wir ganz bestimmte exegetische, systematische und ethische Topoi aus der Zeit der Spätaufklärung als bestimmend für Hebels theologische Entwicklung benennen, wie sie damals insbesondere unter dem Begriff einer ‚Populären Theologie‘ diskutiert wurden. In die Zeit des literarischen Biedermeier weist uns dann die Analyse von Hebels Lektüreschwerpunkten, gleichzeitig können wir bei Hebel ein gewisses Gattungsinteresse an der Bibeldichtung feststellen, die in ihrer Entwicklung von den Anfängen bis in die Biedermeierzeit nachgezeichnet werden muß, um entsprechende Kategorien zur adäquaten Erfassung der Biblischen Geschichten zu haben. Schließlich sind die religionspädagogischen Voraussetzungen besonders bei Hebels Tätigkeit als Lehrer, also in ihrer praktischen, weniger theoretischen Dimension, anhand eines einigermaßen verstreuten Materials zu erheben. Interessanterweise lassen sich alle drei Voraussetzungspotentiale in Hebels eigener Theorie einer ‚Populärästhetik' bündeln, wie sie nicht nur, aber eben auch in einem Gutachten zur Projektierung einer Schulbibel sehr präzise formuliert worden ist. Dabei kann u. a. der hohe künstlerische Anspruch herausgearbeitet werden, den Hebel an das Geschäft des ‚Popularmachens' und ‚Bearbeitens' angelegt wissen möchte, und ergeben sich Gesichtspunkte, wie sie heute in der Religionspädagogik unter den Leitbegriffen Didaktisierung, Elementarisierung und Aktualisierung diskutiert werden.

Dermaßen sensibilisiert und ausgestattet mit bei und an Hebel selbst gewonnenen Beurteilungskriterien können wir im *dritten Kapitel (Untersuchungen)* Hebels realisiertes Modell einer Bibelbearbeitung für Schüler in seinen konstitutiven theologischen Dimensionen, literarischen Konstruktionen und religionspädagogischen Transformationen nachzeichnen und dabei insbesondere die beziehungsreiche und kohärente Struktur im Zusammenspiel aller isolierten Bauelemente nachweisen, die es uns erlaubt, tatsächlich von einer *Bibeldichtung* für Schüler zu sprechen. Gerade der hohe Anspruch Hebels in seiner Populärästhetik wird sich uns in der konkreten Arbeit an den Texten der Biblischen Geschichten stets aufs neue zeigen.

Im abschließenden *vierten Kapitel (Aktualisierungen)* versuchen wir die veränderten Ausgangsbedingungen, aber auch die weiterführenden Überlegungen der aktuellen Religionspädagogik zu erheben, die es möglich und nötig erscheinen lassen, an Hebels Tradition einer Bibeldichtung für Schüler in der gegenwärtigen Situation zwischen Moderne und Postmoderne am Ausgang des 20. Jahrhunderts so wieder anzuknüpfen, daß im Religionsunterricht an öffentlichen Schulen der Bundesrepublik Deutschland im Hinblick auf Schüler zwischen dem 8. und 13. Lebensjahr eine Textgrundlage und Textgestaltung der Bibel geschaffen werden kann, die eine ‚Aktualisierung' der biblischen Botschaft *im Zusammenhang* als sinnvoll erscheinen läßt.

Die folgende Arbeit versteht sich primär – von der exakten historischen Einordnung der Biblischen Geschichten Hebels her – als ein Beitrag zur Geschichte der Religionspädagogik. Daß dabei eine interdisziplinäre Berücksichtigung der Theologie erfolgte, liegt begründetermaßen im fachwissenschaftlichen Bezug der Religionspädagogik selbst; daß daneben auch die Literaturwissenschaft bzw. -geschichte eine hervorragende Rolle im Perspektivierungsgeflecht zugewiesen bekam, liegt am Sachanspruch, den der Forschungsgegenstand selbst aufwirft. Die Geschichte der Religionspädagogik wird sich immer wieder neu auf konkrete Konstellationen mit allen ihren interdisziplinären Implikationen einlassen müssen, um das Spezifische ihres wissenschaftstheoretischen Standortes klar konturieren zu können.

Erstes Kapitel: Perspektivierungen

I. Forschungsüberblick

> „In allen Teilen der *Theologie* war er wohl bewandert. Besonders aber besaß er in der Exegese und in der Dogmatik gute Kenntnisse.
>
> Als *Philolog* verdient er ebenfalls mit Ruhm erwähnt zu werden [...] im Lateinischen, Griechischen und Hebräischen war er sehr gut bewandert.
>
> In der *Philosophie* und in der *Geschichte* war er wohl unterrichtet. Auch in der Physik und Astronomie besaß er gründliche Kenntnisse. Besonders aber in der *Naturgeschichte* stand er auf hoher Stufe.
>
> Als *Dichter* steht er auf der glänzendsten Höhe [...] In seiner Art ist er unübertrefflich, und hat bis jetzt seines gleichen nicht. Besonders als Idyllendichter vereinigt er alles Liebliche und Schöne in sich, und ragt über alle andere Dichter dieser Gattung empor.
>
> Als *Redner* verdient er gerechtes Lob [...].
>
> Besonders auch in seinen Erzählungen für das Volk ist er vortrefflich zu nennen [...].
>
> Was er als *Lehrer* war, fühlen die dankbaren Herzen seiner zahlreichen Schüler. Sein Unterricht war gründlich, und durch seine seltene Lehrgabe in hohem Grade anziehend und darum segensreich.
>
> Auch bloß als *Mensch* betrachtet verdient er die hohe Achtung der Mitwelt und Nachwelt."[1]

Johann Peter Hebel, von dem in dieser laudatio die Rede ist, hat in der gesamten Forschung, die sich rasch nach seinem Tode im Jahr 1826 seinem Leben und Werk näherte oder auch annahm, keine solche direkte Beschreibung aller seiner Begabungen *im Zusammenhang* mehr erfahren, bis auf den heutigen Tag. Den vagen, populären Assoziationen an den Lesebuchautor früher Schuljahre stehen zwar eine große Anzahl wissenschaftlicher Forschungen und Interpretationen gegenüber, doch haben beide Rezeptionsstränge es nicht vermocht, diesen gebildeten Gymnasialdirektor, späteren Ehrendoktor der Universität Heidelberg und ersten Prälaten der badischen Landeskirche, diesen Laufbahntheologen par excellence aus seiner Zeit und in seiner Zeit verstehen zu lernen. Nicht zuletzt aus dieser defizitären Situation heraus läßt sich erklären, daß die letzte seiner drei entscheidenden dichterischen Produktionen bis in allerjüngste Veröffentlichungen hinein konsequent ausgeblendet blieb: Im Mittelpunkt des Interesses standen und stehen aus-

[1] G. F. N. Sonntag, Leben des alemannischen Dichters Johann Peter Hebel, in: J. P. Hebel's Sämmtliche Werke, 1. Bd., Carlsruhe 1838, S. LXXVf. [Hervorhebungen von R. W.]

schließlich Hebels Alemannische Gedichte (Karlsruhe 1803) und das Schatzkästlein des rheinischen Hausfreundes (Tübingen 1811), wobei des letzteren Geschichten auch erst spät in ihrem eigentlichen Verwendungszusammenhang als Kalendergeschichten für die lutherische Bevölkerung des Großherzogtums Baden gesehen wurden. Wo aber erfolgte die sinnvolle Integration der beiden Bändchen „Biblische Geschichten. Für die Jugend bearbeitet von Dr. J. P. Hebel", Stuttgart und Tübingen 1824, in Hebels Gesamtwerk?

Bevor wir uns den Randbemerkungen zuwenden, die man für Hebels Spätwerk übrig hatte, soll kurz über den bisherigen Stand der Hebel-Forschung orientiert werden.

1. Der Stand der Hebel-Forschung

Besonders schwerwiegend macht sich hier das Fehlen einer historisch-kritischen Textedition bemerkbar, insofern alle zugänglichen Werk-Ausgaben mehr oder weniger der „Volkstümlichkeit" Hebels Rechnung tragen wollen, und deshalb die weiteren privaten und öffentlichen Äußerungen und Arbeiten Hebels nur beschränkt oder gar keine Aufnahme finden. Einen kommentierenden Überblick zu allen bisherigen Werkausgaben bietet der auch sonst materialreiche Realienband von R.M. Kully in der Sammlung Metzler.[2] Ergänzend, weil mit vergleichenden Tabellen versehen, ist die Schrift von Kr. Wachinger heranzuziehen.[3] Die Notwendigkeit einer historisch-kritischen Gesamtausgabe, die erstmalig Hebels Schriften *vollständig* herausgeben wird, begründet A. Braunbehrens eindrücklich in seinen „Anmerkungen zu Hebels Texten"[4], die mit der öffentlichen Ankündigung einer auf 10 Bände angelegten Edition, eingereiht in die Forschungsvorhaben der Heidelberger Akademie der Wissenschaften, enden![5] Noch längst sind nicht alle Manuskripte Hebels bekannt, wie wir auch in unserer Arbeit zeigen können. Und selbst die bekannten, aber unveröffentlichten Manuskripte[6], von denen es eine große Anzahl gibt, wurden so gut wie nie in wissenschaftliche Argumentationen einbezogen.

2 R.M. Kully, Johann Peter Hebel, Stuttgart 1969.

3 Kr. Wachinger, Johann Peter Hebel im Verlag C. F. Müller – Karlsruhe, Karlsruhe 1978.

4 In: Johann Peter Hebel. Eine Wiederbegegnung zu seinem 225. Geburtstag, Eine Ausstellung der Badischen Landesbibliothek Karlsruhe und des Museums am Burghof in Lörrach, Ausstellungskatalog herausgegeben von der Badischen Landesbibliothek Karlsruhe, Karlsruhe 1985, S. 159–173. Vgl. auch ders., Überlegungen zu einer Edition der ‚Alemannischen Gedichte' J.P. Hebels, in: Euphorion Bd. 76/1982, S. 156–168.

5 Vgl. Braunbehrens, Anmerkungen zu Hebels Texten, S. 171 f. und Anm. 12 und 13 auf der S. 173 (Nennung der Herausgeber!).

6 Der Beitrag von H.v. Coelln, Hebel-Manuskripte in der Badischen Landesbibliothek, in: Johann Peter Hebel. Eine Wiederbegegnung, S. 186–195 ist auch innerhalb des bereits vorhandenen Corpus unvollständig.

Die Geschichte dieser wissenschaftlichen Erforschung Hebels weist einige klar umrissene Stationen auf, die in ihrem chronologischen Ablauf bekannt sein müssen, um vor diesem historischen Hintergrund die mehr thematisch ausgerichteten Ausführungen speziell zu den Biblischen Geschichten besser einordnen zu können.[7]

1. Mit Berthold Auerbach wird „Volkstümlichkeit" endgültig zum Qualifikationsmerkmal des Hebelschen Werkes. Zwar kann man durchaus kritisch-liberale Töne aus seiner Arbeit „Schrift und Volk. Grundzüge der volkstümlichen Literatur, angeschlossen an eine Charakteristik J.P. Hebel's", Leipzig 1846, herauslesen[8], doch ändert das nichts mehr an der populären Etablierung des wie auch immer begründeten Epithetons.

2. Die Kultur des Oberrheins, im Gebiet der sog. „regio", mit ihrem stammesgeschichtlichen Stolz des Alemannentums kommt in den Schriften von G. Längin bis H. Barte zum Ausdruck. Etwa in der Zeit von 1870–1926 wird weniger der Autor in Blick genommen, als vielmehr am „Aufbau einer kollektiven Identität"[9] gearbeitet. Hoymann kann diese Rezeptionsphase durch genaue Analyse der jeweiligen Kindheitsschilderungen von Hebel als abstammungsorientierte Stilisierungen entlarven.[10]

3. Im Jahr 1926 – dem Jahr des 100. Todestages Hebels – wird erstmals der „kritische Hebel" entdeckt, werden seine „antifeudale(n) und prodemokratische(n) Züge", sein „Konzept des ‚fortschrittlichen' Volkstums" aufgearbeitet.[11] Mit sozialistischen Vorgriffen versuchten E. Bloch und W. Benjamin die „Entzifferung des Unabgegoltenen"[12] und setzten damit Impulse, die bis heute zahlreiche Forscher zur Nachprüfung der Thesen Blochs und Benjamins anregten.

4. In den fünfziger Jahren erfolgte eine „Restituierung der Idylle"[13], die keineswegs die antizipierenden Momente aufgeklärter Idyllentradition

---

[7] Ich beziehe mich im folgenden auf das Schlußkapitel von J. Hoymanns Habilitationsschrift „Studien zur Ordnung des pädagogischen Diskurses. Schwerpunkt: Johann Peter Hebel" [Mskrpt.] Münster o.J. (1980): „Schwerpunkte der Hebelrezeption", S. 362–460. Daneben ist der hilfreiche Auswahlband „Zu Johann Peter Hebel" heranzuziehen, hgg. von R. Kawa, Stuttgart 1981 [LGW-Interpretationen 52], der wohl am geeignetsten für einen ersten Einstieg in die Hebel-Rezeption sein dürfte. Schließlich muß auf die gründliche Studie von K. Franz hingewiesen werden: Johann Peter Hebel. Kannitverstan. Ein Mißverständnis und seine Folgen. Texte. Kommentare. Abbildungen, München 1985 [Hanser Literaturkommentare 23]. An einer einzigen Kalendergeschichte zeigt Franz insbesondere die schulische „Abrichtung" Hebels auf!

[8] Vgl. J. Hein, Berthold Auerbach. Ein Literaturpädagoge des 19. Jahrhunderts, in: I. Tymisker (Hg.), Beiträge zur Didaktik und Erziehungswissenschaft, Paderborn 1971, S. 189–202.

[9] Hoymann, Studien, S. 366.

[10] Hoymann, Studien, S. 379–396.

[11] Kawa, Zu Johann Peter Hebel, S. 366 f.

[12] Kawa, Zu Johann Peter Hebel, S. 14–39, hier S. 14.

[13] Kawa, Zu Johann Peter Hebel, S. 40–64, hier S. 40.

fruchtbar machte, sondern mit Heidegger ‚zurück zu den Müttern' – zur Mutter-Sprache – tendierte.

5. Besonders R. Minder war es dann, der in den sechziger Jahren – in scharfer Polemik gegen Heidegger und dabei Hebels erasmischen Geist beschwörend – „Ansätze zur kritischen Aktualisierung"[14] wagte und damit die Impulse der zwanziger Jahre wieder aufnahm.

6. Die heutige Situation der Hebelforschung ist durch Widersprüche gekennzeichnet: Auf der einen Seite steht die „Abstrakte Negation der Idylle", die Hebel grundweg ein Problembewußtsein auf ideologischer und sozialer Ebene abspricht und so auch keine Aktualisierung zulassen kann.[15] Auf der anderen Seite kann man von einer „Vertiefung der historisierenden Aneignung"[16] sprechen, wobei die Akzente bei J. Knopf, L. Rohner und H. Härtl noch einmal stark divergieren[17], gerade auch was ihr methodisches Vorgehen betrifft: Wir finden eine materialistische Geschichtskonzeption bei Knopf, eine gattungsästhetische Konzentration bei Rohner und eine „ideologiehistorische Ortsbestimmung Hebels in der Tradition marxistischer Wissenschaft"[18] bei Härtl. In dieser Reihe der historischen Vertiefung muß auch ein neuerer Bildband über Johann Peter Hebel in seiner Zeit[19] genannt werden, der reiches Dokumentenmaterial der damaligen kulturellen Situation ausbreitet.

7. Kontinuierlich durch alle wissenschaftlichen Rezeptionsphasen hindurch hält sich eine ‚Jäger- und Sammler'-Mentalität, die in kleineren Veröffentlichungen, durchaus heimatbezogen, wichtige Detailkenntnisse zu vermitteln vermag. Wertungs- und Einordnungsfragen werden dort allerdings eher durch Wiederholung gängiger Klischees als durch Neukonzeptuierungen vorgenommen.

Die von uns an den Anfang gestellte Palette der Begabungen Hebels konnte durch diese jeweils recht einseitigen Perspektivierungen und durch entsprechenden Methodenmonismus in ihrem inhaltlichen Anspruch natürlich nur partiell und defizitär wahrgenommen werden. Und Hebels Bibli-

---

[14] Kawa, Zu Johann Peter Hebel, S. 65–109, hier S. 65. Über den von Kawa dokumentierten Aufsatz hinaus sind folgende zwei Aufsätze Minders wichtig, die beide veröffentlicht wurden in seinem Sammelband „Dichter in der Gesellschaft. Erfahrungen mit deutscher und französischer Literatur", Frankfurt 1972: a) Johann Peter Hebel und die französische Heimatliteratur, S. 126–128, b) Heidegger und Hebel oder die Sprache von Meßkirch, S. 234–294.

[15] Vgl. Kawa, Zu Johann Peter Hebel, S. 110–119, hier S. 110, und die genaue Argumentationsanalyse dieser Art von Literaturbetrachtung bei Hoymann, Studien, S. 417–440: „Die Didaktisierung des Didaktischen: Probleme der Schulrezeption".

[16] Kawa, Zu Johann Peter Hebel, S. 120–168, hier S. 110.

[17] Kawa, Zu Johann Peter Hebel, S. 11–13.

[18] Kawa, Zu Johann Peter Hebel, S. 13.

[19] H. Schlaffer (Hg.), Johann Peter Hebel. Schatzkästlein des Rheinischen Hausfreundes. Ein Werk in seiner Zeit, Mit Bilddokumenten, Quellen, historischem Kommentar und Interpretation, Tübingen 1980.

schen Geschichten vermochte keiner der genannten Ansätze ihren genuinen Stellenwert und ihre präzise Lokalisierung zukommen zu lassen.

2. Spurensicherung von Interpretationsversuchen zu Johann Peter Hebels Biblischen Geschichten

Überblickt man die gesamte Literatur, die sich mit Hebels Biblischen Geschichten beschäftigt oder sie zumindest am Rande thematisiert, so wird man hin- und hergerissen zwischen fundierten Urteilen und leichtfertigen Verurteilungen, zwischen Empathie, Indifferenz und Ignoranz! Von einer Forschungsgeschichte im eigentlichen Sinne zu sprechen, verbieten bereits die diversen ‚Gattungen', in denen man sich mit den Biblischen Geschichten auseinandersetzt: Kein Beitrag erlaubt, von seinem eigenen Anspruch her, ein profundes Gesamturteil über die Biblischen Geschichten zu fällen, das alle Probleme und Dimensionen inhaltlicher und formaler Art erschöpfend auslotete. Jede Äußerung ist ihres partiellen (oftmals geradezu bescheidenen) Beitrags zu überführen. Gleichwohl sind zahlreiche Aspekte in ihrer zuweilen durchaus wissenschaftlichen Herleitung für eine wissenschaftliche Analyse von relativem Stellenwert; auch vermag gerade ein Aufweis dominanter Defizite der bisherigen Forschung einer methodischen Grundlegung wie inhaltlichen Durchführung der Analyse spezifische Maßstäbe zu setzen.

Von daher scheint es geboten, im folgenden – statt einer Forschungsgeschichte – einen Überblick zu geben über die Vielfalt bzw. Eintönigkeiten und Einseitigkeiten, mit denen man über 150 Jahre lang Hebels Biblische Geschichten in Erinnerung zu halten versuchte oder auch dem Vergessen anheim gab. Um die bunte Fülle der meist sehr knappen Urteile in eine gewisse Systematik zu bringen, sollen die erwähnten diversen ‚Gattungen' den Ordnungsrahmen abgeben, der beiläufig auch inhaltliche Schwerpunktsetzungen eröffnet. So können von *Lexikonartikeln* – insbesondere aus dem 19. Jahrhundert – eine gewisse historische Nähe, wenn nicht gar Authentizität erwartet werden; die Lehrbücher der Katechetik bzw. eine *religionspädagogische Literatur* sollten Aufschluß über den eigentlichen Verwendungszusammenhang des Schulbuches im Religionsunterricht bieten; eine im 19. Jahrhundert erwachende *Literatur über Kinderbücher* könnte auf die Haus- und Familienlektüre der Biblischen Geschichten aufmerksam machen, während sich die *pädagogische Literatur* dem spezifischen Schulgebrauch zu nähern hätte. Eine literaturgeschichtliche Einordnung erwartet man sich von den zahlreichen *Lebensbildern und Vorworten* innerhalb der Werk- bzw. Einzelausgaben der Biblischen Geschichten, ebenso natürlich von den einschlägigen *Literaturgeschichten*. Ein *evange-*

lisch-konfessionelles Schrifttum hätte die theologische Intention zu thematisieren, und in den *Einzeldarstellungen in Aufsätzen* müßte eine Bündelung aller einschlägigen Aspekte erfolgen im Sinne einer ‚monographischen Würdigung'.

Was tatsächlich geleistet wurde, lohnt einer kritischen Bilanzierung im Positiven wie im Negativen.[20]

a) Lexikonartikel

Eines der ältesten Urteile über Hebels Biblische Geschichten – abgesehen von des Autors eigenen brieflichen Äußerungen –, das klarsichtig den eigentlichen religionspädagogischen Verwendungszusammenhang in die entsprechende primäre Tradition einordnet, findet man im 1828 erschienenen Nekrolog auf Hebel.[21] Was hier in einer wahrhaft historischen Authentizität zur Sprache kommt, sucht bis heute eine vergleichbare Eindeutigkeit und muß deswegen vollständig zitiert werden:

„Und hier, ehe wir zu Hebels letzter Krankheit und zu seiner Leichenfeier übergehen und noch Einzelnes über ihn nachfolgen lassen, geschehe seiner biblischen Geschichten[22] Erwähnung, deren Fertigung und Herausgabe in diese Zeiten fällt. Es war allerdings eine sogenannte Berufsarbeit. Man wollte ein Buch in den Landesschulen einführen, was auf faßliche und ansprechende Weise den hauptsächlichen Inhalt des alten und neuen Testaments wiederhole. Aber eine heilige Freude sprach aus diesem Berufe und wie wir überhaupt den Beruf für den segenvollsten halten, woran sich die eigene freie Meinung schließt, so haben jene Geschichten schon unsäglich

[20] Einen ersten Überblick über die Sekundärliteratur gewinnt man – traditionell zuverlässig – bei K. Goedeke, Grundriss zur Geschichte der deutschen Dichtung aus den Quellen, Berlin, 2. ganz neu bearbeitete Auflage 1966 [Kraus Reprint Nendeln/Liechtenstein 1975], 15. Band, hgg. von H. Jacob, Nr. 21. Hebel, Johann Peter (1760–1826), S. 742–817 und S. 1152f. Innerhalb der 902 Titel können selbstverständlich auch Quellen relevant werden, die nicht ausdrücklich die Biblischen Geschichten thematisieren. Eine breitgefächerte Fragestellung ergibt darüberhinaus zusätzliche Titel gerade auch vor 1966! Vgl. auch den 7. Band von 1900 (ebenfalls Reprint 1975), S. 533–545.

[21] Neuer Nekrolog der Deutschen, Jg. 4. 1826 (1828). Zitiert wird hier wie in weiteren folgenden Zusammenhängen nach dem Deutschen Biographischen Archiv (DBA), hgg. von B. Fabian, München 1982–84, einer Kumulation aus 254 der wichtigsten biographischen Nachschlagewerke für den deutschen Bereich auf Mikrofiche. Die Zitation bezieht sich jeweils auf die dort benutzte Numerierung und Paginierung!

[22] Hier bibliographiert der Verfasser des Nekrologs, der mit K. B. signiert, folgendermaßen: „Biblische Geschichte. Für die Jugend bearbeitet. 1. u. 2. Bdchen. Stuttg. u. Tübingen 1822. 3.2. Aufl. 1824". Bei der eigentümlichen 3 dürfte es sich um eine druckfehlerhafte Angabe des Formates handeln (8 = 8°), während das Jahr der Ersterscheinung einem tatsächlichen Irrtum unterliegt: Erst 1824 kamen die Biblischen Geschichten bei Cotta heraus, wie sich aus Hebels Briefen eindeutig belegen läßt. Dieser Irrtum hat eine lange Wirkungsgeschichte gezeitigt; etwa noch Goedeke, 7. Bd., S. 543 überliefert „1822", und könnte sich dabei u. a. auf die 5. Auflage des renommierten Lexikons Hamberger/Meusel, Das gelehrte Teutschland, berufen (Bd. 22, 2; 1831=DBA Nr.490, S. 350).

Segenvolles gewirkt und wie des alten Hübners biblische Historien schon über hundert Jahre stets neue und neue Saaten in den Herzen unserer Jugend ausstreuen, so wird es auch mit diesen biblischen Geschichten ergehen."[23]

Die zukunftsträchtige Wirksamkeit, die hier dem Buch vorausgesagt wird – ein Hübner des 19. Jahrhunderts[24] –, dürfte in der Tat die eigentliche Bestimmung der Biblischen Geschichten charakterisieren.

Was in unmittelbarer zeitlicher Nähe so ausführlich zur Sprache kommt, müssen Lexikonartikel späterer Zeiten natürlich abkürzen; zu erwarten ist jedoch, daß eine unabdingbar vorzunehmende Einordnung und Wertung sich klar der historischen Ausgangsbedingungen vergewissert, wie dies vorbildlich in diesem Nekrolog, trotz der einzukalkulierenden Eigengesetzlichkeit dieser speziellen Gattung, geschehen ist. Aber die Geschichte der Lexikonartikel, in denen die Biblischen Geschichten Erwähnung finden, lehrt anderes: In Fr. von Weechs Badischen Biographien[25] wird eine mögliche Interpretationsabsicht in eine völlig andere Richtung gelenkt: „Wenn Hebel als Volksschriftsteller gewürdigt wird, darf der Bearbeitung der Biblischen Geschichte nicht vergessen werden [...]."[26] Doch ist gerade der *Volksschriftsteller* als Beurteilungskriterium einmal etabliert, dann spielt es letztlich keine Rolle mehr, ob man der Biblischen Geschichten gedenkt oder sie dem Vergessen anheim gibt: Ein Jahr später werden sie in Brümmers Deutschem Dichterlexikon keiner Erwähnung mehr für wert befunden.[27] Damit aber sind wir einem Phänomen auf der Spur, wie es uns auf dem Weg durch das Erinnerungsgestrüpp der Biblischen Geschichten noch oft begegnen wird: Das Schulbuch Hebels taucht als bloße Argumentationsfigur in einer Belegfunktion auf, die nicht dem Werk in seiner historisch-individuellen Eigenart gerecht zu werden versucht, sondern es für eine wie auch immer geartete anderweitige Bestimmung vereinnahmt. Das aber bedeutet, daß Hebels Spätwerk nicht mehr konstitutiver Teil seines Gesamtschaffens ist, sondern zu einem marginalen Nebenprodukt gemacht wird, das je nach Interesse subsumiert oder von dem völlig abstrahiert werden kann! Man achte im folgenden Ausschnitt nur einmal auf die Wahl der Verben zur Charakteristik der Produktionsweise Hebels, um zu ermessen, welche Einschätzung den Biblischen Geschichten gegenüber „hübschen Lieder(n)" und „trefflichen Rätsel(n)" zukommen kann:

---

23 DBA Nr. 490, S. 364.

24 Mit J. Hübners Schul- und Hausbuch „Zwey mal zwey und funffzig biblische Historien [...]", das erstmals 1714 in Leipzig erschienen ist, wird im Nekrolog auf Hebel eine der wirkungsvollsten Schulbibeln seit dem 18. Jahrhundert erwähnt.

25 Bd. 1. 1875 = DBA Nr. 490, S. 378–385.

26 DBA, Nr. 490, S. 383.

27 Fr. Brümmer, Deutsches Dichterlexikon, Bd. 1, 1876 = DBA Nr. 490, S. 386–388.

„Auch einen ‚Katechismus' und ‚Biblische Geschichten' *lieferte* H., *dichtete* auch einige hübsche Lieder und besonders treffliche Rätsel in hochdeutscher Sprache."[28]

Und auch hier ist es eine durchaus logische Entwicklung, wenn im modernen Nachfolgewerk, Meyers Enzyklopädischem Lexikon, ganz auf die Biblischen Geschichten als Teil des Hebelschen Œuvres verzichtet wird.[29] Unverständlich ist allerdings, daß die für das 19. Jahrhundert religions- und theologiegeschichtlich höchst bedeutsame RE[30] völlig ohne einen Artikel über Hebel auskommt; unverständlich auch deshalb, weil die der RE gegenüber wesentlich komprimierte RGG² eine Tradition erneuter Aufmerksamkeit anregt, die insgesamt aber keine Breitenwirkung entfacht. O. Frommel würdigt das Schulbuch in seiner Entstehungszeit:

„Auch in diesem Werk ist H. der ausgezeichnete Erzähler, der das Geschichtliche in Gegenwärtiges, Schwerfaßliches in kindlich Verständliches umzuformen versteht."[31]

Frommel nennt auch gleich den Grund, warum das „schöne Buch – zu Unrecht – zeitweilig in Vergessenheit"[32] geraten konnte: Der theologisch-spätaufklärerische Umgang mit dem Bibeltext sei „von einem späteren Geschlecht bemängelt"[33] worden. Die vornehme Ausdrucksweise verdeckt zwar völlig die radikale Vehemenz, mit der 1855 die Abschaffung der Biblischen Geschichten gefordert wurde, doch muß dem Gesamturteil bei aller Knappheit eine relative Adäquanz zugesprochen werden. Der Verfasser hatte sich jedenfalls in einem eigenen Aufsatz[34] gründlich mit dem Text auseinandergesetzt; dies zeichnet auch den Verfasser des Artikels der 3. Auflage der RGG aus: P. Katz veröffentlichte 1959 das Gutachten, das Hebel betreffs einer Biblischen Geschichte anzufertigen hatte und das ihm selbst dann schließlich den Auftrag zur Anfertigung einer solchen einbrachte.[35] Katz kann erstmals auf historisch exakter Grundlage arbeiten. Auf knappem Raum entfaltet er die Bedingungen der Entwicklung der Biblischen Geschichten und kann Hebels Forderungen und Ansprüche dem damaligen religionspädagogischen Umfeld kontrastieren. Dadurch werden seine Epitheta – „Das große Alterswerk"; „Die ‚Biblischen Geschichten' sind ganzer

[28] Meyers Großes Konversations=Lexikon. Neunter Band. Sechste Auflage. Leipzig und Wien 1906, S. 24. (Hervorhebung von R. W.)

[29] Vgl. Band 11, Mannheim/Wien/Zürich 1974, S. 572 f.

[30] Realencyklopädie für protestantische Theologie und Kirche, 3. verb. und vermehrte Auflage, hgg. von A. Hauck, Siebenter Band, Leipzig 1899.

[31] Religion in Geschichte und Gegenwart, Bd. II, ²1928, Sp. 1667.

[32] Ebd.

[33] Ebd.

[34] Siehe unten Anmerkung 158.

[35] Vgl. 2. Kap. IV.

H."[36] – zu glaubwürdigen Interpretamenten, die allerdings einer zusammenfassenden wissenschaftlichen Begründung noch harren. Für das religionspädagogische Verwendungsfeld und eine mögliche Aktualisierung scheint mir der folgende Schlußgedanke von Katz von bedenkenswertem Interesse:

„Die Auswahl ist sehr persönlich bestimmt. Vielgetadelte rationalistische Reservationen sprechen für H.s Redlichkeit. Sie und andres lassen kaum Vorerzählen durch den Lehrer oder gar memorieren zu. Das besiegelte das Schicksal der ‚Biblischen Geschichten' als Schulbuch. Wer hat [sic!] H. lieb hat, hält sie hoch als sein geistliches Schatzkästlein."[37]

Nur durch die genaue Verfolgung der Wirkungsgeschichte und durch methodische Scheidung verschiedener Ebenen der Rezeption dürfte in dieses Problemgeflecht Klarheit zu bringen sein: Ob man allerdings beim verführerischen Schlagwort vom „geistliche(n) Schatzkästlein" bleiben kann, muß jetzt schon bezweifelt werden. Die Gefahr einer naiven Rezeption scheint damit jedenfalls keineswegs gebannt: Noch in einem jüngeren Lexikonartikel bleibt, bei aller endlich erreichten historischen Präzision, der einleitende Vordersatz in seinem Bedeutungsspektrum ambivalent:

„H.s letztes Werk sind die ‚Biblischen Geschichten', die durch ihre *Volkstümlichkeit* sich *viele Freunde* gewannen."[38]

Man versteht den Enthusiasmus, mit dem G. Kranz 1978 das „Schulbuch" preist, „das zugleich ein Sprachkunstwerk war, was man sonst nur noch von Lagerlöfs WUNDERBARER REISE sagen kann".[39] Man freut sich über das erreichte Maß der Anerkennung – und ist doch enttäuscht über die historische Vernachlässigung des profilierten Selbstverständnisses von Hebels Biblischen Geschichten.

b) Religionspädagogische Literatur

Ein Hübner des 19. Jahrhunderts sollten die Biblischen Geschichten nach der implizierten Intention des zitierten Nekrologs werden: Der eigentliche Verwendungszusammenhang im Religionsunterricht der Schule bzw. in der Katechese kirchlicher Unterweisung war und ist damit markiert. Der theoretische Rahmen für eine Analyse von Text und Funktion eines Schulbuches im Religionsunterricht, besser einer sog. „Schulbibel" bzw. einer „Biblischen

36 Die Religion in Geschichte und Gegenwart. Handwörterbuch für Theologie und Religonswissenschaft, Dritte, völlig neu bearbeitete Auflage, 3. Bd., Tübingen 1959, Sp. 103.

37 RGG^3, 3. Bd., Sp. 104.

38 Fr.W. Bautz, Artikel ‚Hebel, Johann Peter, Dichter und Theologe', in: Biographisch-Bibliographisches Kirchenlexikon (BBKL), 14. Lieferung, Bd. II, Hamm 1977, Sp. 619–624, hier Sp. 621. (Hervorhebungen von R. W.)

39 G. Kranz, Lexikon der christlichen Weltliteratur, Freiburg/Basel/Wien 1978, Sp. 544.

Geschichte", ist genuin von der Praktischen Theologie bzw. ihrer Spezialabteilung, der Katechetik, zu leisten, wofür wissenschaftstheoretisch heute die eigenständige Fachdisziplin „Religionspädagogik" verantwortlich zeichnet.[40] Aber einem „späteren Geschlecht" der Religionspädagogen scheint der Blick für eine, ihrem eigenen Anspruch nach Maßstab setzende Biblische Geschichte abhanden gekommen zu sein, denn die großen Lehrbücher der Katechetik bzw. der Praktischen Theologie des 19. Jahrhunderts haben für das so stolz beginnende Schulbuch nur mehr einen Abgesang übrig. Chr. Palmer diskutiert unter der Überschrift „Die Tradition" sehr ausführlich das Erzählen der biblischen Geschichte für Kinder[41], das er wissenschaftlich geschickt begründet, indem er „ein pädagogisches Moment genau mit einem theologischen" konvergieren läßt, nämlich „in dem der kindlichen Natur wesentlichen Triebe, *erzählen zu hören*"[42]. Dieser weite religionspädagogische Ansatz wird aber sofort bei der Frage nach der gültigen *Form* des Erzählens radikal verengt, indem er dem einen Pol „so anschaulich als möglich" restriktiv den Gegenpol „so treu als möglich an's Original der Schrift" nachfolgen läßt.[43] Diese „Treue gegen das Original, und zwar nach der autorisierten lutherischen Bibelübersetzung"[44], bezieht Palmer gerade auch auf die Form:

„– denn Form und Inhalt sind eben auch hier nicht zu trennen. Das ist der große Fehler der biblischen Geschichte von Hebel, wie auch der Bearbeitungen von Schmid, daß die biblische Erzählungsform ganz verwischt ist, was freilich Letzterem als Katholiken aus bekannten Gründen weniger zu verargen ist."[45]

Besser kann man nicht veranschaulichen, wie hier die Weichen für eine zukünftige religionspädagogische Rezeption der Biblischen Geschichten von J. P. Hebel gestellt wurden: Sie kommen aufs Abstellgleis, das später mangels Verwertbarkeit ganz abgerissen wird – keine „Schiene" sollte auf der religionspädagogischen Ebene ins 20. Jahrhundert führen. Es ist hier nicht der Ort, Gründe und Zusammenhänge dieser Entscheidung auszudifferenzieren, aber bereits die Argumentation innerhalb des angeführten Zitats ist äußerst problematisch:

1. Aus historischen, philologischen und theologischen Gründen ist eine Gleichstellung bzw. Gleichwertigkeit der Hebelschen und von Schmidschen Bearbeitung unhaltbar. Aus dem von P. Katz veröffentlichten Gutachten Hebels „Meine Bemerkungen über das mit Abänderungen in unseren Schu-

[40] Über Begriff, Bedeutung und Begründung von „Religionspädagogik" vgl. das I. Kapitel von G. Bockwoldt, Religionspädagogik. Eine Problemgeschichte, Stuttgart u. a. 1977, S. 9-16.

[41] Chr. Palmer, Evangelische Katechetik, Stuttgart [4]1856 (1844), S. 111–161.

[42] Palmer, Evangelische Katechetik, S. 112.

[43] Palmer, Evangelische Katechetik. S. 118.

[44] Palmer, Evangelische Katechetik, S. 119.

[45] Palmer, Evangelische Katechetik, S. 118.

len einzuführende biblische Geschichtbuch von Schmidt [sic!]" aus dem Jahr 1815[46] geht eindeutig hervor, wie massiv, problembewußt, ironisch und konstruktiv Hebel sich von der Art und Weise der von Schmidschen Bearbeitung absetzt. Und tatsächlich geht Hebel dann in seiner eigenen Bearbeitung ab 1818 einen völlig anderen Weg.

2. Konfessionalistische Engstirnigkeit und Polemik spricht aus der herablassenden Entschuldigung der „katholischen" Gründe. Hier fehlt das Problembewußtsein, wie es die Unionsbestrebungen am Anfang des 19. Jahrhunderts noch in wahrhaft ökumenischem Geist praktizierten und antizipierten und wie es Hebels eigene Praxis so reich zum Ausdruck brachte.

Der andere ‚große Religionspädagoge' des 19. Jahrhunderts, C.A. von Zezschwitz, folgt in seinem dreibändigen „System der christlich kirchlichen Katechetik"[47] dem Verdikt Palmers.[48] Zezschwitz' breite geschichtliche Darstellung des Problems einer „biblischen Geschichte" läßt ihn allerdings zumindest die historischen Gewichte etwas genauer verteilen. So führt er als „Muster – resp. Charakterbeispiele jener Zeit"[49], in denen „in der Form freier Wiedergabe des biblischen Textes und umschreibender Darstellung" erzählt wurde, folgende Reihe an:

> *Feddersen* und *Seiler*, später besonders *Lossius* (1784 ff.), *Löhr* (1810 ff.) und *Hebel* (1824 ff.)".[50]

Für seine Gegenwart stellt sich ihm allerdings die „Principienfrage [...], ob das wiedergewonnene Princip der narratio in persönlicher Freiheit neben der textuellen Objectivität geübt werden dürfe."[51] Für Zezschwitz ist das aber längst zugunsten Palmers Forderung, sich so treu als möglich an das Original zu halten, entschieden. Bezeichnenderweise muß für die Plausibilität seiner Entscheidung das extreme Negativbeispiel Hebel angeführt werden:

> „Man versteht die letzte Forderung völlig, wenn wie bei Palmer geschieht, damit vor einer Darstellungsart, wie z.B. bei Hebel, gewarnt wird, durch welche die biblische Weise der Darstellung überhaupt verwischt und ihr ein rein weltliches Colorit gegeben wird."[52]

---

46 Vgl. P. Katz, Ein Gutachten Hebels, in: Theologische Zeitschrift 15/1959, S. 267–287.

47 C. A. G. von Zezschwitz, System der christlich kirchlichen Katechetik, Zweiter Band: Die Lehre vom kirchlichen Unterricht nach Stoff und Methode. Zweite Abtheilung: Die Katechese oder die kirchliche Unterrichtsmethode. Erste Hälfte: Der akromatisch-positive Bibelunterricht, Leipzig ²1874.

48 Die weiteren religionspädagogischen Größen des 19. Jahrhunderts, vor allem Nitzsch und Achelis, lassen sich erst gar nicht auf den badischen Prälaten ein.

49 Zezschwitz, System, S. 116.

50 Ebd.(Sperrdruck im Original hier kursiv wiedergegeben)

51 Zezschwitz, System, S. 104.

52 Zezschwitz, System, S. 176.

Natürlich gesteht man als gebildeter Literaturkenner dem Dichter Hebel den Titel „Meister im Erzählen“[53] zu, doch verwendet man keinen einzigen Gedanken darauf, ob hier nicht eine höchst differenzierte Symbiose von Dichtung und Theologie nebst pädagogischem Impetus fruchtbar gemacht werden könnte für einen anschaulichen Religionsunterricht. Und selbst historisch verkennt man die herausragende Lösung der Problematik einer Bibel für Kinder und nivelliert Hebel zu einem ‚entbindenden Mittelglied‘:

„Auch von Hebel, diesem Meister im Erzählen, gilt, was wir oben von der Bedeutung der in freier Erzählung umgesetzten Historienbücher sagen mußten. Für die formelle Aufgabe waren es entbindende Mittelglieder, so wenig sie für sich als unmittelbare Muster gelten können.“[54]

Noch der geringste Vorwurf, den man diesen ignoranten Bemerkungen machen kann, ist der, Hebels Biblische Geschichten nie gelesen zu haben.

Etwa hundert Jahre nach von Zezschwitz hat dann ein praktizierender ‚Katechet‘ doch noch einmal eine religionspädagogische ‚Lesart‘ versucht. Der katholische Theologe Dr. P. Regner veröffentlichte 1959 einen kurzen Aufsatz mit dem Titel „J. P. Hebels ‚Biblische Geschichten‘ und der heutige Katechet“.[55] Dabei proklamiert er – was eigentlich selbstverständlich hätte sein müssen – das Interesse „vor allem des Katecheten“ an den Biblischen Geschichten, die sich seiner Meinung nach auf der Höhe von Hebels „gemütstiefe(r) Erzählungs- und dichterische(r) Fassungskraft“[56] befänden. Zur Veranschaulichung seiner These zitiert er – allerdings gekürzt und ohne bibliographische Angabe – einen Satz aus Hebels „Ideen zur Gebetstheorie“, dessen Forderung er in den Biblischen Geschichten erfüllt sieht:

„[...] reinige Gott auch unseren Stil von allem Schlendrian des Ausdrucks, von allem Hinüberdrehen ins Homiletische und Geistliche und Biblisch-Paulinische. Tausche der liebe Gott unsere natürliche Sprache wieder ein, die wir verloren haben [...].“[57]

Nach dieser sprachlich-stilistischen Würdigung geht Regner in kurzen Gedankensplittern dem theologischen Standort, der Auswahl, der Stellung des Alten Testaments, den immanenten ‚Anwendungen‘ und dem Problem der kulturhistorischen Echtheit nach und liefert dabei ‚wohlmeinende Gesinnung‘: Ein umfassendes didaktisches Modell kann er dabei nicht erstellen. Aber immerhin erkennt er:

---

[53] Zezschwitz, System, S. 177.
[54] Ebd.
[55] In: Oberrheinisches Pastoralblatt 51/1959, S. 160–163.
[56] Regner, J. P. Hebels ‚Biblische Geschichten‘, S. 160.
[57] Zitiert wurde nach: J. P. Hebel's sämmtliche Werke. 7. Band. Liturgische und andere Beiträge nebst Katechismus, Carlsruhe 1838, S. 3.

„Das Wesentliche ist ja: von der Art Hebels sich anregen, vielleicht selbst erwärmen zu lassen, kindertümlich sprechen zu lernen.“[58].

Daß Regner relativ kurzschlüssig das historische Modell der Biblischen Geschichten in aktuelle Praxis transformieren möchte, ändert nichts daran, daß hier erst- und einmalig auf religionspädagogischer Ebene (in fachdidaktischer Konzentration) ein Bewußtsein für Anspruch und Selbstverständnis von Hebels Alterswerk formuliert und demonstriert wurde. Ein Anschluß an die religionspädagogische Theoriediskussion des 20. Jahrhunderts war mit diesen Anregungen natürlich überhaupt nicht zu erreichen.[59]

Unsere Untersuchung kann deshalb füglich beanspruchen, in dieser Beziehung gleichsam am Nullpunkt zu beginnen.[60]

c) Literatur über Kinderbücher

K. Franz hat als einer der ersten unmißverständlich darauf hingewiesen, daß – im Gegensatz zu einer völlig anders verlaufenden Rezeptionsgeschichte – Hebel

„weder seine ‚Alemannischen Gedichte‘ noch seine Kalenderbeiträge und das ‚Schatzkästlein‘ für Kinder und Jugendliche geschrieben (hat), sondern allein seine ‚Biblischen Geschichten‘, die zwar in beschränktem Rahmen, auch in katholischer Bearbeitung, Schulbuch geworden sind, von denen aber insgesamt nur eine bescheidene Wirkung ausgegangen ist.“[61]

---

[58] Regner, J. P. Hebel's ‚Biblischen Geschichten‘, S. 163.

[59] Der wohl schlagendste Beweis findet sich bei M. Stallmann, Die biblische Geschichte im Unterricht. Katechetische Beiträge, Göttingen 1963. In seinem systematischen Aufsatz „Zur hermeneutischen und didaktischen Problematik des biblischen Unterrichts“ (S. 203–266) beschäftigt sich Stallmann auch mit dem Problem der Nacherzählung (S. 207–214) und erinnert an die drei wichtigsten Strukturelemente episch erzählender Formen, nämlich Figur, Raum und Geschehen (S. 209, Anm. 7). Und dann kommt der veranschaulichende Satz: „Wer biblisches Erzählen studieren will, kann an der Hebelschen Geschichte sich den Unterschied von Bericht und Erzählung klarmachen.“ (ebd.) Der Bezugspunkt ist jedoch Hebels Kalendergeschichte „Unverhofftes Wiedersehen“ – als ob es kein echtes „biblisches Erzählen“ Hebels gäbe!

[60] Immerhin wurden zwei Biblische Geschichten in der Bearbeitung Hebels in die jüngst erschienene großangelegte Dokumentation aus der Geschichte der Religionspädagogik aufgenommen. Vgl. D. Stoodt, Arbeitsbuch zur Geschichte des evangelischen Religionsunterrichts in Deutschland, Münster 1985, S. 365–367. Der kurze Kommentar jedoch ist einfach *falsch*: „Seitdem ist Biblische Geschichte in Deutschland immer an ihm [sc. Hebel; R.W.] gemessen worden.“ – Die Dissertation von A. Angst, Die religions- und moralpädagogische Jugendschrift in der deutschen Schweiz von der Reformation bis zur Mitte des 19. Jahrhunderts, Zürich 1947 erwähnt zwar rühmend Hebels Biblische Geschichten – „[...] die weitaus liebenswürdigsten aller [...], die ich überhaupt kenne“ (S. 64) – verzichtet jedoch explizit auf eine prinzipielle Kriterienausbildung, was in der Tat „nicht unanfechtbar ist“ (S. 13)!

[61] Franz, Johann Peter Hebel. Kannitverstan, S. 82. – Sicherlich ist seine Begründung für diese Vergessens-Geschichte um spezifische theologische und religionspädagogische Faktoren zu erweitern: „Damit bestätigt sich hier das bekannte Storm-Wort, wenn man für die Jugend schreibe, dürfe man nicht für die Jugend schreiben.“ (ebd.)

Welche Gesichtspunkte und Interpretationsmuster stellt demnach die Erforschung der Kinderliteratur zur Verfügung, die bereits im 18. Jahrhundert begann[62] und heute einen riesigen Forschungsapparat aufbietet[63]? Der Klassiker einer „Geschichte der deutschen Jugendliteratur" war im 19. Jahrhundert A. Merget. In seinem gleichnamigen Werk ordnet er Hebels Biblische Geschichten einer „Ersten Periode" zu, die von Philanthropisten, Moralisten und den klassischen Poeten bestimmt sei.[64] Zum Werk selbst äußert er folgendes:

> „Hebel hat 1822 [sic!], also am Ende seiner schriftstellerischen Laufbahn, auch biblische Geschichten für Kinder herausgegeben. Sie empfehlen sich durch leicht faßlichen Stil, man merkt aber kaum, daß sie von einem Geistlichen verfaßt sind. Wenn er bei Gelegenheit der Rede des Märtyrers Stephanus, Apostelgeschichte 7, sagt: ‚Niemand läßt gern seine Vorfahren schimpfen', so wird man diesen Ausdruck für mindestens ungeschickt erklären müssen!"[65]

Ein Pädagoge, der selbst mit Emphase für ‚biblische Geschichten' statt der ganzen Bibel als Lesebuch und Religionsbuch eintritt[66], verdammt hier päpstlicher als der Papst: Keine Stelle findet sich sonst in der gesamten „Forschungs"literatur, die Hebel die Kompetenz eines Geistlichen abspräche! Merget wählt zur Exemplifikation seiner These eine neutestamentliche Stelle, deren Bearbeitung durch Hebel in der Tat bisher auf völliges Unverständnis stieß. Doch wird gerade eine sorgfältige Rekonstruktion des theologischen Entwurfs, der den Biblischen Geschichten zugrunde liegt, die Lösung Hebels als intelligent und humanitär rechtfertigen können.[67]

Durfte ein solches Buch überhaupt in die Hände von Kindern gelangen? Die im 19. Jahrhundert gehäuft auftretenden Hilfen für Eltern und Erzieher, um bei der Auswahl aus der Fülle der Kinderliteratur nach einem jeweils expliziten, aber durchaus differenzierenden Maßstab vorgehen zu können,

---

62 Vgl. dazu die innovatorische Schrift von Fr. Gedike, Einige Gedanken über Schulbücher und Kinderschriften, Berlin 1787.

63 Eine erste Summe dieser Forschungen konnte in dem vierbändigen Lexikon der Kinder- und Jugendliteratur, hgg. von Kl. Doderer, Weinheim und Basel/München 1975ff. gezogen werden. Einen orientierenden Überblick gibt E. Juliane, Kinder- und Jugendliteratur, Darmstadt 1987 [= EdF 247].

64 A. Merget, Geschichte der deutschen Jugendliteratur, Dritte Auflage und mit einem Kataloge von Jugendschriften für die Oberstufe mehrklassiger Volksschulen versehen von L. Berthold, Berlin 1882 (1866) [Nachdruck Leipzig 1967], S. 17–48, hier S. 46f.

65 Merget, Geschichte, S. 47.

66 Vgl. Merget, Geschichte, S. 7: „Für die Kinder gehören nur die biblischen Geschichten [...] Unser Buch wird später kaum einen Jugendschriftsteller von frommer Richtung zu nennen haben, der nicht auch die biblischen Geschichten für Kinder bearbeitet hätte."

67 Mergets Stellungnahme zeugt auf erschreckende Weise, wie stark damalige Literaturwertung, speziell auch der Kinderliteratur, von einer Bürgerlichkeit ausging, die die Anfänge des Bürgers als „citoyen" im 18. Jahrhundert zugunsten eines engen, die Religion als stützendes Korsett benutzenden „bourgeois" verriet.

sind unterschiedlicher Meinung. Eine ganze Reihe solcher Ratgeber für Eltern schweigt sich aus: So bereits 1832 A. Tholuck in seinem Aufsatz „Ueber die Litteratur unserer Jugendschriften in christlicher Beziehung, nebst einem Blicke auf die früheren Perioden“[68]; später dann – bezeichnenderweise nach 1855, als die Biblischen Geschichten kirchenoffiziell aus dem Religionsunterricht in Baden verschwinden mußten – wiederholt sich die Fehlanzeige im „Praktische(n) Wegweiser durch die christliche Volksliteratur. Herausgegeben vom Evangelischen Schriftverein für Rheinland und Westphalen. Bonn 1859“. Dieser Wegweiser führt zwar zahlreiche Biblische Geschichten an, doch stammen sämtliche Bibelbearbeitungen aus der Zeit nach Hebels Tod – der spezifische Übergang von der Spätaufklärung zur Biedermeierzeit gehörte längst der Vergangenheit an. In dem Hilfsmittel, das G. W. Hopf in drei Folgen ab 1850 auf den Markt brachte,[69] findet man unter der Rubrik „a. Erzählungen zur Religions- und Sittenlehre“ interessanterweise „Joh. Peter Hebel's Schatzkästlein des rheinischen Hausfreundes. Neue Ausgabe mit Holzschnitten. Stuttgart u. Tübingen. 1846“[70]; aber wenn bereits an den Schwänken „viel Triviales“ bemängelt wird, die „deswegen am allerwenigsten für die Jugend“ gehörten[71], so kann man das Urteil über die Biblischen Geschichten zumindest erahnen.

Anderes hingegen findet man 1844 bei Detmer[72]; er kann unter „der großen Zahl der Bearbeitungen der biblischen Geschichte“ auch Hebels individuellen Entwurf „am meisten (zu) empfehlen“.[73] Und noch 1852 findet man – gleichsam als Goldkörnchen einer Erinnerungsgeschichte – den kurzen und knappen Ausruf *„Trefflich!“*, der sich sogar als Zitat erweist[74] und sich somit einer weiteren Verbreitung erfreut haben dürfte.

Der Streifzug durch die Elternratgeber zur Kinder- und Jugendliteratur des 19. Jahrhunderts, der in gewissem Sinn einer Rezeptionsgeschichte gleichkommt, zeigt zweierlei:

1. Dem Vergessen fielen die Biblischen Geschichten von Hebel nicht nur durch Verurteilung anheim, sondern auch durch Totschweigen.

2. Dort, wo auf sie noch aufmerksam gemacht wurde, fehlt allemal der

---

[68] In: Litterarischer Anzeiger für christliche Theologie und Wissenschaft überhaupt, No 21. Den 9. April 1832, S. 162–166.

[69] G. W. Hopf, Ueber Jugendschriften. Mittheilungen an Aeltern und Lehrer, Fürth 1850; Zweites Bändchen, Fürth 1851; Neue Folge, Nürnberg 1861.

[70] Hopf, Ueber Jugendschriften, 1. Bd., S. 39f.

[71] Ebd.

[72] A. Detmer, Musterung unserer deutschen Jugend-Literatur, zugleich ein Wegweiser für Eltern in der Auswahl von passenden, zu Weihnachtsgeschenken sich eignenden Büchern, Hamburg, 2. umgearbeitete Auflage 1844.

[73] Detmer, Musterung, S. 53.

[74] K. Bernhardi, Wegweiser durch die deutschen Volks- und Jugendschriften. Ein Versuch, Leipzig 1852, S. 133, Nr. 999. Der Ausruf wurde entnommen aus der Real=Encyclopädie von K. G. Hergang, die bei Anm. 84 zu Wort kommen soll.

spezifisch religionsunterrichtliche Verwendungszusammenhang: Eine statthabende Wertung und Beurteilung intendierte eine Haus- und Familienlektüre, wie es bereits die Untertitel der entsprechenden „Hilfen“ nahelegen. Ist aber das „Schulbuch“ erst einmal auf die Privatlektüre eingeschränkt, so kann leicht die Falle des „Volksschriftstellers“ zuschlagen: Der volkstümliche Erzähler ist auch in seinen Kalendergeschichten zu haben, wie uns die Lexikonartikel lehrten.

Für die Gegenwart kann ein zumindest archivierendes Interesse der Kinder- und Jugendbuchforschung veranschlagt werden: Wegehaupt listet in seinem Prachtband „Alte deutsche Kinderbücher“[75] nach der Logik seines leitenden Kriteriums von Hebel nur dessen Biblische Geschichten auf.[76] Im LKJ erinnern sowohl der Artikel ›Hebel‹ von H. Göbels[77] als auch der Artikel ›Biblische Geschichte‹ von F.D. Kriechbaum[78] an Hebels Bearbeitung „für die Jugend“. Kriechbaums Urteil jedoch, die „durch die eindringliche, schlichte Frische und Frömmigkeit gekennzeichnete Hebelsche B.G. (1808) [sic!] hat bis in unsere Tage hinein eine nachhaltige Wirkung“[79], muß widersprochen werden: Diese „nachhaltige Wirkung“ blieb auf wenige Liebhaber beschränkt, wie die Wirkungsgeschichte eindrücklich belegen kann. Schließlich sei erwähnt, daß in einer jüngst erschienenen Textsammlung zur Geschichte des Kinder- und Jugendbuches zwei Biblische Geschichten von Hebel einen beachtlichen Platz behaupten konnten.[80]

Die eigentlichen Sachfragen aber bleiben: Worin liegen die bestimmenden Ursachen dafür, daß die Biblischen Geschichten tatsächlich als Kinderbuch gelten können, welche spezifischen Faktoren machen sie zu einer Bearbeitung eben „für die Jugend“? Auch hier bleiben die versammelten Meinungssplitter eine Antwort schuldig!

---

75 H. Wegehaupt unter Mitarbeit von E. Fichtner, Alte deutsche Kinderbücher. Bibliographie 1507–1850. Zugleich Bestandsverzeichnis der Kinder- und Jugendbuchabteilung der Deutschen Staatsbibliothek zu Berlin, Berlin 1979 [Vertrieb durch Dr. Ernst Hauswedell & Co, Hamburg].

76 Wegehaupt, Alte deutsche Kinderbücher, S. 103 Nr. 891 und 892. Auch hier spukt noch immer der fälschliche Erstausgabetermin 1822!

77 Lexikon der Kinder- und Jugendliteratur, hgg. von Kl. Doderer, Erster Band, Weinheim und Basel, München 1975, S. 528f.

78 LKJ, S. 149–154, hier: S. 152.

79 LKJ, S. 152.

80 ABC und Abenteuer. Texte und Dokumente zur Geschichte des deutschen Kinder- und Jugendbuches, Bd. 1 und 2, hgg. von A.C. Baumgärtner und H. Pleticha, München 1985, S. 284ff.

d) *Pädagogische Literatur*

Hebel ist ein Kind des 18. Jahrhunderts, das bekanntlich das *„pädagogische(n)* Jahrhundert“[81] genannt wurde. Erwiesenermaßen war Hebel auf pädagogischem Feld mit einer Fruchtbarkeit tätig, von der die überkommenen Zeugnisse einstiger Schüler Hebels nur ein schwaches Abbild vermitteln können; wenigstens seine Karriere muß als rein schulische Profilierung gewertet werden. Ein Hauptstrom der Wirkungsgeschichte Hebels machte seinen Weg denn auch in der Schule: Hebel wurde insbesondere durch seine Kalendergeschichten zum „Longseller“[82]. So nimmt es nicht wunder, daß die Biblischen Geschichten selbst in rein pädagogischen Zusammenhängen zuweilen Erwähnung finden.

Zwar der zentrale pädagogische Fundus des 19. Jahrhunderts, die Schmid'sche Encyclopädie, nimmt keinen eigenen Artikel „Hebel“ auf; entsprechend wird er auch im Artikel „Biblische Geschichte“ von Schurig verschwiegen.[83] Dagegen finden wir im älteren Vorläufer nun endlich die Quelle für das oben erwähnte ‚Goldkörnchen‘ (nämlich den Ausruf *„Trefflich!“*):

> „*Hebel* (Joh. Lebrecht [!]). Geb. zu Basel 1760, woselbst er Theologie studierte [sic!], und dann als Professor an das Lyceum zu Carlsruhe kam, wo er 1805 Kirchenrath, 1809 Prälat und 1821 Doctor der Theologie wurde. Gestorben zu Schwetzingen 1826. Der berühmte Verfasser der ‚Alemannischen Gedichte‘ (Karlsruhe 1804, 5. Auf. Aarau 1820), aber auch ein schätzbarer pädagogischer Schriftsteller, besonders durch seinen lehrreichen ‚Hausfreund‘ und seine trefflich abgefaßten ‚Biblischen Geschichten für die Jugend‘. Stuttgart 1824. 2 Bd. 8.“[84]

Der mit Fehlern durchsetzte, etwas schlampig verfaßte Artikel setzt gleichwohl richtige Akzente, wenn er das Pädagogisch-Lehrhafte bei Hebel hervorhebt, eine Dimension, die in der Literaturwissenschaft gerne ausgeblendet wird, der wir aber dennoch unser ganzes Augenmerk widmen müssen. Der Herausgeber der Real-Encyclopädie verfertigte auch ein „Handbuch der pädagogischen Literatur“[85]: Darin eröffnet er für die Biblischen Geschichten eine neue Perspektive, indem er sie unter dem Kapitel „Schriften, welche beim Vortrage der biblischen Geschichten zu gebrauchen sind“

---

[81] Vgl. A. Reble, Geschichte der Pädagogik, Stuttgart [12]1975 (1951), S. 135.

[82] Vgl. H.-J. und U. Kliewer, Fragen an den Longseller Hebel. Versuch einer literaturgeschichtlichen Einführung auf der Orientierungsstufe, in: DU 28/1976, H. 3, S. 52–66.

[83] Vgl. Encyklopädie des gesammten Erziehungs- und Unterrichtswesens, hgg. von K. A. Schmid, Erster Band, Gotha 1859, S. 640–650.

[84] Pädagogische Real-Encyclopädie oder Encyclopädisches Wörterbuch des Erziehungs- und Unterrichtswesens und seiner Geschichte, redigiert von K.H. Hergang, Bd. 2, Grimma & Leipzig 1852, S. 29.

[85] K. G. Hergang, Handbuch der pädagogischen Literatur. Ein literarischer Wegweiser mit kritischen Bemerkungen und anderen Notizen, Leipzig 1840.

gleichsam als Handbuch für die Vorbereitung des Lehrers empfiehlt.[86] Damit dürfte, noch vor einer Subsumierung der Biblischen Geschichten durch die Literaturwissenschaft unter das „Volksschrifttum“, das ja vor allem für Erwachsene konzipiert ist[87], ein spezifisch pädagogischer Zugriff aus der „Bearbeitung für die Jugend“ eine ebensolche für Erwachsene gemacht haben. Ohne die Wirkungsgeschichte vollständig ausbreiten zu können, kann hier schon die These von einer geradezu *reziproken Rezeption* der Werke Hebels aufgestellt werden: reziprok im Hinblick auf das Verhältnis von intendiertem Adressaten und tatsächlichem Leser! Unsere These wird bestätigt – was die pädagogischen Bemühungen betrifft – durch die Ausführungen von W. Teufel, der „J. P. Hebel als Pädagoge(n)“[88] würdigt:

> „Und wenn sie [die B. G.; R. W.] vielleicht auch mitunter mehr für die Hand des Lehrers als für die Kinder sich eignen, so lebt doch auch in ihnen der ganze Hebel [...].“[89]

Während also insgesamt eine pädagogische Reflexion mehr vom Schulbuch als solchem ablenkt, und das didaktische Modell der Biblischen Geschichten nur im Hinblick auf den Lehrer gewürdigt wird,[90] ist konträr dazu und am Rande ein pädagogisches Unikum zu verzeichnen: Nach einem gewissen Ewich sollten nämlich die Biblischen Geschichten Hebels um 1834 Hauptbestandteil für ein neu zu konzipierendes Lesebuch werden.[91]

Aber weder die pädagogische Abdrängung des Schulbuches noch die pädagogische Umwandlung in ein Lesebuch konnten sich ernsthaft durchsetzen. Dafür waren die Urteile zu marginal.

---

86 Hergang, Handbuch, S. 100f.

87 Das Verhältnis der Volksliteratur zur Jugendliteratur erörtert R. Schenda im LKJ, Bd. 3, S. 726–729.

88 W. Teufel, J. P. Hebel als Pädagoge. Zum 200. Geburtstag des Dichters am 10. Mai 1960, in: Die Schulwarte 13, 1960, S. 257–264.

89 Teufel, J. P. Hebel, S. 264.

90 Vgl. dazu auch die nicht gerade weiterführenden Bemerkungen in folgenden Publikationen: H. Gelbke, Hebel als Volks- und Jugendschriftsteller, wie als Volkserzieher. Ein Gedächtnisblatt zum 22. September, dem Tage der Wiederkehr seines Todes, in: Pädagogische Warte VIII/1901, Heft 7, S. 297–299, hier: S. 299; W. Fuhrer, Johann Peter Hebel in der Schule, Düsseldorf 1949, S. 35f. [= Bildung zum Menschen. Zeitfragen der Erziehung und Schule. Heft 6]. Weder die Dissertation von M. Lutz, Der Erzieher Johann Peter Hebel, Heidelberg 1964 [= Anthropologie und Erziehung Bd. 9] noch die Habilitationsschrift von J. Hoymann, Studien zur Ordnung des pädagogischen Diskurses – Schwerpunkt J. P. Hebel, Münster 1980 erörtern die Biblischen Geschichten unter pädagogischen Kriterien!

91 Vgl. Fr. A. W. Diesterweg, Wegweiser zur Bildung für deutsche Lehrer, Erster Band, Essen ^{3}1844, S. 363.

Nach den Verfälschungen historischer Authentizität in manchen Lexikonartikeln, nach der Ignoranz der religionspädagogischen Abhandlungen des 19. Jahrhunderts, nach den marginalen Ambivalenzen der Kinderbuchforschung und der pädagogischen Literatur den Biblischen Geschichten gegenüber, wäre es nun dringend erforderlich, wenigstens den Text als solchen einem Verstehen bzw. einem Verständnis zugänglich gemacht zu sehen. Eine solchermaßen literaturwissenschaftliche Fragestellung müßte u. a. Aufschluß geben können über eine literarische Wertung und literaturgeschichtliche Einordnung. Daß dies bis heute ein wirklich schmerzhaftes Desiderat ist, bringt W. Jens in seinem Stoßseufzer, der zugleich einer künftigen Forschung ein höchstes Ziel markiert, mit dem ihm eigenen präzisen Pathos so zum Ausdruck:

> Das Gleichnis vom barmherzigen Samariter erfahre durch Hebel „die nächst Luther hellsichtigste Paraphrase des lukanischen Beispiels: entworfen von einem Schriftsteller, dessen ‚Biblische Geschichten' immer noch darauf warten, unter die klassischen Texte deutscher Literatur eingereiht zu werden."[92]

W. Jens erkennt einen Zusammenhang des Alterswerkes Hebels mit einer Tradition der deutschen Literatur, die er andernorts immer wieder – von Lessing bis Thomas Mann – als bürgerlich-aufgeklärte und aufklärende beschreibt und verteidigt: als versteckte Tradition des „citoyen" gegenüber dem machtvollen Aufstieg des „bourgeois".[93] Es ist gut, daß der Rhetorikprofessor aus Tübingen den Rhetorikprofessor aus Karlsruhe für das 20. Jahrhundert anerkennt: Doch die Biblischen Geschichten sind in den großen Klassiker-Ausgaben, die im letzten Viertel des 20. Jahrhunderts geplant sind, nicht vorgesehen.[94] Einen völlig anderen Beigeschmack hat es natürlich, wenn O. Eberhard 1940 Hebels Biblische Geschichten „gleich Luthers Kleinem Katechismus unter die Kleinodien der deutschen National-

[92] W. Jens, Das Gleichnis vom barmherzigen Samariter. Von der Liebe des Nächsten (Predigt, gehalten am 25. Juli 1982 aus Anlaß des 550jährigen Bestehens des Eduard-Spranger-Gymnasiums in Landau/Pfalz. Wiederholt in Halle/Saale und Magdeburg), in: ders., Kanzel und Katheder. Reden, München 1983, S. 153–162, hier: S. 155. Die Kongenialität, mit der sich W. Jens dem Dichter *und* Theologen Hebel nähert, ist einfühlsam beschrieben in einem kleineren Aufsatz von N. Greinacher mit dem so sprechenden Titel „Aufklärer mit Herz. Assoziationen zu Johann Peter Hebel und Walter Jens", in: Literatur in der Demokratie. Für Walter Jens zum 60. Geburtstag, hgg. von W. Barner, M. Gregor-Dellin, P. Härtling und E. Schmalzriedt, München 1983, S. 315–321.

[93] Vgl. nur Jens' weitere Reden-Bände: Republikanische Reden, München 1976; Ort der Handlung ist Deutschland. Reden in erinnerungsfeindlicher Zeit, München 1981. In die von Jens gewürdigte Tradition haben auch andere schon Johann Peter Hebel gestellt: Vgl. E. Bloch, Nachwort zu: J. P. Hebel, Kalendergeschichten, Frankfurt a.M. [4]1977, S. 135–149, hier: S. 146.

[94] Vgl. die vorläufige Gesamtplanung des Deutschen Klassiker Verlags, Frankfurt a.M., die bisher Hebel insgesamt vernachlässigt.

literatur“ eingereiht sehen will[95]: Der „Schein der Heimat“[96] – nun aber gerade nicht in der unvergeßlichen Deutung durch E. Bloch![97] – erzeugt den bitteren Beigeschmack von Blut und Boden, wie er für die Hebel-Rezeption des Nationalsozialismus so charakteristisch war.[98]

Gibt es nun Vorarbeiten, die den behaupteten literarischen Rang dieser Bibelbearbeitung unterstützen bzw. verifizieren können? Was die gängigen Literaturgeschichten betrifft, muß die Frage verneint werden. Der Einfluß des großen Standardwerkes der ersten Hälfte des 20. Jahrhunderts, die „Deutsche Philologie im Aufriss“, scheint ungebrochen, denn Dialektdichtung[99] und volksmäßige Erzählkunst[100] sind die geradezu ausschließlichen Kategorien, die eben konsequent in den meisten Fällen von den Biblischen Geschichten abstrahieren lassen. Selbst die grundsätzlichen Versuche, Hebel in die Literaturgeschichte einzuordnen, kümmern sich nicht um unser Problem: L. Bianchi in der Schrift „Johann Peter Hebel. Seine Bedeutung und Stellung in der deutschen Literatur“[101] und L. Wiesmann in seinem kenntnisreichen Aufsatz „J. P. Hebels Standort im Ablauf der Literaturgeschichte“[102] beschränken sich beide auf die Alemannischen Gedichte und die Kalendergeschichten. Und damit versäumt man, was eine umfassende Analyse und Einordnung gerade der Biblischen Geschichten zu Tage bringen wird: Eine präzise Bestimmung des Übergangs von der Spätaufklärung zum Biedermeier als sowohl theologisch wie auch literaturgeschichtlich relevanten Faktor zu suchen und zu entfalten.

Eine kleine Gruppe von – teilweise bedeutenden – Germanisten ist aber nun doch zu nennen, wenngleich sie die Ergebnisse ihrer Forschung in einer ‚diversen‘ Gattung versteckt haben, die die Grenze zur Rezeptions- und Wirkungsgeschichte der Biblischen Geschichten, die wir im Bisherigen schon immer wieder überschreiten mußten, nicht gerade deutlicher markie-

---

95 O. Eberhard (Hg.), Zeugnisse deutscher Frömmigkeit von der Frühzeit bis heute, Leipzig 1940, S. 62–64, hier S. 64. Daß Eberhard das Zitat vom „unsterbliche(n) Buch“ (ebd.) als Lobpreis der Biblischen Geschichten Gottfried Keller unterschiebt, verrät manipulierende Stilisierung. Weder bei Gottfried Keller, noch beim später zu nennenden Germanisten Ernst Keller (dem es an anderer Stelle auch unterschoben wurde) findet sich eine derartige Ewigkeitspartikel.

96 Eberhard, Zeugnisse, S. 63.

97 „[...] etwas, das allen in die Kindheit scheint und worin noch niemand war: Heimat.“ In: E. Bloch, Das Prinzip Hoffnung, Frankfurt 1959, S. 1408.

98 Vgl. dazu exemplarisch Franz, Kannitverstan, S. 95–103. Auch Heideggers Beschwörungsversuche von J. P. Hebel sind in diesem Umfeld zu reflektieren. Vgl. dazu unmißverständlich R. Minder, Heidegger und Hebel oder die Sprache von Meßkirch, in: ders., Dichter in der Gesellschaft. Erfahrungen mit deutscher und französischer Literatur, Frankfurt 1972, S. 234–294.

99 Deutsche Philologie im Aufriss, hgg. von W. Stammler, Bd. I, ^{2}1957, Sp. 1195 f.

100 Deutsche Philologie im Aufriss. hgg. von W. Stammler, Bd. II, ^{2}1960, Sp. 2362–2364.

101 Bologna 1921.

102 In: Nationalzeitung (Basel), 9. Mai 1965, Sonntagsblatt.

ren läßt. Gemeint sind die Vorworte und Lebensbilder zu den zahlreichen Werkausgaben des Hebelschen Œuvres, die qua Gattungsvorgabe einem streng wissenschaftlichen Standard nicht immer genügen können; so wurden im folgenden auch alle Vor- und Nachworte der *Einzelausgaben* der Biblischen Geschichten ausgeklammert, da jene allesamt keinen spezifischen *Erkenntnis*zugewinn hervorgebracht haben.

Lapidar stellt E. Keller in seiner 152 Seiten umfassenden Einleitung „Hebels Leben und Schaffen" fest:

> „Die Eigenart der Hebelschen Prosa läßt sich am deutlichsten in seinen Biblischen Geschichten nachweisen [...] Am Ende seines sechsten Lebensjahrzehnts entstanden, stellen diese Erzählungen das Ergebnis von Hebels stilistischer Lebensarbeit dar; und weil sie für Kinder bestimmt waren, hat er sich am meisten und, wie mich dünkt, am erfolgreichsten bemüht, schlicht und gemeinverständlich zu schreiben."[103]

Keller beläßt es aber nicht bei dieser lapidaren, für unser Interpretationsinteresse recht glücklichen Formulierung, sondern reiht viele Einzelbeobachtungen zu Wortwahl, Grammatik und stilistischen Wendungen aneinander, die für eine literarische Analyse unverzichtbar sind.[104] Andererseits entbehrt seine Untersuchung nicht der auf Allgemeinverständlichkeit zielenden Bemühung, anschauliche Vergleiche auf metaphorischer Ebene zu etablieren, die einem genaueren Blick nicht standzuhalten vermögen. Vor allem mischt er seine massiv durchgeführte These vom heimatlichen ‚Anstrich' der biblischen Geschichten mit Vergleichen aus der Malerei: Hans Holbeins Madonna als Entsprechung zum Hebelschen Christus in Bethanien[105], Rembrandts Zuneigung zu den alttestamentlichen Figuren Esau und Jakob als Vorgabe der Hebelschen Schilderung[106]. Was trägt eine beschworene Erinnerung an „so manches herzige Gemälde der Renaissance"[107] anderes aus als eine unhistorische Verwischung jeweils völlig eigenständiger Lösungen zum Problem der aktualisierenden „Bearbeitung" für die Zeitgenossen. Eine andere Bemerkung Kellers potenziert und antizipiert in nicht zu bewahrheitender Interpretationsabsicht die – popularistisch mißverstandene – Volkstümlichkeit, gibt aber einen Fingerzeig, dem es nachzugehen lohnt, und setzt schließlich dem Verbot der Biblischen Geschichten 1855 einen beizupflichtenden Akzent:

> „Hebel (aber) erfüllt die Geschichten des Alten und des Neuen Testaments mit Blut und Leben, mit unserem Blut und Leben freilich – gerade wie vor mehr als tausend

---

103 Johann Peter Hebels sämtliche poetische Werke nebst einer Auswahl seiner Predigten, Aufsätze und Briefe in 6 Bänden, 1. Bd., Leipzig (1905), S. 115.

104 Vgl. Keller, Leben und Schaffen, S. 116–125!

105 Keller, Leben und Schaffen, S. 119.

106 Keller, Leben und Schaffen, S. 124.

107 Keller, Leben und Schaffen, S. 119.

Jahren der Sänger des Heliand es getan. Diese reine und geniale Naivität hat denn späterhin die Geistlichkeit des Landes mit ihren alttestamentlichen Seelen nicht begriffen – und so ist das Buch wie noch andere, deren Lebensfülle in die Schulstubenluft nicht passen wollte, aus dem Unterricht entfernt worden.«[108]

Die angesprochene Tradition der – wie ich es fassen möchte – Bibeldichtung als eigenständiger literarischer Gattung dürfte sich tatsächlich als wichtige Kategorie zum Verständnis von Hebels Kinder- und Schulbuch erweisen; das aber wird auch der religionspädagogischen Auseinandersetzung mit dem Problem der Kinder- und Schulbibeln ein neues, bisher so noch nicht vorgetragenes Modell mit didaktischen Implikationen zur Verfügung stellen.

Fr. Sengle, der in seiner kolossalen dreibändigen Monographie zur Biedermeierzeit[109] auf Grund seines gesetzten Rahmens Hebel als typischen Vertreter der Biedermeierzeit nicht aufnehmen kann,[110] gibt gleichwohl für die Biblischen Geschichten Hebels indirekt den Zusammenhang mit einer – noch unerforschten! – biedermeierlichen Bibeldichtung an.[111] Er verstärkt so gerade ein literaturgeschichtliches Bemühen um Hebels Biblische Geschichten, das endlich zu einer transparenten Bewältigung der Jensschen Anmahnung gelangen sollte. Die Problematik der literaturwissenschaftlichen Situation bezüglich der Hebel-Philologie erkennt Sengle mit luzider Schärfe in einer Anmerkung:

„Ich sehe nicht klar, ob die Rettungsversuche verschiedener Hebelkenner, z. B. Robert Minders, in der Literaturgeschichte Wirkung getan haben oder in der Südwest-Ecke des deutschen Sprachgebiets, wo man den Tiefstapler ohnehin liebt, steckengeblieben sind. Wahrscheinlich wird erst die Wiederentdeckung der gesamten Spätaufklärung dem Erzähler seinen gebührenden Platz in der Literaturgeschichte verschaffen.«[112]

Unsere Analyse der Biblischen Geschichten möchte dem in beschränktem Rahmen Rechnung tragen!

Eine weitere Durchsicht der Vorworte und Einleitungen zu Hebel-Werkausgaben ergibt bescheidene Rekonstruktionshilfen: Bei G. F. Sonntag finden wir lediglich einen der ersten Rezeptions-Hinweise auf einen „geringe-

---

108 Keller, Leben und Schaffen, S. 119f.

109 Fr. Sengle, Biedermeierzeit. Deutsche Literatur im Spannungsfeld zwischen Restauration und Revolution 1815–1848. Band I. Allgemeine Voraussetzungen, Richtungen, Darstellungsmittel, Stuttgart 1971; Band II. Formenwelt, Stuttgart 1972; Band III. Die Dichter, Stuttgart 1982.

110 „Dichter, welche mit ihrem Schwerpunkt in die vorhergehende Epoche gehören, aber in der Biedermeierzeit noch produktiv sind [...], wurden vor allem in diesem zweiten Band berücksichtigt, wodurch wie ich hoffe, auch die Philologien dieser Dichter den einen oder anderen Hinweis erhalten." (Sengle, Bd. II, S. VI.)

111 Sengle, Bd. II, S. 85, unter dem Stichwort „Erlebnis- und Erbauungsdichtung".

112 Sengle, Bd. II, S. 159.

ren Beifall, als man erwartete"[113], ansonsten bewegt sich die Beurteilung – wie allgemein sich verbreitend – auf der Ebene des ‚Lieb-habens'.

A. Preuschen geht in seinem Beitrag „J. P. Hebels Leben nebst: Zu Hebels Ehrengedächtniß. Vom Adjunkten des rheinländischen Hausfreundes" zwar auf die Entstehungsgeschichte ein, verfälscht diese aber – mit nachhaltiger Wirkung –, indem er die Biblischen Geschichten „von Freunden" angeregt sein läßt.[114] Einer anderen Beobachtung, die auch immer wieder abgeschrieben wurde, nämlich „der große Unterschied zwischen der Behandlung des alten Testaments vor der des neuen" auf Grund „erloschenen Muth(s) oder geschwundene(n) Selbstvertauen(s)"[115], muß in der Gesamtanalyse nachgegangen werden; sie wird aber keine Bestätigung finden.

Eines der schwierigsten Probleme unserer Arbeit deutet O. Behagel in seiner „Einleitung"[116] leider nur an: das Verhältnis von Dichtung und Theologie bei J. P. Hebel. Nur wenn man ein historisch zuverlässiges Studium von Hebels theologischer Position versäumt, kann man zu folgenden vagen Formulierungen finden:

> „Bei dieser freien Stellung [sc. gegenüber der Religion; R. W.] konnte Hebel mit dichterischem Gemüt der heiligen Schrift gegenübertreten, nicht bloß empfangend, sondern gestaltend. Er versenkt sich liebevoll in das Denken und Sinnen der biblischen Gestalten und sucht in ihrem Gebahren die rein menschliche, ungekünstelte Natur. Wo die Bibel bloß andeutet, wo sie Lücken läßt, da ergänzt er und malt dichterisch aus, da schafft er abgerundete lebensvolle Bilder."[117]

Was als freischwebende Stellung gegenüber der Theologie von der Dichtung her erscheint, wird sich umgekehrt als reflektierte Theologie mit konsequentem dichterischen Programm erweisen! Gerade an dieser Stelle aber deutet sich an, welch gründliche Abstimmung der unterschiedlichen, dennoch interdisziplinären Perspektivierungen vonnöten sein wird, um der Hebelschen Programmatik gerecht werden zu können.

Zwei weitere Germanisten, die in von ihnen herausgegebenen Werkausgaben Stellung nehmen, können nur wegen ihrer Miszellen zu *pädagogischen* Aspekten erwähnt werden; die ‚Liebhaber' bleiben ansonsten unter sich und setzen sich keiner intersubjektiven und interdisziplinären Perspektivierung

---

113 G.F. Sonntag, Leben des alemannischen Dichters Johann Peter Hebel, in: Sämmtliche Werke in 8 Bänden, Erster Band, Karlsruhe 1832, S. III-LXXXIII, hier: S. LXII.

114 J.P. Hebels Werke. Erster bis fünfter Band. Mit Hebels Bildniß, einem Facsimile seiner Handschrift und 4 Musikbeilagen, Bd. 1, Karlsruhe 1843, S. I-CIII und CV-CXXXV, hier: S. LXVI.

115 Ebd.

116 O. Behagel (Hg.), Hebels Werke, 2 Bände, Erster Teil, Berlin und Stuttgart 1883/84, S. I-XLIII.

117 Behagel, Einleitung, S. XXXIVf.

aus. – A. Sütterlin weist auf das Modell Autor – Leser hin, wenn er feststellt, daß Hebels Schulbuch

„im Grunde mehr eine Unterhaltung mit Kindern als ein Buch (ist), das etwa gar zum Auswendiglernen bestimmt sein könnte. Aber eben weil es dazu unbrauchbar ist, darum ist es so wertvoll. Es ist in den nachfolgenden Biblischen Geschichten viel auswendig gelernt worden, fast zuviel, leider. -"[118]

Ähnlich *pädagogisch* sensibel rühmt W. Altwegg anhand der Biblischen Geschichten,

„daß Hebel völlig auf der Höhe der Bildung seiner Zeit stand, daß in ihm auch ein nicht verächtlicher Wissenschaftler und ein überlegener pädagogischer Methodiker steckte, und daß das scheinbar so selbstverständlich und mühelos geschaffene dichterische Werk auf dem sicheren Fundament eines geschulten Könnens, einer nie ermattenden geistigen Regsamkeit und unermüdlichen geistigen Arbeit ruht."[119]

Ein eigenständiger Beitrag der Literaturwissenschaft zum Spätwerk Hebels ist insgesamt nicht auszumachen, wenn man auch verstreute und versteckte Hinweise dankbar wird aufgreifen müssen. Ein solcher Hinweis aus der jüngsten Hebel-Philologie zeigt, wie fruchtbar gerade auch die Texte der Biblischen Geschichten für eine Theorie des Erzählens in einer Zeit der „Krise des Erzählens" gemacht werden könnten; noch allgemeiner: wie sinnvoll es ist, sich genuin literaturwissenschaftlich mit diesen Texten zu befassen.

Der Literatursoziologe und Philosoph R. Faber hat sich in drei eng aufeinander bezogenen und zusammengehörigen Aufsätzen mit dem moralischen und rhetorischen Erzähler J. P. Hebel auseinandergesetzt. Fabers „theoretische(r) Kristallisationspunkt"[120] ist dabei die Philosophie Walter Benjamins im allgemeinen, dessen Essay „Der Erzähler. Betrachtungen zum Werk Nikolai Lesskows" im besonderen, wobei zu bedenken ist, daß sich Benjamin in einem eigenen großen Buch mit Hebel beschäftigen wollte und den genannten Aufsatz gleichsam als Einübung in das Problemfeld des „Volksschriftstellers" ansah.[121] Gerade von einem explizit theologischen Ansatz her

[118] A. Sütterlin (Hg.), Hebels Werke in vier Teilen, Tl. 2, Berlin u. a. 1911, Einleitung S. 103–106, hier: S. 104; vgl. auch ders., Zu J. P. Hebels 100. Todestag, in: Jahrbuch der badischen Lehrer 2, 1926, S. 188–195, hier: S. 193 f.

[119] W. Altwegg, Nachwort des Herausgebers über Auswahl und Textgestaltung, in: ders. (Hg.), Johann Peter Hebels Werke, 3 Bände, III. Bd., Zürich-Berlin 1940, S. 363–382, hier: S. 378; vgl. auch Altweggs „Lebensbild" von Hebel im I. Bd. seiner Ausgabe, S. 3-37, hier: S. 33. Schließlich muß seine Biographie erwähnt werden: ders., Johann Peter Hebel. Mit 15 Bildern und 3 Handschriftenproben, Frauenfeld/Leipzig 1935, S. 218–223. Die wohlwollenden Aussagen in Altweggs großer Biographie vermögen aber die Biblischen Geschichten nicht eigens zu profilieren.

[120] R. Faber, „Der Erzähler" Johann Peter Hebel, in: N. W. Bolz und R. Faber (Hg.), Walter Benjamin. Profane Erleuchtung und rettende Kritik, Würzburg 1982, S. 109–186, hier: S. 109.

[121] Vgl. das Diktum Benjamins: „Hebel hat mich gerufen. Ich habe ihn nicht gesucht.", in:

wird man um eine Kritik sowohl des Benjaminschen Geschichtsverständnisses als auch seines Entwurfs von Eschatologie bzw. Messianität nicht herumkommen: Dies soll im Rahmen der perspektivierenden Grundlegung der Arbeit innerhalb der Reflexion auf eine theologische Annäherung an Literatur erfolgen. Hier ist jetzt nur von Interesse, was dieser theoretische Ansatz gerade auch an den Biblischen Geschichten für Erkenntnisse zu gewinnen vermag.

Drei Erkenntnisse scheinen mir bei Faber von fundamentaler Bedeutung:

1. Indem er – mit Benjamin – Hebel zum Realtyp des alteuropäischen Erzählers erklärt und dies mit der Verwandtschaft zum jüdischen Prototyp des Erzählens begründet, bekommen Hebels *Biblische* Geschichten einen *notwendigen* Stellenwert in einer Begründungs- und Analyse-Argumentation. Faber zitiert denn auch ausführlich Hebels Gleichnis vom Barmherzigen Samariter[122], um darauf folgendes deutlich zu machen:

> Hebels „epochale zukunftsweisende Leistung" war es, „daß er generell die Unterscheidung zwischen sakral und profan obsolet werden läßt, und daß seine sakralen – ‚Biblischen' – Geschichten gleichfalls nur scheinbar sakral sind."[123]

Neben dieser These – die im Zusammenhang des Säkularisierungs-Theorems zu sehen ist – erkennt Faber die religiös-jüdische Tradition des Erzählens im „enge(n) Verhältnis von Aggada und Halacha, Erzählung und Lehre"[124]. Für das Gleichnis vom guten Samariter heißt das, daß es

> „nicht irgendeine synoptische Erzählung, hebräisch ‚Aggada', sondern die zentrale (ist), und Hebel, bei dem – nach Benjamin – das Haggadische [...] so stark ist wie ‚wohl bei keinem außerjüdischen Autor sonst', braucht eigentlich kein ‚Nämlich' seiner Nacherzählung mehr anzuhängen; sie enthält ihre Lehre, hebräisch: ‚Halacha' selbst. Dem entspricht Hebel dann ja auch, indem er Jesus ‚Tue das, so wirst du leben!' seinem Kommentar nochmals folgen läßt."[125]

Für die Funktionen eines didaktischen Modells der Biblischen Geschichten dürften die Kategorien von Aggada und Halacha nicht nur von hohem Erklärungswert sein, sondern auch Hebels theologischer Position korrelieren.

W. Benjamin, Gesammelte Schriften, Bd. II, 3, Frankfurt a.M. 1977, S. 1002. Zum Projekt Benjamins und zu seinen vereinzelten Erhellungen des Erzählers Hebel vgl. Anm. 1 des Aufsatzes von R. Faber, Die Krise des Erzählens oder: J. P. Hebel, Voraussetzungen und Folgen, in: Praxis Deutsch. Zeitschrift für den Deutschunterricht 53/82, S. 7-14, hier: S. 14.

122 Faber, Krise des Erzählens, S. 7. Vgl. auch R. Faber, Sermo Humilis. Erzählung, Moral und Rhetorik Johann Peter Hebels, in: Spiegel und Gleichnis. Festschrift für J. Taubes, hgg. von N. W. Bolz und W. Hübener, Würzburg 1983, S. 215–232, hier S. 215. W. Jens könnte im übrigen für seine weitreichende Forderung in seiner Rede vom 25. Juli 1982 angeregt worden sein durch Fabers Vortrag der Gedanken seines letztgenannten Aufsatzes an der Neuphilologischen Fakultät der Universität Tübingen am 13. Mai 1982!

123 Faber, Die Krise des Erzählens, S. 7.

124 Ebd.

125 Faber, Sermo humilis, S. 215f.

2. Wenn Fabers Stilanalyse – die allerdings vornehmlich an den Kalendergeschichten entwickelt wird – in der Auerbachschen Formel vom „Sermo humilis" gipfelt[126], so kommt man völlig unabhängig davon zum gleichen Ergebnis, wenn man die Stilhöhen der Gattung Bibeldichtung bis in das Biedermeier hinein vergleicht und Hebels genuinen Beitrag dazu präzisieren möchte. M.E. kann sogar der Zusammenhang des sermo humilis mit spezifisch christlich-theologischen Inhalten am Traditionsstrang der Bibeldichtung noch adäquater gewahrt werden, wie unsere Analyse zeigen wird. Festzuhalten bleibt ein gleiches Ergebnis bei unterschiedlichen Ansätzen: eine gute Voraussetzung für jede interdisziplinäre Forschung.

3. Faber widmet dem „Eschatologen" Hebel einen eigenen Abschnitt[127], auch wenn er zuvor – theologisch ungeschichtlich – M. Lutz zitiert, „daß Hebels Eschatologie nicht eigentlich christlicher Natur ist".[128] Fabers Betonung des jüdisch-christlichen eschatologisch-messianischen Gedankens – meistens wurde aus theoretischen Schriften Hebels argumentiert – wird sich uns bei der Analyse des zentralen Aufbauprinzips als entscheidender Bezugsrahmen erweisen. Insofern ist auch hier eine Kongruenz der Ergebnisse im wesentlichen zu erreichen.

Die umfangreichen Forschungen R. Fabers bieten einer zukünftigen Hebel-Philologie sehr profundes, geist-reiches Material; für unseren Zusammenhang dürfen wir nochmals folgende Kriterien rekapitulieren:

- Opposition sakral – profan (Stil)
- Opposition Aggada – Halacha (Didaktik)
- sermo humilis (Stil)
- eschatologisch-messianische Gedankenrichtung (Theologie)

So hat sich der Blick in die Literaturwissenschaft zuletzt doch noch als fruchtbar erwiesen!

f) Evangelisch-konfessionelles Schrifttum

Eine „Gattung" sei kurz gestreift, auch wenn – um es vorwegzunehmen – der Ertrag an Erkenntnis gering ist: Das evangelisch-konfessionelle Schrifttum (mit partiell erbaulicher Komponente) ab dem Beginn unseres Jahrhunderts hat in „Gedenkblättern" für J.P Hebel bisweilen auch seiner Biblischen Geschichten gedacht. Doch vermag dieses Schrifttum über tradiertes Vorverständnis (bisweilen auch als Vorurteil überführbar) kaum hinauszureichen.

[126] Vgl. vor allem Faber, Sermo humilis, S. 222–225! Grundlegend bleibt nach wie vor E. Auerbach, Sacrae Scripturae Sermo humilis, in: ders., Gesammelte Aufsätze zur Romanischen Philologie, Bern und München 1967, S. 21–26.

[127] Faber, Der Erzähler, S. 132–136.

[128] Faber, Der Erzähler, S. 127.

Und wenn man gar eine kompetente Akzentuierung des theologischen Anteils an Hebels Bibeldichtung für Kinder erwartet, so bleibt dieser Teil der Problematik völlig aus dem Blickfeld. Um das didaktische Modell Hebels zu verdeutlichen, wird immer wieder der Bildvergleich traktiert, dem wir schon beim Herausgeber Keller begegneten; durchweg soll damit eine vermeintliche Zeitlosigkeit unterstrichen werden.[129] Während die einen die biblischen Geschichten regelrecht verurteilen,[130] ringen sich andere zwar zur Erkenntnis eines rationalen Supranaturalismus Seilerscher Prägung durch, lösen aber diese präzise theologische Verortung Hebels sofort in einem diffusen Begriff von alemannischer Bauernfrömmigkeit auf,[131] der dann weiteren Beiträgen zur Charakteristik der biblischen Geschichten genügt, ohne auf den historischen Theologie-Rahmen und Hebels anspruchsvolle didaktische Transformationsarbeit zu rekurrieren.[132] Meist bleibt es bei einer wohlwollenden Erwähnung im Rahmen anderweitiger Akzentuierung (wir versuchten das Phänomen durch die Begriffe „Subsumption" und „Abstraktion" zu fassen).[133] All diese evangelisch-konfessionellen Gedenkblätter und -bilder lassen die Bedeutung der Biblischen Geschichten nicht einmal erahnen, und dies sicherlich auch deshalb, weil dem *Theologen* Hebel zu wenig Aufmerksamkeit zuteil wurde. Aufmerksam und damit merk-würdig hat m.W. in diesem Rahmen nur H.C. Hampe gelesen und formuliert (inspiriert allerdings von der „tragischen" Perspektive des *Literaturwissenschaftlers* W. Muschg):

„Man muß einmal die Randbemerkungen zur Bibel, die er [sc. Hebel; R.W.] dem ‚gemeinen Volk' aufschrieb, im Zusammenhang lesen: sie lassen die Meinung nicht

129 Vgl. A. Thoma, Johann Peter Hebel, in: Der Protestantismus am Ende des XIX. Jahrhunderts in Wort und Bild, Hg.: Pastor C. Werckshagen, Berlin o.J. (1902), S. 596–598, hier: S. 598; Fr. Laubscher, Johann Peter Hebel. Der rheinische Hausfreund, Stuttgart 1959, hier: S. 17 [= Gotteszungen. Eine Schriftenreihe für Jugend und Gemeinde]; C. Boll, „... ob's auch ans Herz geht". Johann Peter Hebel/Zu seinem 200. Geburtstag, in: Christ und Welt Nr. 13,1960, S. 16.

130 Dr. Erler, Zwei Volksdichter und Volksschriftsteller um die Wende unseres Jahrhunderts, in: Deutsch-evangelische Blätter, Halle 1890, S. 693–711, hier: S. 710: „[...] traute er dem einfachen Gotteswort nicht die Kraft zu, auch auf das Kind zu wirken[...] verließ (er) [...] ganz den biblischen Ausdruck."

131 A. Wolfhard, Johann Peter Hebel, in: Protestantische Monatshefte 22/1918, S. 266–279, hier: S. 278.

132 J. Roeßle, J.P. Hebel. Ein Gedenkbüchlein zum 200. Geburtstag des alemannischen Dichters, Konstanz 1959, hier: S. 26 [= Christliche Lebensbilder 27]; K. Jutzler, Johann Peter Hebel – ein Lehrer und Dichter aus Glauben, in: Deutsches Pfarrerblatt 5/85, hier: S. 221.

133 Vgl. etwa E. Engel, Kultur- und Lebensbilder für Schule und Haus 10. J.P. Hebel, Bonndorf 1902, S. 241; K. Hesselbacher, Zum Todestag von J.P. Hebel (22. Sept. 1926), in: Süddeutsche Blätter für Kirche und freies Christentum 67/1926, S. 89f.; Fr. Bartsch (Hg.), Das Bildnis des evangelischen Menschen. Von Martin Luther bis zur Gegenwart, Berlin (Ost) 1955, S. 124; J. Erb, Johann Peter Hebel. 22. September 1826, in: ders., Die Wolke der Zeugen. Lesebuch zu einem evangelischen Namenkalender, Bd. 1, Kassel ^{5}1962 (1951), S. 393; E. Kiefer, Über Hebels Frömmigkeit. Zum 200. Geburtstag des Dichters, in: Bad. Heimat 40/1960, H. 1/2, S. 17–19.

zu, hier habe ein Idylliker die Preisermäßigung des Evangeliums ausgerufen. Wenn Hebel, dieser Sinnenmensch, wie man so gern zitiert, sich das Paradies nicht anders denken kann als einen Frühlingstag zwischen Hausen und Schoppenstedt, so wird hinzugefügt werden müssen, daß er trotz solcher Äußerungen das Paradies doch durchaus nicht mit dem Feierabend des ,zufriedenen Landmannes' verwechselte. ,Wer die Unschuld verloren hat, kann in keinem Paradies mehr glücklich sein', schließt er seine Erzählung des dritten Bibelkapitels ab, und er wußte sehr genau, daß es dem Menschen unmöglich ist, seine Unschuld nicht zu verlieren."[134]

Was hier – journalistisch aufbereitet – im Hinblick auf das verlorene Paradies gesagt wird, birgt in nuce die Veranlassung Hebels als Theologe zu dichten und erweist sich so als Kristallisationspunkt zur Verhältnisbestimmung von Theologie und Dichtung: implizit – aber zur Explikation herausfordernd!

g) Theologische Literatur

Für die Hebel-Philologie insgesamt wurden drei Veröffentlichungen, die sich explizit mit dem Theologen J. P. Hebel befassen, noch nicht im nötigen Maße aufgearbeitet, obwohl diese Forschungen in ihrem wissenschaftlich-methodischen Ansatz das erwähnte evangelisch-konfessionelle Schrifttum erheblich übertreffen. Es handelt sich um folgende Schriften:

- Joh. Müller, Hebel als Theolog für die Theologen, Aarau 1870;
- W. Sommer, Der menschliche Gott Johann Peter Hebels. Die Theologie Johann Peter Hebels, Bern/Frankfurt 1972;
- G.A. Benrath, Johann Peter Hebel als Theologe (in: Johann Peter Hebel. Eine Wiederbegegnung zu seinem 225. Geburtstag, S.119–135).

Mit allen drei Veröffentlichungen wäre eine grundsätzliche Auseinandersetzung zu führen, die vor allem eine genaue Verhältnisbestimmung von theologischem Ansatz Hebels und seiner dichterischen Realisation beträfe. Hinzu kommt das allgemeine Gesetz, daß eine veränderte Quellenlage eine veränderte Interpretation nach sich ziehen muß: Hierauf sind im wesentlichen die Unterschiede der Ergebnisse der drei Arbeiten zurückzuführen. Doch müssen die unterschiedlichen Perspektiven, denen auch wir theologisch einen neuen Akzent beilegen wollen, an Sach- und Inhaltsproblemen miteinander ins Gespräch gebracht werden. In diesem Kapitel kann nur den spezifischen Interpretamenten der Biblischen Geschichten Raum gegeben werden.

Müller, dem es hauptsächlich darauf ankommt, „den Eindruck nicht zu verwischen, daß man es [sc. beim Theologen Hebel; R. W.] mit einem Origi-

[134] H. C. Hampe, Johann Peter Hebel – und die Hebeliaden, in: Sonntagsblatt (Hamburg), 5. Juni 1960, Nr. 23, S. 7, hier: Sp. 3.

nal zu thun hat",[135] gliedert seine Ausführungen nach den klassischen loci systematischer Theologie in modifizierter Reihenfolge: Gotteslehre, Eschatologie, Christologie, Anthropologie. Doch werden die Biblischen Geschichten mit keiner dieser fundamentalen theologischen Topoi in Verbindung gebracht! Eher verlegen bringt sie Müller im V. Abschnitt, „Hebels Stellung zu den verschiedenen Lebenskreisen", unter:

„Besser [sc. als zum Katechismus; R. W.] paßte seine Art zur biblischen Geschichte, obwohl auch dort das genio indulgere hie und da stark waltet."[136]

Ähnlich wie in der Literaturwissenschaft mißt man also auch theologisch Hebels Auftragsarbeit nur marginale Bedeutung zu.

Und so kann Müller die Biblischen Geschichten keineswegs mit seinem Satz vermitteln: Der „ächte Theolog muß Poet sein."[137] Hier wird ein weiteres Mal das heikle Gebiet von Literatur *und* Theologie berührt.

Eindeutig vernachlässigt Müller aber das rhetorisch-didaktische Element einer Dichtungsauffassung Hebels, wenn er schreibt:

„Die Poesie ist *Dichtung*, aber nicht in dem Sinne, als ob sie eitle Märchen ersönne, nein, indem sie das ist, was der Name schon anzeigt, erhöhtes Denken, und eben jenen geheimnisvollen Rest findet, welcher in keinem System aufgeht; mit ihrer Kinderstimme Wahrheiten herbeiruft, welche vor den Schwertern und Stangen systematischer Kategorien und vor dem ranken Hifthornstoß der Schulsprache davonfliehen."[138]

Gerade der Gymnasialprofessor für Dogmatik und Rhetorik konnte den Schulweisheiten viel abgewinnen: Und erst auf dem Fundament der *Regeln* kann dann in der Tat ein „geheimnisvoller Rest" beschworen werden; Handwerk und Kunst schließen sich nicht aus.

Immerhin auf acht Seiten beschreibt W. Sommer „Die Suche nach einem menschlichen Gott in den biblischen Erzählungen".[139] Für Sommers Argumentation spielt gerade in diesem Abschnitt der Ordnungsgedanke, wie er bei G. Hirtsiefer in den Mittelpunkt gestellt wurde,[140] eine durchaus überstrapazierte Rolle, deren unmittelbarer Bezug zur Menschlichkeit Gottes kaum nachvollziehbar sein dürfte.[141] Es ist für Sommers Interpretationsabsicht bezeichnend, daß das Kapitel, das sich ganz der Eschatologie Hebels widmet[142] und der Betrachtung der Biblischen ‚Erzählungen' unmittelbar

135 Müller, Hebel als Theolog, S. IX.

136 Müller, Hebel als Theolog, S. 27–38, hier S. 31.

137 Müller, Hebel als Theolog, S. 37.

138 Müller, Hebel als Theolog, S. 36.

139 Sommer, Der menschliche Gott, S. 92–100.

140 G. Hirtsiefer, Ordnung und Recht in der Dichtung Johann Peter Hebels, Bonn 1968.

141 Vgl. Sommer, Der menschliche Gott, S. 100: „Der Gott, der in gnädiger Absicht für die Einhaltung der Ordnungen sorgt, ermöglicht erst menschliches Leben."

142 Sommer, Der menschliche Gott, S. 100–107: „Es goht e Wächter us um Mitternacht...".

folgt, diese überhaupt nicht in die vorgetragene These integriert, daß nämlich die Eschatologie „den cantus firmus (bildet), der die Nebenstimmen unzweifelhaft beherrscht und beeinflußt: Gotteslehre, Anthropologie, Soteriologie, Ekklesiologie sind nicht vollständig ohne Bezug zu den letzten Dingen."[143] Unsere Interpretationsarbeit wird gerade diese Ausrichtung von Theologie an den Biblischen Geschichten zu erproben haben. Konträr dazu aber W. Sommer:

> „In den biblischen Erzählungen treten einige theologische Gedanken besonders profiliert zutage. So ist in diesem Spätwerk die *Ordnung aller Dinge* zum systematischen Grundprinzip erhoben, von dem aus alles andere abgeleitet werden kann. [...] Ist aber in allen andern Werken die Ordnung *ein* Begriff unter vielen, so ist sie in den biblischen Erzählungen zum Grundprinzip schlechthin geworden."[144]

So sehr dem – nicht eigens von Sommer reflektierten – hermeneutischen Ansatz beizupflichten ist, der nach einer sinnkonstituierenden Mitte der Textgestaltung sucht, so wenig eignen sich die Biblischen Geschichten zur Exemplifizierung des absoluten Ordnungsgedankens bei Hebel![145]

Als ausgewiesener Spezialist für die Kirchengeschichte des 18./19. Jahrhunderts kann G. A. Benrath – bei genauer Kenntnis einer breiten Quellenbasis! – behaupten:

> „Was indessen noch wichtig ist: Die ‚Biblischen Geschichten' werfen ein eigenes Licht auf Hebel als Theologen."[146]

Und dieses Licht leuchtet aus der kunstvollen „theologischen Spannung"[147] zwischen Verheißung und Erfüllung, die jedes Konzept einer Heilsgeschichte bestimmt: Genau dieses Konzept aber muß am Text begründet und ausgeführt werden; nur so kann das ‚eigene' Licht wirklich zum Strahlen gebracht werden.

h) Einzeldarstellungen in Aufsätzen

‚Statt einer Forschungsgeschichte' lautete das geheime Motto unseres Überblicks über Urteile und Verurteilungen zu Hebels Schulbuch: Und über eine Thematisierung ‚am Rande' sind wir bisher nicht hinausgekommen, wenn sich auch eine Fülle inhaltlicher und formaler Bezüge und Zusammenhänge eröffnete. Steuern wir auf einen bündelnden Höhepunkt zu, wenn wir uns endlich den Argumentationen zuwenden, die sich ausschließlich – „monographisch" – mit den Biblischen Geschichten beschäftigen?

[143] Sommer, Der menschliche Gott, S. 101.
[144] Sommer, Der menschliche Gott, S. 94.
[145] So auch Benrath, Johann Peter Hebel, S. 135 Anm. 32.
[146] Benrath, Johann Peter Hebel, S. 127.
[147] Ebd.

Eine kleine Gruppe von Beiträgen ist im Zusammenhang mit Neuherausgaben der Biblischen Geschichten zu sehen; ihre Funktion erschöpft sich letztlich in einer gewissen Öffentlichkeitswirkung mit der Intention, Akzeptanz und Anerkennung des Werkes zu fördern. Das beginnt 1875 mit A. Birlingers Beitrag „J. P. Hebel. 1 Die biblische Geschichte“[148], der ein Echo bildet auf G. Längins Bearbeitung von 1873[149]. Birlinger zitiert ausführlich aus Längins Einleitung, um damit „die Literaturgeschichte von Hebels Bibel ein für allemal in der Alemannia“[150] abzumachen: Dieses Pathos der Endgültigkeit und Vollkommenheit mußte indes seine gutgemeinte Absicht verfehlen. Birlinger hat jedoch nebenbei eine Systematik der *Zusätze* in „Hebels Bibel“, die von Längin entwickelt wurde, mit viel Material zu belegen versucht:

1. Zusätze, „die ins praktische Leben überleiten, den religiösen Sinn anregen“.[151]
2. „Erläuterungen. Hier steht der Katechet vor uns.“[152]
3. Rhetorische Zusätze, „um der Sache Kraft zu geben“.[153]

Leider sperren sich die angeführten Zitate gegen die vorgenommene Subsumierung, doch muß diese Anregung grundsätzlich weiterverfolgt werden.

Fr. Dehn rühmt die Ausgabe von H. Maurer (Göttingen 1939)[154], so wie das durch R. Nutzinger[155] und F. Knöller[156] mit der Ausgabe von W. Zentner (Karlsruhe 1959) erfolgte. Zwischen der Ausgabe von Längin und der von Maurer gab es dann noch zwei Erinnerungsrufe, die vor allem durch ausführliches Zitieren der Texte Anreiz geben wollten.[157]

148 In: Alemannia II, 1875, S. 174–178.

149 Die Charakterisierung dieser und weiterer genannter Ausgaben und Bearbeitungen soll einer Wirkungsgeschichte (als Editionsgeschichte) im Zusammenhang einer Faksimile-Edition der Erstausgabe der Biblischen Geschichten vorbehalten werden.

150 Birlinger, Hebel, S. 176.

151 Birlinger, Hebel, S. 174.

152 Birlinger, Hebel, S. 175.

153 Ebd.

154 Fr. Dehn, Zur Neuentdeckung von Hebels Biblischen Erzählungen, in: Die Furche 25/1939, S. 279f.

155 R. Nutzinger, J. P. Hebels Biblische Geschichten beim C. F. Müller-Verlag, Karlsruhe, in: Die Markgrafschaft 11/1959, H. 12, S. 4.

156 F. Knöller, J. P. Hebel und seine biblischen Geschichten. Zum 200. Geburtstag des Dichters, in: Welt und Wort 15, 1960, S. 140.

157 O. E. Sutter, Johann Peter Hebel's „Biblische Geschichten“, in: Das Bodenseebuch 6, 1919, S. 74–80; W. Zentner, Hebels Biblische Erzählungen. Zum hundertsten Todestag des Dichters, in: Zeitwende 2/1926, H. 9, S. 334–336. Zentners Gesamturteil schlägt einen sehr existentialistisch-erbaulichen Ton an, den man als Überinterpretation zurückweisen muß: „Man hat keine Furcht mehr vor dem kommenden Tag. Man fühlt Befreiung durch diesen einfachen, am Stab seines Glaubens und seiner Treue sicher und sorglos durchs Dasein wandelnden Mann. Man sehnt sich, seinen Spuren zu folgen.“ (S. 336) Daß Tr. Mayer, der weiter unten zu Wort kommen wird, dieses Urteil für das „tiefste und hoffendste“ erachtet, ist auf Grund seiner um-

Eine erste Gesamtwürdigung hat als erster aber der mit seinem RGG^2-Artikel bereits zitierte O. Frommel 1908 geleistet, wobei sein Aufsatz mit dem sprechenden Titel keine Schmälerung durch das evangelisch-konfessionelle Veröffentlichungsorgan erfährt.[158] Frommel kommt dabei zu einer Gesamtbeurteilung, die identisch ist mit der Jens'schen Anmahnung! Diese erstaunliche Identität der Urteile beruht m. E. auf einer *unabhängigen* Sach- und Inhaltsanalyse, obwohl beide Autoren *in völlig verschiedenen Argumentationszusammenhängen* stehen. Jedenfalls kommt auch O. Frommel zu dem Schluß:

> „Hebels Biblische Geschichte gehört unserer deutschen Nationalliteratur genau ebenso an wie Luthers kleiner Katechismus. Sie ist ein Kleinod und Meisterwerk deutscher Erzählkunst."[159]

Dieses Ergebnis beruht auf historischen, stilistischen, didaktischen und theologischen Überlegungen und deutet zum erstenmal das Bedeutungsspektrum dieser Bibelbearbeitung an. Kritik ist bei Frommel bezüglich der Ausführungen zu den Entstehungsbedingungen anzumelden:

Gerade bei Hebels Biblischen Geschichten kann keine Rede davon sein, daß die „Einführung eines neuen Lehrbuchs für den Religionsunterricht" ohne „den Preis langwieriger und umständlicher Beratungen"[160] ausgekommen wäre (Hebels Gutachten lehrt hier das Gegenteil!). Auch eine alemannische Vereinnahmung – „selbst der Heiland trägt Oberländer Gewand"[161] – und eine zeitlos-ewige Stilisierung, die „das spezifisch Jüdische und das zeitgeschichtlich-Bedingte"[162] zum Verschwinden bringen möchte, sind weder textlich noch biographisch bei Hebel zu belegen! Dafür aber hat Frommel für den Dichter, den Pädagogen und den Theologen scharfsinnige Beobachtungen parat:

> „Hebels Größe – die er unbestreitbar hat – liegt meines Empfindens bei allen seinen Dichtungen in seiner Überlegenheit dem darzustellenden Objekt gegenüber. Diese Überlegenheit [...] bewahrt ihn vor der Gefahr, ins anekdotisch Kleinliche zu verfallen."[163]

---

fassenden sachlichen Analyse völlig unverständlich! Vgl. Tr. Mayer, Biblische Geschichten im evangelischen Religionsunterricht in Baden, in: Vereinigte Evangelische Landeskirche in Baden 1821–1971. Dokumente und Aufsätze, Im Auftrag des Oberkirchenrates herausgegeben von H. Erbacher, Karlsruhe 1971, S. 392–477, hier: S. 444.

158 O. Frommel, Ein halbvergessenes Buch. Johann Peter Hebels Biblische Geschichte, in: Die christliche Welt. Evangelisches Gemeindeblatt für Gebildete aller Stände 22/1908, Nr. 33, Sp. 794–803.

159 Frommel, Ein halbvergessenes Buch, Sp. 802.

160 Frommel, Ein halbvergessenes Buch, Sp. 796.

161 Frommel. Ein halbvergessenes Buch, Sp. 797.

162 Ebd.

163 Ebd.

„Vom Kind ging Hebel aus, fürs Kind hat er geschrieben. Kindlich fiel darum auch Ton, Sprache und Charakter des Buches aus. Ich kenne kein Beispiel genialerer Transposition eines großen geschichtlichen Stoffes in die Sprache des Kindes.“[164]

„Gerade das Nebeneinander des rationalen und irrationalen Elementes gehört zu den Feinheiten des Buches.“[165]

Und so verwundert es nicht, daß der christliche Theologe Frommel zusammenstimmt mit dem geschichtsphilosophischen Germanisten Faber in der Erkenntnis:

„[...] Erzählung, Erklärung und Anwendung sind mit vollendeter Kunst in Eins zusammengewoben.“[166]

Wiederum ein Theologe war es, der 60 Jahre später erneut intensiv die Biblischen Geschichten analysierte. Fr. Buri, Basler Professor und Münsterpfarrer, hielt zunächst 1966 die Rede[167] beim sog. „Schatzkästlein“, einer festlichen Feier jeweils am Vorabend des Lörracher Hebeltages, die der Hebelbund, Sitz Lörrach e. V., seit 1945 durchführt[168]; in wesentlich überarbeiteter und erweiterter Form veröffentlichte Buri dann diese Rede als einen Aufsatz unter dem gleichnamigen Titel: „Wunder und Weisheit in J. P. Hebels biblischen Geschichten“.[169] Buri versteht „das Dargebotene als Mahnung und Anreiz [...], Hebels Denken und Dichten endlich einmal die seiner Bedeutung entsprechende theologische und philosophische Würdigung in der dazu erforderlichen Ausführlichkeit zuteil werden zu lassen [...].“[170] Damit ist im Nachhinein das *partielle* Moment einer Betrachtung des Verhältnisses von Wunder und Weisheit, die im übrigen streng auf der theologischen Ebene verweilt, zugegeben.

Immerhin vermag Buris Ansatz einen interessanten Durchblick durch Hebels Komposition zu gewähren. Er kann nämlich das Vorurteil gegenüber dem Bibelbearbeiter, „er sei ein bloßer Rationalist und Moralist, der die Wunder beseitigt und sie durch Morallehren ersetzt“[171], ausräumen, indem er Verstand und Tugend als eingebettet in die Anerkenntnis der göttlichen Weisheit herausarbeitet.

---

164 Frommel, Ein halbvergessenes Buch, Sp. 798.

165 Frommel, Ein halbvergessenes Buch, Sp. 800.

166 Frommel, Ein halbvergessenes Buch, Sp. 802.

167 Fr. Buri, Wunder und Weisheit in Johann Peter Hebels Biblischen Geschichten. Rede beim „Schatzkästlein“ zum Hebeltag 1966. Aus der Schriftenreihe des Hebelbundes Sitz Lörrach e. V. Nr. 15.

168 Vgl. E. Kaiser, Hebelbund Lörrach, in: Badische Heimat 63/1983, S. 373–379.

169 In: Theologia practica 3/1968, S. 364–379. Zitiert wird im Weiteren nach diesem Aufsatz.

170 Buri, Wunder und Weisheit, S. 379.

171 Buri, Wunder und Weisheit, S. 366.

Deren „Wesen besteht darin, daß sie nicht nur die Grenzen menschlicher Einsicht und Kraft erkennt, sondern auch Gott als den Ursprung und Spender dieser Vermögen dankend und preisend bekennt.“[172]

Indem Hebel ohne Scheu naturwissenschaftliche oder allgemein humane Erklärungsmuster durchaus anerkennt, ihnen aber nicht die entscheidende Beweislast aufbürdet, gelangt er zu einer Hermeneutik der biblischen Wunder, in der „das Geheimnis des überzeugenden, weil echten ungekünstelten Ineinander von Wunder und Weisheit“[173] liegt. Das Wunder, um das es Hebel im Gegensatz zur populären Aufklärung gehe, sei das „Wunder der frommen Weisheit“[174].

Schwierig scheint mir bei Buri das Verhältnis von Wunder zur Heilsgeschichte bestimmbar zu sein: Zwar sieht er mit klarem Blick das – eschatologische – Verheißungsthema als durchgängiges Konstruktionsprinzip, doch kann man das Aufscheinen eines heilsgeschichtlichen Zusammenhangs nicht sofort als Wunder vereinnahmen. Buri drückt sich hier vor einer Explikation der Spannung zwischen einer linear-geschichtlichen Eschatologie und dem naturhaften Kreislauf des Kosmos, dem sowohl Wunder als auch Weisheit zuzuordnen wären. Zu lernen ist von Buri aber in eindrücklicher Weise, wie eine ausschließlich theologisch-systematische Analyse ein feingliedriges Aufbauprinzip der Biblischen Geschichten zur Geltung bringen kann.

Bis in alle Nebensätze hinein spürt man ja die gestalterische Transformationskraft Hebels. Den Nachweis für diese Behauptung hat am gründlichsten der Beitrag zu Hebels Biblischen Geschichten von Tr. Mayer geliefert.[175] Mayers Forschungsrahmen ist ein geographischer und ein religionspädagogischer: Er ordnet Hebels Biblische Geschichten in den schulischen Bibelunterricht der evangelischen Kirche in Baden seit der Reformation ein – eine legitime, Hebels primärer Intention wohl entsprechende Perspektive. Für die weitere Forschung von unschätzbarem Interesse – doch bisher noch nirgends aufgegriffen – ist Mayers vorläufige Aufarbeitung des zahlreichen Aktenmaterials des Karlsruher Landeskirchenamtes, das – abgesehen von Katz' Veröffentlichung von Hebels Gutachten zu den Biblischen Geschichten – erstmals wirklichen Einblick in die Entstehungsbedingungen, vor allem aber auch in die dramatische Wirkungsgeschichte des Schulbuches in den Jahren 1834 und 1849 gewährt. Die harten Auseinandersetzungen zwischen verschiedenen Kirchenräten im Vorfeld von Hebels Auftragsarbeit[176] und der Sturmlauf der Gemeinden bis zur endgültigen Absetzung des Schulbuches 1855[177] spiegeln

[172] Buri, Wunder und Weisheit, S. 374.
[173] Buri, Wunder und Weisheit, S. 378.
[174] Buri, Wunder und Weisheit, S. 376.
[175] Vgl. Anmerkung 157 dieses Kapitels.
[176] Mayer, Biblische Geschichten, S. 421–430.
[177] Mayer, Biblische Geschichten, S. 451–456.

wohl am besten die eigenwillige Originalität und Individualität dieser Bibelbearbeitung. Neben solchermaßen gewonnener historischer Authentizität zeichnet sich Mayers Aufsatz durch eine kenntnisreiche Detailanalyse aus; so untersucht er sprachlich-stilistische und methodisch-pädagogische Besonderheiten der Texte[178] und widmet sich biblisch-theologischen Themen innerhalb des Gesamtaufbaus.[179] Dabei entgeht auch ihm nicht die entscheidende „messianische Linie und Klammer"[180]; aber das zentrale Grundprinzip der Textorganisation Hebels wird an keiner Stelle mit Hebels theologischer Position in Verbindung gebracht. Damit aber bleibt die didaktische Transformationsleistung Hebels im Grunde völlig außer Betracht. Weiterhin ist die Behauptung, die Behandlung der Wunder erfahre erst im Zusammenhang mit Jesus ihre „Klimax"[181], nicht aufrecht zu erhalten. Auch für einen solchen Argumentationszusammenhang fehlt im Grunde ein präziser theologiegeschichtlicher Ortungsversuch. Mayer vermag reichhaltige Belegstellen zusammenzustellen, um etwa thematische Kristallisationspunkte wie „Jesus Christus", „Die Welt" oder „Der Mensch" am Text zu veranschaulichen.[182] Doch verwendet er angesichts von Gesamturteilen allzu interessengeleitete Kategorien, die dann das genuine Selbstverständnis der Biblischen Geschichten allzu schnell verwischen und keine Koppelung zur Detailanalyse mehr zulassen:

1. Mayer hat historisch unrecht und trauert religionspädagogisch vergangenen Zeiten der sog. „Evangelischen Unterweisung" nach, die m. E. weit hinter Hebels Problembewußtsein zurückfällt, wenn er schreibt:

> „So war der aus Hebels Biblischen Geschichten erwachsende Religionsunterricht das, was man später einen verkündenden Religionsunterricht nennt, er war Kinderpredigt in vollendeter Form und Wirkung."[183]

2. Mayer hat kein Gespür für den Komplex „Literatur" im Religionsunterricht, wenn er leugnet, daß Hebels Biblische Geschichten ein spezifisches Schul- und Arbeitsbuch gewesen seien. Warum sollten sie ihren Charme erst entfalten, „nachdem sie einmal befreit (waren) von akuten schulpädagogischen Kriterien."?[184]

3. Mayer verkennt schließlich den zwischen Spätaufklärung und Biedermeier stehenden Hebel als „Aufklärer mit Herz"[185], wenn er die „Kategorie des Gemüts" bei Hebel einer „fast uferlos(en) [...] rationalistischen Den-

[178] Mayer, Biblische Geschichten, S. 432–438.
[179] Mayer, Biblische Geschichten, S. 438–446.
[180] Mayer, Biblische Geschichten, S. 439.
[181] Mayer, Biblische Geschichten, S. 440.
[182] Mayer, Biblische Geschichten, S. 442–445.
[183] Mayer, Biblische Geschichten, S. 448.
[184] Mayer, Biblische Geschichten, S. 449.
[185] Vgl. den gleichnamigen Titel von N. Greinachers Jens-Laudatio, Anm. 92 dieses Kapitels!

kungsart“ im derzeitigen Religionsunterricht (1971!) kontrastiert.[186] Hier setzt sich – gegen alle historische Umsicht – eine Distanzierung vom Aufklärer Hebel durch, die – und ich erinnere nochmals an das Diktum Fr. Sengles – auch zukünftig ein Mißverstehen Hebels befürchten lassen muß!

Mayers Gesamturteile bewegen sich alle auf einer aktualisierenden religionspädagogischen Ebene. Ihre angezeigte Problematik gemahnt erneut an die schwerwiegenden Defizite methodischer und perspektivierender Reflexion, was den Umgang mit Dokumenten religionspädagogischer Gebrauchsliteratur betrifft.

Der jüngst erschienene Aufsatz von S. Rienitz „Johann Peter Hebels Biblische Geschichte“[187] zeichnet sich durch eine belegfreudige Argumentation am Text selber aus und verrät auch ein hohes Maß an pädagogischer Sensibilität für den Vermittlungsprozeß, der von Hebel ursprünglich intendiert war. Die verschiedenen thematischen Topoi einer solchen – etwas additiv geratenen – religionsdidaktischen Zusammenschau vernachlässigen allerdings den genuin theologischen und literaturgeschichtlichen Standort Hebels, so daß auch hier wiederum die erstaunliche Transformationsleistung Hebels nicht von ferne erahnt werden kann – von dem literarischen Niveau und dessen individuellem Glanz ganz zu schweigen.

Die Fragestellung, die Mayer seinem Aufsatz vorangestellt hat, erfuhr – *so darf ich resumieren* – weder bei ihm selbst, noch bei vorangegangenen „monographischen“ Würdigungen eine wirklich befriedigenden Antwort:

> „Sind sie [die Biblischen Geschichten; R.W] als reifes Werk des sechzigjährigen alemannischen Schriftstellers ein literarisches Denkmal oder sind sie mehr? Sind sie normativ geworden oder klassisch? Stehen sie am Anfang oder am Ende einer religionspädagogischen Entwicklung? Ist der Verfasser ein Mann, den man der Vergessenheit entreißen muß? Und gegebenenfalls welcher? Der literarischen, der kirchlichen, der pädagogischen Vergessenheit?“[188]

So sehr die Lexikonbeiträge recht haben mit ihrer Kurzcharakteristik Hebels als „Dichter, Pädagoge, Theologe“, so wenig wurde bisher – und das zeigte unser Forschungsüberblick zur Genüge – perspektivierend die Konsequenz gezogen, sich Hebel mit theologischer bzw. theologiegeschichtlicher, literaturwissenschaftlicher bzw. literaturgeschichtlicher und pädagogischer bzw. religionspädagogischer Perspektivierung *gleichzeitig* zu nähern, um das Gefüge und Zusammenspiel aller Aspekte seines Schaffens transparent zu machen. In dieser Beziehung bieten die Biblischen Geschichten Hebels die adäquate Herausforderung, die es gleichzeitig ermöglicht, ein mehr als halbvergessenes Buch in methodisch-kritisch geleitete Erinnerung zu rufen.

---

186 Mayer, Biblische Geschichten, S. 451.

187 In: entwurf 1/86, S. 11–18

188 Mayer, Biblische Geschichten, S. 392.

II. Perspektivierende Konsequenzen und Entscheidungen

Der Forschungsüberblick zeigte in aller Deutlichkeit, daß gerade methodische Defizite entweder zur repristinierenden Übernahme von Vorurteilen oder zur Auslassung fundamentaler Inhaltsaspekte führen müssen. Im folgenden wird versucht, drei perspektivierende Zugänge näher zu bestimmen, die sich uns als Konsequenz aus der defizitären Situation ergaben:

- die theologische Perspektivierung,
- die literaturgeschichtliche Perspektivierung,
- die religionspädagogische Perspektivierung.

Angesichts der als konstitutiv für die Wissenschaftstheorie geltenden Pluralität unterschiedlicher Ansätze und Zugänge der Wissenschaften bezüglich ihrer eigenen Gegenstandsbereiche (= Perspektivierung), ist es dabei unvermeidlich, durch bestimmte Entscheidungen eine Auswahl zu befördern und damit wiederum der Partikularität einer Perspektive Vorschub zu leisten. Wenn jedoch die *Transparenz der Entscheidung* deutlich und nachvollziehbar gemacht werden kann (was nicht bedeutet, daß diese Entscheidung übernommen werden muß!), wenn gleichzeitig der wissenschaftstheoretische *Rahmen intersubjektiver Kommunikation* als gemeinsame Basis akzeptiert werden kann, wenn schließlich *als Aussageform die Hypothese*, als durch Gründe überholbare, Modellcharakter tragende Behauptung übernommen werden kann, dann dürften die folgenden Ausführungen tatsächlich einer Selbstverständigung des Autors mit dem Leser dienen können, die wiederum Voraussetzung für die Überprüfung jeglicher vorgetragener Ergebnisse ist.

Zwei Gesichtspunkte, die bei der Auswahl und Entscheidung innerhalb der Diskussion unserer drei Perspektivierungsansätze eine wesentliche Rolle spielten, müssen noch genannt werden:

Zum einen sollen die spezifischen Perspektivierungen durchlässig zu den Perspektivierungen der jeweils anderen Fachdisziplin sein; den allgemeinsten Horizont bildet also die *Interdisziplinarität.*[1] Deren Gefahr des Dilettierens muß angesichts heutiger Forschungsprojekte, die von einer unendlichen Akkumulation des Wissens gekennzeichnet sind, bewußt in Kauf genommen werden, darf allerdings zu keinem Exculpationsverfahren verkommen.

Zum anderen müssen die verschiedenen Perspektivierungen sich jeweils messen lassen an dem zur Bearbeitung anstehenden Gegenstand, in diesem

[1] Vgl. dazu die programmatischen Orientierungen und Positionen in: J.B. Metz/Tr. Rendtorff (Hg.), Die Theologie in der interdisziplinären Forschung, Düsseldorf 1977. Leider sind keine Beiträge aufgenommen, die sich mit den uns interessierenden Disziplinen Literaturwissenschaft und Religionspädagogik beschäftigen.

Falle eben an Hebels „Biblische(n) Geschichten“ aus dem Jahr 1824. Das konkrete Datum weist sowohl auf das Hauptproblem aller im weitesten Sinne geisteswissenschaftlichen Forschung, nämlich die *Geschichte*. Zum anderen aber fällt das konkrete Datum in eine Zeit, in der Geschichte nicht mehr selbstverständlich einem einheitlichen Kosmos bzw. einer alles umfassenden Weltanschauung eingeordnet werden kann: kurz, die sog. *Säkularisierung* realisiert, was in seinen Ursprüngen, insbesondere der Aufklärungsepoche des späten 17. und gesamten 18. Jahrhunderts noch heftig umstritten ist, die *Neuzeit*. Gerade weil Geschichte prinzipiell konkret ist, und von daher von keiner Theorie eingeholt werden kann, darf der jeweilige Gegenstand nicht einer abstrakten Begriffsbildung zum Opfer fallen. Deshalb auch wurden inhaltliche Akzente, die den Perspektivierungsversuchen aus der Zeit der Entstehungsgeschichte des Gegenstandes entstammen, immer wieder in die Begründungs- und Entscheidungsargumentation mit einbezogen, um bei allem Bewußtsein der Differenz zur Zeit des Gegenstandes eine möglichst nahe Adäquanz zwischen Perspektivierung und Gegenstand zu erzeugen.

1. Theologische Perspektivierung

So wie in einer Theorie der Literatur und in einer Theorie der Religionspädagogik findet sich auch in der Theorie der Theologie der durchgängige Doppelaspekt aller Behauptungen: Sie haben einerseits *systematischen Anspruch*, sind also als orientierende Begriffsbildungssysteme mit aktueller Intention zu entwickeln; sie haben andererseits – was den Gegenstand wie ihren eigenen Begriffsapparat betrifft – einen *historischen Anspruch*, sind also als rekonstruierende Geschichtsbildungssysteme mit genetischer Intention zu entwickeln. In der Organisation heutiger Theo-logie (also der wissenschaftlich verantworteten Rede von „Gott“) werden diese Aspekte von der Kirchengeschichte und der Systematischen Theologie wahrgenommen. Daß bei einem so universalen wie umstrittenen Begriff „Gott“ die jeweilige Ausformulierung der theologischen Disziplin durchgängig ebenfalls umstritten ist, bedarf keiner Erläuterung, sollte aber als konstitutives Moment mit in die Theorie aufgenommen werden. (Umstritten ist der Gottesgedanke ja nicht erst seit Descartes und den reflexiven Subjektivitätsphilosophien, sondern, man blicke nur in die Geschichte der Religionen, von allem Anfang an!)

Der gewählte Gegenstand trifft zentral in die Grundlagenprobleme der Theologie: Es liegt vor eine zeitgeschichtlich geprägte Bearbeitung der sog. Heiligen Schrift, die sowohl in einem geschichtlichen Sinne von den vergangenen Taten Gottes zeugt, als auch in einem aktuellen bzw. aktualisierenden Sinne ihren jeweiligen Lesern Gottes unmittelbaren Anspruch auf den Menschen als einem homo religiosus zu vermitteln sucht. Die eigentliche Intention dieser Bearbeitung steht und fällt also mit der grundsätzlichen Geltung des Gottesgedankens; wird dieser einer religionskritischen Option überantwortet und entsprechend neutralisiert, entfällt die konstitutive Doppelung von Geschichte und Gegenwart des biblischen Zeugnisses. Wenn wir uns also den Biblischen Geschichten *theologisch* nähern – und deren Thematisierung des Gottesgedankens macht dies zu einem unumgänglichen Erfordernis –, so sind neben den formalen Methoden der allgemeinen Geschichtswissenschaft, wie sie in der Kirchengeschichte längst akzeptiert sind,[2] auch die inhaltsbezogenen Perspektivierungen der systematischen Theologie vonnöten, die die Thematisierung des Gottesgedankens als *Gottes*gedanken einfordern, und so einer Nivellierung wie auch einer Funktionalisierung des Gottesgedankens entgegentreten. Das bedeutet, daß die Normativität der Rede von Gott und damit ihr *Wahrheitsanspruch* unverstellt und unverkrampft zum Ausdruck gebracht wird. Das schier unlösbare Problem besteht nun darin, daß dieser absolute Wahrheitsanspruch nicht nur aktuell etwa zur Zeit der Jünger Jesu, nicht nur aktuell zur Zeit des Prälaten Hebel, sondern eben auch noch aktuell zur Zeit der Konstruktion dieses Theoriemodells Menschen begegnen möchte. In der Ausdifferenzierung von Kirchengeschichte und Systematischer Theologie bekundet sich dieses Problem als das von *Wahrheit und Geschichte*, das, wenn man es christlich formulieren müßte, besser mit der Formulierung *Wahrheit in Geschichte* umrissen wäre.

Im Laufe der Geschichte der Theologie wurden nun eine ganze Reihe von Modellen der Verhältnisbestimmung von Wahrheit und Geschichte vorgenommen. Aus diesen unterschiedlichen Modellen lassen sich auch entsprechend unterschiedliche Einschätzungen des Phänomens einer Bibelbearbeitung ablesen. Wir wollen im folgenden einige Typen solcher theologischen Modellbildungen auf ihre potentielle Einschätzung einer Bibelbearbeitung untersuchen, um die eigene Entscheidung für eine theologische Perspektivierung verdeutlichen zu können, die immer nur positionell bestimmt sein kann.[3]

---

[2] Vor allem wird in diesem Zusammenhang die Trias von Kritik, Analogie und Korrelation genannt, wie sie E. Troeltsch in seinem Aufsatz „Über historische und dogmatische Methode in der Theologie" dargelegt hat (in: ders., Gesammelte Schriften. Band 2, ^{2}1922, Neudruck 1962, S. 729–753, hier: S. 731).

[3] Zu den verschiedenen Typen von Kirchengeschichtsschreibung vgl. G. Ebeling, Studium der Theologie. Eine enzyklopädische Orientierung, Tübingen 1975, S. 69–82; und K. Bornkamm, Kirchenbegriff und Kirchengeschichtsverständnis, in: ZThK 75/1978, S. 436–466.

a) Klassisch-katholisches Modell

Nach klassisch-katholischer Kirchengeschichtsauffassung spielt die Tradition, seit dem 19. Jahrhundert besonders gefaßt im romantischen organologischen Entwicklungsgedanken, eine gegenüber protestantisch-konfessioneller Theologie herausragende Rolle. Demzufolge wäre eine Bibelbearbeitung als ein weiteres Schmuckstück im unendlichen Reichtum der heiligen Kirche zu interpretieren und zu dulden. Problematisch wird es allerdings, wenn der rhetorische Schmuck der Bearbeitung auch den Kern der Wahrheit und schließlich den Gottesbegriff selber so verändert, daß Dogma und Lehramt die per definitionem geschichtslose, übernatürliche göttliche und kirchliche Wahrheit nicht mehr erkennen können. Dies scheint angesichts des Schicksals der katholischen Bearbeitung von Hebels Biblischen Geschichten tatsächlich so stattgefunden zu haben: Die Kirche – im klassischen katholischen Sinne – muß eine geschichtlich ausformulierte Wahrheit, die sich noch dazu als solche zu erkennen gibt (ihre geschichtliche Perspektivität also gleichsam eigens thematisiert – wie wir das bei Hebel explizit vorfinden werden –), als Abfall vom Leib der Kirche interpretieren. Einschränkend ist allerdings zu bemerken, daß Kultur- und Gestaltwerdung der Wahrheit gerade im traditionellen katholischen Denken eine unaufgebbare Pflege gefunden haben, die tatsächlich das eigentliche Geschichtsproblem verdecken konnte.

b) Altprotestantisch-orthodoxes Modell

Während sich in den Prozessen der Kultur- und Gestaltwerdung Kontinuität etablieren kann, wird dies aus der Sicht altprotestantischer Orthodoxie radikal in Frage gestellt: Man verweist auf die tiefe Kluft, die sich zwischen dem Ursprung des Evangeliums und der weiteren Geschichte der Kirche öffnet, und sieht die Deformation allein durch Luthers Reformation wieder der Vollkommenheit des Ursprungs nähergebracht. Gerade in solcher Perspektive bleibt aber dann kein Raum für eine Bearbeitung, ja Veränderung der Bibel Luthers, die ja ausschließlich Rettung zu bringen vermag. „Zurück zu Luther" war denn auch das Pathos des neu sich konstituierenden Luthertums im 19. Jahrhundert; sowohl auf gemeindlicher als auch auf religionspädagogischer Ebene mußte Hebels geschichtliche Fassung des Wortes Gottes Zorn erregen. Letztlich konnte sich auch in diesem theologischen Modell keine adäquate Geschichtsauffassung bilden, obwohl sich in den reformatorischen Ursprüngen aus kontroverstheologischem Interesse heraus geschichtliche Argumentationen im Anschluß an die humanistischen Studien aufweisen lassen. Ebeling erkennt, wie schon bei der katholischen Geschichtsauffassung, dualistische Züge.[4]

[4] Ebeling, Studium der Theologie, S. 73.

c) Pietistisches Modell

Die dem Pietismus entwachsene individualistische und spiritualistische Engführung der christlichen Religion läßt weder eine streng systematische noch eine streng historisch-genetische Begriffsbildung zu; die Aktualität des religiösen Erlebnisses mit seiner naiven Identifikation mit dem Geist des Ursprungs wehrt vehement aller geschichtlichen Gestaltwerdung unter dem Verdikt einer bloßen Hingabe an die Kultur. Alle dichterischen bzw. ästhetischen Bemühungen einer geschichtlichen ‚Fortschreibung' des radikal aktuellen Ursprungs sind weder nötig noch erlaubt. Gleichwohl entsteht natürlich auf diesem Boden eine Rhetorik der Innerlichkeit, die sich jedoch strikt dem Prozeß öffentlicher Vermittlung und Beurteilung entzieht.[5]

d) Auslegungsgeschichtliches Modell

Gegenüber diesen jeweils streng konfessionell gefaßten Modellen einer Verhältnisbestimmung von Wahrheit und Geschichte, die allesamt das Moment der in Geschichte gefaßten Wahrheitsformulierung ausblenden, entwickelte man in der protestantischen Theologie des 20. Jahrhunderts eine die engen dogmatischen Grenzen angeblich sprengende hermeneutische Kategorie: die Auslegungsgeschichte – entweder die des Wortes Gottes (K. Barth)[6] oder die der Hl. Schrift (G. Ebeling). Auf den ersten Blick scheint diese allgemeine Formel zentral unseren Gegenstand zu erfassen: Durch die Bearbeitung Hebels entstand ein durchgängig konzipierter und vor seiner Zeit und vor seinen Adressaten verantworteter Auslegungstext des ‚Urtextes' der Christenheit, der selbstverständlich in diese Auslegungsgeschichte mit hineingehört. Fragt man jedoch nach den Kriterien, die solche Auslegungsgeschichte

[5] Nicht das Problem einer Bibelbearbeitung, wohl aber das Problem der Poetizität der Bibel aus pietistischer Perspektive findet in der Germanistik genauere Analyse, die weit in das Feld geschichtlicher Kulturwerdung der Wahrheit vor allem im Bereich der Rhetorik hineinreicht. Die kontroverse Diskussion können folgende Titel belegen: D. Gutzen, Poesie der Bibel. Beobachtungen zu ihrer Entdeckung und ihrer Interpretation im 18. Jahrhundert, [Dissertation] Bonn 1972, bes. die Ss. 42–56; R. Breymayer, Die Erbauungsstunde als Forum pietistischer Rhetorik, in: Rhetorik. Beiträge zu ihrer Geschichte in Deutschland vom 16.-20. Jahrhundert, hgg. von H. Schanze, Frankfurt 1974, S. 87–104; J. Dyck, Athen und Jerusalem. Die Tradition der argumentativen Verknüpfung von Bibel und Poesie im 17. und 18. Jahrhundert, München 1977, bes. die Ss. 114–117; St. Berning, Zur pietistischen Kritik an der autonomen Ästhetik, in: Literatur und Religion, hgg. von H. Koopmann und W. Woesler, Freiburg, Basel, Wien 1984, S. 91–121.
Aus der Fülle von Zitaten pietistischer Theologen, die sich gegen jegliche geschichtliche Vermittlungsarbeit wehren, sei ein Ausspruch Speners aus seinen „Theologische(n) Bedencken" von 1700–1702 angeführt: „die erkäntnüß der H. schrift per oratoriam jemand beyzubringen / ist eine verlorne arbeit / und heisset mit der ruthe ins wasser schlagen." (Zitiert bei Berning, Zur pietistischen Kritik, S. 103)

[6] Auf die formale Vorläuferschaft K. Barths gegenüber G. Ebeling weist hin Fr. de Boor, Kirchengeschichte oder Auslegungsgeschichte?, in: ThL 97/1972, Sp. 401–414.

unter dem systematischen Aspekt der Wahrheit Gottes steuern sollen, zeigt sich auch hier die Unangemessenheit zur Erfassung des speziellen Phänomens Bibelbearbeitung.

Wie ein monolithischer Block steht bei *K. Barth* das Wort Gottes im geschichtlichen Raum; wohl vermag die Kirchengeschichte als „Hilfswissenschaft“[7] der Theologie mit ihrer „*untheologischen* Fragestellung“[8] geschichtliche Phasen und Positionen zu bestimmen; der Grundsatz jedoch, daß das Wort Gottes „sich als frei und überlegen darin (erweist), daß es die Kraft besitzt, die sich ihm von der Welt her aufdrängenden und anhängenden Fremdelemente immer wieder *fernzuhalten* und *auszuscheiden*“[9], läßt Geschichte nur als Kritik an einer durchgängigen Mißverstehensgeschichte des reinen Offenbarungswortes verstehen: „Die Kirchengeschichte ist die Geschichte der Auslegung und damit der immer neu drohenden Vergewaltigung des Wortes Gottes.“[10] Soll tatsächlich Hebels Eifer und Anspruch, eine „heilige Geschichte für die Kinder“[11] zu schreiben, dieser fatalen Denunziation zum Opfer fallen? Ließe man sich auf K. Barths Prämissen ein, wäre diese Konsequenz unausweichlich.

„Die Kirchengeschichtsschreibung ist die Geschichte der Auslegung der heiligen Schrift“.[12] Mit dieser Definition formulierte 1947 *G. Ebeling* endgültig die Kirchengeschichte als theologische Disziplin, die die „Geschichtlichkeit der Kirche“ im Sinne von Confessio Augustana VII akzeptieren konnte. Wie aber muß eine Bibelbearbeitung beurteilt werden, wenn der Adressat nicht die hörende Gemeinde ist (CA VII), sondern einfach und ohne gefordertes Vorverständnis – Kinder? Indem Ebeling christliches Verstehen von Erinnern abhebt, zugunsten einer „Vergegenwärtigung (ist), kraft der durch das Wort der Verkündigung sich vollziehenden Selbstvergegenwärtigung Christi zur Gleichzeitigkeit mit den Glaubenden“[13], bringt er mit dem spezifischen Kriterium der *Verkündigung* nun doch eine Kategorie in die Argumentation, die gerade angesichts der Situation der Säkularisation wesentliche Bereiche christlicher Kulturwerdung nicht als konstitutive Faktoren der Geschichtlichkeit von Wahrheit anerkennen kann.

Der hermeneutische Aspekt des Ebelingschen Ansatzes ist unaufgebbar, jedoch in eine noch weitere Theoriebildung zu integrieren.

---

[7] K. Barth, Kirchliche Dogmatik (KD) I/1, Zürich [9]1975, S. 3.

[8] K. Barth, KD I/2, Zürich [9]1975, S. 885; Sperrdruck bei Barth.

[9] Barth, KD I/2, S. 763; Sperrdruck bei Barth.

[10] Barth, KD I/2, S. 764.

[11] Briefe, Nr. 407, S. 579 (An Haufe, Dez. 1818).

[12] G. Ebeling, Kirchengeschichte als Geschichte der Auslegung der Heiligen Schrift, in: Wort Gottes und Tradition. Studien zu einer Hermeneutik der Konfessionen, Göttingen 1964, S. 9-27, hier: S. 22.

[13] Ebeling, Kirchengeschichte als Geschichte der Auslegung, S. 26.

Diese wird noch nicht erreicht vom Ebeling-Kritiker K. D. Schmidt, der mit seiner angeblich umfassenden Formel, Kirchengeschichte sei „die Geschichte des in der Welt fortwirkenden Christus"[14] doch zu einer rigiden Selbstbeschränkung des Aufgabenbereichs mahnt, wenn er in einem für unseren Zusammenhang äußerst relevanten Passus folgendermaßen argumentiert:

> „Das alles in seiner geschichtlichen Entfaltung ist die Kirchengeschichte [Schmidt nennt die Werke von P. Gerhard, Sonnia und A. Schmitger für den Bereich christlicher Dichtung, Architektur und Musik; R. W.]. Wenn demgegenüber gesagt wird, daß gewisse Wirkungen des Christentums auch über den Raum der Kirche hinausgehen in den Bereich der allgemeinen Kultur hinein, so ist das natürlich richtig beobachtet. Auch sie zu erforschen, wie es zum Beispiel das Hamburger Bibelarchiv tut, ist sinnvoll. Aber sie sind nicht mehr ein Teil der Kirchengeschichte, sondern gehören in die allgemeine Kulturgeschichte."[15]

Damit wird man jedoch von vorneherein der Möglichkeit beraubt, die Thematisierung des Gottesgedankens innerhalb eines „bloßen" kulturellen Phänomens mit den adäquaten theologischen Perspektivierungen zu erfassen.[16]

e) Modell der ‚Historischen Theologie'

Eine theologische Perspektivierung, die im Grenzbereich von Kultur und Wissenschaft um die adäquate Erfassung ihres ureigensten Gegenstandes zu ringen hat, darf an den Grenzen von Konfessionalität und Dualität (Modell a und b), Aktualität (Modell c) und binnenkirchlicher Auslegungsgeschichte (Modell d), als tendenziellen Gefahrenmomenten der bisher erörterten Verhältnisbestimmungen von Wahrheit und Geschichte, nicht haltmachen.

Mit den in der neueren Diskussion vielfach aufgegriffenen Paradigmen „Christentumsgeschichte", „Überlieferungsgeschichte" und „Historische Theologie" scheinen perspektivierende Reflexionen zu einem theologischen Programm zu gerinnen, dessen Evidenz und Plausibilität sich gerade auch am Phänomen der Bibelbearbeitung bewähren dürfte.

> „Eine Theologie der Geschichte kann heute nicht mehr von einer dogmatischen Behauptung der Wirklichkeit Gottes in dem einen oder anderen Sinn ausgehen, um von daher den Gang der Geschichte zu deuten. Jeder derartigen Deutung gegenüber bleibt die Säkularität des herrschenden Verständnisses historischer Methode im

---

[14] K. D. Schmidt, Zur Grundlegung der Kirchengeschichte, in: ders., Gesammelte Aufsätze, hgg. von M. Jacobs, Göttingen 1967, S. 314–325, hier: S. 322.

[15] Schmidt, Zur Grundlegung der Kirchengeschichte, S. 323.

[16] Im übrigen könnte des Spätaufklärers Hebel Alterswerk sicher nicht vor dem Urteil K. D. Schmidts bestehen, der die ganze Epoche der Aufklärung nur als eine eigenwillige Episode im Gang der Kirchengeschichte interpretieren kann: „So kann der Verfasser nur bekennen, daß er zwar Gott auch hinter *dieser* Phase der Kirchengeschichte am Werk glaubt, aber nicht weiß, wozu sie ihm dienen sollte." (K. D. Schmidt, Grundriß der Kirchengeschichte, Göttingen [6]1975 [1960], S. 449)

Recht. Die religiöse Thematik kann für das Geschichtsverständnis nur wiedergewonnen werden, wenn sie als *in der Geschichte strittig* zum Thema wird. [...] Im Hinblick auf die Strittigkeit der in der christlichen Überlieferung behaupteten Gotteswirklichkeit ließe sich aber von der Kirchengeschichte ohne Einbuße ihrer methodischen Strenge eine Untersuchung und Darstellung der Geschichte des Christentums erwarten, die für jede Phase dieser Geschichte das Verhältnis ihrer Erfahrung von Wirklichkeit zu dem ihr überlieferten Wirklichkeitsverständnis untersucht und im Anschluß daran die Frage stellt, inwiefern sich in dieser geschichtlichen Erfahrungssituation der Gott der christlichen Überlieferung den Beteiligten als die alles bestimmende Wirklichkeit bekundet hat, erkennbar an den faktischen Veränderungen der Lebensformen und des Bewußtseins der Christenheit."[17]

Als geschichtliche Grundlage für dieses Modell einer Historischen Theologie gilt allgemein das inhaltlich zu deutende Ereignis des Jesus von Nazareth in seinem Verhältnis zu Gott: Jesus unterscheidet sich vom „Vater" – und gerade in dieser Selbstunterscheidung und in diesem Differenzbewußtsein wird er zur Einheit mit Gott, der alles bestimmenden Wirklichkeit, erhöht. Dieses historische Geschehen wird im Medium historischer Vermittlung „überliefert" und gewährt so allen Menschen in der Nachfolge Jesu und seiner vollkommenen Selbstunterscheidung vom Vater aktuellen Anteil an der in Jesus antizipierten Einheit mit Gott.[18]

Eine solche Überlieferungsgeschichte ist durch die beiden strukturellen Momente eines Begründungs- und eines Entdeckungszusammenhangs von Wahrheit[19] der neuzeitlichen Erfahrung der Differenz von Gegenwart und Vergangenheit prinzipiell nicht enthoben: „Der Begriff der Geschichte als Überlieferungsgeschichte hat seine Bedeutung in der Integration der scheinbar zwangsläufig auseinanderfallenden Aspekte des ‚bloß' Historischen und dessen, was an der Geschichte theologisch bedeutsam ist."[20]

---

[17] W. Pannenberg, Wissenschaftstheorie und Theologie, Frankfurt a.M. 1977, S. 401 f. Das zentrale 5. Kapitel „Theologie als Wissenschaft von Gott" formuliert den für Pannenbergs Theologie entscheidenden Gottesgedanken als den Gedanken „der alles bestimmenden Wirklichkeit" (S. 304 u. ö.) und bestimmt gleichwohl die „Hypothese" als die allein mögliche Aussageform der Theologie (S. 302 u. ö.).

[18] Vgl. W. Pannenberg, Systematische Theologie. Band I, Göttingen 1988, S. 335–347. („Die wechselseitige Selbstunterscheidung von Vater, Sohn und Geist als konkrete Gestalt der trinitarischen Relationen.")

[19] Vgl. die kontroverse Diskussion über „Entdecken und Begründen" in: W. Pannenberg/ G. Sauter/ S. M. Daecke/H. N. Janowski, Grundlagen der Theologie – ein Diskurs, Stuttgart u. a. 1974, S. 86–97. Pannenberg weist hier (S. 94 f.) auf das entsprechende Begriffspaar ‚Beschreiben' und ‚Erklären' hin; kein Entdecken bzw. Beschreiben sind theorielos zu haben, gleichwohl aber können sie nicht deduktiv abgeleitet werden und bewahren so ihr eigenständiges Recht im Aufbau einer Theorie!

[20] Tr. Rendtorff, Überlieferungsgeschichte des Christentums. Ein theologisches Programm, in: ders., Theorie des Christentums. Historisch-theologische Studien zu seiner neuzeitlichen Verfassung, Gütersloh 1972, S. 13–40, hier: S. 23.

Mit dem Konzept einer „Überlieferungsgeschichte des Christentums" ist auch gewährleistet, daß innerhalb der theologischen Perspektivierung die relative Unvollständigkeit aller geschichtlichen Wirklichkeit gegenüber dem eschatologischen Ganzen der Wirklichkeit Gottes akzeptiert werden kann. Gerade so wird dann positiv Raum für jeweils neu erschlossene „Erkenntnis- und Erfahrungshorizonte"[21], die als „Bereicherung der Theologie" eingehen in den von der Aufklärung so genannten Prozeß der „Perfektibilität".[22]

Der Vater einer so gefaßten „Historischen Theologie" ist in beziehungsreicher Weise natürlich J. G. Herder, dessen „Briefe, das Studium der Theologie betreffend", sich in Hebels Nachlaß[23] fanden. Und wie bei Herder der Gang der Geschichte untrennbar verbunden ist mit der Thematisierung göttlicher Wahrheit als der Bestimmung des Menschen, so ist für ihn auch schon die Urkunde des Ursprungs des Christentums gekennzeichnet durch die Kraft der Integration von göttlicher Wahrheit und menschlicher Geschichte.

> „Es bleibt dabey, mein Lieber, das beste Studium der Gottesgelehrsamkeit ist Studium der Bibel und das beste Lesen dieses göttlichen Buches ist *menschlich*."[24]

Was als direkte Aufforderung Herders an Hebel stilisiert werden könnte, die Biblischen Geschichten anzufertigen, vermag – als theologische Perspektivierung extrahiert und appliziert – ein besseres Verständnis dieses viel gescholtenen und verkannten Werkes zu befördern.

Exkurs: Zu W. Benjamins Geschichtsphilosophie

Im Rahmen der Erörterungen einer theologischen Perspektivierung, die näherhin als Perspektivierung im Rahmen des Theoriemodells der „Historischen Theologie" kenntlich zu machen ist, muß ein kurzer Seitenblick auf W. Benjamins Geschichtsphilosophie geworfen werden. Gerade in den Forschungsergebnissen R. Fabers[25] zeigte sich ja, wie die konstitutiven Elemente in Benjamins Denken – jüdischer Messianismus und eschatologisches Geschichtsverständnis – entscheidende Dimensionen in Aufbau und Durchführung der Biblischen Geschichten zu erhellen vermögen. Des weiteren verdankt die Hebel-Philologie gerade *den* Philologen und Philosophen ent-

---

21 Rendtorff, Überlieferungsgeschichte des Christentums, S. 35.

22 Ebd.

23 Vgl. dazu die einführenden Erläuterungen im 2. Kapitel.

24 Zitiert aus den „Briefen" bei Kl. Scholder, Herder und die Anfänge der historischen Theologie, in: EvTh 22/1962, S. 425–440, hier S. 431.

25 Vgl. 1. Kap. I, 2e.

scheidende Impulse, die sich dem Historischen Materialismus verbunden fühlten.[26]

Für eine theologische Perspektivierung, die den Theologen Hebel und sein Religionsbuch zu erfassen hat, wird die Gottesfrage, die Thematisierung der alles bestimmenden Wirklichkeit, zum zentralen Punkt der Auseinandersetzung mit Benjamin. Nun ist in der Benjamin-Interpretation längst nicht entschieden, ob bei Benjamin lediglich eine „Säkularisierung jüdischer Motive"[27] zu konstatieren ist, wie natürlich besonders die marxistische Analyse zu betonen versucht, oder ob nicht Theologie der wirkliche und wahre Materialismus *ist*, und also tatsächlich eine Theologisierung der Geschichte bei Benjamin zu behaupten ist, wie besonders G. Kaiser in einer gründlichen Studie nachzuweisen sucht.[28] Wenn aber selbst bei der theologischen Rettung Benjamins das Messianische nun zwar eben nicht als Metapher oder Leerformel, vielmehr als Chiffre für die „Undenkbarkeit und Unsagbarkeit" der Totalität ausgesagt werden kann,[29] so ist das für die Erfassung des christlichen Gottesgedankens eindeutig zu wenig. Auch der eschatologische Geschichtsbegriff, den Benjamin bekanntlich in das Bild des Engels der Geschichte faßt, ist mit einer neuzeitlichen Theorie des Christentums nicht vereinbar: Im Gegensatz zur Katastrophe, als die die Kette der Begebenheiten der Geschichte dem „angelus novus" erscheint, vermag es der christliche Gottesgedanke, daß alle geschichtliche Endlichkeit immer wieder unter dem Aspekt der Integration und der Versöhnung erfahren wird. Gerade der Begriff der Versöhnung hat sich in diesem Zusammenhang allen ideologischen Verdächtigungen gegenüber zu behaupten; er ist vom christlichen Gottesgedanken her als im linearen und kontingenten Geschichtsverlauf wirksame Integrationskraft zu begründen und zu entdecken. Es muß sich zeigen, wie gerade auch inhaltliche Gesichtspunkte etwa des Versöhnungsgedankens nur durch die Perspektivierung im Sinne der Historischen Theologie an den Biblischen Geschichten zu bewähren sind.

Zusammenfassend seien die wichtigsten Gesichtspunkte einer theologischen Perspektivierung genannt – sie sollen leitend sein für die Analyse der Hebelschen Bibelbearbeitung und müssen im Vollzug der Analyse verifiziert bzw. falsifiziert werden.

---

26 Neben Benjamin sind vor allem E. Bloch und J. Knopf zu nennen.

27 B. Witte, „Die Welt allseitiger und integraler Aktualität". Die Säkularisierung jüdischer Motive in Walter Benjamins Denken, in: DU 37/85, H. 3, S. 26–37. Witte exemplifiziert seine These vor allem an Benjamins Theorie der epischen Formen, die zu einem sprachlichen Säkularisat der Endzeit gerinnen: „integrale Prosa" als Ausdruck messianisch befreiter Geschichte.

28 G. Kaiser, W. Benjamins „Geschichtsphilosophische Thesen". Zur Kontroverse der Benjamin-Interpreten, in: Antithesen. Zwischenbilanz eines Germanisten 1970–1972, Frankfurt a. M. 1973, S. 197–273.

29 Kaiser, W. Benjamins „Geschichtsphilosophische Thesen", S. 265.

1. Theologische Perspektivierung thematisiert den christlichen Gottesgedanken in seinem normativen Anspruch; insofern wehrt sie aller Funktionalisierung und Nivellierung des Gottesgedankens.

2. Theologische Perspektivierung faßt den christlichen Gottesgedanken als alles bestimmende Wirklichkeit; insofern hat sie auch Gott *und* Geschichte zusammenzudenken und näherhin – in jüdisch-christlicher Perspektive – als Gott *in* Geschichte zu spezifizieren.

3. Theologische Perspektivierung erfaßt die jeweils geschichtliche Ausformulierung und Gestaltung des Wahrheitsanspruches des christlichen Gottesgedankens; insofern transzendiert sie den Bereich der Kirche und ihrer Glieder auf kulturelle Phänomene der Gesellschaft und ihrer Individuen hin.

4. Theologische Perspektivierung wahrt die Differenz und den Zusammenhang von Gegenwart und Vergangenheit; insofern faßt sie den aktuell-systematischen Anspruch der christlichen Wahrheit im geschichtlich-rekonstruierten Überlieferungsgeschehen der Christentumsgeschichte (das theoretische Modell hierzu liefert die „Historische Theologie").

5. Theologische Perspektivierung stellt das Methodenarsenal insbesondere der Geschichtswissenschaft (vor allem die historisch-kritische Methode) und der Geisteswissenschaft (vor allem die hermeneutische Methode) in einen inhaltlich am christlichen Gottesgedanken ausgewiesenen kritisch-normativen Rahmen; insofern ist eine Kritik am reinen formalen Methodenbegriff impliziert sowie zugleich die Forderung erhoben nach einer inhaltlichen Sachdiskussion, die sich an den impliziten Sachansprüchen orientiert.

Nur am Gegenstand selbst und seinen impliziten Ansprüchen ist die Relevanz einer explizit theologischen Perspektivierung zu entscheiden. Das enthebt sie des Vorwurfs angemaßter Dignität und relativiert sie zu einer Perspektive unter vielen im interdisziplinären Perspektivenpluralismus.

2. Literaturgeschichtliche Perspektivierung

Was in der Hebel-Philologie nahezu selbstverständlich ist und dort auch selten eigens ausgewiesen wird, bedarf in unserem interdisziplinären Zusammenhang doch einer eigenen perspektivierenden Reflexion: Die Texte Hebels sind Literatur mit dem ihr eigenen Anspruch sprachlicher Gestaltung und ihrer Intention ästhetischer Wirkung. Ein Sprach-Kunstwerk ist nach eigenen Gesetzen konstituiert und konstruiert; diese spezifischen Bedingungen müssen erkannt und interpretiert werden. Dabei erweist sich die Inhaltsebene – oder, kommunikationstechnisch gesprochen, die Information – angewiesen auf die und abhängig von den formalen Prinzipien des gestalteten Mediums Sprache, wie andererseits ein bestimmter Inhalt stets Einfluß auf den jeweils besonderen Umgang mit Sprache nehmen wird. Es wäre für

Theologie und Religionspädagogik gleichermaßen verhängnisvoll, wenn sie die Eigendynamik der kulturellen, d.h. von Menschen geschaffenen Güter und Inhalte und der ihnen zugeordneten Wissenschaftsdisziplinen ignorierten. Das wissenschaftstheoretische Hauptproblem in einem interdisziplinären Diskurs mit Theologie und Religionspädagogik ist dabei der von der jeweiligen Wissenschaftsdiziplin (hier der Literaturwissenschaft) vorgetragenen Autonomieanspruch des zu bearbeitenden Gegenstandes (hier der Literatur). Während mit dem Begriff *Eigendynamik* an ein das menschliche Kulturschaffen bereicherndes, besonderes Vermögen gedacht ist, kommt mit dem Gedanken der *Autonomie* ein ausschließendes, immunisierendes Moment in die Debatte: l'art pour l'art. Dieser absolute Autonomieanspruch taucht in der Dichtungsdiskussion allerdings erst mit der Wende zum 20. Jahrhundert auf (vor allem der Symbolismus mit seinen Vorläufern E. A. Poe und Baudelaire ist hier zu nennen). Ein interdisziplinäres Vermittlungsmodell bereitet unter solchen Voraussetzungen natürlich kaum überbrückbare Probleme, wie man sie leicht an dem Stichwort „religiöse Dichtung" studieren kann. Geschichtlich gesehen entbinden uns Hebels Biblische Geschichten einer Reflexion auf den Autonomie-Status von Dichtung; Hebel bewegt sich noch ganz auf der Ebene literarischer Rhetorik; und ihrer Eigendynamik (modifizierende Beeinflussung der Inhaltsebene; formaler Reflex auf Inhaltsimpulse) ist nachzuforschen.[30]

Unter welchen Bedingungen soll solches Nachforschen zu einem guten Ende kommen?

„Der Sehepunkt ist der innerliche und äußerliche Zustand eines Zuschauers, insoferne daraus eine gewisse und besondere Art, die vorkommenden Dinge anzuschauen und zu betrachten fließet. [...] In der historischen Erkenntnis kommt fast alles darauf an. [...] Es ist bei einer Erzählung nicht zu vermeiden, daß jeder die Geschichte nach seinem Sehepunkt ansehe und sie also auch nach demselben erzähle."[31]

---

[30] Entsprechend dieser historischen Einordnung Hebels in den Rahmen literarischer Rhetorik erübrigt sich auch eine interdisziplinäre Definition des Säkularisations-Theorems, dem theologisch wie literaturgeschichtlich gleicherweise ab dem 18. Jahrhundert eine überaus erhellende Funktion zukommt. Die Beanspruchung „weltlicher" Themen und Inhalte erfolgt bei Hebel explizit auf dem Boden einer christlichen Einheitskultur, insofern bedarf die Hebel-Philologie keiner ausdifferenzierten Modelle zur Verhältnisbestimmung von autonom-säkularen Gedanken, Inhalten und Formen zu ihren entsprechenden christlichen Vorläufern bzw. Verhinderern. Die ertragreiche Diskussion, die vor allem in den 60er Jahren unseres Jahrhunderts unter namhaften Germanisten zu diesem Thema geführt wurde (H. Schöffler; A. Schöne; W. Binder; A. Langen) braucht deshalb nicht referiert zu werden (vgl. die Bibliographie bei H.-H. Schrey (Hg.), Säkularisierung, Darmstadt 1981, S. 415–436). Doch will der Vf. keineswegs verhehlen, daß er auf wissenschaftstheoretischer Ebene einer sich selbst behauptenden „Legitimität der Neuzeit" im Sinne des großen apologetischen Entwurfs von H. Blumenberg (1966 bzw. 1974) radikal widerspricht – was entsprechende Optionen innerhalb der Säkularisationsdebatte prädestiniert.

[31] J. M. Chladenius, Einleitung zur richtigen Auslegung vernünftiger Reden und Schriften, Einleitung von L. Geldsetzer, [Reprint der Ausgabe Leipzig 1742], Düsseldorf 1969, S. 187f.

Chladenius' berühmter hermeneutischer Schlüsselbegriff des „Sehe-Punktes" weist uns Heutige mit allem Nachdruck auf die unhintergehbare Perspektivität aller Erkenntnisbemühungen (und die naturwissenschaftlich erarbeitete „Unschärferelation" unterstreicht nur die Universalität dieses Prinzips!). Sind wir also einer perspektivischen Urteilsbildung niemals enthoben, so besteht dennoch gerade in der gegenwärtigen Literaturwissenschaft die Gefahr eines Perspektivenpluralismus, der einer integrativen Bündelung nicht mehr fähig ist. Allein „Acht Modellanalysen am Beispiel von Kleists *Das Erdbeben in Chili*" kann man in dem jüngst erschienen Sammelband „Positionen der Literaturwissenschaft"[32] studieren und sich nur damit trösten, daß „Vermittlung nicht auf der Ebene der Metakonzepte, sondern auf der des konkreten Anlasses zur literaturwissenschaftlichen Tätigkeit"[33] zu suchen und zu finden ist. Leider aber verkommt eben dieser „konkrete Anlaß" häufig zum bloßen Vorwand eines eigenen Theoriekonzeptes; so wie es bezeichnenderweise Hebel-Texten aus seinen Kalendergeschichten ergeht, die bevorzugt zur Illustration neuer Interpretationsstrategien funktionalisiert werden (wobei allerdings indirekt die prägnante Gestaltungskraft Hebels allgemeine Anerkennung erfährt).[34]

Gemäß unserer beiden Prämissen der Interdisziplinarität und der strikten Beachtung der Geschichtlichkeit des Gegenstandes finden wir nun in der Eigenart von Hebels Biblischen Geschichten selbst die literaturgeschichtliche Problemstellung dermaßen fokussiert, daß wir ihr eine eindeutige und klare perspektivierende Konsequenz und Entscheidungshilfe entnehmen können, die sich auch gegenüber gegenwärtigen positivistischen, strukturalistischen, marxistischen und literatursoziologischen Ansätzen werden behaupten können.

---

[32] Hgg. von D.E. Wellberry, München 1985.

[33] D.E. Wellberry (Hg.), Positionen der Literaturwissenschaft. Acht Modellanalysen am Beispiel von Kleists *Das Erdbeben von Chili*, München 1985, S. 8.

[34] Vgl. z.B. K.H. Stierle, Die Struktur narrativer Texte. Am Beispiel von J.P. Hebels Kalendergeschichte *Unverhofftes Wiedersehen*, in: Funk-Kolleg Literatur, Band 1, Frankfurt 1977, S. 210–233 [Strukturale Erzählanalyse; Kommunikationstheorie; Pragmatik]; P. Rusterholz, Faktoren der Sinnkonstitution literarischer Texte in semiotischer Sicht. Am Beispiel von Hebels Kalendergeschichte: Die leichteste Todesstrafe, in: Zeichen, Text, Sinn. Zur Semiotik des literarischen Verstehens, hgg. von K.H. Spinner, Göttingen 1977, S. 78–124 [Semiotik nach Chr.S. Peirce in Überwindung von de Saussures zweistelligem Zeichenmodell]; J.H. Petersen, Textinterpretation, in: D. Gutzen u.a., Einführung in die neuere deutsche Literaturwissenschaft. Ein Arbeitsbuch, Berlin ³1979, S. 11–123, v.a. S. 34f. [Arbeitstext innerhalb einer traditionellen Einführung in erzählerische Texte].

Indem nämlich Hebels Biblische Geschichten eine *literarische Bearbeitung* der Heiligen Schrift darstellen, verlangen sie per se nach einer Hermeneutik, die über eine spezielle theologische Hermeneutik hinausweist auf eine allgemeine Hermeneutik als Verstehenslehre eines an und für sich aufgefaßten Textes. Genau diesen sachlich geforderten Übergangscharakter gewährt „Zwischen den Zeiten Friedrich Schleiermacher als Klassiker der neuzeitlichen Hermeneutik“[35] und Zeitgenosse Hebels![36]

In seinen Vorlesungen über „Hermeneutik und Kritik mit besonderer Beziehung auf das Neue Testament“[37] sprengt Schleiermacher die in der Aufklärung etablierte Regelhermeneutik, die über den Begriff „Vernunft“ bzw. „dogmatische Wahrheit“ immer schon wußte, was es auszulegen galt und die deshalb auch nur das Mißverstehen problematisieren mußte, nicht das Verstehen an sich.[38] So ist es nur folgerichtig, daß die traditionelle theologische Lehre vom mehrfachen Schriftsinn (historisch, allegorisch, tropologisch und anagogisch), die dem Wort bzw. Text seine Eigenwertigkeit nahm, nun von Schleiermacher endgültig überwunden wird zugunsten eines kohärenten Methodengefüges, das in unendlicher Bewegung den *Sinn* des Textes immer wieder neu zu konstituieren versucht.[39] Dieses kohärente Methodengefüge – das keineswegs auf ein lebendiges Sich-Einfühlen reduziert werden darf, wie es im Gefolge Diltheys besonders in unserem Jahrhundert immer wieder dominierte[40] – nimmt insbesondere das Herdersche Konzept einer historischen Ortung des jeweiligen Sinnes auf und erlaubt so eine „rein menschlich(e)“[41] Behandlung der „heiligen Bücher“[42], indem die altprotestantische Inspirationslehre zugunsten einer die jeweils verschiedene Autorschaft betonende „innerliche Impuls“-Lehre[43] aufgegeben wird. Gera-

---

35 So der Titel einer knappen Einführung und Verortung durch H. Birus, in: ders. (Hg), Hermeneutische Positionen. Schleiermacher – Dilthey – Heidegger – Gadamer, Göttingen 1982, S. 15–58.

36 Eine explizite Auseinandersetzung Hebels mit F. D. E. Schleiermacher läßt sich allerdings an keiner Stelle der zahlreichen Aufzeichnungen Hebels feststellen.

37 So der Titel der von F. Lücke 1838 in Berlin herausgegebenen Kompilation aus dem handschriftlichen Nachlaß und aus nachgeschriebenen Vorlesungen.

38 Zur Hermeneutik von Schleiermacher vgl. M. Frank, Einleitung zu: F.D.E. Schleiermacher, Hermeneutik und Kritik. Mit einem Anhang sprachphilosophischer Texte Schleiermachers, hgg. und eingeleitet von M. Frank, Frankfurt 1977, v. a. S. 10–15; Birus, Zwischen den Zeiten, S. 17–31; grundlegend für eine erste Orientierung über Probleme der Hermeneutik nach wie vor G. Ebeling, Art. Hermeneutik, in: RGG, III. Band, [3]1959, Sp. 242–262.

39 „Das Wahre ist, daß das Übergehen vom Unbestimmteren in das Bestimmte bei jedem Auslegungsgeschäft eine unendliche Aufgabe ist.“ (Schleiermacher, Hermeneutik, S. 101)

40 Vgl. P. Szondi, Einführung in die literarische Hermeneutik, hgg. von J. Bollack und H. Stierlin, Frankfurt 1975, S. 12f.

41 Schleiermacher, Hermeneutik, S. 88.

42 Schleiermacher, Hermeneutik, S. 86.

43 Schleiermacher, Hermeneutik, S. 88.

de daß Schleiermacher sein allgemeines Hermeneutikverständnis stets in Auseinandersetzung mit den Problemen der Auslegung der Bibel entwickelt hat, gestattet es uns, seine Kunst des Verstehens durchlässig zu halten zur theologischen und religionspädagogischen Perspektivierung. Für das philologische Vorgehen ist dabei nach wie vor leitend, was Schleiermacher in seiner „Einleitung" unter der Nr. 18 formelhaft zusammengefaßt hat:

> „Die Kunst kann ihre Regeln nur aus einer positiven Formel entwickeln und diese ist das geschichtliche und divinatorische (profetische) objektive *und* subjektive Nachkonstruieren der gegebenen Rede."[44]

Festhalten sollte man zunächst am „Kunst"- Charakter der Hermeneutik: *„Das Auslegen ist Kunst."*[45] Angesichts einer zunehmenden Mathematisierung in der sog. „Textwissenschaft" bis hin zur computergerechten Bipolarisierung inhaltlich komplexer Sachverhalte mag die Begründung Schleiermachers geradezu als profetische Polemik angesehen werden:

> „Das volle Geschäft der Hermeneutik ist als Kunstwerk zu betrachten, aber nicht, als ob die Ausführung in einem Kunstwerk endigte, sondern so, daß die Tätigkeit nur den Charakter der Kunst an sich trägt, weil mit den Regeln nicht auch die Anwendung gegeben ist, d.i. nicht mechanisiert werden kann."[46]

Was nun Schleiermachers „positive Formel" näherhin bedeutet in ihrer vierfachen Ausdifferenzierung soll mit seinen eigenen Erläuterungen aufgezeigt werden und so auch unserem weiteren Nachforschen den Rahmen setzen.

> „Objektiv geschichtlich heißt einsehen, wie sich die Rede in der Gesamtheit der Sprache und das in ihr eingeschlossene Wissen als ein Erzeugnis der Sprache verhält. Objektiv divinatorisch heißt ahnden, wie die Rede selbst ein Entwicklungspunkt für die Sprache werden wird; ohne beides ist qualitativer und quantitativer Mißverstand nicht zu vermeiden."[47]

Was Schleiermacher unter dem Thema „Die grammatische Auslegung" intendiert, ist genau der Komplex, der durch die philosophische Hermeneutik-Tradition bei Dilthey, Heidegger und Gadamer so auffällig ausgeblendet wurde.[48] Er verweist uns in das Spezifische der Literaturgeschichte, insofern hier nicht nur um den Sinn einzelner Worte aus ihrem unmittelbaren Kontext heraus gerungen, sondern die Literatur im Zusammenhang von Gattungsgesetzlichkeit und Epochenzugehörigkeit in einen weiten, wenn auch streng

---

[44] Schleiermacher, Hermeneutik, S. 93.
[45] Schleiermacher, Hermeneutik, S. 80.
[46] Schleiermacher, Hermeneutik, S. 81.
[47] Schleiermacher, Hermeneutik, S. 94.
[48] Vgl. H. Birus, Einleitung, zu: ders. (Hg.), Hermeneutische Positionen. Schleiermacher – Dilthey – Heidegger – Gadamer, Göttingen 1982, S. 5-14, hier: S. 9-12!

historisch fixierten Horizont gestellt wird. Das einzelne, individuelle Werk ist geprägt von überlieferten Normen und liefert gleichwohl seinen Beitrag einer Weiterentwicklung und Modifikation. Streng dialektisch bezogen auf diese Auslegung der sprachlichen Basis und ohne mögliche Hierarchisierung eines der beiden hermeneutischen Pole folgt die Konzentration auf den Autor und seine Intention, die Schleiermacher „Die psychologische Auslegung" nennt und die so nachdrücklich mit „Einfühlung" trivialisiert wurde. Schleiermacher stellt nüchtern fest:

„Subjektiv geschichtlich heißt wissen, wie die Rede als Tatsache im Gemüt gegeben ist, subjektiv divinatorisch heißt ahnden, wie die darin enthaltenen Gedanken noch weiter in dem Redenden und auf ihn fortwirken werden."[49]

Indem Schleiermacher die psychologische Auslegung unterteilt „in die rein psychologische und in die technische"[50], kann er sowohl die Genese der das Ganze organisierenden Idee rekonstruieren als auch die dann tatsächliche Realisierung und Gestaltung dieser Idee im fortlaufenden Text. Der erste Aspekt hebt ab auf die alte hermeneutische Weisheit, daß das Einzelne nur vom Ganzen her zu verstehen ist.[51] Der zweite Aspekt zielt auf die Analyse von Formelementen wie Stil und Komposition. Doch betont Schleiermacher immer wieder, wie fließend sowohl die Übergänge der methodischen Ausdifferenzierung als auch die formalen und inhaltlichen Übergänge des Gegenstandes sind: D.h., alle Argumente laufen stets auf eine integrierende Bündelung der Beobachtungen hinaus – ein Aspekt, der für Interdisziplinarität insgesamt oberste Priorität haben sollte. Auch insofern ist dem jüngsten Gesamturteil zu Schleiermachers Hermeneutik vollinhaltlich zuzustimmen:

„Die Aktualität der Schleiermacherschen Hermeneutik liegt vielmehr darin, daß sie als umfassend konzipierte, aber streng sprachbezogene Auslegungslehre in ihrer Stellung zu anderen auf menschliches Denken und Sprechen bezogenen Disziplinen (Dialektik, Rhetorik, Grammatik, Kritik) in ihrer Gegenstandsbestimmung (Rede und Schrift als Individuell-Allgemeines) und in ihrer inneren Verfahrenssystematik (Zusammenspiel von grammatischer und psychologisch-technischer Interpretation) den Ursprung eben jener Problemkonstellation bezeichnet – bezeichnet im doppelten Sinn des Symptoms und des Lösungsentwurfs –, aus der auch die modernen Wissenschaften der menschlichen Psyche, Sprache und Gesellschaft hervorgegangen sind. Schleiermachers Hermeneutik bezieht sich schon im Ansatz nicht mehr auf einen als selbstverständlich vorausgesetzten (allenfalls aus technischen Gründen oder durch mangelnden Vernunftgebrauch verstellten), sondern auf einen aus historischer Ver-

[49] Schleiermacher, Hermeneutik, S. 94.
[50] Schleiermacher, Hermeneutik, S. 179.
[51] Vgl. Schleiermacher, Hermeneutik, S. 186ff. u.ö.

schüttung, kollektiver Verzerrung und subjektiver Verdunkelung durch sprachliche Rekonstruktion und interpretatorischen Entwurf erst zu gewinnenden Sinn."[52]

b) Uhligs literaturgeschichtliche Orientierung[53]

Der zentrale Gegenstand und Anlaß unserer methodischen Reflexion, nämlich „*Bibel*-Bearbeitung" am Anfang des 19. Jahrhunderts, verweist uns nicht nur an die Nahtstelle von spezieller und allgemeiner Hermeneutik, sondern wirft – bei Akzentuierung von „Bibel-*Bearbeitung*" – auch das Problem der innerliterarischen Auseinandersetzung mit der eigenen Geschichte auf. Wir versuchten bereits mit der Überschrift dieses Abschnittes „Literatur*geschichtliche* Perspektivierung" den Blick dafür zu schärfen. So wie die Geschichte des Christentums immer wieder neue Modelle veranlaßte, diese zu denken, so auch die Geschichte der Literatur. Dabei ist die Problemstellung durchaus parallel: Galt es bei der Christentumsgeschichte das Problem Wahrheit *und* Geschichte zu lösen, so wirft die Literaturgeschichte das Problem der Zeitlichkeit *und* Überzeitlichkeit von Kunst auf. Soll geschichtliches Vorgehen auf dem Felde der Literatur etwa die überzeitlichen Werte in Hebels Biblischen Geschichten herausschälen, die allein noch aktuell ästhetisch zu interessieren vermöchten?

J. P. Hebel hat die Problemstellung auf theologischem Gebiet in ein eindringliches Bild gebannt, das in der Lage ist, auch im Blick auf die Literatur*geschichte* erhellend zu wirken:

„Unsere theologischen Radicalreformers u. Carbonari sind ungerecht gegen die Dogmen der Kirchenlehre. Sie ist der ehrwürdige Rost u. Grünspan, der sich in der Reihe der Jahrhunderte zuerst an dem Evangelium angesetzt u. hernach eingefressen hat. Man kann ihn nicht mehr rein wegschaben, ohne etwas von dem edeln Metall abzukratzen. Man kann dieses nur noch in seiner Cruste conservieren."[54]

Was Hebel hier sinnlich vorstellt, hat Cl. Uhlig auf theoretischer und methodischer Ebene prinzipiell reflektiert in seiner anspruchsvollen „Theorie der Literaturhistorie. Prinzipien und Paradigmen"[55]. In kritischer Auseinandersetzung mit aktuellen Tendenzen der Literaturtheorie und mit einer geschichtlich weiten Fundierung seiner theoretischen Prinzipien versucht der Anglist Uhlig den „ehrwürdige(n) Rost und Grünspan", den literarische

52 N. Altenhofer, Der erschütterte Sinn. Hermeneutische Überlegungen zu Kleists ‚Das Erdbeben in Chili', in: Wellberry, Positionen der Literaturwissenschaft, S. 37–53, hier: S. 43.

53 Wertvolle Anregungen zum Problem der Geschichtlichkeit von Literatur verdanke ich zahlreichen Seminaren bei Prof. Dr. D. Wuttke, Universität Bamberg, wo auch das Konzept Cl. Uhligs diskutiert wurde. Vgl. auch D. Wuttke, Von der Geschichtlichkeit der Literatur. Fragmente einer bildungspolitischen Bestandsaufnahme, Bamberg 1984, besonders S. 11 f.!

54 Briefe, Nr. 428, S. 595 f. (An Hitzig, 24. Febr. 1821)

55 Heidelberg 1982.

Nachfahren ihren Vorgängern und Vorbildern angedeihen ließen, behutsam in seinen geheimen oder offenen Verbindungen zu „dem edeln Metall" nachzugehen. Grundlegende Gesetzmäßigkeiten solcher Verbindungen sollen quasi archäologisch rekonstruiert werden. Uhligs streng historisch ausgerichteter – aber sich im historischen Positivismus nicht erschöpfender – Ansatz geht aus von einer Prämisse, die unserer geforderten Interdisziplinarität nicht nur formal, sondern auch inhaltlich sehr zustatten kommt.

„Die Paradoxie, daß Werke der Kunst und Literatur zeitgebunden und zeitenthoben zugleich sind" kann nach Uhlig aufgehoben werden im „Konvergenzpunkt von Zeitlichem und Überzeitlichem, der übrigens nicht so sehr geschichtstranszendent, als vielmehr geschichtsimmanent zu denken wäre" und so „im konkreten Werk selbst" seinen geschichtlichen Ort findet.[56]

Gerade die Gattung Bibelbearbeitung bzw. – literaturgeschichtlich perspektiviert – Bibeldichtung scheint in nahezu idealtypischer Weise die von Uhlig vorgelegte Theorie zu verifizieren: Nicht umsonst erarbeitet er eines seiner Prinzipien am Paradigma „Miltons Paradise Lost". Denn wie kein anderes Werk des christlichen Abendlandes figurierte die Bibel als enormer Katalysator für Dichtung und Dichtungstheorie – und zwar seit den Anfängen innerhalb der Alten Kirche und der Kirchenväter. Zumindest das „edle Metall" des Urtextes blieb eine stete Herausforderung und setzte Entscheidungen der Form und der inhaltlichen Akzentuierung frei, die nur in ihrer genuin geschichtlichen „Verbindung" ihres jeweiligen besonderen Kunstcharakters überführt werden können. Für die zukünftige Erforschung von Literatur im Prozeß religiösen Lernens (z. B. Kinderbibeln; Erbauungsbücher etc.) schafft der Ansatz Uhligs die entscheidenden Voraussetzungen, den sprachlichen Kunstcharakter der betreffenden Werke zu bearbeiten, ohne sie dem literarischen Vorurteil eines Geschichtspräsentismus auszuliefern oder sie dem theologischen Vorurteil eines aktuellen Unmittelbarkeitswahnes zu überantworten; eine Voraussetzung, die auch unserer Erforschung von Hebels Bibelbearbeitung zugute kommen soll.

Uhligs Zielsetzung, „die jeweilige Geschichtlichkeit eines gegebenen Werkes oder Textes herauszuarbeiten und die darin meist schon inhärente dialektische Relation von literarischer Historizität und Modernität einsehbar zu machen"[57], die Geschichtlichkeit also zu erkennen, „die im jeweiligen Werk oder Text selbst kondensierte, die ihm eingeschrieben ist und dadurch seine Literarität konstituiert"[58], dabei stets auf „jene unaufhebbare Differenz zwischen Früherem und Späterem"[59] zu reflektieren – dieser seiner Zielrichtung

[56] Uhlig, Theorie der Literaturhistorie, S. 25 f.
[57] Uhlig, Theorie der Literaturhistorie, S. 21 f.
[58] Uhlig, Theorie der Literaturhistorie, S. 43.
[59] Ebd.

kommt Uhlig mit der Etablierung von fünf theoretischen Prinzipien nach, deren Geltung wir auch an Hebels Bibelbearbeitung zu erweisen versuchen.

„Was aus der Vergangenheit in die Gegenwart hineinragt“[60], möchte Uhlig an drei Prinzipien in seiner geschichtlichen Verflechtung präzisieren. Ganz allgemein bleibt dabei das Prinzip *„Palingenese“* (Wiedergeburt; Wiederentstehung), das gegenüber „antiquarischer Nostalgie“ und „unreflektiertem Präsentismus“ auf dem unabänderlichen „Zusammenhang von Gegenwart und Vergangenheit“ insistieren möchte.[61] Dieser Zusammenhang ist in gewisser Weise stets geprägt vom Prinzip der *„Ananke“*, wobei gerade die Dialektik von Freiheit und Notwendigkeit die Ananke nicht als reinen Determinismus beschreibbar macht, gleichwohl die sog. Last der Geschichte aber nicht einfach übersprungen werden kann und darf.

„In die Geschichte gestellt, hat jeder für sich aus dem Angebot der Tradition zu wählen. Darin liegt [...] seine Freiheit; determiniert hingegen sind die darauf folgenden Schritte – eine Ananke freilich, die der echte Dichter wiederum zur Bedingung seiner Freiheit zu erheben weiß.“[62]

Am konkreten geschichtlichen Ort des Textes oder Werkes manifestiert sich nun die „gegebene Historizität literarischer Texte [...] in der schichtenartigen Überlagerung unterschiedlicher Zeitebenen, worin sich zugleich der Prozeß des Alterns widerspiegelt.“[63] Im Prinzip des *„Palimpsest“* (übernommen aus der philologischen Textwissenschaft) verschafft sich die „momentane Koexistenz [...] akkumulierter Geschichte“[64] einen erhellenden Begriff, der als zentraler perspektivierender Leitbegriff gerade für die Gattung Bibeldichtung bestimmt werden muß.

Ein Umgang mit der literarischen Last der Geschichte wird stets – bewußt oder unbewußt – von den beiden allgemeinen anthropologischen Phänomenen des Erinnerns *und* Vergessens notwendig geprägt, um auf Grund einer „Sättigung mit Geschichte“[65] überhaupt Zukunft zu ermöglichen. Mit dem Prinzip *„Reminiszenz“* versucht Uhlig der eigenen Geschichte von Literatur auf die Spur zu kommen, insofern sie – im Akt des Erinnerns – ihre „poetische Aktivität als transpersonale(n) Dienst im Rahmen der literarischen Überlieferung“ ansieht.[66] Reminiszenz wird so zum Indikator *bewußten Erinnerns.*[67]

Akzentuiert man nun angesichts der unendlichen Massen überlieferter

[60] Uhlig, Theorie der Literaturhistorie, S. 62.
[61] Uhlig, Theorie der Literaturhistorie, S. 73 f.
[62] Uhlig, Theorie der Literaturhistorie, S. 86.
[63] Uhlig, Theorie der Literaturhistorie, S. 87.
[64] Uhlig, Theorie der Literaturhistorie, S. 91.
[65] Uhlig, Theorie der Literaturhistorie, S. 62.
[66] Uhlig, Theorie der Literaturhistorie, S. 105 f.
[67] Uhlig, Theorie der Literaturhistorie, S. 107.

Formen und Inhalte das *Vergessen*, so gelangt man zum anderen Pol einer literarischen Historizität. Das Prinzip *„Repristination"* artikuliert in seiner komplexen Geschichtsverbundenheit die geradezu modern-zukünftig ausgerichtete Sehnsucht nach dem Einfachen, Unbelasteten, Unbeschwerten, oft versinnbildlicht im Begriff der Heimat.[68] Nur durch solches „restituere in pristinum"[69] gelingt es oftmals noch, den Blick frei zu bekommen für die gestalterischen Aufgaben der Zukunft in der Gegenwart. Aber auch dieses unaufgebbare Moment von Modernität ist nur innerhalb einer Theorie der Literatur*geschichte* zu beantworten. Die idyllischen Motive in Hebels Biblischen Geschichten werden das zuletzt genannte Prinzip der Repristination besonders gut veranschaulichen können, doch wollen wir den Bereich einer perspektivierenden Grundsatzreflexion nicht verlassen und müssen es hier – wie schon im Vorhergehenden – bei Anspielungen belassen, die jedoch stets daran erinnern sollen, daß alle perspektivierenden Annäherungen allein die Erhellung des Gegenstandes zum Ziel haben.

Am Schluß dieses Abschnittes sollen ebenfalls – orientierend für den weiteren Fortgang der Untersuchung – die wichtigsten Gesichtspunkte einer literaturgeschichtlichen Perspektivierung *zusammengefaßt* werden.

1. Literaturgeschichtliche Perspektivierung nimmt die Eigendynamik eines literarischen Textes mit seinen ästhetischen Intentionen und seiner konstitutiven Dialektik von Form und Inhalt ernst.

2. Literaturgeschichtliche Perspektivierung wehrt einer Funktionalisierung und Nivellierung literarischer Texte, die nur auf die zeitlose bzw. geschichtsenthobene ästhetische „Eigentlichkeit" eines Textes abheben.

3. Literaturgeschichtliche Perspektivierung thematisiert die literaturimmanente Auseinandersetzung mit literarischen Vorläufern (Gattung; sprachliche Formen; Stil) und die individuellen, geschichtlich konkreten Innovationen (Kreativität; Originalität).

4. Literaturgeschichtliche Perspektivierung erfaßt eine aktuelle Rezeption nur in ihrer jeweiligen geschichtlichen Brechung und Vermitteltheit und setzt statt naiver Unmittelbarkeit reflektierte Thematisierung der Distanz und Nähe im Umgang mit geschichtlichen Texten.

5. Literaturgeschichtliche Perspektivierung stellt das heutige Methodenarsenal der Literaturwissenschaft in einen eindeutig geschichtlichen Rahmen, der eine textimmanente Inhaltsdiskussion ohne strukturalistische Reduktion und Abstraktion zuläßt.

---

[68] Vgl. vor allem Uhlig, Theorie der Literaturhistorie, S. 124f.

[69] Uhlig, Theorie der Literaturhistorie, S. 123.

3. Religionspädagogische Perspektivierungen

a) Theoretische Grundlagen der Religionspädagogik

Die Religionspädagogik in ihrem wissenschaftstheoretischen Selbstverständnis ist *Verbundwissenschaft*[70], d.h. ihr konstitutives Merkmal liegt in der Integration von theologischen, pädagogischen und humanwissenschaftlichen Perspektivierungen. Eine Integrationsbemühung ergibt sich notwendig aus dem Gegenstandsfeld dieser jungen Wissenschaft[71]: *Theorie und Praxis religiösen Lehrens und Lernens*, wobei die engere Fassung dieser weiten Definition den Lernort Schule mit seinen diversen Faktoren (Schüler – Lehrer – Unterricht; gesellschaftliche und kirchliche Einflüsse; pädagogische und psychologische Mikrostrukturen u.a.) expliziert und reflektiert. Dieser engeren Fassung der Religionspädagogik, der sog. Fachdidaktik Religion ist die Auswahl und Begründung von Lernzielen und Lerninhalten des „ordentlichen" Unterrichtsfaches „evangelische Religionslehre" anvertraut. Religionspädagogik im weiteren Sinne ist „Theorie der Praxis" (Schleiermacher) und daher Theorie für ein gegenwärtiges und zukünftiges religiöses Lehren und Lernen im allgemeinen und umfassenden Sinn. Durch Analyse von Praxis (methodisch gestützt auf Empirie und Hermeneutik) hat sie kritisch-konstruktive Handlungshorizonte und Handlungsimpulse (systematische Extrapolation und Prospektive) zu setzen und eine gegenseitige Durchdringung und Befruchtung von Theorie und Praxis zu ermöglichen. Dabei muß beachtet werden, daß Praxis gekennzeichnet ist durch den leibhaftigen Vollzug menschlicher Kommunikation (verbal und nonverbal), die zwar implizit natürlich immer theoriegeleitet ist, deswegen aber keineswegs systematisch-theoriekonform abläuft, vielmehr in hohem Maße kontingent geschieht. Der Reiz einer religionspädagogischen Theorie einer *solchen* Praxis liegt nun darin, neben vielen gestalteten Abläufen menschlicher Kommunikation auch auf viele Unwägbarkeiten, ja Untiefen zu stoßen, die einen Theorierahmen eigentlich zu sprengen drohen. Nur mit Hilfe einer humanwissenschaftlichen Perspektivierung lassen sich solche menschlichen Kommunikationslabyrinthe sachgerecht durchmessen und durchschreiten. Sie muß das notwen-

[70] Ich folge hier in Grundzügen dem fachdidaktischen Theoriekonzept von R. Lachmann, Verständnis und Aufgaben religionsunterrichtlicher Fachdidaktik, in: G. Adam/ R. Lachmann (Hg.), Religionspädagogisches Kompendium. Ein Leitfaden für Lehramtsstudenten, Göttingen 1984, S. 13–29. Für Lachmanns Verständnis von Fachdidaktik sind ergänzend hinzuzuziehen ders., Was ist und soll religionsunterrichtliche Fachdidaktik?, in: ders. (Hg.), Religionsunterricht als religionspädagogische Herausforderung, Festschrift für H. Angermeyer, Aachen 1982, S. 59–65; ders., Systematische Theologie als Bezugswissenschaft religionsunterrichtlicher Fachdidaktik? in: ZEE 26/1982, S. 400–429.

[71] Vgl. dazu G. Bockwoldt, Religionspädagogik. Eine Problemgeschichte, Stuttgart u.a. 1977.

dige Korrektiv einer allzu inhaltsbesessenen fachwissenschaftlichen (also theologischen) Ausgerichtetheit der Religionspädagogik bilden.

Das Gegenstandsfeld der Religionspädagogik, die Theorie und Praxis religiösen Lehrens und Lernens, hat sich formal im Laufe der Geschichte nicht geändert, wohl aber unterlagen die verschiedenen Bedingungsfaktoren des Gegenstandsfeldes enormen geschichtlichen Umbrüchen, so vor allem die Ausdifferenzierung des religiösen Bildungssystems in *Kirche* und *Schule*;[72] die Schule nahm in eigenständiger und eigenbegründeter Weise eine Aufgabe wahr, die so vielfach nicht einmal mehr im *Familienverband* gelöst wurde, der bis ins 19. Jahrhundert hinein der dritte entscheidende Lehr- und Lernort war.

Wissenschaftsorganisatorisch spiegeln sich diese Umbrüche in der Ausdifferenzierung von *Katechetik* (als deduktiv abgeleitete Anwendungswissenschaft innerhalb der sog. Praktischen Theologie) und *Religionspädagogik* (als Verbundwissenschaft mit ihrem spezifischen Bezug zur Fachwissenschaft Theologie in integrativem Verbund mit den Sozial- und Humanwissenschaften). War die Katechetik lange Zeit der bloße *Transmissions*riemen einer dogmatisch gesetzten und fixierten Wahrheit (also direkter Umsetzer ‚von oben' kommender Direktiven ähnlich dem System der Gewerkschaften innerhalb der sozialistischen Gesellschaften), so kennzeichnet die Religionspädagogik eine *Transformations*arbeit im Spannungsfeld von überlieferungsgeschichtlich verstandenem christlichen Wahrheitsanspruch und lebensgeschichtlich verortetem Erfahrungsanspruch. Solche Transformationsarbeit bedeutet auch, den Entdeckungszusammenhang innerhalb des gegenwärtigen Christentums verantwortlich wahrzunehmen, was immer auch eine Modifikation des Begründungszusammenhangs des überlieferten Christentums bedeutet.[73] Damit ist der eigenständige Beitrag, den die Religionspädagogik innerhalb der Fachwissenschaft Theologie spielt, nachdrücklich zu betonen und einzufordern.[74] Die Praxis des Christentums, ob in Schule, Familie, Gesellschaft oder Kirchen, hat noch längst nicht alle ihr eigenen Möglichkeiten entdeckt bzw. wahrgenommen. Das Zentrum religionspädagogischer Theorie für eine Zukunft eröffnende Praxis dürfte damit aber deutlich geworden sein: Religionspädagogik ist *Handlungs*-Wissenschaft!

Welcher Beitrag aber kann von einer derart an der Praxis orientierten

---

[72] Vgl. Kl. Wegenast, Art. ›Kirche und Schule‹, in: Handbuch religiöser Erziehung, Band 1: Lernbedingungen und Lerndimensionen, hgg. von W. Böcker, H.-G. Heimbrock, E. Kerkhoff, Düsseldorf 1987, S. 22–34.

[73] Vgl. Anm. 18 dieses Kapitels!

[74] Vgl. die Überlegungen zur Praktischen Theologie bei Pannenberg, Wissenschaftstheorie und Theologie, S. 426–442: Weder die Ethik noch die Praktische Theologie lassen sich „einlinig als Entfaltung dogmatischer Axiome begreifen. Hinsichtlich ihres *Entdeckungszusammenhanges* wurzeln alle diese Disziplinen [und damit gerade auch die Religionspädagogik; R. W.] selbständig in der geschichtlichen Lebenswelt der christlichen Überlieferung." (S. 435 f.)

Wissenschaft bezüglich des historischen Dokuments „Biblische Geschichten“ von J. P. Hebel eigentlich erwartet werden? Drei Thesen mögen hierauf eine vorläufige Antwort zu geben versuchen.

1. *Jede Vergangenheit hatte ihre Gegenwart.*

Indem sich Religionspädagogik bis in Mikrostrukturen hinein der Transformations- und Vermittlungsaufgabe zuwendet, wird sie in spezifischer Weise des Beziehungsgeflechtes einsichtig, in dem jeder Prozeß religiösen Lehrens und Lernens vonstatten geht. Damit kann die religionspädagogische Perspektivierung die selbstverständlich angewandte Methode historischer Rekonstruktion insofern ergänzen, als sie den Blick öffnet für die Zusammenhänge und Akzentuierungen, die ihre eigene Thematisierung und Explikation erforderlich machen, die aber leicht in Gefahr stehen, durch andere Interessenschwerpunkte verwischt oder verdeckt zu werden. Es ist eben ein Unterschied, ob Hebels Biblische Geschichten als Ausdruck spätaufklärerischer Theologie oder als biedermeierliche Bibeldichtung – beides sind sie unbestreitbar – genommen werden oder ob man sie als Religionsbuch an öffentlichen Volksschulen am Anfang des 19. Jahrhunderts interpretiert.

2. *Jede Gegenwart hat ihre Vergangenheit.*

> „Praxis [...] geschieht nicht unabhängig von dem geschichtlich-gesellschaftlichen Ort, an dem sie existiert. Ebensowenig wie sie unabhängig ist von den Erwartungen, die eine geschichtliche Situation an sie heranträgt, und den Wirkungen, die sie darin auslöst. Rp. [= religionspädagogische; R. W.] Praxis wird darum nur aus ihrer Geschichte durchsichtig zu machen sein, aus einer Geschichte, die gleichzeitig die Vielgestaltigkeit dieser Praxis aufweist.“[75]

Indem jede Analyse gegenwärtiger religionspädagogischer Praxis neben empirischer Beschreibung auch einer hermeneutischen Deutung bedarf, ist das Gewordensein dieser Praxis eine unaufgebbare Dimension religionspädagogischer Perspektivierung. Insofern wird beispielsweise die historisch-rekonstruierende Beschäftigung mit einer Bibelbearbeitung des 19. Jahrhunderts erhellende Funktion für die Analyse heutigen Bibelunterrichts gewinnen, in Differenz wie Übereinstimmung zu einem hundertfünfzigjährigen Vorläufer.

Der dominante Gegenwartsbezug der Geschichte wird allerdings nur in einem zukunftsoffenen Geschichtsmodell verifiziert werden können:

> „Eine auf die *Totalität der noch unvollendeten Geschichte* bezogene Beschäftigung mit historischen Themen wendet sich immer wieder zur Gegenwart und zur Praxis zurück. Sie gewinnt durch Auseinandersetzung mit der Geschichte ein nur so erreichbares inhaltsvolles Verständnis der Gegenwart und eine Orientierung der Praxis an den *Implikationen begriffener Geschichte* .“[76]

---

[75] W. Bartholomäus, Einführung in die Religionspädagogik, Darmstadt 1983, S. 1.

[76] Pannenberg, Wissenschaftstheorie und Theologie, S. 437; Hervorhebung durch R. W.

3. *Jede Gegenwart hat Zukunft.*

Das zukunftsoffene Geschichtsmodell liefert nun nicht nur der Empirie und Hermeneutik deren jeweiliges Inhaltsmaterial zur Erhellung der Analyse, sondern es vermag Handlungsimpulse freizusetzen, die eine gegenüber der Gegenwart veränderte Praxis intendieren. Gerade das Potential unabgegoltener Möglichkeiten ist aber durch die Beschäftigung mit Geschichte qualitativ und quantitativ zu bereichern. Konkret heißt das, daß es in der Geschichte des evangelischen Religionsunterrichts bis heute nicht mehr gelungen ist, eine dichterisch und theologisch so anspruchsvolle Bibelbearbeitung wie diejenige Hebels zu liefern (unter dieser Arbeitshypothese steht jedenfalls unser Interpretationsinteresse).

Kann es sich gegenwärtige Praxis des Bibelunterrichts leisten, in Zukunft auf Bemühungen zu verzichten, die den von Hebel erhobenen Anspruch in einer jeweils neuen geschichtlichen Situation zu realisieren versuchen? Eine religionspädagogische Perspektivierung wird Kriterien nennen müssen, die den Rahmen einer geschichtlichen Fortschreibung des Projekts „Bibeldichtung im Religionsunterricht“ abzustecken vermögen. Diese Kriterienbildung aber wird ohne ein genaues Verständnis des historischen Dokumentes „Biblische Geschichten“ sinnvoll nicht erfolgen können.

Indem Praxis in der eben erläuterten Weise gleichermaßen von Vergangenheit, Gegenwart und Zukunft durchdrungen ist, wird die religionspädagogische Perspektivierung von ihren eigenen Implikationen her zu einer gründlichen *aktuellen* Diskussion der Problematik Bibelbearbeitung drängen. Gegenüber der theologischen und literaturgeschichtlichen Perspektivierung soll dieser Akzent der *Unmittelbarkeit* und *Praxisrelevanz* in unserer Arbeit eigens reflektiert werden.[77]

b) Probleme eines geschichtlichen Zugangs zur Religionspädagogik

Während die Religionspädagogik die Perspektiven der Sozial- und Humanwissenschaften (Soziologie; Psychologie; Pädagogik) sehr wohl aufzunehmen verstand, hat die Historik als Bezugswissenschaft noch nicht die theoretisch aufbereitete Integration gefunden und ist die Geschichte der Religionspädagogik auf praktischer wie theoretischer Ebene noch immer ein Desiderat.[78]

---

[77] Vgl. das 4. Kapitel, das natürlich auch theologische Implikationen hat!
Auf literaturwissenschaftlicher Ebene wäre das entsprechende Problem im Rahmen der Rezeptionsforschung zu bearbeiten. Der Reiz einer solchen Analyse läge in der Differenz aktueller ästhetischer Rezeption zu geschichtlich bestimmtem theologischem Inhalt. Lassen sich Hebels Biblische Geschichten rein als „schöne“ Geschichten lesen? Wie sähe ein völlig säkularisierter Erwartungshorizont aus? Wie würde er befriedigt?

[78] Vgl. Kl. Wegenast, Geschichte der Religionspädagogik – Wozu eigentlich?, in: EvErz 31/1979, H. 1, S. 33–48. Wegenast versucht die Geschichtsvergessenheit mit den Frontkämpfen auf

Zwei Fragestellungen sind es besonders, die für eine Theoriebildung und Methodik einer Geschichte der Religionspädagogik zu klären sind:

– Da ist einmal *das Gegenstands- bzw. Praxisfeld*, das in seiner jeweiligen vergangenen Gegenwart historisch analysiert werden soll: Was gehört dazu, was ist auszuscheiden, nach welchen Kriterien ist hier eine Auswahl zu vollziehen?
– Da ist zum anderen der *gegenwärtige Umgang mit der Geschichte einer Praxis* des religiösen Lehrens und Lernens: Auch hier stellt sich die Frage der Auswahl bzw. des Ausscheidens und damit das Problem von Kontinuität und Diskontinuität bestimmter Traditionsstränge.

Beide Fragestellungen berühren sich so eng mit dem Problemgeflecht der Biblischen Geschichten, daß sie hier kurz umrissen werden müssen.

Was das *Gegenstands- und Praxisfeld* betrifft, so kann es nicht weit genug gefaßt werden. In seiner kurzen Einleitung zum „Arbeitsbuch zur Geschichte des evangelischen Religionsunterrichts in Deutschland" (Münster 1985) weist D. Stoodt auf den Zusammenhang mit der sog. „Mentalitätsbildung"[79]. Das ist nun allerdings der wohl umfassendste Horizont, der der Verbreitung und Massenhaftigkeit religiöser Lernprozesse der Vergangenheit (aber auch der Gegenwart) gerecht werden kann und mit aller Deutlichkeit die immense Wirkung religiöser Transformations- und Vermittlungsmodelle bewußt macht. Die Lernorte Schule und Kirche, die Stoodt als weitere konstitutive Faktoren veranschlagt,[80] lassen sich unter dem Begriff „Mentalitätsbildung" subsumieren, und in beiden Rubriken finden sich Elemente wie das Schulbuch oder das Religionsbuch, die in unverwechselbarer Weise es gestatten, die religionspädagogische Faktorenpalette in ihren Einflußnahmen dingfest zu machen. Schwieriger als diese institutionell verankerten Lernorte dürften die Familien als Katalysatoren religiöser Lernprozesse in ihrem eher privaten Charakter der Vermittlung zu analysieren sein, doch wird man auch hier auf

religionspädagogischem Felde seit 1945 zu erklären.
Vgl. auch die zwei neueren Literaturberichte, die immerhin eine ganze Reihe von Einzeluntersuchungen zu historischen Problemen der Religionspädagogik referieren können: E. Paul, Geschichte christlicher Erziehung und Sozialisation. Zu einem Stiefkind der Forschung, in: ThRv 80 (1984), S. 177–186; F. Rickers, Religionspädagogik zwischen 1975 und 1985, Zweiter Teil [= „3. Historische Religionspädagogik"], in: ThPr 22/1987, H. 1, S. 63–76.

[79] Stoodt, Arbeitsbuch, S. 4: „Mentalität steht in der Mitte zwischen Ideologie im Sinn eines umfassenden weltanschaulichen Gebildes und der Überzeugung der Einzelperson, die Unvereinbares oft unverbunden nebeneinander stellt und integriert." Damit aber kommen bezüglich der Mentalität nicht mehr nur die klassischen Faktoren religiöser Bildung im Binnenraum der Kirche bzw. der Schule in Blick, sondern eine vielfältige Palette weiterer (gesellschaftlicher, künstlerischer, biographischer etc.) Faktoren. Vgl. zur Bedeutung des Mentalitätsbegriffes in der neuesten Geschichtsforschung den Sammelband von U. Raulff (Hg.), Mentalitäten-Geschichte. Zur historischen Rekonstruktion geistiger Prozesse, Berlin 1987.

[80] Stoodt, Arbeitsbuch, S. 5ff.

Partikel achten müssen, die der Mentalitätsbildung zu- oder abträglich sind. Eine der Hauptaufgaben einer zukünftigen Geschichte der Religionspädagogik wird es sein, diese Elemente und Partikel wieder für ihren eigentlichen Verwendungszusammenhang zu reklamieren und sie der oft unsachgerechten Vereinnahmung durch andere Wissenschaften zu entreißen.[81] Die Germanistik hat die Erbauungsbücher des 17. und 18. Jahrhunderts längst bearbeitet, die Musikwissenschaft hat das Kirchenlied fest in ihrer Hand, fromme Genre-Malerei wird kunsthistorisch präzise eingeordnet und Kirchenbauten sind architektonisch exakt rekonstruiert: Daß es sich hier aber um religiöse *Lern-Orte* handelt, an denen der Wahrheitsanspruch des Christentums seine konkrete geschichtliche Gestaltung findet und zu einer Zukunft heischenden Praxis gerinnt, das wäre die unverwechselbare Aufgabe einer noch zu entwickelnden Theorie der Geschichte der Religionspädagogik, die Voraussetzung einer umfassenden *Kulturpädagogik* in theologischer Perspektive wäre! Auch in dieser Hinsicht möchte die folgende Arbeit einige neue Akzente setzen.

Wie aber gehen wir heute mit den solchermaßen gewonnenen Erkenntnissen aus dem weiten Bereich geschichtlich geronnener religionspädagogischer Handlungsfelder um?

Unter dem Titel „Geschichtsproblem und Problemgeschichte in der Religionspädagogik. Überlegungen zur Bedeutung der Geschichte für die Religionspädagogik“ beschäftigt sich M. Weinrich mit der „Auswahl, die wir notwendigerweise stets vornehmen müssen“, wenn wir uns der Geschichte zuwenden.[82] Er möchte dabei den „Verschränkungszusammenhang von Geschichtsproblem und Problemgeschichte auf(zu)zeigen.“[83] Das Geschichtsproblem liegt für Weinrich im „grundlegenden Unterschied“ zwischen einer vornehmlich an Entwicklungen interessierten Geschichtsbetrachtung (Wahrnehmung von Kausalität und Kontinuität) und einem Gegenwartsinteresse, das gegenwärtige Probleme durch „Befragung der Geschichte“ zu lösen versucht (Wahrnehmung systematischer Grundstrukturen).[84]

Mit einer verdeckten, aber unverhohlenen Polemik wirft er gegenwärtiger

---

[81] Das Problem grenzüberschreitender Annexionen erkennt E. Panofsky in seinem die Geisteswissenschaften allgemein bereichernden Aufsatz „Kunstgeschichte als geisteswissenschaftliche Disziplin“, indem er zwischen „Denkmal“, also dem ‚Primären Material‘, und „Dokument“, also ‚sekundärem Material‘ zu unterscheiden rät (in: ders., Sinn und Deutung in der bildenden Kunst, Köln 1978, S. 7-35, hier S. 16). Meiner Überzeugung nach wird die Geschichte der Religionspädagogik ihre eigenen primären Materialien als Denkmäler begreifen lernen müssen, d.h. sie muß den Status des Denkmals, den andere Wissenschaften für religionspädagogische Materialien entweder nicht zugestehen wollen bzw. den sie für ihre eigene Wissenschaft beanspruchen, für die eigene, religionspädagogisch ausgewiesene Kompetenz proklamieren.

[82] In: Pastoraltheologie. Wissenschaft und Praxis in Kirche und Gesellschaft, 72/1983, S. 224–240, hier: S. 224.

[83] Weinrich, Geschichtsproblem und Problemgeschichte, S. 227.

[84] Weinrich, Geschichtsproblem und Problemgeschichte, S. 224f.

Religionspädagogik eine Historisierung der Probleme vor: Indem historische Bedingungen als Erklärungsmuster spezifischer geschichtlicher Ausgestaltung religionspädagogischer Theorie und Praxis dienten, würde sie einer „zielstrebigen Entwicklungsdynamik" unterworfen, die die Vergangenheit nur noch als Überwundene kennzeichnen könne. Ein formaler Geschichtsbegriff werde verbunden mit einem angeblich „unabgeleiteten Vertrauen in die evolutionistische Dynamik der Geschichte".[85] Es ist aufschlußreich, daß Weinrich seine Attacken benutzt, um die sog. „Evangelische Unterweisung"[86] und die „Dialektische Theologie"[87] zu rehabilitieren, also die religionspädagogische Konzeption nach 1945 im Gefolge der Theologie K. Barths. Gerade dieser theologische und religionspädagogische Theorieentwurf hat – cum grano salis – die geschichtliche Vermittlung (im Doppelsinne des Wortes) aber einer Wort-Gottes-Unmittelbarkeit geopfert; er kann gar keinen unbefangenen Umgang mit Geschichte pflegen! Den formalen Geschichtsbegriff, den Weinrich gegenwärtiger Religionspädagogik unterstellt (ohne im übrigen irgendeine Belegstelle anzuführen!), gibt es nicht. Die Opposition von ‚Geschichtskontinuität' und „Problemkompetenz der Geschichte"[88] ist künstlich aufgebaut! Geschichte ist immer gedeutete Geschichte; für eine christliche Überlieferung bedeutet dies: Die Ausrichtung gegenwärtiger Praxis auf die Zukunft Gottes kommt stets von vergangenen Versuchen her, sich auf das Reich Gottes zu beziehen. Inhaltliche Bedeutung aber ist nur geschichtlich, also konkret und individuell zu haben. Religionspädagogische Geschichtsschreibung zeigt Kontinuitäten und Diskontinuität auf; sie wird deren jeweilige Berechtigung letztlich nur am *theologischen Kriterium* der „alles bestimmenden Wirklichkeit Gottes" verifizieren können, das bereits geschichtlich die Überlieferung des Christentums und seiner Praxis bestimmt hat. Jesu historisch verankerte Verkündigung des Reiches Gottes wollte eben diese theonome Prägung der Wirklichkeit als anthropologisch verankerte und bestimmende Bezugsgröße zum Ausdruck bringen. Gerade deshalb darf seine Reich-Gottes-Verkündigung als fundamentales theologisches Kriterium benannt und in den Status einer geschichtlichen Fundamental-Kategorie erhoben werden.

Es ist eine ungeschichtlich denkende Religionspädagogik gewesen, die Hebels Biblische Geschichten in Diskontinuität zu „gegenwärtiger" Praxis gestellt hat. Eine neu zu lernende Lust an historischer Differenz sollte sie in eine differenziert gefaßte Kontinuität biblischen Unterrichtens einreihen und modifiziert fortführen.

Das Modell, das wir für eine Geschichte der Religionspädagogik vorschla-

---

85 Weinrich, Geschichtsproblem und Problemgeschichte, S. 226.
86 Weinrich, Geschichtsproblem und Problemgeschichte, S. 225 f.
87 Weinrich, Geschichtsproblem und Problemgeschichte, S. 238 f.
88 Weinrich, Geschichtsproblem und Problemgeschichte, S. 225.

gen, lautet: Kontinuität in geschichtlicher Differenz und als geschichtliche Differenz. Keine Praxis religiösen Lehrens und Lernens wird sich auf einer neuen Stufe des linearen Geschichtsprozesses strukturell gleichen: Wir können nur die Distanz oder die Nähe von christentumsgeschichtlichen Antizipationen der Zukunft Gottes jeweils neu geschichtlich bestimmen und müssen unsere Praxis an der geschichtlich vermittelten Zukunft Gottes messen lassen. Indem Vergangenheit und Gegenwart transparent werden für die Zukunft Gottes, vertrauen wir in der Tat einer „erkennbar(en) Schlüssigkeit und sinnvolle(n) Zielstrebigkeit des Geschichtsprozesses“[89] – offen auf Gott und deshalb notwendig kontingent.

c) *Transformation als zentrale didaktische Kategorie einer religionspädagogischen Perspektivierung*

Mit der Analyse eines *Schulbuches* im evangelischen Religionsunterricht des frühen 19. Jahrhunderts in Baden perspektivieren wir einen *Unterrichtsgegenstand*, der zwar weiterer unterrichtlicher Behandlung im *Unterrichtsgeschehen* bedurfte, dem aber gleichwohl die entscheidenden didaktischen Einsichten und methodischen Realisierungen eingeschrieben, inhärent sind. Eine religionspädagogische Perspektivierung wird also ihr besonderes und unverwechselbares Augenmerk auf jenen didaktischen Mikrobereich richten, den wir im folgenden *Transformation* nennen wollen.

Unter Transformation verstehen wir das didaktische und methodische Bemühen, einen Gegenstand bzw. einen geistigen Inhalt vergangener oder gegenwärtiger Lebenswelten als Unterrichtsgegenstand zu konstituieren, an dem Kinder und Jugendliche *lernen* können, *in Beziehung* zu diesem Gegenstand/geistigen Inhalt *zu treten*.[90] Dabei ist Transformation ein aktiver Prozeß im *Vorfeld* des Unterrichts. Damit steht der Lehrer bzw. Verfasser im Zentrum dieser Perspektive, während der Schüler nur als Antizipierter in Erscheinung tritt. Gleichwohl wird ein besonderes Kriterium der Güte eines Transformationsprozesses sein, inwieweit es gelingt, dem antizipierten Schüler eine aktive Rolle im Transformations-‚Produkt‘ zugeschrieben zu haben, die es dem Schüler erlaubt, eigenständig neue, noch nicht thematisierte Beziehungen zwischen sich und dem Unterrichtsgegenstand zu knüpfen.

Der Begriff der Transformation kann wohl am besten deutlich machen, daß zwischen Lebenswelt (was per definitionem auch geschichtliche Lebenswelten impliziert) und Lernsituation schier unüberbrückbare Gegensätze bestehen, d.h., daß ein Unterrichtsgegenstand immer nur in veränderter Form sein lebensweltliches Pendant repräsentiert. Der Grad der durch die

---

[89] Gegen Weinrich, Geschichtsproblem und Problemgeschichte, S. 226.

[90] Vgl. hierzu P. Sieber, Zur didaktischen Transformation von Gegenständen, in: H. Moser (Hg.), Probleme der Unterrichtsmethodik, Kronberg/Ts. 1977, S. 66–90, hier S. 66 und S. 82ff.

Transformation bewirkten Veränderungen im Unterrichtsgegenstand muß von Fall zu Fall neu und umfassend geklärt werden; er läßt sich nicht im vorhinein in einem Regelwerk zeitlos vorhersagbar machen. Auch können zunächst keine Werturteile über bestimmte Grade der Veränderung gefällt werden, da die Transformationsintensität sich von Gegenstand zu Gegenstand ändern wird.

Zwei Kriterien aber machen die didaktische Transformation *bestimmbar*:
– Inwieweit nimmt die didaktische Transformation das wissenschaftliche, gesellschaftliche, kulturelle und religiöse *Wissen* über den Gegenstand in der Lebenswelt auf?
– Inwieweit nimmt die didaktische Transformation die kognitiven, affektiven und handlungsorientierten Horizonte der antizipierten (und dabei notwendig verallgemeinerten) Kinder und Jugendlichen auf?

Je präziser diese beiden Bestimmungsmomente berücksichtigt werden, desto besser halten wir eine didaktische Transformation für gelungen!

Wiederum wollen wir unsere Überlegungen zu einer religionspädagogischen Perspektivierung in Thesen *zusammenfassen*, die im Wechselspiel mit den theologischen und literaturgeschichtlichen Perspektivierungsthesen für eine umfassende interdisziplinäre Analyse von Hebels Biblischen Geschichten den orientierenden Rahmen bilden sollen.

1. Religionspädagogische Perspektivierung beachtet auf Grund ihres spezifischen wissenschaftstheoretischen Ortes all jene Aspekte, die explizit und implizit das Phänomen des religiösen Lehrens und Lernens konstituieren und begleiten, und ist insofern per defintionem auf Interdisziplinarität angelegt.

2. Religionspädagogische Perspektivierung muß neben den vom jeweiligen besonderen Gegenstand her geforderten Perspektiven (im Fall der Biblischen Geschichten sind es theologische und literaturgeschichtliche) insbesondere die pädagogischen und didaktischen Implikationen des Vermittlungsprozesses der christlichen Wahrheit in einer geschichtlichen, und damit gesellschaftlich und individuell konkret situierten und bedingten Ausgestaltung berücksichtigen.

3. Religionspädagogische Perspektivierung hat die bei allem religiösen Lehren und Lernen auftretende Differenz von *allgemeinem* Bewußtsein christlicher Wahrheit zu einer jeweils *besonderen, durch die Lehr- und Lernsituation bedingten Konkretisation* bzw. geschichtlichen Ausgestaltung eben dieser christlichen Wahrheit im Begriff der Transformation zu erhellen und die Rechtmäßigkeit dieser Differenz im Horizont der für jeden Menschen Zukunft eröffnenden Reich-Gottes-Botschaft Jesu zu prüfen.

4. Religionspädagogische Perspektivierung hat im Hinblick auf ihren handlungswissenschaftlichen Horizont Kriterien bereitzustellen, die auf-

grund des geschichtlich rekonstruierten religionspädagogischen Feldes eine aktuell Zukunft eröffnende *Praxis* des religiösen Lehrens und Lernens freisetzen hilft.

5. Religionspädagogische Perspektivierung erweist sich gerade in ihrer Konzentration auf die Mikrostrukturen religiösen Lehrens und Lernens – mit ihrem Blick auf die leibhaftig an diesem Prozeß beteiligten Menschen, d.h. auf die jeweilige kognitive und affektive, eben biographische Verankerung (humanwissenschaftliche Perspektivierung) – als genuin christliche Perspektivierung, die um die *geschichtliche Konkretion der Wahrheit als Konvergenzpunkt* all ihrer Bemühungen weiß.

Zweites Kapitel: Voraussetzungen

Analyse bedarf allemal der *Unterscheidungen und Trennungen*. Legt man an die Biblischen Geschichten von Johann Peter Hebel die im vorhergehenden Kapitel vorgestellten und begründeten Perspektivierungen an, so lassen sich drei konstitutive Dimensionen des Hebelschen Spätwerkes klar unterscheiden: die theologische Dimension, die literarische Dimension und die religionspädagogische bzw. religionsdidaktische. Alle drei Dimensionen sind in ihrem einzigartigen Zusammenspiel innerhalb der Biblischen Geschichten eine originäre, individuell-biographische als auch gattungsmäßig-geistesgeschichtlich herausragende, komplexe Leistung des Kirchenrates und späteren Prälaten Johann Peter Hebel. Isoliert man die konstitutiven Dimensionen in wissenschaftlicher, d.h. methodisch geleiteter Art und Weise, dann werden sie jedoch plötzlich transparent für eine Fülle von Voraussetzungen, die man sowohl individuell-biographisch als auch gattungsmäßig-geistesgeschichtlich in ihren jeweiligen geschichtlichen Konkretionen mit hoher Wahrscheinlichkeit benennen und belegen kann. Wir gehen in den folgenden Untersuchungen also gleichsam zurück hinter das in didaktischer Auswahl und Verantwortung komponierte Schulbuch für den evangelisch-unierten Religionsunterricht in Baden und versuchen, die theologischen, literaturgeschichtlichen und religionspädagogischen Voraussetzungen auszuleuchten, die Hebel ermächtigten, aus vertrautestem, quasi scholastisch etabliertem, schulmäßig tradiertem Material seine eigene „heilige Geschichte für Kinder“[1] zu schaffen.

Hebel besaß eine ausgeprägte, durchreflektierte didaktische Theorie. Sie soll am Schluß dieses Kapitels in ihrer ursprünglichen Intention rekapituliert werden: ein erstmaliger Versuch, die verstreut geäußerten ‚popular-ästhetischen‘ Bemerkungen synoptisch zu bündeln und darzustellen.

Gerade Hebels präzise Maßgaben für einen didaktischen Transformationsprozeß[2] erlauben es uns, eine Isolation der inhaltlichen und formalen Voraussetzungen vorzunehmen: Nur auf Grund dieser künstlich vorgenommenen Rekonstruktion und Isolation nämlich läßt sich die enorme didaktische Leistung bis hin zum fertigen Schulbuch für Kinder ermessen. Weder eine theologische Bildung noch eine literarisch-rhetorische Schaffenskraft, noch

---

[1] Briefe, Nr. 407, S. 579.

[2] Vgl. 1. Kap. II, 3c.

auch eine menschlich überzeugende pädagogische Begabung und schon gar nicht der bloße gute Wille eines religionseifrigen Kinderfreundes machen eben ‚wie von selbst' eine biblische Geschichte vom Rang und der Qualität Johann Peter Hebels!

Um die theologischen, literarischen und religionspädagogischen Voraussetzungen in ihrer soliden geschichtlichen Bedingtheit isolieren und rekonstruieren zu können, müssen zunächst zwei Quellen ausgeschlossen werden: Hebels Alemannische Gedichte (1803) und seine Kalendergeschichten (etwa in der Auswahl des „Schatzkästleins des rheinländischen Hausfreundes" von 1811). Beide literarischen Produkte Hebels stellen nämlich bereits Ergebnisse einer populärästhetischen Reflexion und Transformation dar, die gerade in ihrem ‚Rohmaterial', nicht in ihrer ausgereiften Vollendung, unser Interesse beanspruchen. Natürlich wurden auch in diesen Werken die genannten Dimensionen immer wieder aufgespürt und dargestellt[3], doch blieb dabei der Prozeß vom geschichtlichen Rohmaterial, also den inhaltlichen und formalen, schulmäßig tradierten Voraussetzungen Hebels, über seine didaktische Auswahl bis hin zur endgültigen Druckfassung durchweg außer Betracht.

Für unser eigenes weiteres Vorgehen bilden vielmehr *zwei andere Quellenschriften* den Orientierungsrahmen:

Die eine, *Hebels Exzerpthefte* (a), harren noch immer einer umfassenden Auswertung und womöglich einer Zugänglichmachung durch den Druck, die andere, ein *Verzeichnis der Bücher, die Hebel nach seinem Tod zurückließ* (b), wurde erst jüngst, zu Hebels 225. Geburtstag im Jahr 1984, wieder aufgefunden.

(a) Insgesamt vier Exzerpthefte aus Hebels Hand konnten in der Badischen Landesbibliothek[4] bis in unsere Tage herübergerettet werden: Es handelt sich dabei durchweg um Lektürenotizen und bibliographische Angaben, die in ihrer Bandbreite in vollem Umfang das bildungsmäßige Spektrum, wie es im eingangs zitierten Nekrolog von C.F. Sonntag aufscheint, bestätigen können. In sauber durchnumerierten Eintragungen kann man Hebels Bildungsinteressen aus den Hertinger Jahren als Hauslehrer bei

---

[3] Für die alemannischen Gedichte nach wie vor am umfassendsten: S. Löffler, Johann Peter Hebel. Wesen und Werk seiner dichterischen Welt, Frauenfeld-Leipzig 1944. Für die Kalendergeschichten empfiehlt sich zur genannten Thematik: Tschang Bok Rhie, Johann Peter Hebels Kalendergeschichten. Eine Studie über Heimat und Geschichte, Religion und Sittlichkeit im „Hausfreund", Köln [Diss.] 1976. Schließlich muß hier auch M. Lutz, Der Erzieher Johann Peter Hebel, Heidelberg 1964, erwähnt werden, die das pädagogische Interesse vor allem an den alemannischen Gedichten und am Kalender exemplifiziert.

[4] BLB H 84 (mit den Eintragsnummern 217–699); H 85 (Nr. 1124–1329); H 86 (Nr. 1330–1350) und H 122 („Zufällige Anmerkungen bei der biblischen Lektüre"; Nr. 3–13). Einzig bei R.M. Kully, Johann Peter Hebel, Stuttgart 1969, S. 18, fanden sich explizite Quellenhinweise zu diesen einzigartigen Dokumenten!

Pfarrer Schlotterbeck (Dez. 1780 bis Frühjahr 1783) über die Lörracher Zeit als Präceptoratsvikar im dortigen Pädagogium (Mai 1783 bis November 1791) bis hinein in die Karlsruher Anfänge als Subdiakonus und späterer Professor des Gymnasium illustre verfolgen (einer der letzten Einträge bibliographiert ein Buch aus dem Jahr 1799). Es erscheint uns wissenschaftlich problematisch, daß noch 1971 eine Dissertation über Johann Peter Hebels Theologie erscheinen konnte, ohne auch nur einen Blick auf dieses Dokument eines spätaufklärerischen Bildungsprogramms geworfen zu haben.[5] Nun kann es innerhalb unseres klar umrissenen Forschungsvorhabens nicht Aufgabe sein, dieses Konvolut akkumulierter Gelehrsamkeit in Gänze einer zusammenhängenden Analyse zu unterziehen, jedoch werden wir bereitwillig den Spuren folgen, die uns auf theologisches, literarisches und religionspädagogisches Feld führen, um die Lesefrüchte Hebels in systematischer Absicht zu sammeln. Dabei ist es von der Sache her (sprich vom Leseinteresse Hebels aus gesehen) nicht zu vermeiden – und ähnliches wird auch von der zweiten herangezogenen Quelle zu sagen sein –, einen unterschiedlichen Umfang unserer drei geplanten Abschnitte in Kauf zu nehmen, die die theologischen, literarischen und religionspädagogischen Voraussetzungen entwickeln sollen. In reziproker Komplementarität dazu sollen mit Hilfe weiterer Primärquellen, etwa den *Briefen* und *Predigten* Hebels, seinem *Katechismus* und insbesondere seinen zahlreichen *theologischen und religionsphilosophischen Aufsätzen* sowie aber auch der Sekundärliteratur Ergänzungen und Einordnungen vorgenommen werden, die nötig sind, um das Rohmaterial Hebels präzise herauszuarbeiten.

Ist somit in methodischer Absicht die Funktion der Exzerpthefte für unser weiteres Vorgehen geklärt, so bleibt doch die Frage noch zu beantworten, was Hebel veranlaßt haben mag, sich einer so peniblen, durchaus extensiv betriebenen Weiterbildungsmaßnahme zu widmen. Es gibt darüber bis jetzt nicht einmal Vermutungen. Ich möchte einen Hinweis herausstellen, der ganz in der Intention der folgenden Ausführungen steht, nämlich der Einordnung der Hebelschen Bildungsvoraussetzungen in die geschichtlichen Umstände eines Pfarrers der badischen Landeskirche in der zweiten Hälfte des 18. Jahrhunderts. Demzufolge sind die *Visitationsprotokolle*, wie sie mit dem Regierungsantritt des Markgrafen Karl Friedrich üblich für die badische Landeskirche wurden, vielleicht ein tatsächlich motivierender Stimulus. Den sog. Visitationsfragen wurden nämlich „besondere Fragen an die Herren Geistlichen angefügt, deren erste zwei lauten: Worin des Herrn Pfarrers *studium privatum* bestehe? Ob er auch *locos communes* mache und excerpiere, was er da und dort gelesen habe?“[6] Wurden im Laufe des Jahrhunderts

---

[5] Gemeint ist W. Sommer, Der menschliche Gott Johann Peter Hebels. Die Theologie Johann Peter Hebels, Bern/ Frankfurt 1972.

[6] J. Schneider, Die evangelischen Pfarrer der Markgrafenschaft Baden-Durlach in der zweiten

diese Protokolle auch immer wieder modifiziert, so änderte sich doch nichts an der grundsätzlichen Forderung der oberen Kirchenbehörde nach einer zünftigen Fort- und Weiterbildung; sind auch die genauen Angaben der badischen Pfarrer auf diese Fragen kaum mehr erhalten, um einen Vergleich zu gewähren, so scheint mir doch in diesem Umkreis (gewissermaßen der ‚Kontrolle') der zunächst ausschlaggebende Grund für Hebels Fleißaufgaben zu liegen. Der unstillbare Hunger aber auch noch nach abgelegensten Informationen muß aus Hebels Intellektualität abgeleitet werden, die so ganz dem Bestreben nach Aufklärung huldigte.

Eine der wenigen Äußerungen über den in den Exzerptheften dokumentierten Bildungsgang Hebels, die leider völlig ohne entsprechende wissenschaftliche Nachforschungen blieb, stammt vom ‚Vater' der Hebel-Biographen, Wilhelm Altwegg. In seiner „Ansprache in der Kirche von Hertingen am 25. Oktober 1953" zeigt er im plastischen Dialekt, was sich eine einebnende Forschung entgehen ließ:

„Er [sc. Hebel; R. W.] het mit syne zwanzig Johr nit gemaint, jetzt sy er fertig und er wiß, was er fir sy Vikar- und hoffetlig speter Pfarramt wissen und verstoh und kenne mies. Er hat in der Biechere, alten und neiie, gstudiert und het sich suberi Uszig us syner Lektire gmacht und die Uszig suber durennummeriert und sich derzuen e Register agleggt. Us däne Hefter, won er ufbhalte het und laider e Tail nummer no bis hite do sin, do gseht me, wie wyt gspannt syni Intrāsse gsi sin, wie friehner die vo sym so bald em ewäggstorbene Vatter, und wie näbe der Theologie und Philosophie die neisti Dichtig vo sällmol und d'Naturgeschicht und edli Taten und merkwirdige Eraignis em wärt gschine hän, sich mit ene abzgä und s'Wichtigst drus zuem bessere Bhalten ufzschrybe."[7]

(b) Die andere Quelle, die unsere Versuche einer Isolation und Rekonstruktion der Hebelschen Voraussetzungen für seine Biblischen Geschichten orientieren soll, ist das „Verzeichniß über diejenigen Bücher, welche aus der Verlassenschaft des verstorbenen Herrn Prälaten J. P. Hebel, Dienstag den 2. Januar 1827 und die folgenden Tage, in dessen Wohnung Erbprinzenstraße Nro. 31 der Reihenfolge nach öffentlich gegen baare Bezahlung versteigert werden. Karlsruhe, gedruckt in der C. F. Müller'schen Hofbuchdruckerey 1826."[8] Insgesamt verzeichnet es 560 Titel und fügt in einem Anhang neben

Hälfte des achtzehnten Jahrhunderts, Lahr 1963, S. 187 [= Veröffentlichungen für Kirchengeschichte in der evang. Landeskirche Baden X.]. Diese vorzügliche, an den Quellen, vor allem den Akten der Disputationen der Diöcesan-Synoden vorgehende Arbeit sollte der künftigen Hebel-Philologie die rechten historischen Maßstäbe setzen!

7 Abgedruckt in: Markgräfler Jahrbuch 3, 1954, S. 134–137, hier S. 134. Eine kleine Übersicht über Hebels Exzerpthefte finden wir bereits in Altweggs Biographie „Johann Peter Hebel", Frauenfeld-Leipzig 1935, S. 36–39.

8 Dieses Bändchen ist vorhanden in der Gräfl. Douglas'schen Bibliothek, 3571 Langenstein. Vgl. die erstmaligen bibliographischen Hinweise im Ausstellungskatalog Johann Peter Hebel. Eine Wiederbegegnung zu seinem 225. Geburtstag, S. 243 (B 56).

einer kleinen Anzahl von Kupferstichen (darunter Ewalds Bilderbibel) nochmals 33 weitere Titel an. Das Verzeichnis ist nach der folgenden Einteilung gegliedert, die bereits prägnante Akzente setzt[9]:

A. Theologie und Kirchengeschichte.	(146 Titel)
B. Erbauungsbücher und Predigten.	(19 Titel)
Alterthümer. Geographie. Geschichte und Mythologie.	(172 Titel)
Philosophie	(9 Titel)
Natur-Geschichte. Physik. Chemie.	(37 Titel)
Medizinisches. Mathematische Schriften und Jurisprudenz	(16 Titel)
Schöne Wissenschaften und bildende Künste.	(66 Titel)
Theater-Schriften.	(14 Titel)
Vermische Schriften.	(29 Titel)
Zeit-Schriften.	(7 Titel)

Dieses Verzeichnis bildet die ideale Bestätigung und Ergänzung des Bildungsprogramms Hebels bis zu seinem Tod 1826. Viele Thesen zu den Biblischen Geschichten, die noch vor der Entdeckung dieses Verzeichnisses von uns erwogen wurden, konnten sich durch wichtige Titel des Büchernachlasses bestätigt sehen.

Natürlich bedarf es an dieser Stelle der klaren Erwägung, daß nicht jedes bibliographierte oder im Besitz befindliche Buch tatsächlich auch gelesen bzw. bearbeitet wurde. Aber im Gegensatz zu den eigenen literarischen Produkten Hebels, die alle bereits einen didaktischen Transformationsprozeß durchlaufen haben, finden wir hier zumindest Spuren des authentischen Materials, aus dem sich Hebel seine eigenen Werke schuf. Nur wer sich dieses solide Rohmaterial, diese Voraussetzungen auf theologischem, literarischem und religionspädagogischem Felde isoliert vor Augen führt und so weit wie möglich zu rekonstruieren versucht, vermag den eigentlichen schöpferischen

---

9 Ein Vergleich mit den Angaben, die Schneider, Die evangelischen Pfarrer, S. 187–195, über die Bibliotheksbestände der Pfarrer der zweiten Hälfte des 18. Jahrhunderts macht, ergibt, daß bei Hebel die neologischen und rationalistischen Spuren, die man allgemein nachweisen kann, signifikant dominieren, ohne daß die herkömmlichen orthodoxen Grundlagen fehlten. Ganz im Gegensatz zu Schneiders Beobachtung – „Besonders bemerkenswert ist es, daß die Klassiker des Pietismus Spener und Francke nun um 1780 durchaus zu den ‚genehmigten' Theologen gehören, deren Schriften gern studiert werden." – müssen wir bei Hebel in dieser Richtung eine völlige Fehlanzeige melden. Nach pietistischen Voraussetzungen werden wir uns bei Hebel vergeblich umsehen!

Im folgenden sollen die Bücher aufgelistet werden, die Hebel wie die meisten seiner badischen Kollegen auch im Bücherschrank hatte: Buddeus (Institutiones theologiae dogmaticae, 1724); Mosheim (Sittenlehre der Schriften des neuen Testaments mit beigefügten Erklärungen dunkler und schwerer Stellen, 1806); Ernesti (Institutio interpretis novi testamenti, 1777); Heß (Geschichte der letzten Lebensjahre Jesu sammt dessen Jugend-Geschichte, 1776)

Zieht man nun aber in Betracht, in welch großem Umfang Hebels Bibliothek über die genannten Werke hinaus von der Norm der badischen Pfarrer 1780–1800 abwich, so erkennt man, wie Hebels Theologie sich ganz den neuen Strömungen öffnete und wie er auch die Fortwirkungen im 19. Jahrhundert voll und ganz durchhält.

Prozeß der „didaktischen Analyse“ und des didaktischen Arrangements, den Hebel mit seinen Biblischen Geschichten geleistet hat, ganz zu ermessen!

I. Theologische Voraussetzungen

1. Religiöse Sozialisation und beginnende theologische Reflexion Hebels

Die didaktischen Entscheidungen, die J. P. Hebel zugunsten seiner Biblischen Geschichten getroffen hat, sind tief verwurzelt in theologischen Vorgaben, die ohne eine bestimmte religiöse Sozialisation und Erziehung so nicht nachvollziehbar wären. Ein stilisiertes Konstrukt, jedoch nicht ohne hermeneutische Relevanz, ist die Tatsache, daß Hebels Vater reformierter, seine Mutter hingegen lutherischer Konfession war. Stilisiert erscheint diese Tatsache insofern, als bald nach der Geburt Johann Peters sein Vater Johann Jakob Hebel (1720–1761) gestorben ist, er also keinerlei Einfluß auf die religiöse Entwicklung des Sohnes nehmen konnte, relevant aber ist sie deshalb, weil das Miteinander dieser Konfessionen in Baden, gekrönt durch die Unionsbeschlüsse 1821, an denen Hebel entscheidend beteiligt war und wofür er 1823 sogar die Ehrendoktorwürde der Universität Heidelberg erhielt, ihn sein Leben lang begleiten sollte. Unbezweifelbar erlangte Hebel eine tiefe religiöse Gestimmtheit und ein – nur religiös begründbares – Geborgenheitsgefühl durch die dreizehn Jahre Erziehung, die seine Mutter Ursula, geb. Örtlin (1726–1773), ihrem Sohn angedeihen ließ. Es zeugt aber von Hebels rückhaltlosem Selbstreflexionsvermögen, diese Beziehung gerade auch in ihren abgrundtiefen, komplexen Verästelungen zu thematisieren.[1]

Die theologische Adaptation des Erziehungsgedankens ist in der Theologie des späten 18. Jahrhunderts, insbesondere seit Lessings berühmter Schrift „Die Erziehung des Menschengeschlechts“ (vollständig 1780), zu einem häufig in Gebrauch genommenen Topos geworden. Die Parallelisierung von Phylo- und Ontogenese erlaubte vor allem der Gattung der Predigt eine beliebte Veranschaulichung: Mit Wesen und Würde der göttlichen Erziehung durch die Jahrhunderte konnten Wesen und Würde des täglichen Erziehungsgeschäfts einer verantwortlichen Handhabung anempfohlen werden. Diese Zusammenhänge sind mit zu bedenken, wenn Hebel in seine fiktiv

[1] Interessant ist die – tiefenpsychologisch etwas überzogene – Studie von W. Sommer, Hebel und seine Mutter, Lörrach 1979 [= Aus der Schriftenreihe des Hebelbundes Sitz Lörrach e. V. Nr. 28]. Vgl. auch Hebels teilweise erschütternde Traumaufzeichnungen, die zuletzt E. Meckel auszugsweise in seine Werkausgabe beim Insel-Verlag aufgenommen hat: Johann Peter Hebel. Werke 1, Frankfurt 1968, S. 491–500, hier: S. 493.

geschriebene „Antritts-Predigt vor einer Landgemeinde über Psalm 73, 23“ seiner eigens formulierten Sentenz „Ist nicht die Kindheit der verborgene Keim, aus welchem nach und nach der reiche Baum des Lebens mit allen seinen Leiden und Freuden sich auseinanderschlägt?“ die folgende biographische Notiz einflicht:

„Ich habe schon in dem zweiten Jahre meines Lebens meinen Vater, in dem dreizehnten meine Mutter verloren. Aber der Segen ihrer Frömmigkeit hat mich nie verlassen. Sie hat mich beten gelehrt, sie hat mich gelehrt an Gott glauben, auf Gott vertrauen, an seine Allgegenwart zu denken. Die Liebe vieler Menschen, die an ihrem Grabe weinten und in der Ferne sie ehrten, ist mein bestes Erbtheil geworden, und ich bin wohl dabei gefahren.“[2]

Begrifflichkeit und Intention dieser biographischen Notiz stammen zwar aus Hebels voll ausgereiftem theologischem Repertoire, doch dürfte der dominierende – und als ‚natürlich‘ im weitesten Sinne zu fassende – Organismusgedanke tatsächlich dem expliziten Lebensgefühl Hebels entsprochen haben. Solche Kontinuitätsbeteuerungen werden umso glaubwürdiger, als Hebel keineswegs alle seine religiösen Sozialisationsfaktoren gutheißt. In einem Brief an Sophie Haufe vom 7. Febr. 1824, also kurz nach Erscheinen der Biblischen Geschichten, erinnert er sich rühmend der Erzählkünste seines „alten Schulmeister(s) Andreas Grether in Hausen“, den er sich zum Maßstab für sein eigenes Erzählen der Bibel gesetzt habe. Ironisch fügt er hinzu:

„An die eigene Mutter durfte ich nie denken, Hübner war zu sehr ihr unerreichbares Höchstes.“[3]

So sehr also das zunächst einmal formale Prinzip des anschaulichen Erzählens Bestandteil von Hebels vermittelnder Theologie ist, so wichtig sind Hebel späterhin differenzierte Unterscheidungen auf positionellem Felde; er sagt sich los von einem Hausbuch, das ihm mit Sicherheit auch in der Elementarschule als Schulbuch begegnete[4] und das die Kinder mit seiner zergliedernden Methode in orthodox-frühaufklärerischem Geiste mit der Welt der Bibel bekanntzumachen versuchte[5] – und es *so* jedenfalls bei Hebel nicht erreichte.

2 In: J. P. Hebels sämmtliche Werke. 6. Band. Predigten II, Carlsruhe 1838, S. 236–240, hier S. 238 (Im folgenden zitiert als SW).

3 Briefe, Nr. 488, S. 646.

4 Vgl. A. Erckenbrecht, Geschichte des kirchlichen Unterrichts und seiner Lehrbücher in der Markgrafschaft Baden (1556–1821), Karlsruhe 1961, S. 76–79.

5 Vgl. die umfassende, vor allem wirkungsgeschichtlich orientierte Studie von Chr. Reents, Die Bibel als Schul- und Hausbuch für Kinder. Werkanalyse und Wirkungsgeschichte einer frühen Schul- und Kinderbibel im evangelischen Raum: Johann Hübner, Zweymal zwey und funffzig Auserlesene Biblische Historien, der Jugend zum Besten abgefasset, Leipzig 1714 bis Leipzig 1874 und Schwelm 1902, Göttingen 1984. Zur theologischen Konzeption und zur Illustrationsgeschichte dieses ‚ewigen‘ Schulbuchs vgl. jetzt die beiden Aufsätze der Herausgeber (R. Lachmann und Chr. Reents) des Faksimile-Nachdrucks bei Olms (Hildesheim 1986) im Anhang!

Es ist ein bemerkenswerter Sachverhalt, daß sich Hebel bei und nach der Abfassung seiner Biblischen Geschichten zwar des Erzählens der Bibel in seiner frühen Jugend erinnert, bei Abfassung seines Katechismus aber keine Auseinandersetzung mit entsprechenden Erfahrungen in Schule, Katechismusgottesdienst und Kinderlehre überliefert ist. Wie alle Schüler Badens wurde auch er mit dem Eisenlohrschen Katechismus konfrontiert, der 1708 als neues Katechetisches Lehrbuch eingeführt wurde[6] und der seine pietistische Prägung – mit seinen unübersehbaren Anklängen an den Katechismus Speners aus dem Jahre 1677 – dem nachmaligen Professor der Theologie und Philosophie am damals noch in Durlach befindlichen Gymnasium illustre, Johann Jakob Eisenlohr (1655–1736), verdankt[7].

Prägend haben die 707 Fragen des 284 Seiten langen badischen Katechismus jedenfalls nicht gewirkt, wie ein formaler, besonders aber auch inhaltlicher Vergleich mit den 156 Fragen des 109 Seiten starken Hebelschen Entwurfs[8] unwiderlegbar vor Augen führt. Hebels erste theologische Reflexionen sollten aus anderen Quellen als einem pietistischen Katechismus gespeist werden. Strukturell gesehen gehört zu diesen Quellen sicherlich die von Hebel selbst wahrgenommene ‚gedoppelte' Sozialisation in der Stadt und auf dem Land, ging er doch – den Berufsumständen seiner Mutter entsprechend –, im Sommer in Basel in die Gemeindeschule von St. Peter, im Winter in die Volksschule in Hausen, später auch in die Lateinschule in Schopfheim.[9] Die jeweilige kulturelle Umwelt gehört bei Hebel stets mit in eine theologische Aussage, und so kann er in der zitierten Antrittspredigt in biblisch-paulinischer Manier folgende Dialektik entwickeln:

> Ich „habe die Hälfte der Zeit in meiner Kindheit bald in einem einsamen Dorf, bald in den vornehmen Häusern einer berühmten Stadt zugebracht. Da habe ich frühe gelernt, arm seyn und reich seyn. Wiewohl ich bin nie reich gewesen, ich habe gelernt, nichts haben und alles haben, mit den Fröhlichen froh seyn und mit den Weinenden traurig."[10]

---

6 Erst 1773 wird der Katechismus eingezogen, um kontroverstheologisch anstößige Stellen zu tilgen. Ab diesem Zeitpunkt beginnt in Baden die lange Phase der Modifikation des alten bzw. der Konstruktion eines neuen, an der Union orientierten Katechismus, an der Hebel später – wenn auch erfolglos – beteiligt war. Vgl. Erckenbrecht, Geschichte des kirchlichen Unterrichts, S. 74–76, und Fr. Merkel, Die Unionskatechismen der badischen Kirche. Ihre Entstehung, ihre Theologie, ihre didaktische und methodische Anlage, in: Vereinigte Evangelische Landeskirche in Baden, S. 359–391.

7 Erckenbrecht, Geschichte des kirchlichen Unterrichts, S. 34–48.

8 SW 6, S. 117–226.

9 Vgl. die präzise Zusammenstellung der Daten im „Marbacher Magazin 23/1982" (Sonderheft: „Den Blick zum Belchem gewendet". Johann Peter Hebel im Markgräfler Land. Bearbeitet von G. Moehring), Marbach a. Neckar 1982, S. 16f.

10 SW 6, S. 237.

Mit dem Eintritt in das Karlsruher Gymnasium illustre war der Wunsch des dreizehnjährigen Konfirmanden, Pfarrer zu werden, letztlich beschlossene Sache; denn wenn auch diese höhere Schule nicht mehr ausschließlich auf den geistlichen Stand vorbereitete, so war doch ihre – zunächst noch Durlachische – Vergangenheit und Funktion die einer quasiuniversitären theologischen Fakultät in Baden[11] und wurde sie von allen zukünftigen Pfarrern bis weit ins 19. Jahrhundert hinein durchlaufen.[12]

Ohne auf das unter dem Markgrafen Karl Friedrich zu einer erstaunlichen Breite gelangte Fächerangebot[13] eingehen zu wollen, das aber für Hebels spätere integrative Bemühungen seiner Theologie von großer Bedeutung wurde, seien zumindest die theologischen Lektionen erwähnt, um das scholastische Gepräge, das höchstens durch private Meinungen der Lehrer pietistisch oder aufklärerisch ‚gestört' wurde, zu dokumentieren. Wir folgen dabei der Ordnung von 1767, wie sie Schneider für die Theologie zusammengefaßt hat:

„In sechs Halbjahreskursen bauten sich die Vorlesungen auf. [...] eine durch alle 6 Semester sich durchziehende kursorische Lektüre des Neuen Testaments, die wesentlich vom grammatischen Standpunkt aus getrieben wurde; im Alten Testament wurden Genesis, Psalmen und Propheten gelesen. In der Dogmatik wurde im ersten Jahr die ‚Grundlegung der Theologie' von J. U. Freylinghausen gebraucht, während man die übrigen Semester über Baiers Compendium las. [...] Weiter las man während je eines Jahres *Historia ecclesiastica Veteris et Novi Testamenti.* Den Abschluß des Kurses bildetete im sechsten Semester ein *Homileticum vel Catecheticum* und eine Generalrepetition des gesamten Vorlesungsstoffes. Die Polemik, der 1767 (als Antithesis) nur im fünften Semester drei Stunden eingeräumt waren, wurde bald zu einem Hauptkolleg ausgebaut, doch war sie sicher dem Charakter der Zeit entsprechend mehr Apologetik als Polemik, was wir auch aus ihrer Bezeichnung im Vorlesungsverzeichnis 1778 schließen dürfen. Sie lautete: Einwürfe unserer Gegner und ihre Widerlegung.

Aus den späteren Ankündigungen der Kollegs können wir weiter entnehmen, daß sowohl die alttestamentliche Exegese wie die Kirchengeschichte in gegenüber früher erweitertem Umfang betrieben wurde. Jetzt finden wir auch Lektionen über Reformationsgeschichte und über symbolische Bücher; daß man gerade letzteren eigene Vorlesungen widmete, lag sicher mit darin begründet, daß man ihre Geltung gegenüber den vielfachen Angriffen der zeitgenössischen Theologie und Philosophie verteidigen wollte."[14]

---

[11] Vgl. die instruktive und materialreiche Schrift von K. F. Vierordt, Geschichte der im Jahr 1724 aus Durlach nach Karlsruhe verpflanzten Mittelschule. Erste Abtheilung: Die Zeit von 1586 bis 1724, Karlsruhe 1858; Zweite Abtheilung: Die Zeit von 1724 bis 1859, Karlsruhe 1859 [jeweils als „Beilage zu dem Programme des Karlsruher Lyceums" gedruckt].

[12] Vgl. Schneider, Die evangelischen Pfarrer, S. 27–39: „Herkunft und Bildungsgang".

[13] Vierordt, Geschichte der Mittelschule, 1859, S. 196–253, aber auch schon S. 136–143.

[14] Schneider, Die evangelischen Pfarrer, S. 34 f.

Hebel hat dieses orthodoxe, aber, wie wir sehen, auch schon der Aufklärung gegenüber etwas geöffnete Programm[15] mit aller Bravour durchlaufen und damit den Anforderungen einer intellektualistischen Durchstrukturierung des überlieferten Glaubens genügt. Den indirekten Beweis für diese These liefert die Tatsache, daß Hebel in die exklusive „lateinische Societät" des Professors Tittel aufgenommen wurde und 1776 vom Markgrafen sogar eine Geldzuwendung für bewiesenen Fleiß erhält.[16] In dieser Gesellschaft mußten zur inhaltlichen Schulung, aber auch zur Vervollkommnung eines geschliffenen lateinischen Stils Reden gehalten und verteidigt, daneben aber auch Neuigkeiten aus Literatur und Politik diskutiert werden.[17] Von den vier erhaltenen Reden Hebels beschäftigt sich die zweite mit einem philosophisch-theologischen Thema: „Veritatis fontes atque principia oratione exponit."(1776) Hier erhalten wir Einblick in einen Geist, der im Grunde genommen die ganze weitere theologische Reflexion Hebels begleitete und bestimmte, und der in seiner spannungsvollen Einheit von reflektierter orthodoxer Schulweisheit und aufklärender Dynamik sicherlich auf den Gründer dieser Societät, Gottlob August Tittel, zurückzuführen ist.[18] Der Kernsatz von Hebels Rede lautet:

„Die Wahrheit ist aller Dinge Kern, wer mag es bezweifeln. Nehmt die Wahrheit aus der Welt, jede Tugend ist fort, jede Weisheit, jedes wahre Glück."[19]

In einer schon sehr weit gehenden Bemerkung gibt er die vier Quellen der Wahrheit an: „Die niederen und die höheren Sinne, die Geschichte und die Hermeneutik".[20] Schließlich entwickelt er ganz im Sinne der natürlichen Religion den Glauben an Gott als alle verbindenden Grund der Wahrheit:

„Wahr ist, was jedermann gut und recht und schön zu sein scheint. Danach dürfte eigentlich die Lehre von einem höchsten und unsterblichen Wesen keine Wahrheit genannt werden, weil so viele Völker in dichter Finsterniß befangen, keine Kenntniß von Gott haben. Allein abgesehen davon, daß jene Thatsache nicht so ausgemacht ist, so zeigt die Erfahrung, daß wo irgend Völker sich zu besseren Sitten erheben, sie im Glauben an Gott übereinstimmen. So dürfen wir denn auch dort annehmen, daß die

---

[15] Selbst das dogmatische Kompendium J. W. Baiers, erstmals in vollem Umfang 1691 veröffentlicht und bis heute in hochlutherischen Kreisen Amerikas vertrauter orthodoxer Lehrstoff, „hat doch einen Blick für das Wirkliche und kennt auch offene Fragen, in denen er [Baier; R.W.] cautam ignorantiam confiteri potius quam falsam scientiam profiteri will." So J. Kunze, Artikel Baier, Johann Wilhelm, Realencyklopädie für protestantische Theologie und Kirche, 2. Bd., Leipzig 1897, S. 359–362, hier S. 361 f.

[16] Vierordt, Geschichte der Mittelschule, 1859, S. 138.

[17] Ob dieses enzyklopädisch angelegte Verfahren die Grundlage sein könnte für Hebels in ähnlichem Sinn verfaßte Exzerpthefte?

[18] Vgl. die Charakterisierung Tittels bei Schneider, Die evangelischen Pfarrer, S. 96 f.

[19] Zitiert nach der Übersetzung Längins, in: ders., Johann Peter Hebel. Ein Lebensbild, Karlsruhe 1875, S. 30.

[20] Längin, Johann Peter Hebel, S. 30 f.

Vorstellung von Gott den genannten Völkern nicht fehle, sondern nur verborgen sei."[21]

Wer so argumentiert, hat bewiesen, daß er mit den orthodoxen Formeln und Unterscheidungen eigenständig und in neuer Weise – neologisch – umzugehen gelernt hat und daß er reif ist für die theologische Fakultät einer Universität.

Wenn man die Schwerpunkte übersieht, die Hebel in seiner weiteren Entwicklung bis hinein in die Biblischen Geschichten setzen wird, so kann, was den Geist des Gymnasium Illustre betrifft, die Bemerkung eines Vorstandes der israelitischen Gemeinde in Karlsruhe, die Vierordt überliefert hat[22], nicht unerwähnt bleiben: „Daß wir Juden sind, bekommen wir gar oft zu fühlen; aber im Lyceum nicht." Toleranz zu üben auf dem Felde des theologischen Gesprächs mit den Juden des Alten Testaments ebenso wie mit denen der Gegenwart – auch das wird Hebel begrifflich erst in seinen akademischen Studien erlernen.

2. Das Theologiestudium an der Universität Friderico-Alexandrina in Erlangen

Am 8. Mai 1778 trägt sich Johann Peter Hebel als „Johannes Petrus Badensis" in die Matrikel der Friedrich-Alexander-Universität zu Erlangen als Student der Theologie ein.[23] Mehr als diese Immatrikulationsurkunde – ihr wird nach zwei Jahren die Exmatrikulation folgen – ist für Hebels akademische Studien quellenmäßig nicht zu verifizieren. Die Forschung hat sich deshalb auf die wenigen überlieferten Stammbucheinträge Hebels bei befreundeten Studenten oder Ordensbrüdern des Amicistenordens und sein eigenes Stammbuch gestürzt und mit publikumswirksamer Legendenbildung am Bild des feuchtfröhlichen, ausgelassen-heiteren, gar in Händel und Duelle verstrickten Lebenskünstlers und theoriefeindlichen Bummelanten gestrickt.[24] Dabei verlor

[21] Längin, Johann Peter Hebel, S. 31.

[22] Vierordt, Geschichte der Mittelschule, 1859, S. 203.

[23] Vgl. die Akten des Universitätsarchivs Erlangen: Teil III, Pos. 14, Nr. 8,9.

[24] Vgl. neben den großen Biographen W. Altwegg, W. Zentner und R. M. Kully besonders die beiden Beiträge von E. Deuerlein: Zu Johann Peter Hebels 100. Todestag. Aus Johann Peter Hebels Erlanger Studentenzeit, in: Erlanger Heimatblätter IX (1926), Nr. 39; Aus Johann Peter Hebels Erlanger Studentenzeit 1778–1780, in: Erlanger Bausteine zur fränkischen Heimatforschung 7/1960, 2./3. Heft, S. 41–66; daneben die Beiträge des auf dem Gebiet der Geschichte der Studentenverbindung arbeitenden F. A. Pietzsch: Aus Hebels Erlanger Studentenzeit, in: Badische Heimat 30/1960, H. 1/2, S. 58–60; Johann Peter Hebel. Seine Erlanger Studentenzeit und ihre Auswirkungen auf sein späteres Leben, in: Das Markgräfler Land. Beiträge zu seiner Geschichte und Kultur 31/1969, S. 11–20; schließlich noch E. Friedrich, Ein Stammbuchblatt des Studenten Johann Peter Hebel, in: Basler Nachrichten, 9. Mai 1948, Sonntagsblatt Nr. 19;

man aus dem Blick, was einem unvoreingenommenen Beobachter als das Nächstliegende erscheinen muß, daß nämlich hier in Erlangen die entscheidenden Grundlagen für Hebels Theologieverständnis gelegt wurden, und daß gerade diese in ihren Strukturen sehr präzise faßbare Theologie eine der Voraussetzungen für *alle* späteren Produktionen Hebels bietet. Bevor wir uns dieser unerledigten Aufgabe unterziehen, muß eine Einschätzung der Mitgliedschaft Hebels im Amicisten-Orden und ihre Auswirkungen auf spätere Einstellungen erfolgen, da dieses Phänomen die bisherige Diskussion mit einer inadäquaten Dominanz beherrschte.

„Die in der zeitgenössischen Propaganda als ‚Brutstätten des Illuminatismus' [...] diffamierten, meist nach freimaurerischem Vorbild organisierten Studentenorden sind von der einschlägigen Forschung am meisten vernachlässigt.“[25]

Das nimmt schon deshalb kaum Wunder, weil es gerade das Prinzip aller Geheimgesellschaften ist, sämtliche Spuren ihrer Organisation und Konzeption in der Öffentlichkeit zu verwischen. Einer der frühesten Chronisten und Kritiker des Amicistenordens, F.C. Laukhard, bekennt „aus eigener Erfahrung“, wie er glaubhaft versichert, „daß die Geheimnisse des Ordens [...] nichts sind als Fratzen und willkürliche Erfindungen, deren man täglich eine große Menge erfinden kann, wie denn auch wirklich die löblichen Geheimnisse der Orden zum öfteren verändert worden sind.“[26] Doch darf man andererseits den spätaufklärerischen Impetus und die intellektuelle Redlichkeit dieser Bewegung nicht unterschätzen, der M. Agethen insgesamt konzediert, „ein entscheidendes Ferment im Prozeß bürgerlicher Emanzipation“ zu sein.[27] Hebel nun in das dermaßen widersprüchliche Bild eines Ordens einzuzeichnen, der ja immerhin der geheime Kern einer weitaus harmloseren studentischen Landsmannschaft gewesen ist, ist in historisch präziser Verortung beinahe unmöglich. Natürlich lassen sich gewisse Beziehungen zu Hebels in Lörrach mit Freunden entwikkeltem „Proteusertum“ samt „Belchemismus“ knüpfen,[28] und es gibt ge-

---

und E. Baader, Semper lustig, numquam durstig ... Johann Peter Hebel in Erlangen, in: Frankenspiegel. Monatsschrift für geistiges Leben in Franken 10/1950, S. 25f.

[25] M. Agethen, Geheimbund und Utopie. Illuminaten, Freimaurer und deutsche Spätaufklärer, München 1984, S. 39, Anm. 9.

[26] F.C. Laukhard, Der Mosellaner – oder Amicisten-Orden, Halle 1799, S. 127. – Den umfassendsten Überblick über Studentenorden erhält man immer noch bei W. Fabricius, Die Studentenorden des 18. Jahrhunderts und ihr Verhältniß zu den gleichzeitigen Landsmannschaften. Ein kulturgeschichtlicher Versuch, Jena 1891.

[27] Agethen, Geheimbund und Utopie, S. 31.

[28] Dazu am ausführlichsten R. Feger, Die Proteuserphilosophie. Sprach- und Denkspiele des jungen Hebel; ders., Belchismus oder das All im Oberland; beide Aufsätze in: ders., Annäherung an einen Prälaten. Fragestellungen zu Leben und Werk von Johann Peter Hebel, Lahr/Schwarzwald 1983. Vgl. dazu auch Sommer, Der menschliche Gott, S. 18–26 und S. 119–135 (Veröffentlichung von Quellen zum Proteusertum). Beide Autoren können aller-

nügend Anhaltspunkte, an denen man Hebels Lust zur Verwandlung, zum Sich-Verbergen, zur Umdeutung ablesen kann. Nirgends aber wird erkennbar, daß neben dem bizarren Spiel der Phantasie und seiner formalen Umsetzungskunst ein die theologisch-inhaltlichen Voraussetzungen störender oder gar widersprechender Zug zum Durchbruch kommt. Damit aber verliert die Ordensmitgliedschaft und die unter Umständen auch daraus entwikkelte ‚Geistesfreiheit' ihre grundlegende Bedeutung und müssen die theologischen Voraussetzungen endlich so in ihr Recht gesetzt werden, daß aus ihnen auch Phänomene wie das angezeigte ihren entsprechenden Stellenwert erhalten.

Die zwei Jahre Studium in Erlangen bedeuten für Hebel zunächst Leben in einer aufgeklärten Stadt! Keinen besseren Zeugen findet man für diese These als Fr. Nicolai, der bei seiner Durchreise kurz nach Hebels Aufenthalt die evangelische Universitätsstadt vor dem Hintergrund der katholischen Bischofsstadt Bamberg profilierte:

„Es ist erstaunend, wie hier gegen Bamberg, das doch nur 4 oder 5 Meilen entlegen ist, einem aufmerksamen Beobachter alles verschieden vorkommt. In Bamberg auf allen Gesichtern das Einförmige einer eingeschränkten Nationalphysiognomie, und das Auffallende der katholischen Religionsphysiognomie; hier auf allen Gesichtern mehr Mannigfaltigkeit. [Es folgt eine Aufzählung der Einheimischen, Franzosen, Arbeiter, Professoren, Studenten und aller möglichen Nationen; R.W.] Bey den Protestanten in Erlangen sind nicht so viele äußerliche Religionsübungen, und mehr Thätigkeit und Industrie. In Bamberg sieht man auf den Straßen angemalte Heiligenbilder, feyerliche Prozcessionen, gemächliche andächtige Gesichter, Domherren und Mönche; in Erlangen nichts von allen dem."[29]

In dieser aufgeklärten Stadt spielten in einem sehr dialektischen Konnex die Studentenverbindungen eine große Rolle, sie waren eine der permanenten Problemfälle der Polizeibehörde. Auch davon war Hebel so oder so betroffen. Nicolai zitiert beispielhaft und nicht ohne ironischen Unterton das Edikt des Markgrafen vom 24. Oktober 1781.[30] Und eben dieses Edikt notiert sich auch Hebel unter der Nummer 405 in sein Exzerptheft:

„d. Markgraf hat zu Abstell. d. unter d. Student. in Erl. eingerissnen Unordn. unterm 24ten Okt. 1781 ein scharfes Edikt ausgehen lassen. Dürfte es [...] dem gesamt Publik. unglaubl. vorkomen, daß wir uns vermüßigt find. u. F.A. Univ. den Stud. eine d. Gesezen d. Natur u.d. Wohlstandes angemessene Kleidung anzuemp-

dings das Problem von Hebels Privatphilosophie nicht hinreichend lösen. Die entscheidende Frage bleibt weiterhin, inwieweit Hebel hier mit existentiellem und konzeptionellem Ernst gearbeitet hat!

29 Fr. Nicolai, Beschreibung einer Reise durch Deutschland und die Schweiz im Jahre 1781. Nebst Bemerkungen über Gelehrsamkeit, Industrie, Religion und Sitten, Erster Band. Mit Kupferstichen, Berlin und Stettin 1783, S. 161.

30 Nicolai, Beschreibung einer Reise, S. 166.

fehlen, da es aber leider dahin gediehen ist, daß vile unter ihnen mit einem auf Art der Wilden entblößten Körper zu offenbarem Scandal den ganzen Tag umherlaufen, so haben wir pp."[31]

Offenbart sich hier nicht doch mehr als vergnügliche Neugier für Vorkommnisse am geliebten Studienort? Es ist aus genannten Gründen müßig, diese Fragen zu stellen. Festzuhalten bleibt lediglich, daß der weitere Kontext der Eintragung von rein wissenschaftlichem Interesse beherrscht ist und daß die zwei weiteren Notizen zu Erlangen, die überliefert sind, sich auf personelle Interna der Universität beschränken.[32]

Neben dem Leben in einer aufgeklärten Stadt mit ihren Studentenunruhen mußte Hebel eben auch die theologische Fakultät der Universität besuchen! Dort war seit 1770/71 eine Studienordnung in Kraft, nämlich die „Kurze Anweisung, wie ein angehender Studiosus der Theologie auf hiesiger Friedrich-Alexandrinischen Universität in drey Jahren einen hinlänglichen Grund in der theologischen Gelehrsamkeit legen könne".[33] Auch wenn Hebel als badischer Anwärter nur zwei Jahre zu studieren brauchte, unterstand er doch ebenso dem supranatural fundierten Konzept dieser Studienordnung mit ihrem klaren und alleinigen Ziel der

„Beförderung der Ehre Gottes, durch Ausbreitung der Wahrheit und Gottseeligkeit unter den Menschen. Diese Absicht nicht zu verfehlen, vergeße der Schüler der himmlichen Weisheit nicht, seines geistlichen Gnadenstandes gewiß zu seyn, täglich den Beistand der Gottheit im Gebet zu suchen, und in seinem jetzigen Berufe die Treue zu beweisen, welche die Gaben, die Zeit und die Gelegenheit, welche der Herr zum Lernen schenket, einem jeden zur unverbrüchlichen Pflicht machen."[34]

---

[31] Badische Landesbibliothek (BLB), H 84, Blatt 35, Nummer 405. Nicolai, Beschreibung einer Reise, S. 166, hat auch das Ziel einer behördlichen Maßnahme notiert, nämlich „dergleichen ungesittete Studenten zu den Schranken der Menschlichkeit zurückzuführen." – Zur Beziehung Hebel – Nicolai, die über des Berliner Aufklärers „Vade mecum" führt, vgl. L. Rohmer, Kalendergeschichte und Kalender, Wiesbaden 1978, S. 274–278.

[32] Vgl. BLB, Bl. 12, Nr. 260: „hat in Erlangen angenommen u. will daselbst Vorlesungen entfalten." Und H 84, Bl, Nr. 571: „H. v. in Erlangen vermacht, an die Universität in Erlang. 20.000 fl. Harles schrib ein Program bei sein. Tod u. ein Panegyrikus auf ihn. Magister Passos daselbst ist Prof. extraord. mit 100". Im gleichen Zeitraum ist als Zeugnis für ein tiefergehendes Interesse an der Studentenbewegung seiner Zeit nur die bibliographische Notiz (H 84, Bl. 32, Nr. 376) aus der Gothaer Gelehrten Zeitung vom Dec. 1781, 96. St., S. 785 f. nachzuweisen, wo ein Studenten-Lexicon von C. W. Kindleben, Halle 1781, rezensiert wird, das nicht ganz ohne Reiz zu sein schien: „Denn, ungeachtet es durch die ordentliche Censur gegangen, und darinn hin und wieder beschnitten ward, so ist doch wegen einiger stehen gebliebenen ärgerlichen und anzüglichen Stellen, auf einen Wink des in theologischen Händen befindlichen akademischen Zepters in Beschlag genommen" [sic!]. Also dürfte es nunmehr schwer zu haben sein! In Hebels Nachlaß ist es jedenfalls nicht nachgewiesen – dies läßt sich im Hinblick auf alle Arten von Studenten-Literatur verallgemeinern.

[33] Vgl. O. Jordahn, Georg Friedrich Seilers Wirksamkeit als Professor in Erlangen 1770–1807, in: Jahrbuch für fränkische Landesforschung 29/1969, S. 39–211, hier: S. 83 ff.

[34] Jordahn, Seilers Wirksamkeit, S. 84.

Hebel brauchte allerdings keinen Rückfall hinter die ersten Aufklärungsschritte, die er vor allem bei Prof. Tittel gemacht hatte, zu befürchten. Der Studienplan war nämlich nach der Analyse von O. Jordahn „trotz seines orthodoxen Grundansatzes dennoch schon ein Produkt der gemäßigten Aufklärung" und trug der neuen Zeit Rechnung.[35] Die Begründung weist uns auf eine ganz zentrale Voraussetzung der Biblischen Geschichten, die zwar nur sehr vermittelt in Hebels Konzeption eingeflossen ist, gleichwohl aber in ihrer zweifachen Schwerpunktsetzung als konstitutives Moment seiner didaktischen Entscheidungen zu werten ist.

„Denn gerade die Hinwendung zur Bibel", fährt Jordahn fort, „unter prinzipieller Bejahung einer historischen und auch schon kritischen Exegese (die Anweisung verweist ausdrücklich auf die ‚critica sacra') sowie die Ausrichtung auf die praktische Anwendung des Gelernten (die Anweisung nennt als besonderes Anliegen, daß die Studenten ‚eine vorzügliche Geschicklichkeit, ihre Gedanken in einem ordentlichen, jedermann faßlichen und rührenden Vortrag ausdrukken' lernen sollten) sind in dieser Akzentuierung typische Zeichen einer – allerdings ganz bruchlos – in die *Aufklärung* übergehenden Orthododoxie."[36]

Die systematische Entfaltung des dreijährigen Studienplanes braucht uns hier weniger zu interessieren[37], vielmehr soll ein Blick auf die Vorlesungsangebote geworfen werden, die Hebel potentiell zur Verfügung standen, und die im folgenden aus den lateinischen „Lectiones Theologiae" der „Programme der Universität"[38] zu einem übersichtlichen (deutschen) Stundenplan ausgearbeitet sind (vgl. die Übersichten der folgenden Tabellen!)

Neben der entsprechenden Semesterangabe ist in Klammern der jeweilige Konrektor gesetzt. Öffentliche Vorlesungen („Publica"), zu denen jeder Professor verpflichtet war, sind kursiv gedruckt, der größte Teil des Vorlesungsangebots bestand hingegen aus den kostenpflichtigen „Privata", oft in der Wohnung des Dozenten abgehalten und mit verschärften Kontrollmöglichkeiten ausgestattet. Aus eben solchen Gründen der Kontrolle wurden die „Publica" gerne auf Samstag verlegt, um das Stundentenleben einigermaßen in Schranken zu halten. Auch ist vorauszuschicken, daß in Erlangen das damals außergewöhnliche akademische *cum tempore* üblich war und daß „Erlang neben Goettingen die einzige Universitaet ist, die sich durch wenige Ferien auszeichnet, mithin wird den Studiosis keine Gelegenheit zum Müßiggang gegeben."[39] Die Hinweise mögen genügen, um glaubhaft zu machen, in welch hohem Maß der Vorlesungsbetrieb verpflichtend war – sicher auch für Hebel, der darüber

35 Jordahn, Seilers Wirksamkeit, S. 85.
36 Ebd. (Ein Klammerfehler wurde stillschweigend korrigiert)
37 Vgl. Jordahn, Seilers Wirksamkeit, S. 85–87.
38 UB Erlangen H 724 AL 37229 F 477; Sommersemester 1778 bis Wintersemester 1780.
39 Ferien- und Vorlesungsordnung v. 12.12.1782, Staatsarchiv Nürnberg, Universität Erlangen Nr. 43, 197, zitiert nach Jordahn, Seilers Wirksamkeit, S. 83. Sommer- und Wintersemester gingen praktisch pausenlos ineinander über, wobei alle Vorlesungen und Seminare fünfstündig, also von Montag bis Freitag stattfanden, ausgenommen die Publica.

hinaus finanziell von seiner Landeskirche abhängig war, und somit entsprechende Nachweise vorlegen mußte, die er über eine bestimmte Auswahl der nachfolgenden Veranstaltungen erwerben konnte.

Vier theologische Lehrer hat Hebel potentiell gehabt, zu dreien lassen sich die Nachweise einer fruchtbaren Wirkung mindestens äußerlich erbringen – strukturell-inhaltlich gesehen aber steht ein Einfluß aller vier außer allem Zweifel.

August Friedrich Pfeiffer, 1778 gerade dreißig Jahre alt, wurde 1776 „zum eröffneten ordentlichen Lehrstuhl der morgenländischen Sprachen berufen“[40], und auf diesem Gebiet lag wohl auch die Stärke des durch einen lebenslangen Hörschaden behinderten[41], auf dogmatischem Gebiet nicht sonderlich eigenständigen Hochschullehrers. Der spätere Gymnasialprofessor für alte Sprachen Hebel erinnert sich anscheinend der eigentlichen Begabung Pfeiffers: In Hebels Nachlaß-Verzeichnis findet sich unter der Nummer 278 (S. 22) „Pfeiffer, hebräische Grammatik. Erlangen 1780“; diese war bereits 1779, also während Hebels Studienzeit erschienen.

Johann Wilhelm Rau (*1745) nahm 1779 die vierte theologische Stelle an der Universität Erlangen an, nachdem er es vorher als Gymnasiallehrer in Dortmund zu hohem Ansehen gebracht hatte.[42] Er ist der einzige, bei dem sich keine Beziehungsstrukturen zu Hebel knüpfen lassen, doch zeigt die Standardliteratur, die er seinen Vorlesungen zugrunde legte[43], daß sich Rau in das maßvoll aufgeklärte, pädagogisch engagierte Programm der Erlanger theologischen Fakultät gut einfügte.

Mit *Johann Georg Rosenmüller* (1736–1815) begegnete Hebel einem Lehrer, der auf dem Gebiet der Exegese, der Hermeneutik und der praktischen Theologie (in heutigem Sinne!) eine anerkannte Kapazität seiner Zeit war.[44] Hebel hat allerdings nur einige bedeutende, teilweise mehrbändige Werke des ebenfalls schreibfreudigen Sohnes Ernst Friedrich Karl Rosenmüller besessen:

„115. Rosenmüller, Ern. Fried. Cor., Prophetae minores annotatione perpetua illustrati. Lipsiae 1812. 3 vol.

116. ––, Scholia in vetus testamentum. 2 tom. Lipsiae 1788.

---

40 A. Meyer, Biographische und litterarische / Nachrichten / von den / Schriftstellern / die gegenwärtig in den Fürstenthümern / Anspach und Bayreuth / leben / in alphabetischer Ordnung / mitgetheilt, Erlangen 1782, S. 275–281, hier S. 279.

41 Meyer, Biographische und litterarische Nachrichten, S. 276.

42 Vgl. Meyer, Biographische und litterarische Nachrichten, S. 284–291.

43 Meyer, Biographische und litterarische Nachrichten, S. 290. So legt Rau in seiner Einführung in die Hermeneutik (WS 79/80) das damalige klassische Lehrbuch der Hermeneutik (J. A. Ernesti, Institutio interpretis novi testamenti) zugrunde, das Hebel bezeichnenderweise in einer sehr frühen Ausgabe besaß: Lipsia 1775 (Verzeichniß Nr. 39, S. 6)

44 Vgl. A. Vogel, Art. Rosenmüller, Johann Georg L., in: Realencyclopädie, 17. Band, ^{3}1906, S. 157f.

Tabelle 1: SS 78 (Beyer)

	Pfeiffer	Seiler	Rosenmüller
8– 9		Dogmatisch-polemische Theologie	
9–10	Dogmatik nach Baiers Kompendium		Auslegung ausgewählter Stellen aus Josua, Richter Samuel und Könige (unter Berücksichtigung der at.lichen Geschichte)
10–11		Einführung in die Exegese: Joh.ev. und Römerbrief	
11–12	Hermeneutik und Textkritik		Einführg. in die „Religionskritik"; Lit.: ders., Prüfung der vornehmsten Gründe für und wider die Religion
1– 2	*Klassische Moraltheologie*		
2– 3			Kirchengeschichte vom NT bis einschließlich 16. Jh.
3– 4	Psalmenauslegung	Moraltheologie	
4– 5	Auslegung der kirchlichen Bekenntnisschriften	Lehre der Beredtsamkeit	
		Einführung in die Katechese	*Neueste Kirchengeschichte (Fortsetzung)*

Tabelle 2: WS 78/79 (Rosenmüller)

	Pfeiffer	Seiler	Rosenmüller
8– 9		Dogmatisch-polemische Theologie I	
9–10	Dogmatisch-polemische Theologie nach Baier		Auslegung der Apg. und der kleineren Briefe d. Paulus
10–11		Einführung in die Exegese der Prophetie Jesajas (Weissagung)	
11–12	Hermeneutik und Textkritik		Einführung in Exegese und Homiletik der Epistel-Perikopen
1– 2	*Klassische Moraltheologie (Fortsetzung)*		
2– 3	Moraltheologie nach Baumgarten		Kirchengeschichte des NT
3– 4		Lehre der Beredsamkeit mit praktischen Übungen	Kirchengeschichte des NT
4– 5	Bekenntnisschriften		
		Einführung in die christl. „Jugendarbeit" *8–9 Kolloquium*	*Neueste Kirchengeschichte (Fortsetzung)*

Tabelle 3: SS 79 (Elsässer)

	Pfeiffer	Seiler	Rosenmüller	Rau
8– 9		Dogmatisch-polemische Theologie, Tl. II		Einführung in die Dogmatik nach Heilmann
9–10	Dogmatik nach Baiers Kompendium		Exegese von Genesis und Exodus	
10–11		Die Briefe des Paulus an die Korinther		
11–12	Hermeneutik und Textkritik		Kirchengeschichte NT (Fortsetzung)	Einführungswissenschaft AT/NT
1– 2	*Klassische Stellen dogmatischer Theologie, aus den Quellen interpretiert*			
2– 3			Pastoraltheologie	Die Sprüche des Jeremia
3– 4		Moraltheologie nach dem Mosheim'schen Kompendium		
4– 5	Theologie der Bekenntnisschriften			
		Ausgewählte theologische Literatur	*kursorische Lektüre des Johannesevangeliums*	*Jakobusbrief*

Tabelle 4: WS 79/80 (D. Schreiber)

	Pfeifer	Seiler	Rosenmüller	Rau
8– 9		„Von Neuem": dogmatisch-polemische Theologie	Disputationsübungen	Examensübung
9–10	Dogmatik nach Baiers Kompendium		Hebräerbrief/Galaterbrief	
10–11		Fundamentaltheologie nach den Bekenntnisschriften		
11–12	Hermeneutik und Textkritik		Kirchengeschichte des 16./17./18. Jh. bis auf unsere Zt.	Psalmenkommentar
1– 2	*Kontroverstheologie*			
3– 4	Moraltheologie nach Baumgarten	Exegetisch-homiletischer Kommentar zu den Evangelien-Perikopen		Einführung in die Hermeneutik
	Examenskolloqium: *FC*	*8–9: Ausgewählte theolog. Literatur: Noesselt, Anweisung u. Kenntnis d. besten Bücher in allen Theilen d. Theologie 1779*	*2 Uhr, Geschichte der Auferstehung mit den von Lessing edierten Anonymen Schriften*	*Kursorische Auslegung der Briefe des Paulus an Thimotheus und Titus*

117. – –, Scholia in novum testamentum. 5 tom. Norimbergae 1788.
118. – –, Briefe des Apostels Pauli, aufs neue verdeutscht. Nürnberg 1781.“[45]

In ihrem Werdegang aus ärmsten Verhältnissen zu höchsten gesellschaftlichen Stellungen glichen sich J. G. Rosenmüller und Hebel. Ob sich Hebel aber im WS 1779/80 in die „publice“ angekündigte „historiam resurrectionis Jesu Christi, prout in Evangeliis narratur, explicabit, eamque aduersus obiectiones Anonymi a. Cel. LESSINIGIO editi, defendet“[46] gewagt hat? Er wäre damit aktuell in die theologiegeschichtlich epochemachende, die Orthodoxie provozierende Auseinandersetzung um die von G. E. Lessing 1774, 1777 und 1778 veröffentlichten sieben Fragmente des H. S. Reimarus (1694–1768) geraten und hätte sich mit des Reimarus Bestreitung des Auferstehungsgeschehens auseinandersetzen müssen („Über die Auferstehungsgeschichte“, ed. 1777). Zumindest kommt damit ein bestimmter Pol einer historisch, kritisch und philologisch vorgehenden Exegese in den Blick, wie sie im 18. Jahrhundert entwickelt werden konnte. Ihre Auswirkung läßt sich bis hinein in die sog. Leben-Jesu-Theologie beobachten. Hebel hat mit anderen, mit dichterischen Mitteln versucht, seinen Beitrag zur Leben-Jesu-Theologie zu leisten, indem er die neutestamentlichen Passagen der Synoptiker zu einer eigenständigen ‚Evangelienharmonie‘ eines Lebens Jesu umgearbeitet hat. Auch er konnte somit nicht mehr dem Problem ausweichen, das sich ergibt, wenn man das Leben Jesu in Bezug setzt zu dessen Überlieferung.

Auch wenn Hebel sich die „Verteidigung“ durch Prof. Rosenmüller nicht angehört haben sollte, bleibt er doch zumindest mit den theologischen Problemen konfrontiert. 1785 bibliographiert er aus der Allgemeinen Literaturzeitung (Jena 1785 ff.) den als „Vermächtniß“ hochgelobten „theologischen Nachlaß“ G. E. Lessings (Berlin 1784 bei Voss).[47] Er notiert sich dabei ausdrücklich die 16 Jahre vor J. G. Eichhorn entwickelte Hypothese eines Urevangeliums, die Begründung der Dreieinigkeit aus der Vernunft und die Verhältnisbestimmung von natürlicher zu positiver Religion. „Die beste positive Re. ist die, welche die [...] guten Wirkungen der nat. Religion am wenigsten einschränkt.“[48] Hebel rekapituliert durchaus die Denkprozesse, die zu solchen allgemeinen Feststellungen wie der letztgenannten führen; in seinen eigenen, mit wissenschaftlichem Anspruch vorgetragenen Aufsätzen („mehr eingreifend ins Brodstudium“[49]) setzt er diese Prozesse allerdings voraus, um nun die in der Natur implizierten Analogien zur positiven, geoffenbarten Religion zu thematisieren. Dies kann an der Auferstehungs-

[45] Verzeichniß, S. 11.
[46] Programme der Universität, TUB Erlangen H 724 aaO., WS 79/80.
[47] BLB H 85, Bl. 25, Nr. 1183. Vgl. Allgemeine Literaturzeitung Juni 1785, No. 147, S. 293–295.
[48] Ebd.
[49] Briefe, Nr. 266, S. 423, (An Cotta, 18. Dez. 1809).

problematik beispielhaft erklärt werden. Hebel argumentiert in seinen „Bemerkungen zu 1. Corinth. Kap. 15 Vers 12–20. und V. 42–44."[50] geradezu apodiktisch:

„Jesus ist auferstanden: Also ist Auferstehung möglich und wahrscheinlich, es mögen nun der grübelnden Vernunft noch so viele Bedenklichkeiten und Schwierigkeiten einfallen. Sie mögen immerhin ihr unauflöslich scheinen. Genug; es hat einer die Probe gemacht, und den schweren Beweis durch die That geführt."[51]

Die Begründungsprobleme, mit denen sich Reimarus, Lessing, Rosenmüller und viele andere auseinandersetzten, kennt Hebel genau, aber er widmet sich lieber der Veranschaulichung eines Fundamentes der geoffenbarten Religion, das in den Naturprozessen so unübersehbare Parallelen[52] und im menschlichen Lebensvollzug so handgreifliche Analogien[53] birgt, daß *deren* Darstellung die wissenschaftliche Herleitung schließlich überflüssig macht.

Hebels hier nur kurz angedeutete Transformationsarbeit wird uns im letzten Abschnitt dieses Kapitels noch ausführlicher beschäftigen. Wichtig für den Zusammenhang mit Hebels Theologiestudium in Erlangen ist es, daß Hebel die Problemfelder seiner zeitgenössischen Theologie sehr genau kannte, auch wenn im einzelnen keine Belege für den Besuch dieser oder jener Veranstaltung beigebracht werden können.

Mit *Georg Friedrich Seiler*, dem vierten Hochschullehrer Hebels, nähern wir uns einer Persönlichkeit, die im geistigen und kulturellen Leben der verschiedenen evangelischen Landeskirchen und Theologien Deutschlands eine kaum zu überschätzende, mehrere Pfarrersgenerationen prägende Rolle innehatte und am ehesten mit der Formel „kirchliche Aufklärung" positionell zu charakterisieren ist[54], oder – inhaltlich schon gefüllter –

---

50 In: SW 4, S. 353–356. Hebel hat natürlich auch hier spezielle wissenschaftliche Vorarbeit geleistet: Vgl. H 84, Bl. 63, Nr. 552, wo er die Dissertation von Morus über 1. Cor. XV, 35–55, Leipzig 1782, bibliographiert und zusammenfaßt. Vgl. die Rezension in den Gothaischen gelehrten Zeitungen, 73. St., 11.Sept. 1782, S. 399f.

51 SW 4, S. 354.

52 SW 4, S. 354f.; vgl. ebenso die Aufsätze „Ein Vermutungsgrund für die Immaterialität der Seele", in: SW 7, S. 254–256; und „Auferstehung", in: SW 7, S. 257–262. Auf dem Hintergrund einer Naturanalogie ist auch die „schönste Geschichte der Welt" (E. Bloch) „Unverhofftes Wiedersehen" zu lesen (in: Johann Peter Hebel. Der Rheinländische Hausfreund. Faksimiledruck der Jahrgänge 1808–1815 und 1819. Hg. von L. Rohner, Wiesbaden 1981, S. 139f.). Schließlich sei auf einen Abschnitt im Brief an G. Fecht vom 29. März 1796 (Briefe, Nr. 25, S. 43) hingewiesen mit der Pointe: „Am selbigen Sonntag [sc. der Auferstehung; R.W.] hats gewiß nicht geschneit."

53 Vgl. die treffliche Opernmetapher bezüglich der Auferstehung in: Briefe, Nr. 49, S. 90 (An Hitzig, 2. August 1800).

54 Zu diesem lange verkannten Theologen der Spätaufklärung liegt eine akribisch recherchierte und umfassend angelegte Dissertation von O. Jordahn vor: Georg Friedrich Seilers Beitrag zur Praktischen Theologie der Kirchlichen Aufklärung, Nürnberg 1970. Auf S. XVII sind dort weitere sieben [!] Aufsätze Jordahns zu Einzelaspekten von Leben und Werk Seilers bibliogra-

mit der Kunst der „Vermittlung von Offenbarung, Geschichte und Vernunft“[55].

Es gibt ein Zeugnis, das ein Studium Hebels bei G.Fr. Seiler beinahe auszuschließen scheint; auf seiner 1783/84 unternommenen Studienreise besuchte nämlich der Hof- und Stadtvikarius zu Karlsruhe, Chr. Fr. Rinck, in Erlangen auch Prof. Seiler, und dieser überfällt Rinck geradezu mit folgendem – von Rinck aufgezeichneten – Lamento:

> „Er klagte mir gleich über alle meine Landsleute, die hier studirten, besonders Theologen; er wisse etwann nur 2, so lang es ihm denke, die etwas gelernt[56], alle andere seyen leichtsinnige und ausgelassene Leute gewesen. Er sey recht froh, daß keine mehr da seyen. Sie haben fast alle geschwenzt.“[57]

Seiler hatte tatsächlich schlimme Auseinandersetzungen mit den diversen studentischen Landsmannschaften hinter sich (in diesen Zusammenhang gehört natürlich auch die von Nicolai und Hebel aufnotierte Kleiderordnung).[58] Decken sich jedoch seine konkreten Anschuldigungen mit dem tatsächlichen Seminar- und Vorlesungsbetrieb der Jahre 1778–1780? Am Schluß der Unterredung mit Rinck bittet Seiler,

> „das Buch von ihm besonders bekannt zu machen: das kleine biblische Erbauungsbuch oder die biblischen Historien mit Andachten und Gebeten von Seiler, 3. Auflage 83, es soll des Hübners biblische Historien verdrängen...“[59]

Dem Wunsch Seilers ist Hebel bereits ein Jahr zuvor nachgekommen! Das sagt zwar nichts über sein Studieren aus, aber es zeugt von prägender, bestimmte Interessen initiierender Wirksamkeit der Seilerschen Position, wenn Hebel im Juli 1782 sich gerade dieses Werk Seilers bibliographiert, mit dem Zusatz „die Bearbeitung ist sehr gut.“[60] Daß er zusätzlich die Funktionsbestimmung des Buches notiert – „ein andrer Hübner“ – wird zum einen der Selbsteinschätzung Seilers gerecht; zum anderen aber darf es zu einer versteckten Antizipation der späteren Einschätzung seiner eigenen Leistung auf

---

phiert. Danach erschien noch sein Aufsatz „G.Fr. Seilers Lehrbücher und Schriften zur religiösen und allgemeinen Volkserziehung“, in: ZbKG 40 (1971), S. 131–184.

55 F.W. Kantzenbach, Evangelischer Geist und Glaube im neuzeitlichen Bayern, München 1980, S. 46f. hier: S. 46.

56 Ob Seiler hier u.a. an J.P. Hebel denkt? Oder an die zwei Badener Chr.Fr.W. Hoffmann und J.E.Ph. Burklin, die 1775 ihr Studium mit je einem gedruckten Aufsatz beendeten? Vgl. Jordahn, Seilers Wirksamkeit, S. 86.

57 Chr.Fr. Rinck, Hof- und Stadtvikarius zu Karlsruhe, Studienreise 1783/84, unternommen im Auftrage des Markgrafen Karl Friedrich von Baden. Nach dem Tagebuche des Verfassers herausgegeben von Dr. M. Geyer, Altenburg 1897, S. 55.

58 Vgl. Jordahn, Seilers Wirksamkeit, S. 59–64 (Exkurs: Seilers Stellung zu den Studentenverbindungen).

59 Rinck, Studienreise, S. 56.

60 BLB H 84, Bl. 52, Nr. 503. Vgl. darüber hinaus auch das Exzerpt von Seilers „Versuch einer christl. evangelischen Liturgie“ [Erlangen 1782], Bl. 65, Nr. 564.

diesem Gebiet stilisiert werden! Wir sind mit Seiler den ureigensten Voraussetzungen der Biblischen Geschichten auf der Spur, doch soll gerade ein Hauptaspekt der Theologie Seilers, nämlich seine pädagogische Durchdringung der Handlungsdimensionen eines späteren Pfarrers, unter den religionspädagogischen Voraussetzungen der Biblischen Geschichten diskutiert werden.[61] Damit ist allerdings gleich unterstrichen, wie schwierig eine eindeutige Subsumierung unter unsere leitenden Perspektivierungen auch im Bereich der Voraussetzungen durchzuführen ist. Anders gewendet: Die Theologie der Spätaufklärung ist per se die Thematisierung aller drei Aspekte.

Auf theologisch-dogmatischem Gebiet legte Seiler seinen Vorlesungen ein von ihm selbst verfaßtes ‚Standardwerk' zugrunde, die 1774 in Erlangen erstmals erschienene „Theologia dogmatico-polemica cum compendio Historiae dogmatum succinctae". Auch die Vorlesung selbst war standardisiert: „Beinahe ein Jahrzehnt hindurch, bis zum SS 1782 las Seiler regelmäßig Montag bis Freitag von 8–9 Uhr im WS den ersten, im SS den zweiten Teil seiner Theologia dogmatico".[62] Der orthodoxe Aufbau von Seilers Dogmatik wird bereits aus der Inhaltsangabe und ihren Überschriften ersichtlich. Gleichzeitig ist der methodische Zugriff zu den überlieferten *loci* ein neuer, also im eigentlichen Sinne des Wortes ein neologischer. In der *praefatio* der ersten Auflage schreibt Seiler:

> „Dicendi autem genus adhibui, quantum per rerum tractandarum naturam fieri potuit, simplex et populare, qua in re secutus sum utilitatem innenum theologiae studiosorum, quorum quippe, cum non scholae sed vitae muneribusque futuris discere debeant, non parum interest, eiusmodi doctrinas sanctiores proponendi rationi mature ad sue fieri, quae etiam populo conueniat nec terminis technicis, quibus non raro dogmata religionis christianae implicantur magis, quam explicantur, unice fit adstricta."[63]

Neben dieser populären, „praktischen" Schreibart – und einem entsprechend methodischen Zugriff zu den Inhalten des Christentums (beides wird im nächsten Abschnitt zu thematisieren sein) – ist vor allem hervorzuheben, daß den Einwänden der Gegner breiter Raum in legitim polemischer bzw. apologetischer Absicht gegeben wird, so daß bereits bei den Fundamenten des Glaubens ein weltoffener, kontroverser und flexibler Geist waltet. Diese spezifische Mischung von Orthodoxie und Aufklärung kannte Hebel ja bereits aus seinen ersten Karlsruher Jahren, und er blieb ihr treu; jedenfalls stand Seilers Dogmatik in seiner Bibliothek, und zwar in der Ausgabe von

[61] Vgl. 2. Kap. III, 3b.

[62] Jordahn, Seilers Wirksamkeit, S. 96.

[63] Georgius Fridericus Seiler, Theologia dogmatico-polemica cum compendio Historiae dogmatum succinctae, Erlangen 1774, S. Xf.

1789.[64] Und gerade die Tatsache, daß Hebel auch zwei wichtige Werke eines Seiler-Schülers, Chr. Fr. Ammon, besaß, bestätigt eine gewisse Schulzugehörigkeit.[65]

Drei wichtige Kennzeichen eignen nach O. Jordahn der Seilerschule:

1. „Die unverbrüchliche Geltung der Bibel als der wirklichen göttlichen Offenbarung".[66] Das schließt ein kritische Exegese aber geradezu mit ein.

2. Mit dem ersten Artikel, also der Gotteslehre, konstruiert Seiler eine „fruchtbare Synthese des kirchlichen Dogmas mit der physikotheologischen Weltsicht des 18. Jahrhunderts wie mit der strengen Theonomie der Aufklärung."[67]

3. Der Mischcharakter: „Daß Seiler im Zweifelsfall immer bereit war, die empirische Vernunft der biblischen Offenbarung unterzuordnen, verbindet ihn mit der Orthodoxie. Daß er gleichwohl an der prinzipiellen Harmonie zwischen Vernunft und Offenbarung festhielt, weist ihn der Aufklärung zu."[68]

Diese drei Kennzeichen lassen sich auf die Biblischen Geschichten Hebels anwenden, denn diese zeugen nämlich

1. vom Ernst, mit dem diese „heilige Geschichte für Kinder" das Wort Gottes bearbeitet;

2. von der rationalen, physikotheologischen Argumentation insbesondere bei den Wundergeschichten;

3. von der Verheißungs- und Vorsehungsdimension, die die Empirie einbindet in den geoffenbarten Gang der Heilsgeschichte.

Diese Zusammenhänge zu verifizieren, muß allerdings den Untersuchungen des 3. Kapitels vorbehalten bleiben.

Wenn man sich die Titel der langen Veröffentlichungsliste von G. Fr. Seiler ansieht[69], so könnte man bei ihm in idealtypischer Weise von einem Grenzgänger der Spätaufklärung sprechen, der sich von keinem Wissensgebiet abschrecken läßt, der vielmehr gerade auf schwierigem Gebiet den Dialog sucht, sich dabei positionell behaften läßt und gerade so eine concordia discors durchzuhalten versucht.[70] Beredtsten Ausdruck von diesem Grenz-

---

[64] Verzeichniß, Nr. 126, S. 11.

[65] Verzeichniß, Nr. 3 und 4, S. 3. Auch eine der letzten Veröffentlichungen Seilers hat sich Hebel angeschafft: „Uebersetzung der Schriften des neuen Testaments mit beigefügten Erklärungen dunkler und schwerer Stellen", Erlangen 1806 (Verzeichniß Nr. 125, S. 11).

[66] Jordahn, Seilers Beitrag, S. 120.

[67] Jordahn, Seilers Beitrag, S. 120f.

[68] Jordahn, Seilers Beitrag, S. 121.

[69] Vgl. Jordahn, Seilers Beitrag, S. 2-63!

[70] Als Beispiel sei nur Seilers „Allgemeines Lesebuch für den Bürger und Landmann vornehmlich zum Gebrauch in Stadt- und Landschulen", Erlangen 1790, genannt, dessen neun Themenkreise enzyklopädisch den durchschnittlichen Bildungsstand repräsentieren. Vgl. hierzu E. Roth, Volksbildung durch Lesebücher im Zeitalter der Aufklärung, in: Literatur. Sprache. Unterricht. Festschrift für Jakob Lehmann, Bamberg 1984, S. 85–93. Falsch ist allerdings Roths

verkehr der Wissenschaften mit der organisierenden und integrierenden Theologie als Katalysator gibt wohl das von Seiler seit 1772 betriebene, am 18. April 1773 offiziell begründete und erst 1805 gegen den Widerstand Seilers geschlossene „Institut der Moral und schönen Wissenschaften“, das „als Fundament und Brücke zum christlichen Glauben“ an der Etablierung einer aufgeklärten Kultur arbeitete.[71] Die Statuten dieser auch in Jena und Göttingen errichteten Institution besagen, daß es sich dabei um

> „eine Gesellschaft hiesiger Studierenden (handelt), welche sich freywillig verbunden haben, unter der Aufsicht eines Direktors, gemeinschaftliche Uebungen in den schönen Wissenschaften anzustellen. Ihre Absicht ist aber nicht blos die Schreibart zu bilden, oder nur bey Beredsamkeit, Poesie, und freyen Künsten stehen zu bleiben, sondern sie haben es sich zu einem Gesetz gemacht, bey ihren Arbeiten, die aus allen Theilen der natürlichen Erkenntnisse genommen werden können, vornehmlich auf die Erzeugung edler Gesinnungen und auf die Beförderung tugendhafter Neigungen und Handlungen zu sehen.“[72]

Hebel war – im Rückblick – geradezu prädestiniert für diese Gesellschaft. Und dennoch ist er nicht im Verzeichnis des bald in „Teutsche Gesellschaft“ umbenannten Institutes eingetragen.[73]

Jordahn begründet dies einmal mit den stets wiederholten anderweitigen Interessen Hebels als Student, zum anderen mit dem Geist der Aufklärung, der in der Bibliothek des Instituts zu verifizieren ist und der dem „Dichter“ Johann Peter Hebel anscheinend nicht mehr genügte. Beide Begründungen sind jedoch nicht stichhaltig!

Ein Vergleich des „Verzeichnis(ses) der Bücher des Königl. Instituts der Moral und schönen Wissenschaften“ aus dem Jahr 1795[74] mit Hebels „Verlassenschaft“ zeigt auffällige Parallelen, was Interessenschwerpunkte, und Identitäten, was einzelne Titel betrifft. Und die studentischen Interessen Hebels waren jedenfalls so entwickelt, daß man von einer lebenslangen Vertiefung des einmal Erworbenen sprechen muß.

Den schönsten Beweis für eine strukturelle Beziehung Hebels zu den Grundsätzen des Seilerschen Instituts – und nur auf dieser Ebene scheint uns eine theologische Auseinandersetzung sinnvoll – liefert ein Brief Hebels an den Straßburger Freund und künstlerisch begabten Goldschmied Haufe vom

---

Einordnung Seilers als „pietistische[n] Aufklärer“ (S. 88). – Von der Themenvielfalt her lassen sich Beziehungen zu Hebels Kalenderarbeit knüpfen.

[71] Jordahn, Seilers Wirksamkeit, S. 134–159, hier S. 135 f. und S. 140.

[72] So im Abschnitt I der Statuten, die einer Schrift Seilers als Anhang beigegeben sind: G. F. Seiler, Kurze Nachricht von dem Hochfürstlichen Institut der Moral und Schönen Wissenschaften auf der Friedrich-Alexander-Akademie, Erlangen 1773. Hier zitiert nach Jordahn, Seilers Wirksamkeit, S. 142 f.

[73] Vgl. UB Erlangen, MS 1652, S. 121–145.

[74] UB Erlangen, U. S. Erl. F., s: 13. Es zählt ca. 400 Bände.

25. März 1804.[75] Darin nämlich nimmt Hebel – und das ist in dieser Ausführlichkeit und Exaktheit einzig unter allen Äußerungen Hebels! – Stellung zu einer theologischen Grundsatzrede, die *nach* den Erfahrungen der Französischen Revolution wieder anzuknüpfen sucht an eine theologisch fundierte und geleitete Kultur der Aufklärung.

„Ich hätte Ihnen früher geantwortet, mein Bester, wenn ich früher dazu gekommen wäre den Discours des H. Prof. Haffner vollends zu Ende zu bringen [...].“

Damit meint Hebel den 1804 in Paris und Strasbourg erschienenen Diskurs „Des secour, que l'etude des langues, de l'histoire, de la philosophie et de la litterature offre á la Theologie“, einer Rede, die Professor Isaac Haffner anläßlich der Eröffnung der Protestantischen Akademie von Straßburg am 7. November 1803 gehalten hat. Hebel schreibt dazu:

„Die Abhandl. des H. Prof. Hafner habe ich mit Vergnügen gelesen, und danke Ihnen dafür. Der Gegenstand ist für die Veranlassung sehr zweckmäßig gewählt. Man sollte zwar meinen, es verstehe sich alles von selbst, was sich über diesen Gegenstand sagen ließe, wenn man nicht in unnöthige Gelehrsamkeit ausschweifen wolle. Aber es versteht sich nicht alles und an allen Orten von selbst, was man meint, und es gibt Dinge, die nicht oft genug gesagt werden können, wozu leider diese Materie auch gehört. Nur muß mans so rein und lichtvoll so lehrreich und praktisch, so mit umfaßendem Ueberblick des Ganzen, und weiser Auswahl der einzelnen Winke und Belege thun können, wie Herr H. nach meinem Urtheil wirklich gethan hat. Hier haben Sie denn meine Meinung darüber, weil Sie sie verlangen, und mir sogar schreiben, daß Sie darauf begierig seyen. Es ist schön, daß der Künstler sich auch für gelehrte, und sogar theologische Gegenstände interessiert, aber nicht mehr als billig, denn wir interessieren uns auch für die Kunst.“

Bekenntnis zur praktisch abgezweckten theologischen Gelehrsamkeit und Bekenntnis zur Kunst: Es sind Selbstverständlichkeiten für Hebel, beide Pole sind ihm zutiefst vertraut, und es ist für ihn nur bedauerlich, daß dieses Niveau noch nicht die ihm anstehende Breitenwirkung erfahren hat. Es läßt sich kein Punkt in der Lebenslinie Hebels ausmachen, an dem er *plötzlich* zu dem Entschluß gekommen wäre, sich „für gelehrte, und sogar theologische Gegenstände“ zu interessieren, sondern hier kann man nur von einer sich rundum erweiternden *Kontinuität der theologischen Bildung* Hebels sprechen: Es ist nicht nachzuvollziehen, daß der Aufenthalt in Erlangen eine einzige Diskontinuität bedeutet haben solle, wie es die zahlreichen Beiträge zum Thema ‚Hebel in Erlangen‘ immer wieder suggerieren wollten! In Erlangen wurde grundgelegt, was sich später theologisch ausdifferenziert entfalten sollte!

Wenn wir im folgenden die Argumentation Haffners in aller gebotenen

[75] Briefe, Nr. 106, S. 186–189. Die folgenden beiden Zitate stehen S. 186f.

Kürze nachzeichnen, so ist stets die volle Zustimmung Hebels wie auch die strukturelle Verwandtschaft zur (Erlanger) Theologie der Spätaufklärung mitzubedenken.

Haffner warnt davor, die Theologie zu isolieren:

„Es gibt Hilfswissenschaften, auf die sie nicht verzichten kann, ohne die sie nicht die geistige Klarheit ausstrahlen würde, auf deren Führung sie angewiesen ist und die für sie in jeder Hinsicht unerläßlich sind." (S. 2)[76]

Gerade der geschichtliche Überlieferungsprozeß der einfachen christlichen Glaubenswahrheiten – „Gewichtige Wahrheiten verdienen der Gegenstand ständiger Meditation zu sein" (S. 7) – mache es für jeden Lehrer der Religion unabdingbar, sowohl zu den Quellen zurückzukehren, als auch dem Anwurf aufgeklärter Kritik standzuhalten (S. 9). Haffner schildert – mit vielen Zitaten aus der gesamten Kirchengeschichte gespickt – die Vorteile und die Nützlichkeit eines Studiums der alten Sprachen (S. 10–20), der Geschichte (S. 20–27), der Literatur im Umfeld der Bibel (S. 27–30) und der Philosophie der gegenwärtigen Zeit (S. 31–33). Alle Wissenschaften dienten dazu, der dogmatischen Theologie ihre spitzfindigen Spekulationen zu nehmen; gerade durch diesen wissenschaftlichen Prozeß der Vereinfachung könne man wieder fühlen,

„daß die Religion eine Sache des Herzens und nicht des Gedächtnisses sein müsse und daß sie deshalb leicht auf alle künstlichen Formeln verzichten könne, die eher dazu dienten, die Frömmigkeit auszutrocknen, als sie zu beleben. Daher stammt die Unterscheidung zwischen populärer Theologie und systematischer Theologie." (S. 38)

Der enge Konnex von Christentum und Moral wird betont (S. 46), ohne allerdings eine mechanische Rezeptur der Bibel in ethischen Fragen zu behaupten:

„Es [sc. das Christentum; R. W.] liefert keine detaillierte Beweisführung, die die Art unserer Pflichten für uns klarer und anschaulicher machen würde; es zeigt uns nicht alle Mittel, derer man sich bedienen muß, um sich in der Liebe des Guten zu bestärken […]." (S. 47)

Motivierend wirkten das Evangelium und die Gesetze Gottes, wobei es nicht darum gehe,

„gegen die Welt zu eifern, sondern darum, sie zu bilden und zu überzeugen. Man muß die Extreme einer laxen Moral und einer zu strikten Askese vermeiden." (S. 48)

---

[76] Ich zitiere im Text nach der angegebenen Ausgabe von 1804. Die Übersetzung der Schrift aus dem Französischen besorgte dankenswerterweise Frau Helga Apetz, Bamberg.

Haffner schließt mit der Betonung der Vorreiterrolle der Theologie bei der Aufklärung des Volkes (S. 50ff.) und erinnert mit Nachdruck an die Popularität der Religionslehrer, wie sie schon in Erlangen auf dem Bildungsprogramm des Instituts der Moral und der schönen Künste stand:

„Nicht die Schriften der Philosophen, die das Volk nicht liest und nicht versteht und in denen die Autoren sich zuweilen selbst nicht verstehen, können dem Volk dienlich sein, sondern einzig und allein die religiöse Unterweisung. Durch sie allein gelangt es zu Kenntnis von Wahrheiten und Grundsätzen, die es sicher durch das Leben geleiten werden. Diese Regeln sollen dem Volk mit Einfachheit, Klarheit, Kraft eingeschärft werden; es soll lernen, in ihrer Ausübung das Wesen des Christentums zu verdichten [...].“ (S. 53)

Am 6. September 1780 berichtet Hebels alter Gymnasiallehrer Prof. Tittel auf einer Sitzung des Landeskirchenamtes, „daß unter seinem Vorsitz der von der Universität Erlangen zurückgekommene stud. theol. Hebel am 5. Sept. 1780 ‚disputiert‘ habe. Tittel legte zugleich Hebels ‚Probesätze und Ausarbeitung‘ vor, er stellte den Antrag auf Zulassung (Admission) zum Rigorosum.“[77] W.A. Schulze, der diese Examensmodalitäten aus den Kirchenratsprotokollen (Nr. 1033 und 1034) rekonstruiert hat, wehrt damit dem geheimnisvollen Gemunkel, das bisher um Hebels Examen gemacht wurde. In der Tat ist es nicht zu leugnen, daß die Examensunterlagen Hebels aus seinen Personalakten entfernt worden sind (vermutlich durch Hebels eigene Hände in seiner Eigenschaft als Prälat der neugeschaffenen unierten Landeskirche). Gründe dafür wissen und kennen wir nicht. Ob es ein schlechtes Examen gewesen ist? Man hat dies gerne behauptet: Einmal habe Hebel eh' nicht gerne studiert, zum andern sei es offensichtlich eine Konsequenz dieses Examens, daß Hebel keine Pfarrstelle erhalten habe und über zehn Jahre auf seine Anstellung in Karlsruhe habe warten müssen. Schulze kann nachweisen, daß es damals völlig üblich war, mehrere Jahre als Hauslehrer die Wartezeiten auf eine Pfarrstelle zu überbrücken.[78] Selbst Seiler berücksichtigt ausdrücklich in einer Schrift die Probleme, die mit solchen Tätigkeiten im Wartestand stets verbunden waren:

„Das erste Geschäft der allermeisten Candidaten ist der Unterricht der Jugend, es sey nun in einzelnen Familien, oder auch in Schulen und Gymnasien. Folglich müssen sie in allem dem selbst wohl unterwiesen werden, was sie einst andere wieder lehren sollen. Sie müssen auch die Methode lernen, die bey Kindern die beste Wirkung thut; müssen zur Geschicklichkeit gelangen, die zarten Herzen zu bilden und zu regieren.[79]

---

[77] W.A. Schulze, Hebels Aufnahme in den badischen Pfarrdienst, in: Theologische Zeitschrift 28/1972, S. 425–440, hier S. 431f.

[78] Vgl. auch Schneider, Die evangelischen Pfarrer der Markgrafschaft, S. 42f.

[79] G.Fr. Seiler, Grundsätze zur Bildung künftiger Volks- und Jugendlehrer oder der Homiletik, Katechetik, Pädagogik, Erlangen ^{2}1786 (1783).

Wohlgemerkt: Bereits als Student soll man für den meist unumgänglichen Wartestand vorbereitet werden! Schulze ist zuzustimmen, wenn er resümiert:

„Der Rückschluß auf ein schlechtes Examen muß dann auch fallen, da seine Prämisse nicht zutrifft. An Wissen war Hebel sowohl vor [!] wie nach dem Examen ausgezeichnet.“[80]

Letztlich wollte unser ganzer Abschnitt zu Hebels Erlanger Studentenzeit nichts anderes erweisen als das enorme theologische Fundament, das gerade in seiner Studienzeit gelegt worden ist und sich auch auf das Examen ausgewirkt haben muß.

3. Ausgewählte Themen des theologischen Interesses Hebels

Wir verlassen nun die biographische Wegweisung eines theologischen Bildungsprogramms, das Hebel in typisch spätaufklärerischer Art und Weise den Grenzverkehr zu den anderen Wissenschaften auf gläubig *und* kritisch aufbereitetem theologischem Grund und Boden lehrte. Voraussetzungen wurden in Hebels religiöser Sozialisation und theologischer Reflexion gelegt, die es nun systematisch-inhaltlich so zu entfalten gilt, daß fundierende Beziehungslinien zu den Biblischen Geschichten deutlicher noch als bisher sichtbar werden. Gerade weil Hebel seine (theologische) Bildung stets erweiterte und ergänzte, ist jedoch eine strenge Auswahl der Themen unerläßlich. Damit sei noch einmal konzediert, daß es sich bei den folgenden Beobachtungen nicht um die Darstellung einer ‚Theologie Hebels‘ handeln kann; diese bleibt – angesichts der beeindruckenden Fülle an Lektürehinweisen in den Exzerptheften und dem Nachlaßverzeichnis – weiterhin ein echtes Desiderat. Wohl aber können theologische Grundlinien aufgezeigt werden, die verifzierbar in den didaktischen Transformationsprozeß eingeflossen sind und die gleichzeitig zu den Grundaxiomen von Hebels Theologie gehören, also genau das theologische ‚Rohmaterial‘ bilden, von dem Hebel auch auf literarischem Gebiet zehrte.

Drei ausgewählte Themen sind geeignet, die theologischen Voraussetzungen der Biblischen Geschichten präzise zu fassen. Da ist zuerst der jüdisch-messianische Aspekt in seinem originär theologischen Kontext zu bedenken (a), da ist sodann das durchgängige, formal und inhaltlich gleichermaßen bedeutsame Motiv des Populären in der sog. Praktischen Theologie (im dogmatischen Sinne der Hebel-Zeit!) zu verfolgen (b) und da ist schließlich

[80] Schulze, Hebels Aufnahme, S. 440.

der Vorsehungsglaube als selbst widerständigste Empirie noch integrierendes Organisationsmodell zu thematisieren (c). Diese Dreiteilung setzt inhaltliche Schwerpunkte der übergeordneten Struktur von Exegese (a.), Ethik und Dogmatik (b. und c.), deren prinzipielle Handhabung durch Hebel damit exemplifiziert werden kann.

a) Der jüdisch-messianische Aspekt im theologischen Kontext

> „Den Priester rufst du wieder zur Jüngerschaft
> Des großen Stifters; machst zum Untertan
> Den jochbeladnen Landmann; machst den
> Juden zum Menschen. Wer hat geendet, Wie du beginnest? [...]
> Wen faßt des Mitleids Schauer nicht, wenn er sieht,
> Wie unser Pöbel Kanaans Volk entmenscht!
> Und tat ders nicht weil unsre Fürsten
> Sie in zu eiserne Fessel schmieden? [...]“[81]

Klopstocks Ode „An den Kaiser“ hebt an der Reformtätigkeit des Kaisers Joseph II. auch das heraus, was ein Jahr später unter dem Titel „Toleranzedikt“ eine neue Ära einleiten sollte: 1782 beginnt man sich auch obrigkeitlich mit dem Verhältnis zu Juden im bürgerlich-aufgeklärten Gemeinwesen zu beschäftigen. Kurz vor dem Juni 1782 notierte J.P. Hebel sich den vollständigen Odentext in sein Exzerptheft[82] – und er wird sein Leben lang als Christ im Juden den menschlichen Bruder sehen.

In jüngster Zeit gibt es Untersuchungen zum Thema „Hebel und die Juden“, die die Intention einiger Kalendergeschichten mit spezifisch jüdischer Thematik in den europäischen Kontext einer allgemeinen Judenemanzipation (im geistigen Rahmen der Aufklärung und im politischen Rahmen der Napoleon-Zeit) gestellt haben.[83] Diese Kontextbestimmung ist richtig und bestätigt ein weiteres Mal den spätaufklärerischen Standort Hebels. Mit aller Deutlichkeit läßt sich dies an den Lektüreinteressen Hebels verifizieren. Darüber hinaus aber blieb ein Zusammenhang unerwähnt, der einem exegetisch geschulten Theologen seiner Zeit jedoch als die eigentliche Grundlage der damaligen Emanzipation erscheinen mußte: Die Erkenntnis des Alten

---

[81] Fr.G. Klopstock, Der Messias, Oden und Elegien, Epigramme, Abhandlungen, hgg. von U.-W. Ketelsen, Hamburg 1968, S. 119.

[82] H 84, Bl. 48, Nr. 475.

[83] J. W. Storck, Johann Peter Hebel und die Emanzipation der Juden, in: Johann Peter Hebel. Eine Wiederbegegnung zu seinem 225. Geburtstag, S. 137–157; Kl. Oettinger, „Wollen wir sie verdammen?“ Über Johann Peter Hebel und die Juden, in: Allmende. Eine alemannische Zeitschrift, 1/ 1981, H. 2, S. 2-11; ders., Der Pyrrhussieg des Mauschel Abraham. Über Lachen und Lehren in den Kalenderschwänken Johann Peter Hebels, in: Europäische Lehrdichtung. FS für W. Naumann zum 70. Geburtstag, hgg. von H.G. Rötzer und H. Walz, Darmstadt 1981, S. 224–234.

Testaments als Basis sowohl des Juden- als auch des Christentums, seine messianische Struktur und die Heilsfunktion der Juden in der Erlösungsgeschichte des Jesus von Nazareth als dem verheißenen Christus. Gerade auch theologische Argumentationsfiguren waren es, die zu vorurteilsfreier Politik und Verhältnisbestimmung beflügelten. M.a.W.: Weil Hebels Herz theologisch für die Juden schlug, konnte er sich aktiv auf den Schreib-Kampf gegen Juden-Feindschaft und für ein sensibles Sich-Wieder-Erkennen im Andern – eben auch im Juden – einlassen.

Aus der Gothaischen Gelehrten Zeitung, die sich 1781 bereits im 8. Jahrgang befindet, exzerpiert sich Hebel aus einer Fülle von angezeigten Themen und Texten der Zeitschrift „Der Ungelehrte, 1779. Januar bis März" bzw. „Der Freund der Wahrheit und des reinen Vergnügens, April bis December" (dieser Jahrgang füllt weit über 1000 Seiten) als Einziges die Rezension des dort abgedruckten Trauerspiels in einem Aufzug „Der Judenfeind". Hebel läßt die Inhaltsangabe des mit infamem Mord endenden Stückes beiseite und kommt gleich zur Meinung des Rezensenten:

„Würde doch dieses Stück öfter an Orten aufgeführt, wo Prediger sich erfrechen zu lehren, der Allgerechte, (der im alten Bunde doch nur bis ins vierte Glied zu strafen drohete, und vielleicht es niemals that,) der Allgütige räche noch heute die Uebereilung eines blinden Pöbels, den seine Priester verleiteten: Creutzige! zu schreyen; und für welchen Jesus am Creutze bat, und für die heutigen [Hebel setzt hier ein erklärendes (Juden) als Ergänzung; R. W.] gewiß noch bittet. Welcher Contrast zwischen dem Lehrer von Gott, und denen, welche sich seine Boten nennen!"[84]

Hier wird das Problem der Judenfeindschaft sehr präzise in der christlichen Passionsgeschichte, besonders aber in ihrer spezifischen Tradierung auf den Kanzeln der Landeskirchen festgemacht, gleichzeitig aber entkräftet in seiner Gültigkeit: Einmal verdanke sich das Todesurteil nicht einem theologischen Urteil, sondern einer Massenpsychologie der religiösen Funktionäre (Klopstock wendet dieses Argument in seine Gegenwart: „wie unser Pöbel Kanaans Volk entmenscht"), zum anderen stehe der Geist Jesu (des Lehrers von Gott!) dieser Massenhysterie versöhnlich entgegen. Hebel nun hebt diese Argumentation auf eine grundsätzliche Ebene, indem er eine Zusatzbemerkung anschließt (die allein schon deshalb von höchstem Gewicht ist, weil Hebel sich sonst – bis auf drei oder vier Ausnahmen – aller Kommentare zu seinen Exzerpten enthält).

„M. A. Weh! daß man die Aufführung nes [sic!] Schauspils wünschen mus um d. Volk die enterende Irthümer zu benennen die ihm v. d. Kanzel herab eingepredigt worden sind."

---

[84] Gothaische Gelehrte Zeitung (GGZ), Sept. 1781, 75. St., S. 619–624, hier S. 623. Hebel hat den Text wörtlich, mit einigen orthographischen Veränderungen, Abkürzungen und der erwähnten Ergänzung abgeschrieben in H 84, Bl. 25, Nr. 339.

Hebel markiert seinen Kommentar („M.A." könnte vielleicht „Meine Anmerkung", „Meine Antwort" heißen) durch ein Anstreichen am Rande: Ein echtes Anliegen ist ihm also das theologische Versagen, das nun literarisch aufgearbeitet werden muß. Auch hat er sofort den Adressatenkreis – das Volk – als den entscheidenden Ansprechpartner im Blick, so daß wir selbst in dieser kleinen Anmerkung Hebels unsere dreigefächerte Perspektivierung bestätigt sehen. Und Hebel selbst wird sich und diesem Thema – theologisch und pädagogisch verantwortet und literarisch gestaltet – ganz im Geiste dieses ersten judenfreundlichen Dokuments aus seiner Hand bis hinein in seine Biblischen Geschichten treu bleiben.

Wie sehr für Hebel die politisch-emanzipatorische Orientierung über die jüdischen Mitbürger verknüpft ist mit theologischen Erwägungen und Begründungen zeigen die folgenden beiden kurz hintereinander bibliographierten Bücher. Zunächst zeigt Hebel Interesse für das grundlegende Standardwerk der damaligen politischen Aktivitäten: Chr.W. Dohm, Ueber die bürgerliche Verbesserung der Juden, Berlin 1781 (bey Nicolai).[85] Aus der Rezension der GGZ konnte Hebel folgenden Endzweck entnehmen:

> nämlich „aus der unglücklichen Geschichte dieses Volkes die Folge zu ziehen, daß die drückende Verfassung, in der sie noch jetzt in den meisten Staaten leben, nur ein Ueberbleibsel der unpolitischen und unmenschlichen Vorurteile der finstersten Jahrhunderte sey, und daß die Juden nur deshalb als Menschen und Bürger verderbt gewesen, weil man ihnen die Rechte beyder versagt habe. Ihre jetzige Religion enthält kein Gebot des Hasses und der Beleidigung fremder Glaubensgenossen."[86]

Schon zwei Monate später macht Hebel sich Gedanken über das zukünftige religiöse Schicksal der Juden, wenn er J. Chr. Döderleins Schrift „Gibt uns die Bibel Hoffnung zu einer künftigen allgemeinen Judenbekehrung?" (Nürnberg 1781) bibliographiert und sich auch gleich die entscheidenden Bibelstellen dieses heiklen Themas notiert.[87] Döderlein meint nach Ansicht des Rezensenten, „daß man auch selbst im Falle der gehofften Judenbekehrung doch nicht annehmen müsse, daß die ganze Nation wieder in ihr Vaterland zurückkehren würde." (Das wurde offensichtlich allgemein befürchtet.) Die Begründung gewinnt Döderlein allein aus einer historisch-kritischen Exegese, die den spezifischen Sitz im Leben der alten Texte zu ermitteln hat:

---

[85] H 84, Bl 27, Nr. 345b.
[86] GGZ, Dez. 1781, 96. St., S. 786.
[87] H 84, Bl. 36, Nr. 409: Jes. 59, 20.21; Röm. 11, 26.27; Jes. 10, 21; Hos. 3,5.

„Hätten auch die Propheten so was versprochen, so hätten sie es nach den damaligen sinnlichen Glücksvorstellungen gesagt, und dürfe man also keine buchstäbliche Erfüllung erwarten."[88]

Dieser Strang einer exegetischen Bemühung um Phänomene des Judentums im AT und seiner Umwelt setzt sich fort in Ausführungen Semlers zur jüdischen Engelslehre, die Hebel notiert.[89] Zeit- und Raumbindung der Aussagen der Bibel, das morgenländische Lokalkolorit, die Geschichte als mäeutisches Instrumentarium: das waren die Grundlagen einer Verbindung von aufgeklärtem Vernunftgebrauch und einer nach wie vor gültigen Schriftautorität. Hebel notiert sich eine für diese Verbindung exemplarische Aussage unter dem eigenen Stichwort „Glaube d. A. T.":

„Die vorzüglichsten Relig.gebräuche d. Juden, waren mit Wunderbegebenh. aufs innigste verbunden, so dass sich ohne diese niemand vorstellen kan wie sich eine Nation, ienen mit Selbstverläugnung und Gefar hätt unterwerfen können. Zb. die dreimalige jährl. Reise aller Männer nach Jerusalem, in welcher Zeit die Gränzen gegen alle ihre mächtige und auf jede Gelegenheit zur Rache passende Nachbaren so unvertheidigt waren, dass keine andre Hülfe, als der Gottesschuz, der ihnen ihr Gesez versprach sie retten kont, und auch wirkl. rettete in dem zu ienen Zeiten, laut der Geschichte, kein einziger Einfall ins Land geschah."[90]

Nichts war Hebel fremd: Das Andersartige war Erweiterung des Horizonts und Bereicherung in Gottes guter Schöpfung. Dabei ist das moralische Bewußtsein so hoch zu veranschlagen, daß ein Umschlag von Wissen in Gesinnung und Handlung gar nicht mehr eigens formuliert werden mußte. Ganz selbstverständlich fügt Hebel seinen von ihm redigierten Kalendern dem christlichen ein jüdisches Kalendarium bei.[91] Und mit wieviel Akribie und präziser Sammelwut stellt er aus der Chronologia Sacra des M. A. E. Mirus (Leipzig 1718) eine jüdische Zeitrechnung zusammen![92] Dieses im wahrsten Sinne des Wortes historische Bewußtsein Hebels stand theologisch, und eben darum auch politisch, ganz auf der Seite der Juden.

Ein Jahr vor seinem Tod kann Hebel von seinem Sommeraufenthalt in Baden berichten: „Meine meiste Zeit auf der Promenade brachte ich in der Gesellschaft einiger interessanten [sic!] Judenfamilien von Augsburg zu, und

[88] GGZ, Febr. 1782, 10. St., S. 74 f.

[89] J. S. Semler, Paraphrasis Epistolae Jacobi cum notis & latinarum translationem varietate, Halle 1781, rezensiert in: GGZ, Juni 1782, 44. St., S. 359–366. Hebels Auszug in H 84, Bl. 50, Nr. 483.

[90] H 84, Bl. 51, Nr. 495. Es handelt sich dabei um eine leicht gekürzte Abschrift eines wörtlichen Zitats aus D. J. Priestley, Anleitung zur Religion nach Vernunft und Schrift, Frankfurt und Leipzig 1782, hier 2. Band: Beweise für die geoffenbarte Religion, Abschnitt 4, S. 342, das abgedruckt ist in der Rezension dieses Werks in der GGZ, Juni 1782, 51. St., S. 423–427, hier S. 425 f.

[91] Vgl. den Faksimiledruck der Kalendergeschichten, hgg. von Rohner, S. 15.

[92] H 84, Bl. 65 f., Nr. 572–578.

Madam Obermeier will mir sogar ein Fäßlein voll Augsburger Bier schikken."[93] Und nicht nur hat er dem Praeceptor der jüdischen Aufklärung ein hintergründiges Denkmal gesetzt in der Kalendergeschichte „Moses Mendelsohn" von 1809,[94] sondern er hat ihn auch studiert.[95]

Den Höhepunkt von Hebels umfassender Auseinandersetzung mit dem Thema bildet sicherlich sein Aufsatz „Die Juden. Sendschreiben an den Sekretär der theologischen Gesellschaft zu Lörrach, (die wenig bekannt ist)."[96] – ein in seiner Art einzigartiges Dokument christlich-jüdischer Verständigung! Hebel verbirgt, wie er selbst voranschickt, „hie und da ein Waizenkörnlein unter viel Spreu"[97] und bekennt sich damit augenzwinkernd auch zu den Passagen, die die Erklärungsfähigkeit einer Analogie zwischen dem geschichtlichen Charakter der Juden zu ihrem jetzigen, europäischen

---

93 Briefe, Nr. 514, S. 667, (An Gustave Fecht, 24. Aug. 1825).

94 Vgl. Faksimiledruck der Kalendergeschichten, hgg. von Rohner, S. 65.

95 Vgl. hierzu den Nachruf auf Mendelsohn in der Berliner Monatsschrift, hgg. von Fr. Gedike und J. E. Biester, Merz 1786, S. 204–216. Diese Zeitschrift hat Hebel in diesem Jahr sporadisch gelesen: hier H 85, Bl. 41, Nr.1228; vgl. auch H 85, Bl. 40; Nr. 1225 und Bl. 50, Nr. 1246. Ausführlich exzerpiert hat Hebel Mendelsohns „Morgenstunden oder Vorlesungen über das Dasein Gottes", Berlin 1785 (Vgl. H 85, Bl. 46, Nr. 1240 bis Bl. 48, Nr. 1242!)

Daneben findet sich in Hebels Nachlaß sowohl Mendelsohns Abhandlung „Phädon oder über die Unsterblichkeit der Seele" (Berlin 1776), als auch die an Dohm anknüpfende Studie „Jerusalem oder über religiöse Macht und Judentum" (Berlin 1783; Hebel besaß die Ausgabe Frankfurt 1787). Hierin stellt Mendelsohn dem gebieterischen Zwang des Staates und seiner Gesetze die leichte, überredende Wohlfahrt der Religion gegenüber, um die Vereinbarkeit gerade der jüdischen Religion mit einer „heiligen Sittenlehre der Vernunft und Religion" zu erweisen (S. 78). Auch der jüdische Gelehrte geht mit hermeneutisch geschultem Blick an die Bücher Moses heran: „Die Wahrheit bietet sich zwar in denselben, in der einfachsten Bekleidung, gleichsam ohne Anspruch, auf den ersten Anblick dar. Allein je näher ihr hinzudringet, je reiner, unschuldiger, liebe- und sehnsuchtsvoller der Blick ist, mit welchem ihr auf sie hinschaut, desto mehr entfaltet sie euch von ihrer Schönheit, die sie mit leichtem Flor verhüllt, um nicht von gemeinen unheiligen Augen entweihet zu werden." (S. 53) Die Poesie der Heiligen Schrift war neben der Historizität ihrer Entstehung eine wichtige Auslegungskategorie auch für Hebel.

Ebenfalls in Hebels Nachlaß findet sich die Schrift von Lazarus Bendavid „Etwas zur Charakteristick der Juden" (Leipzig 1793), die – voller Bewunderung für Moses Mendelsohn – der Frage nachgeht, wie man „die wesentlichen Fehler der jüdischen Nation" (S. 5) durch eigene, jüdische Anstrengung abbauen könne. Auch Bendavid glaubt an eine Symbiose von aufgeklärter Bildung und den inneren Werten der jüdischen Religion, die zum Abbau der zurecht anstößigen Elemente der jüdischen Zeremonialgesetze führe. Das Motto seiner Schrift nimmt er aus Lessings „Nathan der Weise" (4. Aufzug): „Der Aberglauben schlimmster ist, den seinen / Für den erträglichsten zu halten [...]." Der hier zum Ausdruck kommende gläubige Hypothesencharakter der Religion entspricht durchaus Hebels eigener christlich-spätaufklärerischer Position.

96 SW 8, S. 125–140. – Über die im Titel erwähnte „theologische Gesellschaft zu Lörrach" konnte im Landeskirchlichen Archiv Karlsruhe nichts ausfindig gemacht werden. Nach Auskunft von Dr. G. Schwinge handelt es sich dabei höchstwahrscheinlich um eine zu jener Zeit zahlreichen mehr privaten (theologischen) Lesegesellschaften der Geistlichen einer Diözese, meist unter Führung des Specials. Vgl. Hebels Ablehnung des „Direktorats" dieser Gesellschaft in: Briefe, Nr. 291, S. 452, (An Hitzig, 7.–11. Dez. 1810).

97 SW 8, S. 125. Im folgenden wird im Text zitiert.

Erscheinungsbild phantasievoll, jedoch mit scharfer Satire an den Lebensgewohnheiten der Deutschen, überziehen (vor allem S. 134f. und 137f.). Uns interessiert an diesem Aufsatz aber mehr die hermeneutische Position, von der aus Hebel zu einem Ausruf gelangt, der von E. Bloch als „der wohl betroffenste, verehrungsvollste Judensatz, der über die Lippen eines Prälaten gekommen ist“[98], bezeichnet wurde und der in der Tat ein Waizenkörnlein eigener Güte ist:

„Was aber den Jesaja betrifft, so behaupte ich nur so viel, daß wer ihn vom 40sten Kapitel an lesen kann, und nie die Anwandlung des Wunsches fühlt, ein Jude zu seyn, sey es auch mit der Einquartirung [sic!] alles europäischen Ungeziefers, ein Betteljude, der versteht ihn nicht, und so lange stirbt auch der Glaube an den Messias nicht aus.“ (S. 136)

Wie kann sich der Direktor des Gymnasium illustre, wenn auch pseudonym[99], zu so einer Aussage als evangelischer Geistlicher hinreißen lassen? Es sind wohlbegründete hermeneutische Überlegungen, die ihn zu solchen Folgerungen beflügeln. Gleich zu Beginn seines Aufsatzes empfiehlt Hebel

„das charakteristische Gepräge zu studiren, welches das Klima des Landes, wo die Bibel geschrieben wurde, seinen Kindern aufdrückt; da nicht zu leugnen steht, daß man vor allen Dingen diejenigen, an welche geschrieben ist, baß kennen muß, wenn man das, was geschrieben ist, um einen halben Erdgürtel nördlicher, und um ein paar Jahrtausende später ausdeuten, und den heiligen Geist, der heimisch unter den orientalischen Palmen hauset, unter den nordischen Eichen bannen will.“ (S. 126)

Das ist eine Hermeneutik, die den Sitz im Leben des Textes aus dem historischen Kontext heraus entwickelt, um erst im Anschluß daran die so gewonnenen Aussagen mit dem ebenfalls historisch bedingten Standort des Auslegers zu vermitteln, zu „verschmelzen“, wie Gadamer sagen würde. Gleichzeitig aber trifft Hebel eine inhaltliche Unterscheidung zwischen dem „freien Geist“ der Morgenländer (S. 126) und der toten Gelehrsamkeit, wo „das innige rege Gefühl“, „die hohe göttliche Phantasie“ „verdampft, schon frühe im Schweiß der Schulen, und später am harten, todten Pult, und unter dem Druck der Folianten und Schatzungsmonate, die auf uns liegen.“ (S. 135) Eigentlich, folgert Hebel logisch, müßte man in den Orient fahren, um vor Ort die Lebenssitte des Morgenländers zu studieren, und es sei bloßer Geldmangel, wenn er die Lebensweise der Betteljuden seines engsten Lebenskreises untersuche, um zu authentischen Er-

[98] E. Bloch, Nachwort zu: Johann Peter Hebel, Kalendergeschichten, ausgewählt und mit einem Nachwort versehen von E. Bloch, Frankfurt 1977 (1965), S. 145.

[99] Der Aufsatz erschien 1809 im Dezemberheft der Monatsschrift „Jason“ und war mit dem Pseudonym „Joh. Peter Parm.“ (also „Parmenides“, der Selbstbezeichnung Hebels innerhalb des „Proteuser“-Geheimbundes in Lörrach) unterzeichnet.

gebnissen zu kommen. (S. 126f.) Die biblische Archäologie scheide wegen ihrem Interesse am Toten statt am Lebendigen verständlicherweise aus. (ebd.)

Hebel befindet sich zweifelsohne auf dem Problemstand der wissenschaftlichen Exegese seiner Zeit.[100] Dennoch fehlt ihm an der Exegese ein für ihn alles entscheidendes Moment, das mit „Einfühlung“ nur sehr unzureichend umschrieben ist, insofern kritische Vernunfttätigkeit ja gerade nicht ausgeschaltet werden soll. Wie läßt sich der ‚garstige Graben der Geschichte‘ (nach Lessing) überspringen? Die von Hebel im Aufsatz selbst durchgeführte Methode einer beinahe empirisch zu nennende Erforschung vor Ort scheidet ja in den meisten Fällen aus, muß sich jedenfalls mit den „abgeraspelten und ausgeschiedenen Späne [sic!] und Schlacken des Volkes Gottes“ (S. 127) begnügen, wie Hebel – keineswegs abschätzig – einräumt. Neben dem logischen Sinn der Bibel erwähnt Hebel ihren ästhetischen (ebd.): Sollte demnach nicht gerade die Dichtung vorzüglich geeignet sein, das Problem adäquater Auslegung zu lösen?

Hebel drängt sich diese Frage angesichts von Klopstocks Messias geradezu auf. Aber *dieses* Modell der Auslegung lehnt er aus zwei Gründen ab: Einmal aus formalen Gründen (der Hexameter passe nicht zur „scharfeckigen“ Sprache der Deutschen[101]), zum anderen bedürften gerade „die Thaten des Messias keiner Verschönerung durch Dichtung“. (S. 136) Die Begründung enthält einen bekannten Topos vieler Poetiken: Gott selbst als ersten und größten Dichter („ποιητησ in beiderlei Sinn des Worts“; ebd.).

„Die ganze Idee des Weltalls mit allen seinen Theilen und Entwickelungen war in Gott, ehe sie realisiert wurde, ein großes harmoniereiches Gedicht, herausgegeben Anno Mundi I und bis jetzt noch nicht nachgedruckt, nicht einmal in Reutlingen.“ (ebd.)

Nicht gegen Dichtung als solche wendet sich Hebel, sondern gegen den vermessenen Anspruch einer Nachdichtung, um die Originaldichtung zu verbessern, zu verschönern. Ganz bewußt läßt Hebel aber an dieser Stelle eine Tür zur Dichtung als hermeneutische Annäherung an die Bibel, der authentischen ‚Nachdichtung‘ von Gottes großem Gedicht, offen, insofern Dichtung „doch nirgendwo etwas verderbt, noch weniger entheiliget.“ (ebd.) Der ästhetische Sinn vermag durchaus, die großartige „Dichtung“ Gottes[102], seine Schöpfung, aber auch seine Geschichte mit dem Volk Israel,

---

[100] Daß sich die mehrbändigen Standardwerke zu den „Einleitungsfragen“ von J. G. Eichhorn und J. D. Michaelis sowie J. A. Ernestis Hermeneutik in seiner Bibliothek befanden, ist gleichsam zwangsläufig zu erwarten (vgl. Verzeichniß, Nr. 89–91 und Nr. 36–40) und ist nur die Spitze einer weitverzweigten exegetischen Literatur in Hebels Besitz.

[101] Das Alemannische läßt Hebel hier wohlweislich beiseite! Vgl. aaO., S. 135!

[102] Bei G. Leß, Christliche Religions-Theorie fürs gemeine Leben, oder Versuch einer praktischen Dogmatik, Göttingen 1779 (vgl. Hebels Exzerpte H 84, Bl. 82, Nr. 668 bis Bl. 89, Nr. 699)

zu erfassen, doch steht ihm dabei nur eine hörende, eine nachschwingende Funktion zu: für einen „Nachdruck“, wie sich Hebel ausdrückt. Im Aufsatz selbst hat Hebel diese hermeneutische Funktion der Dichtung nicht angewendet, zu plastisch und lebensvoll standen ihm die Juden seiner eigenen Zeit vor Augen. Doch scheinen seine biblischen Geschichten jenen „Nachdruck“ zu liefern, der dann – in konträrer Weise zu Klopstock – von der Verheißung, dem Leben und den Taten des Messias zu ‚dichten‘ wußte.

Die hermeneutisch-exegetische Reflexion Hebels, die den historischen Kontext und den ästhetisch konstituierten Bibel-Text zu erschließen sucht, liefert gewiß die primäre Begründungsstruktur Hebels, sich der jüdisch-messianischen Problematik zu stellen, ja sogar sich in die messianische Erwartungshaltung eines Juden hineinzuversetzen. Und auch das christologische Dogma wurde zu Hebels Zeit sehr behutsam in die messianische Struktur des AT eingewoben, so daß – aus neutestamentlicher Perspektive – der Problemdruck einer ausgearbeiteten Christologie keineswegs alttestamentliche Traditionen zum Verstummen brachte, wie es radikale rationalistische Kreise innerhalb der Neologie teilweise gefordert hatten. Chr.Fr. Ammon kann in seiner „Biblischen Theologie“ (Erlangen ^{3}1801, 3 Teile)[103] geradezu von einer „Christologie des A.T.“ sprechen.[104] Dabei bestimmt er sehr deutlich den Standpunkt, „aus dem man die alttestamentlichen Messiasorakel zu betrachten hat“ (S. 28), unterscheidet streng zwischen Wundern bzw. Weissagungen und moralischen Grundsätzen (S. 30) und zwischen praedictiones und vaticinia (S. 30f.), wobei die ersteren einer kritischen Untersuchung nicht standhalten (S. 32–41), weil sie insbesondere eines großen moralischen Interesses entbehrten (S. 31f.). Die Weissagungen des AT (vaticinia) beschreibt Ammon ganz in Hebels Sinn als „lebhafte Ahndungen weiser Männer der hebräischen Vorzeit, welche sie bei ihrer Nation in dichterischen Gemälden der Zukunft niederlegen“ (S. 41); er preist sie als „Keim der Hoffnung einer glücklicheren Zukunft“ und empfiehlt sie als „tröstende(n) Gefährte(n) unserer Leiden“ (S. 42). Gerade weil Lehre und Person Jesu nicht mehr über den Weissagungbeweis gerettet werden müssen, sondern die Christologie ihre eigene Dignität bewahrt (vgl. Vorrede, S. Vf.), kann „der Schleier einer geheimnißvollen Dichtung“, der beinahe „über allen messianischen Orakeln hängt“ (S. 11), so interpretiert werden, daß auch er seine eigene Dignität erhält.

---

finden sich folgende, allgemein akzeptierte Regeln zur Auslegung des AT:

„Vor allen Dingen muß man sich einen richtigen Begriff von dem historischen Styl der Ur-Welt machen. Diese nämlich, welche noch im Kinderstande sich befand, alles personificierte, alles sinnlich und anschauend machte, über dem sich alles als beseelt vorstellte, kleidete ihre wahre Geschichte in Apologen ein; und verfaßte sie, nicht in Prosa, sondern in Dichtung.“ (§ 23, S. 38)

103 Vgl. Verzeichniß, Nr. 3, S. 3.

104 Ammon, Biblische Theologie, 2. Teil, S. 47ff. (§§ 1–11). Im folgenden wird im Text zitiert.

Die Auseinandersetzung Hebels mit diesem zentralen Thema der Verhältnisbestimmung von AT und NT über den Weissagungs- bzw. Messiasbegriff[105], die bei ihm nicht denkbar war ohne eine geradezu existentielle Wahrnehmung des messianischen Hoffnungsgedankens, sollte in den Biblischen Geschichten zum zentralen Organisationspunkt des Aufbaus und der Durchführung werden, der die Geschichten in Wahrheit zusammenhält.

b) Das Populäre im theologischen Kontext

Sucht man nach dem gemeinsamen Nenner, unter dem sich die heterogene Vielzahl der dogmatisch-theologischen Werke aus Hebels Bibliothek bzw. aus seinen Exzerpten subsumieren lassen, so läßt sich ein formales Merkmal mit beträchtlicher inhaltlicher Konsequenz ausmachen: das ‚Populäre'. Es wird dermaßen zum Hauptkriterium der Theologen erhoben, daß sich Aufbau und Durchführung dogmatischer Themen wie selbstverständlich davon prägen lassen und dabei ihre eigentliche – nämlich ethische – Spitze offenbaren. Das ‚Populäre' als Kategorie einer theologischen Perspektivierung herausarbeiten zu können, ist für unseren Zusammenhang deshalb so außerordentlich wichtig, weil damit die spezifisch *theologische* Voraussetzung einer ansonsten eher literarisch-rhetorisch gedeuteten Methode Hebels gezeigt werden kann, die Hebel im übrigen zu einem Zentralanliegen seiner eigenen theoretischen Überlegungen erhoben hat.[106]

Bereits Seiler hatte ja seine „Theologia dogmatico-polemica" mit dem ausdrücklichen Hinweis eingeleitet, daß er, soweit es die Natur der Sache zulasse, „simplex et populare" schreiben wolle, eine Schreibart, „quae etiam populo conueniat", und die keineswegs an den Kunstwörtern klebe.[107] Eben weil immer sofort auch die lebenspraktische Dimension des christlichen Glaubens mitreflektiert wird, stellt sich bereits die Darstellung der Inhalte auf die Aufgaben eines jeweiligen künftigen „Meister(s) der Kunst des Popu-

---

105 Vgl. vor allem auch das in H 86, S. 62 bibliographierte Werk von Chr. Th. Kuihnöl, Messianische Weissagungen des AT, Leipzig 1792. Vgl. auch die Predigten Hebels, in denen die reine Theorie homiletisch und didaktisch gebrochen erkennbar wird: „Wenn wir, meine Zuhörer, mit den Schriften der Propheten in der Hand, die erste Geschichte Jesu betrachten, so mag es uns nicht schwer scheinen, in allen Umständen die wunderbare Erfüllung alles dessen zu entdecken, was von einem künftigen Beglücker der Menschen aus dem Geschlechte Abrahams ferne und dunkel angekündigt ward [...]." (SW 6, S. 4) Den Übergang von einer jüdischen zu einer christlichen Struktur des Messiasgedankens formuliert Hebel lapidar: „Jeder fand in dem Säugling seinen Messias, wie er ihn dachte und wünschte. Nach dreißig Jahren mußte man ihn nehmen, wie er war." (SW 6, S. 67)

106 Vgl. 2. Kap. IV,3. Als wichtige prinzipielle Erweiterung unserer auf Hebel konzentrierten und spezialisierten Perspektive vgl. V. Drehsen, Theologia Popularis. Notizen zur Geschichte und Bedeutung einer praktisch-theologischen Gattung, in: PTh 77/1, 1989, S. 1-20.

107 Seiler, Theologia dogmatico-polemica, S. Xf.

larmachens"[108] ein, eine der wohl trefflichsten Definitionen für einen praktizierenden Theologen der Spätaufklärung.

A.H. Niemeyer (1754–1828), der von Hebel allem Anschein nach eifrig studierte Theologieprofessor mit pädagogischer Begabung, rückt das ‚Populäre' in den rechten historischen Bedeutungszusammenhang, der nur wenig zu tun hat mit der ja noch heute geläufigen Verwendung des Begriffs. Der Volksunterricht, sagt er, setze „blos gemeinen Menschenverstand" voraus, er sei „populär oder den Fähigkeiten des *Volks* – das ist, der Menschen aus allen Ständen – angemessen", aber auch praktisch, also für den „unmittelbar(en) Gebrauch im Leben gemacht." (S. 3) Dabei schärft Niemeyer ein: „Der Ausdruck Volk muß am wenigsten in diesen Verbindungen, in irgendeinem verächtlichen Sinne genommen oder bloß von der niedrigsten und ungebildeten Menschenclasse verstanden werden." (S. 4) Der aufklärerische Impetus („Aufklärung des Verstandes über Religionswahrheiten", S. 5) wehrt vehement allen späteren Vereinnahmungen des Populären als des volkstümlich Unterhaltenden. Dermaßen die Grundlagen des Populären ausbreitend kann Niemeyer in seiner „Populäre(n) und Praktische(n) Theologie" in sieben großen Abschnitten die entsprechenden Inhalte bzw. die „Materialien" abhandeln; dabei versucht er, die „einzelnen Wahrheiten selbst, die sich aus dem großen Vorrathe theologischer Vorstellungen, als zusammenhängend mit Tugend und Gemüthsruhe, zum Volksunterricht qualificieren, zuerst mit möglichster Simplicität, mit möglichster Vermeidung der Schulsprache, und wo sie die geringste Dunkelheit veranlassen könnte, selbst der Bibelsprache vor(zu)tragen." (S. 35) Dem Vorwurf mangelnder Vollständigkeit begegnet Niemeyer mit einer dem Populären systemimmanenten Argumentation: Mehr „durch Entwöhnen als Widerlegen" seien „manche unrichtige Ideen in Vergessenheit zu bringen." (S. 15) Gerade weil die Bibel, das „Elementarbuch" religiöser Kenntnisse (S. 5), „nicht in der Absicht geschrieben (sei), ein allgemeines Religionsbuch für alle Zeiten und Menschen zu werden" (S. 7), aber auch, weil die theologische Wissenschaft sich in spekulativen Details verliere, müsse eine „weise Absonderung" getroffen werden. (S. 8)

Die gesamte Argumentation, die das Populäre auf die Religion, und damit auf die Bibel anwendet, legitimiert indirekt – ohne dies bewußt zu intendieren – das Projekt einer Biblischen Geschichte, einer ‚Bibeldichtung' im weitesten Sinn:

„Die Meinung voriger Zeiten, daß alles für alle wichtig sey, und in einem genauen Zusammenhange mit dem Wesentlichen der Religion stehe, [...] fängt an, bey einem richtigen Bibelstudium seltner zu werden." Fortschrittshemmend sei „das Lesen der

[108] A.H. Niemeyer, Populäre und praktische Theologie oder Materialien des christlichen Volksunterrichts, Halle ^{3}1795, S. XXIV, vgl. Verzeichniß, Nr. 99, S. 9. Im folgenden wird im Text zitiert.

ganzen Bibel ohne Auswahl, weil so unbestimmt von den Canzeln ‚Beschäftigung mit dem Wort Gottes', ohne Erklärung, was Wort Gottes sey, empfohlen wird [...]." (S. 9)

Bei Niemeyers Entwurf, der hier ausführlich und exemplarisch zur Sprache kommen sollte, handelt es sich keineswegs um eine „katechetische Theologie", die mehr aufs Methodische kapriziert ist (S. 18), sondern um ein originär dogmatisch-ethisches Modell, eben die „Praktische Theologie", die Kritik an den Vorstellungsarten übt, die eine „Biblische Theologie" bloß sammelt und auflistet.(S. 17) Praktische Theologie im Verständnis Niemeyers ist systematisches Populärmachen des christlichen Glaubens – die Nähe zu einer Religionsdidaktik im heutigen Sinne ist dabei unübersehbar!

Inwieweit ist aber dieser Entwurf Niemeyers typisch für Hebels theologisches Interesse?

Ein Werk, das bis in die Terminologie hinein dem Niemeyers nahesteht, hat Hebel – neben Herders „Briefen das Studium der Theologie betreffend" – am ausführlichsten exzerpiert: G. Leß, Christliche Religions-Theorie fürs gemeine Leben, oder Versuch einer praktischen Dogmatik, Göttingen 1779.[109] In einem „Vorbericht" kündigt Leß „ein den Bedürfnissen unserer Zeit angepaßtes Handbuch der christlichen Dogmatik (an), beides für den Lehrer, und jeden in einem gewissen Grade kultivierten Menschen. – -Eine Philosophie der Dogmatik könnte man sie auch nennen."[110]

Vier Kennzeichen bestimmen nach Leß eine „Praktische Dogmatik" – und

[109] Vgl. H 84, Bl. 82, Nr. 668 bis Bl. 89, Nr. 699. – G. Leß (1736–1797) scheint überhaupt der theologische Mentor der ersten Amtsjahre gewesen zu sein! Folgende Werke von Leß hat Hebel nicht nur bibliographiert, sondern auch extensiv exzerpiert: Die christliche Lehre von Gebet und der Bekehrung, in zehn Predigten nebst Anhang, Göttingen 1768 (vgl. H 84, Bl. 39, Nr. 439 bis Bl. 45, Nr. 465 und Bl. 47, Nr. 474); Vom Selbstmord, Göttingen 1777 (H 84, Bl. 46, Nr. 466 bis Bl. 47, Nr. 473); Christliche Lehre vom inneren Gottesdienst, in 10 Predigten, nebst einem Anhang, Göttingen 1772 (H 85, Bl. 31, Nr. 1204 bis Bl. 35, Nr. 1208). In Hebels Bibliothek war Leß' „Christliche Moral", Tübingen 1780, zu finden (Verzeichniß, Nr. 78, S. 8).

[110] Leß, Christliche Religions-Theorie, S. CXV. Im folgenden wird im Text zitiert.

Der Begriff „Philosophie der Dogmatik" erinnert an das von Hebel bibliographierte Buch „Philosophische Vorlesungen über das sogenannte Neue Testament. Vor Gelehrten, für Nichtgelehrte Denker ohne Glauben und Unglauben, Von K.S." Erster Band, Leipzig 1785 (vgl. H 85, Bl. 26v, Nr. 1190), ein „raisonnierender pragmatischer Commentar über die Geschichte und Lehren Jesu" (Allgemeine Literaturzeitung, August 1785, No 180, S. 129f., hier: S. 129). Aber auch für eine „Philosophie in anmuthigem Gewande, in Dialogen und Erzählungen" von Fr. Knoll, Reval und Leipzig 1781, interessierte sich Hebel (vgl. H 84, Bl. 26, Nr. 259) sowie für die vom gleichen Autor gesammelten „Anecdoten im anmuthigen Gewande", Weimar 1782 (vgl. H 84, Bl. 50, Nr. 490). Die populäre Einkleidung erfaßte natürlich alle Bereiche, wobei ihre systematische Thematisierung eher im theologischen Kontext erfolgte und eben dort systembildend wurde.

wir können dabei eine konzeptionelle Kontinuität über Niemeyer bis hin zu Chr. Fr. Ammon[111] und Fr. V. Reinhard[112] geltend machen:

1. Ein „Dollmetscher der Bibel seyn, dies ist ein Hauptstück einer praktischen Dogmatik". (S. X)
2. Aufbau eines „System(s) der Religions-Theorie, mit schicklicher (d.h. jenem Zwecke angemessener) Auswahl." (S. XI)
3. Abhandlung von lebenspraktischen Wahrheiten, „die in der Schuldogmatik übergangen werden." (S. XII)
4. Populäre Schreibart:

> „Der Styl einer praktischen Dogmatik ist geschieden von allen Kunstworten, abstrakten Argumentationen, und abstrusen Untersuchungen der Chronologie, Geschichte, Altertümer: aber noch mehr gesäubert von allen niedrigen, kraftlosen und pöbelhaften Ausdrücken. Er besteht in einer simpeln, aber edeln, majestätischen, und tief eindringenden Sprache; und einer Würde und Adel, den die Religion, diese Tochter des Himmels, fordert." (S. XIII)

Die Bibel in lebenspraktischer Auswahl und populärem Stil: Damit hat man das ganze Programm einer *Praktischen Dogmatik* der Spätaufklärung, damit hat man aber auch das Programm einer Bibelbearbeitung für Kinder, wie sie jedenfalls Hebel intendierte. Natürlich sind literarische und religionspädagogische bzw. -didaktische Elemente dieses Programms noch gesondert zu thematisieren, doch es wird – nicht zum letztenmal – deutlich, wie der Grenzverkehr der Spätaufklärung die Grenzen zwischen den verschiedenen Wissensgebieten durchlässig macht, sie transzendiert.

Das Populäre im theologischen Kontext bedeutet demnach die Transparenz des Dogmatischen auf *das Ethische* (die Tugend als das umgreifend und allgemein Christliche), die Transparenz des Dogmatischen auf *das Kommunikative* (der Stil als das umgreifend und allgemein Verständliche) und die Transparenz des Dogmatischen auf *das Pädagogische* (die Aufklärung als das umgreifend und allgemein Entwickelnde).

Bei alledem ist das Populäre im theologischen Kontext nun gerade nicht das Leichthingeworfene, der Gelegenheitstraktat, das bloße Meinen. Vielmehr ist es Ergebnis und Frucht eines enormen Reflexionsprozesses, der in allen seinen kritischen Phasen durchlaufen werden muß. Ein Grenzgänger der Spätaufklärung, J.J. Wagner, fordert einen „Volkskatechismus christlicher Religion", „der höchsten Popularität fähig", „der an einfacher Klarheit nichts zu wünschen übrig lassen soll."[113] Und er formuliert dann die hohe

---

[111] Entwurf einer wissenschaftlich-praktischen Theologie nach den Grundsätzen des Christenthums und der Vernunft, Göttingen 1797, (vgl. Verzeichniß, Nr. 4, S. 3).

[112] Vorlesungen über die Dogmatik mit litterarischen Zusätzen, hgg. von J.G.J. Berger, Nürnberg und Sulzbach ^{2}1806 (1799), (vgl. Verzeichniß, Nr. 14, S. 10).

[113] J.J. Wagner, Religion, Wissenschaft, Kunst und Staat in ihren gegenseitigen Verhältnissen betrachtet, Erlangen 1819, hier S. 251, (vgl. Verzeichniß, Nr. 142, S. 12).

Kunst des „Popularmachens", die Spitze einer Didaktik, wie sie so präzise auch Hebel vor Augen stand:

„Ich halte übrigens die Fertigung eines solchen Katechismus für keine geringe Aufgabe; denn wenn die Religionsideen in ihrer einfachsten Gestalt und doch organisch verbunden erscheinen sollen, so muß mit ihnen vorgegangen seyn, was mit einem Charakter vorgegangen ist, der *durch alle einseitigen Formen der Entwicklung sich von neuem zur Unschuld des Kindes hindurchgearbeitet* hat."[114]

c). Der Vorsehungsglaube im theologischen Kontext

„Thes. I In deo non est nisi *decretum unum*. Decreuit ab aeterno facere atque permittere ea, quae optimum efficerent *nexum rerum omnium*.

Thes. II Humano tamen more, cogitando disceruere possumus dei volitiones diuersas atque decreta varia, unum illud decretum constituentia."[115]

Das ist die trockene Gelehrsamkeit *De praedestinatione*, wie sie Hebel bei Seiler gehört haben könnte. Gleichzeitig aber birgt diese Lehre von der Vorsehung im theologischen Kontext gleichsam den Universalschlüssel zu allem, was auf der Welt in Zeit und Raum vor sich geht, bietet sie doch die Integration auch noch der auseinanderstrebenden, ja sich widersetzenden Elemente in der geistigen Auseinandersetzung des 18. Jahrhunderts. Mit dem eschatologischen Zweck der göttlichen Weltregierung ist auch der erhabenste und anklagendste Vorwurf, der der Aufklärungstheologie gemacht werden konnte, nämlich die Tatsache der vielen Übel in der Welt, einer Immunisierungsstrategie unterworfen, die noch einmal versucht, Ordnung als schmukke Harmonie, als Kosmos, theologisch zu buchstabieren:

„Omnia, quae providentia divina instituit, ad rerum creatarum salutem pertinent, et ne male quidem, quae in mundo sunt, salutari numinis summi curae repugnant."[116]

Wichtigstes Argument in dieser als einer einzigen Theodizee angelegten Frage nach der Vorsehung war die „Beförderung der Sittlichkeit durch das Uebel."[117] Denn

die „Last des Schiffes muß der Stärke der Segel immer gleich bleiben. Sehen Sie die weise Austheilung dieser Uebel an, so haben Sie noch einen neuen Beweiß, daß eine weise und gütige Vorsorge über unseren jedesmaligen Zustand hier in der Welt beständig waltet."[118]

114 Ebd. Hervorhebung durch R. W.

115 Seiler, Theologia dogmatico-polemica, S. 204.

116 Reinhard, Vorlesungen über die Dogmatik, § 66, S. 236.

117 Ammon, Entwurf einer wissenschaftlich-praktischen Theologie, § 138, S. 156.

118 Ammon, Entwurf einer wissenschaftlich-praktischen Theologie, S. 157 (Es handelt sich um ein Zitat des Theologen Jerusalem). Bei Ammon wird in diesem Zusammenhang auch der populärste Versuch einer Theodizee in der Spätaufklärung zitiert: Chr.G. Salzmann, Carl von Carlsberg oder Ueber das menschliche Elend, 6 Bde., Leipzig 1784 ff.

Was einem ersten, flüchtigen Blick als ein völliges Verkennen der sog. ‚Dialektik der Aufklärung' (Horkheimer/Adorno) erscheinen könnte, das erweist sich – zumindest in der praktischen Durchführung bei J. P. Hebel – dermaßen als Katalysator eben auch für die ‚Monster', die der ‚Schlaf der Vernunft' nach Goya produziert[119], für das Abgründige, Bodenlose, Desparate, Schreckliche, ja Apokalyptische, daß man in der Tat zweifeln mag, ob hier wirklich noch ein evangelisch-unierter Theologe spricht. Wer aber sagt uns eigentlich, daß der Vorsehungsglaube nur in einer abgeflachten, zurechtgestutzten, leb- und weltlosen Lesart zu haben sei? Bei Hebel kann man lernen, wie selbst der Prediger, der seinen Zuhörern eine insgesamt recht leicht verdauliche Kost zumutet[120], sich in Gedankengänge vorwagt, die von tiefem Verständnis für das abgründige Elend menschlichen Lebens zeugen!

„Aber wie viele entgegengesetzte Erfahrungen bieten unsern Augen sich dar, unter denen wir ängstlicher, als wenn wir das unglücklichste Schicksal gewiß wüßten, zwischen Furcht und bangen Hoffnungen herumgetrieben werden! Es wandelt kein himmlischer Lebensschöpfer mehr zwischen den Gräbern umher, der die Toten erwecke; und wie viele schlummern schon unter diesen Gräbern, und wie viele wallen ihnen entgegen, denen der Augenblick der Erhörung, der unerbetenen nimmer erwarteten Rettung, der reichen frohen Vergütung nie erschien! Wahr! – aber laßt uns die irdischen Aussichten, wo sie trüber und dunkler werden und ganz in Finsternisse übergehen, mit einer vierten himmlischen erhellen, die uns das Evangelium ebenfalls so nahe legt. Eine Ewigkeit vollendets, was sich in wenigen Tagen eines Erdenlebens wohl anfangen, aber nicht immer entwickeln kann. Allerdings wenn das flüchtige Leben unter der Sonne unser ganzes Daseyn umspannt, so ist alles, was wir von Vorsehung sagen können, ein erdichteter Traum. Schlimmer noch als Traum. Unsre beste Stunde ist unselige Täuschung, das glücklichste Leben eine grausame Vorbereitung zu einem desto trostloseren Tode; Vernunft ein anhaltender regelmäßiger Wahnsinn; das Gewissen eine unheilbare Krankheit; das große edle, von himmlischen Gefühlen durchströmte Herz mit allen seinen Ahndungen, Trieben und Neigungen, der betrogenste Betrüger.

Die ganze Ordnung der Dinge kehrt sich um, der Mensch ist nicht mehr an der Spitze der Geschöpfe das Meisterstück ihres Urhebers; als das einzige mißlungene Werk, das der Schöpfer zu groß anfieng um es vollenden zu können, sinkt er unter alle herab, unglücklicher als alle, die von keiner Vernunft verwirrt, von keinen Ahndungen betrogen, den einfachsten Gang zu Tode gehen, jeden Augenblick den Zweck des Augenblicks ganz erfüllen, von der Vergangenheit nichts nachzufordern und von der Zukunft nichts zu erwarten haben. Gott selbst sänke von der Stufe der erhabensten Vollkommenheit herab, wäre nicht mehr der Allmächtige, Weise und Gute, – unter den herabgesetzten Menschen herab, denn dem Menschen wäre ein besserer Gott

119 Goya. Caprichos – Desastres – Tauromaqia -Disparates, Madrid 1987, S. 56, Nr. 43 („El sueno de la razon produce monstruos").

120 Vgl. W. Eisinger, Johann Peter Hebels homiletische Einsichten, in: Verkündigung im Gespräch mit der Gesellschaft. Festschrift zum 65. Geburtstag von Landesbischof Prof. Dr. H.-W. Heidland, Karlsruhe 1977, S. 43–56.

gedenkbar. Doch weg mit diesen empörenden Gedanken. Er ist der Weise, Gute und Erbarmende; alle seine Werke zeugens. Wo hatten wir diesen erhabenen Begriff von ihm geholt, wenn ihn nicht das Anschauen seiner Werke lehrte? Und wir, die wir ihn allein erkennen, die Wahrheit allein verstehn, sollten die einzigen Ausnahmen von ihr seyn? Die Wahrheit sollte in ihrem eigenen Widerspruche eingehüllt liegen, und fortgeerbt werden? Nimmermehr."[121]

Die erschütternde Passage kann hier nicht vollständig ausgelegt werden, nur soviel sei für unseren Zusammenhang gesagt: Hebel kann das Gegenteil denken (die Vorsehung - „ein erdichteter Traum"), und er vermag es mit allen Konsequenzen sinnlich auszugestalten (Gott – noch unter den herabgesetzten Menschen herabgesetzt)! Als Grenzgänger der Spätaufklärung wagt er sich auch in vermintes Gelände. Er kann dies, weil sein Gottesglaube die zeitliche Weite, den geschichtlichen Horizont hat, der das Vorläufige vom Endgültigen zu unterscheiden vermag, der noch im Fragment die Vollendung antizipiert und der in allem Irdischen ein „Müsterlein"[122] des Jenseits erkennt. Die begriffliche Vermittlung dieser Dialektik gelingt Hebel jedoch nicht: „Doch weg mit diesen empörenden Gedanken." Hier spürt man homiletische Sensibilität (Zensur wäre die falsche Kategorie!), verbunden mit naiver, unschuldiger Frömmigkeit, aber keine systematische Begründung. Wie gegenüber der Zwei-Naturen-Lehre innerhalb der Christologie könnte Hebel auch hier warnen:

> „Laßt uns nicht verwegen und mit undankbarer Mühe an dem geheimen Sinn dieser Worte grübeln. Sie sind unverständlich dunkel, und unverkennbar deutlich und klar. Dunkel im Buchstaben und klar in lebendiger Kraft und That."[123]

Zwei Funktionen erkenne ich im Vorsehungsglauben, wie ihn Hebel benutzt und gehandhabt hat:

1. Der Vorsehungsglaube bildet die Bedingung der Möglichkeit einer unverkrampften Weltoffenheit. Zu dieser Weltoffenheit gehört es aber eben auch, den Blick nicht vor den Widerständigkeiten und Widerwärtigkeiten der Welt zu verschließen, die Welt bewußt in ihrer Eigendynamik wahrzunehmen. In seinen Kalendergeschichten hat Hebel diese vom Vorsehungsglauben gehaltene Weltoffenheit erzählerisch gestaltet. Der Vorsehungsglaube nimmt aber auch die Tragik einer zeitlich begrenzten Existenz in den Blick; in seinem allemannischen Gedicht „Die Vergänglichkeit"[124] hat Hebel das in geradezu prophetischer Prägnanz zusammengefaßt.

2. Der Vorsehungsglaube erfüllt eine seelsorgerliche Funktion, indem er –

---

121 SW 5, Predigten I, Predigt am sechzehnten Sonntage nach Trinitatis 1793 über Lucas 7, 11–14, S. 268–282, hier: S. 279f.

122 Briefe, Nr.49, S. 90, (An Hitzig, 2. August 1800).

123 SW 5, S. 87.

124 Vgl. H.-M. Gauger, Hebels Gedicht „Die Vergänglichkeit", in: Romanistische Zeitschrift für Literaturgeschichte, 8/1984, H. 1–4, S. 80–94.

ganz im Gefolge der genannten aufklärerischen Theodizee-Argumentation – moralische Ermunterung bzw. tröstende Besänftigung vermittelt.[125]

Dabei zeigt sich in beiden Funktionen eine Konvergenz zur messianischen Struktur: Die eschatologische Vollendung in der Zukunft wird christologisch nicht beseitigt, sondern nur mit gewisserer Zuversicht erhofft und erwartet. Dementsprechend zitiert Hebel gleich in zwei verschiedenen Predigten (darunter seine berühmte Abschiedspredigt in Lörrach 1791) folgenden Liedvers:

„Dort werd ich das Licht erkennen,
Was ich auf Erden dunkel sah,
Das wunderbar und heilig nennen,
was unerforschlich hier geschah.
Da denkt mein Geist mit Preis und Dank
die Schickung im Zusammenhang."[126]

Der Vorsehungsglaube im theologischen Kontext ist es auch, der es gestattet, einige angebliche Diskontinuitäten in Hebels geistiger Entwicklung einem plausiblen und evidenten Kontext einzufügen. So scheint der Vorsehungsglaube in seiner welterobernden Funktion den von Hebel mitzelebrierten Proteus-Kult, der es – wohlgemerkt spielerisch – bis zum Eindringen ins Nichts treibt, ebenso zu decken, wie Hebels Überlegungen zu einer Rückkehr zum Mythos[127], die G. Hirtsiefer, in völliger Verkennung der theologischen Voraussetzungen Hebels, von einer „Glaubenskrise" und anschließender „Überwindung der Krise mit Hilfe der Dichtung" sprechen läßt.[128] Nur der aufklärerisch gefaßte Vorsehungsglaube verlieh Hebel das Selbstbewußtsein, die gesamte gegenwärtige empirische Welt (Hebels Exzerpte in dieser Richtung verdienten es aufgearbeitet zu werden) mit der christlich-jüdischen Vollendungsverheißung in Einklang zu bringen. Das geschah bei weitem nicht unkritisch: Gerade diese Spannung zwischen Empirie und Vollendung setzte enorme aufklärerische Energien frei![129]

125 Vgl. die entsprechenden Predigt-Argumentationen in SW 5, S. 109ff.; S. 270ff; SW 6, S. 164ff.; S. 214f.; S. 221f.; u. ö.

126 SW 5, S. 123 und SW 6, S. 232.

127 Vgl. 2. Kap. IV,5.

128 G. Hirtsiefer, Ordnung und Recht in der Dichtung Johann Peter Hebels, Bonn 1968, S. 27–32. Hirtsiefer vernachlässigt es, neben der Natur (als Modell für eine ewige Wiederkehr) das messianisch-eschatologische Bewußtsein (als Modell für eine lineare Unwiederbringlichkeit der Zeit) bei Hebel in Anschlag zu bringen!

129 Schönstes Beispiel dafür sind Hebels ironisch-entlarvende Bemerkungen, die er den Zitaten aus einer Schrift mit Aphorismen Mesmers über Magnetismus, der Ende des 18. Jahrhunderts sich als Universalprinzip aufzuspielen begann, in Klammern beigesellte. Vgl. H 85, Bl. 50 und 51, Nr. 1247, wo Hebel aus einer Rezension in der Allgemeinen Literaturzeitung, Sept. 1786, No 218, Sp. 507–510 zitiert. Die Polemik gegenüber dem Zauber, der um das Phänomen gelegt wurde, kannte Hebel aus einem Aufsatz aus der Berlinischen Monatsschrift, Januar 1786, S. 76–81: „Magnetische Desorganisation": Zum Glück sei „die Welt weise genug

Der Vorsehungsglaube im theologischen Kontext ist es schließlich, der den Biblischen Geschichten – aus theologischer Perspektive – den weiten Horizont, die oftmals ungewohnten, originellen Annäherungen an Stoffe, Personen und Inhalte gewährte; hier konnte sich – indirekt und sehr verhalten – der „Grenzverkehr“ der Spätaufklärung widerspiegeln, wie er einer orthodox-dogmatischen Position verschlossen blieb.[130]

4. Theologie der Spätaufklärung – Hebels Erzählung „Der Spaziergang an den See“ als Ausdruck seiner Theologie

J. P. Hebels religiöse Sozialisation, seine theologischen Studien, seine erkennbaren schwerpunktmäßigen Lektüre-Akzentuierungen sind allesamt Voraussetzung auch seines literarischen Schaffens. Die Analyse der didaktischen Transformierung in den Biblischen Geschichten bedarf noch weiterer Voraussetzungsdaten in literaturgeschichtlicher und religionspädagogischer Perspektivierung, daneben müssen auch Hebels eigene theoretische Überlegungen berücksichtigt werden. An dieser Stelle jedoch des Übergangs von den theologischen zu den literaturgeschichtlichen Voraussetzungen soll die Interpretation einer Erzählung Hebels, die im übrigen eine der bizarresten literarischen Produkte Hebels darstellt, abschließend die Grundstrukturen von Hebels theologischem Denken noch einmal deutlich machen. Es geht also nicht um eine ausschöpfende Analyse; vielmehr geht es darum, die These von der spätaufklärerischen theologischen Position Hebels zu verifizieren. Gegenstand unseres Interesses ist dabei die bereits in die Zeit des Biedermeier fallende Erzählung „Der Spaziergang an den See“, die erstmals 1820 ohne Angabe des Verfassers im „Morgenblatt für gebildete Stände“ gedruckt worden ist.[131]

Die Rahmenhandlung der Erzählung entwirft denn auch eine für biedermeierliche Parabel- oder Exempel-Erzählungen zunächst typische Situation:

geworden“, „über alle Thorheiten, selbst über die, welche man gerne für heilig, ja wohl gar für zusammenhängend mit der Religion ausgeben wollte, zu lachen.“ (S. 80) Vgl. die bibliographische Angabe in H 86, Bl. 41, Nr. 1226.

130 Vom orthodoxen Standpunkt aus wäre Hebel auch nie diese „schöne Vorlesung über die Vorsehung“ gelungen, die „hauptsächlich dahin aus lauft, daß wir nicht viel von der Sache wissen, und das Ende abwarten müssen.“ (Briefe, Nr. 403, S. 576; An Sophie Haufe, 7. August 1818)

131 Gedruckt bei Cotta in Tübingen 1820, Nr. 12/13 (14./ 15. Januar). Erstmals wurde diese Erzählung im 4. Band (S. 307–315) der von E. Keller besorgten Ausgabe „Johann Peter Hebels sämtliche poetische Werke“, 6 Bände, Leipzig 1905 erneut unter dem Titel „Der Spaziergang am See“ abgedruckt – allerdings mit durchaus gravierenden Übertragungsfehlern. Vgl. jetzt Johann Peter Hebel, Der Statthalter von Schopfheim. Der Spaziergang an den See. Vorstudie zur Historisch-Kritischen Gesamtausgabe. Hgg. von A. Braunbehrens und P. Pfaff, Karlsruhe 1988, wo der Text auf den Ss. 29–37 abgedruckt ist.

Der Spaziergang einer bürgerlichen Gesellschaft regt zu Dialogen an, deren Inhaltlichkeit die Intentionen des Autors in moralischer oder erbaulicher bzw. theologischer Hinsicht meistens sehr deutlich zum Ausdruck bringen sollen. Bereits die Peripatetiker kannten ja die stimulierende Wirkung des Gehens auf die Gedankenarbeit, die eben auch ‚weiterbringen' soll. Im biedermeierlichen Zusammenhang erscheint es allerdings wichtiger, daß der Rahmen für die Botschaft dermaßen vertraut ist, daß sofort ein Wiedererkennen zumindest der Situation garantiert ist; die angeknüpften Gedankenreihen suggerieren dann zunächst die Selbstverständlichkeit des Vollzugs wie beim Gehen. Hebel war mit dieser für alle didaktische Literatur äußerst beliebten Technik vertraut. Eine formale Parallele zeigt sich etwa in F.A. Krummachers Erzählung „Der Spaziergang", die in seinem „Festbüchlein. Eine Schrift für das Volk. Erstes Bändchen. Der Sonntag" erschien.[132]

Der Blick auf das Wachsen der Natur macht in Krummachers Erzählung zunächst auf die Sabbatruhe aufmerksam, die erst die nötige Distanz vermittle, das Wachstum überhaupt zu bemerken. In einem zweiten Gedankengang wird dann die Sabbatruhe mit der Todesstunde eines Menschen parallelisiert, die es nun ebenfalls ermögliche, gelassen und zuversichtlich den Blick auf das eigene Verwirklichte zu werfen und es in seinem Wachstum zu erkennen. – Krummachers Erzählung ist einfach gebaut, kurze Sätze und schlichte Wortwahl geben sich populär. Dennoch ist die Rahmenhandlung bis zum Schluß durchgehalten („Alle waren gerührt, als der Greis dieses zwischen den blühenden Kornfeldern erzählte"; S. 58), man braucht insofern die Kunstfertigkeit Krummachers nicht in Zweifel zu ziehen.

Hebel nun baut zunächst ebenfalls eine ganz einfache und allgemein verständliche Rahmenhandlung auf: „Als sie [...] an einem schönen Sommer-Abend lustwandelten nach dem Wirthshäuslein am See, – die Luft war so mild, die Blumen des Feldes nach dem kurzen Regen so frisch, die Pappeln am Wege wiegten sich so schön in der sanft bewegten Luft [...]." (S. 29) Zwar bringt Hebel bereits den Einleitungssatz zu keinem grammatischen Ende (ein herausragendes Merkmal des Hebelschen Erzähl-Tons!), doch die Rahmenhandlung endet wie versprochen: „Kurz, der angefangene Faden wurde fortgesponnen, bis in das Wirthshäuslein hinein und durch das Wirthshäuslein hindurch, wie manchmal ein Gefecht durch ein Dorf, das nichts davon begehrt, bis an den Tisch im Garten unter dem Apfelbaum." (S. 36) Damit wäre an sich der vertrauten Situation Genüge getan, und man könnte sich

[132] Duisburg und Essen ^{2}1810, S. 56–58. Hebel besaß die erste Auflage (vgl. Verzeichniß, Nr. 159, S. 14). Seine Nähe zu Krummacher in erbaulicher Hinsicht zeigt Hebels Brief an Krummacher aus dem Jahr 1817, wo er seinen Dank zum Ausdruck bringt für „schöne lieben [!] Stunden voll zarter und inniger Gefühle, die Sie und der heilige Geist, durch Sie mir gaben, ‚kein poetische oder sonst sogenannte, sondern die wahre u.' rechte, die die Welt nicht kennt." (Briefe, Nr. 391, S. 562 f.) Die Lektüre des zweiten Bändchens, das dem Christfest gewidmet ist, findet Hebel „voll Honigseims Majoran-Duftes und Sonnenaufgangs". (Briefe, Nr. 291, S. 453; An Hitzig, 7.–11. Dez. 1810)

ganz dem intendierten Appell widmen. Hebel jedoch handhabt das Populäre stets aufklärend – gleichsam sich selbst reflektierend –, und so unterbricht er immer wieder die fiktive Ebene durch selbstbewußte Eingriffe des Autors.[133]

Damit aber ist gegenüber der biedermeierlichen Gesellschaft (Der Doktor, der Baumwollfabrikant, der Amtmann, der Apotheker, der Berginspektor, der Pfarrer, der Stadthauptmann, die diversen Ehegattinnen und schließlich der Rechtspraktikant und seine Adeline) eine gewisse ironische Distanz eingebaut, die jedoch von vorneherein das Selbstdenken des Lesers provoziert und ihn der passiven Rolle des zu Überredenden enthebt. Verschärft wird diese implizite Aufforderung zum Selbst- und Mitdenken durch die in die eigentlichen Dialoge eingeflochtene Liebesgeschichte zwischen Rechtspraktikant und Adeline. Anfänglich nutzt der Rechtspraktikant die inhaltlichen Momente der Diskussion zu freien Assoziationen eines Liebenden, was einmal die ironische Relativierung der Aussage des Textes unterstützt, andererseits dem Leser zunächst leichte Übergänge zu den abstrakten Gedankenreihen der Dialoge ermöglicht. Nach der ausführlichen Explikation der zentralen These der Erzählung aber heißt es, daß der Rechtspraktikant „schon lang keine Gelegenheit mehr (fand) für eine geheime Herzensglosse zu dem Text“ (S. 35), was für Hebel Anlaß genug ist, den „philosophischen“ Diskurs auf der Ebene einer unmittelbaren Liebesbeziehung enden zu lassen, die Raum und Zeit dem Augenblick opfern kann:

> „Die Amtsräthinn aber fragte: Kinder, wo seyd ihr gesteckt, und habt ihr auch die Sonne gesehen schön untergehen? Und die Jungfrau in ihrer Unschuld und Wahrheit gestand: Nein. Der Jüngling aber dachte: Unter nicht, aber auf. –“ (S. 37)

Der philosophisch-theologische Diskurs, die weltauslegende Spekulation des Mittelteils enden, so ist es der Wille des Autors, im „Aufgang“ einer neu entflammenden Liebe. Bedeutet dies letztlich die Rücknahme der explizierten These des Textes? Geht das Spiel der Liebe über die Spekulation des Geistes? Hat die biedermeierliche Genre-Situation des Liebespaares gegenüber der aufklärenden In-Frage-Stellung des Selbstverständlichen das letzte Wort?

Die Fragen machen überdeutlich, daß es sehr genau auf die inhaltliche Aussage des Hauptteils der Erzählung ankommt, um die zwei Rahmenhandlungen (Spaziergang; Liebeswerben) in den rechten Bezug zu rücken. Doch können die Elemente der Rahmenhandlung bereits eindeutig dem Anspruch einer spätaufklärerischen Theologie genügen: der Popularität. Gerade die biedermeierlichen Möglichkeiten der damals beliebten Gattung der didaktischen Literatur konvergieren in idealer Weise mit den theologisch-inhaltli-

---

133 Z.B.: „– es kommt nicht darauf an, wer –“ (S. 29); „zwar alles wie gewöhnlich und fast überall, – aber man meint, man müss' es sagen“ (ebd.); „es muß nicht nothwendig am Bodensee gewesen seyn“ (S. 36); u.ö.!

chen Anforderungen der Spätaufklärung, also auch Hebels. Wenn Hebel den „Einkleidungscharakter“ von Literatur immer wieder transparent macht, ändert das nichts an der didaktischen und anschaulichen Potenz, die den Rahmenelementen eignet.

Ausgangspunkt der Dialoge und Thesen der Erzählung „Der Spaziergang an den See“ ist das konträre Erscheinungsbild zweier Menschen:

> Die „schöne Adeline wandelte leichten Fußes und jugendlichen Sinnes voraus im schönen schwebenden Ebenmaß und Gleichgewicht ihres Wuchses, da legte schon auf zwanzig Schritte weit ein verwachsener Mensch die Krücke zurecht, um stehend mit der einen antreten zu können, wenn sie an ihm vorbey kämen“. (S. 29)

Die Mißgestaltung, die natürlich angesichts des Kontrastes zu Adeline besonders extrem verwirklicht scheint, ruft betroffene Stille und Wehmut bei der ganzen Gesellschaft hervor. Nur der Vor-Denker der Gesellschaft, „der Doktor“ genannt, „sah ihn [den Krüppel; R. W.] herzhaft an, und construirte in der Geschwindigkeit sein Skelett“. (S. 29) Er ist es denn auch, der eine Antwort zu geben versucht auf die Frage, die der Baumwollfabrikant für alle stellt, und die wir bereits als zentral für die Theologie der Spätaufklärung herauspräparieren konnten: die Theodizeefrage im Rahmen des christlichen Vorsehungs- und Vollendungsglaubens.

> „Nun, Herr Doktor mit eurer Spitzfindigkeit, fuhr jezt der Amtmann fort, mit eurer Kunst, Alles zu erklären und zu rechtfertigen, was thut solch ein unglückliches Wesen, eine so verwachsene und verkrüppelte Ungestalt auf der Welt? Wär's nicht besser, es wär' einer weniger?“ (ebd.)

Die Richtung der Antwort bewegt sich sofort innerhalb des Rahmens, der uns aus dem spätaufklärerischen Diskurs bekannt ist:

> „Dieser Mensch, begann der Doktor, ist nur eine unverstandene Chiffer in dem Buch der Weissagung, das der Welt eine große Freude verkündet.“ (ebd.)

Und später greift der Doktor explizit auf den speziellen theologischen locus zurück:

> „Dafür steht mir der Pfarrer mit dem Artikel DE PROVIDENTIA gut“. (S. 35)

Bevor jedoch der Doktor seine eigentliche These entwickeln darf, wird dem Leser eine letzte Chance eingeräumt, sich vom folgenden Inhalt zu distanzieren, was – dialektisch – nichts anderem gleichkommt, als der Aufforderung, ganz eng der Argumentation zu folgen:

> „Da schauten sich die Frauen heimlich an, nämlich, daß jezt eine langweilige Unterhaltung zu erwarten sey, wie es auch möglich ist, und blieben allmählig ein paar Schritte weit zurück.“ (S. 30)

Die Theorie des Doktors nun kann man folgendermaßen zusammenfassen: Noch mehr als der Natur- und Pflanzenbereich stellt der Mensch eine Spezies dar, die geprägt ist von der Unendlichkeit der möglichen Erscheinungsweisen. Ganz im Sinne des hebräischen, im Alten Testament häufig anzutreffenden Ganzheitsdenkens, das die Ganzheit nur von ihren beiden Extremen her definieren kann, läßt Hebel den Doktor auch hier das Häßlichste und das Schönste als die beiden Markierungspunkte der unendlichen Vielfalt benennen. Jede individuelle Gestaltung ist einmalig in Zeit und Raum. Durch ihr reales Erscheinen vermindert sie die Zahl der noch ausstehenden Möglichkeiten, macht indes deren reale Erscheinung wiederum immer wahrscheinlicher. So entsteht ein Bedingungsgefälle, demzufolge es logisch und rational verantwortet erscheint (also ohne Einführung des Wunders als theologischer Kategorie), daß wenn das Häßlichste einmal realisiert wurde, auch das Schönste garantiert zu erwarten sei. Das Bild der Lotterie, deren kontinuierliche Ziehungen den Vollzug der Realisationen im Lebenszusammenhang deutlich machen soll, bringt diese Garantie nochmals zum Ausdruck:

> „Wenn er [der verheißene Schönste; R. W.] aber als eine Möglichkeit darin liegt, so muß er irgend einmal herauskommen." (S. 34)

Die formale Struktur des Weltgeschehens als Lotteriespiel erreicht dort eine ausdrücklich theologische Thematisierung, wo der Doktor den Übergang vom Schönsten zum „Herrliche(n) und Große(n)" (S. 32), zum „Morgenländer" (S. 35) vornimmt, und dessen verheißenes Friedensreich auszumalen beginnt (S. 32). Die erhoffte Verwirklichung dieses Friedensreiches wird in konkreter und polemischer Umkehrung der Alltagswerte der anwesenden Honoratioren beschrieben und bekommt so eine aktuelle Dimension, die das Schlechte zwar als realisierte Möglichkeit zunächst stehen lassen kann, die aber leidenschaftlich angetrieben ist von der verändernden Dynamik aller „Friedensdichter".[134]

> „Diese Almends Phrase aller Friedensdichter, sagte er, hat seit den Tagen des Propheten Jesaias lange genug in Poesien ihre Wirkung gethan. Es wäre nimmer zu frühe, wenn sie auch einmal als Prose in Zeitungs-Artikel benuzt würde". (S. 32f.)

Hier zeitigt bereits die Vision des Schönsten ihre pragmatische Funktion, ihren handlungsorientierten Appell. Sinn der gesamten Argumentation ist es jedoch, der Vision eine logische Begründung und Realität zu verleihen. Der Böse, der „Schlimmste" (S. 31), hat in diesem Gesamtrahmen einer providentiellen Theodizee insofern keine Chance, als auch wenn der „Herrliche",

[134] Hier liegt im Druck der Erzählung bei Keller ein gravierender Fehler vor: Statt „Friedensrichter" muß es entsprechend dem Manuskript Hebels „Friedensdichter" heißen!

in theologischer Begrifflichkeit also der „Messias", der „Morgenländer", „unglücklicherweise von allen der Lezte wäre", seine „kurze Zeit [...] alsdann der Silberblick (wäre), mit dem sich das edle Metall der Menschheit von seiner Schlacke scheidet. Das Morgenroth geht dem menschlichen Geschlecht am Abend auf – das ist alles – und verschießt schnell im aufgelösten Sternenlicht eines neuen Himmels und einer neuen Erde." (S. 35)

Spätestens an diesem Ende und Höhepunkt der Diskussion, die in ihren subtilen Unterbrechungen und Anfragen hier nicht nachgezeichnet werden kann, kommt die theologisch-messianische Struktur, die wir als dritten Schwerpunkt von Hebels theologischem Interesse herausarbeiten konnten, unübersehbar zum Tragen.

Die Theodizee-Frage wird vom Doktor also nicht mit der christologischen Argumentationsfigur beantwortet: Diese ist aber durchaus im Bereich des Möglichen, insofern die These des Doktors keine Aussage darüber macht, ob der „Morgenländer" vielleicht schon in Zeit und Raum Gestalt angenommen hat. Doch geht es hier in viel grundsätzlicherer Weise um ein Modell, das das Böse und Häßliche so integrieren kann, daß am Ende nicht „das ewige wiederkehrende Einerley eines schlechten Schauspiels, das im Stand seyn kann, ohne Entwicklung wieder aufzuhören" (S. 35), zu stehen kommt.

Formal gesehen erlaubt das Modell der Unendlichkeit der Möglichkeiten zunächst nur eine Rechtfertigung der Verwirklichung einer beliebigen Abstufung zwischen „häßlich" und „schön". Doch führt die inhaltliche Füllung des „Schönsten" den Doktor zur eschatologischen Rede vom neuen Himmel und der neuen Erde, die personal vermittelt sind. Dabei bleibt es für den Doktor zunächst ohne Belang, ob diese personale Vermittlung christlich oder (jüdisch) messianisch zu denken ist. Die messianische Struktur ist schließlich auch in einer bestimmten Christologie zu erkennen. Und so muß selbst der Pfarrer konzedieren: Der Doktor „hat doch Religion, wenn schon eine eigene." (S. 35)

Hebel ventiliert in dieser Erzählung *drei theologische Aspekte* seiner spätaufklärerischen[135] Position:

1. *das Populäre* auf der Vermittlungsebene („der Doktor sprach davon auf nicht gemeine Weise, auch neben her, wie er gewohnt ist, nicht ohne Nekken."; S. 32);

2. *den Vorsehungsglauben* als Antwort auf die Theodizee-Frage (die Erzählung rekurriert gerade im Einleitungsteil der Rede des Doktors auf diesen locus);

---

[135] Vgl. zu diesem theologischen Epochenbegriff Fr. W. Kantzenbach, Die Spätaufklärung. Entwicklung und Stand der Forschung (I), in: Theologische Literaturzeitung 102/1977, Nr. 5, Sp. 337–348!

3. *das Jüdisch-Messianische* als verändernde Dynamik gegenüber der Statik, wie sie etwa im Bild von der Lotterie deutlich werden kann.

Die Zusammenstellung der drei Aspekte im Original der Erzählung ist natürlich von der Position Hebels zu unterscheiden. Voraussetzungen und Verarbeitung müssen jeweils gesondert analysiert werden. Das Modell des Doktors ist nicht einfach mit der Theologie Hebels gleichzusetzen. Dennoch bleibt festzuhalten, daß diese Erzählung Hebels ohne theologische Perspektivierung nicht zu interpretieren ist, ja daß theologische Entscheidungen Hebels auch noch in diese späte, biedermeierlich umrankte Erzählung eingeflossen sind.

Das Liebespaar am Schluß der Erzählung aber relativiert das Modell des Doktors in keiner Weise: Denn auch die konkrete, unmittelbare und spontane Realisation auf dieser Welt ist getragen vom Vorsehungsglauben christlicher Provenienz. Liebende sind glücklicherweise eine *verständliche* „Chiffer in dem Buch der Weissagung, das der Welt eine große Freude verkündet." (S. 29)

Aufklärung kann so ihr Herz behalten!

II. Literaturgeschichtliche Voraussetzungen

Die theologische Perspektivierung der Voraussetzungsdaten Hebels für seine Biblischen Geschichten konnte auf Grund des vorliegenden Quellenmaterials eine inhaltlich profilierte und definierte Positionalität erkennbar machen, so daß der didaktische Prozeß gerade in seiner transformierenden Kraft an den Biblischen Geschichten transparent gemacht werden kann.

Der biographische Weg Hebels, sein Studiengang, seine Aufzeichnungen und sein Bücherbesitz ergeben ein hinreichend begründetes theologisches Bild, das als mehr oder weniger schulmäßig tradiert, d.h. durch bestimmte theologische Schulen kanalisiert und spezifiziert, das Vorauszusetzende vom Verarbeiteten unterscheiden läßt. Schwieriger fällt diese Unterscheidung, die besonders sinnfällig das spezifisch Didaktische zum Ausdruck bringt, bei der Isolierung und Konzentrierung literaturgeschichtlicher Voraussetzungsdaten. Zum einen läßt sich das literarische Interesse Hebels nicht so systematisch-begrifflich zusammenfassen, wie das bei seinem theologischen Interesse legitim durchzuführen war. Zum anderen ist im literarisch-künstlerischen Bereich der Übergang von Voraussetzung und Verarbeitung wesentlich fließender und die Rückkoppelung von Eigenproduktion auf die Produktion der

Zeitgenossen und umgekehrt komplexer als im Modell theologischer Produktivität und Rezeptivität. Vergegenwärtigt man sich schließlich die Historizität von Hebels Umgang mit und Gebrauch von Literatur – und hat damit die fünfzig Jahre von 1776 bis 1826 vor Augen –, so mag man die begrifflichen Schwierigkeiten ermessen, die mit einer Rekonstruktion der literaturgeschichtlichen Voraussetzungen der Biblischen Geschichten verbunden sind.

Unentbehrliches Instrumentarium der folgenden Untersuchungen sind die auf einer relativ abstrakten Ebene angesiedelten Begriffe Gattung und Epoche, die die Vielfalt des konkreten historischen Materials gleichsam objektivierend als Kontext und Hintergrund der Biblischen Geschichten zur Verfügung stellen.[1]

Die durchaus vorhandene Problematik einer systematisierenden Subsumption unter allgemeine Strukturgesetze bzw. Strukturähnlichkeiten leistet gleichwohl die potentielle Kommunizierbarkeit mit literarischen Produktionen der Vergangenheit bzw. einer jeweiligen zeitgenössischen Gegenwart. Ein so vorgenommener Über-Blick verschafft Perspektivierungen eine Legitimität und erhellende Evidenz, denen ein am historischen Detail haftender annalisierender oder chronologisierender Positivismus die Berechtigung abspräche. Aus einem Schulbuch kann so Bibeldichtung werden, aus einem Theologen der Spätaufklärung ein „biedermeierlicher" Erzähler, aus einem dichtenden Kirchenrat zwischen Spätaufklärung und Biedermeier ein versierter Religionsdidaktiker.

1. Der „Sänger" Hebel – eine zeitgenössische Charakteristik

Voraussetzungen lassen sich erst im Rückblick auf die gesamte Geschichte der Verarbeitung vollständig klären. So wählen wir als Einstieg in die oft „unterirdischen" Beziehungs- und Traditionsstränge die Gesamteinschätzung Hebels durch einen Freund und literarisch-literaturgeschichtlich begabten Juristen: Ehrenfried Stoeber (1779–1835). Ihm hatte Hebel als einem der ersten seine frischgedruckten Biblischen Geschichten zukommen lassen; und die von Hebel vorausgesetzte Verständnisbereitschaft für und Adäquanz des erwarteten Urteils über sein letztes Werk kann man dem vorlaufenden Brief unüberhörbar entnehmen:

---

[1] Vgl. den konzisen Artikel ‚Gattung' von H. Kuhn in: Handlexikon zur Literaturwissenschaft, hg. v. D. Krywalski, München 1974; und die Problemübersicht zum Epochenbegriff bei E. Ribbat, Epoche als Arbeitsbegriff der Literaturgeschichte, in: Historizität in Sprach- und Literaturwissenschaft. Vorträge und Berichte der Stuttgarter Germanistentagung 1972, hgg. v. W. Müller-Seidel 1974, S. 171–179.

„Sie empfangen, Theuerster und Geehrtester mit dem nächsten Botengang meine innigen Zwillinge, die biblischen Geschichten, von denen zwar die gelehrte Welt, obgleich bei Cotta gedruckt, noch nicht viel Notiz hat nehmen wollen, so daß es fast scheint, es sei nicht einmal viel daran. Allein ich suche diesmal meine Recensenten wirkl. nicht in den gelehrten Stuben, sondern in den Kinderstuben und bei den Gemüthreichen, wie Herrn Ehrenfried Stoeber. Möge das Werklein nur diesen nicht misfallen. Sie geben mir einen schätzbaren Beweis ihrer freundschaftlichen Gesinnungen durch das Vorhaben, meinen Namen in die neue Ausgabe ihrer Gedichte aufzunehmen. Kurz und einfach, um das darf ich einen Mann wie Sie nicht erst bitten. Ich bin zufrieden, wenn Ihre zahlreichen Leser an zwei Worten merken, daß Sie mich wert schätzen und mir gut sind.

In aufrichtiger Hochachtung und Freundschaft

Ihr

Carls. d. 10. Febr. 1825 ergebenster Hebel."[2]

Auf die Selbsteinschätzung der Biblischen Geschichten werden wir in den „Untersuchungen" des dritten Kapitels noch zu sprechen kommen. Uns interessiert hier die enge geistige Verbindung von Hebel und Stoeber, die bis zur Dedikation der Gedichte Stoebers an Hebel führte und damit bereits das Terrain von Hebels literarischer „Heimat" absteckt.[3] Was hier implizit angedeutet bleibt, wird explizit, wenn man die in der bisherigen Hebelforschung unbeachtet gebliebene „Kurze Geschichte und Charakteristik der schönen Literatur der Deutschen" betrachtet, die Stoeber 1826, also im Todesjahr Hebels, in Paris und Straßburg verlegen ließ.[4] Denn hier nimmt Stoeber unter Bekanntgabe seiner Kriterien eine Kurz-„Charakteristik" Hebels vor, die der Selbsteinschätzung Hebels sehr genau entsprechen dürfte, gibt Stoeber doch erneut in einer – ausführlich geratenen – Dedikation die Gleichgestimmtheit der Freunde der Öffentlichkeit bekannt:

„Dem trefflichen allemannischen Sänger Hebel"

gehört Stoebers ganze Verehrung[5]: Und es ist damit keineswegs einer heimatvernarrten Verharmlosung das Wort geredet, wie es die gleiche Begrifflichkeit in einer späteren Wirkungsgeschichte bewirkte. Stoebers an der Idee des Schönen ausgerichtete, die Aspekte Einheit, Harmonie, Ausdruck

---

2 Briefe, Nr. 510, S. 663 f.

3 Vgl. E. Stoeber, Lyrische Gedichte, 2. verb. und verm. Ausgabe, Basel 1815 (die 1. Auflage war in Hebels Besitz: vgl. Verzeichniß, S. 37, Nr. 503).

4 Vgl. Verzeichniß, S. 37, Nr. 502.

5 „Verehrtester Freund" schreibt Stoeber auf einem Vorblatt, „Die Worte Zueignung und Zuneigung sind, durch Sinn und Ton, aufs Innigste verschwistert; Sie werden sich daher nicht wundern, daß ich Ihnen diesen literarischen Versuch widme. Sie wissen es, wie sehr ich Sie verehre und liebe, wie theuer mir Ihre Freundschaft ist! Schenken Sie dem Buche einen freundlichen Blick und bewahren Sie ein wohlwollendes Andenken

Ihrem

Ehrenfried Stöber."

und Grazie eines Werkes betonende Abhandlung[6] stellt Hebel folgendermaßen dar:

„Einer der trefflichsten deutschen Sänger ist der gemüthreiche, originelle, als allemannischer Dichter einzig dastehende, Hebel. Er wurde geboren zu Basel im Jahr 1760; er lebt als protestantischer Prälat und Mitglied der ersten Kammer der Ständeversammlung zu Carlsruhe. Die allemannische oder schwäbische Sprache, deren Urtöne in den Liedern der oben angeführten Minnesänger vor einem halben Jahrtausende so anmuthig erklangen, fesselt uns mit verjüngter und vollendeter Lieblichkeit in Hebels trefflichen Gedichten. Rührende Naivität ist wohl der Hauptcharakter derselben. Innigst befreundet mit der Natur, ertheilt der Sänger auch dem Leblosen Leben und Persönlichkeit. Bald väterlich, bald kindlich angeschmiegt an den von ihm besungenen Gegenstand, bewirkt er aufs glücklichste die poetische Täuschung. Seine hochdeutschen Erzählungen, ebenfalls im Volkstone, die jedoch den allemannischen Gedichten (wovon bereits fünf Auflagen erschienen) bedeutend nachstehen, sind gesammelt unter dem Titel: Das Schatzkästlein. Ein gar liebliches Geschenk, das Hebels fromme Muße uns spendete, sind seine biblischen Geschichten für die Jugend, die bei Cotta, im Jahr 1824, erschienen."[7]

Folgende vier Bemerkungen können aus Stoebers Kurzcharakteristik gefiltert werden:

1. Die „aufs glücklichste" bewirkte „poetische Täuschung" Hebels verweist den Interpreten sofort auf die literarisch-ästhetische Ebene und nötigt ihn, Hebels Werk als „applied art" zu durchschauen und es nicht als „pure art" zu ignorieren.[8]

2. Die „Minnesänger" als Ahnherrn Hebels betreffen den historischen Ort einer gleichsam akademischen Gelehrtheit der eigenen dichterischen Bemühungen[9] und eröffnen den europäischen Horizont, in dem Hebels Werk gesehen werden muß.

3. Die nach dem Stand heutiger Hebel-Philologie unverständliche Abwertung der „hochdeutschen Erzählungen" muß auf dem politisch-nationalen Zeithintergrund[10] erkannt und eingeordnet werden, der im Vierländer-Eck (Österreich, Schweiz, Frankreich, „Rheinbund"-Staaten) natürlich wechselnde, oftmals kontroverse Optionen zeitigte. Nicht nur Hebels Tätigkeit in „der ersten Kammer der Ständeversammlung zu Carlsruhe", sondern

[6] Stoeber, Kurze Geschichte, S. 2f.

[7] Stoeber, Kurze Geschichte, S. 399f.

[8] Vgl. C. P. Magill, Pure and applied art: a note on Johann Peter Hebel, in: German Life & Letters, vol X/1956–1957, S. 183–188.

[9] Vgl. St. Sonderegger, Johann Peter Hebel als Mundartdichter im Umkreis der Brüder Grimm, Lörrach 1985 [= Aus der Schriftenreihe des Hebelbundes Sitz Lörrach e. V. Nr. 34], bes. S. 14.

[10] Einen ersten Überblick, der insbesondere die ambivalente Rolle der Rheinbundstaaten, zu denen das Großherzogtum Baden gehörte, angemessen reflektiert, liefert H. Schulze, Die Geburt der deutschen Nation, in: Mitten in Europa. Deutsche Geschichte, H. Boockmann, H. Schilling, H. Schulze, M. Stürmer, Berlin 1984, S. 201–288.

besonders Hebels allemannische Gedichte waren eine nicht zu unterschätzende integrierende Kraft zur politischen Selbstbestimmung der Bürger des von Napoleon organisierten „Verfassungsstaates", der lange Zeit Vorbild für eine nationale Einigung auf „teutscher" Ebene gewesen ist. Die allemannische Sprache war insofern keine provinzielle Verengung, sondern geschichtliche Vertiefung eines gesamtkulturellen Anspruchs.[11] „Hebel war persönlich die große Integrationsfigur dieser Zeit, über seinen Tod 1826 hinaus wirkte sein Werk."

„In einer Zeit des Umbruchs, in der jahrhundertealte Grenzen und Strukturen von heute auf morgen verändert oder beseitigt wurden, da scheinbar gegebene Zustände sich als veränderbar erwiesen, war nichts mehr unabänderlich. Hebel wußte um die Gefährdung alles Bestehenden und um die chaotischen Kräfte im Menschen, und er hatte die Instabilität von Geschichte und Politik erfahren. Verbindliches und Unverbindliches voneinander zu scheiden, war eine seiner großen Leistungen und trug wesentlich bei zur Einheit des Landes. Was Hebel von seinen literarischen Vorgängern übernommen hatte, das gab er erneuert und mit großem Zugewinn weiter." [12]

4. Die „fromme Muse" als Inspirationskraft der Biblischen Geschichten reiht diese zum einen in das Gesamtwerk Hebels als legitimen Bestandteil ein, läßt zum anderen aber deutlich erkennen, daß zur theologischen Substanz die literarische Formung kam, so daß eine literaturgeschichtliche Perspektivierung auch in diesem sehr frühen zeitgenössischen Urteil begründeten Anhalt findet.

Stoeber, „ein Geistesverwandter des berühmten allemannischen Volksdichters Hebel"[13], wie Stoebers Nekrolog ausdrücklich vermerkt, pflegte intensiven literarischen Kontakt mit Hebel, der bis in die Mikroebene literarischer Gestaltung ging[14], gleichwohl aber auch programmatischen Charakter trug, insofern er Hebel an der Herausgeberschaft des Alsatischen Taschenbuchs für das Jahr 1807 und der Monatsschrift Alsa, die sich allerdings nur im Jahr 1816 halten konnte, beteiligte.[15] Diese Betonung elsässischer

---

11 Den Beweis für diese sehr anspruchsvolle These liefert Hebels Brief an Prof. Gräter vom 22. Febr. 1803 (Briefe, Nr. 82, S. 147). Dort heißt es: „Unbedingt stimme ich in Ihren patriotischen Wunsch ein, daß die Einheit der deutschen Sprache, die uns fast allein noch als eine Nation zusammenbindet und charakterisiert, durch eine zu eifrige Provinzial Cultur der Dialekte nie möge gefährdet werden. Was könnte der Nation zu allen politischen Schicksalen, die sie bis in die neuesten Tage erfahren mußte, noch schlimmeres begegnen? Doch glaube ich, daß bey dem gegenwärtigen Zustand unserer Cultur diese Gefahr nicht zu besorgen sey, noch weniger aber, daß dieser mein Versuch etwas dazu beytragen werde."

12 K. Foldenauer, Modell „Musterländle". Badische Perspektiven 1815–1848, in: Europäische Kulturtage Karlsruhe 1984, S. 59–79, hier S. 63 und S. 65 (das Todesdatum Hebels wurde im Text stillschweigend auf 1826 verbessert).

13 Neuer Nekrolog der Deutschen, Jg. 13, 1835(1837), zitiert nach DBA, Nr.1230, S. 445–451.

14 Vgl. Briefe, besonders S.341 f., S.370 f., S.560.

15 Vgl. Alsatisches Taschenbuch für das Jahr 1807. Mit Kupfern und Musik, Straßburg und

Kultur bedeutete aber eine bewußt moderne Vorreiterrolle auf politisch-literarischer Ebene: Die ständige Auseinandersetzung mit französischer Literatur und Kultur, aber auch mit der politischen Verankerung der Bürgerrechte im Verfassungsstaat, die Stoeber sogar in Paris vor Ort studieren konnte, wo er auch einen Dichter wie Seume kennenlernte, verhinderten diese Kreise, politisch wie literarisch der Reaktion anheimzufallen.

„Obgleich er [sc. Stoeber; R. W.] daher als ein Mann deutschen Volksstammes sich fühlte, so war er doch zugleich ein treuer Bürger des französischen Staats, an dessen Schicksalen er den wärmsten und eifrigsten Antheil nahm. Schon vor und während der Restauration sang er manch kühnes Freiheitslied."[16]

Diese Situation kultureller Ambivalenz, vielleicht sogar Dialektik, muß man sich vergegenwärtigen, wenn man ein Detail aus Hebels „literarischer" Öffentlichkeit dagegenhält: seine Subskriptionen zweier Bücher, die nun in der Tat nicht mehr frei vom Verdacht nationaler Eindimensionalität sind. Hebel subskribierte zum einen C. V. Sommerlath, Züge teutschen Muthes und Hochsinns nebst einigen Gedichten verschiedenen Inhalts. Gesammelt und zur Ausführung eines wohlthätigen Zwecks herausgegeben von ..., Erster Theil. Mit vier Kupfer, Basel 1820[17]; zum anderen den Gedichtband von Helmina von Chezy, „der Enkelin der Karschin", Aschaffenburg 1812, der „Seiner Majestät Friedrich Wilhelm dem Dritten, König von Preußen, in Ehrfurcht und Treue zugeeignet" war.[18]

Die kulturpolitische Spannung zwischen der beginnenden preußischen Restauration und dem besonders in Baden weiterhin glimmenden liberalen Aufbruch, zwischen nationaler Sammlung und demokratischer Öffnung konstituiert auch das literarische Umfeld, in das hinein Hebel eingeordnet werden muß! Daß diese spannungsgeladene Situation eine durchaus homogene Formensprache freisetzte, wie ein Vergleich der Gattungsvielfalt von Stoeber und Chezy auf lyrischem Gebiet dokumentiert (beide dichten gleichermaßen Legenden, „Gemälde", Idyllen, Lieder, u.ä.), läßt einmal mehr

---

Paris (1808), S. XIX: „Gütig unterstützen uns einige Nachbarn; der liebenswürdige Sänger der allemannischen Gedichte trat in unsre Reihen; Dank der nachbarlichen Gefälligkeit! Keine Pauluskirche, nur eine freundliche Kapelle wollten wir erbauen, möge der Wandrer sie mit Nachsicht betrachten!" Vgl. auch den Vorbericht zu Alsa. Eine Monatsschrift, hgg. v. Ehrenfried Stoeber, Januar bis May 1817, in dem die liberalen Ideen dieser Zeitschrift indirekt gespiegelt sind: „Die Fortsetzung dieses Almanachs [Stoeber denkt an das Alsatische Taschenbuch; R. W.] mußte unterbleiben, denn im Kriegsgetümmel schweigen die Musen. Auch war es nicht aufmunternd ein neues Unternehmen der Art zu beginnen, da die Censur in jeder freyen Geistesbewegung einen Disciplinfehler erblickte und falscher Diensteifer oder hämische Bosheit auch an der unschuldigsten Blume Gift zu saugen wußte. Nun aber, bey der Rückkehr des Friedens und der Anerkennung constitutioneller Freiheit, wollen Künste und Wissenschaften gern wieder des Menschen Herz und Geist erfreuen". (S. 1 f.)

16 Neuer Nekrolog, Jg. 13, aaO., S. 450.

17 Vgl. Verzeichniß, S. 37, Nr. 501. Hebels Subskription wird auf S. VII, aaO., angezeigt.

18 Vgl. Verzeichniß, S. 35, Nr. 455. Hebels Subskription wird auf S. XI, aaO., angezeigt.

die Einheitlichkeit dieser zerrissenen Epoche vermuten. Wir wollen sie mit Fr. Sengle als Biedermeierzeit identifizieren und verwenden damit eine bis heute heftig umstrittene Begrifflichkeit, die es zu diskutieren gilt. Reichen aber die Nachweise der literarischen Interessen Hebels aus, um diese literarhistorische Zuordnung vornehmen zu können? Lassen sich tatsächlich die literarischen Voraussetzungen eines Theologen, dessen theologische Positionalität spätaufklärerisch zu orten ist, einer eigenständigen Epoche wie dem Biedermeier zuordnen? Bevor wir die Signatur der Biedermeierzeit auf Möglichkeiten literarischer Voraussetzungen für die biblischen Geschichten untersuchen, wollen wir Hebels Anbindung an die literarische Kultur des Biedermeier erweisen und dabei gleichzeitig ein Gattungsinteresse Hebels erkennbar machen, das für unsere Interpretation der Biblischen Geschichten von entscheidender Bedeutung sein wird: die Bibeldichtung; ihre Funktion ist dann in einem abschließenden Abschnitt der literaturgeschichtlichen Voraussetzungen zu problematisieren.

2. Hebels Lektüreschwerpunkte

„Denn was ist das Leben ohne Täuschung, oder wie es andere nennen ohne Poesie."[19] Hebel hat ein Leben lang an der dichterischen Transzendierung nicht nur seines Lebens gearbeitet; er liebte das Maskenspiel dichterischer Fiktionen, die gleichwohl ihre Verifikation am alltäglichen Leben unter Beweis stellen müssen. Dichtung und Leben gehören für Hebel zusammen, doch geht das Leben niemals in Dichtung auf. Dichtung behält stets ihre Funktion, sie ist eine abhängige Variable. Ihr Maskenspiel soll Trost schaffen, soll beruhigen und erheitern, soll eingreifen ins tätige Leben: Leid erzeugt Lied, doch das Lied tröstet im Leid. Dadurch aber, daß Dichtung ihre Funktion behält, keineswegs in autonomer Konstitution sich als eigene Wirklichkeit etabliert, bleibt für Hebel die Religion das umfassende Ganze, das auch noch die Opposition von Dichtung und Leben integriert – darüber macht sich Hebel in seinen populärästhetischen Reflexionen programmatische Gedanken.[20] Welche poetischen Traditionen aber lassen sich nachweisen, die Hebels literarische Bildung geprägt haben? Wiederum fragen wir nicht nach den eigenen poetischen Produktionen, sondern nach literarischen Voraussetzungen, die Hebel befähigten, programmatisch zu reflektieren, didaktisch zu transformieren und bibeldichterisch zu produzieren.

Interessanterweise sind die zugänglichen Dokumente, die Hebel hinterlassen hat, in dieser Hinsicht spärlicher als sie in theologischer Perspektive zu

19 Briefe, Nr. 508, S. 661.
20 Vgl. 2. Kap.IV!

rekonstruieren waren und in religionspädagogischer Perspektive es sein werden. Bereits ein quantifizierender Blick in das „Verzeichniß" der Bücher aus der „Verlassenschaft des verstorbenen Herrn Prälaten J. P. Hebel" zählt unter der Rubrik „Schöne Wissenschaften und bildende Künste"[21] nur 65 Bücher im Verhältnis zu insgesamt 593 hinterlassenen Büchern. Danach ist Hebel durchaus kein homme de lettre, der ausschließlich über seine literarische Bildung und deren Voraussetzungen hinreichend zu verstehen wäre. Seine Briefe, die in religionspädagogischer Hinsicht eine wahre Fundgrube lebendiger Zusammenhänge und kommentierender Bemerkungen darstellen, schweigen sich über seine literarischen Interessen – abgesehen von den allemannischen Gedichten, den Kalendergeschichten und den Biblischen Geschichten – weitgehend aus. Die einzige, vielzitierte Stelle, an der Hebel seine literarischen „Muster" explizit benennt, erscheint im Brief an den Präsidenten der Münchner Akademie, den Dichter und Philosophen Friedrich Heinrich Jacobi (1743–1819); hier analysiert Hebel gerade auch sein eigenes Verhältnis zu den Vorbildern:

„Ihr Beifall und Ihr Wohlwollen ist ein schönes und schmeichelhaftes Geschenk für die allemanische Muse. Vielleicht ist es dem Manne, der mit so philosophischem Geist die Entwicklung u. den Gang des menschlichen Geistes in seinen Individuen beobachtet, nicht unangenehm etwas von ihrer anomalischen Geschichte zu hören. Schon als Knabe machte ich Verse. Meine Muster waren das Gesangbuch u. ein Manuskript, später Gellert, Hagedorn und sogar Klopstock. Je mehr mein Urtheil über Dichterwerke reifte, desto mehr überzeugte ich mich von dem Unwerth meiner eigenen u. von dem Unvermögen besseres zu machen. Zuletzt hörte ich ganz auf ohne Vorsatz, wie ich ohne Vorsatz angefangen hatte. Im 28st. Jahr, als ich Minnesänger las, versuchte ich den allemanischen Dialekt. Aber es wollte gar nicht gehn. Fast unwillkührlich, doch nicht ganz ohne Veranlassung fieng ich im 41ten Jahr wieder an. Nun gings ein Jahr lang freilich von statten. Der Knabe im Erdbeerschlag war das erste, der Statthalter das zweite, das Spinnlein das lezte. Ich glaube, daß ich noch lange hätte fortfahren können. Aber seit die Gedichte gedruckt sind, thut die Muse wieder kalt, als ob ich wider ihren Willen das Geheimniß ihrer Gunst verrathen hätte. Wenn ich mich recht fühle u. schätze, so kann ich seitdem nur noch mich selber nachahmen."[22]

Mit Hagedorn, Gellert und Klopstock werden wir ins 18. Jahrhundert zurückversetzt; die drei Namen stehen für eindeutig umrissene literarisch-lyrische Genres, ja ganze Bewegungen, die bis in das literarische Biedermeier hinein ihre lebendige Wirksamkeit zeitigten. Hebel gibt mit seiner Option für die Lyrik des 18. Jahrhunderts, einschließlich der Kirchenlieder und des lebendigen Interesses an den Minnesängern des Mittelalters[23], ein gerade für

[21] Verzeichniß, S. 34–38.

[22] Briefe, Nr. 293, S. 454, (An Jacobi, Januar 1811). Hebel besaß immerhin den ersten Band der Gesamtausgabe der Werke Jacobis (Zürich 1807); vgl. Verzeichniß, Nr. 475, S. 36.

[23] Für dieses spezifische Interesse Hebels zeugen folgende Titel aus seinem Bücherbesitz:

das Biedermeier typisches Beispiel ab, das ebenso für viele wesentlich später schreibende Autoren wie etwa Eduard Mörike nachweisbar ist![24] Hebels Begegnung mit dieser Art von Literatur datiert allerdings bereits ans Ende des 18. Jahrhunderts; seine Exzerpthefte lassen in dieser Hinsicht eine durchaus eifrige Sammeltätigkeit erkennen. Friedrich von Hagedorn (1708–1754), der wohl bedeutendste der sog. Anakreontiker, ist zwar weder in dieser frühen Phase des Exzerpierens noch am Ende durch einen Buchbesitz nachweisbar, dafür aber werden die vermischten Gedichte von Götz – gemeint ist Johann Nikolaus Götz (1721–1781), der den antiken Dichter Anakreon 1746 zusammen mit Johann Peter Uz (1720–1796) herausbrachte – gleich zweimal erwähnt. Unter der Nr. 1193 schreibt sich Hebel 1785 die Gedichte „Der Apfel“, „Du und Sie“ und „Die Welt“ aus der Gesamtausgabe von Rammler ab, 1786 folgen aus der gleichen Ausgabe unter der Nr. 1275 die Gedichte „Lob des Weins“, „Der dichtende Knabe“, „Der lustige Abt“, „Amor“, „Hofleute“, „Der wahre Reichthum“ und „Auf den Tod des J. K.“.[25] Wie stark Hebel gerade von Götz fasziniert gewesen sein muß, zeigt die Tatsache, daß die dreibändige Gedichtausgabe, herausgegeben von K. W. Rammler (Mannheim 1807), schließlich in seinem Bücherschrank zu stehen kommt. Johann Peter Uz ist dort mit seinen sämtlichen poetischen Werken vielleicht schon vor Götz vertreten gewesen, denn Hebel besaß die zweibändige Ausgabe „Karlsruhe 1776“.[26]

Nach den Anakreontikern mit ihren eher an französischer Eleganz und Formenstrenge orientierten Gedichten sind die Göttinger Hainbündler der zweite Lektüreschwerpunkt Hebels. Ihre patriotischen Gesänge bilden quasi das deutsche Gegengewicht: Ein erneuter Hinweis auf Hebels Interesse an beiden Kulturen diesseits und jenseits des Rheins.[27]

Kurz vor den Gedichten von Götz notiert sich Hebel die Romanze des Grafen Friedrich Leopold von Stolberg (1750–1819): „Agnes“ in voller

„Sammlung von Minnesingern, aus dem schwäbischen Zeitpunkte 140 Dichter enthaltend. Zürich 1758. 2 Thle.“ und „Lieder-Saal, d. i. Sammlung altdeutscher Gedichte aus ungedruckten Quellen. 1820“ (vgl. Verzeichniß, Nr. 495, S. 37 und Nr. 484, S. 36).

[24] M. Söntgerath, Das Weiterleben des 18. Jahrhunderts in der Lyrik der Biedermeierzeit, Diss. Tübingen 1953 [Masch.]; vgl. die zusammenfassenden Hinweise bei Sengle, Biedermeierzeit, Bd. II, S. 484f., der besonders auf die Tradition des Göttinger Hains als der „Krone des 18. Jahrhunderts“ und ihre biedermeierliche Hochschätzung hinweist und in einer Anmerkung (*) das große Interesse am Kirchenlied belegt!

[25] Vgl. H 85, Nr. 1193, S. 27vf.; Nr. 1275, S. 63–65. Die Ausgabe von Rammler wird nicht bibliographiert. – Der Tod von Götz am 4. Nov. 1781 wird von Hebel eigens verzeichnet: H 84, Nr. 381, S. 32.

[26] Vgl. Verzeichniß, S. 35, Nr. 459 (Götz) und S. 37, Nr. 505 (Uz).

[27] Welche grundsätzliche inhaltliche Auseinandersetzung mit der Opposition von französischer und deutscher Kultur im 18. Jahrhundert gegeben war, mag man aus der programmatischen Schrift von J. Möser, Über die deutsche Sprache und Litteratur. Schreiben an einen Freund, Hamburg 1781, ermessen, deren Rezension in der Gothaer Gelehrtenzeitung im Oktober 1781 Hebel sofort exzerpiert hat: Vgl. H 84, Nr. 349, S. 27v.

Länge, kurz nach den letzten Gedichten von Götz ist ihm des Grafen Gedicht „Das Wesen Urstoff vergeht nie ..." aus dem Hamburger Musenalmanach von 1786 wichtig.[28] Dazwischen hat sich Hebel drei Gedichte von Ludwig Heinrich Christoph Hölty (1748–1776) konserviert: „Der alte Landmann an seinen Sohn", „Siegerlied bei Eroberung des heiligen Grabes" und „Lebensbeichte".[29] Sechs Jahre später erschien in Karlsruhe ein Gedichtband von Hölty (1791), der sich wiederum in Hebels Bibliothek befand.[30] Klopstock, der mit seinem Gedicht „Des Hügels Quell ertönet von Zeus, Von Wodan, der Quell des Hains" der vaterländische Namensgeber der Göttinger gewesen ist, taucht bei Hebel in den Exzerpten zwar nur mit seiner bereits zitierten „Ode an den Kaiser" auf,[31] doch sind sein Bibliotheksbesitz Beweis genug für die von Hebel selbst angezeigte Muster-„Rolle" Klopstocks und damit des Göttinger Hains insgesamt.[32] Schließlich kann auch das Vorbild Fürchtegott Gellerts auf Grund der im Besitz Hebels befindlichen neunbändigen Ausgabe, Karlsruhe 1774, verifiziert werden.[33] Explizit nennt Hebel also nur die Lyriktradition des 18. Jahrhunderts. Und ebenso wie diese in unserem Zusammenhang nur insoweit von Bedeutung ist, als sie die biedermeierliche Einbindung des späten Hebel durchaus plausibel erscheinen läßt, so vermögen auch die wenigen Romane, deren Lektüre durch Hebel sich nachweisen läßt, keine unmittelbare Beziehung zu dessen eigenem sprachlichen Gestalten herzustellen. Gleichwohl lassen sich die drei großen, autobiographisch mehr oder weniger geprägten Romane des späten 18. Jahrhunderts, die Hebel ausschnittweise sogar exzerpiert hat, dem ins Leben eingreifenden Dichtungsverständnis Hebels analogisieren, und schuf der jeweilige Werdegang der „Helden" aus einfachen Verhältnissen zu ehrbaren Positionen innerhalb der entstehenden bürgerlichen Gesellschaft existentielle Identifikation, die man noch in Hebels Parteinahme in den Kalendergeschichten, ja sogar in den Biblischen Geschichten wiederfinden kann.[34] Schließlich zeigt Hebels Option für den Roman der Spätaufklärung seine

---

28 Vgl. H 85, Nr. 1181, S. 26vf. und Nr. 1281, S. 66.

29 Vgl. H 85, Nr. 1219–1222, S.38v-39v.

30 Vgl. Verzeichniß, Nr.473, S. 36.

31 H 84, Nr. 475, S.48f.

32 Vgl. Verzeichniß, S.36: „478. Klopstock, Oden. Wien 1784. 2 Exempl. / 479. – kleine poetische und prosaische Schriften. Frankfurt und Leipzig 1771."

33 Vgl. Verzeichniß, Nr. 456, S.35.

34 Hebel las zuerst die Lebensbeschreibung von Johann Heinrich Jung genannt Stilling (1749–1817), deren erster und wohl bedeutendster Band (Heinrich Stillings Jugend) 1777 erschienen war; vgl. H 84, Nr. 583, S. 67f. Zur gleichen Zeit (1783) faßt Hebel den Inhalt von Johann Karl Wezels (1747–1819) komischem Roman „Hermann und Ulrike" (1780) auf mehreren Seiten zusammen; vgl. H 84, Nr. 584f., S. 67v.-68v und Nr. 603, S. 70v-71v. Schließlich notiert er den Titel von Ulrich Bräkers (1735–1798) „Lebensgeschichte und natürliche Abentheuer des armen Mannes in Toggenburg" (1789) im Jahr des Erscheinens; vgl. H 85, Nr.1325, S. 87v.

(bewußte?) Ignorierung der Werke der Klassik, auch wenn eine zwanzigbändige Götheausgabe (Tübingen 1806) in seinem Besitz war.[35]

Nur zwei Dichter finden in Hebels Briefen noch eine würdige Erwähnung, und beide stehen ebenso wie Hebel zwischen Spätaufklärung und Biedermeier. In zwei aufeinanderfolgenden Briefen (An Hitzig; An Haufe; 1804) berichtet er von der Begegnung mit dem plattdeutschen Mundartdichter und bürgerlich-populären Idylliker Johann Heinrich Voß (1751–1826) und stellt ihn als lichten bzw. klaren „ruhige(n) Fixstern" dar,[36] der nah wie fern seine wohltuende Wirkung tut. – Und die beiden vielzitierten Äußerungen zu seiner eigenen Jean-Paul-Lektüre[37] sind weniger eine philologische Auseinandersetzung mit diesem schwierigen Autor als vielmehr eine Beschwörung des eigenen biedermeierlichen Lebensgefühls, das eben beides kennt: Ideal und prosaischen Alltag. Beiden Autoren fühlte Hebel sich verpflichtet: Voß hätte er gerne als Kritiker seiner allemannischen Hexameteridyllen gesehen – also auf dem Gebiet, wo Hebel Voß nacheiferte. Jean Paul (1763–1825) liebte er seines Humors willen, und dieser wiederum verstand und liebte seine Allemannischen Gedichte.

Noch aber bewegen wir uns im Vorfeld spezifisch biedermeierlicher Literatur. Las der späte Hebel keine zeitgenössische Literatur mehr, die man – wie gesagt – ab 1815 dem Biedermeier zuzuordnen beliebt?

In den Briefen findet sich über die bereits zitierten Äußerungen hinaus keine Bemerkung zu zeitgenössischer Literatur. Mit zunehmendem Alter häufen sich vielmehr die keineswegs maskierten, also vorgetäuschten Litaneien über eine enorme Arbeitsbelastung, die über die täglichen Pflichten hinaus kaum mehr Zeit zur Abfassung der Biblischen Geschichten bot, welche denn auch entsprechend lange (zu lange, nach Hebels eigener Meinung) in Bearbeitung blieben.

Wenige Titel sind es, die – um 1815 erschienen – sich in Hebels Bibliothek befanden, wenige Autorennamen sind noch heute in der Literaturgeschichte bekannt. Und selbst die bereits zitierte „Kurze Geschichte und Charakteristik der schönen Literatur der Deutschen" von E. Stoeber, die im allgemeinen das Spektrum des literarischen Interesses Hebels ziemlich vollständig mit

---

[35] Vgl. Verzeichniß, Nr. 458, S. 35. Das Bestreben W. Rehms, „Goethe und Johann Peter Hebel" zu parallelisieren (Rede, gehalten am Samstag, den 21. Mai 1949 bei der Goethe-Gedenkfeier der A.-L.-Universität Freiburg, Freiburg 1949 [= Freiburger Universitätsreden Neue Folge Heft 7]) zeugt von der leidvollen Tradition der Germanistik, alles über den Kamm der Klassik zu ziehen.

[36] Briefe, S. 207 und 209. Vgl. auch H 85, Nr. 1187, S. 26 die enthusiastische Charakteristik mit eigenen Worten Hebels! Darüberhinaus besaß er einige Gedichtbände von Voß (vgl. Verzeichniß, Nr. 506 und 507, S. 38).

[37] Briefe, S. 325 und 330, (An Gustave Fecht; An Sophie Haufe; 1807). Zum Verhältnis zu Jean Paul vgl. H. Lauterbach, Eine seltsame Begegnung. Johann Peter Hebel und Jean Paul Friedrich Richter, in Hesperus. Blätter der Jean-Paul-Gesellschaft 18/1959, S. 38–41.

ihren Autorenartikeln abdeckt, ist in vielen Fällen nicht mehr zu Rate zu ziehen, um einzelne Titel zu identifizieren.

Ein gewisses Merkmal läßt sich jedoch dieser teilweise eher apokryphen Literatur entnehmen; die religiös-christliche Thematik der Gedichtbände, die Hebel in seinen letzten Jahren erworben hat, bildet zusammen mit Hebels Spätwerk eine einheitliche Motivstruktur: Die dichterische Bewältigung und Versinnlichung überkommener christlicher Inhalte, wie sie für das „geistliche Biedermeier“[38] signifikant geworden ist. Eine knappe chronologische Titelübersicht mag hinreichen, diese Motivstruktur kenntlich zu machen:

- Pichler, Ruth, Ein biblisches Gemälde in 3 Idyllen, Leipzig 1812[39]
- J.L.W. Scherer, Lehren der Weisheit, Tugend und Religion, in Gedichten, Parabeln und Erzählungen der heiligen Schrift, für die Jugend und ihre Freunde, Elberfeld 1819[40]
- M.L. Neuffer, Christliche Urania oder Gesänge für Freunde der Religion und eines heitern Christensinns, Leipzig 1820[41]
- A. Gebauer, Blüthen religiösen Sinnes. Für das höhere Leben, Mannheim 1822[42].

Aber auch dort, wo die Titelei noch keine inhaltliche Zuordnung erlaubt, findet man gedichtete Theologie. Des Konstanzer Bischof J.H. von Wessenbergs Gedichtbändchen „Blüthen aus Italien“ (Carlsruhe und Baden 1818), das der Autor Hebel persönlich zu Korrekturen hat zukommen lassen[43], birgt zum Beispiel ein so fundamentales Gedicht wie „Der Grundstein der neuen Kirche“, in dem der liberale Katholik reformatorische Einsichten proklamiert – als eine italienische Blüte wohlgemerkt! –:

„... Ein Grundstein nur steht fest, der, den du selbst gegründet.
Die Lehre, die du uns durch deinen Sohn verkündet.
Sie sey, Allvater! auch des neuen Tempels Grund!“ (S. 39)

Der ebenfalls katholische Schriftsteller A. Schreiber mischt in seine „Gedichte und Erzählungen“ (Heidelberg 1812)[44] seine sog. „Bilder. 1800“, die die Stationen des Lebensweges Jesu, einschließlich des beigefügten legendarischen Kapitels „Der Knabe Jesu“, in wohlgemessenen Jamben

---

[38] Vgl. die Dissertation von H. Draeger, Vom Kulturasketismus zum geistlichen Biedermeier. Protestantisch-konservative Literaturkritik im preußischen Vormärz, Berlin 1980, S. 55–96.

[39] Verzeichniß, Nr. 492, S.37.

[40] Verzeichniß, Nr. 161, S.14.

[41] Ebd., Nr. 160.

[42] Verzeichniß, Nr. 454, S. 34.

[43] Briefe, Nr. 402, S. 575, (An Wessenberg, Juli 1818). Vgl. Verzeichniß, Nr. 508, S. 38 (die Ausgabe „Zürich 1820“).

[44] Verzeichniß, Nr. 499, S. 37.

schildern (S. 105 ff. und 139 ff.). Schreibers Vorrede bildet mit ihren typischen Oppositionen von „innen und außen", „jung und alt", „ideal und real" eine präzise Beschreibung biedermeierlichen Lebensgefühls:

„Wie der Mensch in zwei Welten lebt, in einer äußern und einer innern, so giebt es auch eine zwiefache Poesie, eine historische und eine lyrische. Jene wird selten gelingen in einer Zeit, in welcher der Dichter sich aus seinen Umgebungen in die Welt des Gemüths flüchten muß. Aber auch die Lyrik erscheint unter uns nur rein im Jugendalter, wo das Leben noch seine Gestaltung von der Phantasie annimmt, später wird sich in ihr immer mehr der Kampf des Idealen mit dem Realen offenbaren, und Sentimentalität werden zugleich ihren Charakter und die reifere Lebensperiode des Dichters bezeichnen." (S. III f.)

Am Rande sei vermerkt, daß Schreiber ausdrücklich französische Stilmuster in seinen Gedichten nachbildet.[45]

Nachweislich hat Hebel also geistliche Lyrik des Biedermeier rezipiert und damit sein Interesse in eine Richtung gelenkt, die schon früher seine Aufmerksamkeit fesselte: die sog. Bibeldichtung, die im Biedermeier nur ihre letzten Gattungsvariationen erfahren hat (dazu vgl. die beiden folgenden Abschnitte). Bereits in den Exzerptheften bibliographiert er die „Christiade", ein mittelalterliches Bibelepos von M. G. Vida (um 1485–1566).[46] Er macht sich Notizen zu Otfried von Weißenburg, dem Verfasser der wohl bedeutendsten volkssprachlichen Evangelienharmonie, dem sog. „Evangelienbuch".[47] Aus den Nachklängen dieser Tradition erwuchsen im 18. Jahrhundert – im Gefolge Klopstocks – die sog. „Patriarchaden".[48] Die wohl berühmteste ist „Die Noachide, in zwölf Gesängen" (Berlin 1765) von J. J. Bodmer, dem Theoretiker dieser Literaturbewegung. Hebel hat eifrig daraus den „Tod Noahs" abgeschrieben.[49] Der bibeldichterische Lektüreschwerpunkt drückt sich natürlich auch in seinem Buchbesitz aus: Die Biedermeier-Autorin C. Pichler (1769–1843) wurde mit ihrem exemplarischen Werk schon zitiert; daneben kamen der siebenteilige „Gesang" „Tobias" (Frankfurt 1800) von dem evangelischen Juristen und Autor J. Fr. von Meyer (1772–1849)[50] und das „Hohe Lied, dramatisiert von einem Bibelfreund"

[45] Schreiber, Gedichte, S. V: „Mehrere Kleinigkeiten in dieser Sammlung sind französischen Dichtern nachgebildet. Es ist seit lange Ton unter uns, die Art und Kunst unserer Nachbarn gering zu achten. Dieses Vorurtheil war nie das Meinige, und ich möchte sogar behaupten, daß ein besonnenes Studium der französischen Dichter manchen jungen Dichter unter uns vor Abwegen bewahrt haben würde."

[46] Vgl. H 86, S. 62.

[47] Vgl. H 84, Nr. 563, S. 64 f.

[48] Vgl. den gleichnamigen Abschnitt in dem Artikel ›Versepos‹ von A. Maler, in: R. Grimminger (Hg.), Deutsche Aufklärung bis zur französischen Revolution, München 1980 [= Hansers Sozialgeschichte der deutschen Literatur, Bd. 3,2], S. 385–390.

[49] Vgl. H 84, Nr. 362–366, S. 30-31.

[50] Verzeichniß, Nr. 485, S. 36.

(Mannheim 1814)[51] zu stehen. Bibeldramen standen am Anfang des 19. Jahrhunderts häufig auf den Spielplänen der Theater. Hebel erwähnt in seinen Briefen immerhin fünf solcher Stücke: Susanna im Bade; Tod Abels; Esther; Herodes von Bethlehem; Holofernes und Judith.[52]

Welches Urteil hatte Hebel zu solcher Art von Bibelparaphrase? Einen Vorbehalt gegenüber den Hexametern und der Poetisierungstendenz in Klopstocks Messias haben wir im Aufsatz „Die Juden“ schon kennengelernt. Und die Erwähnung der drei ersten der genannten Bibeldramen geschieht in einem Kontext, der die Rettung des deutschen Theaters satirisch nur der Aufführung solcher Dramen in Scheunen auf dem Lande zutraut – einschließlich scharfer Seitenhiebe auf allzu platte Allegorisierungen![53] Andererseits empfiehlt er – ebenfalls an einen ehemaligen Schüler adressiert – nicht nur das schöne neue Komödienhaus, sondern ausdrücklich auch die „schönen Vorstellung(en)“ der zwei zuletzt genannten Bibeldramen, wovon sich der Adressat „selber davon überzeugen“ soll![54] Auch über eine andere Art der Bibelparaphrase kann sich Hebel enthusiastisch äußern: die pantomimischen „stehenden Bilder“ der Schauspielerin Henriette Hendel, die Hebel sehr verehrt, ja geliebt hat.[55] Zwar sind eine Reihe von „Madonnabildern“[56] nicht zu vergleichen mit einer fortlaufenden gedichteten Bibelgeschichte – aber die künstlerische Vertiefung biblischer Inhalte ist Hebel letzten Endes doch eine authentische Möglichkeit christlicher Religiosität. Diese „stumme Pantomime, Attitüde und Gruppierung“ – „alles wie es scheint nach eigner Phantasie“ – löst bei Hebel ein „religiöses Gefühl“ aus, das er in dieser Intensität nach eigenem Bekenntnis „noch nie empfand“.[57]

Johann Gottfried Herder, dessen „Briefe, das Studium der Theologie betreffend“ von Hebel studiert wurden und von dem er die größte Anzahl von Büchern des gleichen Autors besessen hat (mit Ausnahme der entsprechenden Gesamtausgaben einzelner Schriftsteller)[58], hat ja eine sehr fundamentale Kritik am Phänomen der Bibelparaphrasen formuliert, indem er streng theologisch argumentierte:

---

51 Verzeichniß, Nr. 513, S. 38. Dieses Drama konnte im Fernleihverkehr der deutschen Bibliotheken nicht ermittelt werden!

52 Briefe, S. 161 und 366.

53 Briefe, Nr. 91, S. 161 f., (An Nüßlin, August 1803).

54 Briefe, Nr. 228, S. 366, (An Daniel Weiler, August 1808).

55 Vgl. R. Feger, J. P. Hebels Roman mit der Schauspielerin Henriette Hendel-Schütz, in: ders., Annäherung an einen Prälaten. Fragestellungen zu Leben und Werk von Johann Peter Hebel, Lahr/Schwarzwald 1983, S. 188–203.

56 Briefe, Nr. 236a, S. 379, (An Sophie Haufe, November 1808).

57 Briefe, Nr. 237, S. 381, (An Hitzig, November 1808).

58 Vgl. Verzeichniß, Nr. 466–470, S. 35.

Und „überhaupt, dünkt mich, erträgts die Absicht, und die Einfalt des Christenthums nicht, daß seine Geschichte das Feld willkürlicher, wenn auch aufs beste gemeynter Dichtungen werde."[59]

Drei Gründe vor allem sprechen für Herder gegen eine Bibelparaphrase: Die Bibel selber sei Poesie, insofern vertrage sie keine potenzierte Poetisierung.[60] Die Gesamtkomposition des jeweiligen Bibelschriftstellers sei in sich so schlüssig, daß man das „Urgepräge" notwendig verliere, wenn man daran rührt.[61] Und schließlich werde der Leser in die Erklärungsmuster des Paraphrasten gezwungen, ohne eigene Überprüfungs- und Widerspruchsmöglichkeiten.[62] Genau an diesem Punkt aber blitzt die eigentliche Intention des Herderschen Generalverdikts auf – die Einübung und Erhaltung einer sauberen exegetischen Wissenschaft im Umgang mit den Schriften der Bibel:

„da diese ganze Gattung von Exegese [gemeint sind die Paraphrasen; R. W.] mehr für die Ungelehrten als Gelehrten, am wenigsten aber für den theologischen Lehrling, daß er aus ihnen den Text verstehen lerne, geschrieben wurde: so brauchen auch Sie [der angesprochene Student der Theologie; R. W.] diese Gängelwagen mit Vorsicht, damit Sie ja den freyen Gebrauch ihrer eigenen Füße dabey nicht verlieren."[63]

Wir wissen nicht, ob Hebel diese Abschnitte des ihm in vieler Hinsicht geistesverwandten Herder gelesen und reflektiert hat: Aber selbst diese wissenschaftlich unangreifbare Position Herders läßt dem didaktischen, popularisierenden, ins Leben eingreifenden Dichtungsverständnis Hebels einen kleinen, legitimen Freiraum – für unbeschwerte, aber nicht unkritische Lektüre; aber auch für eigene Produktionsversuche. Den Biblischen Geschichten ging immerhin die gereimte und in alemannischen Dialekt und Kontext transformierte Versepistel „Der Statthalter von Schopfheim", voran: „1. Sam. 25, V. 2–42 im oberländer Dialekt, in Hexametern, die Scene ist im Schopfener Kirchspiel."[64] Formal gesehen läßt sich dieses Gesellenstück epischer Bibeldichtung ganz in die biedermeierliche Zeit einordnen.

Die Lektüreschwerpunkte Hebels, die wir im Vorhergehenden unter systematischen Aspekten zusammenzufassen versuchten, sind also angewiesen auf die begriffliche Klärung der für Hebel wohl entscheidendsten literaturwissenschaftlichen Kategorien: die Epoche des Biedermeier und die Gattung Bibeldichtung. Wägt man ab, inwieweit Hebel überhaupt zugänglich war für Einflüsse überindividueller Art, so muß man sich auch daran erinnern, daß Hebel zu keinem Zeitpunkt weder unter den Prämissen der Genie-Kultur,

---

59 J. G. Herder, Briefe das Studium der Theologie betreffend, in: Herders Sämmtliche Werke. Herausgegeben von B. Suphan, Zehnter Band, Berlin 1879, S. 218 (2. Tl., 19. Br.)

60 Herder, Briefe, S. 249.

61 Herder, Briefe, S. 249f.

62 Herder, Briefe, S. 250–253.

63 Herder, Briefe, S. 252f.

64 Briefe, Nr. 50, S. 93, (An Hitzig, September 1800).

die als sog. „Sturm- und Drang"-Bewegung in seine frühe Lebensphase fällt, noch unter den Bedingungen romantischer Inspiration, die zeitlich seine Hauptschaffensphase begleiteteten, gearbeitet hat. Vielmehr waren alle seine literarischen Produktionen von ihrer Grundstruktur her Bearbeitungen: Vorausgesetztes wurde religiös, poetisch und didaktisch perspektiviert und transformiert![65]

3. Biedermeier: Zur Signatur einer literarischen Epoche

a) Zur Auseinandersetzung um den Begriff „Biedermeier"

„So gibt sich – besonders vom Titel her – bis auf unsere Tage manches als Beitrag zur Biedermeierforschung im engeren Sinne, ohne es zu sein." Der kritischen Klage Elfriede Neubuhrs in der Einleitung zu dem von ihr herausgegebenen Sammelband „Begriffsbestimmung des literarischen Biedermeier"[66] wollen wir mit unserem Versuch, Hebels Biblische Geschichten literaturgeschichtlich einzuordnen, keinen erneuten Anlaß geben. Zwar setzt unsere Titelei einen eher scharf markierenden, eingrenzenden und definierenden als prozessual-begleitenden, flexibel und sensibel sich anpassenden Akzent, doch erweist sich der heutige Stand der Biedermeier-Forschung der geschichtlichen Fülle des zu systematisierenden Bestandes an literarisch-kulturellen Äußerungen als geeignet, dem prozessual-begleitenden Akzent den Vorzug zu geben. Das aber ist die Voraussetzung für die Subsumption eines Außenseiters wie Hebel, der ja lange vor dem gemeinhin mit dem Jahr 1815 angesetzten Epochenanfang seine literarischen Erfahrungen, Bearbeitungen und Entwicklungen begonnen hat. Es ist aber auch die Voraussetzung dafür, die Ergebnisse der Forschung anhand eines einzelnen Werkes zu überprüfen, ohne einen eigenen Beitrag zum Epochenproblem Biedermeier leisten zu müssen, und sich gleichwohl der umstrittenen Begrifflichkeit bewußt zu bleiben (die in vielen Untersuchungen, so der Vorwurf von E. Neubuhr, einfach unkritisch vorausgesetzt werde).

Ein Zeitgenosse und Landsmann Hebels war der indirekte, aber äußerst konkrete Anlaß für eine erst in unserem Jahrhundert um abstrakte Klarheit bemühte Begrifflichkeit. Samuel Friedrich Sauter (1766–1846), Lehrer zu Flehingen und Zaisenhausen, hatte als „Sänger" seine Eindrücke des Dorflebens zu gestalten versucht: Anlaß genug für den Karlsruher Arzt Prof. Dr. Kußmaul (1822–1902) und den Durlacher Dichter Ludwig Eichrodt

[65] Vgl. dazu auch die beiden für den Altphilologen Hebel wichtigen Aufsätze: Fr. Dornseiff, Lateinische Vorlagen Joh. Peter Hebels, in: Schweizerisches Archiv für Volkskunde, Bd. XXVIII, H. 1, Basel 1927, S. 132f.; Th. Nissen, J. P. Hebels „Feldhüter" und Vergils siebente Ekloge, in: Schweizerisches Archiv für Volkskunde, Bd. XXXV, H. 1, Basel 1936, S. 243–254.

[66] Darmstadt 1974 [= WdF CCCXVIII], hier S. 23.

(1827–1892), die durch ihren meist unfreiwilligen Humor faszinierenden und amüsierenden, wahrhaft biederen Gedichte unter ironischem Vorzeichen und mit geschickter Einmischung von eigenen Nachahmungen und Parodien zu veröffentlichen; und zwar – was die Publizität und Attraktivität dieses Unternehmens erheblich verstärkte – waren es die satirischen Münchner „Fliegenden Blätter", die ab 1855 mit dem pseudonymen Abdruck der „Gedichte des schwäbischen Schulmeisters Gottlieb Biedermeier und seines Freundes Horatius Treuherz" begannen. Sauter wurde damit zu einer Kunstfigur hochstilisiert, die als „Biedermaier" nicht nur badische Schwabensatire zu transportieren hatte, sondern stellvertretend für eine ganze Zeitstimmung zu stehen kam, wobei bestimmte Akzente und Details unzulässig verallgemeinert wurden.[67] Die oftmals geradezu denunziatorische Nuance, die bis in unsere Zeit mit dem Begriff Biedermeier assoziiert wird, entstammt dem bewußten Gestaltungswillen von Eichrodt und Kußmaul, die einen „genügsamen Biedermaier" dichten ließen,

> „dem seine kleine Stube, sein enger Garten, sein unansehnlicher Flecken und das dürftige Los eines verachteten Dorfschulmeisters zu irdischer Glückseligkeit verhelfen."[68]

Das Bedeutungsumfeld des „Banalen" und „Spießbürgerlichen" wird immer wieder als ausschlaggebender Hinderungsgrund für die Verwendung des Begriffs Biedermeier als Epochenbegriff angeführt. Jedoch sollte dabei bedacht werden, daß heute so etablierte Begriffe wie „Gotik" und „Barock" jahrhundertelang „als Synonyme für den Ausdruck von Barbarei und Regellosigkeit gelten mußten."[69] Einem popularistisch verengten Blickwinkel setzte die literaturwissenschaftliche Forschung bereits in den dreißiger Jahren unseres Jahrhunderts analytische Weite und Näherbestimmung von neuentdeckten Zusammenhängen entgegen, die es gestatten, zwischen den gerade auch theoretisch-programmatisch einheitlichen Epochen der Klassik und Romantik auf der einen Seite, dem (poetischen) Realismus auf der anderen Seite, eine eigenständige Periode insbesondere des Kultur- und Literaturschaffens zu etablieren, deren Kennzeichnung als Biedermeier allerdings nach wie vor umstritten geblieben ist, stehen doch Gliederungskategorien

---

[67] Vgl. zu dieser badischen Genese des Begriffs Biedermaier bzw. Biedermeier Foldenauer, Modell „Musterländle", S. 77–79 („Der Begriff Biedermeier – Ein badisches Nachspiel").

[68] Das Buch Biedermaier, Gedichte von L. Eichrodt und A. Kußmaul sowie von ihrem Vorbild, dem „alten Dorfschulmeister" Fr. Sauter, gesammelt und herausgegeben von L. Eichrodt, Neue, von Fr. Eichrodt besorgte und von Eduard Ille illustrierte Ausgabe, 1911, Vorwort, S. III.

[69] G. Weydt, Literarisches Biedermeier III – Das Problem Stil und Epoche. Ein Autor spricht (auch) in eigener Sache, in: Neubuhr, Begriffsbestimmung, S. 313–328 (Originalbeitrag), hier: S. 318. Das Argument wurde bereits im grundlegenden Aufsatz von P. Kluckhohn, aus dem Jahr 1935 „Biedermeier als literarische Epochenbezeichnung", in: Neubuhr, Begriffsbestimmung, S. 100-145, hier: S. 106 f. angeführt, ohne daß Weydt dies vermerkt.

wie „Junges Deutschland“, „Vormärz“, „Restauration“, „Metternichsche Ära“ oder gar „Zeit zwischen 1815 und 1845“ in jeweils begründeter Konkurrenz.[70] Mit seinem monumentalen, sich der Problematik einer Epochendarstellung mit aller Konsequenz stellenden Werk „Biedermeierzeit. Deutsche Literatur im Spannungsfeld zwischen Restauration und Revolution 1815–1858“[71] versucht Fr. Sengle eine Systematik zu entfalten, die die verschiedenen literarischen Richtungen, darunter auch „Vormärz“ und „Junges Deutschland“, unter die allgemeinen politisch-sozialen Entwicklungen in den verschiedenen deutschen Gebieten subsumiert, die er durch die Metternichsche Restauration dominiert sieht. „Restauration“ kommt für Sengle als Epochenbezeichnung jedoch deshalb nicht in Frage, weil zum einen der Begriff als „ein allgemeiner geschichtsphilosophischer Begriff“ mißverstanden werden kann, der die konkreten historischen Abläufe verwischt zugunsten eines allgemeinen immer wiederkehrenden Strukturgesetzes.[72] Zum anderen bildet die restaurative Phase – kaum wirksam durchbrochen durch immer wieder aufkeimende revolutionäre Hoffnungen – nur die Folie für die „Formenwelt“ (Bd. II) auf einer sehr spezifisch historischen Ebene, die Sengle, „eine Art aufklärerisch orientierter Neopositivist“[73] und streng der historischen Methode verpflichtet, zu rekonstruieren versucht, alle modernisierenden Vereinnahmungen standhaft abwehrend und stets die Distanz dieser Periode zu heutigem Bewußtsein thematisierend. Es geht also im strengen Sinne um das literarische Biedermeier, das sowohl durch die „großen“ Dichter der Zeit konstituiert wird (vgl. Band III), im gleichen Maße aber auch – und das ist die wahrhaft gigantische Entdeckerleistung Sengles – durch die zahllosen solide rhetorisch geschulten, keineswegs dem Trivialbereich zuzuordnenden „mittleren“ Dichter, denen unverhohlen Sengles Sympathie gehört: Die populärästhetische ‚Untertunnelung‘ der Weimarer Klassik wird dabei ebenso betont wie die scharfe Ablehnung der subjektivistisch-transzendentalen Eskapaden der Romantik.[74] Gerade weil im weitesten Sinne konservative Künstler und Ideen dieses literarische Biedermeier repräsentieren, haben liberal oder revolutionär gesinnte Schriftsteller begreiflicherweise „Zugeständnisse“ an das Biedermeier gemacht,[75] so daß Kantzenbachs

[70] Vgl. den jüngsten Forschungsüberblick bei J. Hein, Bücher zur Literatur der Biedermeierzeit, in: wirkendes wort. deutsche sprache in forschung und lehre, 34/1984, H. 2, S. 121–137 (zu beachten ist allerdings, daß das Manuskript Heins bereits 1980 abgeschlossen wurde).

[71] Band I. Allgemeine Voraussetzungen, Richtungen, Darstellungsmittel, Stuttgart 1971; Band II. Formenwelt, Stuttgart 1972; Band III. Die Dichter, Stuttgart 1980. Zusammen ergeben sich 3049 Seiten!

[72] Sengle, Biedermeierzeit, Bd. I, S. X.

[73] H. E. Holthusen, Kontrapunktisches Denken. Zu Friedrich Sengles „Biedermeierzeit“, in: Merkur 37/1983, H. 3, S. 332–337, hier: S. 332.

[74] Vgl. etwa zusammenfassend Sengles „Schluss“ in Band III, S. 1020–1072, vor allem S. 1020f. und 1030.

[75] Sengle, Biedermeierzeit, Bd. III, S. 1026.; Kluckhohn, Biedermeier, S. 140f.

zentraler Vorwurf an Sengle, auf den Begriff der Restauration fixiert zu bleiben und ‚biedermeierliche' Elemente nur bei den Konservativen auszumachen, in literaturwissenschaftlicher Sicht unzutreffend ist.[76] Gerade Kantzenbachs Anliegen einer theologiegeschichtlichen Erweiterung der Periodisierungsversuche der deutschen Literaturwissenschaft[77] jedoch ist bei Sengle in allerbesten Händen, der seinen methodischen Historismus so veranschaulichen kann:

„Da der enorme sozialgeschichtliche Faktor, den die Kirchen bilden, für die kommunistische Literaturgeschichtsschreibung tabu ist und die ‚Metaphysik' grundsätzlich zu verachten ist – ich verstehe das, bei der Beurteilung anderer Zeiten und Menschen als atheistischer Historiker nicht! –, bekommen wir kein lebendiges Bild von dem pfarrherrlichen Schweizer Gotthelf."[78]

Wir können also sicher sein, daß Sengles streng literarhistorisch ausgerichtete Perspektivierung, die wir auf Hebels Biblische Geschichten anwenden wollen, unserer theologischen Perspektivierung in adäquater Weise korreliert.

Alle Ambivalenz, die eine Begriffsdefinition in epochenkonstituierender Absicht mit sich bringt, kann zu wahrhafter Evidenz erst nach einer inhaltlichen Durchführung und materialen Füllung gebracht werden. Wenn die Zeit, die vom literarischen Biedermeier geprägt ist, so eine griffige Konturierung erfahren kann, die es im historischen Einzelfall zuläßt, einen epochalen Zusammenhang zu proklamieren, dann sollte sich der Leser am Begriff Biedermeier, „diesem relativ gleichgültigen Begriff – es ist eigentlich nur ein Name! – nicht stoßen, auch wenn dies im Augenblick noch der herrschenden Mode in unserer Wissenschaft widersprechen mag."[79]

b) Die Grundspannung der Epoche

Die inhaltliche Durchführung und materiale Auffüllung des Epochenbegriffs Biedermeier(zeit) führt in so verschiedenartige Gebiete menschlichen Lebens und Schaffens, daß es unvermeidlich wird, auf einer anthropologischen Ebene zu argumentieren. Die Gefahr einer Verflüchtigung in bloß abstrakte

[76] Fr. W. Kantzenbach, Biedermeier, Junges Deutschland, Vormärz. Zeitgeist in einer Diskussion der Literaturwissenschaft, in: Zeitschrift für Religions- und Geistesgeschichte, Band XXXVII 1985, H. 2, S. 118–142, hier: S. 129. Bezeichnenderweise geht Kantzenbach, der sich um eine theologiegeschichtliche Rehabilitierung der Jungdeutschen, besonders Gutzkows bemüht, an keiner Stelle auf Sengles literaturkritisch wertende polemische Bemerkungen zur „epische(n) Spruchkraft" eines Gutzkow ein! Vgl. Sengle, Biedermeierzeit, Bd. III, S. 1065 f.

[77] Kantzenbach, Biedermeier, S. 119.

[78] Fr. Sengle, Binsenwahrheiten. Vorläufige Bemerkungen zu dem Thema Fehlerquellen der sozialgeschichtlichen Literaturwissenschaft, in: Jahrbuch der Deutschen Schillergesellschaft, 22/1978, S. 657–673, hier: S. 665 f.

[79] Fr. Sengle, Biedermeierzeit, Bd. I, S. X.

Wortspielereien ist dabei außerordentlich groß, sie kann uns jedoch nicht der Aufgabe entheben, synthetisch das Ganze einer Epoche zu formulieren, um so das Einzelne zu verstehen.[80]

Wenn W. Raabe in seiner Erzählung „Die Leute aus dem Walde"(1863)[81] dem jungen Mann Robert Wolf folgende Lebensregeln mit auf den Weg durch's „große(n) Gedränge" geben läßt:

> „Sieh nach den Sternen!
> Gib acht auf die Gassen!"[82]

so haben wir damit ein ausdrucksstarkes Zeugnis für späte Nachklänge biedermeierlichen Lebensgefühls, wie es in diesem Dualismus bereits ganz am Anfang des Biedermeiers zum Ausdruck kommt. Die empirische, enzyklopädisch ausgreifende Behutsamkeit allen Wirklichkeitsaspekten gegenüber bei gleichzeitiger unverbrüchlicher Jenseitshoffnung bzw. -gewißheit sind es, die in ihrem beiderseitigen Anspruch auf Gültigkeit die geistige Einheit dieser Epoche konstituieren: Eine allerletzte Einheitsbemühung in der kulturellen Geschichte Europas und seiner Staaten,[83] die zwar durch die politische Reaktion gestärkt, durch deren machtpolitische Maßnahmen aber auch immer mehr zu einem Rückzugsgefecht gezwungen wird. Gerade die politisch-ideologische Entwicklung zur Nationalstaatlichkeit hielt eine Ersatzmetaphysik bereit, die durch die theologiekritisch-atheistische Entwicklung des 19. Jahrhunderts von oftmals unerwünschter Seite erheblichen Auftrieb erhielt.

Diese zur Einheit integrierte Grundspannung zwischen Empirie und (unterschiedlich gefaßter) Transzendenz ist nun der entscheidende Angelpunkt, der das Biedermeier an die Spätaufklärung bzw. die Aufklärungstradition überhaupt ankoppeln läßt und damit – bei allem unbestrittenen Eigenrecht des Biedermeier – eine Perspektivierung aufnötigt, die sich löst von der Vorläuferrolle des Biedermeier, sei es für die politische Literatur (Vormärz), sei es für die realistische Literatur (programmatischer Realismus), und die sich endlich entschließt, die das 18. Jahrhundert abschließende (vollendende) Funktion der Literaturbemühungen zu untersuchen. Sengle verweist zu Recht auf die Rhetoriktradition, die sich schulmäßig bis zu Adalbert Stifter fortsetzte und sich kontrapunktisch zur klassischen Ästhetik breiter Wir-

---

[80] Vgl. die Ausführungen zu Schleiermachers Hermeneutik, 1. Kap. II,2b).

[81] W. Raabe, Sämtliche Werke, Erste Serie Band 5, Berlin o. J.

[82] Raabe, Die Leute, S. 163. Der Sternseher Heinrich Ulex und der Polizeischreiber Friedrich Fiebiger verkörpern durch den ganzen Roman hindurch dieses doppelpolige Erziehungsprogramm. Vgl. den entsprechenden Hinweis auf W. Raabe bei P. Kluckhohn, Biedermeier als literarische Epochenbezeichnung, in: Neubuhr, Begriffsbestimmung, S. 100-145, hier: S. 144.

[83] Zur europäischen Bedeutung des Biedermeier vgl. Sengle, Biedermeierzeit, Bd. III, S. 1026–1030: „Die deutsche Biedermeierzeit ist eine Spätphase der westeuropäischen Romantik".

kung erfreute.[84] Die literarischen Möglichkeiten, die diese Rhetoriktradition in der Biedermeierzeit noch einmal zu einer anerkannten Blüte trieb, soll im nächsten Abschnitt unter selektivem Bezug auf die Hebelschen Biblischen Geschichten resümiert werden. Klar ist jedoch, daß mit der schulmäßigen Rhetorik einer intellektualistischen Esoterik, wie sie die Weimarer Klassik und mehr noch die Bewegung der Romantik freisetzte, ein allgemeiner, populärer, breite bürgerliche Schichten ansprechender Literaturbegriff entgegengesetzt werden konnte, wie er in der Spätaufklärung längst gefordert und praktiziert wurde, von der Literaturgeschichtsschreibung aber zum größten Teil verdeckt blieb bzw. versteckt wurde. Die handwerklich solide gearbeitete Literatur des Biedermeier zeugt von der vielbeschworenen „Andacht zum Unbedeutenden", zum nächstliegenden Detail, zur naheliegenden Information. (S. 34) Mit diesem Empirismus bzw. Realismus steht sie ebenfalls in einer insofern unbeachteten Tradition zur Spätaufklärung, als uns die „Fülle des Wissens" um 1770 eher unbewußt zu sein scheint; nicht zuletzt eine Bewegung wie der Sturm und Drang hat „die Gestalt einer elementaren Reaktion gegen das enzyklopädische Wissen" (S. 35) angenommen und damit eine wichtige Tradition verwischt. Wir brauchen nicht nur auf Hebel und seine Exzerpthefte zu verweisen, sondern können bereits auf Brockes „Irdisches Vergnügen in Gott" (9 Bde.,1721–1748) zurückgreifen, um die eminente Rolle der Theologie der Spätaufklärung beim Prozeß dieser Welteroberung zu verifizieren. Wenn in diesem Zusammenhang von biedermeierlichen Themen wie „Garten, Alpinismus, Körperkultur, Psychologie, Hygiene" die Rede ist (S. 36–40, u. ö.), so lassen sich mühelos und gleichrangig Predigtthemen der Spätaufklärung zur Seite stellen, lassen sich bei vielen Themen bis in Details (z. B. der rationalen Erklärung von Wundern im Gegensatz zu romantischer Sehnsucht nach dem Wunderbaren) Parallelen ausfindig machen.

Sengle bringt die Grundspannung der Epoche auf die Formel „prinzipielle(r) ‚Harmonismus' und (die) objektive Duplizität" (S. 78–82) und er erkennt die entscheidende theologisch-geistesgeschichtliche Voraussetzung dafür im „Nachwirken der christlichen Eschatologie" (S. 77f.). An Hebel hatten wir herausarbeiten können, wie stark der Vorsehungsglaube (in seinem eindeutig eschatologischen Akzent und in seiner Funktion der Theodizee) tatsächlich diesen extremen Empirismus aus sich heraus entläßt, der den einen Teil der objektiven Duplizität ausmacht. Schwieriger wird es mit dem Gedanken prinzipieller Harmonie: Zwar hält auch die Spätaufklärung an der leidenschaftlichen Forderung nach „Versöhnung" fest, doch zeigt bereits die biedermeierliche Begriffsvariante „Entsagung" und „Einordnung" (S. 81), daß ein dynamisches Fortschrittsdenken in der Spätaufklärung einem eher statischen Ordnungsdenken in der Biedermeierzeit weichen mußte. Solche

[84] Sengle, Biedermeierzeit, Bd I, S. 117. Die folgenden Nachweise sind im Text zitiert.

sehr abstrakten Unterschiede wirken sich allerdings bis hinein in die konkrete Hebelphilologie aus, insofern man in der Tat das Ordnungsdenken Hebels gegenüber einem dynamisch gefaßten Geschichtsbegriff bei Hebel ausspielen kann.[85] Insgesamt gesehen bleibt es jedoch erstaunlich, wie identisch die Fragestellungen geblieben sind (etwa nach dem Unsterblichkeitsglauben; S.74), wie sich Grundstrukturen durchhielten (etwa der entstehenden „Unsicherheit bezüglich letzter Wert- und Sinnfragen"; S. 26f.) und wie auf eher apolitischer, literarischer Ebene eine breitangelegte, populäre Aufarbeitung versucht wurde. Unter diesem Gesichtspunkt ist Hebel ohne Frage „neben Pestalozzi die wichtigste Vermittlung zwischen aufklärerischer (empirischer) und biedermeierlicher Volksliteratur."[86]

c) *Gattungen, Themen und Stilformen als Bezugsrahmen für Hebels „Biblische Geschichten"*

„Bei der Literatur der Biedermeierzeit bestehen echte Möglichkeiten primär inhaltlicher Betrachtung, und andere Disziplinen (Pädagogik, politische Geschichte, Theologie usw.) machen davon nur allzu naiv Gebrauch."[87]

Gerade in unserem konkreten Fall einer Bibelbearbeitung für Kinder lag, wie wir ausführlich darlegen konnten, eine „naive", eindimensionale und unmittelbare Funktionalisierung in pädagogischer oder theologischer Absicht nahe. Umso mehr muß man sich die Integration von bestimmter Inhaltlichkeit mit der Formenwelt des Biedermeier bewußt machen, die eine der wesentlichen Möglichkeiten historischer Objektivierung erlaubt und so zwei gefährliche Vorurteile heutiger Interpreten abmildern kann. Zum einen nämlich suggeriert die kontinuierliche Tradierung biedermeierlichen Wortschatzes und entsprechender schematischer Genre-Szenen in der Jugend- und Volksliteratur, die durch keine der modernen Literaturströmungen letztlich gebrochen werden konnte, eine Vertrautheit mit der „verspätete(n) Aktualität der Biedermeiertradition"[88], die etwa an der ‚ungeschichtlichen' Wirkungs- bzw. Editionsgeschichte der „Biblischen Geschichten" bestens abgelesen werden kann. Zum anderen konnte die ironischerweise sog. „mystische(r) Trinitätsspekulation"[89] über das Gattungsschema von Epik, Lyrik und Dramatik (wie es insbesondere Goethe und Hegel entwickelten) bis heute nicht die Vielfalt der rhetorischen Tradition innerhalb der Literaturkri-

[85] Vgl. Hirtsiefer, Ordnung und Recht in der Dichtung Johann Peter Hebels, Bonn 1968.
[86] Sengle, Biedermeierzeit, Bd.III, S. 1038.
[87] Sengle, Biedermeierzeit, Bd. II, S. 83.
[88] Sengle, Biedermeierzeit. Bd. I, S. 445.
[89] Fr. Sengle, Stilistische Sorglosigkeit und gesellschaftliche Bewährung. Zur Literatur der Biedermeierzeit, in: ders., Arbeiten zur deutschen Literatur 1750-1850, Stuttgart 1965, S. 155–174, hier: S. 162.

tik wieder hereinholen, was insbesondere den Blick für die Didaktische Dichtung trübte[90] und den literarischen Äußerungen einer Epoche wie dem Biedermeier gegenüber kein adäquates Verstehen zulassen konnte. Bereits die Literaturorganisation des Biedermeier, mit seinen Musenalmanachen, Taschenbüchern und Kalendern weist auf den Bereich der Mischformen, mit ihren Möglichkeiten einer sehr unmittelbaren Rezeption und ihrer Tendenz, Aufklärung im Kleinen mit massenhafter, die Masse ansprechender ‚Verkleidung' zu verbinden.[91]

Johann Peter Hebel war an dieser Art von Literaturorganisation eifrig beteiligt.[92] Sein Werk insgesamt ist nicht zu verstehen ohne biedermeierliche Gattungen, Themen und Stilformen, die im Folgenden unter dem Gesichtspunkt ihres mittelbaren oder unmittelbaren Einflusses auf die Biblischen Geschichten zusammengestellt werden sollen.

Eine der entscheidenden sog. „Übergattungen" der Zeit ist die Pädagogische Dichtung, die in ihrer didaktischen Ausrichtung an Kind, Jugend, Frau, Familie und Volk insgesamt „an Breite, Tiefe und Dauerwirkung alle anderen Gattungen und Übergattungen übertraf."[93] Typisch für sie ist nicht nur die gewaltig aufblühende Kinderliteratur, sondern viel grundsätzlicher das anmutige Erzählen bei gleichzeitiger sachlicher Information (S. 89). Hier wirkt „das altbewährte Mittel der ‚Einkleidung' religiöser und sittlicher Wahrheiten" (S. 90) nach, für dessen vorbildliche, vielgerühmte Durchführung Krummachers Festbüchlein (3 Bde., 1808–1819) stehen mag, das Hebel kannte und für das er dem Autor „nichts sagen will, als meinen Dank für schöne lieben Stunden voll zarter und inniger Gefühle (!)"[94] Das Prinzip der „Einkleidung", das schon in der Spätaufklärung reflektiert wird, setzt sich „bis in die höchsten Regionen des Biedermeiers" (S. 90) fort und bildet eine beliebte Argumentationsfigur auch in den diversen biedermeierlichen Bearbeitungen der Bibel für Kinder. Dieses Prinzip der „Einkleidung" hat im Gegensatz zur Kunst um der Kunst willen den entscheidenden Vorzug, religiöse, theologische, und das heißt für die Zeit allemal erbaulich-geistliche Inhalte zu vermitteln, ohne an der anderweitig normierten und reflektierten Substanz etwas ändern zu müssen. Das sog. „geistliche Biedermeier", das

---

90 Vgl. hierzu D. Wuttke, Didaktische Dichtung als Problem der Literaturkritik und der literaturwissenschaftlichen Wertung. Ein wissenschaftspolitischer Essay, in: From Wolfram and Petrarch to Goethe and Grass. Studies in Literature in Honour of Leonhard Forster, Edited by D. H. Green, L. P. Johnson, D. Wuttke, Baden-Baden 1982 [= Saecula Spiritualia Vol. 5], S. 603–622.

91 Sengle, Biedermeierzeit, Bd. II, S. 40–55.

92 Vgl. Schatzkästlein des Rheinischen Hausfreundes. Ein Werk in seiner Zeit. Mit Bilddokumenten, Quellen, historischem Kommentar und Interpretation herausgegeben von H. Schlaffer, Tübingen 1980.

93 Sengle, Biedermeierzeit, Bd. II, S. 88. Die folgenden Zitate sind im Text vermerkt.

94 Briefe, Nr. 391, S. 562, (An Krummacher, 26. März 1817).

insbesondere in Berlin eine publizistische Wirksamkeit entfaltete,[95] hatte damit eine entscheidende Voraussetzung gewonnen, die sich im übrigen in so verschiedenen Gattungen wie Lehrgedicht, Fabel, Parabel oder Legende entfalten konnte. „Die zunehmende Vergeistlichung der aufgeklärten Lehrdichtung bringt es mit sich, daß um 1815 die Grenzen zwischen der Tradition des 18. Jahrhunderts und der älteren Didaktik mehr und mehr verschwinden. In einer ‚Schrift für das Volk' ist christlich-pädagogische Rücksicht auf naive Leser selbstverständlich." (S. 155) Wenn man nun in solchen Zusammenhängen die dominierenden Themen betrachtet, nämlich „Kind" und „Familie", so spielen verschiedene Faktoren zur Konstitution dieser Themenwahl eine Rolle. Aus der Pädagogik wird man die Nachwirkungen des Jahrhunderts des Kindes anführen; eine gesellschaftskritische Analyse wird den Privatraum der bürgerlichen Familie als politische Rückzugsgefechte interpretieren; theologischerseits wird man das Interesse an intakten Sozialisationsinstanzen wie der Familie artikulieren, die den Kindern die nötigen Werte anerzieht. Doch auch literaturinterne Gründe müssen bezüglich dieser spezifischen Thematik namhaft gemacht werden. So geht ein Sprachstil, der den Diminutiva seine ganze Wertschätzung zollt, mit der kleinen Welt des Kindes bzw. mit der eingrenzenden Perspektive der Familie sicher eine glückliche Verbindung ein. Auch die keineswegs überwundene, vielmehr besonders durch Jean Paul zu einem vielbewunderten und nachgeahmten Ansehen gelangte Empfindsamkeitstradition[96] bevorzugt – neben den Einsamen und Traurigen – die Kinder und die Familie. Schließlich aber ist eine andere Gattungsform zu erwähnen, die das Kind in der Familie in den Mittelpunkt ihres Interesses gerückt hat: die Idylle mit ihren Auswirkungen auf beinahe alle Gattungen durch das sich verselbständigende Motiv des Idyllischen (S. 743–786). Ursprünglich ausgestattet mit einem künstlichen Arsenal von Schäfern und Schäferinnen, einem locus amoenus und zahlreichen bunt gemischten Tieren in idealer Natur, war vom Stofflichen her eine bürgerliche Wende eingetreten, die nun den beschränkten Raum der Familie liebevoll und detailfreudig ausmalte. „In der ‚natürlichen' Institution der Familie überdauerte der Ursprung der Gesellschaft in Natur gegen die geschichtliche Entstellung."[97] Diese tiefgreifende Wandlung, an der neben J. H. Voss („Luise") und W. Goethe („Hermann und Dorothea") auch Hebel beteiligt war (vgl. neben dem alemannischen Gedicht „Die Feldhüter" die zahllosen idylli-

[95] Vgl. H. Draeger, Vom Kulturasketismus zum geistlichen Biedermeier. Protestantisch-konservative Literaturkritik im preußischen Vormärz, [Dissertation] Berlin 1981.

[96] Sengle, Biedermeierzeit, Bd. I, S. 238 ff.

[97] H. J. Schneider, Die sanfte Utopie. Zu einer bürgerlichen Tradition literarischer Glücksbilder, in: ders. (Hg.), Idyllen der Deutschen. Texte und Illustrationen, Frankfurt 1981, S. 353–424, hier: S. 392.

schen Motive[98], nicht zuletzt in den Biblischen Geschichten!), kann nur verstanden werden, wenn man Idylle von Idee her interpretiert und sie als Gegenentwurf zur Gesellschaft, als „sanfte Utopie“ (H. J. Schneider) begreift. So wie am Anfang der Idylle keineswegs eine Abbildung ländlichen Lebens zur Gestaltung kam, sondern Natur für „Schönheit und Einfachheit“, für „die innere Natur des Menschen, sein wahres Wesen, sein(en) Ursprung und zugleich sein Ziel“ zu stehen kam,[99] so bildete die künstliche Synthese biedermeierlicher Familienharmonie eine der letzten Möglichkeiten im 19. Jahrhundert, den Anspruch einer weltbildlichen Harmonie noch einmal erheben zu können. Nach Sengle liegt gerade in der „Verneinung des Harmonieideals [...] der tiefste Grund für die moderne Abneigung gegen die Idylle.“[100] Obwohl die Idylle meist im hohen Stil des Hexameters auftrat, war sie seit der bürgerlichen Wende gesättigt mit äußerst realistischen Motiven, die die Gefährdung des Harmonieanspruchs stets präsent hielten. So konnte sich bald das Motiv des Idyllischen abspalten und sich auch in der Prosa verwirklichen. Hier dürfte die entscheidende Verbindungslinie zu Hebels Biblischen Geschichten liegen, die durch Aufdeckung ihrer idyllischen Motive einen Harmonieanspruch erheben, wie er nur auf der Folie der biedermeierlichen Grundspannung recht verstanden werden kann.

Wenn B. Auerbach die Idylle „vorzugsweise auf das Jugendleben der Menschheit oder auf das eigene Kinderleben“ rückbezogen sieht,[101] dann sind mit solchen Gattungseigentümlichkeiten gleichzeitig pädagogische Intentionen (biblische Geschichten für Kinder) und theologische Prämissen (die biblischen Schöpfungserzählungen als anschauliche Rückversicherung des Anfangs, des Ursprungs) abgegolten, was einem Erzähler vom Range Hebels die Einarbeitung idyllischer Motive in seine Bibeldichtung nahelegt.

Das Erzählen Hebels ist insgesamt eingebettet in eine biedermeierliche Bevorzugung des Volkserzählers, die Hebels eigene theoretische Ausarbeitung einer ‚Populärästhetik‘ und ihre adäquate Umsetzung in den Kalendergeschichten und Bibelgeschichten als nachgerade programmatische Eröffnung der Biedermeierkultur erscheinen lassen könnte.[102] Selbst noch ein Aufsatz des Jungdeutschen Wienbarg über den „Volkskalender“, der 1843 in den „Hamburger Blättern“ veröffentlicht wurde, bringt die biedermeierliche Sehnsucht nach einem alle Stände gleichermaßen ansprechenden Erzählen

---

98 J. L. Hibberd, J. P. Hebel's Alemannische Gedichte and the idyllic tradition, in: Forum for modern language studies, Vol. VIII – 1972, S. 243–260. Hibberd betont – ganz in Übereinstimmung mit der Grundspannung des Biedermeiers – Hebels Bewußtsein der Vergänglichkeit und menschlicher Endlichkeiten, die in die Vision der Idylle eingezeichnet bleiben.

99 Schneider, Die sanfte Utopie, S. 370.

100 Sengle, Biedermeierzeit, Bd. II, S. 750.

101 B. Auerbach, Schrift und Volk, 1846, S. 31; zitiert bei Sengle, Biedermeierzeit, Bd. II, S. 749.

102 Vgl. dazu 2. Kap. IV!

zum Ausdruck und bewahrt gleichzeitig das spätaufklärerische Motiv der Befreiung von irrationalen Abhängigkeiten. Wienbarg schreibt:

„Der Volksschriftsteller, der auf sinnlose Weise das Volk nur als gemeinsamen Haufen nimmt, hat sich selbst gerichtet. Volksschriftsteller, die das Volk nur nach der gemütlichen und phantastischen Seite auffassen, wie Claudius im vorigen, die Romantiker in diesem Jahrhundert, solche verkennen diejenigen Eigenschaften des Volkes, die es zu seiner Weiterförderung und Selbsterhaltung am dringlichsten entwickeln muß“[103]

Liegt jedoch am Ende der Biedermeierzeit – und natürlich besonders an ihren vormärzlichen Rändern – der Akzent erneut auf einer inhaltlichen „Weiterförderung“ und „Selbsterhaltung“, so ist der Anfang gekennzeichnet durch die genaue Abstimmung der neu zu gewinnenden „gemüthlichen und phantastischen Seite“ mit dem von der Spätaufklärung übernommenen Erbe. Wichtig ist es aber festzustellen, daß sich biedermeierliches Erzählen zwischen beiden Polen entwickelt und damit wiederum die Grundspannung der Epoche spiegelt. Zwei Auswirkungen dieser biedermeierlichen Situation der Erzählprosa sind für die uns interessierende literarische Konkretion Hebels von großer Bedeutung: Einmal ergibt sich aus der Zweipoligkeit des Erzählens zwischen gefühlsmäßiger Einkleidung und durchaus aufgeklärter Bewußtheit die selbstverständliche Verwendung von reflexiven Phasen in der Erzählung, die ein naives Erzählen, wie in den zahllosen Trivialromanen üblich, als nutz- und geistlos erscheinen lassen. (S. 831–833) Auf der mittleren Ebene zwischen Poesie und „gemeiner Prosa“ ist dann ja auch die Redekunst angesiedelt, die wie die Predigt in dieser Zeit zu neuen rhetorischen Ehren kam. (S. 186–188)

Zum anderen aber legt die Suche nach dem wahrhaft populären Erzählen, mit seinen verschiedenen, sich neu konstituierenden Mischgattungen auch eine Wiederentdeckung der Bibel als Volksbuch nahe. Nicht nur gehört sie unabdingbar zum „Biedermeiergenrebild in Literatur und bildender Kunst“ (S. 583), sondern der „Bibelton“ des volkstümlichsten aller Bücher – noch vor dem Kalender! – entzündet noch einmal in der Geschichte der deutschen Literatur eine farbige Palette bibeldichterischer Werke.

Damit sind wir bei der spezifischen Gattung „Bibeldichtung“ angelangt, deren Funktion in ihrer langen Geschichte wir kennen müssen, wenn wir unter literarhistorischer Perspektive Hebels Biblische Geschichten als eine neue, jedoch logisch sich aus der Fülle der Möglichkeiten konstituierende Variation erkennen wollen. Daß ein leitendes Erkenntnisinteresse sich gerade im Bereich literarhistorischer Begriffsbildung immer wieder seiner proxamitativen Relativität innewerden muß, wird die Analyse im dritten Kapitel unserer Arbeit hinreichend belegen.

[103] Zitiert bei Sengle, Biedermeierzeit, Bd. II, S. 810.

4. Bibeldichtung: Zur Funktion einer literarischen Gattung

a) Zur Auseinandersetzung um den Begriff „Bibeldichtung"

Weder in der Theologie, noch in der Germanistik, geschweige denn in der Religionspädagogik erfreut sich die Gattung und der Begriff „Bibeldichtung" echter Beliebtheit. Die drei Auflagen des theologischen Standardlexikons „Die Religion in Geschichte und Gegenwart" (RGG) schweigen sich aus, auch die neu erscheinende Theologische Realenzyklopädie (TRE) läßt Gattung und Begriff unberücksichtigt – ihr Stichwort „Bibelwerke" ist ein Sammelbegriff für Bibelausgaben, die die literarische Form als konstitutives Element von Bibeldichtung nicht erhellen kann.[104] Und so auch das „Reallexikon der deutschen Literaturgeschichte" (RL): Hier findet lediglich eine späte Entwicklung innerhalb der Gattung Berücksichtigung – die sog. „Patriarchade", „eine Art Epos, das einen Stoff aus der alttestamentlichen Patriarchenzeit nach dem Vorbild Miltons und Klopstocks behandelt."[105] Bodmers „Noah" (1750 u. 1752), wohl der Prototyp einer Patriarchade, fand im 18. Jahrhundert und zu Beginn des 19. Jahrhunderts zahlreiche Nachahmer. Die literarische Wertung, die Kohlschmidt im entsprechenden Artikel vornimmt, ist jedoch niederschmetternd: „Unter der Frömmigkeit und dem Streben nach erbaulicher Wirkung leidet allgemein die Charakterzeichnung, die nur Fromme, Gute, Zärtliche, Mitleidige einerseits und Böse andrerseits kennt. Die P. ist Musterbeispiel für totgeborene Gattungen, wie sie zu einer Zeit entstehen konnten, in denen ein neues Lebensgefühl noch nicht aus den Fesseln traditioneller Formen und Stoffe freikam."[106] Ist Bibeldichtung also einem Verfallsprozeß ausgesetzt, der die Gattung im 18. Jahrhundert – mit dem Einsetzen der geistesgeschichtlichen Säkularisation – zum Erliegen brachte? Die Problemlage verschärft sich, wenn man sich das Gesamturteil über die Gattung vor Augen führt, das gerade auch die spezifischen Anfänge des Bibelepos zur Zeit der eindrucksvollen Rezeption antiker Kultur durch das erstarkende Christentum berücksichtigt: Man denke nur an das berühmte Verdikt E. R. Curtius in seinem Buch „Europäische Literatur und lateinisches Mittelalter":

„Das Bibelepos ist während seiner ganzen Lebenszeit – von Juvencus bis Klopstock – eine hybride und innerlich unwahre Gattung gewesen, ein genre faux. Die christliche Heilsgeschichte, wie die Bibel sie darbietet, verträgt keinen Umguß in pseudoantike Form. Nicht nur verliert sie dadurch ihre kraftvolle, einmalige, autoritative

---

104 Vgl. TRE 6, S. 311–316, Artikel ‚Bibelwerke': „Bibelwerke sind Drucke, in denen auch für Nichttheologen das zum Verständnis der Bibel erforderliche, Übersetzung, Erklärung, Einleitung u. a., zusammengestellt ist." (S. 311

105 W. Kohlschmidt (nach J. Wiegand), Artikel ‚Patriarchade', in: Reallexikon der deutschen Literaturgeschichte, Dritter Band, Berlin – New York 1977, S. 72–74, hier: § 1.

106 Kohlschmidt, Patriarchade, § 5.

Prägung, sondern sie wird durch die der antiken Klassik entlehnte Gattung und durch die dadurch bedingten sprachlich-metrischen Konventionen verfälscht. Daß das Bibelepos sich dennoch so großer Beliebtheit erfreuen konnte, erklärt sich nur aus dem Bedürfnis nach einer kirchlichen Literatur, die sich der antiken gegenüber- und entgegenstellen ließ. Man kam so zu einer Kompromißlösung."[107]

Den Nachweis solcher „Kompromißlösungen" führen denn auch einige Forscher, indem sie – bevorzugt an der stabreimenden Bibeldichtung des Mittelalters – die Existenz einer Gattung Bibeldichtung überhaupt leugnen, und in den entsprechenden Werken Entlehnungen aus anderen, als allgemein bekannt vorausgesetzten Gattungen, zu verifizieren trachten. Da erfolgen dann Subsumptionen unter die Rubriken „Preislied", „Epos", „Epische Legendenerzählung", „religiöse Lyrik"; oder es wird der Wechsel von „poetischer Präsentation" und „geistlicher Belehrung" als konstitutiv behauptet; schließlich wird Bibelepik ganz der Homiletik zugeschlagen als „regelrechte Reimpredigt".[108]

Ist also unser Projekt, die Gattung Bibeldichtung fruchtbar zu machen für die Einordnungsprobleme, die sich speziell mit Hebels Biblischen Geschichten ergeben, aufgrund eines „hybriden und innerlich unwahren" Begriffs von vorneherein zum Scheitern verurteilt?

Der Germanist M. Wehrli hat sich der „Bibelepik als europäische(r) Tradition" 1963 in seiner schönen Studie „Sacra poesis" angenommen und Maßgaben entwickelt, die auch in der weiteren Forschung eine nachhaltige Rehabilitation der Gattung freisetzte. Seine entscheidende These lautet:

„Es geht um den Gedanken einer christlichen Epik, einer höchsten Begegnung von Dichtung und Offenbarung, einer sacra poesis nicht nur dem Thema nach, sondern auch vielleicht nach ihrem Anspruch auf besonderen Rang und besondere Wahrheit. Wir meinen, es sei damit nicht nur eine literarische Kuriosität, sondern eine echte Tradition gefaßt, ein dichterisches Bemühen, das auch grundsätzlich, poetisch, ernstgenommen zu werden verdient und das vielleicht sogar gestattet, andere, jüngere Erzählformen und Erzähltechniken besser zu verstehen. Wir halten uns dabei an die wichtigsten epischen Großwerke zu den Büchern des Alten und Neuen Testaments, bei denen das Bewußtsein des Außerordentlichen sich besonders dokumentiert, meist auch in speziellen Bemühungen um eine neue sprachliche oder metrische Form."[109]

Dabei begreift Wehrli Bibelepik als einen „Sonderfall der Bibeldichtung überhaupt"[110] und kann – was für unser Forschungsinteresse von besonderer

[107] E. R. Curtius, Europäische Literatur und lateinisches Mittelalter, Bern ^{2}1954, S. 457.

[108] D. Kartschoke, Bibeldichtung. Studien zur Geschichte der epischen Bibelparaphrase von Juvencus bis Otfried von Weißenburg, München 1975, S. 225f.

[109] M. Wehrli, Sacra poesis. Bibelepik als europäische Tradition, in: S. Gutenbrunner u. a. (Hg.), Die Wissenschaft von deutscher Sprache und Dichtung. Methoden. Probleme. Aufgaben, FS für Fr. Maurer, Stuttgart 1963, S. 262–283. hier: S. 263.

[110] Wehrli, Sacra, S. 263.

Bedeutung ist – neben geistlicher Lyrik, geistlichem Spiel, neben Legende und Geschichtsschreibung, ja sogar Vision auch die Produkte „einer gewissen Popularisierung und Säkularisierung“, also Weltchroniken und Historienbibeln noch in die Gattung Bibeldichtung einreihen.[111] Allerdings genügen die zuletzt genannten Bibeldichtungen nach Wehrli nicht mehr dem für die Gattung maßgeblichen Begriff einer „sacra poesis“ – ihnen kommt nur noch eine belehrend-unterhaltende Aufgabe zu. Indes scheint mir die Begründung des maßgeblichen Begriffs „sacra poesis“ problematisch – im Gefolge damit dann auch die Ab-Wertung der Weltchroniken bzw. der Historienbibeln. Wehrli konstatiert am Anfang seines Aufsatzes: „Das Christentum ist eine Religion des Buches und der Offenbarung im Wort, ja es wird in dieser Offenbarung der Erlöser selbst als Wort, als Logos begriffen.“ (S. 264) Hier erscheint eine Argumentation, wie sie im Gespräch von Theologie und Literatur immer wieder beschworen wird: das christliche Heilsgeschehen als Wortgeschehen! Der Theologe erkennt unschwer eine Affinität sowohl zur Wort-Gottes-Theologie Karl Barths, aber auch zur Theologie Bultmanns, der mit seinem Entmythologisierungsprogramm selbst das Auferstehungsgeschehen als Auferstehung „ins Wort“ interpretierte. Mit dieser Hypostasierung des Wortes Gottes, die natürlich eine lange Vorgeschichte seit der Reformation hat, wird der für das Christentum spezifische Gesichtspunkt einer „Offenbarung als Geschichte“ (W. Pannenberg) außer Acht gelassen.[112] Für unseren Zusammenhang der Gattung Bibeldichtung bedeutet das:

Das göttliche Wort ist als Wort von Gott aufzufassen, der in der Geschichte gehandelt hat. Das „Heilige“ entsteht aus dem jeweils geschichtlichen Zusammenhang göttlicher Verheißungswirklichkeit mit der endlichen Geschichtlichkeit des Menschen. Davon zeugt das Wort von Gott, davon zeugen – abgeleitet – dann auch die bibeldichterischen Wörter von Gott. Damit ist eine wichtige Relativierung der sprachlichen Ebene erreicht, sie ist in ihre rhetorischen Schranken verwiesen, der jeweilige Vermittlungscharakter bleibt präsent. Man kann dann allerdings nicht mehr von heiliger Dichtung, sondern höchstens von Dichtung vom oder am Heiligen sprechen. Gerade so aber weitet sich der Raum der Gattung Bibeldichtung, indem er eine ganze Reihe von Stilvariationen nebeneinander gleichberechtigt gelten läßt; von „Verfall“ oder ähnlichen Degenerationsvokabeln ist dann nur noch auf Grund anderweitiger Kriterien zu sprechen. Verfall kann nicht mehr mangels Sakralität auf der Wortebene behauptet werden!

[111] Wehrli, Sacra, S. 275.

[112] Vgl. den Abschnitt „Offenbarung als Geschichte und als Wort Gottes“ in: W. Pannenberg, Systematische Theologie Band 1, Göttingen 1988, S. 251–281.

b) Grundstrukturen einer Realisierung der Gattung „Bibeldichtung" bis zur Biedermeierzeit

Fand nun M. Wehrlis Vorstoß in Sachen Bibeldichtung ein Echo? Wurde sie auch ihrem inhaltlichen Anspruch nach ernstgenommen?

1975 hat D. Kartschoke seine umfangreichen, den Charakter eines Handbuches annehmenden „Studien zur Geschichte der epischen Bibelparaphrase von Juvencus bis Otfried von Weißenburg" unter dem Obertitel „Bibeldichtung" veröffentlicht und dabei in zahllosen Detailuntersuchungen einige wesentliche Konstanten der Gattung Bibeldichtung herauspräparieren können, Grundstrukturen, die in der Antike angelegt waren, sich bis ins Mittelalter hinein durchgehalten haben und Wirkungen bis in das Biedermeier hinein zeitigten. Kartschoke sieht das spätantike Bibelepos aus der Paraphrase hergeleitet, und diese hilft „im systematischen Sinn zu seiner [des Bibelepos, R.W.] angemessenen Beschreibung."[113] Kartschoke entlehnt seine grundsätzliche Zweiteilung der Paraphrase als antiker literarischer Gattung den Studien J. Golegas, der schon 1930 über die Evangeliendichtung des Nonnos von Panopolis gearbeitet hat:

1. Die rhetorische Paraphrase:: „Umschreibungen des Dichtertextes ohne allzu engen Anschluß an das Original".[114]

2. Die grammatische Paraphrase:: Erleichterung des sprachlichen Verständnisses der Dichter mit didaktischer Abzweckung; Übertragung in die Sprache des alltäglichen Lebens.[115]

Zwischen diesen beiden Polen der formal so beschriebenen rhetorischen Elemente spielt sich – einer steten Pendelbewegung vergleichbar – die gesamte Geschichte der Gattung Bibeldichtung ab, deren spätantike Anfänge somit weitreichende Grundlagen geschaffen haben.

Juvencus wird mit seinem um 330 n. Chr. entstandenen „Evangeliorum libri IV"[116] zum Vater dieser den antiken Bildungsvoraussetzungen entgegenkommenden Übung gewählt, wobei es sich im näheren um die Versifizierung vor allem des Matthäusevangeliums (mit Einsprengseln aus Lukas und Johannes) in Hexametern handelt. Das Vorbild ist unübersehbar Vergils Äneis, als Ziel wird die Schaffung eines parallel konzipierten christlichen Epos erkennbar. Die Gattung Bibeldichtung beginnt also mit einer primär literarisch orientierten Intentionalität: Die sich dieser Gattung widmenden Christen des 4. bis 6. Jahrhunderts möchten den Erwartungshorizont eines am tradierten Bildungsbegriff der Antike orientierten christlichen Publikums

[113] Kartschoke, Bibeldichtung, S. 32.

[114] J. Golega, Studien über die Evangeliendichtung des Nonnos von Panopolis. Ein Beitrag zur Geschichte der Bibeldichtung im Altertum, Breslau 1930, S. 92.

[115] Golega, Studien, S. 93.

[116] Hgg. von J. Huemer, Vindobonae [= Wien] 1891 [CSEL 24]. Vgl. zum Text Kartschoke, Bibeldichtung, S. 32–34.

befriedigen und ebenso ihre eigene literarische Begabung unter Beweis stellen (wobei die Paraphrase durchaus als antike Schulübung aufzufassen ist). Diese literarische Ausrichtung der Bibeldichtung hält sich bezeichnenderweise durch das ganze Mittelalter bis Klopstock und den späten Biedermeierausläufern durch, genügt jedoch keineswegs als hinreichende Begründung einer eigenen Gattung. Gerade die literarische Ausrichtung wird vielfältig geprägt durch epochenspezifische Einflüsse, die dann ja in der Forschung zu der erwähnten Atomisierung in divergierende Einzeltraditionen führte. Einheitsstiftend hingegen war von Anfang an der biblisch-christliche Inhalt, dessen würdiger Tradierung man ein Höchstmaß an Reflexion zukommen ließ.[117] Angesichts einer Konstellation, die einen autoritär gültigen Ur-Text einer anspruchsvollen dichterischen Formung unterziehen möchte, bleiben den Autoren letztlich nur zwei Möglichkeiten:

1. Die abbrevatio – eine Kürzung in straffer, systematisierender Absicht;
2. Die amplificatio – eine Erweiterung in theologisch-kommentierender oder literarisch-ausschmückender Absicht.[118]

Mit abbrevatio und amplificatio, die sowohl die rhetorische als auch die grammatische Paraphrase ausdifferenzieren können, entsteht eine Matrix, die es gestattet, die wesentlichsten Realisierungen der Gattung Bibeldichtung einzuordnen. Entscheidend für unsere Perspektivierungen ist dabei, daß hinter jeder möglichen Konstellation der genannten vier Elemente (rhetorische oder grammatische Paraphrase; abrevatio; amplificatio) sich sowohl eine theologische als auch eine spezifisch didaktische Entscheidung verbirgt, die in jedem Einzelfall herausgearbeitet werden könnte. Die Tendenz der spätantiken Bibeldichtung lag sicherlich in einer durch abbrevatio gestrafften rhetorischen Paraphrase, was die Entwicklung der Bibeldichtung im Anschluß an Vergil zu einer eigenständigen, „sich selbst erklärten literarischen Tradition"[119] offenkundig macht, die ihre kirchlich-christliche Legitimation und Funktion zu verlieren drohte. Interessanterweise tauchen jedoch Autoren wie Juvencus, Sedulius (er verfaßte um 540 eine metrische Messiade) und Arator (Bibelepiker des 6. Jahrhunderts) als Schulautoren in einer normativen Auswahl des Mittelalters wieder auf,[120] so daß das Bewußtsein von einer Gattung „Bibeldichtung" durch die Tradition rhetorischer Schulübung bewahrt werden konnte. Auch die Glossierung der altchristlichen Dichter (also

---

117 Kartschoke, Bibeldichtung, S. 79, nennt die drei Hauptargumente, die für eine dichterische Tradierung sprechen: „das besondere Ethos christlicher Poesie als laus domini, die Berufung auf David als (ihren) glaubwürdigen und gottgefälligen Archegeten und der Hinweis auf den größeren Wahrheitsanspruch der in Dichtung überführten Gegenstände christlichen Glaubens."

118 Kartschoke, Bibeldichtung, S. 84f.

119 Kartschoke, Bibeldichtung, S. 122.

120 Vgl. Curtius, Europäische Literatur, S. 58ff.

etwa Juvencus u. a.) zeugt von einer weitverbreiteten, intensiven Lektüre.[121] Legt man nun die oben entwickelte Matrix an die zwischen dem 7. und 9. Jahrhundert neu entstandenen volkssprachlichen Bibeldichtungen an (die bekannteste der stabreimenden Bibelparaphrasen ist zweifellos der altsächsische „Heliand“, zwischen 822 und 844 in Fulda entstanden; die bedeutendste endreimdichtende Bibelparaphrase ist Otfried von Weißenburgs althochdeutsches „Evangelienbuch“, zwischen 863 und 871 im des Autors Namen kennzeichnenden elsässischen Kloster verfaßt), so läßt sich unschwer feststellen, daß mit der volkssprachlichen Ausarbeitung eines Bibelepos der didaktische Gesichtspunkt aus der grammatischen Paraphrase eine ungleich größere Rolle spielt und daß das fundamentale Problem einer Neuvermittlung des christlichen Glaubens mit germanischer Kultur auch der amplificatio bis hin zum kommentierenden Exkurs ein ungleich größeres Gewicht beimißt. Formal gesehen bildete sicherlich das spätantike Bibelepos, wie es aus der Schulübung bekannt war, den prägenden Einfluß. Auf ein lange Zeit erhofftes germanisches Epos als Vorbild kann nach dem heutigen Stand der Forschung nicht zurückgegriffen werden.[122] Für einen überlieferungsgeschichtlichen Ansatz, wie wir ihn in einer theologischen Perspektivierung verfolgen, ist das Problem von zentraler Bedeutung, inwieweit durch die dichterische Bearbeitung des biblischen Urtextes eine Germanisierung christlicher Inhalte stattgefunden hat oder inwieweit – konträr – eine gelungene Akkomodation der Glaubenssubstanz an das neue Publikum geleistet wurde. Kartschoke hält das Urteil de Boors in dieser wichtigen Frage für nach wie vor gültig:

> „Wenn Christus als der König und Herr über Himmel und Erde christlich erfaßt wurde, so wurde das dichterisch in die ererbten Stilformen gefolgschaftsmäßigen Dichtens gekleidet, variierende Bezeichnungen und preisende Beiwörter des irdischen Gefolgschaftskönigs auf Christus angewendet [...]. Man wird trotzdem nicht sagen, daß hier das religiöse Denken irgendwie umgeformt sei, sondern wird richtig von einer Veranschaulichung mit zeitgemäßen Stilmitteln reden.“[123]

Der Gedanke einer glückenden Akkomodation, wie er später in der Aufklärungstheologie zum entscheidenden hermeneutischen Kriterium erhoben wurde, ließe die Vermutung aufkommen, daß es sich bei den volkssprachlichen Bibeldichtungen um weitverbreitete, ‚volkstümliche‘ Schriften zur christlichen Unterweisung gehandelt hat. Die Forschung konnte hier eine gewichtige Einschränkung des Publikums, auch eine Begrenzung des mitunter vermuteten missionarischen Anspruchs der Bibeldichtung vornehmen:

---

[121] Kartschoke, Bibeldichtung, S. 123.

[122] Kartschoke, Bibeldichtung, S. 218.

[123] H. de Boor, Die deutsche Literatur von Karl dem Großen bis zum Beginn der höfischen Dichtung 770-1170, München 81971 (1949), S. 61. Vgl. den Problemaufriß bei Kartschoke, Bibeldichtung, S. 186–190.

Danach war Bibelepik gedacht als „geistlicher Lesestoff in den kirchlichen Gemeinschaften", der als besserer Ersatz für weltliche Lesestoffe der lectio continua im geregelten Klosterleben diente. Dabei konnte sowohl ein gewisser poetischer Anspruch der Autoren verwirklicht, als auch den Lateinunkundigen, den illiterati, ein Verständnis der heiligen Schrift nahegebracht werden.[124] Die Bedeutung, die etwa Otfried von Weißenburg für die Reimforschung erreichen konnte, zeugt von dem seit der Antike sich durchhaltenden Anspruch, der andererseits jeweils eine begrenzte Leserschaft – schon über die Schriftlichkeit der Bibeldichtung als Buchdichtung – nach sich zog. Das primäre Dichtungsbedürfnis schafft keine Gattungsidentität durch die

> „Identität wiederkehrender konstitutiver Elemente, formaler Mittel, poetischer Verfahrensweisen, sondern eine Identität der poetischen Ambition als Antwort auf ein Literaturbedürfnis, das zu verschiedenen Zeiten verschiedenen Einflüssen gehorcht und seinerseits verschiedene Weisen der Dichtungserwartung produziert."[125]

Der festgestellten Pluralität der Form korrespondiert ein breites Spektrum theologischer und didaktischer Entscheidungen, die bestimmte Anordnungen (z.B. im Sinne der Heilsgeschichte, einer Evangelienharmonie, eines anagogischen oder tropologischen Schriftsinns, aber auch im Sinne existentieller Unmittelbarkeit u.v.a.m.) zu einer Einheit und Gesamtheit komponieren. Die Korrespondenz zwischen der Pluralität der Formen und der Pluralität des inhaltlichen Arrangements führt letztendlich zu einem Kriterium für Bibeldichtung, das es erlaubt, die Spuren dieser Gattung bis hinein in das biedermeierliche Schulbuch Johann Peter Hebels zu verfolgen:

> „Fortlaufende stoffliche Kohärenz [...] ist das allgemeinste definierende Kriterium der Bibelepik, welcher überkommenen oder neu geschaffenen Literaturformen immer sie sich bedient."
>
> Es geht also entscheidend „um die poetische Bewältigung der biblischen Heilsgeschichte von der Schöpfung dieser Welt bis zu ihrem Untergang und dem Jüngsten Tag oder – als biographisches Schema – des Heilslebens Christi von der Geburt bis zum Erlösertod und zur Auferstehung."[126]

Damit aber wird der Weg frei, der die Gattung über eine Versifizierung und Metrisierung hinausführen kann und auch auf der Stilebene eine gewisse Erweiterung ermöglicht (der sermo rusticus fand ja bis ins 10. Jahrhundert hinein keinen Eingang in die Gattung Bibeldichtung!). Auf diesem Weg zu einer Prosa-Wiedergabe der biblischen Geschichten (in der Kohärenz eines einheitlichen, systematischen Aufbaus) – gemeint sind die Historienbibeln,

---

124 Kartschoke, Bibeldichtung, S. 219–224, hier: S. 223.

125 Kartschoke, Bibeldichtung, S. 228.

126 Kartschoke, Bibeldichtung, S. 225; der Begriff ‚Bibelepik' ist durchaus mit dem Begriff ‚Bibeldichtung' konvertibel, wobei es beidemale grundsätzlich offenbleibt, ob dabei lyrisch, episch, dramatisch oder didaktisch verfahren wird.

eine „weitverzweigte(r) Literaturgattung", „der von keiner in Betracht kommenden Disziplinen, Theologie, Germanistik und allgemeine Kulturgeschichte, auch nur entfernt die gebührende Würdigung zuteil geworden" ist[127] – sind noch drei Bindeglieder zu streifen, die alle als spezifische Ausprägung von Bibeldichtung interpretiert werden können. Noch ganz bestimmt von antiker Tradition – diesmal aber nicht von Vergils Äneis, sondern seinen Eklogen bzw. Theokrits Idyllen – begegnet uns am Ende des 9. Jahrhunderts ein Schulbuch, dessen Verbreitung und außerordentliche Beliebtheit vielfach nachgewiesen ist: die sogenannte *Ecloga Theoduli.*[128] In 352 Leonischen Versen wird auf der konstruierten Folie heidnischer Göttererzählungen, vorgetragen von Pseustis (der Lüge) im für die Idylle typischen Wechselgesang mit Alithia (der Wahrheit), die alttestamentliche Heilsgeschichte entwickelt. Nicht so sehr Apologie christlicher Wahrheit, als vielmehr souveränes Spiel mit antiker Bildung scheint die primäre Intention dieses originellen Schulbuches gewesen zu sein, das noch im 17. Jahrhundert – also lange nach der Reformation- mehrfach aufgelegt worden ist. Festzuhalten bleibt, daß auch Bibeldichtung mit eindeutigem Schwergewicht auf der rhetorischen Paraphrase und mit einer amplificatio, die bis zum Aufbau einer Gegenhaltung führt, keineswegs der didaktischen Ausrichtung und der schulischen Umsetzung zu widersprechen braucht, daß vielmehr unter gewissen bildungs- und kulturgeschichtlichen Bedingungen die Doppelfunktion von Bibeldichtung geradezu erwünscht war.

Anders verhält es sich mit den *Weltchroniken*; sie wollten „mit ihren Reimen [...] keine literarischen Kunstwerke sein, sondern ihre Aufgabe bestand darin, den Inhalt der Bildung, nämlich die an biblischer und profaner Geschichte erwiesene Heilslehre in ansprechender Form weiteren Kreisen zugänglich zu machen."[129] Die großangelegte Erweiterung und Durchdringung der allgemeinen Weltgeschichte mit heilsgeschichtlichen Strukturen

---

127 H. Vollmer, Materialien zur Bibelgeschichte und religiösen Volkskunde des Mittelalters, Bd. I, Ober- und mitteldeutsche Historienbibeln, Berlin 1912, S. 1.

H. Vollmer gilt als Nestor der kulturgeschichtlichen Erforschung der Bibel. Es ist nicht unerheblich, daß sein intensives Quellenstudium mittelalterlicher Bibelwerke initiiert wurde durch eigene praktische Bemühungen um eine Biblische Geschichte für Kinder. Vgl. H. Vollmer, Biblische Geschichte, in: Monatsschrift für die kirchliche Praxis, Tübingen, Januar 1901, S. 29–35.

128 H. Vollmer, Zur Geschichte des biblischen Unterrichts. Theoduli Ecloga und die Catalogi des Otto Brunfels, in: Monatsschrift für die kirchliche Praxis, Tübingen 1904, August, S. 321–333, und November, S. 472–479. Nachweise der Belege S. 330 und S. 473.

Weitere Hinweise zu den Ecloga Theoduli bei H. Rost, Die Bibel im Mittelalter. Beiträge zur Geschichte und Bibliographie der Bibel, Augsburg 1939, S. 123f.; J. Hoffmann, Die heilige Schrift, ein Volks- und Schulbuch in der Vergangenheit. Soll sie dieses auch in Gegenwart und Zukunft sein?, Kempten 1902, S. 75f.; vgl. auch bereits C.A.G. von Zezschwitz, System der christlich-kirchlichen Katechetik, Leipzig 1874, S. 80f.!

129 Rost, Die Bibel, S. 210.

enthebt uns nicht der klaren gattungsmäßigen Einordnung der bibelparaphrasierenden Teile als Bibeldichtung, nun aber grammatisch paraphrasierend mit raffender, überblicksartiger abbrevatio. Die bibelparaphrasierenden Teile der Weltchroniken erfahren etwa ein halbes Jahrtausend später eine erneute Blüte – diesmal aber wesentlich strenger adressatenorientiert und mit heilsgeschichtlicher Bescheidenheit: Die Weltgeschichten für Kinder, mit der Aufkärung beginnend, bilden gerade im Biedermeier eine erneute Realisierungsvariante der Gattung Bibeldichtung und damit einen nicht zu vernachlässigenden Hintergrund auch von Hebels Biblischen Geschichten. Eine explizite Ausrichtung der Bibeldichtung auf Kinder ist im Mittelalter so noch nicht nachweisbar, wenn auch bei den speziell für die Schule verfaßten Ecloga Theoduli die systematische Anordnung und die fehlende „Behandlung geschlechtlicher Dinge" dafür zu sprechen scheinen.[130]

Doch selbst das dritte Bindeglied zu den Historienbibeln, das nun erstmals auch die Prosa dem Reim vorzieht, die *Historia scholastica* des Petrus Comestor, um 1175 in Paris entstanden, ist, obwohl sie in beinah alle europäischen Sprachen übersetzt wurde und damit zum Religionsbuch par excellence avancierte, eher die Integration von geschichtlicher Nacherzählung der Bibel mit akkumulierter theologischer Gelehrsamkeit, und deshalb ausschließlich für den höheren Unterricht bzw. für die universitären Studien geeignet; damit aber muß der schon beim Heliand und bei Otfried geäußerten Vermutung einer populären Verbreitung dieser Bibeldichtungen auch hier, trotz der volkssprachlichen Bearbeitungen, widersprochen werden.[131] Gleichwohl war der lateinische Ursprungstext in seiner Funktion als Schulbibel ein wichtiger Kulturfaktor, wie es wohl am schlagendsten die Einarbeitung der Historia scholastica in die Weltchronik des Rudolf von Ems (um 1250) belegt und wovon die enorme Verbreitung der volkssprachigen Nachfolger der Historia Scholastica zeugen: die deutschen Historienbibeln.[132]

Lassen sich diese nun auch noch der Gattung Bibeldichtung zuordnen, wie es M. Wehrli in seinem großen Rehabilitierungsversuch zögerlich konzedierte? Gerade wenn man beobachtet, wie die gelehrte Kommentierung immer mehr der schmückenden, legendenhaften, oft apokryphen Erzählung weicht (beides stand bei Petrus Comestor noch ausgeglichen nebeneinander[133]), erkennt man die didaktische Intention einer grammatischen Paraphrase, die durch eine volksnahe amplificatio versucht, die Bibel zum Volksbuch zu

130 Vollmer, Zur Geschichte, S. 330.

131 Gegen H. Vollmer, Die Bibel im deutschen Kulturleben, Salzburg 1938, S. 82.

132 Vgl. E. Reuss, Die deutsche Historienbibel vor der Erfindung des Buchdrucks, Wiesbaden 1966 [Nachdruck der Ausgabe Stuttgart 1855].

133 Vollmer, Materialien, Bd. II/1. Eine deutsche Schulbibel des 15. Jahrhunderts. Historia scholastica des Petrus Comestor in deutschem Auszug mit lateinischem Paralleltext. Genesis bis Ruth, Berlin 1925, S. XIII.

machen. Damit ist eine den bisherigen Ausdrucksformen entgegengesetzte Stilebene in die Gattung Bibeldichtung eingebracht, die jedoch am Hauptkriterium der Kohärenz einer zusammenhängenden Wiedergabe des biblischen Geschehens in freier Bearbeitung gar nichts ändert. Schien jedoch bisher die Anbindung an den theologischen Stand der zeitgenössischen Wissenschaft die Bibeldichtung zum Idealfall didaktischen Vermittlungsprozesses zu machen, so muß im Fall der Historienbibeln die allmähliche Entfernung vom Grundtext ohne legitime bibeltheologische oder didaktische Begründung als mangelnde Gattungsadäquanz gewertet werden. Wenn die Transparenz einer Paraphrase zugunsten der Überlappung des Grundtextes mit anderweitigem Material, das die theologische Kohärenz zu sprengen droht, aufgegeben wird, kann von Bibeldichtung sinnvoll nicht mehr die Rede sein.

Eine theologisch legitime Kohärenz der biblischen Geschichte ist natürlich im Urtext selbst am besten gewährleistet. Humanistische Studien und reformatorisches Ringen im Zusammenspiel mit der Erfindung des Buchdrucks gestatten es in revolutionärer kurzer Zeit, den didaktischen Gedanken der Bibel als Volksbuch so zu realisieren, daß endgültig kein Platz mehr für Bibeldichtung vorhanden schien.[134] Die Bibel selbst, in der dem Volk abgelauschten Übersetzung Luthers, gelangte in die Hände eines jeden, der lesen wollte und konnte. Das im Zusammenhang mit Humanismus und Reformation aufstrebende Schulwesen ermöglichte es bereits den Kindern, sich mit der ‚volkstümlichen' Bibel vertraut zu machen. Alle Vermittlungsprobleme wurden damit aber aus dem Text in den Unterricht verlegt und dieser nahm – der Hypostase des Wortes entsprechend – eine streng am einzelnen Bibelvers orientierte Methode an: Damit schien das Kriterium der Kohärenz der biblischen Geschichte nichts mehr, die Belegfunktion der Bibel für die Dogmatik dagegen alles zu bedeuten. Natürlich gelangte nicht auf einmal und umfassend die Bibel in die Hand des Volkes – das hieße, den Einfluß der humanistischen Gelehrsamkeit bei weitem zu überschätzen! Aber die nun beginnende absolute Wirksamkeit des Schriftprinzips ließ die Bedeutsamkeit und Funktion einer Bibeldichtung auf lange Sicht überflüssig werden.

Erst unter dem pädagogischen Aufbruch des 18. Jahrhunderts (mit pädagogischen Vorläufern im 17. Jahrhundert) wurde dieses orthodoxe Unterrichtsverfahren problematisiert und es entstanden erneut Bibelbearbeitungen – nun in spezieller Ausrichtung auf das Kind als intendiertem Rezipienten. Hübners „Zwey mal zwey und funfzig Biblische Historien"(1714) sind hier an erster Stelle zu nennen: Wie wir schon im Nekrolog auf Hebel hörten,

---

[134] Erst mit dieser peniblen, historisch-kritischen Rekonstruktion des Urtextes der heiligen Schriften und einer nationalen Aneignung der ganzen Schrift gewann die deutsche Philologie ihre entscheidende Motivation, wie K. Burdach nachweisen kann: Die nationale Aneignung der Bibel und die Anfänge der germanischen Philologie, in: Festschrift Eugen Mogk zum 70. Geburtstag 19. Juli 1924, Halle a. d. Saale 1924, S. 231–334.

schufen sie selbst eine nicht endenwollende Tradition von sog. Schulbibeln bis ins 20. Jahrhundert hinein. Zunächst handelte es sich bei dieser Art mehr oder weniger kindgerechter Bibelbearbeitungen allerdings um Bibelauszüge, denen das paraphrasierende Konstituens der Bibeldichtung abgeht. Konnte sich die Tradition bibeldichterischer Schulbibeln, wie sie im Mittelalter im Anschluß an die antikisierenden Bibelepen entstanden war, mit dieser neuen Tradition der Kinderbibeln zu einer Realisierungsvariante von Bibeldichtung verknüpfen?

Wir bejahen diese Frage, bedürfen zu ihrer Beantwortung allerdings Beobachtungen, die zunächst sehr weit von der pädagogischen Ausrichtung der neu geschaffenen Schulbibeln wegzuführen scheinen.

> „Sing, unsterbliche Seele, der sündigen Menschen Erlösung,
> Die der Messias auf Erden in seiner Menschheit vollendet,
> Und durch die er Adams Geschlechte der Gottheit
> Mit dem Blute des heiligen Bundes von neuem geschenkt hat.
> [...] Aber, o Werk, das nur Gott allgegenwärtig erkennet,
> Darf sich die Dichtkunst auch wohl aus dunkler Ferne dir nähern?
> Weihe sie, Geist Schöpfer, vor dem ich im Stillen hier bete;
> Führe sie mir, als deine Nachahmerin, voller Entzückung,
> Voll unsterblicher Kraft, in verklärter Schönheit, entgegen.
> Rüste sie mit jener tiefsinnigen, einsamen Weisheit,
> Mit der du, forschender Geist, die Tiefen Gottes durchschauest;
> Also werd ich durch sie Licht und Offenbarung sehen,
> Und die Erlösung des großen Messias würdig besingen."[135]

Klopstocks Messiade (in den Jahren 1748–1773 in immer neuen Anläufen verfertigt) brachte es im 18. Jahrhundert zu einem gefühlsmäßigen und dichtungstheoretischen Ansehen, das für die geschichtliche Situation einer zunehmenden Säkularisierung des Geisteslebens und einer sich entwickelnden Autonomie der Dichtung eine geradezu anachronistisch anmutende Leistung darstellt. Der zitierte Beginn des Ersten Gesanges zeigt unmißverständlich, daß in dieser neuartigen geistigen Situation und Herausforderung Bibeldichtung eine neue Aufgabe erfüllen konnte (und mußte). Zwar repristiniert der Klopstocksche Hexameter nationalepische Bemühungen, wie sie schon die antike Bibeldichtung intendierte und wie sie Milton mit seinem „Paradise Lost" (1667, zweite und endgültige Fassung 1674) realisiert hatte. Auch die Kohärenz der biblischen Geschichte, unter extremer Bemühung von amplificatio und abbrevatio, darf als erfüllt gelten: Freilich wird nun nach einer langen Phase alttestamentlicher Präferenz, das neutestamentliche Heilsereignis zentraler Bezugspunkt („die große Versöhnung", „der sündigen Menschen Erlösung"). Aber stand bisher die Paraphrase, ob nun rhetorisch oder

135 F. G. Klopstock, Der Messias, S. 9, Z. 1–4.8–16.

grammatisch, im Dienste einer Veranschaulichung eines transparenten, allen Menschen grundsätzlich zugänglichen Geschichtshandelns Gottes, so gilt es nun, sich „aus dunkler Ferne" den „Tiefen Gottes" zu nähern, und das in „tiefsinnige(r), einsame(r) Weisheit". Zeit und Raum als Koordinaten der Heilsgeschichte sind gesprengt; Gottes Allgegenwart bewirkt die gleichzeitige, quasi-liturgische Präferenz des Heilsgeschehens von „Adams Geschlechte" bis zum „heiligen Bunde(s)". Und dennoch übersteigt „die Erlösung des großen Messias" alles Vorstellungsvermögen, bleibt das Geheimnis das letzte Wort. Das Geheimnis als solches auszusprechen vermag nur die „Dichtkunst", die dem Sänger von Gott entgegengeführt wird und damit „voll unsterblicher Kraft" es vermag, das nachzuahmen, was eigentlich nur ekstatisch gefühlt werden kann. Und gerade um dieses Heraustreten des Lesers und Hörers geht es dem Sänger Klopstock, indem er die Paraphrase nicht mehr rhetorisch oder grammatisch dienen läßt, sondern sie als doxologischen Selbstzweck setzt, als „dichterische Verkündigung"[136], die erbaut, erhebt, erhöht. Der Stil wird zur theologischen Aussage, wie das in den bisher betrachteten Bibeldichtungen, deren dichterische und theologische Doppelfunktion bei aller Variation erhalten blieb, so noch nicht feststellbar war. Gerhard Kaiser, der sich in ausgewiesener philologischer und theologischer Perspektivierung dem „Messias" angenähert hat, kommt betreffs der Stilebene und der Bildersprache zu folgendem Ergebnis:

> „Klopstock ist nicht mehr naiv genug, um Miltons Vermenschlichung der Geister einfach zu übernehmen. Seine Tendenz zur Erhabenheit ist nichts anderes als der Versuch, die nach dem Gleichnis des Menschen gebildete Mythologie früherer christlicher Epen zu ‚entmenschlichen'. Er will eine Bildsprache schaffen, die nicht aus der Ähnlichkeit der Geisterwelt mit der Menschenwelt, sondern aus der Unähnlichkeit der Welten lebt. [...]
>
> In der Bibel bedient sich Gott menschlicher Wirkungen und Wirkungsmittel. Die Wirkungen Gottes im ‚Messias' sind unmenschlich. Der ‚Unendliche', ‚Unaussprechliche' [...] erscheint nicht in der Knechtsgestalt der Sinnlichkeit dem sinnlichen Menschen; eine höchst anspruchsvolle Vernunft sucht vielmehr ein sie wenigstens annäherungsweise befriedigendes Bild, und das ist ein unbildliches."[137]

In bisher noch nicht gekannter Weise gehen theologische Prämissen und dichterische Reflexion eine so gigantische Einheit ein, daß die Rezeption dieses Werkes nur ein Entweder-Oder zuließ: entweder begeisterte Auf-

[136] G. Kaiser, Klopstock. Religion und Dichtung, Gütersloh 1963, S. 27: „Der Dichter muß die Wahrheit sagen, weil nur der Dichter die höchste Wahrheit sagen kann. Auf diese Weise ist Klopstocks Werk weder Religion, verkleidet als Dichtung, noch Dichtung, verkleidet als Religion, sondern dichterische Verkündigung in einer wesentlichen Zuordnung beider Elemente."

[137] Kaiser, Klopstock, S. 207–209.

nahme oder strikte Ablehnung. Der bei Bibeldichtung sonst mitschwingende didaktische Aspekt mußte hier zur völligen Auflösung gelangen; sein Fehlen war beinahe eine conditio sine qua non.

Gemeinhin wird mit Klopstock verständlicherweise das Ende von Bibeldichtung ausgerufen; der am „Messias" bald erkannte Anachronismus zur geistesgeschichtlichen Situation ließ keine Fortsetzung der Gattung für möglich erscheinen. Doch setzt der im „Messias" realisierte Gedanke einer Symbiose von theologischem System und dichterischer Freiheit[138], gebunden allein auf der Ebene des Stils, der sprachlichen Form, eine Klopstock entgegengesetzte Variation von Bibeldichtung frei, die auf der Symbiose beharrt, jedoch die beiden Elemente zusammen konträr akzentuiert. Der sinnliche, menschliche, konkrete Inhalt der biblischen Geschichte, der im Zeichen der historisch-kritischen Forschung in ungeahnter Weise herauspräpariert werden konnte, erweist sich nämlich einem Stil kompatibel, der als „sermo humilis" im frühen Mittelalter, ja schon in der Spätantike nachgewiesen werden konnte, der aber durch die vergilisierenden Ansprüche der Bibeldichtung keinen adäquaten Eingang in die Gattung gefunden hatte.

Um diese abermalige Gattungsmodifikation, die wir in Hebels Biblischen Geschichten realisiert sehen, auch in ihrer didaktischen Ausrichtung als gattungsgeschichtlich möglich erweisen zu können, ist von einem ganz anderen Strang der Wirkungsgeschichte Klopstocks zu handeln, der biedermeierlichen Bibeldichtung.

Sie ist in der Forschung zusammenhängend noch nicht dargestellt worden, selbst Sengle thematisiert die Gattung als solche nicht.[139] Um so bedeutsamer scheint uns deshalb ein Werk am Ende der Biedermeierzeit zu stehen zu kommen, das in idealtypischer Weise eine Anthologie biedermeierlicher Bibeldichtung darstellt und gleichzeitig eine eigenständige Bibeldichtung konstituiert, indem sie die kaleidoskopartig ausgewählten Fragmente einer sinnvollen bibelgeschichtlichen Kohärenz unterwirft, die eine zusammenhängende Lektüre ermöglicht. Der für die Anthologie ausschlaggebende Gedanke einer didaktischen Ausrichtung wird bereits im Titel deutlich: „Die biblischen Geschichten des alten und neuen Testaments in poetischer Bearbeitung von den besten Dichtern unserer Zeit. Eine Liebesgabe an christlich fromme Familien des deutschen Volkes. Mit Bildern, Meißen und Wien [1842]"; tatsächlich hat H. Wegehaupt dieses Buch in seine Bibliographie

---

[138] Vgl. zu dieser Symbiose die theologiegeschichtlichen Belege und die Zusammenstellung der dichtungstheoretischen Äußerungen Klopstocks bei Kaiser, Klopstock, S. 328–337.

[139] Bei Sengle, Biedermeierzeit, Bd. II, S. 752 werden Conz und Pichler unter dem Stichwort ‚Idylle' verhandelt, S. 662–667 wird Pyrker als Epiker nationaler Themen vorgestellt, wobei er zusammen mit Rückert noch einmal eine eigene Überschrift „Bibelepik" erhält, ohne daß über eine Nennung von Titeln hinausgeführt würde. Wieder einmal wird der Gattung ein eigenständiger Traditionsstrom versagt und muß sie sich einer Atomisierung fügen.

alter deutscher Kinder bücher aufgenommen.[140] Auch das „kurze Vorwort“ bleibt den Hinweis auf didaktische Funktionalisierung nicht schuldig:

„Es ist diese Sammlung eine fromme Lektüre für Alter und Jugend, welcher letzteren es von Eltern und Lehrern noch besonders empfohlen werden kann, sie zum Gegenstand ihrer Gedächtnißübungen zu wählen, statt der ihnen oftmals unverständlichen Gedichte, wohl gar faden oder doch nicht frommen Inhalts, und Lehrer werden beim Unterricht über biblische Geschichte ihren Pflegebefohlenen keine größere passendere Freude bereiten, als durch Mitteilung dessen, was ihnen hier geboten ist; ja auch für häusliche wahre Erbauung könnten wir nichts geeigneteres empfehlen.“ (S. III)

Bereits diese Charakterisierung der Adressaten und die präzise Definition der Funktion des Buches in Schule und Haus erlauben eine gattungsmäßige Bestimmung der biedermeierlichen Realisierung von Bibeldichtung. Denn ganz im Gegensatz zu Klopstocks artifiziellen Abstraktionen soll hier die bekannte Formel der Veranschaulichung wieder zum Tragen kommen: Paraphrase als Vermittlungstechnik, die durch poetische Einkleidung auch inhaltliche Auswahlentscheidungen trifft. Die so bereits in der Antike maßgeblich geprägte Doppelfunktion von rhetorischer und grammatischer Paraphrase, die sowohl Bildungsansprüchen zu genügen hatte als auch religiöse, biblische Substanz transportieren sollte, taucht in modifizierter Weise wieder auf: Durch die Anthologie soll nämlich

„der doppelte Zweck erreicht (werden), neben der Veredelung des Herzens und der Begeisterung für alles Gute, auch noch für den Geist etwas Reelles zu gewinnen und ihn mit einer Masse einzelner Bilder und Gruppen zu bereichern“. (S. If.)

Die religiöse Vorstellungswelt der „heiligen Geschichten“ (S. III) wird bezeichnenderweise abgesetzt von Vorstellungen „bei ersonnenen Erzählungen“, bei denen der „gerührte Leser doch sehr oft nichts mit davon nimmt, als nur die Rührung, und ein Ideal vor sich hat, von dem er glaubt, daß es die menschliche Einbildungskraft geschaffen habe, das aber schwerlich zu erreichen sein dürfte.“ (S. II) Die kerygmatische und doxologische Funktion der Paraphrase bei Klopstock ist zurückgenommen zugunsten einer „Herausgabe der biblischen Geschichten im dichterischen Gewande“ (S. III). Kann aber der vom Herausgeber Ludwig Würkert so entwickelte Anspruch dem Eigencharakter der in die Anthologie integrierten Einzeldichtungen genügen? Eine pauschale Antwort darauf kann im Rahmen unseres gattungsgeschichtlichen Überblicks nicht gegeben werden, dazu müßten die insgesamt 61 Autoren, die 59 alttestamentliche und 83 neutestamentliche Episoden bestreiten, im einzelnen auf ihre jeweilige bibeldichterische Gesamtleistung hin überprüft

[140] H. Wegehaupt, Alte deutsche Kinderbücher. Bibliographie 1507–1850. Zugleich Bestandsverzeichnis der Kinder- und Jugendbuchabteilung der Deutschen Staatsbibliothek zu Berlin, Berlin (Ost) 1979, S. 32, Nr. 149.

werden.[141] Doch zeigt die Aufnahme zweier Ausschnitte aus dem Messias, daß natürlich auch bei Klopstock anschaulich-vermittelnde Passagen zu finden sind („Judas Entschluß" und „Jesu Gefangennehmung am Oelberge"). Die Auswahl fand also unter didaktischen und adressatenorientierten Gesichtspunkten statt. Allerdings hatte auch die Bibeldichtung im Anschluß an Klopstock eine Veränderung erfahren. Gewiß blieb der Hexameter bevorzugtes Stilelement als unmittelbare Klopstockverehrung; die Metrisierung und Versifizierung wurde handwerklich epigonal beibehalten; aber so, wie die Idylle im Biedermeier eine Verbürgerlichung erfuhr, so wurden aus den unmenschlichen Szenaria Klopstockscher Phantasmagorien menschlich-psychologisierende Episoden in holzschnittartiger Schwarz-Weiß-Technik. Das hatte allerdings oft zur Folge, daß die Kohärenz der Darstellung eines biblischen Geschichtszusammenhanges nicht mehr geleistet werden konnte. So brachte es Caroline Pichler (1769–1843) anschaulich zu einer Versifizierung der Gleichnisse (1800) und zu vier „biblische(n) Idyllen" (1812 zusammen in Leipzig erschienen), nämlich „Ruth", „Hagar in der Wüste", „Rebekka" und „David und Jonathan". Auch Philipp Conz (1762–1827) konnte seine „Biblische(n) Gemählde und Gedichte" (Frankfurt 1818) nur mit zwölf alttestamentlichen und neun neutestamentlichen Episoden anreichern, später folgten dann noch fünf „Heilige Gemälde" (im Frauentaschenbuch für das Jahr 1823). Und Johann Ladislav Pyrkers „Perlen der heiligen Vorzeit" (Stuttgart und Tübingen 1855) bieten alttestamentlich eine sehr beschränkte Auswahl (Abraham, Mose, Samuel, Helias [sic!], Elisa, die Makkabäer) und können neutestamentlich gerade zwölf Jesusgeschichten acht „Bilder(n) aus dem Leben der Apostel" gegenüberstellen. Der lange Atem für ein geschlossenes Bibelepos fehlte ebenso wie eine bewußte Anknüpfung an eine explizite theologische Position, wie das für Klopstock noch gültig war[142], und wie wir es eigentlich für jede vor Klopstock realisierte Bibeldichtungsvariante verifizieren können. Nur durch dieses Defizit aber ist der immer wieder geäußerte Vorwurf zu erklären, die biedermeierliche Bibeldichtung erläge einem inhaltsleer dröhnenden Formpathos. Die durch die säkularisierende Entwicklung immer ungesichertere biblische Vorstellungswelt, die Klop-

---

[141] Diese Überprüfung ergäbe einen geeigneten Querschnitt, der es hinlänglich erlaubte, die Gattung Bibeldichtung für die Biedermeierzeit zu erschließen.

Alphabetisch geordnet ergibt sich folgende Autorenliste: E. Auschütz; Barth, Berger, Beyer, Bönecke, Bormann; Conz, Cölln; Franke, Agnes Franz, Frenkel, Freudenthal; Gellert, Gittermann, H. Goll; Gräfin Hahn-Hahn, Halem, Heilmann, Herder, Hey, Hohlfeldt; Jung-Stilling; J. Kenner, Kindermann, Kirsch, Klopstock, Kleist, Knapp, Krais, Krummacher; Langbecker; Magenau, Mahlmann, Möller, Müglich, Münker; Niemeyer; C. Pichler, Pyrker, Prochnow; Reinhard; v. Schloz, J. F. Schmid, v. Schober, G. Schwab, Schubart, Silbert, R. Stier, Sternau, v. Stollberg, Oskar v. Sydow; W. Ribbeck; F. Theremin, Trautschold; Waldow, Wessenberg, Westphal, Witschel, C. Wetzel. Zwei Autoren wurden verschlüsselt: Kl. L. und **.

[142] Vgl. Kaiser, Klopstock, S. 28–122 (Aufklärungstheologie); S. 123–203 (Pietismus).

stock nur mehr über die „unsterbliche Kraft" dichterischer Schönheit erhalten zu können glaubte, mußte am Stil scheitern, wenn der Inhalt bloße Behauptung blieb und keine symbiotische Kraft am Werke war. Selbst popularisierende Konzessionen (vgl. etwa das Veröffentlichungsorgan eines Frauentaschenbuchs) konnten keine gattungsadäquaten Bibeldichtungen ermöglichen. Nur eine klare theologische Position mit einer eng sich daraus entwikkelnden Stilreflexion konnte in dieser geistesgeschichtlichen Situation nochmals eine Variante der Gattung Bibeldichtung freisetzen, dabei jedoch den biedermeierlich neu errungenen Allgemeinheitsanspruch didaktisch aufnehmend und nutzend.

c) Der „sermo humilis" und die Schulbuch-Variante der Bibeldichtung

„Die in der Germanistik häufig vertretene Antithese von ‚volkstümlicher Schlichtheit' und ‚rhet. Kunstfertigkeit', ‚einfacher Rede' und ‚metaphernreicher Eloquenz' ist (also) unhaltbar, weil die locutio simplex so gut ein rhet. Stil sein kann wie die locutio figurata, ja, weil, unter dem Aspekt der Wirkungsintentionalität des Verfassers, der sermo humilis unter Umständen ‚persuasorischer' ist [...] als ein Gedicht in geblümtem Stil, [...] eine auf Information bedachte Rede ‚rhetorischer' als ein mit stilistischem Raffinement prunkender Text."[143]

Die biedermeierliche Bibeldichtung hatte es weder an Versen in „geblümtem Stil", noch an überladenem Prunk (doch ohne stilistisches Raffinement!), fehlen lassen. Aber trotz des engagierten Bemühens um eine Schulbibel „in poetischer Bearbeitung" schien die Kluft zu einer auf theologisch-biblische „Information bedachte Rede" unüberbrückbar.

Nun gehört zum einen der „hohe Stil" einer primär an Vergil bzw. an der Antike orientierten Bibeldichtung nicht sui generis zur Gattung Bibeldichtung, wie Kartschoke herausarbeiten und wie es unser Blick auf die Historienbibeln verifizieren konnte. Zum anderen steckt ein „niederer Stil" – wie W. Jens glaubhaft versichert – voller rhetorischer Kunstfertigkeit und fügt sich insofern bruchlos an die Vorstellung von (Bibel-)Dichtung. Wenn nun drittens dieser „niedere Stil" noch theologische Implikationen enthalten kann und viertens sogar einer theologisch-biblischen Begründung zugänglich ist, dann wäre eine Gattungsvariation denkbar, die sowohl das mit Klopstock erreichte Höchstmaß einer Symbiose von Form und Inhalt bewahrt und gleichzeitig Verständlichkeit und Vermittlungsfähigkeit eines Schulbuches zu leisten vermag.

E. Auerbach hat mit seinen Beobachtungen zum ‚sermo humilis'[144] einen

143 W. Jens, Artikel ‚Rhetorik', in: Reallexikon der deutschen Literaturgeschichte, Dritter Band, Berlin- New York 1977, S. 432–448, § 5, S. 436f.

144 Vgl. E. Auerbach, Sacra scripturae sermo humilis, in: ders., Gesammelte Aufsätze zur romanischen Philologie, Bern und München 1967, S. 21–26 (zuerst in: Neuphilologische Mittei-

rhetorischen Stil beschrieben, der allen vier genannten Anforderungen genügt und der an Johann Peter Hebels Kalendergeschichten schon erfolgreich verifiziert werden konnte.[145]

Auerbach nimmt den Ausgang seiner Überlegungen bei der für die Rhetorik klassischen Stelle Ciceros[146], wo dieser die Theorie der drei officia oratoris entwickelt. Der niedere Stil ist danach für die schlichte Lehre zuständig (das „docere"); der mittlere Stil für die anschaulich ausmalende Präsentation (das „delectare"), und der hohe Stil bleibt dem leidenschaftlichen Appell an die Gefühle der Zuhörer vorbehalten (das „movere").[147] Diese Dreiteilung der Rhetorik ist bei Cicero vor allem für die Rechtssprechung relevant, wo unterschiedlich gewichtete Rechtsfälle bzw. Gegenstände eine jeweils angepaßte rhetorische Stilebene erforderlich machten. Nach einer Phase der Stabilisierung dieser Tradition sieht Auerbach erst mit dem Theologen Augustinus „eine so bedeutende Abweichung von der rhetorischen und überhaupt literarischen Tradition, daß es nahezu die Zerstörung ihrer Grundlage bedeutet"[148]! Augustin nämlich gelangt auf Grund genuiner biblischer Überlegungen zu einer fundamentalen Neubewertung der (theologischen) Gegenstandsbereiche, die eine entsprechende Umorientierung auf der Stilebene notwendig nach sich zieht. Das Kleine, Niedere, Alltägliche und Gewöhnliche bekommt durch den zentralen christlichen Gedanken der Inkarnation, der Entäußerung, der Erniedrigung eine vorher ungeahnte Rehabilitation bis hin zu einer Divinisierungsverheißung an das Endliche. Auch die Adressaten und Betroffenen dieses Inkarnationsprozesses zeichnen sich durch eine der Lehre entsprechende Demutshaltung bzw. eine reflektierte Bescheidenheit (als Erkenntnis von Endlichkeit) aus. Und schließlich gehört der Vortrag dieser Lehre von der Inkarnation (die entsprechenden heiligen Texte wurden im zweiten Jahrhundert nach Christi Geburt kanonisiert) in den Bereich schlichter Ausdruckskraft, die bei den Verächtern der neu erstandenen Religion den Vorwurf ungeschickter und allzu gewöhnlicher Wort- und Satzwahl

---

lungen 42/1941, S. 57–67); ders., Mimesis. Dargestellte Wirklichkeit in der abendländischen Literatur, Bern und München [5]1971 (1946), besonders die Seiten 9–27; 43–52; 73–77; 116–119; 139–166 und 515–518; ders., Sermo humilis, in: Romanische Forschungen. Vierteljahresschrift für romanische Sprachen und Literaturen, 64. Band 1952, S. 304–364.

145 R. Faber, Sermo humilis. Erzählung, Moral und Rhetorik Johann Peter Hebels, in: Spiegel und Gleichnis. Festschrift für J. Taubes, hgg. v. N. W. Bolz und W. Hübner, Würzburg 1983, S. 215–232.

146 Vgl. Auerbach, Sermo humilis, S. 309.

147 Vgl. hierzu auch Jens, ›Rhetorik‹, §3, S. 434. Diese klassische Dreiteilung hat sich noch bis zu Friedrich Schiller durchgehalten, der das docere mit „wissenschaftlicher", das delectare mit „populärer oder didaktischer" und das movere mit „schöner" Schreibarbeit übersetzen konnte (ebd.).

148 Auerbach, Sermo humilis, S. 313.

herausforderte.[149] Augustin stellt nun einen unauflöslichen Konnex zwischen dem theologisch qualifizierten Gegenstandsbereich humilis und dem entsprechenden Stilbereich sermo humilis her:

„ea vero quae in mysteriis occultat [sc. sacra scriptura; R.W.], nec ipsa eloquio suberbo erigit, quo non audeat accedere mens tardiuscula et in erudita quasi pauper ad divitem; sed invitat omnes humili sermone, quos non solum manifesta pascat, sed etiam secreta exerceat veritate, hoc in promptis quod in reconditis habens."[150]

In der Schrift „De trinitate" (1. Kapitel) erfahren wir auch sehr konzise die Begründung für diesen weltoffenen Schreibstil:

„Sacra scriptura parvulis congruens nullius generis rerum verba ritavit".[151]

Die Spitze in der Argumentation Augustins liegt darin, daß gerade das Niedere – sei es als Gegenstandsbereich, sei es als Stilebene – fähig ist, das höchste Geheimnis des Glaubens auszusprechen, und damit alle Menschen in die Lage versetzt, einen Verstehensprozeß des Heiligen einzuleiten, zunächst unabhängig von Alter und Bildungsvoraussetzungen! Auerbach verfolgt das Auftreten des sermo humilis an verschiedensten Textgattungen der Spätantike und des frühen Mittelalters, doch kann er über seine Diskussion des Realismusproblems (der Mimesis der ganzen Wirklichkeit) den sermo humilis als christlich orientierten niederen Stil zu einem die ganze abendländische Geschichte begleitenden Phänomen erheben.

Den Nachweis, daß Johann Peter Hebel tatsächlich im ‚sermo humilis' seine Biblischen Geschichten verfaßte, müssen die Untersuchungen am Text im folgenden dritten Kapitel unserer Arbeit erweisen. Doch bereits der letzte Abschnitt des zweiten Kapitels, der die Bündelung der bisher erhobenen Voraussetzungsdaten in den eigenständigen Theoriereflexionen Hebels aufzeigen möchte, macht die Kongruenz zwischen dem in der Spätantike entdeckten und als christlich erkannten Konzept einer ‚populären' Schreibart und Hebels ‚Populärästhetik' deutlich. Eine Schulbibel für Kinder kann damit erstmals als Bibeldichtung erscheinen, Bibeldichtung kann sich erstmals das Terrain des sermo humilis erobern.

Während wir mit den Begriffen „Spätaufklärung" die theologischen Voraussetzungen abzudecken glauben, mit den Begriffen „Biedermeier" und „Bibeldichtung" literaturgeschichtliche Zusammenhänge zu erkennen vermeinen, fehlen uns nun noch in der Reihe der Voraussetzungsdaten jene Bereiche in Hebels Leben und Schreiben, die uns nähere Auskünfte zu den weiteren Stichworten unseres Programms versprechen: „Schulbuch" und

[149] Vgl. zu diesen drei Ermöglichungsgründen des ‚sermo humilis' Auerbach, Sermo humilis, S. 318–320.

[150] Diese Stelle aus Augustins Brief an Volusius zitiert Auerbach, Sacra scriptura, S. 23.

[151] Zitiert bei Auerbach, Sacra scriptura, ebd.

„für die Jugend bearbeitet" bedürfen der Erhebung der religionspädagogischen Voraussetzungen Hebels, denen wir uns im folgenden Abschnitt widmen wollen.

Doch ist an dieser Stelle zum Abschluß unseres Überblicks über die Variationen, Modifikationen und Funktionen der Gattung Bibeldichtung nachdrücklich daran zu erinnern, daß jede freie Paraphrase, jede formale Gestaltung der biblischen Geschichte bzw. ihrer Geschichten eine religionsdidaktische Entscheidung impliziert. Und selbst die Wahl einer bestimmten Stilebene nimmt Einfluß auf die theologischen Inhalte. Es ist eben ein Unterschied, ob in Hexametern die letzten Geheimnisse von Jesu' Beteiligung an der Schöpfung besungen werden, oder ob in einem quasi gesprochenen Erzählton das Fehlen einer Überlieferung aus Jesu Jugendzeit auf seinen untadeligen Charakter bezogen wird: hier spekulative Ausdeutung des Unnennbaren – da empirisches Bescheiden und menschlich-augenzwinkernde Interpretation. Bibeldichtung ersetzt keine biblische Didaktik, aber sie vermag einen enormen Ertrag didaktischer Überlegungen in eine repräsentative Form zu gießen; diese didaktische Struktur kann auch noch nach Jahrhunderten in ihrer Intentionalität rekonstruiert werden, sie verflüchtigt sich nicht wie das im Aktuellen sich erschöpfende Unterrichtsgeschehen. Bibeldichtung sollte der religionspädagogischen Forschung nicht länger verschlossen bleiben!

III. Religionspädagogische Voraussetzungen

In zusammenhängender Weise hat sich Hebel im Hinblick auf eine religionspädagogische Theoriebildung nicht geäußert; auch seine Bibliothek und seine Exzerpthefte lassen in diesem speziell gefaßten Gebiet keine besonderen Schwerpunkte erkennen. Selbst allgemeinpädagogisch fehlt ein perspektivierendes, reflektiertes Gesamtkonzept, wie es Hebel etwa in seiner Kalenderarbeit ja sehr präzise und umfassend vor Augen stand. Gleichwohl ist das pädagogische Gefälle aller seiner literarischen Veröffentlichungen nicht zu verkennen.[1] Indem Hebel selbst die Ästhetik ‚populär' zu fassen gedenkt,

[1] In ihrer Dissertation mit dem etwas irreführenden Titel „Der Erzieher Johann Peter Hebel" (Heidelberg 1964) geht M. Lutz dem pädagogischen Gefälle in den Kalendergeschichten und im Katechismus Hebels nach, ohne auch nur entfernt das praxisrelevante pädagogische und didaktische Arbeitsfeld des Erziehers Hebel in Schule und Kirche, also den beiden entscheidenden institutionellen Bedingungsfaktoren, zu erwähnen. Hierauf geht J.Hoymann in seinen „Studien zur Ordnung des pädagogischen Diskurses. Schwerpunkt: Johann Peter Hebel" (Habil. Schrift Päd. Hochschule Westfalen-Lippe 1980) zwar ein, doch erfährt die Person Hebels dabei eine derartige Funktionalisierung, daß man nur staunt, wie der Untertitel der Arbeit noch gerechtfertigt werden kann. Ausführlich geht Hoymann zwar auf einige Predigten Hebels ein, doch

bewegt er sich auf pädagogischem Boden, den er mit seinen sehr bewußten didaktischen Entscheidungen fruchtbar zu machen versucht. Gerade die Populärästhetik Hebels wird uns auch auf die für Hebel typische *Verbindung zwischen Religion und Pädagogik* aufmerksam machen, die in einer Zeit, wo das gesamte öffentliche Erziehungswesen noch in den Händen kirchlich-konfessioneller Institutionen lag, eine kaum in Frage gestellte Selbstverständlichkeit war. Pädagogische und religionspädagogische Voraussetzungen werden also bei Hebel stets zusammenwirken, eine getrennt vorgehende Analyse und Argumentation wäre der Sache, um die es Hebel ging, nicht angemessen. Die Sache aber, um die es Hebel ging, war der „pädagogische Bezug"[2] zum persönlich angesprochenen Schüler im Rahmen der öffentlichen Schule, zugespitzt formuliert: die pädagogische Praxis, der sich Hebel noch in seinem Todesjahr – wie sein ganzes Leben lang! – verpflichtet wußte. Ohne Frage bildet diese seine pädagogische Praxis einen entscheidenden Faktor im Ausarbeitungsprozeß der Biblischen Geschichten, und so werden wir hier auf didaktische Entscheidungen stoßen, die nur auf diesem pädagogischen Hintergrund verständlich werden. Im Folgenden wollen wir also versuchen, aufgrund der wenigen privaten und offiziellen Äußerungen und Entscheidungen bezüglich pädagogischer Probleme die wichtigsten (religions-)pädagogischen Voraussetzungen Hebels zu rekonstruieren, die ihn praktisch wie theoretisch befähigten, sein Lebenswerk mit einer exemplarischen Biblischen Geschichte – für Kinder erzählt und als Schulbuch öffentlich eingeführt – zu krönen.

1. Die öffentliche Schule als Bezugspunkt des (religions-)pädagogischen Nachdenkens Hebels

a) Zwischen Kanzel und Katheder

Die Weichen zu Hebels Laufbahn als Lehrer – und nicht als Pfarrer – werden in seiner ersten Anstellung als Präzeptoratsvikar am Pädagogium zu Lörrach gestellt. In seiner Anstellungsurkunde vom 28. März 1783 wird eine Streichung vorgenommen, die – im historischen Rückblick – eine sein ganzes weiteres Leben bestimmende Einschränkung festschreibt, die von Hebel allerdings bewußt und willentlich ausgestaltet wurde. Der Vordruck nämlich, der „den bisherigen Canditatum ministerii ecclestiastici Johann Peter Hebel" in Gnaden beruft, sieht – „zu seiner Legitimation und Nachricht" –

---

erweist sich sein methodischer Ansatz einer Diskurs-Analyse als Sterilisation einer öffentlichen religiösen Rede, der Hebel ausdrücklich am allerwenigsten pädagogische Intentionen unterlegen wollte.

[2] Vgl. zu diesem zentralen pädagogischen Kriterium die Ausführungen bei H.-K. Beckmann, Schule unter pädagogischem Anspruch, Donauwörth 1983, S. 48–79.

vor, „daß er sich in Lehre und Leben ohntadelhaft erweisen und seinem ihme anvertrauten Pfarr=Amt mit allem Fleiß und Eifer abwarten= sofort sich hiebey nichts zu Schulden kommen lassen solle".[3] Und eben jenes „Pfarr-=Amt", das – spielerisch oder ernsthaft – ein ganzes Leben lang von Hebel in Briefen und sogar Predigtentwürfen antizipiert wird, ist zu einem bloßen „Amt" gestutzt! Die fundamentalen Spannungen, die sich (im übrigen bis in unsere jüngste Vergangenheit und Gegenwart) zwischen dem Profil eines Pfarramtes und dem des Lehramtes ergeben, hat Hebel massiv zu spüren bekommen; und in einer sehr deutlichen Sprache hat er das Lehramt favorisiert und ihm mit beredten Worten seine ihm eigene Dignität bewahrt. In einer Geschichte der Emanzipation der Schule von der Kirche gebührte Hebel eine ruhmvolle Erwähnung,[4] gerade weil er schließlich als oberster Kirchenbeamter seine Karriere gemacht hat, ohne die spezifischen Probleme des Lehrberufes je zu vergessen. Hebel konnte sich auf Kanzel *und* Katheder verwirklichen, auf beiden Lehrorten leistete er Vorbildliches. Sein Herz aber schlug für das Katheder, und es ist bezeichnend, daß der erste erhaltene Brief von ihm diese Option in seiner typischen Prägnanz veranschaulicht – jedem heutigen Religionslehrer zu Trost und Erbauung!

Am 26. November 1784 schreibt Hebel aktuell und prinzipiell an seinen Kollegen, den Diakonatsvikar Sonntag:

„Mein Bester,
Wie wohl ich sehe, daß mir die Geschäfte an der Kirche immer mehr zur Schuldigkeit gemacht werden, und also Ursach genug hätte die Predigt auf übermorgen nicht anzunehmen, so bin ich doch entschlossen, damit du nicht dabei leiden darfst Vormittag zu predigen. Doch nehm ich Gelegenheit Dir einmal meine Gedanken über die Sache zu entdecken. Mich deucht, daß Tage wie der Samstag ist, Tage der Erholung für den sein sollen, der eine Woche lang in die Schulstube eingesperrt war, Tage die von ihm und nicht von andern sollen benuzt werden. Wenn dieß bei mir allein eine Ausnahme haben, wenn ich doch sizen und immer sizen soll, warum sollt ich denn nicht lieber über meinen Berufsgeschäften sizen bleiben und fortinformiren, als mich an ein neues Geschäft binden lassen, das mich in meiner gegenwärtigen Lage nichts angeht. Ich könnte mich zwar Deinem Billet nach an den Montägen schadlos halten. Allein ich finde nicht für gut, um einer Nebensache willen meine Pflicht beiseite zu setzen, und die mir anvertrauten und am Herzen ligenden Schulen entgelten zu lassen, wofür sie nichts können. Schwerlich würden auch die Eltern darauf Rücksicht nehmen, daß ich am Sonntag geprediget habe, wenn ich am Samstag zu Haus bleiben und am Montag Ferien

[3] Genrallandesarchiv (GLA) Karlsruhe, 65/776, 36.

[4] Erst 1871 allerdings war der Leiter der inzwischen zum Realgymnasium avancierten Lörracher Schule kein Geistlicher mehr, sondern ein klassischer Philologe! Vgl. A.Baumhauer, Von der Rötteler Kapitelschule zum Pädagogium und Hebelgymnasium in Lörrach, in: Badische Heimat 40/1960, H. 1/2, S. 102–109, hier: S. 108.

machen wollte, um nach Basel gehen zu können. Vilmehr bin ich entschlossen die Weihnachtsferien zur Erholung für mich und zu meinen Privatgeschäften zu benutzen.

Dein

Hebel."[5]

Die Gründe, die Hebel anführt, sind allesamt pädagogisch verantwortet und plausibel – und nicht zuletzt abgedeckt durch die amtliche Bestallungsurkunde des „Durchlauchtigste(n) Fürst und Herr(n), Herr(n) Carl-Friedrich". Aus der Sicht der Kirchenbehörde jedoch überwog die Pflicht, die aus der Ordination hergeleitet wurde, bei weitem einen sinnvollen Anspruch auf pädagogische Konzentration. „Des Kirchenraths und Special Hitzigs unterthänigste Anfrage wegen des Vicarii Hebels dahier, der sich weigert, Functiones ministeriales im Nothfall zu verrichten" – sie wurde am 22. Dezember 1784 mit Auflistung von sieben eher rhetorisch als sachlich vorgetragenen Gründen nach Karlsruhe abgesandt[6] – bekam eine Entschließung des Kirchenratskollegiums, die an Eindeutigkeit nichts zu wünschen übrig ließ: Hebel sei „im nächsten Visitations Protocoll die unverweigerte Befolgung der speciales-amtlichen Anordnungen dahier anzuzeigen."[7] Zum einen wird „mit Befremden ersehen", daß Hebel das Problem ohne Einschaltung des Spezialats zu lösen trachtete, zum anderen sei er „insbesondere zur Beihilfe in der Administration des heil. Abendmahls gemessen anzuweisen".[8]

b) Zwischen öffentlichem und privatem Unterricht

Der aktenkundig gewordene Fall – dessen weitere Entwicklung wir auf Grund fehlender Dokumente nicht mehr verfolgen können – liest sich aus der Sicht Hebels wie ein Plädoyer für den uneingeschränkt öffentlich wahrzunehmenden *Schul*unterricht, der durch kirchliche Übergriffe in Gefahr steht, zum vernachlässigbaren Adiaphoron vermeintlich wichtigerer, weil heiliger Handlungen zu werden. Wie sehr Hebel dieser öffentliche, aller bloßen Eigeninteressen entledigte Schulunterricht verteidigenswert schien, beweist Hebels Entschiedenheit, mit der er noch kurz vor seinem Tod in den letzten seiner erhaltenen Briefe die andere potentielle Gefährdung einer methodisch geregelten Schulerziehung geißelte: die Privaterziehung. Schon im April 1824 gab er seiner lebenslangen (Brief-)Gefährtin einen durchaus verallgemeinerbaren pädagogischen Rat bezüglich des befreundeten Pfarrer Eberhards Söhne:

---

[5] Briefe, Nr. 1, S. 1, (An Sonntag, 26. November 1784).

[6] Abdruck bei A.Feßler, Aus dem Leben des Präceptoratsvikars J.P. Hebel, in: Ekkhart. Jahrbuch für das Badener Land 1938, S. 69–72, hier: S. 70f.

[7] GLA Karlsruhe, No 117, Heft 1395 (14. Januar 1785). Abdruck bei Feßler, ebd.

[8] Ebd.

„Wenn die Söhne studiren sollen, so wäre es schon gut, daß sie sobald als möglich in eine Schule kämen oder wenigstens nicht zu lange daheim blieben. Ein Vater unterrichtet seine Söhne nie gut. Denn erstlich hat er keinen Masstab, und zweitens bringt er sie nur in dem weit, was er selber gut versteht, und woran er Freude hat, und treibt anderes gar nicht oder mit geringem Erfolg, und der Sohn taugt alsdann in keine Classe mehr recht in einer Schule, wo von verschiedenen tüchtigen Lehrern a l l e s mit gleichförmigem Ernst und Eifer getrieben wird. Man fordert heut zu Tag sehr viel von einem iungen Menschen aufrichtig gesagt, fast zuviel."[9]

Hebel glaubt also an die – arbeitsteilig sich immer stärker profilierende – pädagogische Kompetenz des Lehrers im Gegensatz zur häuslichen Privaterziehung. Zwar argumentiert er primär mit einer nicht mehr allein aufzuarbeitenden Wissensakkumulation, doch hat er gleichzeitig, wie schon in seinen Lörracher Anfängen, das Wohl des Kindes im Auge, das er an einer gut ausgebildeten Schule mit gut ausgebildeten Lehrern am besten aufgehoben weiß. Wie ein Vermächtnis klingen deshalb die allerletzten von Hebel erhaltenen schriftlichen Äußerungen (9. Sept. 1826), die noch einmal mit teilweise identischer Argumentation wie im eben zitierten Brief „von einer langen Erfahrung und vielseitigen Beobachtung" her „dem öffentlichen Unterricht den Vorzug" erteilen, wobei es sich diesmal um den Neffen der Gustave Fecht als pädagogischen Problemfall handelt:

„Ihr Herr Bruder, dem in seiner vieljährigen Abgeschiedenheit von der Welt, die Gestaltungen der neuen Zeit im pädagogischen Fach und die Forderungen die sie macht, vielleicht etwas fremd geblieben sind, scheint mir nicht richtig zu urteilen, wenn er das Gegenteil glaubt. Der häusliche Unterricht enthält sich [sic!] immer und nothwendig in einer gewissen Beschränktheit, die heut zu Tage nicht mehr genügt, und führt im glücklichsten Fall zu einem vielleicht ausgezeichneten, aber immer nur einseitigen Wissen. Kommt alsdann ein Knabe zuspät aus den Händen des väterlichen Lehrers – und einmal muß es doch geschehen – so paßt und taugt er nirgends mehr hin, und fühlt erst, wenn es zu spät ist, die Lücken, die alsdann nicht ohne Zeitverlust und bittere Anstrengungen ergänzt werden können. Ich kann Ihren Herrn Bruder durch kein Mißtrauen in seine Tauglichkeit zum Lehrer beleidigen, aber es ist doch auch nicht möglich, daß der geschickteste Mann, zumal neben einem anderen Berufsgeschäft, alles das leisten kann, was mehrere, ieder Meister in seinem Fach, im planmäßigen Zusammenwirken zu leisten im Stande sind. Auch ist da ein ganz anderes Treiben und Leben unter den Knaben, die etwas lernen wollen, unter welche ich Gustav rechne, denn für die anderen ist es einerlei, wie sie Nichts lernen."[10]

Hier nun schließt sich der Kreis zu massiven Angriffen auf das nicht auflösbare Spannungsverhältnis zwischen Pfarramt und Lehramt, denn der angesprochene „Herr Bruder" der Gustave Fecht, Eberhard Friedrich Fecht, war ab 1817 Pfarrer in Hesselhorst und teilte mit allen seinen Pfarrkollegen

[9] Briefe, Nr. 490, S. 648.
[10] Briefe, Nr. 540, S. 686.

die zeitraubenden Amtsgeschäfte einer eigenständigen Pfarrei. Hebel gesteht ihm nicht einmal zu, die Erfahrungen eines Hauslehrers und späteren Lehrers an der Snellschen Erziehungsanstalt in Nyon (1805–1808) in seinem jetzigen Wirkungsbereich zum Durchschlag kommen zu lassen. Hebels Plädoyer für die pädagogische Kompetenz und gegen kirchliche und private Abhängigkeiten ist ein schöner Beweis für sein Konzept eines öffentlichen, staatlich verantworteten Unterrichts, der allein die unabdingbare pädagogische Freiheit garantiert.

c) Zwischen Freiheit und Notwendigkeit

Wie sehr Hebel diese *Verbindung von Freiheit und Notwendigkeit* im pädagogischen Bereich ein Anliegen war, wird ersichtlich aus den versteckten Angriffen auf die Gallionsfigur pädagogischer Emanzipation am Anfang des 19. Jahrhunderts. In einem Brief an seinen ehemaligen Schüler Nüßlin vom 27. August 1803 erzählt er mit ironischem Unterton vom ehemaligen Mitschüler Jakob Friedrich Ladomus[11]:

> „Hat Ladomus noch nicht von Bigfeld aus einen Abstecher zu Ihnen gemacht? Sie wissen doch, daß er dort ist. Er könnte, da Pädagogik sein Fach nicht ist, und nach seinem eigenen Plane nicht werden soll, etwas Klügeres thun. Aber der gute Jüngling mit seiner schnellen und lebhaften Erfassung für alles was ihm neu ist, und interessant scheint, läßt sich für Pestalozzi nicht nur totschlagen, sondern, wenn's sein muß, lebendig schinden."[12]

Das ist natürlich keine inhaltliche Auseinandersetzung mit dem pädagogischen Programm Pestalozzis.[13] Aber Hebels beißender Spott auf die blinde Jüngerschaft des Ladomus wirft gleichzeitig ein bezeichnendes Licht auf das umstrittene, weil eben Gefolgschaft einfordernde Auftreten Pestalozzis, wovon ein zehn Tage nach dem Brief an Nüßlin erscheinender Artikel in der Karlsruher Zeitung vom 7. September 1803 ein öffentliches Stimmungsbild zeichnet. Schweizer Gesandte berieten, dem Artikel zufolge, über „Pestalozzi's Bittschrift, um Fortsezung der Unterstützung seines Instituts";[14] und im „Contrast" zu verschiedenen Gesandten „äußerte der Lucerner Gesandte: Es sey wahr, das Institut mache viel Lärm, es sey aber mit dem Magnetismus zu vergleichen, den er wohl leiden, aber nicht kaufen möge."[15] Man geht wahrscheinlich nicht zu weit, wenn man Hebels Anfälligkeit für diese Art von

[11] Vgl. die biographische Notiz zu Ladomus bei K.Obser, Neue Hebelfunde, in: Mein Heimatland, 19/1932, H. 1/2, S. 17–30, hier: Anm. 1, S. 19.

[12] Briefe, Nr. 91, S. 162.

[13] Für eine erste Einführung in eine aktuelle Auseinandersetzung empfiehlt sich M. Liedtkes Artikel Johann Heinrich Pestalozzi (1746–1827), in: H. Scheurl (Hg.), Klassiker der Pädagogik. Erster Band. Von Erasmus von Rotterdam bis Herbert Spencer, München 1979, S. 170–186.

[14] Karlsruher Zeitung, Mittwoch den 7. September 1803, Nro. 143, Pag. 630.

[15] Ebd.

Argumentation vermutet, ist doch sein eigenes Urteil über den als Vergleichspunkt gewählten Magnetismus noch weit unduldsamer.[16] Typisch für die damalige Diskussion über Pestalozzi dürfte jedenfalls die Position der Berner Gesandten gewesen sein:

„Bern mochte sich nicht getrauen, ein Urteil zu fällen. Auf die öffentliche Meinung sey indessen nicht alles zu bauen, sie habe sich oft betrogen. Bern wollc zwar Pestalozzi nicht verfolgen, aber sich auch nicht hinreißen lassen und seinetwegen andre Institute darben lassen."[17]

Hebel selbst hat den Artikel allerdings wegen einer ganz anders gelagerten Pointe für erwähnenswert befunden, die die ironische Distanz zu Pestalozzi jedoch wiederum nicht unterdrücken kann: Im Brief an den Gelehrten K. G. Dümge knüpft er nochmals an Ladomus an:

„Unser Freund Ladomus sitzt, wie wir glauben müssen, noch immer in Burgdorf angenagelt. Er läßt kein Wort von sich hören, und Sander ist fast ein wenig empfindlich darüber. Nun wird er aber wohl bald zurückkommen, da Pestalozzi zu den Göttern gegangen ist. Maklott kündigte nemlich in einem seiner jüngsten Zeitungsblätter in der summarischen Inhaltsanzeige ‚Pestalozzi's Tod' an. Zum Glück fand sich aber in dem Texte selber nur die Nachricht, daß sein Gesuch um Unterstützung bey der Tagsatzung zur Sprache gekommen sey, und daß der Lucerner Gesandte nicht viel auf seine Methode halte, weil sie ihm wie der veruffene Magnetismus vorkomme!! [sic!] Vermutlich hat Maklott nach der abzwickenden oberdeutschen Mundart „Method" diktiert, und der Schreibende glaubte zu dieser Apokope der letzten Sylbe sich schon eine Aphäresis der ersten erlauben zu dürfen, da es löblich ist, sich der Kürze zu befleißigen, zumal wenn man zugleich die Nebenabsicht erreichen kann, den Leser auf eine sinnreiche Art zu überraschen."[18]

Was hier in ersichtlicher Freude am Zusammenhang von Zeitungsente und der Person Pestalozzi noch flapsig kommentiert wird, erfährt ein Jahr später eine quasi öffentliche und offizielle Zusammenfassung im Brief an den Freund Hitzig:

„Deine bündige und interessante Berichterstattung über Pestalozzi's Methode hat mir Sander zu lesen gegeben und hält sie auch dafür. Er hat mir auch seinen Bericht dazu versprochen, den ich aber noch nicht erhalten habe. Doch weiß ich, daß er des Urtheils ist, das du ihm auch vorgearbeitet hast, daß vor der Hand in unseren öffentlichen Schulen nicht wohl eine Anwendung von der neuen Kunst zu machen oder zu empfehlen sey."[19]

Die öffentliche Schule war also ohne Zweifel der wahre Bezugspunkt des pädagogischen Nachdenkens Hebels und seiner Amtskollegen – hier sogar aus dem Bereich der Kirchenhierarchie. Leider fehlen die genannten Doku-

16 Vgl. Anm. 129 im 2. Kap. I,3c!
17 Karlsruher Zeitung, aaO., Pag. 630.
18 Briefe, Nr. 92, S. 163f., (An Dümge, 10. Sep. 1803).
19 Briefe, Nr. 111, S. 200, (An Hitzig, August 1804).

mente, die es erlaubten, eine nähergehende Begründungsstruktur zu erfassen. Gleichwohl lassen sich aber alle weiteren Hinweise und Ausführungen Hebels zu pädagogischen, didaktischen und methodischen Problemen unter diesem systematischen Oberbegriff einer gewissen kohärenten Ordnung zuführen.

d) Gutachten für die öffentliche Schule

Zwei wichtige Gutachtertätigkeiten Hebels können unsere These nachhaltig stützen; sie betreffen einmal die lehrplanmäßige Modifikation des Pädagogiums in Lörrach aus dem Jahr 1790, zum anderen die weitläufigen Anstöße zur völligen Neuordnung des Volksschulwesens, die im „Entwurf eines Plans zur Organisation des hiesigen deutschen Schulwesens" gipfeln; letztere Überlegungen aus den Karlsruher Jahren 1816–1824 wurden bislang nur ein einziges Mal einer durchaus eingeschränkten Öffentlichkeit präsentiert: Der Aufsatz von N. Thamm und L. Vögely aus dem Jahr 1959[20] blieb jedoch – auch mangels einer wissenschaftlichen Zitation der behandelten Quellen – in der Hebel-Philologie unbeachtet, so daß selbst in neuesten Bibliographien und Zusammenstellungen der Fundorte einschlägiger Hebelhandschriften diese pädagogische Aktivität Hebels völlig ausgeblendet blieb. Hebels Überlegungen zur Lörracher und zur Karlsruher Situation des Schulwesens stehen in schöner Kontinuität. Beide Male bleibt die öffentliche Schule in ihrer notwendigen Selbstverständlichkeit unangetastet; die pädagogische Freiheit wird perspektivenreich an methodischen und didaktischen Einzelproblemen praktiziert und antizipiert; und in diesen Einzelargumentationen spürt man, wie alle Überlegungen zur Vermittlungsproblematik auf das Wohl des Kindes innerhalb der Institution Schule hinauslaufen. Gerade diese realistische Spannung zwischen Freiheit und Notwendigkeit setzte kreative Ergebnisse eines didaktischen Transformationsprozesses frei, wie sie später bzw. gleichzeitig in die Arbeit an den biblischen Geschichten eingeflossen sind.

Am 29. Oktober 1790 reichte Hebel „Einige Gedanken, wie die bisherige Einrichtung der Lektiones des Pädagogiums, besonders in Rücksicht der zweiten Klasse nach den Umständen könnte abgeändert werden" an das Spezialat Rötteln ein, das die Kirchenratsanweisung bekommen hatte, „mit Zuziehung der sämtl. Lehrer die Schematismos zu ordnen", um eventuell einen Übergang des Pädagogiums in eine Real-Schule angesichts mangelnder Schülerzahlen vorzunehmen.[21]

---

[20] N. Thamm/L. Vögely, Das erzieherische Wirken Joh. Peter Hebels in Karlsruhe, in: Beilage zum Durlacher Tagblatt „So weit der Turmberg grüßt", 11/1959, Nr. 2, S. 13–24 und Nr. 3, S. 25–36.

[21] Vgl. G. Moehring, „Den Blick zum Belchem gewendet". Johann Peter Hebel im Markgräflerland, Marbacher Magazin 23/1982, S. 24f. Hebels Denkschrift ist vollständig abgedruckt auf

Die wohl einschneidendste Maßnahme, die Hebel anmahnte, war die Heraufsetzung der Deutschstunden von einer auf vier Stunden, die Reduzierung der Lateinstunden von zwölf auf zehn Stunden und die Einführung einer fünfstündigen „Lektion für die Realschüler, z. B. Naturgeschichte oder Mechanik" (S. 41). Nun waren die bis 1839 gültigen Statuten des Lörracher Pädagogiums aus dem Jahr 1719 zur Zeit Hebels immer noch durchaus fortschrittlich, besonders was das „excolieren", das Pflegen der deutschen Sprache und Dichtung und was das Achten auf ein verstandesmäßiges Lernen im Gegensatz zum toten Gedächtnislernen betraf; A. H. Francke, der Hallenser Theologe und Pädagoge hatte hier zum Vorbild gedient.[22] Aber die Begründungen Hebels im einzelnen zeigen deutlich, wie sehr sich die Schulwirklichkeit von den Idealen fortentwickelt haben mußte. Hinzu kam die sich akkumulierende Wissensfülle, die gerade für diejenigen wichtig werden mußte, die nicht die klassischen Studien (Theologie, Medizin, Jurisprudenz) anstrebten bzw. bereits auf den vorbereitenden Unterricht am einzigen Gymnasium des Landes in Karlsruhe (vormals in Durlach) verzichten wollten. In dieser Situation plädiert Hebel für eine grundsätzliche Neuorientierung im Erlernen der lateinischen Sprache. Elementare Strukturen einer Sprache, nämlich Wortbedeutung und Grammatik seien vornehmlich in der deutschen Sprache bzw. in der deutschen Büchersprache einzuüben; dazu diene „a. jede Kenntnis überhaupt, welche Namen sie haben mag, in wiefern sie den Verstand übt, aufhellt und bereichert" (S. 38). Die aufgeklärte enzyklopädische Weltorientierung rangiert also noch vor aller Sprachorientierung. Inhalte, Gegenstände, Sachverhalte dominieren! Erst dann widme man sich „b. allgemeine(r) Grammatik" (ebd.) und zwar zur Vermeidung unnötiger Hindernisse *in deutscher Sprache*. Schließlich müssen „c. (a)llgemeine Begriffe und Bekanntschaft mit der Materie die in dem Autor abgehandelt wird" (S. 39) eingeübt werden, bevor endlich die eigentliche Lektüre der lateinischen Autoren beginnen kann. Ist also hier dem *verstandesmäßigen* Begreifen der Inhalte ein erster Weg geebnet, so spielt das ‚*herzmäßige*' Begreifen eine mindestens gleichwertige Rolle. An dieser Stelle stoßen wir auf eine Argumentation, die in nuce auch eine Rechtfertigung einer Biblischen Geschichte – erzählt für Kinder, vor allem für Schüler! – enthält: Hebel fordert nämlich angesichts der bisherigen quantitativen und qualitativen Auswahl lateinischer Autoren die „Einführung solcher Lesebücher [...], die von Gelehrten unsrer Zeit absichtlich für die Jugend entweder aufgesetzt oder gesammelt sind." (S. 40) Hebel redet dem methodischen Verfahren der *Bearbeitung* das Wort, wie er es in seiner Populärästhetik in grund-

---

den Seiten 37–41. Im Folgenden wird im Text zitiert! Hebels Gutachten wurde keine weitere Aufmerksamkeit zuteil.

[22] Vgl. hierzu den genauen Überblick bei A. Baumhauer, Das markgräfliche Pädagogium in Lörrach zu Beginn des 18. Jahrhunderts, in: Das Markgräflerland, 1954, S. 25–35, hier: S. 26 und S. 29.

sätzlicher Weise reflektiert, wie er es aber speziell in eigenen Stilübungen für das Lateinische exemplarisch ausgeführt hat.[23] Natürlich steht die Auffassungsgabe seiner Schüler – ganz konkret die der zweiten Klasse des Pädagogiums – im Blickpunkt seiner Begründung:

> „Denn darf es Erweisens, daß die römischen Schriftsteller nicht für sie geschrieben haben? Oder darf man erwarten, daß 12jährige Knaben in Teutschland ein Buch verstehen und mit Vergnügen lesen sollen, bey dessen Verfassung sich der Schriftsteller vor 1800 Jahren römische Männer, Zeitgenossen und oft Augenzeugen der Begebenheiten dachte. Ich kenne eine einzige Bedenklichkeit, daß das Ohr des Schülers in neuern Schriften nicht früh genug an reine Latinität gewöhnt werde. Diese Einwendung kann aber an einer Schule gerade am wenigsten gelten, wo man doch auch 5 Jahre lang das N.T. übersetzt, eh man zu einem ächt griechischen Schriftsteller übergeht." (S.40)

Auf eine knappe Formel gebracht heißt dies: *Popularität vor Authentizität!* Oder in heutiger didaktischer Terminologie ausgedrückt: Keine Abbilddidaktik, sondern schülerorientierte didaktische Analyse! Religionspädagogisch gewendet werden wir an den geradezu klassischen Fall der Auseinandersetzung um die Bibel als einem oder keinem Buch für Kinder erinnert, der in immer neuen Anläufen variiert zu werden scheint. Hebels eigener Schulbuchversuch einer Bibeldichtung hat diese Auseinandersetzung Mitte des 19. Jahrhunderts schmerzlich erfahren müssen. Hebel selbst stellte sich kompromißlos auf die Seite der Schüler, gestärkt durch seine Theologie, die das Popularisieren methodisch *und* inhaltlich zu einem Leitbegriff erhoben hatte, gestärkt aber auch durch seine pädagogische Sensibilität, die sich offensichtlich dem Entwicklungsstand der Pädagogik als Wissenschaft im 18. Jahrhundert – bei aller kritischen Distanz – voll bewußt war:

> „Auch wäre es wohl ein demüthigender Vorwurf für unser pädagogisches Zeitalter [!], wenn wir keine Lesebücher auftreiben könnten, die wenigstens so rein von Schlaken des ehrenen Zeitalters als Justin, so frey von Archaismen als Phädrus, so verwahrt von Spuren der Eilfertigkeit als selbst manche Briefe des Cicero an seine Vertrauten, endlich so unentstellt von unrömischen Lesarten, als unsre gewöhnlichen Schulausgaben der lat. Autoren sind." (S.40)

Hebels uneingeschränkte Option für einen didaktischen Transformationsprozeß wiegt im Falle der lateinischen Lesebücher umso schwerer, als nach Ausweis seiner hinterlassenen Bücher Hebel eine nahezu vollständige altphilologische Bibliothek besaß, deren wissenschaftlich abgesicherte Editionen

---

[23] Vgl. Hebels Lateinisches Stilbuch, dessen handschriftliche Ausarbeitung in der Badischen Landesbibliothek unter der Signatur H 83 und H 93 aufbewahrt wird. Gelungenstes Beispiel für die Sorgfalt und Phantasie, die Hebel an solche Übungen wendet, ist die Erzählung „Kannitverstan", die Hebel zuerst in lateinischer Sprache für sein Stilbuch verfaßt hat, wobei es sich um die eigenständige Bearbeitung eines vorausgesetzten Stoffes handelt! Vgl. den Abdruck der lateinischen Fassung (vor 1809) bei K. Franz, Johann Peter Hebel. Kannitverstan, S. 12f. Vorläufer und Quellen sind dort auf den S. 13–19 zitiert.

der Primärliteratur sowie deren zeitgenössische Sekundärliteratur Hebel auf einem eindrucksvollen Niveau der altphilologischen Wissenschaft zeigen![24] Wie schon bei der Beurteilung der theologischen Voraussetzungen Hebels müssen wir aber auch hier feststellen: Alle pädagogischen und didaktischen Prozesse, alles Popularisieren geschieht auf dem festen Fundament gesicherter wissenschaftlicher Erkenntnisse. Nicht ohne Grund fordert Hebel ja auch die „Gelehrten unserer Zeit" auf, „absichtlich" sich der großen didaktischen Aufgabe zu stellen! Das wichtigste Korrektiv aller Gelehrtheit aber ist der Schüler. „Übertreiben Sie die iungen Leute nicht."[25]

Die zweite, besonders herausragende Gutachtertätigkeit Hebels rückt neben dem Lehrplan das gesamte öffentliche Schulwesen (vorwiegend im Bereich Karlsruhe) in den Mittelpunkt seiner pädagogischen Reflexionen. Es handelt sich dabei um folgende Eingaben und Entwürfe:

1. ein „Promemoria" von 1816, in dem Hebel „eine völlige Neuordnung" der in Karlsruhe bestehenden Volksschulen anstrebt,[26]
2. ein Brief Hebels an das Ministerium von 1817, in dem ein „Plan der Abtrennung einer Realschule" vom überfüllten Lyceum entwickelt wird,[27]
3. ein Gutachten „über den Lehrplan und seine Durchführung" aus dem Jahr 1822 oder später im Anschluß an einen Vorstoß des Stadtdekans Katz von 1822 oder später, der „die geplante Neuorganisation des Schulwesens der Stadt" wieder aufgenommen hatte,[28]
4. der Entwurf eines Plans zur „Organisation des hiesigen deutschen Schulwesens" vom Jahr 1824, in dem er „den Grund zur Gestaltung" legte, „aus der heraus sich die heutige Karlsruher Volksschule organisch entwickeln konnte."[29]

Welche Fülle pädagogischer, religionspädagogischer und didaktischer Erkenntnisse dürfte in dieses beachtliche Programm einer Neugestaltung des öffentlichen Schulwesens eingeflossen sein. Und dennoch bleibt uns der Einblick in die pädagogische Detailargumentation (in der, wie wir gesehen haben, stets der ganze Pädagoge Hebel sich entfaltet!) verschlossen: Thamm und Vögely zitieren in ihrem Aufsatz nur die allgemeinsten Leitlinien dieses Programms (mit besonderer Berücksichtigung der die Stadt- und Schulge-

---

24 Für diesen Hinweis danke ich Herrn Studienrat Kl. Furthmüller, Bamberg. Auffallend und einer weiteren Erklärung bedürftig ist lediglich das völlige Fehlen von Terenz und Plautus im Lateinischen, desgleichen das Fehlen von Aischylos und Euripides im Griechischen. Auf philosophischem Gebiet ist die weitgehende Ausblendung des Platon sicherlich mit Hebels (durchaus eingeschränktem) Horizont der Popularphilosophie der Aufklärung zu erklären. Vgl. Verzeichniß, S. 14–26 (insgesamt 171 altphilologische Titel von insgesamt 593 hinterlassenen Büchern, also rund 30% des gesamten Bücherbestandes!).

25 Briefe, Nr. 353, S. 524, (An Engler, 11. Mai 1813).

26 Vgl. Thamm/Vögely, Das erziehende Wirken, S. 32.

27 Ebd.

28 Thamm/Vögely, Das erziehende Wirken, S. 33.

29 Thamm/Vögely, Das erziehende Wirken, S. 34.

schichte Karlsruhes betreffenden Passagen), ihr brieflich und mündlich mitgeteilter Fundort der Handschriften Hebels[30], nämlich das Generallandesarchiv Karlsruhe, läßt eine Ermittlung des einschlägigen Bestandes aber *nicht* zu.[31] So bleibt an dieser Stelle nur die Hypothese, daß ähnlich den weitblickenden Innovationen des jungen Pädagogen Hebel auch diese Gutachtertätigkeit des späteren Hebel ein eigenständiges, kritisches, am jeweils entscheidenden Detail reflektierendes pädagogisches Profil erkennen läßt. Das von Thamm und Vögely Veröffentlichte weist in diese Richtung, doch vermag es unsere spezifische Problemstellung, wie sie mit didaktischen und pädagogischen Prozessen an öffentlichen Schulen gegeben ist, nicht weiter zu erhellen.

e) Am Ende: Weisheitliche Einsicht

Hebel starb bekanntlich über der amtlichen Tätigkeit einer Schulvisitation an einer öffentlichen Schule, dem „Großherzoglichen Lyceum" in Mannheim. Den Bericht über seine Eindrücke und Beobachtungen konnte Hebel nicht mehr abfertigen. Und seine Aufzeichnungen während der Visitation vom 11.-14. September 1826 werden für immer ein unlösbares Problem bleiben:

> „Was den Bericht über die Prüfungen betreffe, so habe man unter den hinterlaßenen Papieren allerdings bey seiner Schreibtafel einen vierfach zusammengelegten mit Chiffern beschriebenen Bogen gefunden, zu deren Enträthselung aber der Schlüßel fehlt."[32]

Es dürfte nicht an provozierender Deutlichkeit gefehlt haben! Denn bereits zwei Jahre zuvor hatte der „Ministerial Commissarius Prälat Hebel" an der Herbstprüfung in Mannheim teilgenommen. Sein damaliges Urteil über den Religionsunterricht zeigt unwiderlegbar die präzise Analyse eines schwierigen Faches an einer kirchenunabhängigen öffentlichen Schule:

> „Nur in der Prüfung über den protestantischen Religionsunterricht hätte man gerne befriedigendere Resultate erwarten mögen, wisse aber wohl, daß derselbe, wenn nicht ein Pensum daraus für die Prüfung eingeübt werden solle, was man nie wünschen könne, zu den schwierigsten Gegenständen derselben gehören, und daß, abgesehen von dem Erfund der Prüfung auf die Zweckmässigkeit u. Fruchtbarkeit des Unterrichtes hier weniger als in anderen Lektionen mit Sicherheit zu machen sey.
>
> Indessen wollte man doch den Wunsch nicht unterdrücken, daß bis auf eine andere Art Rath geschafft werden könne, aller mögliche Bedacht genommen werde, daß

[30] Brief vom 21. Oktober 1986. Mündliche Bestätigung vorab.

[31] Brief vom 13. Oktober 1986. Auch entsprechende Anfragen bei der Badischen Landesbibliothek und beim Landeskirchlichen Archiv Karlsruhe blieben erfolglos.

[32] Vgl. den Abdruck des Zitats bei Fr. Teutsch, Auf den Spuren Hebels als Prüfungskommissar, in: Badische Heimat 65/1985, H. 1, S. 278f. Teutsch hat diesen Abschlußbericht in den Akten des Großherzoglichen Lyceums entdeckt: Stadtarchiv Mannheim, Bestand Karl-Friedrich-Gymnasium, Zugang 40/1971, Nr. 147.

dieser so wichtige Theil des Gesammtunterrichtes doch nicht gerade, wenigstens nicht ausschließlich an den jüngsten Lehrer hinab falle.“[33]

Zum Schluß seines Lebens erkennen wir nun doch so etwas wie ein religionspädagogisches Grundsatzprogramm, wenn auch nur skizzenhaft angedeutet und ganz aus einer unmittelbar praktischen Erfahrung heraus verfaßt. Seinen eigenen praktischen Erfahrungen als Lehrer wollen wir uns nun zuwenden.

2. Die Heiterkeit des Gemüts als indirekte Leitlinie des (religions-)pädagogischen Handelns Hebels

Die Heiterkeit ist der Himmel, unter dem alles gedeiht.
Johann Heinrich Pestalozzi

„Von Geschäften könnt ich wohl etwas vorbringen, aber es ist schon eine gar alte Leyer. Krank bin ich weiter auch nicht gewesen, Gott sey Lob und Dank. Heiterkeit und froher Sinn, der fehlt freilich, den drückt das Joch das auf mir ligt gewaltig nieder, den äzt mir mancher stille Verdruß allmählig aus der Seele; aber wer ist schuld daran, wenn ich ihn nicht in der Unterhaltung mit guten freundschaftlichen Menschen wieder zu wecken und anzufachen suche?“[34]

Hebels berufliche Belastung war vor diesem Sommer 1797, besonders in den Anfängen seiner Karlsruher Jahre ab 1791, schon erheblich und zeitaufreibend gewesen; auch danach mochten sich – gekoppelt an seinen stetigen Aufstieg in der kirchlichen und schulischen Hierarchie – keine stilleren Zeiten einstellen: Die Sehnsucht nach Muße blieb ein leitendes Motiv in den persönlichen Zeugnissen, die uns erhalten sind. Zu gut nur kannte er den „Dunst und (das) Schweißbad der Schule“[35]: „iede Stunde des Tages hat ihre eigene Plage.“[36] Ein ehrlicher Seufzer im Mai 1805 an den Freund Hitzig mag für viele leidvolle Erfahrungen und frustrierte Hoffnungen stehen:

„Als 22jähriger Schulmeister [gemeint ist: 22 Jahre tätiger Schulmeister; R. W.] und beylaufender Frohnknecht bald des Pfarramtes, bald des Consistorii will ich, wenn ich einmal den großen Wanderstecken in die Hand und den kleinen Bündel auf den Rücken nehme, nicht einer abermaligen Schindpfarrey und abermaligen Frohndienst, nemlich einem Specialat [= Dekanat; R. W.], sondern für das, was noch hinterstelliger Fleisch ist, einem Plätzlein entgegengehen, wie es ja auch ie eines bey euch gibt [Hitzig hatte zu der Zeit das Pfarramt Rötteln im Wiesental inne; R. W.], wo man ein geruhiges und stilles Leben führen kann in aller G.und E.“[37]

33 Ebd.
34 Briefe, Nr. 38, S. 66, (An Gustave Fecht, Sommer 1797).
35 Briefe, Nr. 46, S. 79, (An Hitzig, Mai 1800).
36 Briefe, Nr. 34, S. 61, (An Gustave Fecht, Januar 1797).
37 Briefe, Nr. 136, S. 239, (An Hitzig, Mai 1805).

Und dennoch: Hebel hat mit der Heiterkeit seines Gemüts, mit dem frohen Sinn seines Wesens die nachhaltigste Wirkung und Nachwirkung seines pädagogischen Handelns verbuchen können. Das berühmte Zitat F.A.W. Diesterwegs faßt nur zusammen, was – durchaus im Kontext zu Hebels privaten Stimmungen – alle die Schüler bestätigen, über die wir Zeugnisse ihres Lehrers Hebel haben oder die sich nachträglich an ihren Lehrer Hebel erinnerten:

„Mit Recht wünscht man ihm [sc. dem Lehrer; R.W.] die Gesundheit und Kraft eines Germanen, den Scharfsinn eines Lessing, das Gemüt eines Hebel, die Begeisterung eines Pestalozzi [...], die Beredsamkeit eines Salzmann, die Kenntnis eines Leibniz, die Weisheit eines Sokrates und die Liebe Jesu Christi.“[38]

a) Geschichtlicher Exkurs: Augustins Begriff der hilaritas

Nun ist die Heiterkeit des Gemüts (diese wird von Diesterwegs Aussage über das *Gemüt* Hebels indirekt impliziert und läßt sich – wie gesagt – an vielen Zeugnissen über Hebel nachweisen) ja keineswegs eine beliebige Charaktereigenschaft eines Lehrers, die historisch zufällig mit der Person Hebels verknüpft werden kann, die aber im Allgemeinen durch andere psychologische Gestimmtheiten, durch andere einfühlende Terminologien eingetauscht oder ersetzt werden könnte. Heiterkeit könnte so kaum die Dignität eines pädagogischen Leitbegriffs, einer pädagogischen Kategorie erlangen; sie könnte so nicht als (religions-)pädagogische Voraussetzung eines Schulbuches diskutiert werden und beanspruchte allenfalls biographisches Interesse! Demgegenüber haben wir in der Geschichte der Religionspädagogik – lange vor Chr. G. Salzmann, der im 18. Jahrhundert die „Heiterkeit“ erneut für die allgemeine Pädagogik im Rahmen der Selbsterziehung der Lehrer fruchtbar machte[39] – einen Kronzeugen, der die Heiterkeit, die hilaritas, jedem Katecheten als zentrales Anliegen seiner gesamten Tätigkeit ans Herz legt:

„Vielmehr ist es unsere Hauptsorge, wie wir es erreichen können, daß jeder Katechet mit Freude an seine Aufgabe herangeht; je besser ihm dies nämlich gelingt, um so mehr Anklang wird er finden. Und daß diese Freude gefordert ist, liegt auf der Hand: Wenn Gott nämlich schon bei der materiellen Gabe ‚einen freudigen Geber liebt‘, wieviel mehr dann bei der geistigen.“[40]

[38] F.A.W. Diesterweg, Wegweiser zur Bildung für deutsche Lehrer, 1835, Vorrede. Hervorhebung von R.W.

[39] Vgl. Chr.G. Salzmann, Ameisenbüchlein oder Anweisung zu einer vernünftigen Erziehung der Erzieher, Bad Heilbrunn ^{2}1964, S. 52f. („Sei immer heiter!“).

[40] A. Augustinus, Vom ersten katechetischen Unterricht. Neu übersetzt von W. Steinmann. Bearbeitet von O. Wermelinger, München 1986 [= Schriften der Kirchenväter, hgg. von N. Brox, Band 7], S. 51.

Aurelius Augustinus läßt seine für die Religionspädagogik fundamentale Abhandlung „de catechizandis rudibus“ (entstanden kurz nach 404) einmünden in die katechetische Antwort auf die göttliche, zuvorkommende Liebe, und das ist im pädagogischen Alltagsgeschäft die nimmermüde und geduldige Heiterkeit, die trotz massiver und präzise benennbarer Widerstände – wir erinnern uns an Hebels ‚geäzt vom täglichen Joch‘ – zu jener Stimmung gelangen läßt,

„die für die Erfahrungskatechese angemessen ist, so daß dann mit Wohlgefallen aufgenommen wird, was rastlos und heiter aus der Überfülle der Liebe entströmt.“[41]

Seine Schärfe und plausible Prägnanz erhält der Begriff der hilaritas zum einen durch die theologische Verankerung im religionspädagogisch konstitutiven Agapekriterium.[42] Vor allem aber ist es der pädagogische Realismus, mit dem Augustinus die Praxisrelevanz der hilaritas herauszuarbeiten versteht. Immerhin sieben Gründe kann Augustinus anführen, die den „Überdruß“ – als Gegenbegriff der hilaritas – aufkeimen lassen können. Darunter sind neben der Interesselosigkeit auf Seiten der Schüler vor allem auch die allzu verführerischen breiten (Eigen-)Interessen des Lehrers zu nennen, die ihre Befriedigung eher in geistiger Spekulation gestillt sehen als im mühsamen (öffentlichen) Zur-Sprache-kommen-lassen des Erkannten.[43]

„Welche auch immer von all diesen Gründen die Heiterkeit unseres Herzens verdunkelt, wir müssen gemäß dem Willen Gottes nach Heilmitteln suchen, mit denen sich jene Spannung lösen läßt, so daß wir aufjauchzen in der Glut des Geistes und uns freuen an der inneren Ruhe, die das gute Werk gibt.“[44]

Die Heilmittel zur Erreichung der hilaritas haben sich im Laufe der Geschichte gewaltig geändert, und Hebel sah sich am Anfang des 19. Jahrhunderts anders gelagerten Widerständen gegenübergestellt. Umso überraschender ist es, wenn wir bei Augustinus Anweisungen lesen, die wir in den Biblischen Geschichten Hebels als erfüllt anerkennen müssen. Augustinus schildert ausführlich die Langeweile und offene Ignoranz der Schüler, um dann fortzufahren:

„Sobald wir dies bemerken, müssen wir seine Aufmerksamkeit wieder wecken, indem wir etwa eine mit Humor gewürzte und zum Thema, das wir gerade behandeln, passende Bemerkung einflechten, oder indem wir etwas erzählen, was großes Erstaunen und Verblüffung oder aber Schmerz und Klage hervorruft.“[45]

---

41 Augustinus, Vom ersten katechetischen Unterricht, S. 51.

42 Vgl. hierzu R. Lachmann, Ethische Kriterien im Religionsunterricht. Dargestellt am Beispiel des Agapekriteriums, Gütersloh 1980.

43 Augustinus, Vom ersten katechetischen Unterricht, S. 36–38 und S. 15.

44 Augustinus, Vom ersten katechetischen Unterricht, S. 38.

45 Augustinus, Vom ersten katechetischen Unterricht, S. 45 f.

Die eingeflochtenen Kommentare Hebels in seinen Bibelerzählungen werden genau diese Funktion übernehmen. Noch eindrücklicher gestaltet sich der strukturale Zusammenhang zwischen den zeitlich so weit auseinanderliegenden Religionslehrern Augustinus und Hebel bei der Konzeption einer biblischen Geschichte überhaupt; Augustinus möchte nämlich Abrücken vom bloßen Aneignen des gesamten Wortbestandes der Bibel:

„Wir wollen vielmehr den ganzen Inhalt kurz und exemplarisch zusammenfassen, in der Form, daß wir einige bemerkenswerte Ereignisse herausgreifen, welche beim Hörer besonders Anklang finden und die an den Wendepunkten der Geschichte liegen [...] Den Rest aber können wir im Vorbeigehen erwähnen und es in den Gesamtzusammenhang einfügen."[46]

Dieses „im Vorbeigehen" darf nicht als ein allzu billiges Auslassen mißverstanden werden; bei Hebel zumindest wird es unter dem Stichwort „quasi aliud agendo" zum reflektierten didaktischen Filter seiner Populärästhetik.[47] Ohne Heiterkeit, ohne den Hintersinn versöhnlichen Humors, ohne genaue Zielvorstellung eines Gesamtzusammenhangs, der es erlaubt, mit Bedacht zu relativieren, ohne das Schwebende zwischen distanzierender Objektivität und eingreifender Subjektivität, ohne ein heiteres Gemüt ist aber auch eine Detailfrage wie das „Im-Vorbeigehen"-Erzählen der Bibel nicht zu lösen. Der systematische Stellenwert der hilaritas könnte nicht anschaulicher als an diesem Problem aus der Praxis der „narratio"[48] des christlichen Glaubens verdeutlicht werden.

So wie die Heiterkeit des Gemüts bei Hebel aus augustinischer Perspektive in ihrer Funktion als indirekte Leitlinie pädagogischen Handelns begreiflich zu machen ist, so erschien uns die augustinische Perspektive einer rhetorisch-stilistischen *humilitas* der heiligen Bücher[49] als die entscheidende Kategorie einer sinnvollen Eingliederung der Hebelschen Schulbibel in die Gattung der Bibeldichtung am Anfang des 19. Jahrhunderts. Nach den überlieferten Dokumenten hat Hebel keine Augustinus-Studien betrieben – die Gestaltung seiner Biblischen Geschichten aber kann ohne die augustinischen Begriffe „humilitas" und „hilaritas" schwerlich interpretiert werden!

---

46 Augustinus, Vom ersten katechetischen Unterricht, S. 19.

47 Vgl. 2. Kap. IV,3.

48 Augustinus, Vom ersten katechetischen Unterricht, S. 11 mit Anmerkung 2.

49 Vgl. hierzu auch die Bestätigung in Augustinus, Vom ersten katechetischen Unterricht, S. 34: „Vor allem aber müssen wir diese Leute anleiten, auf die Heiligen Schriften hinzuhören, damit sie ihren Widerwillen gegen deren nüchtern-klare Ausdrucksweise, die keinen rhetorischen Prunk entfaltet, ablegen, und damit sie einsehen, daß die mit fleischlichen Hüllen umwickelten und zugedeckten Worte und Taten der Menschen, von denen wir in jenen Büchern lesen, nicht wörtlich aufzufassen sind, daß wir sie vielmehr aufwickeln und aufdecken müssen, um sie in ihrer Tiefe zu verstehen."

Heiterkeit im pädagogischen Alltag – wie äußerte sich dieses zunächst bieder und ‚gemütlich' anmutende Leitmotiv in Hebels Praxis als Lehrer?

Drei unterschiedliche Zeugnisse legen davon ein lebendiges Zeugnis ab. Einmal geben die Erinnerungen von Schülern, zweitens urkundliche Stellungnahmen Hebels zu Schülern und über Lerninhalte und drittens seine brieflichen Äußerungen einen jeweils charakteristischen Einblick in die hilaritas Hebelii.

Die mit dem etwas hochgegriffenen Titel „Studien über Hebel" von Fr. Giehne[50] veröffentlichten erinnerten Anekdoten und Schnurren gehen zwar von der sehr problematischen Prämisse aus, daß Hebels Persönlichkeit seine literarische Technik ersetze:

> „Was er schrieb, nahm diese Färbung an, weil sein persönlicher Verkehr sie hatte, er gab sich so, weil er so war; die Schriftstellerei kam nur zufällig und gelegentlich hintendrein."[51]

Alle unsre Studien belegen letztlich das genaue Gegenteil und lassen mit einer sehr reflektierten Erzählstrategie Hebels rechnen. Gleichwohl können die hier vorgetragenen Persönlichkeitsmerkmale als authentischer Ausdruck der pädagogischen Praxis akzeptiert werden und ist ein struktureller Gleichklang von persönlicher Gestimmtheit und formaler Gestaltung einem hermeneutischen Instrumentarium allemal zugänglich.

Die folgende Passage aus Giehnes Erinnerungen ist vor allem im Hinblick auf das lebendige Wechselspiel zwischen Lehrer und Schüler vollständig wiedergegeben, das sowohl Hebels Adressatenorientiertheit beweist wie auch seine den Überblick bewahrende Sachkompetenz.

> „In hohem Grad besaß Hebel die Gabe, das Interesse der Schüler für den Lehrgegenstand anzuregen, noch als Greis hatte er die geistige Frische bewahrt, der Jugend nahe zu stehen. Auch waren wir ihm mit hingebender Verehrung zugethan. Man weiß, wie scharf das Auge der jungen Leute für kleine Schwächen der Lehrer ist; an ihm erschien uns jede Eigenschaft als hochstehend oder als liebenswürdig. Er konnte auffahrend und jähzornig seyn, obwohl er sich darin zu beherrschen oder es nachgerade angelegentlich wieder gutzumachen suchte; wenn er sich aber in seiner heiteren Stimmung befand, so war es, als ob ein lächelnder Genius die jungen Gemüther zu sich emporhöbe. Mehr als einmal traf es sich, daß er mit abgespannter und verdrießlicher Miene ankam, sich aber allmählig aufheiterte im Verkehr mit seinen Schülern. In übler Laune hatte er die Gewohnheit, mit der Kreide in der Hand den Pult des Katheders vor sich zerstreut mit Schnörkeln und Buchstaben vollzuschreiben, was er eben so zerstreut unmittelbar darauf mit dem Schwamm, mitunter auch wohl mit dem

---

[50] Fr. Giehne, Studien über Hebel, in: Deutsche Vierteljahrsschrift. Einundzwanzigster Jahrgang. Juli-September 1858. Nr. 83, S. 1-54.

[51] Giehne, Studien, S. 1f.

Aermel, wieder abwischte. Fast wie um über seine Verstimmung wegzufahren! Dann konnte es mit einemal aufleuchten in seinem Gesicht, die Stirne glättete sich, um die Augen zuckte es schalkhaft, es fielen zwei Grübchen in die Wangen, und die ganze Klasse hing an seinem Blick, denn nun wußten wir, daß eine humoristische Randglosse im Anzug war. Dabei stützte er den rechten Ellbogen auf, und machte mit Zeigefinger und Daumen eine Bewegung nach innen zu, wie wenn er im Styl des rheinländischen Hausfreundes ein ‚Merke' oder ‚Item' andeuten wollte. Und gleich wie im Hausfreunde, war dem Scherze manch gutes Körnlein Ernst beigemischt. Mit stehenden Kathederwitzen, wie man sie damals und nachher noch auf Universitäten zu hören bekam, hatte Hebel nichts zu schaffen. Auch während er scherzte, blieb er uns ehrwürdig, und daß er einen solchen Eindruck hinterließ, war der beste Beweis, wie fein auch in dieser Beziehung sein Schönheitssinn und sein Takt als Lehrer war."[52]

Gerade die Beobachtungen zu Hebels nonverbalen Inszenierungen zeigen, wie Hebels pädagogische Praxis zentral durch die persönliche Heiterkeit in ihrer vielschichtigen, mehrdimensionalen Qualität zur Wirkung gelangen konnte, und erübrigen es, die erinnerten Schulanekdoten in Gänze zu dokumentieren.[53] Auf die Aufzeichnungen des Schülers und späteren Kirchenrats A. Hausrath sei hier nur summarisch verwiesen; sie zeigen Hebel von seiner künstlerischen, rhetorisch im und am Detail arbeitenden Seite, die in August einen hochbegabten „Lieblingsschüler" fand, mit dem nachgerade Werkstattgespräche stattfinden konnten.[54] Aber auch hier bleibt eine Eigenheit besonders haften: „Er ist unerschöpflich in seinen Erzählungen."

Unerschöpflich war Hebel auch in der Charakterisierung seiner Schüler. Der unbestechliche Witz, mit dem Hebel die individuelle Besonderheit eines jeden einzelnen Schülers erfaßt hat, offenbart die zutiefst humane pädagogische Beziehung, die er zu den Kindern herzustellen vermochte. Allein schon die Bemerkungen zu den Beobachtungsfeldern „Mores", „Studium" und „Ingenium", die Hebel eigenhändig in die „Consignatio discipulorum" am 23. Sept. 1783 eintrug, sind ein beredtes Psychogramm des jeweiligen Schülers, das an keiner Stelle mit standardisierten Formeln den Schüler zur Nummer stempelte, auch wenn sorgfältig alle statistischen Angaben eingetragen sind. So heißt es etwa vom Schüler Joh. Heinrich Rühl (in deutscher Übersetzung): „(L)achend verbringt er sein Leben./ er lernt auswendig, was er seinem Wesen nach vermag./ mit überhaupt keinen Kräften zur Vernunft ausgestattet."[55] Und selbst ein schulisch-formaler Akt wie die Schülerbeurteilung reizt Hebel zu hintersinnigen Kommentaren, die er auf einer eigenen Liste für sich selbst notiert. Beispielsweise transformiert er das öffentliche

[52] Giehne, Studien, S. 18f.

[53] Vgl. Giehne, Studien, S. 19–23.

[54] Vgl. W. Osterrieth, Lebensspuren Hebels. Aus den Tagebüchern seines Schülers August Hausrath ausgezogen, in: Badische Heimat 40/1960, H. 1/2, S. 31–42.

[55] Vgl. den Faksimile-Abdruck der Schülerliste mit deutscher Übersetzung bei Moehring, Marbacher Magazin, S. 28f.

Zeugnis über Joh. Nikol. Balthasar Bögner „loquax, mendax, edax" zu seiner privaten Version „schwätzt wie ein Dodomäer und lügt wie ein Kreter".[56] Seine pädagogische und methodische Verantwortlichkeit spürt man, wenn er seinem offiziellen Urteil über Benedikt Schweighäuser „Nec moribus nec studio sibi constans" die echte Frage an sich als Lehrer aufnotiert: „Bei so unbeständigem Benehmen und Fleiß kann ich nicht sagen, ob sich sein Verstand durch Lob oder Tadel weiterentwickeln wird."[57]

c) Verbindlichkeit der Praxis: Hebels Umgang mit dem Lehrplan

Nicht nur mit den Schülern, auch mit dem Lehrplan scheint Hebel in großer pädagogischer Freiheit umgegangen zu sein; und darin kommt sein didaktisches Gespür besonders gut zum Ausdruck. Aktenkundig wurde 1787 im Bericht des Spezials Hitzig die Anmahnung betreffs Hebels Religionsunterricht:

> „Nur wünschte man, daß mehrere Zeit und Fleiß auf das Christenthum verwendet und solches nicht als Nebensache tractirt würde, da zumahl aus 1a und 2a die Catechumenen genommen werden."[58]

Hinter dieser Anmahnung stand der in der Tat seltsame Vermerk Hebels im Schematismo unter den Lectiones Sacra, Nr. 2 vom Frühjahr 1787:

> „Catechismus Lutheri minor exceptis his qui auctoritatem huius libri symbolicam non agnoscunt memoriae mandatus."[59]

Die Stelle bedarf interpretierender Erklärung, da wir keinerlei Kommentar Hebels zu dem erwähnten Vorfall haben. Die Logik der Eintragung läßt vordergründig nur die eine implizite Deutung zu: Der kleine Katechismus Martin Luthers enthält Sätze, die den dem Katechismus per definitionem eigenen Bekenntnisstatus untergraben. Entweder müßte dies durch eine epochale, die bisherige Überlieferung sprengende Lutherdeutung und -exegese begründet werden können (was am allerwenigsten Hebel hätte leisten

---

56 Ebd.

57 Ebd. Vgl. auch das brieflich überlieferte Gutachten über Eckerlin Schmidt, das sehr kritisch auf sein schulisches und besonders häusliches Verhalten eingeht, das aber endet mit dem zukunftseröffnenden Satz: „Ich halte ihn für verirrt, aber nicht für verdorben." (Briefe, Nr. 392, S. 564) Im Zusammenhang von Sanktion und Förderung muß auf eine frühe Eintragung in den Exzerptheften hingewiesen werden. Hebel zitiert hier aus Fr. Gedike, Praktischer Beitrag zur Methodik des öffentlichen Schulunterrichts, Berlin 1781: „Man kan wenig gutes von einem Menschen hoffen, der gewont ist, sich schon für das unterlassene Böse belonen zu lassen,- Man mus d. guten Kopf nicht zu vil loben u. d. schlechten nicht zu vil tadeln. das Hinausweisen aus d. Schule hat vilen Nachtheil, der Bösgesinnte findet darin Wohlthat, der gute bedarf dieser Strafe nicht." (H 84, Nr. 326, S. 24)

58 Moehring, Marbacher Magazin, S. 23.

59 Ebd.

können!) oder der Satz ist eine geradezu anmaßende Provokation der lutherischen Orthodoxie. Indem Hebel allerdings suggeriert, daß er selbstverständlich die Schüler vor solchermaßen häretischen Sätzen bewahrt habe, deutet er an, daß es ihm weniger um eine ketzerische Kanonade geht – dazu war ihm die Orthodoxie stets nur ein Gegner von bescheidenen Ausmaßen –, als vielmehr darum, den konfessionellen Rechtfertigungszwang eines notwendigen didaktischen Auswahlverfahrens ad absurdum zu führen. Natürlich hatte er exemplarisch und nicht in extenso, Wort für Wort den Katechismus traktiert. Aber wie sollte man das einer Aufsichtsbehörde verständlich machen, die die Sicherung des Wortbestandes eindeutig vor die Sicherung der Verstehensbedingungen setzte. Hebel greift zur satirischen Übertreibung, um dem Spezialat ein lachendes Eingeständnis didaktischer Fehlurteile abzuringen. Hebel kommuniziert also selbst noch in einer trockenen Auflistung des durchgenommenen Stoffes mit den prüfenden Lesern der vorgesetzten Behörde. Vergeblich, wie die Eintragungen der folgenden Jahre beweisen: „Catechismus minor recitatus". Ob Hebel methodisch und didaktisch das scheinbare Vollständigkeitsprogramm im Unterricht tatsächlich erfüllt hat? Unsere verneinende Antwort wird gestützt durch den Auszug aus einem Sitzungsprotokoll, das uns achtzehn Jahre später einen Blick in das religionsunterrichtliche Handeln Hebels am Gymnasium illustre werfen läßt, der nicht zuletzt auch unsere Interpretation des eben gedeuteten anstößigen Zitats bekräftigen kann.

„Herr Prof. Hebel. *Dogmatik*
In dieser Lektion wurde der Artikel de gratia Salutari kürzlich durchgegangen, dann der 1te Teil des Artikels de Servatore (Quis et qualis fuerit Servator?). Hierauf wurde zu Nachtmahl übergegangen, und da die Antworten hier karg und unrichtig ausfielen, zur Lehre von der Taufe übergegangen, wo besonders die Fragen abgehandelt wurden: In was für einem Sinn der Mensch durch die Taufe *wiedergebohren* werde, und *Wer* getauft werden solle." [Bemerkungen zu dem Verhalten der Schüler folgen; R. W.] [60]

d) Mosaiksteinchen zu einer Didaktik der Heiterkeit

Kurze Übergänge ohne „Betstundenvorträge", Exemplarisches „mit Humor gewürzt": so wird sich der didaktische Prozeß in Hebels Religionsunterricht niedergeschlagen haben – dabei mit heiterem Blick den lernenden Schüler stets bedacht.

---

[60] Aus dem Sitzungsprotokoll vom 30. März 1805, 8–9 Uhr am Karlsruher Gymnasium. Es handelt sich um ein Zitat aus handschriftlichen Protokollen und Stundentafeln, die als vollständige Schulakte 1983 dem Stadtarchiv Karlsruhe privat verkauft wurde, nachdem diese nach dem 2. Weltkrieg der Verarbeitung in einer Papierfabrik knapp entrissen werden konnte. Unser Zitat ist von Hebel handschriftlich niedergelegt!

Der genaue Titel der Akte lautet: „Schematismus Lectionum, Pensum Semestre est Discipuli Classis secundae 1805"

„Ich weiß Ihnen blos ein Beispiel eines frohen Schulmanns gegeben zu haben.“[61]

So wehrt Hebel bescheiden die rühmlichen Verdienste ab, die ihm der ehemalige Schüler und spätere Direktor des Mannheimer Lyceums Fr.A. Nüßlin um die Jahreswende 1821/22 voll dankbarer Anerkennung zugesprochen haben muß. Wie sehr dieses persönliche Bekenntnis eines „frohen Schulmanns“ getränkt ist von empirisch greifbarer und also widerständiger Realität, wie weit es also entfernt ist von oberflächlichem Optimismus, kurz: welche fundamentale Kategorie die hilaritas Hebelii für sein pädagogisches Wirken darstellt, hat Hebel seinem Freund Hitzig in einer seiner schönsten und überzeugendsten Briefstellen so geschildert:

„Deine Theilnahme an meinem Elend ist mir ein Tröstlein. Den ganzen Tag auf dem Catheder sitzen, ist ein Feyertagsleben, ein Ostermontags Späßlein, nach dem ich mich zurücksehne. Aber daß ich über den heillosen Mechanismus des Ganzen wachen muß, daß sich mein Museum, meine Proteuskapelle [angespielt wird auf den Geheimbund, den Hebel mit Hitzig in Lörrach in spielerisch-befreiender Absicht gegründet hatte; R. W.] in eine Canzleistube verwandelt hat, wo ich den ganzen Tag Berichte schreiben, Buch und Rechnung führen, Red und Antworten geben, Akten durchgehen, Süddeutsche Miscellen censieren, statt daran zu arbeiten, examiniren, castigiren, Zeugnisse fertigen, mit allen Vätern aller Kinder des Lyceums correspondiren muß, das lehrt mich den Sinn der Worte verstehen: ‚Ich sterbe täglich.‘ Soll ich den Pult umstoßen? Soll ich – Ein Bein hab ich daran.“[62]

Er hat es nicht getan; bis zu seinem Lebensende hat er mindestens sechs Stunden lang auf dem Katheder gesessen und lateinische Stilübungen, griechische und hebräische Lektüre und Beredsamkeit getrieben.[63] Augenzwinkernd spricht Hebel in einem Brief an einen Freund der Frau Weiler, der Mutter des von Hebel geliebten Schülers Daniel[64], über seine „eigene, allerdings vorzügliche Gelahrtheit und Methode“[65]. Doch es gibt keine Gründe und Zeugnisse, ihm den Charakter einer echten pädagogischen Autorität nicht zuzuerkennen. Wiederum stehe dafür eine brieflich überlieferte Episode:

---

61 Briefe, Nr. 443, S. 609, (An Nüßlin, Januar 1822).

62 Briefe, Nr. 298, S. 459, (An Hitzig, April 1811). Das Rezensieren kann Hebel in anderem Zusammenhang als typisch für einen Schulmann und als „Schwester der Erbsünde“ ironisieren. (Briefe, Nr. 219, S. 354)

63 Vgl. den in der Badischen Landesbibliothek vorhandenen, die Jahre 1816 und 1818–1836 umfassenden „Bericht von dem in dem Lyceum zu Karlsruhe im verflossenen Schuljahre ertheilten Unterricht“. Als Prälat der unierten Kirche in Baden hat er allerdings keinen Religionsunterricht mehr erteilt; übrigens etwa in der Zeit, wo er an seinen Biblischen Geschichten gearbeitet hat.

64 Nach dessen Schulabgang hat Hebel in sehr herzlichem Ton mit Daniel korrespondiert; vgl. Briefe, Nr. 228 und 299.

65 Briefe, Nr. 167, S. 285, (An Gustave Fecht, 17. Juni 1806).

Hebel hatte „eine böse Woche“ mit seinen Studenten. „Sie werden rebellisch gegen einen Professor, der etwas unklug gehandelt hatte. Es that mir sehr wehe, da ich seither durch Liebe und Klugheit die Ordnung erhalten und noch keinem ein böses Wort geben muste, iezt in einer fremden Sache durchfahren zu müssen. Aber einer von ihnen sagte daheim, es sey ihnen gar kurios geworden, als ich sagte: Diesmal noch und zum letzten Mal spricht der warnende Freund. Wenn ihr in einer halben Stunde nicht Ordre parirt, so läßt der Direktor die Schnur auf den Boden laufen, sagte ich. Thut was ihr wollt. Sie ließen es nicht darauf ankommen. Manchmal sagen sie zu andern Leuten, ‚er muß alles einmal auch mitgemacht haben, weil er alles sogleich merkt und weiß.‘“[66]

Die hilaritas Hebelii darf neben seinem engagierten Eintreten für den öffentlichen Schulunterricht als ein wichtiges, wenn auch nur indirektes, manchmal sogar unscheinbares Moment der pädagogischen Voraussetzungen Hebels gewertet werden.

3. Hebels (religions-)pädagogische „Bezugsgrößen“

Hebels (religions-)pädagogisches Nachdenken und seine eigene Praxis zeigen keine expliziten Auseinandersetzungen mit zeitgenössischen Theoretikern und Praktikern der Pädagogik (von der ironischen Ablehnung Pestalozzis einmal abgesehen). Umso schwerer fällt es, den historischen Kontext zu eruieren und zu rekonstruieren, der Hebels religionspädagogische Voraussetzungen dermaßen prägte, daß diese kontinuierlich noch in seinem Schulbuch ihre Wirkung zeitigten. Mehr als eine Spurensicherung einiger „Bezugsgrößen“, deren Name zwar gelegentlich in Aufzeichnungen bzw. im Verzeichnis der nachgelassenen Bücher auftaucht, deren inhaltlicher Einfluß aber nur auf Grund struktureller Übereinstimmungen vermutet werden kann – mehr als eine solche *Spurensicherung* können die nachfolgenden *Miszellen* nicht leisten. Sinnvoll scheint mir eine solche Übersicht aber deshalb zu sein, weil mit ihr eine vielbeschworene Originalitätseuphorie um Hebel abgewehrt werden kann, andererseits immerhin deutlich wird, daß Hebel pädagogische Literatur kannte und – was wichtiger ist – *kritisch* umsetzen konnte. Eine weitergehende Systematisierung erlauben die im Folgenden vorgestellten Bezugsgrößen allerdings nicht, dazu ist das zur Verfügung stehende Material zu heterogen und steht die Zufälligkeit des Überkommenen im Gegensatz zu einer allerdings wünschenswerten kohärenten Theoriebildung. Auffallend ist allein der geringe Stellenwert der Religionspädagogik: Hier lassen sich deutlich die Grenzen der Ausbildung da-

[66] Johann Peter Hebel: Briefe. Ausgewählt und eingeleitet von W. Zentner, mit Anmerkungen und Abbildungen, Karlsruhe und München 1976, S. 188 f. (An Gustave Fecht, November 1811). Noch nicht abgedruckt in der Briefgesamtausgabe!

maliger Theologen, das mangelnde wissenschaftliche Problembewußtsein und die Selbstverständlichkeit des Vollzugs von Praxis erkennen! Gleichwohl bekommen wir im Hinblick auf das Problem der Schulbibeln doch einige erste Hinweise auf die Originalität des Hebelschen Entwurfs: Alle bei Hebel bibliographierten bzw. in Besitz befindlichen Schulbibeln bzw. Bibelbearbeitungen zeigen keinerlei Vorformen oder allgemeine strukturelle Parallelen.

Insgesamt datieren beinahe alle (religions-)pädagogischen Bezugsgrößen – parallel zu unseren Beobachtungen zur Theologie, konträr aber zu denen zur Literatur – in der Zeit der Spätaufklärung am ausgehenden 18. Jahrhundert und damit in der Zeit seiner Studien- und Lehrjahre, die allmählich seine fundamentalen pädagogischen Optionen festigten – allerdings keine kontinuierliche Veränderung provozierten. Theologisch und pädagogisch ist sich Hebel sein Leben lang treu geblieben, literaturgeschichtlich aber ist das beginnende 19. Jahrhundert mit seiner Biedermeierkultur doch noch eine neu hinzutretende Determinante gewesen.

a) Gottlob August Tittel

G. A. Tittel (1739–1816) hat im Jahr 1790 einen Aufsatz unter dem Titel „Zum Religionsunterricht. Wie in niederen Schulen die Grundlehren des Christenthums dem Verstande und Herzen der Kinder fruchtbar einzuprägen“ veröffentlicht.[67] J. P. Hebel hat diesen Aufsatz allem Anschein nach nicht gelesen; dennoch wissen wir, welches enorme Vorbild Professor Tittel für Hebel am Gymnasium in Karlsruhe gewesen ist, vor allem in der erwähnten Lateinischen Gesellschaft.[68] Von Hebels theologischer Position und seiner pädagogischen Charakteristik aus geurteilt, liest sich die Einleitung Tittels wie ein Programm von Hebels ureigensten Intentionen auf dem Gebiet der Religionspädagogik:

> „Alle Religionswahrheiten zweken auf Erleuchtung des Verstandes und Besserung des Herzens ab. Dieser Zwek bleibt unerreicht, so lange das Gedächtnis nur allein damit beschäftiget wird. Man fordert daher mit Recht, daß Kinder, in einem ihrer Fassung angemessenen Grad, die Grundlehren des Christenthums nicht nur mit dem Verstande einsehen und befassen lernen; sondern auch das Herz derselben dadurch bewegt und gerührt werden solle. [...]
>
> Ich sehe den Unterricht ganz junger Kinder in der Religion blos als Zubereitung an auf reifere Jahre. Richtung der Aufmerksamkeit, Stellung der Seele, Anzeichen auf Dinge, die ihnen groß und wichtig werden sollen, Herbeischaffen des allernöthigsten Vorraths an Ausdruck und Sprache – die allmählig sich ansezenden Begriffe zu

[67] In: G. A. Tittel, Dreißig Aufsäze aus Litteratur, Philosophie und Geschichte, Mannheim 1790, S. 377–386.

[68] Vgl. 2. Kap. I,1.

bezeichnen; Erweckung guter – obgleich noch dunkeler, noch nicht genug entwikelter Gefühle: das ist, wo nicht alles, das wichtigste doch, was man bei solchem Kinderunterricht zur ersten Absicht haben kann."[69]

Die insgesamt zehn Vorschläge, die Tittel ausbreitet, bewegen sich alle auf der rhetorischen Ebene – Rhetorik als wahre Kunst der Vermittlung aufgefaßt: „Sprache ist die Gehülfin der Vernunft. Was wir an Sprache gewinnen, ist für Verstand gewonnen."[70] Alles methodische und didaktische Geschick entscheide sich auf dieser sprachlichen Ebene; die Sprache vermöge am ehesten und flexibelsten auf die Erfordernisse des Sachanspruchs wie auch auf den Grad der Einsichtsfähigkeit bei den Kindern einzugehen. In dieser humanistischen Tradition, die den sprachlichen Begriff als Schlüssel für beliebige Sachverhalte auffaßt, steht auch Hebel, dessen fundamentale Voraussetzungen für seine Biblische Geschichte tatsächlich in einer – an der Rhetorik orientierten – Populärästhetik gipfeln. Auch die formalen Kategorien, mit denen Tittel an Inhalte des Christentums herangeht, sind kongruent mit den Transformationsprozessen, die sich aus Hebels Populartheologie notwendig ergeben und die im übrigen auch den Zusammenhang von Herz und Vernunft immer wieder freisetzten. Schließlich kommen Hebel und Tittel in der betonten Stellung zur Adressatenorientierung glücklich zur Deckung. Es kann an dieser Stelle nur vermutet werden, inwieweit der persönliche Unterrichtsstil des Professors Tittel den des Professors Hebel in seinen Jahren als Schüler am Gymnasium illustre geprägt hat!

b) Georg Friedrich Seiler

Wir wissen nicht, ob Johann Peter Hebel an der theologischen Fakultät in Erlangen die von G.F. Seiler im SS 1778 publice angebotene einführende Übung in die Katechetik besucht hat; religionspädagogisch ist in Beziehung auf Seiler nur Hebels Eintrag im Juli 1782 in sein Exzerptheft erhalten geblieben:

„Das kleine biblische Erbauungsbuch von Seiler. 1 Thl. Alttestamentl. 2 ter Th. Neu Testam. Es soll ein andrer Hübner sein. Hat unter d. Text Fragen. Gotselige Gedanken u. Verse. Die Bearbeitung ist sehr gut."[71]

[69] Tittel, Zum Religionsunterricht, S. 379.

[70] Tittel, Zum Religionsunterricht, S. 382.

[71] H 84, Bl. 52, Nr. 503. Eine entsprechende Rezension in den den Kontext des Eintrags bestimmenden „Gothaische(n) gelehrte(n) Zeitungen", Juli 1782, konnte nicht ermittelt werden! Ob es sich am Ende um ein eigenständiges Urteil Hebels handeln könnte? Eine „Kurze Nachricht" als Vorbericht war allerdings im Februar 1782 in derselben Zeitung abgedruckt (Zehntes Stück, Februar, S. 79f.): „Erlangen. Herr Kirchenrath und Doct. G.Fr. Seiler gibt auf Ostern 1782 heraus: Das kleine biblische Erbauungsbuch, oder die biblischen Historien mit erklärenden kurzen Andachten und Gebeten. Die Absichten, welche durch dies Buch erreicht werden sollen, sind, die Jugend die Hauptheile des historischen Inhalts der heil. Schrift in einer

Beide Bezugspunkte – der mögliche und der tatsächliche – verweisen uns in einen spezifischen Zusammenhang der Bedeutung G.Fr. Seilers (1733–1807), den wir im Abschnitt über Hebels theologische Studienjahre nur gestreift haben: nämlich seine innovatorischen Ansätze auf dem Gebiet dessen, was man heute unter Religionspädagogik subsumiert. Diese Neuerungen waren sehr konkret: Zum einen seine praktischen Anleitungen zur Katechisierkunst, also den Bereich der Methodik des Unterrichts betreffend; zum anderen eben seine Produktion von geeigneten Schulbüchern, also den Bereich der Hilfsmittel für die Unterrichtsgestaltung bereichernd. Beide Bereiche sollen kurz erläutert werden, weil insbesondere der Einfluß Seilers auf die sog. „kirchliche Aufklärung", seine „exemplarische Bedeutung [...] für Kirche und Praktische Theologie" nicht hoch genug eingeschätzt werden können[72], und infolgedessen der Aufweis zunächst rein struktureller und inhaltlicher Bezüge zwischen Seiler und Hebel genügt, um Seiler als religionspädagogische „Bezugsgröße" auch Hebels zu rechtfertigen.

Seiler zeichnet eine grundsätzliche pädagogische Sensibilität und Verantwortlichkeit im Hinblick auf die Vermittlung religiöser bzw. christlicher Inhalte aus. Nur deshalb konnte er „ein Kollegium über den Kinderunterricht so nöthig, als über die Kunst zu predigen" halten[73], und entwickelte er aus diesen Kollegs, die bald zu praxisorientierten „exercitationes catechiticis" wurden, eine regelrechte Pädagogik, die über die enge Fragestellung einer Katechetik weit hinausgeht:

> „Wie bringt man, ausser der gewöhnlichen Katechisation, den Kindern auf eine natürliche, leichte, annehmliche und erbauliche Art den für sie anständigen Unterricht des Christentums bey?"[74]

Diese Entwicklung hin zu einer allgemeinen pädagogischen Fundierung der Praxis des Lehrens führt dann konsequent zu dem 1783 erstmals erschienenen Buch „Grundsätze zur Bildung künftiger Volkslehrer, Prediger, Katecheten und Pädagogen"[75], aus dem wir schon im Zusammenhang von Hebels Tätigkeit als Hauslehrer zitierten, um auf die damalige gängige Einstellungspraxis von Pfarrern und die damit verbundene pädagogische Problemstellung

---

so leichten und faßlichen Sprache, selbst mit den Worten der Bibel, beyzubringen, daß sie dieselben ohne viele Mühe verstehen lernen. Damit die Lehrer oder Eltern den Inhalt der Historien mit ihren Kindern und Zöglingen genau durchgehen, ihre Aufmerksamkeit reitzen, und sie ihnen ins Gedächtniß prägen können: so werden unten hin stets die Fragen gesetzt, nach welchen die Kinder zu examiniren sind."

72 Vgl. Jordahn, Georg Friedrich Seilers Beitrag, S. 274.

73 G.Fr. Seiler, Religion der Unmündigen, Erlangen [12]1787 (1772), Vorrede S. XI. Vgl. besonders den Aufsatz von O. Jordahn, Seilers Wirksamkeit als Professor in Erlangen, in: JfL 29/1969, S. 39–211; hier S. 111–113.

74 Seiler, Religion der Unmündigen, S. IV.

75 Vgl. auch O. Jordahn, Georg Friedrich Seilers Lehrbücher und Schriften zur religiösen und allgemeinen Volkserziehung, in: ZbKG 40/1971, S. 131–184, hier: S. 150f.

hinzuweisen. Dabei griff Seiler auf eine naheliegende, gleichwohl an Universitäten und theologischen Fakultäten sonst nicht übliche empirisch überprüfbare Erfahrung im unmittelbaren Vollzug von Katechese zurück: „Um die Regeln durch Exempel zu erläutern, ließ ich eine Auswahl Kinder in das Collegium kommen und katechisierte selbst in Gegenwart meiner Zuhörer."[76] Ohne hier auf spezielle Gesichtspunkte der Unterrichtsgestaltung eingehen zu können, gilt doch – was den allgemeinen Wirkungseinfluß Seilers auf die pädagogischen Handlungsfelder speziell der Pfarrer betrifft – die einschlägige Zusammenfassung O. Jordahns:

> „Im ganzen gesehen war Seiler durch und durch pädagogischer *Empiriker*, der aus alten und neuen Bestrebungen *sehr eklektisch* nur das übernahm, was ihm praktizierbar und unter den gegebenen Umständen nutzbringend erschien. Auch in der Pädagogik suchte er somit überall den gangbaren *goldenen Mittelweg* [...] Dabei soll jedoch nicht übersehen werden, daß einzelne methodische Ansätze bei ihm *weit in die Zukunft weisen*."[77]

Hebel, der ein Stück weit diese Zukunft realisierte, steht nicht nur institutionell-konzeptionell Seiler nahe (etwa wenn er wie Seiler nachdrücklich die Einführung von Lehrer-Seminaren einfordert), sondern eben auch im Mikro-Bereich der didaktischen Arbeit (etwa wenn er wie Seiler auf der Anwendung des Gelesenen besteht und damit die Wahrheit in das Gefühl des Herzens überführen möchte).

Bei aller Nähe darf aber nicht die Distanz übersehen werden, die sich angesichts von Seilers Schulbuch „Das kleine Biblische Erbauungsbuch oder die biblischen Historien mit erklärenden kurzen Andachten und Gebeten" (Erlangen 1782, [14]1828 [bei einer Auflagenzahl von jeweils 6000 Exemplaren]) im Vergleich zu Hebels biblischen Geschichten unabweisbar ergibt. Gewiß brauchte sich Seiler um die Verbreitung und Benutzung seines Schulbuchs nicht zu sorgen, selbst im katholischen Deutschland findet es einen Absatzmarkt.[78] Und gegenüber Hübners „Zweymahl 52 biblischen Historien", die es streckenweise aus den Schulen regelrecht verdrängte[79], war es in methodischer und sprachlicher, aber auch didaktischer Hinsicht schwerlich ein Fortschritt. Aber bereits die Kritikpunkte der Rezensenten lassen aufhorchen: zu starke Bibelgebundenheit, unkritische und zu umfangreiche Materialauswahl![80] In unsere Terminologie übersetzt, hieße das: Mangelnde Kohärenz der biblischen Geschichten gekoppelt mit einer allzu auffälligen grammatischen Paraphrase ohne Berücksichtigung einer adressatenorientierten rhetorischen abbrevatio. Kurz: Bibeldichtung konnte und wollte Seiler

76 Seiler, Religion der Unmündigen, S. IIIf.
77 Jordahn, Georg Friedrich Seilers Beitrag, S. 142.
78 Jordahn, Georg Friedrich Seilers Lehrbücher, S. 149.
79 Ebd.
80 Ebd.

nicht leisten, Hebel dagegen zeigte, wie gerade die Berücksichtigung bibeldichterischer Elemente eine pädagogische Potenzierung und damit überzeugende Lösung des gestellten Problems bewirkt. Gerade Passagen der heiligen Schrift, die Seiler wegen dem „orientalisch-griechische(n) Witz“ und der „unreinen Beredsamkeit“ mit allem Nachdruck von sich weist[81], bilden bei Hebel den Ausgangspunkt für bewußt „morgenländische“ Einflechtungen, die „quasi aliud agendo“ das historische Zeitkolorit vergegenwärtigen. Gerade an dem genannten Beispiel läßt sich der ästhetische und theologische Gewinn ablesen, der durch eine Öffnung zur Biedermeierkultur in gewisser Hinsicht tatsächlich möglich war, ohne doch die solide Aufgeklärtheit des späten 18. Jahrhunderts zu verraten.

c) Friedrich Gedike

Fr. Gedikes „Praktischer Beitrag zur Methodik des öffentlichen Schulunterrichts“, Berlin 1781, liefert auf über einhundert Seiten „Erfahrung und Versuche“[82] für die Pädagogik, die Gedike mit der Arzneiwissenschaft vergleicht, um grundsätzlich den spekulativen und utopischen Geist in der zeitgenössischen Pädagogik als „eine schönfarbige Seifenblase“[83] zerplatzen zu lassen: Eine realistische Pädagogik sei nur durch phänomenologische „Beschreibungen von Schulen“[84] zu leisten.

Mit Gedike stoßen wir auf einen Pädagogen, von dem sich J.P. Hebel *vermutlich* hat lehrbuchmäßig einführen lassen in das komplexe Feld der Schulpädagogik und spezieller der Methodik des Unterrichtens.[85] Gerade die Betonung der praktischen Aspekte der Pädagogik und die Ablehnung derer, „die über Erziehung denken, nicht (aber) selbst erziehen“[86], verbinden den Lehrer Hebel mit dem Königlichen Oberkonsistorialrath und Direktor des Friedrichwerderschen Gymnasiums zu Berlin Friedrich Gedike (1755–1803), der vor allem durch die Herausgabe der Berlinischen Monatsschrift, dem zentralen Organ der Spätaufklärung, eine nachhaltige Wirkung auf seine Zeitgenossen ausgeübt hat.

Viele Gedanken verwendet der erfahrene Schulmann auf die allgemeine

---

[81] G. Fr. Seiler, Das kleine biblische Erbauungsbuch oder die biblischen Historien mit erklärenden kurzen Andachten und Gebeten verfaßt und herausgegeben von ..., Erlangen ^{6}1788, Von dem Gebrauch dieses Buches, unpaginiert (Abschnitt „Vermehrung“).

[82] Fr. Gedike, Praktischer Beitrag zur Methodik des öffentlichen Schulunterrichts, Berlin 1781, S. 5.

[83] Ebd.

[84] Ebd.

[85] Vgl. das Exzerptheft H 84, S. 24, Nr. 326, wo auf die Rezension in den Gothaer Gelehrten Zeitungen, August 1781 [67. Stück, S. 533 f.] verwiesen wird. Das Buch Gedikes befand sich allerdings nicht in Hebels Nachlaß.

[86] Gedike, Praktischer Beitrag, S. 4.

Disziplin, entwickelt dabei aber eine ausgewogene Proportionierung von Furcht und Hoffnung, mit denen der Lehrer – „auf festgestellten psychologischen Grundsätzen“, „nicht auf augenblicklichen Launen und hin und her wankenden Einfällen“[87] – ein zurückhaltendes und ein antreibendes „Principium“[88] in der Hand halte. Dabei nähert sich Gedike einem Begriff von pädagogischer Autorität, wie ihn Hebel verkörperte:

„Indessen fehlt es doch auch dem Lehrer bei dem Unterricht nicht an Gelegenheiten, öfters sehr tiefe Blikke in das Herz seiner Lehrlinge zu thun, und durch Nutzung derselben auf die Bildung und Verbesserung ihres Charakters mächtig zu würken [...] Der Erzieher ist kein Kriminalrichter.“[89]

Das Gesamtkonzept Gedikes läuft auf eine möglichste „Verbindung des Sprach- und Sachunterrichts“[90] hinaus, wie wir es schon bei Hebels Lehrer Tittel als konstitutiv herausarbeiten konnten. Damit aber wird mäeutischen und hermeneutischen Prinzipien der Weg in den Unterricht geebnet.

„Der Lehrer muß nur nicht immer gleich [...] sein eignes Urtheil in einem entscheidenden Ton zum voraus bestimmen [...] urtheilt der Lehrer allein, so ist die natürliche Folge, daß er nicht denkende Köpfe, sondern nachsprechende Papageien bildet, die allenfalls höchstens der Unerfahrene einmal als Wunder des Scharfsinns und der Gelehrsamkeit anstaunt, dahingegen der Menschenbeobachter bald die stolze Krähe in ihrem erbettelten Pfauenschmuck entdeckt.“[91]

Es darf als notwendige Emanzipation gewertet werden, daß gerade im allzu vorbelasteten Religionsunterricht die Methode des Auswendiglernens zum Ende des 18. Jahrhunderts seine pädagogische Unabkömmlichkeit endgültig verloren hat.

Neben den Problemen des Unterrichtsvollzugs konzentriert sich Gedike auch auf die Unterrichtsmaterialien bzw. -medien: Mit der Auseinandersetzung um die Schulbücher aber gelangen wir in ein Problemfeld, das genuin in die Fragestellung unserer Arbeit gehört. Die Kinder- und Jugendbuchforschung unseres Jahrhunderts fordert mit Recht, daß die *Literaturwissenschaft* sich einer entsprechenden Erforschung und Bereitstellung von Kategorien öffnen müsse, so daß auch wir eine Schulbuchdiskussion der Hebelschen biblischen Geschichten unter literarhistorischer Perspektive zu führen hätten. Betrachtet man allerdings den historischen Ort der damaligen Diskussion, so muß man feststellen, daß es vor allem *Theologen und Pädagogen* waren, die sich um die neu entstehenden Sujets und Gattungen kümmerten bzw. sie propagandistisch verwerteten.

87 Gedike, Praktischer Beitrag, S. 34.
88 Gedike, Praktischer Beitrag, S. 15.
89 Gedike, Praktischer Beitrag, S. 13.
90 Gedike, Praktischer Beitrag, S. 84.
91 Gedike, Praktischer Beitrag, S. 90f.

Fr. Gedike gewährt uns Einblick in eine pädagogische Position zur Kinder- und Jugendliteratur, die in erstaunlicher Nähe zu den populärästhetischen Überlegungen Hebels zu stehen kommt, und die die spätaufklärerische Kontinuität bis hinein in die Biedermeierzeit zum Ausdruck bringen kann.

Mehr als in seinem „Praktischen Beitrag" hat sich Gedike sieben Jahre später eigens „Einige Gedanken über Schulbücher und Kinderschriften" gemacht, deren Maßstäblichkeit explizit leider nicht für Hebel nachgewiesen werden kann, dessen praktische Erfüllung durch Hebel fünfundzwanzig Jahre später aber behauptet werden darf.

Die Kinderbuch-Situationsanalyse ist der Aufweis verheerender Zustände: Dafür steht einmal die höchst aufschlußreiche Auflistung bereits „zahlloser Formen und Namen" mit „Kind-"[92]; viel schlimmer aber ist die inhaltliche Füllung dieser Formen aus meist unberufenem Munde:

> „Wer weder Verstand noch Kenntnisse genug besitzt, um Erwachsene angenehm belehren oder nützlich unterhalten zu können, glaubt dennoch Verstand und Kenntnisse genug übrig zu haben, um für Kinder zu schreiben, obgleich am Ende oft Kindern eben so sehr als Erwachsenen vor seinem Machwerk ekelt."[93]

Sämtliche Kriterien, die man an ein gutes Buch für Kinder (sei es zur Privat-, sei es zur Schullektüre[94]) anlegen müßte, fehlen bei den allermeisten Schriftstellern:

> Menschenkenntnis; praktisches Studium der Pädagogik; Kenntnis von der Natur und von den Bedürfnissen und Fähigkeiten der Kinderseelen; Einsicht in den natürlichen Gang der Entwicklung des menschlichen Geistes; Bekanntschaft mit den Verhältnissen und Pflichten des bürgerlichen Lebens; Deutlichkeit der Gesamtplanung; Bestimmung des jeweiligen Alters, Standes, Geschlechts.[95]

Nur mit einem klar reflektierten didaktischen Transformationsverfahren, wie es etwa Hebel mit seiner Populärästhetik geliefert hat, wird man allen genannten Anforderungen entsprechen können.

Innerhalb der klaren Unterscheidung zwischen *Lese*buch und *Lehr*buch, die Gedike besonders im Hinblick auf Anfänger und Fortgeschrittene trifft – jene sollen Fertigkeiten im Sprechen, Lesen und Schreiben erwerben, diese brauchen lediglich eine stützende Übersicht über das Gehörte und Gelernte[96] – erscheint der Umgang mit der Bibel als besonderes Problem. Wir stellen es hier in den Mittelpunkt unseres Referates der Gedikeschen Schulbuchdiskussion, weil es indirekt die Notwendigkeit einer eigenen Schulbi-

---

92 Fr. Gedike, Einige Gedanken über Schulbücher und Kinderschriften, Berlin 1787, S. 4f.

93 Gedike, Einige Gedanken, S. 6.

94 Gedike, Einige Gedanken, S. 14f.!

95 Gedike, Einige Gedanken, S. 8f. Vgl. auch S. 15f.!

96 Gedike, Einige Gedanken, S. 17.

belbearbeitung beweist, wie sie in der damaligen Umbruchsituation nicht nur von Hebel versucht wurde.

Gedike beklagt mit beredten, ja grausamen Beispielen,

> „daß noch immer in einer Menge Trivialschulen sogar die Bibel theils ganz theils stückweis (z. B. der Psalter, oder das Evangelienbuch, d. i. die Sammlung der sonntäglichen Evangelien) zum förmlichen Lesebuch erniedrigt wird."[97]

Ebenso wie mit dem Katechismus[98] wird auch mit der Bibel eine völlig sinnentleerte, Zusammenhänge verstümmelnde Lesart getrieben, die allein dem formalen Prinzip des Lesenlernens und dem orthodoxen Prinzip der sich selbst auslegenden heiligen Schrift in pädagogisch und theologisch autoritärer Art und Weise huldigt. Gedike gibt an dieser Stelle nur einen versteckten Hinweis, wie er sich einen ersten Umgang mit der Bibel vorstellen könnte, nämlich das Lesen leicht faßlicher Stellen der Bibel bzw. der „populären Reden Jesu".[99] Grundsätzlich hält es Gedike für falsch, ein rein formales Prinzip der Bibellektüre überzustülpen. Schon in seinem „Praktischen Beitrag zur Methodik" hatte er sich von daher gegen lateinische Biblische Geschichte und gegen die Lektüre des Neuen Testamentes um griechischen Spracherwerbs willen gewendet.[100] Beides widerspreche einer grammatikalischen und philologischen Intention! -

Den Unterricht in der Moral möchte Gedike nicht in „trokne(n) Vorschriften"[101] enden lassen, vielmehr solle „ein moralisches Exempelbuch" seine Intention „aus lauter wirklichen Geschichten theils aus der alten besonders der biblischen Geschichte, theils und noch mehr aus den neuesten Zeiten" schöpfen, um „durch die möglichst individuelle Darstellung desto mehr Eindruck zu verschaffen."[102] Von der eindeutig moralisierenden Vereinnahmung der biblischen Geschichten einmal abgesehen, kommt hier der klare Wunsch nach einem verstehenden, vorsichtig kommentierenden Umgang mit der heiligen Schrift deutlich zum Ausdruck. Der falsche schulische Umgang mit der Bibel aber hat jahrzehntelang verhindert, daß man sich „(e)inige Gedanken" auch über die „Biblischen Geschichten" – für Kinder erzählt – gemacht hat und nicht nur mit der Ausräumung längst überfällig gewordener Auswüchse sich aufhielt.

Das Jahr 1782, in dem Hebel Seilers kleines biblisches Erbauungsbuch bibliographierte, brachte dem Exzerptheft noch zwei weitere religionspäd-

---

97 Gedike, Einige Gedanken, S. 30. Die Beispiele für sinnloses Lesen biblischer Texte auf S. 30f. und S. 32!

98 Gedike, Einige Gedanken, S. 17.

99 Gedike, Einige Gedanken, S. 30.

100 Gedike, Praktischer Beitrag, S. 66–69 und S. 76f.

101 Gedike, Einige Gedanken, S. 51.

102 Ebd.

agogische Buchhinweise ein, die wir im folgenden etwas näher verfolgen wollen.

d) *Johann Peter Miller*

Mit J. P. Miller (1725–1789), Mosheimschüler und seit 1766 Theologieprofessor in Göttingen, begegnen wir einem der deutlichsten Anreger zur Beförderung der Sokratischen Methode im Religionsunterricht der Aufklärungszeit.[103] Für die Geschichte der Biblischen Geschichten im Unterricht bildet er eine wichtige Modifikation der Hübner-Tradition mit seinen 1753 in Helmstädt erschienenen „Erbauliche(n) Erzählungen der vornehmsten biblischen Geschichten zur Erweckung eines lebendigen Glaubens und der wahren Gottseligkeit."[104] Davon allerdings nahm Hebel nachweislich keine Notiz; selbst die zunächst formale Auswahl und Zusammenstellung der biblischen Geschichten zeigt weder bei Hübner noch bei Miller irgendwelche Übereinstimmung mit den Hebelschen Entscheidungen. Hebel interessierte sich vielmehr für das (heils-)geschichtliche Schema mit genauer Angabe der Zeitabstände in Millers „Christliche(m) Religionsbuch oder Anleitung zu katechetischen Unterredungen über den gemeinnüzigsten Inhalt der heiligen Schrift" (Schaffhausen 1779).[105] Man erinnert sich an die „Biblische(n) Zeittafeln nach runden Zahlen", die Hebel als Anhang seinen Biblischen Geschichten beigefügt hat. Zwischen beiden Schemata besteht sicher keine Abhängigkeit; Aufbau und Zahlenverhältnisse sind zu verschieden. Aber der Ermahnung Millers,

> „nach der Zeitfolge und historisch muß man, wie mich deucht, die göttliche Offenbahrung lesen, um theils einzusehen, wie Gott stufenweise von der ersten Demmerung bis an den Mittag, worin wir leben, die wichtigsten Heilslehren immer klären und vollständiger bekannt gemacht habe, um einzelne Stellen, besonders in den ältern Büchern des alten Buches so richtig zu verstehn, daß man nicht in diesselbe die Fülle der Gedanken eines Paulus über eine ähnliche Materie hineintrage."[106]

– dieser Ermahnung nahm sich Hebel jedenfalls noch nach über vierzig Jahren an, und zwar nicht nur in Form einer Zeittafel, sondern in konsequenter Weise in seiner gesamtkonzeptionellen Durchführung der Biblischen Geschichten.

[103] Vgl. vor allem seine „Unentbehrliche(n) Exemple zum leichten, faßlichen, erbaulichen und angenehmen Katechisieren" (Wien 1788), und seine „Anweisung zur Katechisierkunst oder zu Religionsgesprächen" (Wien ³1788)!

[104] Vgl. den instruktiven Artikel zu dieser Kinder- und Jugendbibel im Handbuch zur Kinder- und Jugendliteratur. Von 1750–1800, hgg. v. Th. Brüggemann, Stuttgart 1982, Sp. 681–687.

[105] Vgl. H 84, Bl. 39, Nr. 437, wo die entsprechende S. 75 des Buches exzerpiert ist.

[106] Miller, Christliches Religionsbuch, Vorrede, unpaginiert [3. Bl.].

Was das religionspädagogische Programm Millers betrifft, so ist sich Hebel mit ihm einig,

daß es darauf „ankömmt", „daß wir ihnen [sc. den Kindern; R.W.] Gegenstände in ihre Sphäre, und so nahe bringen, daß jene aus dem rechten Standorte, und, welches das beste ist, in Verbindung mit schon gewohnten und angenehmen Ideen, auf ihre Seelenkräfte wirken können [...] Das Vornehmste kömmt nur darauf an, daß die allererste Idee sinnvoll, lichtvoll, lebhaft und anziehend genug sey, um die erste Imagination und den Wiz, und dann irgend eine vernünftige Begierde und zugleich den Verstand anzulocken, und in Thätigkeit zu sezen."[107]

Imagination, Witz und Verstand: Wer an solchen Zielen seine religionsunterrichtliche Praxis ausrichtet, wie es Hebel bekanntlich verwirklicht hat, der ist auch in der Lage, ein entsprechend ausgerichtetes Bibelbuch zu verfassen, das möglichst nah an der Interessensphäre der Adressaten eine Vermittlung mit der Bibelsphäre anzubahnen versucht.

e) *Jacob Friedrich Feddersen*

Im Dezember 1782 las Hebel in den Gothaischen Gelehrten Zeitungen die Rezension zu einem „Biblische(n) Lesebuch für Kinder von reiferem Alter, darin die Psalmen, die Sprüche und der Prediger Salomons, das Buch Jesus Sirach, und einzelne lehrreiche Stellen des alten Testaments zu ihrer Erbauung angewandt sind". J.F. Feddersen (1736 -1788), Domprediger zu Braunschweig, hatte es 1782 in Leipzig verlegen lassen.[108] Hebels Notiz vermerkt:

„Das Werk ist gut, d. Verf. hat d. wesentl. Inhalt u. d. Gedankenfolge des Textes beibehalten, aber ihn doch für die iezige Zeit, Einsicht u. Bedürfnis gemodelt im Ausdruk."[109]

Die Rezension selbst faßt das in den sehr präzisen literaturwissenschaftlichen Begriff „eine Art von Parodie", die notwendig eine entsprechende Freiheit nach sich zieht, nämlich

„daß der Hr. Verf. viele eigene Gedanken mit einflechten mußte, welche in den biblischen Stücken den Worten nach nicht liegen, oder wozu doch nur eine entfernte Anleitung vorhanden war."[110]

Natürlich handelt es sich bei Feddersens Biblischem Lesebuch weder um eine genuine Schulbibel noch um Bibeldichtung im strengen Sinn einer systematischen Kohärenz der Bibelgeschichten, wie der bereits die Auswahl deutlich einschränkende Titel ausweist! Von daher läßt sich Hebels Buchno-

107 Miller, Christliches Religionsbuch, Vorrede, unpaginiert [1. Bl. v.].
108 Vgl. DBA, Nr. 309, Bl. 327–333.
109 H 84, Bl. 64v, Nr. 565.
110 Gothaische gelehrte Zeitungen, 99. St., 11. Dez. 1782, S. 823.

tiz nicht direkt als Vorläufer seiner eigenen dichterischen Bemühungen um eine Schulbibel vereinnahmen. Feddersen selbst schränkt seinen Anspruch insofern ein, als er keine „kunstmäßige Paraphrase" intendiere,[111] vielmehr als „ascetische(r) Schriftsteller"[112] eine Umschreibung, Erklärung und Anwendung geeigneter Bibelstellen verwirklichen möchte. Trotz dieser grundsätzlichen Bescheidung stellt sich Feddersen aber einem Problem, das Hebel mit besonderem Geschick und mit Gespür für die darin verborgenen Möglichkeiten ungleich souveräner lösen wird:

„Die erhabnen Beschreibungen der morgenländischen Dichtersprache, für welche sie [sc. die Kinder von reiferem Alter; R. W.] noch nicht Einsicht und wahre Empfindung genug haben können, in denen aber doch viel Nützliches für sie liegt – suchte ich ihrer Einsicht und Empfindung näher zu bringen, – (freylich – ich hab' es gefühlt, keine leichte Sache für den Kinderschriftsteller)."[113]

Feddersen erkennt hier ansatzweise die elementaren Beziehungen, die zwischen der Thematik des Morgenländischen und den Möglichkeiten eines Kinderschriftstellers bestehen, ohne sie jedoch theoretisch wie in der inhaltlichen Durchführung näher ausführen zu können. Wir werden sehen, wie Hebel den angesprochenen Beziehungsstrang, der im übrigen eine gewichtige Tradition von Herder bis Jean Paul ausmacht, „quasi aliud agendo" in seine Biblischen Geschichten einflicht. Feddersens Buch jedoch konnte über die Funktion eines Indikators einer anderweitig lebendigeren Tradition wohl kaum hinauskommen. Gleichwohl soll der Stellenwert seines kinderfreundlichen Versuchs nicht geschmälert werden, insbesondere wenn man die vertrocknete Tradition der Vorgänger veranschlagt:

„Den richtigen Ton zu treffen, in welchem man Kindern die biblischen Geschichten erzählen muß, war vor ihm noch niemand gelungen. Auch in der Wahl und Behandlung seiner Stoffe, die er immer in's Praktische zu ziehen und dem Gesichtskreise der Jugend zu nähern wußte, steht er keinem der Schriftsteller nach, die sich in dieser Gattung versucht haben. Als ein zweckmäßiger Auszug aus einigen Büchern des alten Testaments kann sein ‚biblisches Lesebuch' noch immer durch die Art und Weise gelten, wie die darin enthaltenen Erzählungen auf mannigfache Verhältnisse, Lagen und Bedürfnisse der Jugend angewendet werden."[114]

---

111 Feddersen, Biblisches Lesebuch, Vorbericht, unpaginiert.

112 Ebd.

113 Ebd.

114 DBA, Nr. 309, Blatt 337 [aus H. Döring, Die deutschen Kanzelredner des 18. und 19. Jahrhunderts, 1830]. Interessant ist darüber hinaus ein Blick auf die Titel seiner über 40 hinterlassenen Schriften, die sich in ihrem aufklärerischen Impetus immer wieder in grenzüberschreitender Absicht vielen außertheologischen Themen zuwenden, insbesondere der Freimaurerei, der Rhetorik und Dichtung, der allgemeinen Moral; aber auch „Das Leben Jesu für Kinder" (Halle, ^{5}1787) ist darunter zu finden. Vgl. DBA Nr. 309, Blatt 327–333 [aus J. G. Meusel, Lexikon der … verstorbenen teutschen Schriftsteller, Bd. 3, 1804].

f) August Hermann Niemeyer

Im Jahr 1803 wurde am Gymnasium illustre zu Karlsruhe ein Religionsbuch eingeführt, das noch mehr als drei Jahrzehnte lang im evangelischen Religionsunterricht Verwendung fand.[115] Abgelöst hatte es in Karlsruhe das Kompendium von Baier, nach dem vermutlich noch J.P. Hebel sich auf seine Abschlußprüfung vorbereitet hatte. Das neue Religionsbuch war bald nach seinem Erscheinen ein ‚Klassiker' an erstaunlich vielen Gymnasien in ganz Deutschland; bis zum Todesjahr seines Autors erlebte es vierzehn Auflagen. Im Nekrolog auf seinen Verfasser A.H. Niemeyer (1754–1828) heißt es über sein „Lehrbuch für die oberen Religionsclassen gelehrter Schulen. Erste Abtheilung. Einleitung in die Religionsschriften und Religionsgeschichte; Zweyte Abtheilung. Religions- und Sittenlehre" (1.Aufl. Halle 1801): Eine „Arbeit, die man mit Recht unter seine vorzüglichsten zählen muß. Denn dies treffliche Buch zeichnet sich durch seine große Zweckmäßigkeit überhaupt und durch die Zusammenstellung und Anordnung der Materie sowie durch seine Klarheit und Präcision gleich sehr aus."[116] Hebel hat als Gymnasialprofessor selbstverständlich in seinen Dogmatik-Kursen mit Niemeyers Schulbuch gearbeitet und unsere Untersuchungen zum popularttheologischen Ansatz bei Hebel lassen es als sicher erscheinen, daß er mit dem Entwurf Niemeyers auch inhaltlich voll übereingestimmt hat.[117] Methodisch und didaktisch allerdings unterschied sich das Lehrbuch nicht wesentlich von dogmatischen Kompendien spätaufklärerischer Theologie, wie sie dann auch an den theologischen Fakultäten der Universitäten gehandhabt wurden. Im Hinblick auf die spezifische religionspädagogische Problemstellung, wie sie mit einer Bibelbearbeitung für Schüler gegeben war, sind von Niemeyers Lehrbuch sicherlich keine entscheidenden Impulse ausgegangen. Vielmehr gilt auch für dieses Buch, was Niemeyer an anderer Stelle mit großer Differenziertheit gerade im Blick auf pädagogische Belange so ausgedrückt hat:

„Sofern indeß sich das Katechisieren auf den Elementarunterricht in der ersten Jugend bezieht, gehört es nicht in diesen Plan, so wenig als überhaupt die allgemeinen Grundsätze, wie durch Fragen und Antworten zu unterrichten sey, in welcher Ordnung und nach welcher Methode Kinder zur Religion zu erziehen sind. Das

[115] Vgl. K.F. Vierordt, Geschichte der im Jahr 1724 aus Durlach nach Karlsruhe verpflanzten Mittelschule, Karlsruhe 1858, § 45, S. 196.

[116] DBA, Nr. 900, Blatt 174f. [aus: Neuer Nekrolog der Deutschen, Jg. 6, 1828 (1829)]. Ganz der Populartheologie Niemeyers entsprechend heißt es an gleicher Stelle: „Aber es ist nicht blos in Schulen eingeführt, auch erwachsene, gebildete Christen beiderlei Geschlechts haben dasselbe mit innigster Theilnahme studirt und sich der so lichtvollen schönen Darstellung ihrer Christusreligion in demselben hoch erfreut."

[117] So gehört dieses Standardwerk auch zu den ganz wenigen von Hebel hinterlassenen Büchern religionspädagogischer Provenienz. Vgl. Verzeichniß, Nr. 100, S. 9.

erstere lehrt eine eigene Wissenschaft die Katechetik, das ander macht einen Theil der Pädagogik aus.«[118]

Hingegen lohnt es sich, in Niemeyers Schulbuch auf einige allgemeine bibelhermeneutische Überlegungen zu achten, die die Notwendigkeit der Bibeldichtung Hebels zumindest plausibel erscheinen lassen. In einer „Historisch-praktischen Einleitung in die biblischen Schriften" zählt Niemeyer die geforderten Kompetenzen für den verantworteten Umgang mit der Heiligen Schrift auf:

„Die gelehrten Kenntnisse, deren ein Exeget bedarf, sind 1) linguistisch (Grundsprachen, Kritik), 2) historisch (alte Geographie, Chronologie, Geschichte, Archäologie), 3) historisch-philologisch (Kenntnis des Geistes und der Sitten der Zeit). Dem Nichttheologen können dies populäre Bibelerklärungen und glossierte Bibeln ersetzen.«[119]

Er unterscheidet dann die historische von der erbaulichen Lesart und fährt fort:

„Im zweyten Fall [sc. der ascetischen Lesart; R.W.] sind einige Theile und Abschnitte der Bibel weit wichtiger als die andern, weil sie verständlicher und gemeinnütziger sind. Um den Gebrauch dieser zu erleichtern, hat man Auszüge aus der Bibel gemacht. Basedow, Seiler, Schneider, Zerenner.«[120]

Die genannten Vorläufer und Vorbilder hat Niemeyer in einem gesondert herausgegebenen Lehrerkommentar bibliographiert[121] und darüber hinaus grundsätzlich die Bedeutung und Notwendigkeit einer Schulbibel reflektiert.

„Nirgends wird der Lehrer so lebhaft das Bedürfnis einer stellenweise richtigeren und verständlicheren Uebersetzung unserer Bibel, und eines zweckmäßigen Auszugs derselben fühlen, als gerade hier. Denn es kann ihm gar nicht entgehen, daß selbst in den allerlehrreichsten Abschnitten, die er gern möchte lesen lassen, doch alle Augenblick etwas vorkommt, was ohne Erklärung gar nicht, oder nicht recht gefaßt werden kann, und daß er so manches überschlagen muß, weil es in der Verbindung, worin es steht, einen unvermeidlichen Anstoß geben würde. Vielleicht kommt es doch noch endlich dahin, daß man für den größeren Theil der Menschen, namentlich auch für die Schulen, eine weise Auswahl dem Ganzen vorzieht. Was jeder in dem Kreise seiner Schüler hierin thun kann und darf, wird er am besten wissen.«[122]

118 A.H. Niemeyer, Handbuch für christliche Religionslehrer. Zweyter Theil. Homiletik, Pastoralwissenschaft, und Liturgik, Zweyte verbesserte Auflage, Halle 1794, § 102, S. 202f.

119 Niemeyer, Lehrbuch, S. 11.

120 Niemeyer, Lehrbuch, S. 12.

121 Vgl. A.H. Niemeyer, Erläuternde Anmerkungen und Zusätze zu dem Lehrbuch für die oberen Religionsclassen gelehrter Schulen. Nebst einer Abhandlung über die Methodik des Unterrichts. Zum Gebrauch der Lehrer herausgegeben von …, Halle ^{2}1803, S. 17.

122 Niemeyer, Erläuternde Anmerkungen, S. LIVf.

Hebel hat es gewußt! Die genuin bibeldidaktischen Reflexionen Niemeyers, die das gärende Problem des Bibelunterrichts am Anfang des 19. Jahrhunderts ungeschminkt beschreiben, sind quasi die religionspädagogisch-theoretische Legitimation für die praktische Realisation in Hebels Schulbuch.

Mit Niemeyer, der nach H.F. Schmieder „den Anfang einer neuen Zeit" bezeichnet[123], haben wir die neben Seiler wohl bedeutendste und prägendste religionspädagogische Bezugsgröße Hebels: Dessen Einfluß reicht nicht nur mitten in den Dogmatik-Unterricht Hebels für die „Exemten" des Karlsruher Gymnasiums, sondern indirekt in die prinzipiellen Lösungen seiner Bibeldichtung für den Bibel-Unterricht der unteren Klassen an Volksschulen in ganz Baden.

g) Johann Jacob Mayer

Das zweite Religionsbuch im engeren Sinne, das sich in Hebels Besitz befunden hat, stammt von dem 1769 in Biberach geborenen und dort zum Rektor aufgestiegenen J.J. Mayer.[124] Dieser spätere Prediger an der evangelischen Gemeinde von Biberach gehört mit seinen wenigen Veröffentlichungen ganz in den Bereich rationaler Spätaufklärungstheologie, wie man etwa seinem „Andachtsbuch für Schwangere, Gebährende und Mütter aller christlichen Konfessionen" (Ravensburg 1810) entnehmen kann. Sein „Leitfaden beim christlichen Religionsunterrichte der Schuljugend und Konfirmanden" (Biberach 1805)[125] bietet religionspädagogisch keinerlei Impulse, insofern er streng nach inhaltlich-systematischen Gesichtspunkten gegliedert eine kleine Dogmatik für den Unterrichtenden bietet und dabei „nur andeutet(e), statt [...] deutlicher und umständlicher zu erörtern." (S. V) Allenfalls die in der „Einleitung" verortete „Kurze Religionsgeschichte" (S. 7-26) vermag in ihrer allzu knappen Skizzierung der biblischen Heilsgeschichte ex negativo deutlich zu machen, wie notwendig eine bibeldichterische Bearbeitung dieses religionsunterrichtlichen Themenfeldes gewesen ist. Denn die von Mayer gegebene Subsumption der biblischen Erzählungen unter allgemeinste abstrakte Begriffe wird weder der Bibel noch der zeitgenössischen Erfahrung der Rezipienten gerecht, selbst wenn sinnvolle hermeneutische Überlegungen eingeflochten werden (vgl. Nr. 10 und 11, S. 11). Es ist nicht nachzuvoll-

---

123 Vgl. die kritische Würdigung des Niemeyerschen Schulbuchs bei H.F. Schmieder, Übersicht der christlichen Religionsbücher, in: Theologische Studien und Kritiken, Jg. 1841, Heft 1, S. 269–290, hier: S. 276–279!

124 Vgl. DBA, Nr. 839, Bl. 96–100, wo Kurzartikel aus folgenden Lexika versammelt sind: J.J. Gradmann, Das gelehrte Schwaben, 1802; G.L. Richter, Allgemeines biographisches Lexikon alter und neuer geistlicher Lieder, 1804; Hamberger/Meusel, Das gelehrte Teutschland, Bd. 14, ^{5}1810.

125 Vgl. Verzeichniß, Nr. 85, S. 8.

ziehen, wie Mayer seinen eigenen Anspruch, nämlich Anleitung zu geben „zu einem Religionsunterrichte für Herz und Leben, der zugleich dem Verstande und dem eigenen fernern Nachdenken des Christen zusagt“(S. IV; im Original gesperrt gedruckt), mit diesem Buch einzulösen vermeint hat. Dazu ist Mayers Leitfaden viel zu sehr Skelett, das der lebendigen unterrichtlichen Auffüllung bedürfte, die indessen nirgendwo angedeutet wird.

An greifbaren Zeugnissen und Dokumenten für Hebels Auseinandersetzung mit der spezifischen Tradition der Schul- bzw. Kinderbibeln seiner Zeit finden sich außer dem Exzerpt zu Seilers kleinem biblischen Erbauungsbuch (vgl. b) dieses Abschnittes), seiner brieflichen Kindheitserinnerung an die Hübnerschen Historien (vgl. 2. Kap. I.1) und der theoretischen Streitschrift gegen den von Schmidschen Entwurf (vgl. 2. Kap. IV) nur noch zwei entsprechende Titel[126] im Nachlaßverzeichnis seiner Bibliothek.

Der eine von ihnen (Joh. Sev. Vater, Bibel-Geschichte für die Jugend, d.i. die historischen Bücher der heil. Schrift alten Testamentes, Halle 1821) ist – im Fernleihverkehr deutschsprachiger Bibliotheken – nicht mehr zu ermitteln.

h) Christoph Ludwig Göhrung

Der andere Titel stammt von Chr.L. Göhrung, einem Pfarrer in Horkheim bei Heilbronn und später in Denkendorf, der neben aufklärerischen Schulbüchern im Elementarbereich und kleinen Erbauungsschriften vor allem eine „Kurze und faßliche Darstellung der Pestalozzischen Methode zur Prüfung derselben und zum Verständnisse der dazu erschienen Elementarbücher; für Aeltern, Lehrer und alle Freunde der Jugend“ vorgelegt hat.[127] Göhrungs Kinderbibel erschien 1817 bei Steinkopf in Stuttgart unter folgendem Titel: „Kleine Bibel für Kinder, als Vorbereitung zum heilsamen Gebrauche und fruchtbaren Verständnisse der heil. Schrift, mit einer kurzen Geschichte der Religion“. Das Werk möchte – entsprechend seiner Dreiteilung – einen dreifachen Zweck verfolgen: Einmal sollen in einem „faßlichen Vortrag der merkwürdigsten biblischen Geschichten in zusammenhängender Reihenfolge“ (S. III der „Vorerinnerung“) die Schüler an die Bibel vorbereitend herangeführt werden. Dieser Zweck impliziert für Göhrung sowohl die Befriedigung der Bedürfnisse eines Lesebuches (S. IV), als auch die Möglichkeit, „vieles nützliche und brauchbare für das gemeine Leben und die bürgerlichen Verhältnisse mit einfließen (zu) lassen“ (ebd.). Daneben soll eine inhaltliche Übersicht über alle Schriften Alten und Neuen Testamentes gegeben werden (vgl. S. 234–298). Und schließlich faßt ein „Anhang“ die „Geschichte der

[126] Vgl. Verzeichniß, Nr. 46, S. 6 und Nr. 140, S. 12.

[127] Vgl. DBA, Nr. 400, Bl. 120f. [aus: Hamberger/ Meusel, Das gelehrte Teutschland, Bd. 22,2, [5]1831].

Religion“ unter Berücksichtigung der außerchristlichen Religionen bis zur Reformation und ihren Folgen zusammen. Durch seine Dreiteilung möchte Göhrung das Schulbuch einer differenzierten Verwendung in allen Jahrgangsstufen empfehlen (vgl. seinen „Plan“, S. VII-IX). Ein Blick in die 47 Geschichten des Alten und die 62 Geschichten des Neuen Testaments (S. 1-242) macht deutlich, daß Göhrung vom methodischen Aufbau her noch ganz in der Tradition des von ihm auch erwähnten Hübner steht (vgl. S. III). Jede Geschichte endet mit einer belehrenden Zusammenfassung, an die sich zahlreiche Fragen anschließen, die bloß am Detail der Oberflächenstruktur der Geschichte haften. Zwar werden für den Lehrer in Klammern weitergehende, systematisierende Fragen eingestreut, doch fehlt dem Ganzen die Kohärenz eines Gesamtentwurfs, die eine additive Parzellierung der einzelnen Geschichten wirksam verhinderte. Bereits das Kriterium der Kohärenz, das sich für Hebels Entwurf als dominant erweisen wird, macht es wahrscheinlich, daß Göhrungs Versuch keinerlei Einfluß auf Hebels damals beginnende Arbeit an seinen Biblischen Geschichten gewonnen hat. Auch die Auswahl der Geschichten – die natürlich bei dem Projekt einer Kinderbibel notwendigerweise einen begrenzten Standard markanter Bibelstellen zu berücksichtigen hat – unterscheidet sich im einzelnen (und nicht nur in der Titelei der jeweiligen Geschichten) signifikant von den didaktischen Entscheidungen Hebels. Schließlich aber greift Göhrung explizit auf Formulierungen aus von Schmids „Biblischen Geschichten“ (1801) und Krummachers „Bibelkatechismus“ (1810) zurück (vgl. auch Göhrungs Zitierverweise auf S. IX), die nun gerade die Tradition repräsentieren, mit der Hebel – was zumindest von Schmid betrifft – scharf ins Gericht gegangen ist.

Alles in allem bleibt der interessante Befund festzuhalten, daß es unter dem Gesichtspunkt religionspädagogischer Voraussetzungen keine nachweisbaren Vorläufer bzw. Vorentwürfe für Hebels Abfassung einer Schulbibel gegeben hat, die Hebel in positiver, zustimmender Anknüpfung fortzusetzen gedachte. Dieses Ergebnis bestärkt uns in unserer Vermutung, daß die literarische Gattung der Bibeldichtung – die ja für Schulbibeln absolut untypisch im 18. und 19. Jahrhundert ist – der adäquate Bestimmungsrahmen für die eigentlichen Untersuchungen zu Hebels Spätwerk sein dürfte. Das bedeutet aber wiederum nicht, daß Hebel auf religionspädagogische Intentionen völlig verzichtet hätte. Es wird sich zeigen, daß bei Hebel gerade eine Literarisierung der Biblischen Geschichten zu (religions-)pädagogischer Potenzierung geführt hat.

i) Johann Heinrich von Wessenberg

Der Konstanzer Bischof J. H. von Wessenberg (1774–1860) gehört sicherlich mit zu den bedeutendsten und prägendsten Bezugsgrößen Hebels, und es bedürfte längst einer Spezialuntersuchung, die der vielfältigen Verästelung dieser Freundschaft nachspürte.[128] Jedenfalls trafen hier zwei Männer aufeinander, deren politische Liberalität und theologische Ökumenizität schmerzlich bewußt machen, in welchem Ausmaß das fortschreitende 19. Jahrhundert seine geradezu modern anmutenden Geistesgrößen des Anfangs in konfessioneller und nationalistischer Verengung mißverstand oder totschwieg. Was die (religions-)pädagogische Befruchtung betrifft, so ist zunächst auf die Eingaben der beiden ‚Politiker' zu achten, die sie als Vertreter der Zweiten Kammer bei den Verhandlungen des Landtages 1820, 1822 und 1825 zusammenband.[129] Sie thematisieren die Bildung eines theologischen Seminars, Hebel speziell plädiert für die „Errichtung eines evangelischen Schullehrerseminars", überhaupt stehen die Anliegen des Lehrerstandes immer wieder in den Eingaben der beiden Abgeordneten.

Ein kleiner Beleg dafür, daß beide über die Diskussion allgemeiner Richtlinien hinaus auch im pädagogischen Detaildiskurs standen, ist in der einzigen von Hebel hinterlassenen pädagogischen Zeitschrift zu finden, enthält sie doch fünf kleine Aufsätze zu pädagogischen Problemen von J. H. von Wessenberg.

Bei der Zeitschrift handelt es sich um „Das Monatsblatt für teutsche Volksschul-Lehrer. Herausgegeben von J. W. Strasser, bischöfl. geistl. Rath, Schuldekan und Dompfarrer in Constanz".[130] Es ist in seiner Gesamttendenz in geradezu idealtypischer Weise angesiedelt zwischen spätaufklärerischem Aufbruch und biedermeierlicher Stabilisierung und Bewahrung. In der Einleitung „Die teutschen Volksschulen, nach der Ansicht des Herausgebers dieses Blattes" betont Strasser die Religion als Integral gerade auch des sich etablierenden Bürgertums, „denn nur aus einer veredelten Menschheit kann ein veredeltes Bürgertum hervorgehen."[131] Neben dieser politischen Standortbestimmung, die an den Standpunkt des sog. „geistlichen Biedermeier" erinnert, kommt die doppelte Option in der schulischen Methode für Verstand *und* Herz zu stehen:

> „Es war ein Mißgriff der drey letzten Jahrzehnte, daß sie die Schulen zu bloßen Anstalten der Verstandesbildung machten, und die Bildung des Herzens, wenn nicht ganz, doch größtentheils vernachläßigten."[132]

---

128 Rein feuilletonistisch ist der Artikel von O. E. Sutter, Der Prälat und der Bistumsverweser. Johann Peter Hebel und der Freiherr Ignaz von Wessenberg, in: Oberländer Chronik Nr. 228, Konstanz 1960, unpaginiert. Vgl. aber den guten, wenn auch nur vorläufigen Überblick bei W. Zentner, Hebel und Wessenberg, in: Badische Heimat, 40/1960, H. 1/2, S. 68–73.

129 Vgl. G. Längin, Johann Peter Hebel. Ein Lebensbild, Karlsruhe 1875, S. 181–204.

130 Erster Jahrgang, Constanz 1823. Vgl. Verzeichniß, S. 41, Nr. 560.

131 Das Morgenblatt, S. 2.

132 Das Morgenblatt, S. 2f.

Gerade aber die gegenseitige Ergänzung von Herz und Verstand bewahrt dieses Konzept vor einem einseitigen Umkippen in die politische Kultur der Reaktion. Aufklärerische Impulse bleiben wach, wie man bereits aus den Titeln der Wessenberg-Aufsätze ersehen kann:

- Winke zur Bildung guter Ortsvorgesetzten (S. 67f.),
- Wie könnten die Volksschulen zur Belebung des konstitutionellen Sinnes einwirken. Eine Preisaufgabe (S. 69f.),
- Etwas über Pestalozzi (S. 99f.),
- Bedenken gegen den konstitutionellen Volks-Unterricht in teutschen Schulen (S. 148f.).

In allen seinen Miszellen geht es Wessenberg um die kognitive Fundierung lebendiger Veränderungsprozesse in Staat, Gesellschaft, Kirche und Schule, ohne das Maß des menschliche Herzens (seine Gefühle und Anschauungsmöglichkeiten) zu verletzen. In diesem Punkt trafen sich Hebel und Wessenberg, wobei von Hebel gesagt werden kann, daß seine schulische Praxis mit den theoretischen Vorgaben zur Deckung gelangte!

k) Ignaz Demeter

Während der Konstanzer Bistumsverwalter J.H. von Wessenberg programmatisch die „Freundschaft“ zwischen Pfarrer und Lehrer fordert, „wovon ein auf gegenseitige Achtung beruhendes Wohlwollen die Seele der Verbindung seyn soll“,[133] war das für den späteren Erzbischof von Freiburg (ab 1836) I. A. Demeter (1773–1842), obgleich auf pädagogischem Gebiet kompetent und „eine durchaus conciliatorische Natur“[134], eine unvorstellbare Behauptung. In seinem Werk „Grundsätze für die Bildung der Schullehrer“, das 1820 in Straßburg erschien und 1830 bereits in die fünfte Auflage ging,[135] formulierte er das Verhältnis der Lehrer zum Pfarrer derart konventionell, daß man sich Hebels Empörung schon allein wegen seiner eigenen leidvollen Erfahrungen mit solchen hierarchischen Beziehungen lebhaft vorstellen kann, falls er diesen § 8 gelesen haben sollte:

„Wann schon der Lehrer ein wichtiger und wohlthätiger Mann im Staate ist, so darf er sich doch nie gleichen Rang mit dem Pfarrer anmaßen; denn dieser ist in vielen Rücksichten gebildeter, ist allgemeiner Seelsorger, erster Schulaufseher, und auch –

[133] I. von Wessenberg, Wie soll der Umgang des Seelsorgers mit seinem Schullehrer auch ausser der Schule beschaffen seyn? in: Christliche Monatsschrift mit besonderer Rücksicht auf die Constanzer Diöcese, Straßburg 2/1803, 7.-12. Heft, S. 54–66, hier: S. 60. Wessenbergs Aufsatz sollte als Pflichtlektüre für alle Teilnehmer heutiger Pfarrer-Lehrer-Konferenzen empfohlen werden, wie sie in manchen Landeskirchen noch gepflegt werden und wo bis heute immer wieder die Bevormundung des Pädagogen bzw. Philologen durch den ordinierten Theologen zu konstatieren ist.

[134] ADB, 5. Bd., Leipzig 1877, S. 47.

[135] Hebel besaß die Erstausgabe: Vgl. Verzeichniß, Nr. 211, S. 17.

Priester. Als solchem ist ihm der Lehrer hohe Achtung, in Schul- und Kirchendiensten Gehorsam schuldig."[136]

Der Sailerschüler und Priesterfreund Christoph von Schmids wurde 1808 Direktor und Lehrer am neuorganisierten Großherzoglichen Schullehrerseminar in Rastatt, und zwar auf Veranlassung Wessenbergs, der auf seine pädagogische Begabung aufmerksam geworden war. Einig war Hebel sicherlich mit dem spätaufklärerischen Motto, das Demeter seinen Grundsätzen voranstellte:

Was kann der beste Fürst erzwingen,
Da, wo Erziehungsanstalt fehlt?
Nie wird ein Bienenstock gelingen,
Wenn man zu Wächtern Wespen wählt.

Die Betonung einer staatlich organisierten öffentlichen Erziehung mit kompetent ausgebildeten Lehrern lag – wie wir gesehen haben – in der erklärten Absicht Hebels. Auch was die allgemeine Methodik betrifft, können wir Übereinstimmungen zwischen Hebel und Demeter festmachen, etwa wenn man die „Regeln für die geschichtliche Katechisation" (§ 187) mit Hebels Durchführung seiner Biblischen Geschichten vergleicht,[137] oder wenn „Die Hindernisse" (§ 232) für einen gelingenden Religionsunterricht empirisch konkret aufgezählt werden, die auch Hebel immer wieder ungeschminkt zur Kenntnis nahm bzw. nehmen mußte.[138]

Im Detail aber zeigen sich die entscheidenden Unterschiede, die in ihrer Konsequenz die originäre Leistung Hebels auf dem Gebiet der Biblischen Geschichte umso deutlicher profilieren. Demeter schreibt im § 235, die Biblische Geschichte sei

„das beste Lehrbuch der Religion, und zwar vor allen andern jene, welche Christoph Schmid zum planmäßigen Gebrauche in sämmtlichen Schulen Bayerns verfaßt hat, und die im Verlage des deutschen Schulfonds in München, wie auch in Rastatt bey Sprinzing und zu Straßburg bey F. G. Lerrault zu haben ist. Die schon öfters gemachte Einwendung ihrer Weitläufigkeit verschwindet nicht nur durch die Berechnung auf fünf Schuljahre, sondern durch die Absicht, dieses Buch nicht bloß als Schulbuch, sondern als Lese- und Erbauungsbuch für das ganze Leben des Schülers zu benützen."[139]

---

136 I. A. Demeter, Grundsätze für die Bildung der Schullehrer, Straßburg ³1820, S. 6.

137 Demeter, Grundsätze, S. 164: „Die Erzählungsart der Bibel sey dem Lehrer das schönste Muster."

138 Demeter, Grundsätze, S. 204: „Von Seiten der Kinder hindert der häusliche unrichtige Vorunterricht, die hineingeschlagenen Formeln und Gebethe, und ihre angewohnten Untugenden, wozu in der Schule ihr ungleiches Erscheinen und ihr Leichtsinn beytragen. Ist nun vollends ein undeutlicher oder gar zu gelehrter Katechismus vorgeschrieben, und als Schul- und Lesebuch eingeführt, so kann schlechterdings kein guter Religionsunterricht ertheilt werden."

139 Demeter, Grundsätze, S. 207.

Der von Demeter behauptete weitläufige, generationenübergreifende und auch verlegerisch dokumentierte Anspruch dieses Werkes läßt ermessen, welche massive Innovation Hebel einleitete, als er daranging, ein *gegen* die Intentionen von Schmids gerichtetes Schulbuch zu verfassen, das nicht nur auf Widerstände in der eigenen Kirchensektion stieß, sondern eben auch dem erklärten Favoriten des „Königlich würtembergische(n) Oberschulkommissär(s)"[140] und späteren Ministerialrats der katholischen Kirchensektion in Karlsruhe (ab 1826) zuwiderlaufen mußte.

l) Wilhelm Friedrich Daniel

W. Fr. Daniel (1784 – ca. 1860), Magister der Philosophie und Pfarrer in zahlreichen württembergischen Gemeinden, hat die „Hauptgegenstände des Volksschulen-Unterrichts, gemustert in einer Reihe von Schullehrer-Conferenzen" in Stuttgart 1824 (1. Bdchn.) und 1830 (2. Bdchn.) veröffentlicht und damit in leicht faßlicher Weise der Lehrerbildung eine sicherlich zurecht vergessene Schrift hinzugefügt.[141] Als Daniel u. a. seine „Achte Conferenz. Bibel-Lesen"[142] drucken ließ, waren die Biblischen Geschichten Hebels schon erschienen. Insofern kann bei Daniel (auch in negativer Abgrenzung) von einer religionspädagogischen Bezugsgröße nicht mehr gesprochen werden. Dennoch sollen seine Ausführungen zur didaktischen Auswahl der biblischen Geschichten hier zitiert werden, weil sie noch einmal in aller pädagogisch gebotenen Deutlichkeit auf das Problem hinführen, das Hebel in seinem Schulbuch zu lösen hatte und dessen eigenständige theoretische Bewältigung er – wie wir im folgenden Kapitel umfassend ausführen werden – auf hohem theologischen, pädagogischen und literaturtheoretischen Niveau reflektiert hat.

„Eine Auswahl scheint sehr nötig. Denn die Bibel enthält 1) Vieles, was für den Hauptzweck, zu dem sie vom Volk gelesen werden soll, nicht nützlich ist [...] Die Bibellesestunde, in die gerade ein solcher Lesestoff fiele, würde aufhören, eine Religionsunterrichtsstunde zu seyn. 2) Vieles, was dem Volke oder doch den Kindern nicht verständlich gemacht werden kann, z. B. manches aus den Propheten, den Briefen der Apostel, der Offenbarung Johannis, und das Lesen dessen würde an gedankenloses Bibellesen überhaupt gewöhnen. 3) Vieles, was die Sittlichkeit und die reinen religiösen Begriffe gefährden könnte, [...] Macht Jean Paul in dieser Hinsicht

---

140 Demeter, Grundsätze, S. V.

141 Vgl. Verzeichniß, Nr. 208, S. 17, wo das erste Bändchen nachgewiesen ist. In bedeutenderer Weise ist Daniel auf dem Gebiet der Taubstummen- und Blindenpädagogik hervorgetreten: Kann nicht jeder Taubstumme und Blinde seine Ausbildung erhalten, und zwar auch in seiner Familie und seiner Ortsschule? Ankündigung eines Werks für allgem. Taubstummen- und Blindenunterricht, Stuttgart 1824; Allgemeine Taubstummen- und Blindenbildung, besonders in Familien- und Volksschulen. 1ster Theil 1825 und 1826, 2ter Theil 1821, jeweils Stuttgart.

142 Daniel, Die Hauptgegenstände, S. 82–92.

die Bemerkung, die Kinder lesen diese Dinge, ohne sich viel dabey zu denken, so sagen wir: die Kinder sollten sich aber die Dinge, die sie lesen, denken, und mithin das nicht lesen, was sie nicht denken dürfen. [...] – Hienach bilden wir uns die Grundsätze, nichts lesen zu lassen, was nach der Fassungskraft der Kinder denselben auch bey aller Erklärung unverständlich bliebe, und was, wenn es verstanden würde, nicht fruchtbar für religiöse Erkenntniß und Gesinnung zu machen wäre."[143]

IV. Die Bündelung der Voraussetzungen in Hebels theoretischen Reflexionen

Die Auseinandersetzung mit Vorausgesetztem war Hebel nicht fremd. Viele seiner Kalendergeschichten greifen zurück auf Erzählungen, die in fester Form bereits vorlagen, manche Themen der alemannischen Gedichte erweisen sich als in anderen Zusammenhängen formulierte Vorgaben für die Versifizierung, die biblischen Geschichten gar sind insgesamt der normierenden Vorlage, den Büchern der heiligen Schrift, verpflichtet. Auch kam Hebel um eine reflektierte Form der Auseinandersetzung und Verarbeitung insofern nicht herum, als zumindest die Kalenderarbeit und die Bibelbearbeitung Auftragsarbeiten waren, die einen bestimmten Rahmen vorgaben, der noch zusätzliche Voraussetzungsakzente schuf. In einer solchen Situation ist es naheliegend, daß Hebel für sich und andere Rechenschaft ablegte über den Zusammenhang von Voraussetzung und Verarbeitung und durch diese Reflexion zu Maßgaben gelangte, die einer Selbstverpflichtung gleichkommen, an der alle entsprechenden Produkte Hebels gemessen werden können. Ein solcher Kriterienkatalog läßt sich aus einer ganzen Reihe von Gutachten[1],

[143] Daniel, Die Hauptgegenstände, S. 85f. An Exempeln für Schulbibeln nennt Daniel „Natorp, Seiler, Zerenner, Göhrung u.a.", ohne auf spezifische Defizite weiter einzugehen.

[1] Hebel verfertigte nachweislich folgende *Gutachten*:

– Unabgefordertes Gutachten über eine vorteilhafte Einrichtung des Kalenders (1806);

Abdruck in: Johann Peter Hebels sämtliche poetische Werke nebst einer Auswahl seiner Predigten, Aufsätze und Briefe in sechs Bänden. Hgg. und erläutert von E. Keller, 6. Band, Leipzig 1905, S. 59–65. [Keller datiert versehentlich 1803]

– Gutachten über die Frage, wie dem Gebrauche anstößiger Volkslieder am sichersten vorzubeugen seyn möchte;

Abdruck in: SW 8, S. 180–193.

– Meine Bemerkungen über das mit Abänderungen in unsern Schulen einzuführende Geschichtbuch von Schmidt (1815);

Abdruck in: P. Katz, Ein Gutachten Hebels, in: Theologische Zeitschrift, 15/1959, S. 267–287, hier 270–276.

– Drei Stellungnahmen Hebels betreff der Bearbeitung und Einführung des neuen Gesangbuches (1822).

Teilweiser Abdruck in: H. Erbacher, Zur Geschichte der Gesang- und Choralbücher der badischen Kirche, in: Vereinigte Evangelische Landeskirche in Baden. 1871–1971. Dokumente

Aufsätzen[2], Predigten und Briefstellen erheben. Die Überlegungen gehen zwar über die spezifischen Gegenstände einer Bibelbearbeitung oder einer Kalenderproduktion hinaus, doch lassen sich gerade so Formalkriterien herauspräparieren, die in ihrer Logik einen stringenten Zusammenhang festzustellen erlauben, der gewissermaßen von einer eigenständigen *Theorie* Hebels sprechen läßt. Dabei fließen inhaltliche Momente ein, die sich mit den von uns isoliert betrachteten theologischen, literaturgeschichtlichen und religionspädagogischen Voraussetzungen jeweils parallelisieren lassen. Deshalb kommt diesem Abschnitt eine zusammenfassende und bündelnde Bedeutung zu. Er läßt erkennen, daß einer möglichen „naiven" Lesart der Biblischen Geschichten keineswegs ein naiver Schaffensprozeß vorausging, sondern daß – wie bei allen literarischen und liturgischen Bearbeitungen Hebels – die Biblischen Geschichten theologisch reflektiert, literarisch ausgefeilt und (religions-)pädagogisch sensibel be- und ausgearbeitet werden mußten, wollte Hebel seinen eigenen Ansprüchen nicht in den Rücken fallen.

1. Popularisierung als Programm – eine biblische Legitimierung

Was Kennzeichen der Theologie der Spätaufklärung und was explizite Absicht der Literatur des Biedermeier ist, steht als Überschrift auch über dem theoretischen Programm, dem sich Hebel in kontinuierlicher Leidenschaft verschrieben hat: Popularisierung. Ein Programm darf es deshalb genannt werden, weil Hebels Ausdifferenzierungen dermaßen weitreichend sind, daß kein insbesondere für die Biblischen Geschichten relevanter Voraussetzungsbereich ausgeklammert ist und weil dennoch die integrierende Kraft eines Zusammenhangs nicht verloren geht.

Hebel zog die Dignität seines Programms aus der biblischen Überlieferung. Die Struktur dieser Begründung erinnert an den Konnex des sermo humilis mit der christlichen Aufwertung des Niedrigen. Denn gerade diese Aufwertung bedeutete die völlige Ausweitung der Zugänglichkeit der Botschaft vom menschgewordenen Gott: „Gott will, daß allen Menschen geholfen werde, und alle zur Erkenntnis der Wahrheit kommen." Mit diesem Vers aus 1.Tim. 2,4 beschließt Hebel einen Predigtabschnitt, der ausdrücklich der

und Aufsätze. Im Auftrag des Oberkirchenrates hgg. von H. Erbacher, Karlsruhe 1971, S. 329–358, hier S.333–335. Vgl. LKA Karlsruhe Gen. 83, Fol. [„Vortrag. Die vorgeschlagene Samlung eines neuen Gesangbuchs betr."], wonach zitiert wird.

Die Manuskripte der Gutachten wurden teilweise eingesehen. Die fehlerhafte Überlieferung auch der Gutachten kann an dieser Stelle nur angemerkt werden. Ihre Behebung insgesamt muß der historisch-kritischen Gesamtausgabe vorbehalten bleiben.

[2] Vor allem wurden folgende Aufsätze herangezogen: Ideen zur Gebetstheorie (in: SW 7, S. 1-14); Geister und Gespenster (in: SW 8, S. 235–246); Hang zur Abgötterei (in: SW 8, S. 247–250).

Popularisierung der christlichen Botschaft gewidmet ist, indem auf die „Boten Jesu Christi" verwiesen wird:

> Sie „haben höhere Wahrheiten, die ohne ihren Eifer das Eigenthum einzelner glücklicher Menschen geblieben wären, zur allgemeinen Bekanntschaft gebracht."[3]

Ganz im Gegensatz zu diesem „Verdienst" der Apostel steht das „allgemeine(n) traurige(n) Gesetz", nach dem die meisten „Sterbliche(n)" durch den massiven Einfluß der „Umstände" weder „Gott" noch „Trost" noch die eigene „Bestimmung" finden.[4] Sollte dies aber ausschließlich einer elitären Schicht gebildeter, glücklicher, göttergleicher und insofern anzahlmäßig weniger Menschen vorbehalten sein? Der Vorteil der also Begnadeten wird gar nicht in Frage gestellt,

> „– aber was Menschen gut und edel macht, was sie zu frommen Gefühlen erwärmen, ihr Herz dem Schöpfer und der Tugend gewinnen, sie zeitlich froh und ruhig und ewig glücklich machen sollte, an der wohlthätigen Weisheit sollten alle Theil nehmen können, wie sie alle das Recht haben, sich an der Sonne zu wärmen und aus der immer offenen Hand ihres schaffenden Vaters Speise und Freude zu nehmen."[5]

Das, was die Natur an Voraussetzungen zur universalen Teilnahme an der göttlichen Wahrheit verweigert, leistet die Religion, insbesondere die christliche, mit der Popularisierung als implizitem Programm. Die biblische Religion ist deshalb aber „weit entfernt von den ärmlichen Empfehlungsmitteln jeder falsch berühmten Kunst." Sie „trägt das Gepräge von Bethlehem, und nicht von Jerusalem."[6] So ist die Bibel insgesamt für Hebel das „Muster der Popularität"![7]

2. Adressatenorientierung als konstitutiver Faktor der Popularisierung

Hebels Programm der Popularisierung hat als erstes zunächst den Adressaten im Blick, dem etwas vermittelt werden soll. Dieser fundamentalen Forderung allen didaktischen Arbeitens konnte Hebel nur deshalb so kongenial genügen, weil er quasi bis zu seinem Tod in der Unterrichtspraxis bei Generationen von Schülern quer durch alle Fächer des schulischen Kanons für das Verständnis eines neuen Sachverhalts „geworben" hat – und sich dabei selbst immer wieder als Lernender verstand. Seine Beziehung zu Schülern, zu

3 Predigt am zweiten Pfingstfest 1794 über 1. Corinth. 2, 6–10, in: SW 6, S. 191–206, hier: S. 198.
4 Predigt 1794, S. 199.
5 Predigt 1794, S. 200.
6 Predigt am Feste der Erscheinung 1801 über Matth. 2, 1–12, in: SW 6, S. 72–84, hier: S. 82.
7 Hebel, Meine Bemerkungen, S. 271.

Heranwachsenden ist problemlos zu übertragen auf die Beziehung zu dem „Volk" – und umgekehrt! Denn Heranwachsende und Erwachsene müssen sich beide als Lernende verstehen; so jedenfalls sieht es der Spätaufklärer Hebel. Eine formale Identität von Kind und Volk liefert schon die Kulturtechnik des Lesens. „Denn dem gemeinen Mann macht ohnehin das Lesen oft Mühe und Anstoß und am meisten den Kindern und Alten, die Langeweile und Neugierde am ersten zu dem Kalender führt."[8] Für einen sehr weit gefaßten Begriff von Volk – und dementsprechend von Popularisierung – spricht darüber hinaus auch das prägende Moment aller Tradition, die „von Kindes Beinen an" Gewöhnung schafft bis hinein in einzelne Formulierungen, die auf das kindliche Gefühl wirken, es nähren und beleben[9] und so stets eine gewisse strukturelle Vergleichbarkeit der Anknüpfungspunkte liefern. Im Gutachten zu den Biblischen Geschichten fordert Hebel für einen potentiellen Verfasser, daß dieser nicht „nur verständlich s. a. populär" sei und fügt sofort an, er müsse „*gut* erzählen – gut für Kinder – erzählen können".[10] Das bedeutet für unseren Zusammenhang, daß Hebel das Wort „populär" jederzeit auch für Kinder anwendbar erachtet; unsere folgenden Ausführungen setzen den entsprechenden Begriff von Popularisierung voraus. Demgemäß wünscht Hebel ja auch, daß die Adressaten der Biblischen Geschichten diese „auch mit dem 14ten [sc. Lebensjahr; R.W.] noch nicht aus den Händen legen möchten."[11]

Eine Orientierung am jeweiligen Adressaten bedeutet, daß es „weiser [...] sei, den Geschmack seines Publikums zu benutzen als zu verachten und beleidigen."[12] Es geht also zunächst einmal um eine genaue Kenntnisnahme der spezifischen Interessenlage. Nicht ohne leisen Tadel äußert er dementsprechend gegenüber Hitzig angesichts dessen Katechismusbearbeitung: „Die Form hast du ohne Zweifel mehr zur Bequemlichkeit für den Lehrer, der sich dessen bedienen will, als für den Schüler gewählt, vielleicht auch um dem Neuen die Gefälligkeit der alten Aussicht á la Heilsordnung zu geben. Frag und Antwort, und Verwischung des logischen Zusammenhangs gefallen mir *sonst* nicht übel."[13] Mahnt Hebel in einem Fall also die spezifischen Interessen der Schüler an, so gerät ihm im andern Fall das Fehlen jeglicher Kenntnisse über die Eigentümlichkeiten der württembergischen Bevölkerung zur Ablehnung eines an ihn herangetragenen Kalenderprojektes. Einem Publikum als „terra incognita" kann Hebel nichts sagen:

---

[8] Hebel, Unabgefordertes Gutachten, S. 63.
[9] Briefe, Nr. 48, S. 86, (An Wolff, Juli 1800).
[10] Hebel, Meine Bemerkungen, S. 271.
[11] Hebel, Meine Bemerkungen, S. 273.
[12] Hebel, Unabgefordertes Gutachten, S. 63.
[13] Briefe, Nr. 55, S. 101. Hervorhebung von R. W.

„Sie wissen“ schreibt er – und es handelt sich dabei wahrhaft um eine Kern-Aussage – an Kerner 1817, „was dazu gehört einem bestimmten Publikum das zu sagende so recht in die Wahrheit und Klarheit seines Lebens hinein zu legen und wie unerläßlich an einen Nationalschriftsteller die Forderung ist, daß er während er *quasi aliud agendo* seine Leser belehrt, so viel als möglich zwischen ihren bekannten und ansprechenden Gegenständen sie herumführe, sie öfter an Bekanntes erinnere und sich ihnen gleiche, folglich sie und ihre Eigenthümlichkeiten wenigstens viel genauer kenne als ich, der sie nur an ihren [der Württemberger, R.W.] Grenzstreifen wenig kenne.“[14]

Hebel sieht natürlich die Schwierigkeiten, die sich durch die Heterogenität eines jeden „Publikums“ ergeben, seien es Kalenderleser oder Schulklassen, Kirchenliedsänger oder Beter. Hier sind gewisse Zumutungen nicht zu vermeiden: „Wie der Gebildete um des Ungebildeten willen sich manches auf eine gewisse Art muß vorsagen lassen, als er ertragen und erwarten könnte, so muß sich umgekehrt dieser auch hie und da etwas gefallen lassen.“[15] Daneben kann die Heterogenität auch fruchtbar gemacht werden. Hebel vertieft nämlich das Gegebensein des (äußerlichen) Geschmacks des Publikums hin zum (innerlich) Eigenen eines jeden Zuhörers und Lesers. Im Zusammenhang der Vermittlung von Religion, wo der „Sache“ stets eine existentielle Dimension eignet, gelangen so die vielfältigen menschlichen Begabungen zu ihrem unveräußerlichen Recht. An Pfarrer Köster schreibt Hebel zu diesem Komplex eine seiner grundsätzlichen Reflexionen:

„Doch sind wir wie natürlich in den Grundsätzen einig, wodurch alle Manieren vereinigt werden müssen, daß die Erbauung nicht in das Herz des Zuhörers als in ein leeres Gefäß hinüber gegossen, sondern aus ihm als einer verschlossenen Quelle herausgefördert werden müsse.“[16]

Damit ist die eigene Aktivität des Adressaten gefordert, was ganz der sokratischen Lehrmethode bzw. Mäeutik entspricht, die im 18. Jahrhundert zu neuer Blüte gelangt war.[17]

Die Adressatenorientierung des Hebelschen Popularisierungsprogramms verlangt nach Konsequenzen in der Durchführung, die wir im folgenden bedenken wollen und die Hebel in Fortsetzung seines eben zitierten Briefes in die „Grundsätze“ faßt,

„daß die geistlichen Zunftartikel ganz vermieden, und natürliche Gedanken u. Empfindungen in natürlicher Sprache vorgetragen werden müssen; daß die ächte Popularität nicht darin bestehe, den gelehrten Vortrag bis zur Allgemein-Verständlichkeit hinab auseinander zu ziehen, sondern die genuine Art der Vorstellung u.

[14] Briefe, Nr. 393, S. 565.
[15] Hebel, Ideen, S. 10.
[16] Briefe, Nr. 54, S. 99.
[17] Vgl. M. Schian, Die Sokratik im Zeitalter der Aufklärung, Breslau 1900.

Darstellung des Volks unmittelbar und lebendig aufzufassen, und nur veredelt auszudrücken und daß schöne gereinigte Sinnlichkeit in der Darstellung die Blüthe der Popularität und das wirksamste Vehikel für den Eingang in das Herz sey. Von einer solchen Bearbeitung wenn ich ihr Ideal erringen könnte, glaube ich daß sie alle Klassen von Zuhörern, und nicht nur auf kurze Zeit in reiner ungestörter Andacht vereinigen könnte; denn es gienge aus ihr nicht der konventionelle Geschmack der kleinern Parthei, und nicht der Ungeschmack der großen, auch nicht der eigene der Zunft, sondern edle einfache Natur hervor, die so Gott will an [sic!] alle Herzen ansprechen, und über alle wechselnden Moden des Zeitalters siegen wird."[18]

Man sieht, wie deutlich die Arbeit an der Sprache der Adressatenorientiertheit korreliert, wie das Programm der Popularisierung eine vor allem sprachliche Reflexion erforderlich macht. Das Ziel aber lohnt die Mühe: die Vereinigung „alle(r) Klassen von Zuhörern".

3. Eine kompromißlose Alternative: Wahre versus falsche Popularität

In den Verhandlungen mit dem Verleger Cotta betreffs einer repräsentativen Anthologie von ausgewählten Kalendergeschichten (dem späteren „Schatzkästlein des rheinischen Hausfreundes") trifft Hebel eine weitreichende Unterscheidung zwischen „gemachter" und „wirklicher" Popularität:

„Indem ich den von sächsischen Vielschreibern gemachten u. konventionell, aber unrichtig dafür gehaltenen Ton der Popularität u. Natur verschmähte, u. den der wirklich existirt, zu erfassen, zu veredeln u. durch Laune zu würzen suchte, ist mir zwar über meine Hoffnung die große Aufgabe gelungen, diese Lektion dem ungebildeten Leser interessant zu machen. Doch wird es zu obigem Zweck der Revision nötig seyn, daß sie mich gefällig wissen lassen, welche Classe des Publikums Sie vorzüglich ins Auge fassen."[19]

Die Hebelsche Distinktion trifft exakt den entscheidenden Punkt in der Auseinandersetzung um den bis heute ambivalenten Begriff der „Popularität": Falsche Popularität wird künstlich erzeugt, wahre Popularität geht vom Gegebenen aus; falsche Popularität lebt von Vorstellungen, die man sich vom Volk macht, wahre Popularität rekurriert auf die dem Volk eigenen Potenzen; falsche Popularität schraubt die Ansprüche auf ein angeblich volksgemäßes Maß herunter; wahre Popularität initiiert einen weiterführenden, aufklärenden Prozeß, der anleitet, eigenverantwortlich sein Maß zu finden.

Wie streng und konsequent Hebel diese Distinktion durchführte, kann man am deutlichsten in seinen „Bemerkungen über das mit Abänderungen in

[18] Briefe, Nr. 54, S. 99.

[19] Briefe, Nr. 266, S. 422.

unsern Schulen einzuführende biblische Geschichtbuch von Schmidt" studieren, die einerseits natürlich wohlüberlegte Maßgaben für eine zukünftige Biblische Geschichte entwickeln, andererseits aber ganz von der harten Auseinandersetzung mit Christoph von Schmids „Biblische(n) Geschichten für Kinder, zum planmäßigen Unterricht für deutsche Schulen" (München, im Königlich deutschen Schulbuchverlag, 1. Auflage 1802) geprägt sind. Diese wurden bereits 1804 von dem badischen, lutherischen Kirchenrat Nikolaus Christian Sander zur Umarbeitung für eine einheitliche Biblische Geschichte im evangelischen Religionsunterricht vorgeschlagen, 1814 wurde sein reformierter Kollege Johann Ludwig Ewald damit beauftragt. Nur Hebels Intervention konnte eine offizielle Einführung der Ewaldschen Bearbeitung verhindern, brachte ihm allerdings die eigene Beauftragung zur Ausarbeitung einer Schulbibel ein.

Hebel bestreitet von Schmid rundweg „jene *ächte(n)* und edle*(n)* Popularität, die zwischen gebildeten und ungebildeten Lesern keinen Unterschied erkennend aus dem Menschen hervorgeht und den Menschen erfaßt".[20] Die „conventionelle(n) Schönheiten im Ausdruck" und darauf berechnete „Effecte" erzeugten bei von Schmid einen „unnötigen Wortaufwand", der letztendlich wirkliche Nachlässigkeiten in der *sprachlichen Gestaltung* nach sich zieht.[21] Hebel führt zur Erläuterung fünf Beispiele an, die den von Schmidschen „Übersezungs Prozeß"[22] desavouieren: für die Volkssprache inadäquate Formulierungen; unpopuläre „Inversionen"; „unnöthige Parenthesen"; „häufige Tropen aus der Kraftsprache" und schließlich „ermüdende Einflechtungsformeln".[23] Neben der sprachlichen Gestaltung ermangelt auch der *erzählende Ton* der von Hebel intendierten „ächten" Popularität. Insbesondere die Ausschmückung der Haupthandlung mit „Umständen, die sich zu sehr von selbst verstehen, als daß sie interessieren könnten", stören ein Erzählen, dem Hebel eine eigentümliche Präzision zumutet, insofern er diesem Erzählen ein „zeichnen und mahlen, reflectiren und bis auf die letzte Faser zergliedern" kritisch kontrastiert. Gerade letzteres lehnt er für ein wahrhaft populäres Erzählen völlig ab, so daß man hier ein implizites Urteil auch über Hübners Standardwerk mitlesen darf.

Ein Prinzip, das generell für den Modus der Bearbeitung gilt, fügt Hebel am Schluß seiner Kritik dieses falsch-populären Buches an: Der Bestand des Urtextes (und dies gilt für Gesangbuchlieder ebenso wie für Volkslieder, für Anekdoten ebenso wie für Bibelverse) ist dann zu wahren, wenn er das zu Sagende adäquat zum Ausdruck bringt und wenn dieser adäquate Ausdruck

---

[20] Hebel, Meine Bemerkungen, S. 271.

[21] Ebda.

[22] Ebda.

[23] Hebel, Meine Bemerkungen, S. 271 f. Hebel setzt die Belege für seine Kritikpunkte jeweils hinzu!

vom Konsens einer dominanten Menge von Rezipienten getragen ist. Dabei bleibt hier unausgesprochen, daß das Kriterium der Adäquanz seinerseits nur von einem anderweitigen Normensystem her zu bestimmen ist; das „Gutachten über die Frage, wie dem Gebrauche anstößiger Volkslieder am sichersten vorzubeugen seyn möchte" liefert hier Maßstäbe, die ich mit christlich-moralischer Konvention umschreiben möchte, die aber im spezifisch religiösen Bereich mit einer differenzierten Erörterung bedacht werden.[24]

Nachdem die falsche Popularität kritisch ausgeschieden worden ist, muß nun die wahre Popularität nach Hebels theoretischen Ansprüchen entwikkelt werden.

4. Populärästhetik – Grundlegende Faktoren eines didaktischen Programms

Was verbirgt sich hinter der eigentümlichen Art und Weise, in der Hebel imstande war, ihm zugehende Materialien zu verarbeiten? Wir suchen nach dem Schlüssel zu, nach dem Rezept für, nach dem springenden Punkt in Hebels Programm der Popularisierung.

a) Das studium placendi *als Maske*

In der Tradition Ciceros („docere et delectare") und Augustins („uti et frui") beabsichtigt Hebel einen verschmitzten Balanceakt:

> „Die Absicht, zu belehren und zu nutzen, sollte nicht voranstehen, sondern hinter dem studio placendi maskiert und desto sicherer erreicht werden."[25]

Der belehrende Zeigefinger des Spätaufklärers soll versteckt bzw. maskiert werden, also „uneigentlich" deuten. Wie mag solches ohne Selbstverstümmelung zugehen?

Aus dem Brief an Justinus Kerner kennen wir schon die Forderung Hebels an einen „Nationalschriftsteller", „daß er quasi aliud agendo seine Leser belehrt".[26] Schon zwei Jahre zuvor hatte Hebel im Bibelgutachten diese Formel benutzt, um das Maskenspiel genüßlicher Belehrung zu inszenieren. Die entsprechenden Ausführungen sind deshalb von großer Bedeutung, weil man – erstens – die formale Methode Hebels nachvollziehen kann, die einmal für den Nationalvolksschriftsteller, ein andermal für den Bibelbearbeiter empfohlen wird. Zweitens aber wird ersichtlich, wie eng die

[24] Vgl. 2. Kap. IV,5.

[25] Hebel, Unabgefordertes Gutachten, S. 60.

[26] Vgl. die Ausführungen unter IV,2. dieses Kapitels!

formale Methode an inhaltliche Entscheidungen einer theologischen Hermeneutik gekoppelt ist; nur ein bestimmter Umgang mit der heiligen Schrift läßt eben „ächte Popularität“ zu. Folgende Kritik äußert Hebel am „Prediger“ von Schmid:

„Gar oft, wenn er in die gute Laune des Predigers kommt, findet er kein Ende mehr und preßt den Apfel bis zur trocknen Trester aus. Man glaubt bisweilen nicht mehr Geschichte sondern Betstundenvorträge über geschichtliche Texte zu lesen. Conf. die Darstellung Jesu im Tempel. Je kürzer, glaube ich, je körniger und sententiöser solche Bemerkungen sind, desto fruchtbarer. Es ist zweierlei, einzelne Frucht legen, und die ganze Erde darauf schütten. Aber das erstere ist das Bessere. Die Ernde wachst inwendig.“[27]

Die Adressatenorientierung verbindet sich hier mit der durchaus distanzierenden Methode des „Bei-Seite-Sprechens“ zu einer emotional und kognitiv einmaligen Möglichkeit einer Vermittlungsaufgabe, die der Tradition wie der Situation ihre je eigene Dynamik beläßt. Das reine Moralisieren schafft keine Brücke, die bloße Geschichtstatsache auch nicht. Erst die personale Verbindung von Eigenem und Fremdem läßt fruchtbare Erkenntnisse zu. Der Bearbeiter kann hierzu Anreger, Katalysatoren setzen, die den Prozeß der Verarbeitung in Gang bringen.

Aber dieses „Setzen“, dieses „quasi aliud agendo“ ist wiederum angewiesen auf die zwei materiellen Voraussetzungen einer „popular-ästhetisch und moralisch vorgetragen(en)“[28] Bearbeitung: *natürliche Sprache* und *sinnliche Vorstellung*; beides mußte Hebel bei von Schmid als defizitär anprangern; zu beidem hatte er bestimmte eigene Vorstellungen.

b) Natürliche Sprache

Hebel beginnt seine „Ideen zur Gebetstheorie mit einem Ausruf, der über *allen* Bearbeitungen Hebels stehen könnte:

Reinige Gott „unsern Stil von allem Schlendrian des Ausdrucks, von allem Hinüberdrehen ins Homiletische und Geistliche und Biblisch-Paulinische. Tausche der liebe Gott uns gegen diese fremde Zunftsprache unsere natürliche Sprache ein, die wir verloren haben“![29]

Vor allem bedeutet dies für Hebel – wie er das gegenüber von Schmid schon deutlich formuliert hat – eine Reduktion des Wortschwalls; sowohl von der Erfahrungsdimension der jeweiligen Adressaten her als auch von den Ansprüchen und Anforderungen der „Kunst“ her geurteilt, ergibt sich das Konzept der Minimalisierung in seiner Qualität steigernden Wirkung:

[27] Hebel, Meine Bemerkungen, S. 273.
[28] Briefe, Nr. 67, S. 124, (An Hitzig, April 1802).
[29] Hebel, Ideen, S. 3.

„Nie viel fragende Ausrufungen hinter einander! Es ist pathologisch richtig, der Mensch, der wahre Empfindung ausdrückt, ist in dieser Form nie wortreich; in Büchern ist's Kunst."[30]

Bei derlei hohem Kunstbewußtsein scheint der Zusammenhang von Dichtung und „dichter" Redeweise wie von selbst auf; allen trivialen Äußerungsformen der Sprachkunst, wie insbesondere der unerträglichen Häufung von Superlativen, wird hier eine entschiedene Absage erteilt. Die geforderte natürliche Sprache unterscheidet sich ebenso von der Kraftsprache der Stürmer und Dränger als auch von den rührseligen Wortkaskaden der pietistischen Tradition.[31] Der natürlichen Sprache eignet aber auch kein „zwitterhafte(r) Mittelton zwischen dem populären und gebildeteten", um „in einem unfesten Ton und Charakter bald für diese, bald für jene Klasse und Kulturstufe etwas hinzuwerfen": Das sei „der unseligste Einfall"![32] Die natürliche Sprache stößt sich darüber hinaus nun allerdings auch nicht mit einer gewissen Rhythmisierung oder Versifizierung: Im aufklärenden Sinne können besondere, nicht-alltägliche Gefühle so auch sprachlich einfach strukturierten Menschen intensiv und adäquat vermittelt werden.[33]

Eine Populärästhetik, die „quasi aliud agendo" lehrt und damit unterhält, bedarf also als erster Voraussetzung einer natürlichen Sprache!

c) Sinnliche Vorstellungsart

Zweitens aber gilt für Hebels Populärästhetik:

„Popularität *kann* nicht nur, sie *muß* mit schöner Sinnlichkeit gepaart seyn. Schöne Sinnlichkeit ist ein Theil der Popularität und die einzig mögliche Blüthe der populären Schreibart."[34]

Hebel erklärt besonders im Brief „An Wolff" aus der ersten Hälfte des Jahres 1800 was er mit dem Begriff „Sinnlichkeit" meint. Die Gegenbegriffe sind für ihn „moralische Reflexion" und „Vernunft",[35] aber auch „künstliche(s) Denken" durch bemerkbare erklärende Einschübe.[36] Dabei zielt Hebels Kritik nur auf eine isolierte Verwendung moralischer Reflexion, auf eine

[30] Hebel, Ideen, S. 5.

[31] Vgl. Katz, Ein Gutachten Hebels, S. 277–279. Dem kann man die Äußerung Hebels in seinen „Ideen zur Gebetstheorie" (S. 10f.) zur Seite stellen: „Man muß sich in Acht nehmen bei einer Sprache und Darstellung, die sehr lebhafte und starke Empfindungen und Rührungen zu wecken geeignet ist."

[32] Briefe, Nr. 263, S. 419, (An Engelmann, Dezember 1809).

[33] Briefe, Nr. 48, S. 87.

[34] Hebel, Ideen, S. 10. Ganz ähnlich werden im Brief an Köster (vgl. Anm. 16) die Worte gewählt: „[...] daß schöne gereinigte Sinnlichkeit in der Darstellung die Blüthe der Popularität und das wirksamste Vehikel für den Eingang ins Herz sey."

[35] Briefe, S. 84f.

[36] Hebel, Ideen, S. 11.

absolute Dominanz der Vernunft. Solche Isolierung sei „in didaktischer Hinsicht“[37] wirkungslos im pragmatischen Sinne des Wortes. Was die moralische Reflexion betreffe, so sei „immer wieder auf die Geschichte zu rekuriren und so dem trockenen todten Moralvortrag Anmuth und Leben zu verschaffen.“[38]

Aber dieses Beispiel, das im übrigen natürlich programmatisch das Konzept seiner Biblischen Geschichten vorwegnimmt, kann Hebel auf eine noch grundsätzlichere Ebene heben, die die geschichtliche Übergangssituation zwischen Spätaufklärung und Biedermeierzeit indirekt widerspiegelt:

> „Die Sinnlichkeit – Sie will nicht besiegt, sondern gewonnen seyn, nicht als Sklavin der Vernunft, einem ihr fremden, sondern als befreundete Bundesgenossin einem engen gemeinschaftlichen Zwecke dienen, woran sie meines Bedünkens recht hat, und es gelingt nichts Mühsames und Schweres so oft es auch beschlossen und versucht wird, freiwillig ohne einen gewissen siegenden Enthusiasmus, der mir ohne Verein und harmonisches Zusammenwirken der Vernunft und Sinnlichkeit nicht gedenkbar ist.“[39]

Nur wenn neben der Methode des „quasi aliud agendo“ und der Kunstfertigkeit einer „natürlichen“ Sprachgestaltung die harte Arbeit auf der Ebene der Vorstellung mit der Leichtigkeit der Anschauung gepaart wird, scheint eine gültige Rede von Hebels Populärästhetik erlaubt zu sein.

d) Religiöse Transzendierung

Doch wäre die biblische Begründung der Populärästhetik bedeutungslos, wenn Hebel es bei der Beschreibung dieser drei formalen Faktoren beließe. Der Überstieg ins Religiöse ist ein notwendiger Schritt, wenn man sich auf die vernünftige Funktion der Sinnlichkeit einmal eingelassen hat.

Wenn „harmonisches Zusammenwirken der Vernunft und Sinnlichkeit“ erklärtes Ziel einer Populärästhetik ist, dann ist für Hebel „Religiosität das einzige wirksame und würdige Mittel.“[40] Erst in diesem religiösen Vollsinn wird verständlich, daß Hebel gleichsam als Motto für sein populärästhetisches Programm ein Zitat J.J. Mniochs (1765–1804) nicht aufhört zu „beten“:

> „Du lieber Gott erhalte
> Uns eine dichterische Religion.“[41]

---

[37] Briefe, S. 85.
[38] Ebda.
[39] Ebda.
[40] Ebda.
[41] Briefe, S. 88.

Und erst der religiöse Vollsinn der Populärästhetik macht Hebels Ausführungen zum „Kirchen-Psalm“ in seinem Gesangbuchgutachten verständlich:

„Er entflame zur Andacht, führe das Gemüth zur tiefen Einkehr in sich selbst, erhebe es zu dem hohen Unsichtbaren, heilige die ganze Denk – Seyn – und Handlungsweise – gewählte biblische und schöne Naturbilder seyen sein höchster poetischer Schmuk. Auch der gemeine Volkssinn verträgt nicht nur den Hochpoetischen Ausdruck. Er ist sogar ein notwendiges Ingredienz der populären Poesie.“[42]

Genau dieser Übertritt von Dichtung zu Religion, von Poesie zu frommer Sprache ist begrifflich eine der ganz großen Probleme, die bis heute nur ungenügend bearbeitet und auch von Hebel nur andeutungsweise einer Verhältnisbestimmung zugeführt wurden. Dieser Komplex bedarf der Erörterung in einem eigenen Abschnitt. Im Hinblick auf den Religionsunterricht (und damit indirekt auch auf ein Schulbuch wie etwa seine Biblischen Geschichten) macht Hebel aber eine bedeutsame Einschränkung.

Denn er hält es zwar für den *Prediger* als „die eigentliche Aufgabe und den lezten Zwek“, „anhaltend das Gefühl im Menschen durch Religiosität, die der [!] Sinlichkeit [!] anspricht, zu heiligen“, nimmt dabei aber ausdrücklich den „Catecheten“ aus.[43] Das heißt nun keineswegs, daß es nicht im Rahmen der Möglichkeiten eines *Katecheten* (oder auch eines Schulbuches) liegen könnte, heilige Gefühle sinnlich zu entfachen; doch entlastet hier der erfahrene Schulmann von Anforderungen und letzten Gesamtzielen, die nicht mehr operationalisierbar sind.[44]

Hebels Populärästhetik jedenfalls gibt formale Kriterien an die Hand, wie eine wie auch immer geartete Bearbeitung optimal zu gestalten sei und integriert dabei den Überstieg ins Religiöse als verantwortete Offenheit für die erstrebte Harmonie von Vernunft und Sinnlichkeit. Daß dabei jede „Poesie“ „populär“ bleibe, dafür sorgt der Modus „quasi aliud agendo“ in bemerkenswerter Nonchalance.

5. Arbeit am Mythos: Biblische Religiosität und Polytheismus

Auf der Ebene der Vorstellung, der das Programm der Popularisierung verpflichtet ist, hat die Harmonie von Sinnlichkeit und Vernunft oberste Priorität. Diese Harmonie aber ist für Hebel ohne religiöse Dimension bzw. religiöse Verankerung undenkbar. Denn es gilt – noch einmal sei es wieder-

[42] Hebel, Vortrag. die vorgeschlagene Samlung eines neuen Gesangbuchs betr., S. 70v.

[43] Briefe, S. 85.

[44] Vgl. zu diesem spezifischen Verständnis von Katechetik in der Spätaufklärungszeit Bizer, Katechetische Memorabilien, S. 83–85!

holt -: Weder die bloße Mitteilung einer Geschichtstatsache noch eine moralische Reflexion als solche vermögen es, den Menschen gefühlsmäßig, also ganzheitlich anzusprechen, insofern das Gefühl implizit stets das Ganze unseres Menschseins thematisiert.[45] Der notwendige Überstieg in's Religiöse bedarf nun seinerseits aber einer inhaltlichen Bestimmung, die Hebel auf zweierlei Weise anvisiert.

Der erste Versuch einer inhaltlichen Näherbestimmung ist – blickt man auf die Legitimierung des Hebelschen Programms der Popularisierung – naheliegend: Es handelt sich wiederum um die *biblische Religiosität*! So wie sie Popularisierung freisetzt, so führt sie letztere auch wieder auf diese zurück. Die Bibel selbst, als „Muster der Popularität"[46], weist auch inhaltlich auf sich selbst zurück. Dieser inhaltliche Rückverweis war für Hebel ja gerade in der Auseinandersetzung mit von Schmid das entscheidende Kriterium, das zu verletzen eben unaufhaltsam zu „Betstundenvorträge über geschichtliche Texte"[47] führen mußte. Biblische Religiosität ist aber auch auf dem Hintergrund der Hebelschen theologischen Ausbildung die einzig mögliche Form der Religion, wenn man die aufblühende exegetische oder allgemeiner: historisch-kritische Forschung ernst nimmt, wie wir das für Hebel nachweisen konnten. Der methodisch und hermeneutisch geleitete Umgang mit den biblischen Texten erzeugt nun keineswegs eine rationalisierende Distanz:

„Denn alles Hochorientalische heimelt uns an, als wenn wir schon dort gewesen wären, weil wir alle dort daheim sind."[48]

Deshalb arbeitet Hebel auch in anderen Zusammenhängen, also nicht nur innerhalb eines Projektes ‚Biblische Geschichte für Kinder erzählt', auf biblische Religiosität hin.

„Vielleicht bemerken Sie mirs billigend in beiden" Predigten, schreibt er Juli 1800 im Brief an Wolff, „daß ich weit stärker auf eigentliche und zwar biblische Religiosität, weil wir keine andere haben, als auf reine Moralität hinarbeite. Es mag seyn, daß individuelles Gefühl dabey einfließt, was auf der Kanzel, laut werden zu lassen, vielleicht Tadel mit Grund findet. Doch habe ich noch einen Grund dafür, dessen ich mir klar bewußt bin."[49]

---

45 Vgl. W. Pannenberg, Anthropologie in theologischer Perspektive, Göttingen 1983, S. 237–247

46 Hebel, Meine Bemerkungen, S. 271.

47 Hebel, Meine Bemerkungen, S. 273.

48 Briefe, Nr. 124, S. 221, (An Hitzig, Januar 1805). Hebel erläutert im Brief seine These, die wir aus seinem Aufsatz „Die Juden" schon kennen, am Hohen Lied der Liebe: „Nach europäischen Begriffen ist es der Antipode des gesunden Geschmacks und doch bleibt es das hohe Lied, oder, wie es sich selber nennt, das Lied der Lieder, das man immer wieder lesen mag, und wird noch, wie der Stern der Liebe am Abendhimmel glänzen, wenn alle Scheinwürmlein die der gesunde europäische Geschmack gebohren hat, ausgeschimmert haben und ausgestorben sind."

49 Briefe, S. 84.

Und nun folgt die bereits analysierte Reflexion über Sinnlichkeit und Vernunft. Auch bei der Auswahl „zum Behuf der Samlung eines neuen Gesangbuchs für die Vereinigte Kirche“[50] plädiert Hebel:

„Die Gesänge sollen in der Mehrzahl nicht nur religiös und moralisch, sondern christlich-religiös seyn.“[51]

Er denkt dabei insbesondere an „gewählte biblische und schöne Naturbilder“.[52]

Biblische Religiosität gipfelt für Hebel im Inkarnationsgeschehen, das den Begriff der Gottheit in einen leibhaftigen Menschen transformiert und so in unüberbietbarer Weise Vernunft und Sinnlichkeit sowohl als Begründung als auch als Ziel aller Popularisierung zu christlicher Harmonie bringt:

„War eine schönere, würdigere und wohlthätigere Auskunft möglich, als die, welche die Gottheit traf, als sie den erhabensten und reinsten Begriff ihres Wesens und ihrer Vollkommenheiten durch einen guten Menschen lehrte, und das Geistige und Unbegreifliche und Unsichtbare in dem guten Menschen selber verkörperte? Konnte sie dem schwachen Menschenherzen, das nun einmal Bild statt Begriffes und einen menschlichen Gott haben mußte, ein edleres Bild, und einen göttlichern Menschen, oder einen menschlichern Gott zur Liebe, Verehrung und zum Vertrauen aufstellen, als den, welchen sie aufgestellt hat – Jesum? Und wenn auch der kirchliche Begriff zu weit geht, ist er nicht der unschädlichste und noch immer der würdigste, die Lücke, die Gott dem schwachen Menschenherzen und der lebhaften Sinnlichkeit selber öffnete, weil sie doch irgend wo einen freien Spielraum haben mußte? War es nicht Weisheit, daß er ihr diese Lücke öffnete, damit sie nicht an einem gefährlichern Ort die Schranken der Wahrheit durchbräche?“[53]

So einsichtig der Zusammenhang von Popularisierung und biblischem Inkarnationsglauben auch sein mag, die geschichtliche und religiöse Situation, in der Hebel reflektiert und schreibt, birgt Probleme, die mit einem bloßen Appell an das Heimatgefühl, das einem beim Lesen der Bibel kommen müsse, nicht mehr gelöst werden können. Dabei hat Hebel weniger die Adressaten im Kopf, die mit Religion grundsätzlich nichts mehr anzufangen wissen, als vielmehr diejenigen, die einer bestimmten Tradition christlicher Überlieferung huldigen:

„Unser dermaliger philosophischer Gott steht, fürchte ich, auf einem schwachen Grund, nemlich auf einem Paragraphen, und seine Verehrer sind vielleicht die thörichtesten Götzendiener, denn sie beten eine Definition an, und zwar eine selbstgemachte. Ihr Gott bleibt ein Abstraktum und wird nie concret.“[54]

---

50 Hebel, Vortrag, S. 65

51 Hebel, Vortrag, S. 70v.

52 Ebda.

53 Hebel, Hang zur Abgötterei, in: SW 7, S. 247–250, hier: S. 249f.

54 Briefe, Nr. 243, S. 391, (An Hitzig, April 1809).

Aus dieser Situation heraus visiert Hebel eine andere Näherbestimmung von Religion an, deren zusammenfassenden Begriff *Polytheismus* Hebel natürlich in seiner häretischen Qualität durchaus bewußt ist. So wird dieser mögliche andere religiöse Überstieg einer Populärästhetik auch nur sehr vorsichtig und abwägend, keineswegs programmatisch durchrationalisiert vorgetragen – mit allem Anspruch auf ernsthafte Auseinandersetzung allerdings. Das inhaltliche Problem zielt genau auf den Zusammenhang von Sinnlichkeit und Aufklärung, wie es bis hinein in die Moderne und auch die sog. Postmoderne immer wieder diskutiert worden ist.

Hebels Ausgangspunkt ist eine phylogenetische Beobachtung:

„Jedes Volk und jede Volksreligion auf der Erde hat unter diesem oder einem andern Namen und Typus ihre Geister."[55]

Dieser Glaube an Geister liegt „im menschlichen Geist selbst und ist ihm Bedürfnis."[56] Die große, alles verändernde Wende kam nun aber mit der Aufklärung – und dies, scheint mir, hat sich bis heute in seiner Grundstruktur durchgehalten. Mit der Aufklärung erscheint nämlich der bisher gültige Zusammenhang zwischen (unsichtbarer) Ursache und (sichtbarer) Wirkung zerrissen, da nur noch aus der Natur und den Erscheinungen des Lebens heraus erklärt werden darf. Solange solche Erklärungen noch nicht möglich sind (und hier dürfte im 20. Jahrhundert die Kluft immer größer geworden sein), solange muß man sich „gewöhnen, Wirkungen zu beobachten, ohne sich um die Ursache dazu zu bekümmern, d. h. nicht mehr zu denken sondern blos zu genießen und zu dulden, was der Zufall bringt."[57] Eine andere Konsequenz der Aufklärung ist ihr gebrochenes Verhältnis zur Phantasie: Die „immer geschäftige, bindende und einkleidende Phantasie", „die überall anblümt, wo für den denkenden Verstand noch keine Ernte steht"[58], ist nicht vereinbar mit einer durch und durch rationalen Konstitution des Menschseins.

Damit stehen mit der Aufklärung die Integrationsfähigkeit einer den Zusammenhang an sich thematisierenden Religiosität und die notwendige sinnliche Allgemeinheit von Religion zur Disposition und lassen kaum mehr eine sinnvolle Kontinuität zum Ursprung der Volksreligion zu. Wie aber können die religiösen Funktionen einer erklärenden Integration und einer allgemeinen Verständlichkeit gerettet werden, ohne daß man hinter die aufgeklärte Befreiung vom „Volksaberglauben"[59] zurückfällt? In seinem Aufsatz „Geister und Gespenster" ist für Hebel vor allem die adressatenorientierte Anknüpfung von maßgeblicher Bedeutung:

55 Hebel, Geister und Gespenster, SW 7, S. 235–246, hier: S. 242.
56 Ebd.
57 Ebd.
58 Ebd.
59 Hebel, Geister und Gespenster, S. 244.

Es „wäre dem Beruf weiser Volkslehrer angemessener, ihn [sc. den Volksaberglauben; R. W.] einzuschränken, ihn womöglich zu verschönern und zu veredeln, und durch besondere Leitung unschädlich zu machen und zu moralischen Zwecken zu benutzen."[60]

Diese Reinigung der Religion, mit der Hoffnung, ihren eigentlichen, von Geistern beseelten Kern retten zu können, kann Hebel inhaltlich nicht ausführen. Er kann nur ex negativo appellieren, daß es ohne die Anschauung in religiösen Dingen keinesfalls gehe:

„Laßt uns, wie die Weisen aller Zeiten, Wahrheit in die Mythen legen, falls wir sie dafür halten, und dem gelehrten Zunftgeist entsagen, der da will, daß alle Menschen, fähig dazu oder unfähig, die Wahrheit in der nämlichen reinen Form anschauen und festhalten sollen."[61]

Deutlicher wird er allerdings im Brief an Hitzig vom April 1809, wo er einen geplanten „Aufsatz über den Polytheismus"[62] paraphrasiert. Selbst der alttestamentlich „sanktionirte Monotheism"[63] lasse bei allem vorbildlichen Anthropomorphismus nur sehr glücklos die „Anbetung derer, die uns näher sind, als der einzige, ewige unerfaßbare über den Sternen"[64], zu. Umso mehr erscheint dieses Defizit in einer Zeit, die den besagten Abstraktionen huldigt.

„Ich möchte mich gerne mit einem oder einigen Göttern dieser Erde begnügen, die um uns sind, die uns lieben und beobachten, die unsre Blüthenknospen aufthun, unsre Trauben reifen, denen wir trauen können, und die sich lediglich nichts darum zu bekümmern haben, wer für die andern Sterne sorgt, so wenig als wir. Sie sollen nicht allmächtig, nicht allweise nur mächtig und weise genug für uns seyn, nicht souverän, sondern untergeordnet einem noch mächtigeren und weisern, um den sie, nicht wir uns zu bekümmern haben."[65]

So wie an keiner anderen Stelle seines Werkes formuliert Hebel hier die Sehnsucht nach religiöser Unmittelbarkeit, wie sie für einen theoriebewußten Theologen zwischen Spätaufklärung und Biedermeier eigentümlich sein dürfte und gleichwohl unerreichbar bleiben wird. Der Inkarnationsgedanke, der bei der biblischen Religiosität diese Sehnsucht nach Unmittelbarkeit befriedigen konnte, kann nun, da Hebel probeweise Religion nicht so sehr geschichtlich, als vielmehr funktional denkt, nicht mehr befriedigen. Aber auch zu einer anderen Antwort gelangt Hebel nicht. Erschreckend scharfsichtig, und dieses eine Mal ganz auf der Höhe der Philosophie seiner Zeit:

60 Ebd.

61 Ebd.

62 Briefe, Nr. 243, S. 391.

63 Ebd.

64 Ebd. Vgl. dazu auch das etwas mildere Urteil über den alttestamentlichen Monotheismus in Hebels Aufsatz „Hang zu Abgötterei", S. 248 f.

65 Briefe, S. 391

dem deutschen Idealismus, kann Hebel nur noch die Grenze formulieren. Im Anschluß an die zitierte Beschwörung des unmittelbaren Geisterglaubens liest sich das noch resignativ-unbestimmt: „Das Organ dazu [sc. für Geister resp. Engel oder Dämonen; R. W.] ist in uns zerstört. Wir haben ihnen keine einzige Form mehr übrig gelassen, in der sie uns erschaubar werden können."[66]

Doch in einem früheren Brief an Hitzig (August 1804) bringt er die Paradoxie einer sich selbst bewußten Naivität und Unmittelbarkeit auf den Begriff:

> Ein „Mysticismus zum religiösen Glauben" ist absolut notwendig. „Nur sollten wirs nicht sagen, denn wir solltens nicht wissen, wir sollten Mysticismus haben, und es nicht wissen, wir sollten gar keinen Namen, wenigstens keinen griechischen Terminus technikus dafür haben. Denn dadurch wird ein so stilles heimliches Hausgespenstlein leicht beschrien, wenn man ihm seinen Namen nennt, und ie mehr wir von Myst. reden und schreiben, desto leichter steigt er aus dem Herzen, wo er still und ruhig wirkt, in den Kopf, wo er lauter Unfug treibt."[67]

Hebel sieht weitsichtig die Probleme, die sich mit einer Populärästhetik, die über eine historisch und sinnlich gefaßte biblische Religiosität hinausgeht, einstellen. Die notwendige Arbeit am Mythos sieht sich durch Hebel in eine Richtung gestellt, wie sie etwa gleichzeitig auch Kleist in seinem Aufsatz „Über das Marionettentheater" ausformuliert hat: Die Erreichung einer Unschuld, wie sie nur durch den Durchgang durch die empirische Welt nach dem sog. „Sündenfall" erreichbar wäre.[68]

Überraschend ist dabei, daß im „Entwurf" des „älteste(n) Systemprogramm(s) des deutschen Idealismus", wie es herkömmlicherweise genannt wird, bis in die Wortwahl hinein Forderungen erhoben werden, die die Fragestellungen Hebels zu einem System zusammenbinden, dessen Einlösung keiner der in Frage kommenden Autoren (Schelling, Hegel, Hölderlin)[69] allerdings geleistet hat. Hebel hätte dem Programm vollständig zustimmen können; doch auch seine populärästhetischen Bearbeitungen bleiben hinter dem hier erhobenen Anspruch zurück:

> „Zu gleicher Zeit hören wir so oft, der große Haufen müsse eine *sinnliche Religion* haben. Nicht nur der große Haufen, auch der Philosoph bedarf ihrer. Monotheismus der Vernunft und des Herzens, Polytheismus der Einbildungskraft und der Kunst, dies ists, was wir bedürfen!
>
> Zuerst werde ich hier von einer Idee sprechen, die, soviel ich weiß, noch in keines

---

66 Briefe, S. 392.

67 Briefe, Nr. 111, S. 199.

68 H. v. Kleist, Über das Marionettentheater. Aufsätze und Anekdoten, Frankfurt ²1982, S. 7-16. Der Aufsatz wurde erstmals 1810 veröffentlicht.

69 Vgl. die Erläuterungen Fr. Beißners in der Überarbeitung von J. Schmidt in: Hölderlin. Werke und Briefe. 2. Band, Frankfurt 1969, S. [227f.].

Menschen Sinn gekommen ist – wir müssen eine neue Mythologie haben, sie muß eine Mythologie der *Vernunft* werden.

Ehe wir die Ideen ästhetisch d. h. mythologisch machen, haben sie für das Volk kein Interesse, und umgekehrt: ehe die Mythologie vernünftig ist, muß sich der Philosoph ihrer schämen. So müssen endlich Aufgeklärte und Unaufgeklärte sich die Hand reichen, die Mythologie muß philosophisch werden, um das Volk vernünftig, und die Philosophie muß mythologisch werden, um die Philosophen sinnlich zu machen. Dann herrscht ewige Einheit unter uns. Nimmer der verachtende Blick, nimmer das blinde Zittern des Volks vor seinen Weisen und Priestern. Dann erst erwartet uns gleiche Ausbildung aller Kräfte des Einzelnen sowohl als aller Individuen. Keine Kraft wird mehr unterdrückt werden, dann herrscht allgemeine Freiheit und Gleichheit der Geister! – Ein höherer Geist vom Himmel gesandt, muß diese neue Religion unter uns stiften, sie wird das letzte, größte Werk der Menschheit sein."[70]

Nur eine transzendente Macht – oder wie Hebel sagen würde: der Kommende, der Morgenländer – kann Religion als erklärendes Integral und sinnliche Allgemeinheit „stiften". Und so erfaßt die Dynamik des Zukünftigen die gegenwärtige Zerrissenheit. Aber: „Man kann in nichts geistreich sein, selbst über Geschichte kann man nicht geistreich raisonnieren – ohne ästhetischen Sinn."[71] In der zerissenen Gegenwart selbst kommt also der Dichtkunst, dieser „Lehrerin der Menschheit"[72], höchste Priorität zu. Auch diese Pointe der Argumentation ist Hebel nicht unbekannt; er stellt sie in den Kleistschen Zusammenhang des verlorenen und wiederzugewinnenden Paradieses:

„– wir sind ausgegangen aus dem lieblichen Paradies, wo noch die Elohim in der Abendkühle unter den Bäumen wandeln, und der Cherub der Aufklärung steht an der Pforte und läßt uns nicht mehr hinein." Und wiederum setzt Hebel statt einer programmatischen Lösung nur eine suggestive Frage: „Warum bieten wir so gerne den Dichtern die Hand, die uns durch unbewachte Seitenpförtchen wieder auf einen Augenblick hineinführen? Warum kommen wir so oft mit einer höhern Weihe für das Schöne und Gute wieder heraus?"[73]

Spätestens auf diesem Gipfelpunkt Hebelscher Erkenntnisleistung wird einsichtig, daß sein Programm der Popularisierung nur mit dem Begriff „Populärästhetik" hinreichend zu erfassen ist. Dem damit verbundenen formalen Anspruch hat sich Hebel immer wieder gestellt: Popularisieren ist für ihn höchster Ausdruck von Kunst, wie wir abschließend noch ausführen werden.[74]

Auf der inhaltlich gewendeten Vorstellungsebene bleibt Hebel aber auf

[70] Hölderlin, 2. Band, S. 647–649, hier S. 648 f.

[71] Hölderlin, 2. Band, S. 648.

[72] Ebd.

[73] Hebel, Geister und Gespenster, S. 243 f.

[74] Vgl. 2. Kap. IV,6!

dem Niveau biblischer Religiosität, der er als „Muster der Popularität“ Genüge sein läßt. Er erkennt den tiefen Riß, den die Aufklärung in der Tradition christlich-religiöser Unmittelbarkeit verursacht hat. Eine eigenständige Arbeit am Mythos aber, die den Riß in der Kontinuitätslinie zu überbrücken vermöchte, ist ihm auf theoretischer Ebene nicht gelungen – seine Überlegungen zum Polytheismus bleiben vorsichtige Denkübungen.

Als Praktiker jedoch, als Didaktiker und Methodiker, stellte er sich – bei allem Ungenügen im Einzelnen – diesem Horizont der Moderne, der uns Heutige mit Hebel immer noch verbindet.

6. „Bearbeitung“ als Kunst. Vom ästhetischen Anspruch des Popularisierens

„Kann ich nicht, so lehn ich eins“: Hinter dieser von Hebel selbst so genannten „Subtraktionsregel“[75] verbirgt sich ein uns Heutigen unbekannter ehrfürchtiger Umgang mit dem Zitat, mit dem Überkommenen, den Hebel in seiner ganzen schriftstellerischen Tätigkeit mit Besonnenheit pflegte. Die Muse, die zu originären, quasi genialen Entwürfen beflügelt, „wohnt“ nicht bei Hebel, auch wenn sie ihn hin und wieder tatsächlich besucht hat.[76] Aber dieses Andere, dieses Lehnen, das Bearbeiten von Vorgegebenem, ist für Hebel eine mindestens gleichwertige Herausforderung. Selbst seine alemannischen Gedichte kann er unter der Kategorie der Bearbeitung beurteilen, wenn er „unbändig stolz“ und „bis zur Trunkenheit glücklich“ daran denkt, daß es ihm gelungen ist, „unsere sonst so verachtete und lächerlich gemachte Sprache classisch zu machen, und ihr eine solche Celebrität zu ersingen.“[77] Und so nimmt es nicht wunder, daß er auf einem sehr spezifischen Feld für Bearbeitungen fordert, „daß gerade die verwahrlosesten von allen Büchern, das Volksbuch und das Schulbuch, mehr als jedes andere in seiner Art vollendet und klassisch seyn sollte.“[78] Der Begriff „klassisch“ zeugt in einem solchen Kontext von der würdevollen Achtung, die Hebel dem Popularisieren zollte. Wir wollen im folgenden den Aspekt der Ästhetik gerade bezüglich des Gegenstandsbereiches „Bearbeitung“ herausstellen, um so dem Programm einer *Populärästhetik* auch von dieser Seite gerecht zu werden.

In feinsinniger, dabei frappierend kontinuierlicher Einfühlung kann Hebel Person und Aufgabe eines Bearbeiters profilieren und distinguieren. Im Kalendergutachten von 1806 stellt Hebel eine Forderung auf, die bereits die schwierige, dabei undankbare Aufgabe eines Bearbeiters erkennen läßt:

75 Briefe, Nr. 157, S. 272, (An Hitzig, Februar 1806).
76 Briefe, Nr. 104, S. 185, (An Treitschke, März 1804).
77 Briefe, Nr. 262, S. 417, (An Hitzig, November 1809).
78 Hebel, Meine Bemerkungen, S. 274f.

„Übertragung des ganzen Geschäfts (mit Ausnahme des Mathematischen) nicht an viele, sondern an einen Bearbeiter, nicht in der Stadt, sondern an einen, der beobachtend mit und unter dem Volk lebt, an einen Landgeistlichen, der Talent, guten Willen und Muße dazu haben kann, und honette Vergütung dafür auf irgend eine Art. Denn umsonst ist der Tod. – Ich habe bisher an dem Kalender so willig und verhältnismäßig viel gearbeitet, daß ich mit dieser Nummer keinen Schein unedler Arbeitsscheue auf mich zu laden hoffe."[79]

Eine andere Bearbeitung, die Kompilierung eines gemeinsamen reformiert-lutherischen, also unierten Gesangbuches, stellt gleichwohl entsprechende höchste Anforderungen. Im Gesangbuchgutachten (1822) kommt Hebel zu folgendem Resumee:

„Sollten diese sämtlichen Ansichten und Vorschläge gebilligt und genügend erfunden werden, so würde ich nun weiter darauf antragen, einen hiezu in jeder Hinsicht geeigneten Mann mit dem Geschäft der Redaction zu beauftragen, ihm eine aus diesen Vorschlägen zu entnehmende kurze jedoch in einigen Punkten noch näher zu bestimende Instruction zuzustellen, und zur Beendigung des Geschäfts einen möglichen liberalen Zeitraum zu bestimmen. Ich will bestimt hiezu zwar kein Individuum, wohl aber die Wahl eines praktischen Geistlichen vorschlagen, der mit den verschiedenen Volksklassen in mehrfacher Berührung steht, und neben jeder anderen Kompetenz zu diesen wichtigen unter vielfachen Hinsichten zu fertigenden Arbeiten mit der Geschichte der fortschreitenden Volkskultur bekannt ist, und vor allen Dingen Muße genug hat, das Geschäft mit Liebe und Beharrlichkeit vollenden zu können. Es gibt wohl keine Art von Beschäftigung, die weniger Unterbrechungen verträgt, weniger in einzelne zufällige oft weit auseinander liegende Zeitparcellen sich zersplittern läßt, als diejenige welche zu Bestimung hat, eine zahlreiche Menge gegebener Einheiten zu prüfen, fortwährend miteinander zu vergleichen, und zuletzt aus allen eine umfassende harmonische in sich vollendete Totaleinheit darzustellen."[80]

Und schließlich soll das Profil eines Bibelbearbeiters zu Wort kommen, das zwar ganz orientiert ist an der Hebel vorliegenden Ewaldschen Bearbeitung der von Schmidschen Kinderbibel, das aber gerade in der Thematisierung der Doppelung von Bearbeitung einen Blick in die diffizile Arbeit an einer Bibelbearbeitung werfen läßt, wie sie Hebel schließlich notgedrungen selbst übernahm, und die er während seines eigenen Arbeitsprozesses nicht anders kommentierte, als er es hier einfühlsam und problembewußt antizipierte. Daß dabei alle erörterten Faktoren einer von uns herauspräparierten Populärästhetik wiederum zur Sprache kommen, spricht für das Theoriebewußtsein und die Argumentationsstringenz Hebels.

„1) Selten vielleicht haben 2erlei Personen *ein* Werk glücklicher zu einem in sich vollendeten Ganzen gemacht, als *einer* allein es konnte. Wenn der erste Verfaßer, falls er seinem Unternehmen gewachsen war, und der zweite Herausgeber desselben in

[79] Hebel, Unabgefordertes Gutachten, S. 64.

[80] Hebel, Vortrag, S. 72v-73v. Zitiert nach dem Manuskript!

allen Ansichten, Tendenzen, Grundsätzen hinsichtlich der Materie und Form bis auf die Orthographie hinab einig sind, so hat eigentlich der zweite an dem Werk des ersten nichts zu verändern und zu verbessern. Sind sie es aber nicht, wie es auch der Katholik und der Protestant, der Schriftsteller für katholische Kinder zunächst und der Überarbeiter für protestantische Schulen, der Schriftsteller für ein jüngeres Alter und der Überarbeiter für ein späteres, nicht seyn können, so liegt es vielleicht in keines Menschen Vermögen mehr, zu verhüten, daß nicht bald die Grundsätze des einen, bald des anderen hervorschillern und die Haltung schwankend werde. Einzelne gewagte Meinungen, nicht genug begründete Urtheile, nicht genug gewählte Worte lassen sich an ihrem Orte, wo sich der Schriftsteller vergaß, durchstreichen und verbessern. Die Gesichtspunkte und Grundsäze aber, die der Schriftsteller nimmt, werden höchstens in der Vorrede ausgesprochen. Im Text leben und weben und spielen sie durch das Ganze und alle seine Theile und geben ihm seinen Charakter, oft seine Eigenthümlichkeit und lassen sich so leicht nicht wieder auslaugen.

2) Diese schwere Aufgabe aber wird es noch viel mehr, wenn der Überarbeiter in mancherlei und mehrseitigen Geschäftsverhältnissen nur einzelne, vielleicht kurze und abgebrochene, vielleicht weit auseinander liegende Augenblicke zwischen und neben andern Geschäften dazu benutzen muß, und unter ungleichen innern Stimmungen es thut, nicht weil er jezt die rechte dazu hat, sondern weil er mit der Zeit kargen muß.

Es ist nicht möglich, daß unter solchen Umständen nicht einmal stehen bleibe, was zu einer andern Zeit gewiß wäre gestrichen worden, nicht etwas so gesagt werde, was zu einer andern Zeit wohl anders wäre gesagt worden, und der aufmerksame Leser möchte sich dann oft fragen, warum hier so ausführlich, dort so kurz – hier so colorirt, dort so trocken, hier so viel erklärt, dort so wenig.“[81]

[81] Hebel, Meine Bemerkungen, S. 274f.

Drittes Kapitel: Untersuchungen

I. Theologische Grunddimensionen

1. „Verheißung“ als systematisches Organisationsprinzip

„Was Gott dem Abraham verheißen,
Das läßt er nun dem Hirten-Chor
Erfüllt erweisen.
Ein Hirt hat alles das zuvor
Von Gott erfahren müssen.
Und nun muß auch ein Hirt die Tat,
Was er damals versprochen hat,
Zuerst erfüllet wissen.“[1]

Der unbekannte Textdichter von Johann Sebastian Bachs Weihnachtsoratorium[2] intoniert erstmals 1734 im Baßrezitativ des II. Teils ein Thema, das neunzig Jahre später Johann Peter Hebel in seinen Biblischen Geschichten gleichsam durchkomponiert und zu einer erstaunlich transparenten Einheit gefügt hat. Nicht die Verheißung-Erfüllung-Struktur als solche markiert die Besonderheit der Thematik von 1734 und 1824; als Modell einer integrierenden Zuordnung von Altem und Neuem Testament war diese Struktur schon der frühen Christenheit vertraut.[3] Was die Parallele erwähnenswert erscheinen läßt und den Kantaten-Text zum Motto der Untersuchung des theologisch-systematischen Organisationsprinzips der Biblischen Geschichten erhebt, ist die vertrauenerweckende Personalisierung der Träger des Verheißungsgeschehens. Einfache, das Volk repräsentierende, gesellschaftlich aber durchaus verachtete Gestalten, ein Hirte damals, ein Hirte erneut in der Zeit der Erfüllung: Das genau ist der Akzent, den der frühaufklärerische Textdichter eher formalistisch parallelisierend, der spätaufklärerische Hebel aber

[1] Johann Sebastian Bachs geistliche und weltliche Kantatentexte, nach R. Wustmann, Wiesbaden ^{3}1982, S. 17.

[2] Vgl. A. Dürr, Die Kantaten von Johann Sebastian Bach, Band 1, München ^{2}1975, S. 116. Dürr hält Picander als Textdichter zumindest naheliegend.

[3] Der Akzent der Zuordnung von Altem und Neuem Testament wird letztlich bereits zur Zeit der Entstehung der Schriften des Neuen Testaments gesetzt, wobei der Begriff der Verheißung wesentlich enger im Sinne von Weissagung gefaßt wird. Vgl. W. Kümmel, Artikel ‚Weissagung und Erfüllung. II. Im NT‘, in: RGG VI, ^{3}1962, Sp. 1587f.

umso bewußter reflektierend, variierend und konstruierend dem Verheißungsgeschehen einschreibt!

Ohne auf den exegetisch wie theologiegeschichtlich-systematisch komplexen Begriff der Verheißung näher eingehen zu können[4], ist es doch sinnfällig, daß im christlichen Kontext das Verheißungsgeschehen in der Person Jesu Christi eine – allerdings weiterhin in einem spezifischen Sinne vorläufige – Erfüllung findet.

Der klare Höhepunkt innerhalb der Aussagereihen des neutestamentlichen Teils der Biblischen Geschichten Hebels zum Thema „Erfüllung der Verheißung“ findet sich am Ende der Geschichte „Letzte Reden Jesu an seine Jünger. Himmelfahrt“[5]:

> „Das ist der Verheißene, in welchem alle Geschlechter der Erde sollen gesegnet werden, *geboren* in Bethlehem, schon in seiner Kindheit *verloren und wiedergefunden* am dritten Tag in Jerusalem, *getauft* von Johannes im Jordan, *versucht* in der Wüste, *gesendet* von Gott, zu stiften das heilige Reich Gottes auf der Erde und die selige Wiedervereinigung der Menschen mit Gott, *geliebt* von den Guten, *verfolgt* von den Bösen, *verrathen* von seinen Jüngern, *gekreuziget, gestorben und begraben*, am dritten Tag *auferstanden* von den Todten, *aufgefahren* gen Himmel.“ (NT Nr. 55, S. 187f.; Hervorhebung von R. W.)

Unverkennbar ist der getragene Duktus der Partizipialkonstruktionen, der in evidenter Parallele zum Credo, zum Glaubensbekenntnis, gestaltet ist. Wichtig für Hebel im Zusammenhang einer Biblischen Geschichte ist an dieser Stelle allerdings nur der Bezug auf den sog. 2. Artikel, dem Bekenntnis zu Jesus Christus. Die Identifikation Jesu Christi, dem in den Himmel aufgenommenen Jesus von Nazareth, mit dem Verheißenen schlägt sofort einen Bogen zurück nicht nur auf die zahlreichen Hinweise in den neutestamentlichen Erzählungen, sondern besonders auf die Verheißungen des Alten Testaments, die teils von Hebel eingeflochten, zum größeren Teil jedoch wörtlich aus dem Bibeltext der Lutherübersetzung übernommen wurden. Die Abraham-Verheißung, die auf den Segen der universalen Menschheit abzielt, erscheint wie selbstverständlich zu Beginn dieses Kleinen Credos, das ganz nach Hebels Intention gestaltet ist. In den Erzählungen AT, Nr. 6, S. 22 und Nr. 9, S. 36 hatte Hebel diesen Beginn der Verheißungen Gottes innerhalb der Geschichte des Volkes Israel wörtlich aus 1. Mose 12,3b bzw. 22,18 übernommen und als theologisches Leitmotiv deutlich gemacht. Die *Besonderheit des Hebelschen Credos* liegt also zum einen in seiner bündeln-

[4] Vgl. den gesamten Artikel ‚Weissagung und Erfüllung‘ in der RGG VI, ³1962, Sp. 1584–1590 und die dort genannten Literaturhinweise!

[5] Wir zitieren im Folgenden im Text nach der Erstausgabe von 1824 (Stuttgart und Tübingen, bei Cotta). Dabei erscheint zuerst das jeweilige Testament in Abkürzung, danach wird die Nummer der betreffenden Geschichte, schließlich die Seitenzahl genannt. Die Numerierung der Geschichten ist in allen vorhandenen Ausgaben und Editionen identisch.

den Kraft, die es ermöglicht, sowohl die vielen Geschichten untereinander als auch in ihrem deutlichen Bezug zu einer kleinen, formelhaften Summa des christlichen Glaubens als ein zusammenhängendes geschichtliches Kontinuum darzustellen, dessen sich entwickelnder Logik eigentlich nicht mehr widersprochen werden kann. Die andere Besonderheit hat ebenfalls mit Geschichte zu tun. Im Gegensatz nämlich zum altkirchlichen Nicäno-Konstantinopolitanum füllt Hebel das oft bemängelte Defizit zwischen Jungfrauengeburt und heilvoll überwundenem Kreuzestod: Eine lebensgesättigte Aussagenreihe läßt noch einmal die spannungsvollen Ereignisse um die Person Jesu rekapitulieren (geboren – verloren – wiedergefunden – getauft – versucht – gesendet – geliebt – verfolgt – verraten – gekreuzigt – gestorben – begraben – auferstanden – aufgefahren). Ein Detail, das bei den Untersuchungen zu den religionspädagogischen Transformationen noch gesondert zu entfalten ist, muß hier schon genannt werden: In Kongruenz zu seinem sonstigen Vorgehen – Hebel legt einen besonderen Akzent auf die Kindheit der Biblischen Figuren – wird hier die lukanische Erzählung vom Zwölfjährigen als theologischem Diskurspartner als Antizipation des Auferstehungsgeschehens gedeutet: „verloren und wiedergefunden am dritten Tag in Jerusalem" – und damit ohne alle Anstrengung eines der tiefsten Geheimnisse des Glaubens in einem menschlichen Rahmen ausgelegt. Dementsprechend wird auch das Ziel der Verkündigung Jesu interpretiert: Hier auf Erden soll Gottes Reich gestiftet und – anthropologisch gewendet – der Mensch vergöttlicht werden („selige Wiedervereinigung des Menschen mit Gott"). Dem Credo folgt eine kurze Doxologie, die Hebel leicht gekürzt aus Phil. 2,9–11 übernimmt.

Im Folgenden wollen wir nun das Verheißungsschema als Organisationsprinzip an den Erzählungen des Alten und Neuen Testamentes verifizieren und Hebels Weiterführung des Verheißungsmotivs nach der Himmelfahrt Jesu und dem Kleinen Credo nachzeichnen.

Bereits vor Abraham wird der Bund, den Gott mit Noah schließt, und den er im Regenbogen veranschaulicht, von Hebel als „Pfand meiner [sc. Gottes; R. W.] Verheißung und meiner Gnade, womit ich die Erde anschaue" (AT Nr. 5, S. 20) gedeutet und dann transformierend in eine Linie mit dem ganzen nun folgenden Geschehen gesetzt. Mit der selbstverständlichen Freude des Spätaufklärers nutzt Hebel die dem Naturvorgang einer Regenbogenerscheinung immanenten symbolischen Bezüge zur Gegenwart: „Also erscheint noch von Zeit zu Zeit der Regenbogen am Himmel und es spiegelt sich in seiner schönen Gestalt und in seinen milden, heitern Farben noch jezt die Freundlichkeit und Leutseligkeit Gottes gegen den Menschen ab, und leuchtet hernieder auf die Erde." (AT Nr. 5, S. 20) Ist das „Pfand der Verheißung" noch recht allgemein gehalten und fügt sich eine solchermaßen beschworene „Leutseligkeit Gottes" noch gut in den Rahmen einer natürlichen Religion ein, so wird Hebel gleich in der darauffolgenden Geschichte konkreter im christlich-konfessionellen Sinn. Nach der Verheißung der Volkwerdung und einer universalen Segensverheißung an Abraham nämlich greift Hebel kommentierend, orientierend und die Fülle der überlieferten Geschichten organisierend in die Erzählung ein: „Das war eine große und geheimnißvolle Verheißung, und es kommt noch einer aus dem Geschlechte Abrahams, in welchem die Verheißung wahr wird.“ (AT Nr. 6, S. 22)

Dieses Hebelsche *Es kommt noch einer* ..., das sich nun durch alle alttestamentlichen Erzählungen wie ein roter Faden ziehen wird, ist unübertrefflich in dreierlei Hinsicht:

1. Theologisch-exegetisch setzt es die verwirrende Fülle alttestamentlicher Geschichte und Geschichten unter einen eschatologischen Vorbehalt: Zukunft hält das Geschehen offen.

2. Theologisch-ethisch kann dieser eschatologische Vorbehalt stets dazu genutzt werden, die Unterscheidung von Vorläufigem und Endgültigem einzuschärfen und vor einer allzu biblizistisch-moralisierenden Anwendung der Geschichten zu schützen.

3. Literarisch und pädagogisch erfüllt Hebels Formulierung „Es kommt noch einer ...“ das legitime Bedürfnis nach Spannung, das seinerseits ein inhaltliches Bei-der-Sache-Bleiben durch alle Wechselfälle der Ereignisse hindurch gewährleistet.

Das zukünftige Erfülltsein der Verheißung wird dabei aber nicht ins Unüberschaubare und damit ins Unerträgliche hinausgeschoben. Gleich die übernächste Geschichte variiert das Verheißungsmotiv im Hinblick auf den unerfüllten Kinderwunsch Saras und Abrahams. Einem angeblich vergeblichen Warten auf Nachkommenschaft wird zunächst das aus 1.Mose 18,14 übernommene, im guten Sinn entwaffnende Wort gegenübergestellt: „Sollte Gott etwas unmöglich seyn?“ (AT Nr. 8, S. 30) Und Hebel schließt die Geschichte mit der Feststellung einer ersten Einlösung des Versprechens Gottes: „Da sah er [sc. Abraham; R. W.] mit Freuden die göttliche Verheißung erfüllt und sein Vertrauen gekrönt. Es fehlte ihm nun nichts mehr zu seinem irdischen Glück.“ (AT Nr. 8, S. 33) Diese erste glückliche Erfüllung eines Teils der Verheißung an Abraham setzt für Hebel aber nun gerade keinen einlinigen Prozeß eines sukzessiven Triumphalismus göttlicher Realisationen in Gang. Der Gott der Verheißung ist für Hebel keine automatische Erfüllungsmaschinerie. In der Erzählung „Isaac“ (Nr. 10) setzt Hebel einen deutlichen Akzent, wenn er in einem eingefügten Kommentar die geradezu absurden Anfänge der universalen Verheißung skizziert: „Allein Abraham hatte noch kein liegendes Eigenthum in dem Lande, sondern er kaufte von einem Landeseinwohner, Namens Ephron, einen Acker, in welchem eine zweifache Höhle war. In die Höhle begrub er die Genossin seines Lebens und seines Glückes. Das war das erste Eigenthum Abrahams und seiner

Nachkommen in dem Lande, das ihnen verheißen war, ein Stücklein Ackerfeld und eine Leiche darin." (S. 37) So wie der Jude Jesus aus Nazareth von jeher gängige und geläufige Messiaserwartungen gesprengt hat, so läßt Hebel bereits durch alle Geschichten des AT die Verheißungserwartungen in geradezu konträrer Weise sich partiell realisieren.[6] Jacob ist dabei ein eher unscheinbares Glied in der Kette der Verheißungsüberlieferung („Also söhnten sich die Brüder aus, und Gott segnete den Jacob und bestätigte ihm die Verheißung seiner Väter."; Nr. 14, S. 59). Die Mosegeschichten knüpfen an der Trostlosigkeit („ein Stücklein Ackerfeld und eine Leiche darin") wieder an: „Also war jezt von Abrahams Namen und Nachkommenschaft Niemand mehr in dem schönen Lande Canaan übrig, als die Todten. In Aegypten aber vermehrten sie sich zwar in der Länge der Zeit zu einem zahlreichen Volk." (AT Nr. 20, S. 86) Dem Zwangsaufenthalt in der Fremde gesellt sich der Mordplan an allen „neugeborenen hebräischen Kinder(n)" männlichen Geschlechts. An dieser Stelle baut Hebel einen Kommentar ein, der Dreifaches leistet: Er unterstreicht die Verheißungsrealisation *in contrario*; er parallelisiert das Verheißungsgeschehen mit den Ursprüngen bei Abraham und er hält eben deshalb den Horizont für eine glückliche Entwicklung offen:

„So schlimm sah es damals aus um die Verheißung: ‚Deinen Nachkommen will ich das Land geben und sollen in deinen Nachkommen alle Geschlechter der Erde gesegnet werden.' Aber wie hat der Unbekannte zu Abraham gesagt: ‚Sollte Gott etwas unmöglich sein', und geht nicht schon die Tochter des Königs am Wasser spazieren? –" (AT Nr. 20, S. 87)

Der „kraftvolle(r) junge(r) Mann Moses" (S. 88), der seinem Volk zu einem befreienden Exodus und zur Kundmachung „viele(r) andere(r) schöne(r) Gesetze der Gerechtigkeit, der Billigkeit und der Milde" (AT Nr. 22, S. 100) verhilft, kann aber nicht verhindern, daß ihm Gott das Land der Verheißung nur *zeigt*, „wo seine Väter Abraham, Isaak und Jacob gelebt hatten, mit seinen fruchtbaren Gefilden, mit seinen Flüssen und mit seinen fernen Bergen, das schöne Land, welches ihren Nachkommen zum Eigenthum verheißen war." (Nr. 23, S. 105) Und so stellt sich die bange, vom Gesamtduktus Hebels her aber rhetorische Frage „Aber wer wird jezt das verwaiste Volk in das Land seiner Verheißung führen?" (Nr. 24, S. 107) Josua kann die Landnahme „wahr" werden lassen: „Das ist das gelobte Land, oder das Land Canaan, mit seinen Palmen." (Nr. 24, S. 109) Der Segen über dem Land stellt sich damit aber keineswegs ein: Die Zeit der Richter läßt die Hoffnung darauf eher verglimmen, und also

[6] Vgl. hierzu auch den theologischen Ansatz G. von Rads, besonders in seiner „Theologie des Alten Testaments", 2 Bände, München [7]1987.

„weckte der Herr dem bedrängten Volk von Zeit zu Zeit Helden und Heilande. Aber der Verheißene aus der Nachkommenschaft Abrahams, in welchem alle Völker sollen gesegnet werden, kommt noch lange nicht. Wiewohl es fängt bereits von weiten an etwas zu werden." (AT Nr. 27, S. 126)

Hebel fügt an dieser Stelle eine ungewöhnliche biblische Figur in die Reihe der Verheißungsträger, die er zu Beginn seiner neutestamentlichen Erzählungen geradezu als „Geschlechtsmutter" preisen kann (NT Nr. 1, S. 1). Er erzählt nämlich „die Geschichte der frommen Ruth und aus einem ihrer Nachkommen wird noch etwas." (AT Nr. 28, S. 132) Sie wird in einer ungewöhnlichen Typologie der Mutter Jesu parallelisiert, die zusammen mit ihrem Verlobten „aus Bethlehem in Juda und aus dem Blut des Königs David" stammt und „ungeachtet ihrer königlichen Herkunft wieder so arm wie Ruth" ist, „als sie in den Feldern von Bethlehem Aehren auflas." (NT Nr. 1, S. 1) Und ebenso wie die armen Eltern Jesu wird der reiche König Salomo in aller Schlichtheit auf Ruth zurückgeführt: „Also reich und herrlich war Salomon, und war auch ein naher Abkömmling der Moabitin, die in den Feldern von Bethlehem einst Aehren auflas." (AT Nr. 44, S. 197) Hebel genügt aber die schlichte Rückbindung der blendenden Erscheinung des Königs Salomo noch nicht; er bestätigt mit einem kommentierenden „Auch das wird wahr werden." (AT Nr. 44, S. 197) die Drohungen Gottes, die Hebel aus 1. Könige 9,4–8 übernimmt. (S.198) Die gleiche Dialektik von erfolgtem Verheißungsglück und ausstehendem vollkommenen Heil begegnet dem Leser und Hörer der Biblischen Geschichten auch zuvor bei König David: „Aber David ist noch nicht der Verheißene, in welchem alle Geschlechter auf Erden sollten gesegnet werden. Es muß noch schlimm werden, ehe der Verheißene kommt." (AT Nr. 38, S. 174) Natürlich kann Hebel innerhalb der Davidgeschichten immer wieder an Abraham rückerinnern (AT Nr. 37, S. 171; Nr. 39, S. 177), andererseits verweigert er David eine zusammenfassende Würdigung, wie er das bei anderen biblischen Figuren ansonsten gerne und präzise gestaltet. Die Träger der Verheißung und ihre partielle Verwirklichung sind und bleiben ambivalent; und das impliziert keine negative Wertung, sondern macht den eigentlichen Kern des Verheißungsgeschehens aus, das *in und mit menschlicher Geschichte und ebensolcher Geschichten* sich seinen Weg bahnt.

Die Verheißungsstruktur koppelt Hebel vollkommen vom Amt und Auftrag der Propheten ab, die er im übrigen äußerst sparsam bzw. gar nur summarisch erwähnt. Die Gründe dafür müssen innerhalb der Frage nach der didaktischen Auswahl diskutiert werden.

Umso deutlicher strukturiert das Verheißungsmotiv dann aber die Abschnitte der Exilzeit und der „langen Zeit der Trübsal" (AT Nr. 59, S. 253) danach. Geschickt webt Hebel dabei bereits neutestamentliche Klänge ein, um die grell ausgemalte Durststrecke zumindest für den kindlichen Rezipienten etwas erträglicher zu machen:

„Also ist jezt Israels zahlreiche Nachkommenschaft, das heilige Volk Gottes verweht und zerstoben, wie Spreu vom Winde zerstoben wird, und der Heilige steht noch aus, in welchem alle Geschlechter auf Erden sollen gesegnet werden, und die Engel wollen nicht kommen, daß sie seine Geburt verkünden. Aber: W i e sagt zu Abraham der Unbekannte?“ (AT Nr. 54, S. 233)

Noch scheint es Gott unmöglich, die endgültige Heilszeit heraufzuführen. Selbst Daniel „dachte unaufhörlich nach, was noch ihr zukünftiges Schicksal seyn würde“ (AT Nr. 55, S. 236), und Hebel schließt seine Daniel-Fassung mit einem seiner unnachahmlichen unaufgelösten Einschränkungssätzen: „Zwar wie konnte ein Herz glücklich seyn, das Tag und Nacht an Jerusalem und an die vorigen Zeiten dachte?“ (AT Nr. 55, S. 237)

Zwar kommt das Volk Israel an das „Ziel (seiner) Reise und (seiner) langen Sehnsucht“: Jerusalem wieder zurück (Nr. 57, S. 242), aber die Überschrift der letzten alttestamentlichen Geschichte, die Hebel in seinen Biblischen Geschichten als große Zusammenfassung und Überleitung konzipiert, ist betitelt: „Die kümmerlichen Zeiten dauern fort“. Im Text gibt es erneut Rückverweise; einmal muß Hebel feststellen: „Aber die schönen Zeiten Davids wollten nicht mehr zurückkehren.“ Diese melancholische, rückwärtsgewandte Utopie wiederholt er einige Sätze weiter wörtlich im Text (AT Nr. 59, S. 252f.). Zum anderen werden die Israeliten an dieser Schnittstelle zwischen Altem und Neuem Testament „Abrahams unglückliche Nachkommen“ (S. 252) genannt. Mit ganzer Wucht werden die uneingelösten universalen Verheißungsansprüche dem scheinbaren schmählichen Ende gegenübergehalten.

„Kein Wort des Trostes richtete mehr die armen Gemüther auf. Desto sehnlicher warteten sie auf den Verheißenen und nannten ihn zum voraus mit schönen und gerechten Namen, *Sohn Davids*, ferner *Messias* oder *Christus*, das heißt, der Gesalbte oder der König, ferner des *Menschen Sohn*, den Daniel, der Prophet in des Himmels Wolken sah, ferner *Sohn Gottes*, *Retter*, *Erlöser*, *Heiland*.“ (AT Nr. 59, S. 253; Sperrdruck im Original wurde kursiv wiedergegeben, R. W.)

Wurden schon durch die lange Geschichte des Volkes Israel hindurch die Verheißungen nur partiell und in oft konträrer Art und Weise realisiert, so gilt nun am Schluß die grundsätzliche Erkenntnis, die Hebel insbesondere aus seinem Vorsehungsglauben schöpfte:

„Denn je dunkler auf der Erde die Nacht der Trübsal ist, desto heller steht am Himmel der Stern der Weissagung.“ (S. 253f.)

Die Dialektik von augenscheinlicher Vergänglichkeit und Vergeblichkeit und verheißener Unvergänglichkeit und Sinnhaftigkeit verbindet im Kern die beiden zentralen theologischen Dimensionen in Hebels Biblischen Geschichten: „Verheißung" und „Vorsehung"; die erste fungiert als systematisierendes Organisationsprinzip in der Fülle der Biblischen Geschichten, die zweite interessiert uns an späterer Stelle in ihrer Funktion als Motiv der die Biblischen Geschichten begleitenden ethischen Konsequenzen.

Die genannte Dialektik hält sich nun aber auch bei der Durchführung der Verheißungserfüllung in den Erzählungen des Neuen Testaments durch. Keineswegs triumphiert der Held Jesus in platter Automatik über alle Hindernisse, die wie bisher sich dem Verheißungsgeschehen in den Weg stellen. Indem die Verheißung an ihr Ziel gekommen ist und mit Jesus von Nazareth identifiziert werden kann, findet die Dialektik – allzu verkürzt – von Gut und Böse ihre ‚Aufhebung' im dreifachen Hegelschen Sinn, aber nicht ihre pure ‚Auflösung' im Sinne einer suprarationalen Sprengung aller natürlichen und geschichtlichen Bedingungen. Bereits die Freude der Mutter Maria, die „Gott in einem schönen Lobgesang dafür (preist), daß er die Verheißung erfüllte, die er Abraham und seinen Nachkommen gegeben hatte" (NT Nr. 1, S. 3), trübt Hebel durch einen Vorverweis, der im genuin christlichen Sinn den Anfang im Stall und das Ende am Galgen[7] zusammenzurücken versucht: „Arme Jungfrau, es kommt noch eine Stunde, in welcher dich niemand wird seligpreisen!" (Ebd., S. 4) Und Hebel nimmt diesen Satz auf, indem er die Todesstunde Jesu charakterisiert durch den eingeschobenen Kommentar: „Das war die schmerzvolle Stunde, in welcher sie niemand selig pries." (NT Nr. 48, S. 165 f.)

Weidlich nutzt Hebel die Differenz zwischen der Verheißungserwartung (des Volkes Israel, wie auch der Rezipienten der biblischen Geschichten) und der Realisation und Erfüllung in und mit der Person Jesu aus. Rhetorische Fragen leiten die Geburt ein: „Aber in welchem Palast oder Kirchlein wird der Sohn Mariä geboren werden? Wer wird ihm von Cedernholz die Wiege verfertigen und mit goldenem Blumwerk schmücken?" (NT Nr. 2, S. 5) Rhetorisch wendet sich Hebel nach der Geburt an die Kinder: „Manches Kind will fragen: ob dies der Verheißene sey? Ja es ist der Verheißene, in welchem alle Geschlechter sollen gesegnet werden." (Nr. 2, S. 7) Entsprechend wird auch „der fromme Knabe" Jesus (NT Nr. 5, S. 14) als der „Verheißene" tituliert, der auf einmal wieder verloren ist, um dann die erzeugte Besorgnis sofort mit der lapidaren Feststellung zu beenden: „Der Verheißene kann nimmer verlorengehen." (S. 15)

Einen neuen Akzent erfährt die Verheißungsstruktur, wenn Hebel Jesus

[7] Vgl. den Titel der Übersetzung des Matthäusevangeliums durch W. Jens: „am anfang der stall – am ende der galgen: jesus von nazareth", Stuttgart ^{2}1972.

„Von dem Reich Gottes" (NT Nr. 9, S. 29ff.) erzählen läßt und „seine Ermahnungen zur Gottseligkeit" mit „schönen Verheißungen" gleichsetzen kann. (S. 30) Hier wird deutlich, daß die Verheißungen tatsächlich über Jesus, den Verheißenen, hinausgehen, und somit die neutestamentliche Struktur des „Schon" und „Noch-nicht" von Hebel aufgenommen wird. So kann er etwa in der Pfingstgeschichte Petrus sagen lassen, „wie Gott schon in den Tagen den [sic!] Propheten den Heiligen Geist verheißen habe, und jezt werde diese Verheißung erfüllt." (NT Nr. 57, S. 192) Damit weist das Verheißungsgeschehen, das sich ja in *allen* Menschen erfüllen will, nicht nur in dem *einen* Jesus Christus, weit über Tod und Auferstehung hinaus und realisiert sich fortwährend in allem, was im Bewußtsein des Heiligen Geistes geschieht. Das gilt es mitzubedenken, wenn wir den dramatischen Abschluß und die überraschende Weiterführung des Kreuzestodes Jesu bei Hebel lesen:

> „In das Grab legten den Leichnam Jesu seine Freunde, und wälzten vor die Oeffnung einen großen schweren Stein, als wenn jezt alles am Ende wäre. [...] Es war noch nicht alles am Ende. Der Verheißene kann im Grabe nicht bleiben, *die Verheißung kann nicht sterben.*" (NT Nr. 49 und 50, S. 169f.; Hervorhebung von R. W.)

Der verheißene Jesus, der durch seine Himmelfahrt zum Christus erhöht wird, kann nun als Erfüllung der Verheißung bekannt werden, wie Hebel uns das in seinem Kleinen Credo als Höhepunkt der neutestamentlichen Erzählungen vorgeführt hat (vgl. NT Nr. 55; aber auch Nr. 62, wo Petrus das Evangelium zusammenfaßt und Hebel legitimierend hinzufügt: „So war immer die Rede der Apostel. Dabei blieben sie für den Anfang stehen. Das ist das Fundament ihrer Lehre", S. 210).

Die Verheißungen aber, die jedem Menschen die „selige Wiedervereinigung [...] mit Gott" in Aussicht stellen, und die der Heilige Geist präsent hält, breiten sich nun im Rahmen der sich entwickelnden Urgemeinde immer weiter aus und streben einer allmählichen Universalisierung des Segens Gottes zu, wie er bereits dem Abraham in Aussicht gestellt wurde. Damit können wir für Hebels Biblische Geschichten ein heilsgeschichtliches Programm verifizieren, das – ganz im Sinne der lukanischen Theologie – eine Zeit der Erwartung, eine Zeit der Erfüllung und eine Zeit der universellen Ausweitung der Erfüllung sich einander ablösen läßt. Für die letzte Phase der heilsgeschichtlichen Entwicklung – die letzten Endes stets bis zum augenblicklichen Rezipienten reicht – führt Hebel ein völlig neues Bild ein: Es ist das Bild von den kleinen, ja tödlichen Anfängen des Samens oder der einzelnen Samenkörner, das bereits – ganz im Sinne des Paulus 1.Kor. 15 – für das Ostergeschehen herangezogen wird (NT Nr. 53, S. 180):

> „Das war der heilige Ostersonntag, der noch jährlich mit Freude und Hoffnung in allen christlichen Kirchen gefeiert wird im Frühjahr, wann die ersten Samenkerne aus der Erde aufgehen, und so zu sagen auch ihre Auferstehung halten."

Das bestimmte Bild der Natur wird nun der entstehenden Missionssituation parallelisiert und die ersten Gewitter nach Pfingsten mit den Verfolgungen verglichen, die aber nur bewirken, daß die Saaten aufgehen, „die in den Tagen Jesu gesäet wurden". (Vgl. hierzu die ganze Nr. 58, S. 194–198 und die Nr. 60, S. 203, wo Hebel erneut rhetorisch fragt: „Denn w a s bewirkt das Ungewitter und der Sturm? Er trägt die fruchtbaren Samenkernlein weiter.") Ein solches Samenkernlein ist auch der von Philippus getaufte Mohr: „Sonst weiß man zwar nichts von ihm. Es war auch ein Saatkorn, das weiterzog." (NT Nr. 61, S. 207) Schließlich resummiert Hebel die Mission des Apostel Paulus, indem er feststellt, daß er „die ganze Gegend, welche er zu durchreisen vermochte, in einen schönen Pflanzgarten des Christenthums verwandelt hatte." (Nr. 63, S. 212)

Es ist auffällig, daß Hebel innerhalb des Verheißungsmotivs aus geschichtlicher Terminologie („der Verheißene steht noch aus...") in eine Naturmetaphysik springt, der letztlich das Kreislaufmodell des Werdens und Vergehens zugrunde liegt. Hebel ist sich der Geschichtlichkeit des sich offenbarenden Gottes voll bewußt, ebenso aber nimmt er die Anschaulichkeit und Unmittelbarkeit der allen vor Augen stehenden Naturvorgänge gerne für seine Populartheologie in Anspruch. Überblickt man die Verheißungsstruktur über beide Teile der Biblischen Geschichten hinweg und zieht die Erwägungen der folgenden Abschnitte mit heran, so wird deutlich, daß die eschatologische Ausrichtung die theologische Spitze der Biblischen Geschichten Hebels darstellt: Sie läßt sich nahtlos in Hebels theologische Voraussetzungen einfügen.

Eschatologisches Denken entstand auf jüdischem Boden und war verwurzelt in der Messiaserwartung des Volkes Israel. Gibt es Hinweise in den Biblischen Geschichten, die die herausgearbeitete Nähe Hebels zu jüdischen Vorstellungen, Sehnsüchten und Verheißungserwartungen, ja zu den Juden selbst als Zeitgenossen Hebels und seiner Schulkinder, explizit erkennbar werden lassen? Die Herausarbeitung des Morgenländischen als eines historisch-exegetischen Horizontes[8] bietet dafür allein noch keinen hinreichenden Beweis.

Mir scheint, daß die Erzählung von Stephanus (NT Nr. 59), deren Hebelsche Version in allen bisherigen Auslegungen nur unverständliches Kopfschütteln bzw. empörte Aufregung hervorgerufen hat, genau in den Kontext der Judenfreundlichkeit Hebels einzuordnen ist.

Stephanus wird von vorneherein ambivalent gezeichnet, ohne daß Hebel hierfür einen biblischen Anhalt hat: „Stephanus war neben seiner Frömmigkeit auch ein schöner, aber zugleich ein wortseliger und reizbarer Mann. Man sah ihm wohl an, daß er noch ein Neuling und kein Apostel war. Seine

[8] Vgl. 3. Kap. I,3a!

Reizbarkeit beförderte seinen Tod.“ (S. 199f.) Die jüdischen Anschuldiger, die ihn wegen seines Bekenntnisses zu Jesus vor den „Rat“ bringen, werden von Hebel durchaus nicht geschont: „Diese Elenden wußten nicht einmal etwas Neues zu ersinnen. Sie brachten wieder die nämliche Beschuldigung vor, welche Jesus war zur Last gelegt worden.“ (Ebd.) Aber in einer bislang unerklärten Psychologisierung läßt er Stephanus mitten in seiner Verteidigungsrede die Beherrschung verlieren:

> „Als er aber des Tempels erwähnte und nun wieder an die Beschuldigung dachte, wegen welcher er verklagt war, und als er schon erhizt war in seiner Rede, verlor er die Fassung seines frommen Gemüths so sehr, daß er anfieng, sie zu schimpfen. [...] Er nannte sie Halsstarrige und Unbeschnittene, was damals eine große Beleidigung war, und warf ihnen vor, daß ihre Väter die Propheten getödtet haben, und sie selbst seyen nicht besser.“ (Ebd., S. 200f.)

Zweifach kommentiert Hebel die aus Acta 8 wörtlich überlieferten Anschuldigungen: „Das tat kein Apostel“ (nämlich die Fassung zu verlieren) und „Niemand läßt gerne seine Väter schimpfen, sich auch nicht.“ Die daraufhin erfolgende grausame Tötung des Stephanus wird von Hebel keineswegs ausschließlich aus der Verworfenheit und Verstocktheit der Juden heraus motiviert. Im Gegenteil: An einer Stelle des Neuen Testamentes, die massiv zu verallgemeinerndem Antijudaismus umgebogen werden könnte, mahnt Hebel zur Ehrfurcht vor den jüdischen Vätern, denen er im Letzten die bewußt eschatologische Ausrichtung seiner biblischen Geschichten verdankt, die sich alle, bis zum Schlußsatz aus der Johannesapokalypse, an der Verheißungsstruktur orientieren lassen: „Siehe, ich komme bald, und mein Lohn mit mir, zu geben einem jeglichen nach seinen Werken.“ (NT Nr. 64, S. 220; vgl. Apk 22,12!)[9]

[9] Unsere Interpretation der Hebelschen Version der Stephanus-Erzählung findet eine bemerkenswerte Unterstützung durch Ergebnisse der historisch-kritischen Exegese in der zweiten Hälfte des 20. Jahrhunderts. Danach gehen die spezifisch antijudaistischen Tendenzen gerade auch der Stephanus-Rede auf ein eigenständiges Schema zurück, das man folgendermaßen konturieren kann: „Israel hat von jeher die von Gott gesandten Propheten abgewiesen, ja sogar getötet. Ebenso ist es mit seinem Messias verfahren, doch mit dieser letzten Tat hat es bereits das göttliche Vernichtungsurteil über sich heraufbeschworen.“ (T. Schramm/K. Löwenstein, Unmoralische Helden. Anstößige Gleichnisse Jesu, Göttingen 1986, S. 37) Die komplexe Verbindung von genuin jüdischer Bildung des ursprünglichen Schemas und interessierter frühchristlicher Übernahme und Umformung in polemischer Absicht hat O. H. Steck 1967 in seiner Studie „Israel und das gewaltsame Geschick der Propheten“ aufgearbeitet. Für unseren Zusammenhang bleibt festzuhalten, daß Hebel eine frühchristlich verständliche, aber theologisch-systematisch inakzeptable Konzeption der Frontstellung gegenüber dem Judentum auf seine Art und Weise verworfen und korrigiert hat – ob intuitiv oder methodisch abgesichert mag dahingestellt bleiben.

Insgesamt wäre es eine lohnende Aufgabe, jede einzelne biblische Geschichte in der von Hebel vorgenommenen Fassung mit den Ergebnissen der modernen Bibelwissenschaften zu konfrontieren!

Das Motiv der Verheißung wurde zuerst messianisch-jüdisch formuliert, es wurde dann christlich personifiziert, in dieser Erfüllungsbehauptung jedoch gleichwohl in die eschatologische Vollendungsvision hineingenommen. Christentum und Judentum bleiben gleichermaßen der eschatologischen Dynamik ausgesetzt. Das war Hebels zentrales Anliegen für eine gesamtbiblische theologische Grunddimension. Und noch der eher formale Anhang der Biblischen Geschichten „Biblische Zeittafeln nach runden Zahlen" (NT S. 223 f.) zeugt davon:

> „Siebenzig Jahre nach Christi Geburt ist Jerusalem von einem römischen Kriegsheer belagert und sammt dem Tempel zerstört worden. Von dieser Zeit an hat sich *das Christenthum und sein Schatten, das Judenthum*, in die ganze Welt ausgebreitet." (S. 224; Hervorhebung durch R. W.)

Der evangelisch-unierte Prälat aus Baden konzediert auch der Entwicklung des Judentums am Schluß seiner Bibeldichtung die *providentia dei* :
„Das Werk war von Gott. Sie konnten es nicht dämpfen." (Ebd.)

2. „Vorsehung" als ethischer Kontrapunkt

Bereits das zentrale theologische Leitwort der „Verheißung" plaziert Hebel nicht nur an den Stellen, wo es die zitierten bzw. paraphrasierten Bibelstellen wörtlich oder sinngemäß abdecken. Immer wieder greift er auch anderswo mit Hilfe dieser theologischen Kategorie orientierend in den Ablauf der Bibelgeschichten ein. Wir wollen diese Eingriffe des Autors, die *unmittelbar das Geschehen der Erzählung* betreffen, *Kommentare* nennen und setzen davon die ebenfalls als Eingriff des Autors zu charakterisierenden verallgemeinernden *Appelle* ab, die eine *Anwendung* der längst vergangenen Geschichte *auf die Gegenwart des jeweiligen Rezipienten* intendieren.

Die beiden genuin didaktischen Elemente Kommentar und Appell werden noch einmal unter dem Abschnitt III. (Religionspädagogische Transformationen) behandelt und beiläufig im Abschnitt II. (Literarische Konstruktionen) diskutiert. Sie müssen bereits an dieser Stelle jedoch eingeführt werden, da der spezifische Ort der theologischen Grunddimension „Verheißung" eben die *Kommentare* Hebels, der spezifische Ort der im weitesten Sinne ethischen Konsequenzen eben die *Appelle* sind. Die Eigenart und besondere Qualität der Bibelbearbeitung Hebels besteht gerade darin, daß die Eingriffe des Autors, also *Kommentar*, *Appell* und – wie im folgenden Punkt 3. zu erläutern sein wird – *Erklärung* überwiegend markierungslos sich in die Gesamterzählung einfügen. Und unsere isolierende und konzentrierende Analyse soll nur der besseren Verständigung über die kunstvolle Gesamtheit und Einheit der Biblischen Geschichten dienen. Daß sich dabei die Grenzen zwischen Kommentar, Appell und Erklärung an bestimmten Stellen auch wieder verwischen, liegt in der Natur der behaupteten Einheit und verdeutlicht jäh den Modellcharakter aller unserer methodischen und hermeneutischen Bemühungen.

Versucht man auf der *Ebene der Appelle* eine inhaltliche Sondierung durchzuführen, so sieht man sich zunächst einer Fülle von populären Sentenzen, allgemeinverbindlichen Weisheiten und meist anthropologisch verankerten Verhaltensmaximen gegenübergestellt. Sie fließen unmittelbar aus den Geschehnis- und Personenkonstellationen der einzelnen Geschichten und erscheinen in ihrer Reihenfolge beliebig: Ein bloßes Additionsprinzip scheint zugrundezuliegen.

Nach der Erzählung von „Jacobs Heimkehr und Aussöhnung mit seinem Bruder" (AT Nr. 14, S. 56ff.) gibt Hebel folgenden negativen Ausblick: „Aber die Nachkommen des Esau und die Nachkommen des Jacob lebten fortan gegeneinander in Feindschaft." (S. 59) Und er fügt eine Begründung an, die er in eine allgemeine Weisheit kleidet: „Denn manches, was Gott verzeiht, verzeihen die Menschen nicht, und hätten doch so viele Ursache zur Versöhnlichkeit und zum Frieden." (Ebd.)

Innerhalb der Bußpredigt des Johannes (NT Nr. 6, S. 18ff.) folgert Hebel aus den Fragen des Volks, der „Zollbedienten" und der Soldaten („Was sollen wir tun?") folgende Verhaltensmaxime: „Davon kann nun jeder andere schon abnehmen, was er in seinem Stand, Amt und Beruf zu thun und zu lassen habe, und daß die Buße nicht gethan sei mit leerer Einbildung, oder mit schönen Reden und abgelernten Gebeten, sondern daß sie fruchtbar sey, vordersamst in Werken der Gerechtigkeit und der Barmherzigkeit. Das sind die ‚rechtschaffenen Früchte der Buße'." (S. 19)

Bereits an diesen zwei typischen Beispielen wird die *Stichwortverknüpfung* der Sentenzen und Maximen deutlich, die es erlaubt, unaufdringlich und ohne den Fluß der Erzählung langatmig zu hemmen, ethische Appelle einzuflechten. Des weiteren erkennt man die *Implikationsstruktur* der Appelle, die ohne Befehls- bzw. Ausrufesätze die ethischen Implikationen der allgemein behaupteten, verbindlichen Aussagesätze ‚bei-streut' – „quasi aliud agendo"!

Ein erneuter Durchgang durch die ethischen Appelle der biblischen Geschichten kann nun aber in aller beliebigen Fülle der ethischen Implikationen eine Strukturkonstante verifizieren, die ich als *ethischen Kontrapunkt* zum theologischen Leitmotiv der Verheißung bezeichnen möchte. Ähnlich nämlich den Verheißungen Gottes, die sich stets aus nahezu absurden Anfängen zu partieller Erfüllung und zur Realisation in Jesus von Nazareth verdichten (vgl. nochmals AT Nr. 10, S. 37!), läßt sich auf der Ebene der Appelle eine Dialektik von Leidenserfahrung und zuversichtlicher Bewältigung ausmachen, die es erlaubt, gerade an den widerständigen und widerwärtigen Erfahrungen der biblischen Personen anzuknüpfen, sie mit ähnlichen Erfahrungen der Rezipienten zu parallelisieren und in einer Perspektive eschatologischer Vollendung aufzuheben. Während die *Kommentare* das Verheißungsmotiv als heilsgeschichtlichen Rahmen für Gottes Erlösungshandeln bereitstellen, erscheint im ethischen Kontrapunkt der *Appelle* das entsprechende Handeln der Menschen *angesichts* göttlicher Vollendungsverheißung. Allen von Hebel genannten Entsprechungen liegt also als *unausgesprochenes Motiv* der Vorsehungsglaube zugrunde. Ganz im Sinne des für Hebel zentralen theologischen Artikels „De providentia“ handelt er denn auch letztlich von der fortwährenden und zuversichtlichen menschlichen Bewältigung des Theodizee-Problems. Er ermuntert angesichts menschlicher Schwäche und Ohnmacht, menschlichen Versagens und Irrens, das ohne alle Abstriche betont herausgearbeitet wird, zu unerschrockener Zuversicht und Zukunftshoffnung. Sie allein machen Sinn und ermöglichen so, den nächsten kleinen Schritt zu tun. Der Vorsehungsglaube begründet damit den ethischen Kontrapunkt und seine Implikationsstruktur und bildet so die innere, verborgene Konstanz angesichts der ethischen Herausforderungen einer widerständigen Wirklichkeit.

Der „fromme Hirte Abraham“ (AT Nr. 7, S. 27), der als erster biblischer Verheißungsträger keineswegs gering geachtet wird, mit „lauter Königen“ (ebd.) zu verkehren, ist die erste biblische Person, an der Hebel den Vorsehungsglauben exemplifiziert. Im summarischen Kapitel „Reden Gottes zu Abraham“ (AT Nr. 9, S. 34 ff.) wird 1. Mose 15,1 zitiert („Fürchte dich nicht, Abraham, ich bin dein Schild und dein sehr großer Lohn“; im Text gesperrt gedruckt, R. W.) und daraus folgende Sequenz abgeleitet: „Das ist ein reicher Schatz für fromme Herzen, auch für bekümmerte Herzen, wenn sie fromm sind, daß Gott ihr Lohn seyn will. Das ist mehr als Dank und Lohn der Menschen, mehr als die Erde hat und geben kann.“ (Ebd., S. 34) Die strukturelle, aber inhaltlich gefüllte Opposition von „bekümmerte(n) Herzen“ und „reiche(m) Schatz“ unterstreicht Hebel, indem er innerhalb des Appells eine Bibelsentenz folgen läßt, die als biblische Begründung des Autoreneingriffs verstanden werden kann: „Herr, wenn ich nur dich habe, so frage ich nichts nach Himmel und Erde, und wenn mir gleich Leib und Seele verschmachtet, so bist du doch, o Gott, allezeit meines Herzens Trost und mein Theil.“ (ebd.; das im Text gesperrt gedruckte Zitat stammt aus Psalm 73,25 f.) – Am Anfang der Joseph-Legende kommentiert Hebel den Gang des Joseph hinaus zu seinen Brüdern mit der knappen Vorausdeutung: „Er wußte nicht, welchem Unglück und welcher Erhöhung er entgegenging.“ Der Kommentar wird danach zu einem providentiellen Appell erweitert: „Des Menschen Gang steht nicht in seiner Gewalt.“ (AT Nr. 15, S. 16; gesperrt gedruckt im Text) Die schmerzliche „Zweite Reise nach Aegypten“ (AT Nr. 18, S. 75 ff.) führt Josephs Brüder zur Wiedererkennung des Bruders in Aegypten und entsprechend schließt Hebel: „Wenn die Noth am größten, ist oft ihr Trost am nächsten.“ (S. 80; vgl. auch den Appell im Vokativ, der die Freude Jacobs in der nächsten Geschichte Nr. 19, S. 82 aufnimmt: „O Gott, wie kannst du Leid in Freude verwandeln und ein langes, kummervolles Leben noch mit einem glücklichen Alter krönen!“) – Innerhalb der Mosegeschichten, die in besonders verallgemeinerbarer Weise von der Opposition Wüste: Land Kanaan geprägt sind („Man muß zuerst durch die Wüste ziehen, ehe man nach Kanaan kommt.“ AT Nr. 22, S. 96), häufen sich die Appelle zu providentieller Zuversicht (vgl. Nr. 21, S. 92, „Die Ausführung aus Aegypten"): „Denn das geschieht oft, wenn Gott bald retten will und man sich schon auf die Erlösung freut, daß die Noth erst noch am größten wird, daß der Mensch erkenne, die Rettung komme von Gott. ‚Wenn Menschenhülf' scheint aus zu seyn, so stellt sich Gottes Hülfe ein." – Davids Aktionen, die er mit einer um sich gesammelten „Schaar, sozusagen ein Freikorps von sechshundert Mann", nach seiner Flucht vor Saul ausübt (AT Nr. 34, S. 156), bleiben unter dem Schutz Gottes: Dementsprechend gilt allgemein: „Wen Gott beschützt, der ist auch unter den Feinden sicher, und findet auch unter den Feinden Freunde. Der Feind und der Freund müssen zu seiner Rettung behülflich seyn, und die weisen Absichten Gottes befördern." (S. 156f.) Das ethische Implikat dieser „weisen Absichten Gottes" verankert Hebel anthropologisch: „Das ist ein großer Gottessegen, daß gute Menschen im Unglück sich noch über andere erbarmen können, und ihnen beispringen und helfen in der Noth, in welcher sie selber sind. Mit dieser wundersamen Güte ist das menschliche Herz von Gott gesegnet." (S. 157) – In seinem kurzen Exkurs zur Verkündigung der Propheten faßt Hebel ihre Botschaft insgesamt als ethischen Appell: „Als lebendige Gottesstimmen ermahnten sie ihre Zeitgenossen unermüdet zur inwendigen Besserung des Herzens. Die warnende Gottesstimme fand kein Gehör. Als alle Ermahnungen fruchtlos blieben, verkündeten sie immer ernsthafter und furchtbarer den nahen Untergang. Wo Gottesfurcht und Gerechtigkeit verschwunden sind, da ist der Untergang nicht ferne." (AT Nr. 54, S. 230) Aber gerade an diese biblisch begründete Gerichtsrede kann Hebel besonders deutlich die ethische Notwendigkeit des Vorsehungsglaubens für ein Bestehen und Durchstehen des „lange(n), lange(n) Elend(s), welchem sie [sc. das Volk Israel: R. W.] entgegengiengen" (ebd., S. 231) herausarbeiten und dabei denselben Bezugspunkt ins Auge fassen, der uns schon in Hebels Kleinem Credo begegnete: „Hinwiederum verkünden die nämlichen Propheten zum Trost der Frommen und einer besseren Nachwelt, daß nach allen Trübsalen glückliche Zeiten, und eine selige Wiedervereinigung der Menschen mit Gott zurückkehren werde." (AT Nr. 54, S. 230f.)

„Tränen und Freuden sind oft neben einander." (AT Nr. 57, S. 243f.) – so könnte man die providentiellen Appelle der alttestamentlichen Geschichten zusammenfassen, die im neutestamentlichen Teil mit der Sentenz „Man wartet oft noch auf Gottes Gnade, wenn sie schon da ist" (NT Nr. 10, S. 36) erneut fortgeschrieben werden: Der Bezugspunkt der beiden Testamente, nämlich die „selige Wiedervereinigung der Menschen mit Gott" bleibt ja derselbe! – Im „Gleichnis vom Säemann" (NT Nr. 20, S. 73) stellt Hebel explizit die Theodizeefrage: „Warum sind so viele böse Menschen auf der Welt? Warum folgen sie nicht alle der Einladung in das heilige und selige Reich Gottes?" Und er beantwortet sie ganz im allegorisierenden Stil der neutestamentlichen Überlieferung und Ausdeutung. (Vgl. Mt 13,1–9 und 18–23) Der ethische Appell wird dann sehr direkt und massiv angeschlossen: „Erhalte in mir ein feines und gutes Herz! Mein Leben sei fruchtbar an guten Gesinnungen und Thaten!" (Ebd., S. 75) Aber selbst hier, wo der ethische Kontrapunkt zu einer allzu schrillen Melodie transformiert zu sein scheint, federt Hebel ab und läßt einen natürlichen Spielraum, der seinen Anhaltspunkt im organischen Zusammenhang des Säens findet: „Rührt nicht Jesus mit so manchem schönen Sprüchlein die zarten Herzen an, und säet das Wort?" (Ebd.) Dem Befehlston ist die rhetorische Frage vorangestellt; der ethische

Appell lebt aus dem Ermöglichungsgrund einer fürsorgenden Vorsehung. Diese ist für Hebel ein „göttliches Geheimnis“, das er, wie schon die Tatsache der Ausbreitung des Verheißungswortes in den urchristlichen Gemeinden nur im Blick eben des Samens, bzw. Saatkorns fassen kann; dabei ist ihm gerade der lebensnotwendige Aspekt, die reale Sachhälfte des Bildes wichtig: „Nährt nicht Gott auch von Jahr zu Jahr von einer geringen Aussaat viele Tausend Menschen, und viele Tausend Eltern Kinder, noch ohne die zahllosen Geschöpfe, die nicht säen und nicht ernten, und wenn alle gegessen und gelebt haben, ist nicht auch in der großen Haushaltung Gottes jährlich viel mehr noch übrig, als anfänglich gesäet ward? Kein sterblicher Mensch ist imstande, das göttliche Geheimniß und das Wunder zu ergründen, daß aus einem Weizenkorn in der fruchtbaren Erde ein schöner hoher Halm und eine Aehre voll neuer Körner heraus wachsen, und sich noch einmal und immer fort bis ins Unendliche vervielfältigen könne, daß der Segen, der in einem einzigen Saatkorn verborgen liegt, zur Ernährung vieler tausend Menschen genügen kann.“ (NT Nr. 24, S. 90f.) Genauso unscheinbar, wie sich dies „göttliche Geheimnis“ ins Werk setzt, dürfen die menschlichen Entsprechungen auf ethischem Gebiet ausfallen: „Den Redlichen, wenn die Menschen seine guten Absichten nicht verstehen, tröstet der Himmel mit seinem Beifall.“ (NT Nr. 39, S. 133) – Die „Vermächtnisse der Apostel“ (NT Nr. 64, S. 216–220), die diese „von Zeit zu Zeit (in) Briefe(n)“ niederlegten (ebd., S. 216), und die Hebel mit einer Sammlung paränetischer Sprüche aus einer stattlichen Anzahl neutestamentlicher Briefe zusammenträgt[10], lassen sich im Sinne einer providentiellen Ethik folgendermaßen zusammenfassen: „In den Briefen stärkten sie ihre Freunde in schönen Sprüchen zum standhaften Glauben an Christum und an seine Wiederkunft, und ermahnten sie zum Vertrauen auf Gott in mancherlei Trübsalen und zu einem gottseligen Sinn und Leben.“ (ebd.)

Nach dem Durchgang der Biblischen Geschichten, der den ethischen Kontrapunkt im Rahmen des Vorsehungsglaubens zu verifizieren trachtete, stellt sich erneut die Frage, die sich uns schon bei der Eruierung der theologischen Voraussetzungen aufdrängte: Walzt dieser providentielle Optimismus nicht alle nur allzu berechtigten Einwände und Zweifel, aber auch alle objektiven Realitätsstrukturen einfach nieder, gerinnt die implizite Ethik nicht zu einer quietistischen Unbekümmertheit, kippt Ethik hier nicht einfach um in die ‚Moral von der biblischen Geschicht‘?

Die Antwort liegt in acht Worten, die in der offiziell-kirchlichen Rezeption den größten Stein des Anstoßes bildeten und die gleichwohl zum ehrlichsten und humansten gehören, was Hebel je geschrieben hat: Nach der Kreuzigung Jesu und seinem grausamen Tod versagt sich Hebel eine glatte fromme Formel und er kann nur offenlassen: „Man weiß nicht, was man dazu sagen soll.“ (NT Nr. 48, S. 167) Das scheinbar so geschlossene System einer providentiellen Ethik kann sich nicht in totalitärer Weise immunisieren: Der

[10] Kol 3,20; Röm 12,9; 13,10; 2. Tim 2,16; Kol 4,6; 1. Thess 5,1b; Eph 4,25a; Röm 12,11a; 1. Kor 13,11; 1. Petr 5,5.6aβ; 3,9a; 1,15; 1.Joh 3,7a.

tiefste und entscheidende Ton des Kontrapunkts ist deshalb noch unauslotbar, weil die Obertöne des Verheißungsmotivs noch nicht alle auskomponiert sind. Es gibt Leid, das mit Worten nicht mehr zu erfassen ist und das deshalb keine Bewältigung auf einer ethisch-appellativen Ebene verträgt.

3. „Das Morgenländische" als historisch-exegetischer Horizont. Hermeneutische Varianten

a) Das Vergangene als das Fremde

„[...] und verständige Kinder wollen etwas nicht sogleich für unmöglich halten, weil sie es aus Mangel an gehörigen Kenntnissen dazu nicht geschwind begreifen können." (NT Nr. 13, S. 46) Das zeitlich Abständige bedarf der Erklärung, um so einem Verstehensprozeß zugeführt werden zu können, der vorurteilsfrei das Fremde mit dem eigenen Erfahrungshorizont vermittelt. Auf einer dritten Ebene – neben Kommentar und Appell nun also die Erklärung – setzt Hebel primär auf die kognitive Wissensvermittlung, die sich vor allem in Worterklärungen (auch reinen Übersetzungen) und Erklärungen zur historischen Umwelt als nützlich zu erweisen versucht.

So werden gleich zu Beginn die Namen der beiden ‚ersten' Menschen aus dem Hebräischen übersetzt (und damit ihre allgemeinanthropologische Bedeutung überhaupt zum Ausdruck gebracht): „aus Erde entstanden" und „Mutter der Lebendigen". (AT Nr. 2, S. 4 und 5; im Text gesperrt gedruckt) Historisch grundlegend ist auch die Identifizierung der Hebräer als Nachkommen Abrahams (AT Nr. 16, S. 64) oder die entsprechende Anmerkung zu den Edomitern, die auf Esau zurückzuführen sind (AT Nr. 54, S. 232). Dann wieder gibt es reine Funktionsübersetzungen: Pharao = König (AT Nr. 16, S. 67); Seher = Prophet (AT Nr. 30, S. 140); Zion = Burg (AT Nr. 39, S. 176); Jesus = Seligmacher, Retter (NT Nr. 20, S. 176); Rabbi = Herr (NT Nr. 8, S. 28); Christus = Gesalbter, also König (NT Nr. 63, S. 212); Christen = Angehörige Christi, königlich Gesinnte (ebd., S. 211). Meist muß zur bloßen Erklärung noch eine Verständnishilfe hinzutreten, wie man am genannten Beispiel der Christen sieht: „nämlich solche, welche sich zum Reich Gottes zählen, und Christum als ihren Herrn und König erkennen und verehren." (S. 211 f.)

Ausführlich geraten Erklärungen, die geographische und kulturelle Eigentümlichkeiten schildern. „Die Wüste aber, durch welche die Israeliten ziehen mußten, ist viele Tagesreisen lang und breit, eine unfruchtbare Einöde. Da ist keine Straße und kein Fußpfad mehr. Da erblickt oft tagelang das Auge, so weit es sehen mag, nichts, als Himmel und Sand, wo nicht kahle Felsen. Da ist weit und breit keine Wohnstätte mehr, und kein Samenkorn fällt in die Erde." (AT Nr. 22, S. 96)[11] Nazareth erklärt

[11] Das Samenkorn ist für Hebel also der Ausdruck und das Bild des Lebendigen schlechthin; es ist kein Zufall, daß es beim Thema Auferstehung und Ausbreitung des Christentums wieder aufgegriffen wird!

Hebel als „sonst ein verachteter Ort", um die berühmte Frage „Was kann aus Nazareth Gutes kommen" zu motivieren. (NT Nr. 8, S. 27) Ebenso lakonisch bemerkt Hebel zum Brunnen, an dem Jesus das Gespräch mit dem samaritanischen Weib führt, daß er „Noch von Jacobs Zeiten her berühmt war". (NT Nr. 10, S. 33) Schon im alttestamentlichen Teil bereitet er die für einige neutestamentliche Episoden wichtige Feindschaft der Juden mit den Samaritanern vor: „Als die Samaritaner sahen, welche im Land der zehen Stämme wohnten, daß die Juden an einem Tempel bauten, wollten sie auch mithalten, daß sie auch daselbst beteten und opferten. Aber die Juden nahmen es nicht an. Sie wollten das Ihrige besonders haben. Deswegen bauten die Samariter für sich einen eigenen Altar auf einem Berg bei Samaria [...] Aber mit den Samaritern blieben sie [sc. die Juden; R.W.] verfeindet auf unversöhnliche Zeiten." (AT Nr. 57, S. 244) Insbesondere legt Hebel den jüdischen und palästinischen Sitten und Gebräuchen, teilweise bis in Gesetzesformulierungen hinein, Gewicht bei. Die patriarchalischen Rechtsverhältnisse, die – noch ohne Gesetz – rein auf der Autorität des Stammvaters beruhten, werden umfassend der Geschichte von „Esau und Jacob" vorgeschaltet. (AT Nr. 11, S. 14) Die Heirat von Boas mit Ruth ist gesetzlich legitim: „Denn ein solches Gesetz galt damals noch in Israel: Wenn ein verheiratheter Mann ohne Kinder gestorben war, so war sein nächster Verwandter schuldig, seine Witwe zu heirathen, und sie durfte ihn darum ansprechen, ohne Anstand." (AT Nr. 28, S. 131) – Das Haus der palästinischen Kultur zur Zeit Jesu wird ausführlich beschrieben (vgl. NT Nr. 13, S. 46) und auch der Zahlungsverkehr und die Geldmittel sind mit erklärenden Hinweisen bedacht (vgl. AT Nr. 50, S. 216f.; NT Nr. 30, S. 104[12]; Nr. 32, S.110; Nr. 41, S. 138; Nr. 43, S. 144f.). Selbstverständlich bleiben die entscheidenden gesellschaftlichen Klassen bzw. Stände nicht unkommentiert: Pharisäer und Sadduzäer (NT Nr. 14, S. 49), Zöllner (ebd., S. 48), Priester und Aussätzige (Nr. 36, S. 122). Schließlich wird auf die spezifischen Trauergebräuche und Beerdigungsriten nach Landesart hingewiesen. (AT Nr. 10, S. 37; NT Nr. 22, S. 81; Nr. 49, S. 168)

Alles ist eher spärlich verteilt, in seiner unaufdringlichen Art aber bietet es nach Durchgang aller Biblischen Geschichten ein recht anschauliches Panorama einer wirklich vergangenen Zeit.

Hebel wäre nicht der historisch geschulte Theologe der Spätaufklärung und er wäre nicht der engagierte Sympathisant einer orientalisch-jüdischen Lebensweise, wenn er die Fülle der eingestreuten Geschichtsfakten in ihrem positivistischen Charakter eines brutum factum nicht atmosphärisch derart ausmalte, daß die „wundersame Vorwelt" der Alten (AT Nr. 3, S. 7) zu einer zweiten Heimat für die Rezipienten (und den Autor!) geriete. Das Zauberwort dafür ist „das Morgenländische", das Hebel immer wieder als Signalwort auf der Erklärungsebene einfügt, um über das Bewußtsein trennender Fremde hinaus eine eher imaginäre Einheit und Gegenwart mit *der* Vergangenheit herzustellen, die ein entscheidender Teil der geschichtlichen Entwicklung des Christentums geworden ist, und dessen Verleugnung nur zu einem defizitären Christentum führen kann.

12 Auch der wichtige Hinweis auf den damals üblichen Sklavenhandel wird nicht verschwiegen.

„Die morgenländischen Hirten wohnten gerne in Zelten. Einmal in der heißen Mittagsstunde saß Abraham vor dem Eingang seines Hirtenzeltes [...]" (AT Nr. 8, S. 29): So beginnt Hebel die Paraphrase zu 1. Mose 18 – und hat den Leser und Zuhörer sofort in einer typischen Pan-Situation, wo auch das Ungewöhnlichste nicht mehr überraschen kann. Es sind geradezu poetische Situationen, die das Signalwort des Morgenländischen an sich binden: „Isaak [...] sah die Cameele kommen, und Abrahams Diener zeigte der Rebecca den frommen Jüngling in seiner blühenden Gestalt, daß dieß ihr künftiger Gemahl sey. Da stieg sie von dem Cameel herab, auf welchem sie gesessen war, und verhüllte sich nach morgenländischer Sitte und grüßte ihn." (AT Nr. 10, S. 42) Dementsprechend dürfen die „Palmen" als Attribut des Gelobten Landes (AT Nr. 24, S. 109) nicht fehlen und eine Schafschur wird gekrönt durch eine „große Mahlzeit, denn das war bei den morgenländischen Hirten ein reiches und herrliches Freudenfest." (AT Nr. 35, S. 160) Hebel läßt sich ein auf den faszinierenden orientalischen Brauch, Trauer mit Reinheit und Freude zu verbinden; nach dem schmerzlichen Tod von Davids Kind „stand er [sc. David; R. W.] auf, wusch und salbte sich nach morgenländischer Weise mit wohlriechenden Salben, und gieng vor allen Dingen in den Tempel, daß er Gott anbetete, in dessen Händen die Schicksale der Menschen sind." (Nr. 41, S. 184) In ganz anderem Zusammenhang werden die Salben und Öle als kulturelle Gestaltmittel in der Jesusgeschichte mit Martha und Maria wichtig: „Die stille Maria aber trat während der Mahlzeit zu Jesus mit einem Gefäß voll köstlichen Nardenöls. Denn im Morgenland gehörte das zu den guten Gebräuchen, wenn man einem werthen Gast eine besondere Ehre erzeigen wollte, daß man sein Haupt mit kostbaren, wohlriechenden Salben oder Oelen befeuchtete." (NT Nr. 39, S. 131) – Von Ochs und Esel an der Krippe spricht Hebel zwar nicht, dafür aber setzt er dem Esel in seinen „morgenländischen" Erklärungen ein schönes Denkmal: „Diesmal bestieg er [sc. Jesus; R. W.] unterwegs eine Eselin. Dieses Thier, das bei uns so armselig aussieht, kommt im Morgenland zu einem schönen und ansehnlichen Wuchs. Jedermann, auch die Vornehmsten, bedienten sich dieser Thiere zum Reiten ohne Anstand." (NT Nr. 40, S. 135)

b) Das Vergangene als das Eigene

Für einen historisch bewußten und exegetisch geschulten Theologen wie Johann Peter Hebel bedeutet eine kritische alt- und neutestamentliche Wissenschaft nur Bestätigung des ausgebreiteten morgenländischen Panoramas, sei man nun eher an Einzelerklärungen oder mehr an Gesamtcharakteristika interessiert. Die zentrale hermeneutische Frage eines Verstehens über den ‚garstigen Graben der Geschichte' hinweg ist damit freilich nur zur Hälfte gelöst. Gewiß setzt Hebel als spätaufklärerischer Theologe auf die Selbstevidenz rational gewonnener Informationen über die Vergangenheit; gewiß schaffen kognitive Strukturen auf anthropologischer Ebene eine Konstanz im Wechsel der geschichtlichen Zeiträume und gewiß bedarf eine je und je defizitäre Gegenwart der Ergänzung und Erfüllung durch das sinnhafte Fremde, gerade wenn es zur eigenen Entwicklung und Identitätsbildung gehört. Aber ebenso unabdingbar sind für den theologisch-hermeneutischen Prozeß die Verstehensbedingungen und -voraussetzungen bei den zeitgenössischen Lesern und Hörern der Hebelschen Biblischen Geschichten, vor allem bei den Kindern. Gerade wo dem geschichtlichen Faktor aufgrund historischer Forschung sein Tatsachen-Charakter genommen wird, wie das in der Schöpfungs- bzw. Urgeschichte seit dem 18. Jahrhundert zum Standard alttestamentlicher Exegese gehört, wird das genannte Problem virulent. Hebel löst es folgendermaßen:

„Die Geschichte der ersten Menschen, und ihrer ersten Nachkommen kann nur mit einem kindlichen und frommen Gemüth recht angeschaut werden. Denn wir sehen in eine wundersame Vorwelt zurück, wo alles anders ist, wie in einem Traum, der sich in einer frommen Seele gestaltet, wo der Himmel über der Erde offen steht, und wo Engel herabkomen und die guten Kinder grüßen und segnen. Aber die bösen warnen sie und weinen über ihre Verführung." (AT Nr. 3, S. 7)

Er setzt also ganz auf den Strukturzusammenhang von Phylo- und Ontogenese und kann damit das „kindliche(n) und fromme(n) Gemüth" mit der Reinheit, Unschuld und Naivität einer ideal gedachten „wundersame(n) Vorwelt" parallelisieren. Der offene Himmel wird zum Symbol religiöser Unmittelbarkeit, wie sie der Kindheit der Menschheit, wie auch jedes einzelnen Menschen eignet. Der Traum wird zum aktuellen Organ, diese Strukturzusammenhänge in ihrer integrierenden Kraft zu schauen: Alles ist anders, und doch ist mein Eigenstes unmittelbar betroffen. Die Opposition von guten und bösen Kindern weist voraus auf die folgende Geschichte vom Sündenfall, die nun eben diese Trennung nicht nur in ihren ethischen Konsequenzen begründet: „Denn als sie [sc. das erste Menschenpaar: R. W.] die Unschuld verloren und gesündigt hatten, konnten sie die Lebensruhe und die seligen Kinderfreuden des Paradieses nimmer genießen." (AT Nr. 3, S. 11) Ganz deutlich wird hier nochmals die gedachte Einheit von (biblischer) Phylo- und (persönlicher) Ontogenese; deutlich aber auch, welch bedrohtes Glück diese kostbare Einheit ist: „Wer die Unschuld verloren hat, kann in keinem Paradies mehr glücklich sein." (Ebd.) Das kritische Moment aller hermeneutischen Bemühungen, die ‚Verschmelzung der Horizonte' (Gadamer), wird im Traum des offenen Himmels in dieser biblischen Geschichte wahr: Ebenso wahr aber wird der unaufhörlich drohende Verlust dieser Horizontverschmelzung, der letztlich zu anderen Lösungen des Verstehens der Bibel nötigt.

Hebel hält solche anderen Lösungen auch bereit.

Am Schluß der Bergpredigt faßt Hebel die Sprüche Jesu wie folgt zusammen:

„Jesus, der sein Geschlecht und sein Volk so sehr liebte, gab bei dieser Gelegenheit seinen Zeitgenossen auch noch andere Ermahnungen und Lehren der Klugheit, bei welchen man an die damaligen Umstände denken muß [...] Aber nicht alles, was Jesus seinen Zeitgenossen sagt, gilt auch für alle Menschen und für alle Zeiten. Wiewohl Sanftmut, Nachgiebigkeit mit Ehre und Klugheit ist in allen Zeiten zu empfehlen, und schon manchem, welchem die Streitsucht oder die Eigennützigkeit oder die Rachbegierde nicht erlauben wollte, einmal ein Unrecht zu ertragen, hat sich dadurch in das größte Unglück gestürzt. Ein Körnlein Goldes ist in allem, was Jesus gesprochen hat, für den, der es suchen und erkennen mag." (NT Nr. 17, S. 63–65)

Und ähnlich schaltet sich Hebel bei Elias, dem Propheten, ein, als er ihn, gemäß der biblischen Überlieferung, „alle Propheten des Abgottes" ergreifen und töten lassen muß:

„Aber man weiß nicht, ob man alles loben soll, was Elias that. Die Propheten sind auch Menschen [...] Zwar die Zeiten brachten es so mit sich. Aber der allzu große Eifer im Guten kann zu allen Zeiten selbst das Gute hindern und das Böse befördern." (AT Nr. 47, S. 209)

Im Gegensatz zu den morgenländischen Erklärungen (a) und zur Horizontverschmelzung (b) als Verstehenshilfen, die beide als Assimilation zu werten sind, befinden wir uns mit den beiden zuletzt zitierten Passagen auf der Erklärungs- und Verstehensebene, die die Akkomodation zum Ansatz hat.[13] Die Assimilation versucht, die Rezipienten den fernen Gestalten und Geschehnissen anzunähern, die Akkomodation paßt die vergangenen Begebenheiten dem gegenwärtigen Erfahrungshorizont an. Kriterium des Verstehensprozesses ist bei der Assimilation der Sachanspruch des historisch-exegetisch Erforschten, bei der Akkomodation der Sachanspruch eines allgemein-menschlich Eruierten, der Sachanspruch von gegenwärtig akzeptierten und konsensfähigen Werten und Normen. Das „Gute" mag sich zwar durch „alle Zeiten" in gewisser Weise durchhalten, entscheidend ist jedoch die zeittypische Ausformulierung bei Hebel, der nun etwa die Tugenden der „Sanftmut, Nachgiebigkeit mit Ehre und Klugheit" herausstellt und sie mit dem „Körnlein Goldes" identifiziert, das sich in allem historisch Bedingten finden lasse.

[13] In der Entwicklungspsychologie des Kindes hat vor allem J. Piaget in seinen Untersuchungen zur kognitiven Entwicklung die beiden Phänomene erforscht. Vgl. die knappe, aber präzise Zusammenfassung in R. Murray/ B. Feldmann, Die Entwicklung des Kindes, Weinheim und Basel 1986, S. 124f. [mit entsprechenden Literaturverweisen].

An einer ganzen Reihe von Stellen orientiert Hebel seine Erklärungen und Verstehenshilfen gerade nicht am Zeitkolorit des Morgenländischen, sondern an der Vorstellungswelt der Kinder seiner Zeit, sei diese nun mit pädagogischem Geschick annähernd vermutet oder einfach theologisch wie gesellschaftlich behauptet und erwünscht.

Der religiös-kultische Terminus des Opferns wird bei Hebel folgender Kind-Eltern-Beziehung akkomodiert: „Das wäre wohl eine fromme kindliche Handlung gewesen, daß sie dem lieben Gott wieder etwas von demjenigen geben wollten, was er ihnen geschenkt hatte, gleich wie Kinder, wenn sie ihren Eltern aus Liebe etwas schenken wollen, so sie doch alles von den Eltern haben." (AT Nr. 4, S. 12) Die Verstehenshilfe: Opfern = Gott wiedergeben, was ihm ohnedies gehört, wendet Hebel auch auf die Geschichte von Isaaks Opferung an, deren grausame Dramatik jedoch in eine „Probe", „menschlicherweise zu reden" transformiert bzw. akkomodiert wird. (Nr. 9, S. 35) – Der Befehl des Pharao zur Tötung aller männlichen Neugeborenen bei den Hebräern wird den Kindern so verdeutlicht: „[...] wie man arme Thierlein in das Wasser wirft und ersäuft sie". (AT Nr. 20, S. 86) – Die Hermeneutik der Akkomodation greift besonders markant in die Erklärung der Wunder ein. So heißt es in der Episode von der Witwe aus Sarepta: „Das Mehl verzehrte sich nicht, und das Oel im Krüglein versiegte nicht. Es ist wohl zu glauben, daß es gute Menschen aus der Nachbarschaft waren, welche der armen Frau täglich so viel zum Unterhalt des Propheten zutrugen, daß sie und ihr Kind auch davon zu leben hatten. Wiewohl Gott kann auch wunderbar die Seinigen retten und segnen, und die Gutmüthigkeit einer vertrauenden Seele belohnen." (AT Nr. 46, S. 205 f.) Ganz ähnlich geht Hebel mit dem Problem der Wunder in den Geschichten AT Nr. 55, S. 235 f., NT Nr. 8, S. 27 und Nr. 22, S. 81 f. um. Hier wird der Zusammenhang von natürlicher Theologie mit ihren physikotheologischen Prämissen in der Aufklärungsepoche und dem populartheologischen Ansatz der Spätaufklärung besonders deutlich, und das hermeneutische Prinzip der Akkomodation ist insofern eine genuin theologische Dimension der Biblischen Geschichten. – „Synagogen" umschreibt Hebel – ohne den Begriff selbst zu nennen – mit ‚Schulen der Erwachsenen' (vgl. NT Nr. 11, S. 38) und fügt sogleich hinzu: „Wiewohl, Jesus ist auch in den Kinderschulen." (Ebd.) – Selbst die schwierige Antwort des Weibes von Samaria am Jacobsbrunnen „Ich habe keinen Mann" versucht Hebel durch Akkomodation zu erklären. „Das kann nämlich heißen, daß er [sc. der letzte der sechs Männer, die die Frau hatte; R. W.] nicht sey, wie ein Mann gegen seine Frau seyn soll, und daß es so gut sey, als wenn er nicht ihr Mann wäre." (NT Nr. 10, S. 35) – Auch Bezüge zum christlichen Festkreis bzw. zu kirchlichen Kasualien rechne ich zu den Erklärungen in akkomodierender Intention (vgl. NT Nr. 55, S. 185 f. und Nr. 57, S. 193!)

Zusammenfassend läßt sich sagen, daß das „Morgenländische" zwar der entscheidende historisch-exegetische Horizont auf der Erklärungsebene der Biblischen Geschichten ist, seine Verstehenshilfen aber von Hebel ergänzt werden müssen durch den in sich gefährdeten Versuch einer unmittelbaren Horizontverschmelzung im Rahmen der Strukturparallelität von Phylo- und Ontogenese und durch eine Akkomodation, deren normierendes Kriterium das Allgemeinmenschliche ist, wie es von der Spätaufklärungstheologie als Zentrum der christlichen Theologie erkannt wurde. Damit bietet Hebel dem Leser/ Hörer drei typische Varianten von Verstehenshilfen der Bibel an, die sich keineswegs gegenseitig ausschließen, sondern alle an einer theologisch legitimen „Popularisierung" orientiert sind.

Exkurs: Das „Morgenländische" bei J. G. Herder und bei Jean Paul

> In der Kinderwelt steht die ganze Nachwelt vor uns, in die wir mit Mose ins Gelobte Land nur schauen, nicht kommen.
>
> Jean Paul

An dieser Stelle der Untersuchungen lohnt es sich, einen Blick auf zwei für Hebel zeitgenössische Autoren zu werfen, die das „Morgenländische" mit eher grundsätzlichen Reflexionen bedachten und damit Voraussetzungen schufen, die Hebel mindestens implizit aufgenommen hat, sie aber in charakteristischer Weise um Bestimmungen erweiterte, die für sein Modell einer Bibelbearbeitung für Kinder unerläßlich waren. Für beide Autoren, nämlich Johann Gottfried Herder und Jean Paul, konnten wir Hebels besonderes Interesse, ja Zuneigung bereits verifizieren.

In Herders Konzeption einer Phylogenese des menschlichen Geschlechts kommt dem Morgenland in seinen biblisch-patriarchalischen Anfängen eine unersetzliche Rolle zu: geographisch wie gesamtkulturell.

> „Das Hirtenleben im schönsten Klima der Welt, wo die freiwillige Natur den einfachsten Bedürfnißen so zuvor oder zu Hülfe kommt, die ruhige und zugleich wandernde Lebensart der väterlichen Patriarchenhütte, mit allem, was sie gibt, und dem Auge entziehet, der damalige Kreis menschlicher Bedürfniße, Beschäftigungen und Vergnügen, nebst allem, was nach Fabel oder Geschichte dazu kam, diese Beschäftigungen und Vergnügen zu denken – man denke sich alles in sein natürliches, lebendiges Licht – welch ein erwählter Garten Gottes zur Erziehung der ersten, zartesten Menschengewächse!"[14]

Gerade der Erziehungs- bzw. Bildungsgedanke ist bei seiner euphorischen Beschreibung der „Heldenzeit des Patriarchenalters"[15] die entscheidende Kategorie; und zwar sowohl für Herders Versuch einer geschichtlichen Ein- und Zuordnung der Ursprünge der in die Geschichte eintretenden Menschheit als auch für seinen Aufweis ontogenetischer Strukturparallelen in allen geschichtlichen Weiterentwicklungen.

---

[14] J. G. Herder, Auch eine Philosophie der Geschichte zur Bildung der Menschheit. Beytrag zu vielen Beyträgen des Jahrhunderts (1774), in: Herders Sämmtliche Werke, hgg. von B. Suphan, 5. Bd., Berlin 1891, S. 475–594, hier: S. 480.

[15] Herder, Auch eine Philosophie, S. 478.

„Gott! welch ein Zustand zu Bildung der Natur in den einfachsten, nothwendigsten, angenehmsten Neigungen! – Mensch, Mann, Weib, Vater, Mütter, Sohn, Erbe, Priester Gottes und Hausvater, für alle Jahrtausende soll er da gebildet werden! und ewig wird, außer dem tausendjährigen Reiche und dem Hirngespinste der Dichter, ewig wird Patriarchengegend und Patriarchenzelt das goldene Zeitalter der kindlichen Menschheit bleiben."[16]

„Und siehe, was jedem einzelnen Menschen in seiner Kindheit unumgänglich noth ist: dem ganzen Menschengeschlecht in seiner Kindheit gewiß nicht weniger."[17]

Jede Art von Bildung und Erziehung bleibt also an das morgenländische Kolorit gebunden – dichterische Fiktion und Utopie des Geistes sind nur Zukunftsrepräsentanten des gleichen Sachverhalts. Und wie selbstverständlich fügen sich Religion und ihre wissenschaftlichen und gesellschaftspolitischen Auswirkungen in diesem morgenländischen Prototyp einer Erziehungssituation ein. „Morgenland, du hiezu auserwählter Boden Gottes!"[18]

Herder ließ sein geschichtsphilosophisch begründetes Axiom vom morgenländischen Typus einer jeden Kindheit praktisch werden für die Erziehung der Jugend, indem er 1786 zu Jena „Palmblätter" veröffentlichte, „Erlesene morgenländische Erzählungen für die Jugend", eine Bearbeitung der von A.J. Liebeskind (gest. 1793) angefangenen Geschichten. In seiner sehr aufschlußreichen „Vorrede"[19] sucht Herder nach dem geeigneten Katalysator für die „Einbildungskraft" der Jugend, die er als „die beweglichste und zugleich die gefährlichste aller menschlichen Gemüthsarten"[20] erkennt. Nacheinander diskutiert er „Beispiele des Guten und Edlen", „Sittensprüche und Regeln", „Aesopische Fabeln", „lehrende Naturgeschichte", „Plutarch" und „Xenophon" und gelangt so sukzessive – und ganz im Argumentationsgefälle seiner geschichtsphilosophischen Prämissen – zu den „morgenländischen Erzählungen": „Allen anderen möglichen Gattungen zur Bildung der Jugend" fehlt demnach „nicht der Glanz des Wunderbaren allein", sondern vielmehr „der reine Umriß, die hohe Simplicität der Gestalten und Wahrheiten selbst."[21] Allein die morgenländischen Erzählungen zeigen die pädagogisch wie historisch allein ausschlaggebende Kongruenz mit dem „Gefühl der Jugend".[22]

„Die Dichtung ist kühn und groß; die Lehre, die in ihr dargestellt wird ungemein und rührend. Der Ton endlich ist, wie in allen orientalischen Schriften, ja der Bibel selbst, morgenländisch, d.i. einfach, groß und edel."[23]

---

16 Herder, Auch eine Philosophie, S. 481.
17 Herder, Auch eine Philosophie, S. 483.
18 Ebd.
19 In: Herders Sämmtliche Werke. Hg. von B. Suphan, 16. Bd., Berlin 1787, S. 583–590.
20 Herder, Vorrede, S. 584.
21 Herder, Vorrede, S. 588.
22 Ebd.
23 Herder, Vorrede, S. 589.

Am „Ton der biblischen Geschichte“[24] also müssen sich alle Kinder- und Jugendschriften messen lassen; er ist das Paradigma, das geschichtlich und gegenwärtig für die Bedürfnisse und Belange von Kindheit einsteht!

Zwanzig Jahre nach Herders Palmblättern und ihrer geschichtsphilosophischen Begründung stehen diese und andere verwandte „orientalische“ Erzählungen noch immer auf der Empfehlungsliste für pädagogisch verantwortete Kinder- und Jugendliteratur. In seiner berühmten Erziehungslehre „Levana“ gibt Jean Paul, der von Hebel geliebte oberfränkische Dichter, die treffend-lakonische Begründung: „Kinder sind kleine Morgenländer.“[25] Aber der ganze Herdersche Begründungszusammenhang von Phylo- und Ontogenese ist hier zugunsten der bereits von Herder gestreiften bloßen dichterischen Fiktion aufgegeben. Jean Paul kennt zwar noch die Möglichkeit, Kinder mit der Kindheit der Eltern fruchtbar zu konfrontieren,[26] aber das Morgenländische entbehrt radikal seiner historischen Faktizität und Ursprünglichkeit als Kindheit der Menschheit:

> „Blendet sie [sc. die Kinder; R. W.] mit einem weiten Morgenlande, mit Taublitzen und Blumen-Farben. Setzt ihnen wenigstens im Erzählen die Schwingen an, die sie über unsere Nord-Klippen und Nord-Kaps wegführen in warme Gärten hinein. Euer erstes Wunder sei bei euch, wie bei Christus das erste, die Verwandlung des Wassers in Wein, der Wirklichkeit in Dichtung.“[27]

Gegenüber dem klaren geschichtsbewußten Entwicklungsoptimismus des Spätaufklärers Herder strahlt hier eine romantische Sehnsucht auf, wie sie nur auf dem Boden des radikalen Geschichtsskeptizismus von Jean Paul verständlich wird.

Herder und Jean Paul vertreten damit die beiden extremen Pole, wie sie in der Argumentationsfigur des „Morgenländischen“ denkbar sind: Einmal als Rekonstruktion des Ursprungs geschichtlicher Wirklichkeit, dann als Antizipation des in der geschichtlichen Wirklichkeit Unauffindbaren. Beidemale aber ist die Kindheit als entscheidendes Lebensalter angesprochen, das das Organ für die so oder so konzipierte Bestimmung des Menschen am unmittelbarsten und unverstelltesten bereithält.

Hebel, der wiederum zwanzig Jahre nach Jean Paul morgenländisches Kolorit in seine Biblischen Geschichten mischt, ist primär der Herderschen Tradition verpflichtet. Allerdings bemüht er sich in besonderem Maße um die spezifisch theologische Explikation des Morgenländischen, indem er die Erkenntnisse der historisch-kritischen Exegese auf der Erklärungsebene einflicht und damit dem historisch überprüfbaren Bestand an Informationen

---

24 Ebd.

25 Jean Paul, Levana oder Erziehlehre, Stuttgart ²1813 (Braunschweig 1807), in: Jean Paul. Werke, Hg. von N. Miller, 5.Bd., München 1963, S. 513–874, hier: S. 815.

26 Jean Paul, Levana, S. 814.

27 Jean Paul, Levana, S. 815.

einen breiteren Raum als Herder einräumt, der indessen ohne die theologisch-exegetische Kompetenz seiner Geschichtsphilosophie auch nicht zu erklären wäre. Auf der anderen Seite wissen wir aber, daß das Dichterische für Hebel durchaus eine Möglichkeit darstellt, einen Blick ins Paradies zu werfen.[28] Und wir haben darüber hinaus seine Präferenz für eine Bibeldichtung gerade im Kontrast zur Herderschen Position diskutiert.[29] Ohne unnötig harmonisieren zu wollen, scheint Hebel im Spektrum des morgenländisch Möglichen eine Synthese von Rekonstruktion und Antizipation anzustreben. Dabei bleibt er in Bezug auf das Kind als spezifischen Adressaten morgenländisch-biblischer Erzählungen mit Herder und Jean Paul der einen Meinung, daß hier in besonderer Weise ein Konvergenzpunkt von literarischen und pädagogischen Intentionen gefunden ist. Theologisch ist Hebel zwar ganz auf die Seite Herders zu stellen, doch laufen auch hier interessanterweise Verbindungslinien zu Jean Paul, der immerhin zwei religionsdidaktische Anmerkungen in seiner Erziehungslehre versteckt hat, die Hebel – mit seinem grundlegend anderen Verständnis von Religion – voll und ganz in seinen Biblischen Geschichten verwirklicht hat. Einmal empfiehlt Jean Paul quasi eine Bibeldichtung für Kinder:

„Gebt dem Kinde unser Religionsbuch in die Hand; aber schickt die Erklärung dem Leser nicht nach, sondern voraus, damit in die junge Seele die fremde Form als ein Ganzes dringe. Warum soll erst der Mißverstand der Vorläufer des Verstandes sein?“[30]

Zum zweiten spricht Jean Paul in einem „Ergänzungs-Anhang zur sittlichen Bildung“ eine Regel aus, wie sie Hebel besonders in seinem Gutachten zur Biblischen Geschichte von Schmids nicht nachdrücklicher hätte formulieren können:

„Daher sargt nicht jedes Wesen, das ihr auftreten laßt, in eine Kanzel ein, aus welcher dasselbe die Kinder anpredigt, eine abmattende Sucht nach Moralien, mit welcher die meisten gedruckten Kindergeschichten anstecken und plagen, und wodurch sie gerade auf dem Weg nach dem Höchsten dieses verfehlen.“[31]

Hebel hat versucht, „auf dem Weg nach dem Höchsten“ keine moralischen Hindernisse aufzustellen, nicht zuletzt mit Hilfe eines morgenländischen „Morgenrot“, „welches einmal um das Alter sich als tiefe Abendröte lagert.“[32]

---

[28] Vgl. das Zitat im 2. Kapitel IV,5, Anm. 73!
[29] Vgl. 2. Kapitel II,2.
[30] Jean Paul, Levana, S. 586 (§ 40 „Bildung zur Religion“).
[31] Jean Paul, Levana, S. 815.
[32] Ebd.

II. Literarische Konstruktionen

1. „Bearbeitung“ als literarisches Grundmodell

Der Untertitel der „Biblischen Geschichten“ als „Ereignis der Sprache“[1] gibt einfach und genau ihre literarische Machart wieder: „Für die Jugend *bearbeitet* von Dr. J.P. Hebel.“ (Hervorhebung durch R.W.) Und im „Beschluß“ seiner Bearbeitung legt Hebel offen, worin vor allem sein literarisches Grundmodell besteht:

> „Alle diese Geschichten und Lehren sind getreulich ausgezogen aus dem Buch der heiligen Schrift, alten und neuen Testaments, verdeutscht durch D. Martin Luther, welches Buch von Gott den Menschen gegeben ist, daß wir daraus von Kindheit an sollen unterwiesen werden zur Seligkeit durch den Glauben an Christum Jesum.
> *Einen andern Grund kann niemand legen, denn der gelegt ist, welcher ist Christus.*
> Suchet in der Schrift, denn ihr habt das ewige Leben darinnen, und sie ist's, die von ihm zeuget.
> Als Paulus, der Apostel, in der Stadt Beroe das Evangelium predigte, forschten sie täglich in der Schrift, ob es sich also verhielte.
> Forschet, ob es sich also verhalte!“ (NT Beschluß, S. 221; Sperrdruck im Text kursiv wiedergegeben, R.W.)

Wir haben den Abschnitt vollständig wiedergegeben, weil zunächst *explizit* auf den Urtext in der Übersetzung Martin Luthers verwiesen wird und Hebel seinen Umgang mit dem Urtext als „Auszug“ charakterisiert. Sodann aber weist dieser Abschnitt über Hebels Bestimmung hinaus, indem seine Struktur und sein Aufbau weitere *implizite* Bestimmungen des literarischen Grundmodells transparent werden lassen, die ebenfalls konstitutiv für die „Bearbeitung“ sind.

Der *erste Grundbaustein* des Hebelschen Schulbuchs ist die *wörtliche Zitation aus Luthers Bibelübersetzung*. Jede der von Hebel gestalteten insgesamt 123 Biblischen Geschichten spricht an mindestens einer Stelle im Originalton Luthers. Von größter Bedeutung ist dabei, daß Hebel jeweils die wörtliche Rede, das jeweils ‚aktuell‘ gesprochene Wort aus der Lutherbibel übernimmt. Es scheint, als ob er den wörtlichen Reden der Bibel eine größere Autorität und Authentizität beimißt als den rahmenden und erzählenden Passagen (die neutestamentliche Briefliteratur wird dabei von Hebel insgesamt als wörtliche bzw. schriftliche Rede der Apostel verstanden; vgl. NT Nr. 64, S. 216). An einigen Stellen decken sich die ausgewählten Zitate mit den in der Lutherübersetzung herkömmlichen fett gedruckten und insofern als theologisch gewichtig suggerierten Abschnitten. Jedoch ist das aufs Gan-

[1] Schleiermacher, Hermeneutik, S. 94.

ze gesehen kein absolutes Auswahlkriterium, steht dem doch die Beobachtung entgegen, daß immer wieder unbekannte und entlegene wörtliche Reden aus der Lutherübersetzung in den Vordergrund der Bibeldichtung Hebels gerückt werden.

An der Geschichte „Joseph wird nach Aegypten verkauft" (AT Nr. 16, S. 63) kann man beide Tendenzen des Umgangs mit den wörtlichen Reden als Grundbausteinen exemplifizieren. Der recht eindeutigen Aufforderung der Frau des Potiphar (Luther übersetzt „Lege dich zu mir!"; Hebel paraphrasiert mit ‚Untreue zumuten') setzt Joseph bei Hebel die wörtliche Wiedergabe aus 1. Mose 39,9b entgegen („Wie sollt ich ein so großes Uebel thun und wider meinen Gott sündigen?", ebd.). Das gehört zu den fettgedruckten Merk-Stellen der Lutherbibel! Wenig später geht es um die Auslegung der Träume der Mitgefangenen Josephs. Der an dieser Stelle von Joseph aufgestellte Grundsatz „Auslegen gehört Gott zu" (1. Mose 40,8) wird von Hebel zweifach aufgewertet. Einmal stellt er ihn nämlich den Auslegungen Josephs vor dem Pharao voran (ebd., S. 67), und nimmt ihm damit den beiläufigen Charakter, den die Aussage im Gefängnis hatte (ebd., S. 65). Vor allem aber rückt er wiederholend den Satz in die Appell-Ebene am Schluß der Geschichte und wertet ihn damit zu einem allgemeinen, zeitlich übergreifenden Prinzip des Umgangs mit Träumen auf (ebd., S.69).

Legt man die spezifisch didaktische Fragestellung zunächst einmal beiseite[2], so genügt es festzuhalten, daß den Verlauf der Erzählungen die wörtlichen Reden der Lutherbibel bestimmen und grundieren und daß allein dieser Zitatenschatz Hebels „Auszug" aus der Heiligen Schrift formiert. Dabei ist der Zitatenschatz an die durch die Bibel vorgegebene Chronologie bzw. Abfolge der biblischen Bücher gebunden.

Quer dazu steht die ebenfalls wörtliche Wiedergabe von Bibelsprüchen, die durch rein inhaltliche Gesichtspunkte in den Verlauf der erzählten Handlung eingeschoben werden und die allesamt auf der Kommentarebene angesiedelt sind. Hebel hat dieses Verfahren an keiner Stelle seiner Bibeldichtung kenntlich gemacht und auch der zitierte „Beschluß" weist nur indirekt auf diesen *zweiten Grundbaustein* der Bearbeitung hin. Dort fährt er nämlich nach der Kenntlichmachung seiner Biblischen Geschichten als „Auszug" mit zwei Bibelstellen im Text fort, deren eine (1. Kor 3,11) zwar gesperrt gedruckt, deren andere aber (Acta 17,11bβγ) ohne Übergang Hebels eigene Worte zu Ende führt. Sodann wandelt Hebel das Zitat („forschten sie täglich in der Schrift, ob es sich also verhielte") in einen Imperativ 2. Person Plural und setzt ihn als Wiederholung an den Schluß seiner gesamten Bibelbearbeitung: „Forschet, ob es sich also verhalte!" Im übrigen verwendet Hebel auch beim ersten Grundbaustein zur Hervorhebung den Sperrdruck: Dieser bietet also keinen Anhaltspunkt zur Identifizierung der *kommentierenden Verwendung von Bibelstellen*.(Vgl. NT Nr. 20, S. 74 f.)

[2] Vgl. 3. Kap. III,1.

Die wenigen dieser kommentierenden Bibelstellen finden sich vor allem im alttestamentlichen Teil und sind zum größten Teil aus den Psalmen, den Sprüchen Salomos und den Prophetenbüchern entnommen, also alles Gattungen, die ihrerseits stark auf Sentenzbildung angelegt sind. Für die Integration dieser „quer"-stehenden Sprüche sorgt Hebels spielerische Überleitungskunst. Diese vermag es, aus der fortlaufenden Erzählpassage, die jeweils aus seinen individuellen Formulierungen erwachsen ist, genau auf das Stichwort hinzulenken, das inhaltlich im folgenden Zitat präzise fortgeführt wird. Die Nahtstelle zum eingeschobenen Bibelspruch als einem ergänzenden Kommentar wird dabei ausschließlich über drucktechnische Signale oder Signale einer Anagnorisis als solche erkennbar. In der Sintflutgeschichte (AT Nr. 5, S. 15ff.) bspw. heißt es am Höhepunkt der Hoffnungslosigkeit: „Da war nichts mehr, als Wasser unten und Wasser oben, und ein schwimmendes Haus mit acht Seelen unter Gottes Schutz und Schirm. *Wer unter dem Schirm des Höchsten sitzet und unter dem Schatten des Allmächtigen weilet, der spricht zu dem Herrn: ‚Meine Zuversicht und meine Burg, mein Gott auf den ich hoffe* !" (S. 17f.) Leicht läßt sich der zweite Teil des Zitats nur durch Wiedererkennen vertrautester Satzfügungen aus der Lutherbibel und durch den neuen Absatz samt Sperrdruck (im Zitat Kursivdruck) als Psalm 91,1f. identifizieren. Ohne Beachtung dieser objektiven und – hauptsächlich – subjektiven Voraussetzungen wäre der Zitatcharakter nicht zu dechiffrieren.[3]

Der von uns als zweiter Grundbaustein definierte kommentierende Bibelspruch erzeugt also eine Vertrautheit mit der Lutherübersetzung, ohne freilich diesen Urtext evangelischer Frömmigkeit exakt zu repristinieren bzw. formal zu repetieren. Bereits die Zitation der Lutherbibel gestaltet Hebel zu einem nur mühsam entwirrbaren und also prima facie nicht unterscheidbaren Gewebe, dem noch weitere Fäden zugerechnet werden müssen. Keineswegs kann der Umgang Hebels mit Originalzitaten aus der Bibel als die Autorität der Bibel relativierend bezeichnet werden. Vielmehr empfiehlt Hebel einen geradezu ehrfürchtigen Umgang mit den „ausgezogenen" Körnlein der Wahrheit, den „Sprüchen" der Bibel. Das Zitat aus der Geschichte NT Nr. 64 haben wir schon erwähnt und besprochen. Sehr viel deutlicher wird Hebel im Zusammenhang mit der Versuchungsgeschichte Jesu (NT Nr. 7), die den „bösen Geist" als Eisegeten und böswilligen Mißdeuter entlarvt und daraus einen hermeneutischen Grundsatz folgert, der gleichzeitig als Anspruch von Hebels eigener Interpretationsbemühung gewertet werden darf:

---

[3] Vgl. hierzu auch folgende Belegstellen: **AT** Nr. 9, S. 35 = Ps 119,105; Nr. 12, S. 50f. = Spr 14,34; Nr. 14, S. 59 = 2. Mose 34,6f; Nr. 23, S. 106 = Ps 90, 1–3.16; Nr. 25, S. 111 = Jes 26,16; Nr. 27, S. 122 = Lk 17,4; Nr. 34, S. 159 = Ps 138,7; Nr. 57, S. 243 = Ps 103,17; Nr. 59, S. 254 = Jes 55,8f. (allerdings aus der 2. P. Sg. in die 3. P. Sg. transponiert); **NT** Nr. 11, S. 38 = Mt 18,20; Nr. 29, S. 102f. = Petrus 5,5 und Jak 4,6; Nr. 51, S. 175 = Ps 30,6b.12; Nr. 55, S. 188 = Phil 2,9–11; Beschluß, S. 221 = 1. Kor 3,11 und Acta 17, 11bβγ.

„Merke hiebei: Wer die Sprüchlein der heiligen Schrift mit Wissen falsch deutet, daß er die Sünde beschönige, der treibt des Satans Werk und böse Kunst. Wer seyn will wie Jesus, der stärkt sich durch die guten Sprüchlein und gefällt Gott und den heiligen Engeln wohl." (NT Nr. 7, S. 25)

Es ist dieser lebenspraktische und lebensförderliche Sinn der Bibelsprüche, des aktuell gesprochenen Wortes, den Hebel auch in der alttestamentlichen Geschichte „Schicksale des Reiches Juda (Nr. 53, S. 227 ff.) betont, wo er dem Propheten Obad (gemeint ist der Prophet Oded aus 2. Chron 28,9–15) konzediert: „So viel vermag eines frommen und angesehen Mannes Wort. Es hat so viele Tausend arme Wittwen und Waisen vor dem Schicksal der gezwungenen Knechtschaft erlöst und in die geliebte Heimath zurückgebracht." (S. 229)

Mit dem *dritten* zu behandelnden *Grundbaustein* der Bearbeitung Hebels verlassen wir die Spruchebene der Lutherbibel und wenden uns den *Sprachelementen tradierter Frömmigkeit* zu, wie sie in der Verwendung von Gesangbuchliedversen auf der Kommentarebene und der Einarbeitung von Gebetsformulierungen auf der Appellebene begegnen. Dabei sind die Nahtstellen zu den Hebelschen Erzählpassagen in gleicher Weise bis zur Unkenntlichkeit verschliffen, wie es für das zum zweiten Grundbaustein Gesagte gilt; selbst der Sperrdruck tritt praktisch ganz zurück, so daß einzig die Anagnorisis eine entsprechende Stelle analytisch zu verorten wüßte, im allgemeinen jedoch ein quasi unbemerktes Vertrautmachen mit der Sprache überlieferter Frömmigkeit erfolgt. Die sinnvolle Stichwortverknüpfung und damit die orientierende Selbstevidenz der jeweiligen Stelle bleiben vom Urteil des Unbemerkten natürlich ausgenommen; es bezieht sich ausschließlich auf den formalen Charakter der Traditionsstücke.

In der schon behandelten Erzählung „Joseph wird nach Aegypten verkauft" (AT Nr. 16, S. 63 ff.) faßt Hebel den für Joseph deprimierenden Gefängnisaufenthalt und die ihm vom Mundschenk bereitete Enttäuschung kommentierend zusammen: „Gar oft vergessen die Menschen den treuen Dienst, der ihnen geleistet worden ist, und den Dank dafür; aber Gott vergißt die Unschuld nicht." (S. 66) Die uns bereits vertraute Opposition von gegenwärtigem Leiden und vorsehungsgläubiger Zuversicht und Überwindung unterstreicht Hebel mit einem Vers aus dem Gesangbuchlied „Wer nur den lieben Gott läßt walten" (vgl. EKG Nr. 298, Strophe 4): „Er kennt die rechten Freudenstunden/ und weiß wohl, was uns nützlich sey;/ wenn er uns nur hat treu erfunden,/ aufrichtig ohne Heucheley,/ so kommt er, eh' wir's uns verseh'n,/ und lässet uns viel Guts gescheh'n." (Ebd., S. 66) Damit wird die Wende in Josephs Schicksalsweg markiert, ohne das konkrete Geschehen hier schon vorwegzunehmen. – In der Geschichte Nr. 46 „Elia der Prophet" wird zwar eine rationale Deutung des Speisenwunders angeboten („Es ist wohl zu glauben, daß es gute Menschen aus der Nachbarschaft waren [...]"; S. 205): „Wiewohl Gott kann auch wunderbar die Seinigen retten und segnen, und die Gutmüthigkeit einer vertrauenden Seele belohnen.

Weg hat er allewege. An Mitteln fehlts ihm nicht!" (Ebd., S. 206) Durch Anagnorisis würde man sich sofort an das Lied „Befiehl du deine Wege" (vgl. EKG Nr. 294) erinnern, das in der vierten Strophe auch die wunderbaren Wege Gottes beschwört, ohne daß in Hebels Verwendungszusammenhang eine Kluft zwischen Wunder und rationaler Weisheit zu verifizieren wäre.[4]

Einen stark an traditionellen Gebetsformularen orientierten Sprachgestus schlägt Hebel in den Teilen an, die auf der Appell-Ebene über die Konsequenzen des Vorsehungsglaubens hinaus einen sehr unmittelbaren Gebetsanruf bzw. -ausruf formulieren. Auch hier befinden wir uns wie bei den Gesangbuchliedern innerhalb einer aus der Tradition übernommenen Sprachebene, deren Suggestivcharakter Hebel bewußt einzusetzen vermag, indem der hier ohne Zweifel waltende Pathos insgesamt so sparsam verwendet wird, daß er seine authentische, existentielle Wahrhaftigkeit in den Gebetsteilen behaupten kann. Lakonisch bleibt das ausgewählte alttestamentliche Beispiel: Auf die Distinktion „Reichthum und Verstand ist zweierlei." (AT Nr. 35, S. 160) folgt die schlichte, gleichwohl präzise und eindeutige Bitte: „Gott, gieb mir ein verständiges Herz!" Wesentlich ausführlicher schließt das neutestamentliche Gebetsbeispiel die Geschichte „Jesus, der fromme Knabe" (NT Nr. 5) ab: „Ich will mit Hülfe Gottes täglich verständiger und frömmer werden. Ich will meinen Eltern unterthan sein. Ich will gern da seyn, wo Gott geehrt, und Gutes gelehrt wird, daß ich Gott gefalle, und dem frömmsten Knaben Jesus ähnlich werde." (S. 17)[5] Schließlich muß natürlich auch das von uns so genannte Kleine Credo Hebels als ein an der überlieferten Frömmigkeitssprache orientiertes Sprachelement gewertet werden.

Rechnet man als *vierten Grundbaustein* nun noch den sog. *Hebel-Ton* hinzu, also Hebels ureigensten Sprachduktus, wie er gerade über seine biedermeierlichen Elemente hinaus im folgenden Abschnitt zusammengefaßt werden soll, dann ergibt sich ein in seinen Grundbausteinen doch recht weitgespanntes bibeldichterisches Gebäude, das in allen seinen Teilen mehr oder weniger bewußt und offen sein historisches Herkommen und den Prozeß der zeitgebundenen Aneignung erkennen läßt. Diese historische Transparenz ereignet sich in Hebels Biblischen Geschichten nicht nur in ihrer *theologischen Dimension*, sei es historisch erklärend, theologisch kommentierend oder moralisch appellierend, sondern auch und in eindeutig identifizierbarer Weise als *literarische Konstruktion*.

Diese ist nun mit den von A. Uhlig entwickelten und von uns referierten Kategorien (Prinzipien) einer Literaturhistorie nochmals in einen weiteren literaturgeschichtlichen Horizont zu rücken. Dabei kommt dem Begriff des *Palimpsest* als „momentane Koexistenz akkumulierter Geschichte"[6] eine zentrale, erhellende Funktion zu, wie es allein der Nachweis der vier

[4] Vgl. den Aufsatz von F. Buri, Wunder und Weisheit in J. P. Hebels Biblischen Geschichten, in: ThPr 3/1968, S. 364–379.

[5] Vgl. die weiteren Belege im **AT** Nr. 43, S. 192; Nr. 44, S. 195; und im **NT** Nr. 20, S. 75; Nr. 33, S. 144; Nr. 43, S. 147.

[6] Uhlig, Theorie der Literaturhistorie, S. 91.

„Grundbausteine“ nachdrücklich belegen kann. Gerade die erwähnte Unmöglichkeit, prima facie die einzeln historisch gewachsenen Sprachschichten oder Sprachverwendungen auseinanderzuhalten, zeigen die Inhärenz des gestalteten Sprachkunstcharakters der Biblischen Geschichten, der gleichwohl nicht in einer modischen Aktualisierung aufzugehen droht, vielmehr behutsam, eher andeutend als markierend, den geschichtlichen Prozeßcharakter biblischer und christlicher Überlieferung allein im Literarischen zum Ausdruck bringt. Als anschauliches Beispiel für den Palimpsest-Charakter von Hebels Bibelbearbeitung sei nur nochmals die Gleichzeitigkeit der unterschiedlichen Verwendung von Bibelzitaten erwähnt: Einmal als handlungsstimulierendes, gesprochenes Wort innerhalb der erzählten Welt[7], zum anderen als auslegendes bzw. kommentierendes Bibelwort. Letztere Funktion ist natürlich nur aus der Perspektive des zusammenfassenden Rückblicks her möglich; damit aber ist von vorneherein das Prinzip der *Palingenese* gewährleistet, das im Hinblick auf die theologischen Inhalte ohnehin zum festen Bestand christlicher Glaubenssystematik gehört und damit auch unabhängig vom literarischen Prinzip in einer Bibeldichtung anzutreffen wäre. Die *Ananke*, die bei jedem Vorgang der Palingenese waltet, ist bei der Gattung Bibeldichtung von besonderer Unerbittlichkeit, insofern die Last der Geschichte qua Autorität geheiligter Bücher ganz unmittelbar jeden nachfolgenden Bearbeiter determinieren muß. Umso bewundernswerter bleibt die dialektisch darauf bezogene Freiheit, die Hebel in der Gestaltung seines vierten Grundbausteines, nämlich seines eigenen sprachlichen Tons, walten läßt (vgl. dazu den folgenden Abschnitt). Rein literarisch gesehen leistet Hebel im Rahmen der unabdingbaren Phänomene des Erinnerns und Vergessens Erstaunliches. Sind seine sprachlichen *Reminiszenzen* (Lutherdeutsch; Gebetssprache; frömmigkeitsgeprägte Formeln) noch eher konventionell, artikulieren sie also einen durchaus konsensfähigen Bestand des bewußt zu Erinnernden, so offenbart der Indikator für bewußtes Vergessen: nämlich das in Konsequenz daraus absolut und ausschließlich ersehnte Einfache, Unbelastete und Unbeschwerte, einen der gerade auch didaktisch interessantesten Bestände. Konnten wir für die literarische Reminiszenz ausführlich Belege bereits vorstellen, so bleibt es den folgenden Kapiteln überlassen, das von Hebel *Repristinierte* literarisch, vor allem dann aber auch pädagogisch-didaktisch, in den Mittelpunkt der Untersuchung zu stellen.

---

[7] Vgl. zum Begriff der erzählten Welt: H. Weinrich, Tempus, Stuttgart 1964.

2. Biedermeierliche Elemente und Hebel-Ton

Die Repristination als literarisches Prinzip und literarhistorische Analysekategorie rückt diejenigen literarischen Bestände und motivlichen Kernaussagen in den Mittelpunkt, die angesichts der unendlichen Fülle geschichtlicher Bezüge (als Reminiszenzen wurden sie von uns herausgearbeitet) unverzichtbar erscheinen. Darin spiegelt sich die Sehnsucht gerade der mit akkumulierter Tradition behafteten und belasteten Dichter und Schriftsteller wider, möglichst unmittelbare Aussagen treffen zu können, die unbeschwert neue Zukunft eröffnen. Es ist der Geist moderner Utopien, der sich besonders mit dem Aufkommen der modernen Geschichtswissenschaften einen einfachen, freien, unbeschwerten Raum sucht und den er scheinbar unangreifbar in den Anfängen kultureller Überlieferung, im Archaischen, im Elementaren der Menschheitsgeschichte zu finden glaubt.

a) Die Idylle und idyllische Bezüge

Das „Morgenländische“ erwies sich uns als theologische Dimension der Biblischen Geschichten, die das Ursprüngliche christlicher Überlieferung in elementarer Weise zu verbürgen und zu bewahren vermag. Hebels Ausführungen zum europäischen Judentum seiner Zeit zeigten uns, wie er in der morgenländischen Sitte und Lebensweise einen Ansatzpunkt zur Kritik an der erdrückenden Last abendländischer Kulturbildung und damit eine Perspektive zu kultureller Innovation entwickeln konnte. Literarisch erfolgt die entscheidende Repristination der Hebelschen Biblischen Geschichten in der Gestaltung der ersten Erzählung „Die Erschaffung der Erde“ (AT Nr. 1, S. 1 ff.). Ihr herausragender Charakter kann zunächst einmal mit der signifikanten Beobachtung erhärtet werden, daß diese Erzählung als einzige Eingang in eine 1826 erschienenen Anthologie von Jugenderzählungen gefunden hat, die nicht nur eine breite Palette biedermeierlicher Erzähler versammelt (mit vielen Rückgriffen auf Aufklärung und Spätaufklärung), sondern bereits im Titel „Der deutsche Jugendgarten“ ganz der Biedermeierzeit zuzuordnen ist.[8] Es handelt sich um den einzigen von uns gefundenen Nachdruck einer Biblischen Geschichte Hebels *außerhalb* der vielgestaltigen Geschichte ihrer Edition! Der Bezug zum Biedermeier kann an dieser Stelle nicht überraschen, da die formale Gestaltung dieser Biblischen Geschichte eindeutig einer der beliebtesten Gattungen der Zeit zuzuordnen ist: der Idylle. Verständlicherweise modifiziert Hebel an dieser Stelle die Gattung keineswegs in Richtung auf die erläuterte Verbürgerlichung der Motive. Die *Natur*idylle

[8] Der deutsche Jugendgarten. Im Verein mit mehreren Freunden der Jugend, hgg. vom Verfasser der Lebensbilder, 1. Bd., Heilbronn 1826. Hebels Erzählung findet sich auf S. 24 f.

bildet das Eröffnungsmotiv der Biblischen Geschichten, die dann ja sehr schnell von der geschichtlichen Dynamik (nach dem „Sündenfall") erfaßt werden. Am Anfang also steht eine Repristination, eine Wiederholung später überwucherter Ursprünglichkeit; nur literarisch kann sie repristiniert werden und bildet so einen Stimulus für unbeschwerte Unmittelbarkeit in der Gegenwart und für eine offene Zukunft.

Um die biedermeierlichen Züge von Hebels biblischer Idyllendichtung deutlich zu machen, möchte ich einen Auszug aus der „Erschaffung der Welt" dem Beginn der Erzählung „Die schwarze Spinne" (1842) von Jeremias Gotthelf (1797–1854) gegenüberstellen, dessen Zuordnung zur Biedermeierzeit Fr. Sengle vorzüglich durchgeführt hat.[9] Hebel legt den Sinn seiner Schöpfungserzählung ganz in die Begründung und Herleitung der allgemein zugänglichen Erfahrung der Schönheit der Erde, „eingerichtet zur Wohnstätte der Menschen":

„Es scheidete sich die Luft, und erhob sich und zog wässerichte Dünste mit sich in die Höhe. Also wölbte sich über der Erde der schöne hohe Himmelsbogen, und der Wolkenhimmel gestaltete sich, und die Luft dehnete sich aus zwischen Himmel und Erde.

Nach dem scheidete sich das Wasser und floß zusammen in das Meer, daß das Erdreich trocken wurde, und es thaten sich lebendige frische Wasserquellen in der Erde auf, die ergießen sich in die Bäche und Ströme und laufen in das Meer. Als aber die Wasser abgelaufen waren von dem Erdreich, giengen die Keime der Gewächse auf, und das Erdreich wurde geschmückt mit Gras und blumenreichen Kräutern und fruchttragenden Bäumen, die blühen, und bringen ihren fruchtbaren Samen in sich selbst, jedes in seiner Art.

Nach dem klärte sich der Wolken=Himmel auf, und die Sonne erschien in ihrer Herrlichkeit am reinen blauen Firmament und leuchtete auf die stille Erde herab, und gleicherweise als sie untergegangen war, der Mond und die Sterne.

Es war noch kein lebendiges Wasser vorhanden, das sich über die schönen Lichter hätte freuen können. Aber bald fieng es an, sich im Wasser zu bewegen an großen und kleinen Fischen. Es flogen Vögel in der Luft umher und kamen immer mehr, und setzten sich auf die Zweige der Bäume in ihrem farbenreichen Gefieder, und freuten sich in tonreichen Weisen. Es kamen Thiere auf der Erde zum Vorschein, jegliches in seiner Art. Der Falter flatterte um die schönen Blumenhäupter. Das Lamm hüpfte und weidete auf dem A n g e r. Im Wald ergieng sich der prächtige Hirsch. Ueberall in den Höhen und Tiefen bewegte sich ein fröhliches Leben. –" (S. 1f.)

Diese grundsätzliche Schönheit und Wohnlichkeit der Erde bildet auch den weitesten Rahmen der Gotthelfschen Erzählung:

„Über die Berge hob sich die Sonne, leuchtete in klarer Majestät in ein freundliches, aber enges Tal und weckte zu fröhlichem Leben die Geschöpfe, die geschaffen sind, an der Sonne ihres Lebens sich zu freuen. Aus vergoldetem Waldessaume schmetterte die

[9] Sengle, Biedermeierzeit, Bd. III, S. 888–951.

Amsel ihr Morgenlied, zwischen funkelnden Blumen in perlendem Grase tönte der sehnsüchtigen Wachtel eintönend Minnelied, über dunkeln Tannen tanzten brünstige Krähen ihren Hochzeitsreigen oder krächzten zärtliche Wiegenlieder über die dornichten Bettchen ihrer ungefiederten Jungen.

In der Mitte der sonnenreichen Halde hatte die Natur einen fruchtbaren, beschirmten Boden eingegraben; mittendrin stand stattlich und blank ein schönes Haus, eingefaßt von einem prächtigen Baumgarten, in welchem noch einige Hochäpfelbäume prangten in ihrem späten Blumenkleide; halb stund das vom Hausbrunnen bewässerte üppige Gras noch, halb war es bereits dem Futtergange zugewandert. Um das Haus lag ein sonntäglicher Glanz [...]".[10]

Das „fröhliche Leben" der Geschöpfe Gottes unter der „Sonne des Lebens" bildet das unverwechselbare Motiv beider biedermeierlichen Idyllen. Eine natürliche Welt wird literarisch repristiniert und mit kulturellen Bildkonventionen des Biedermeier ausgestattet: „Tonreiche Weisen" ertönen im Stil der „Minnesänger" bzw. als „Hochzeitreigen" oder „Wiegenlieder"; „Blumenhäupter" und „Blumenkleider" personifizieren die Pflanzenwelt; Himmel und Erde stehen in offenem Bezug zueinander. Synästhetisch erzeugen beide Autoren den Kosmos im Kleinen, den Schmuck im Detail. Kulturkritisch wissen beide Autoren um die Bedrohtheit dieser Idylle: „Wer die Unschuld verloren hat, kann in keinem Paradies mehr glücklich sein." Das weiß Hebel nach der Erschaffung des Menschen zu berichten (AT Nr. 3, S.11) Und Gotthelf leitet beim „sonntäglichen Glanz des Hauses", dem Produkt menschlicher Arbeit und Kultur schlechthin, sofort über zur „angestammte(n) Reinlichkeit, die alle Tage gepflegt werden muß, der Familienehre gleich, welcher eine einzige unbewachte Stunde Flecken bringen kann, die Blutflecken gleich unauslöschlich bleiben von Geschlecht zu Geschlecht, jeder Tünche spottend."[11] Der Repristination idyllischer Natürlichkeit folgen die Reminiszenzen an die unentrinnbare menschliche Geschichtlichkeit – heils- und verheißungsgeschichtlich bei Hebel, unheils- und bedrohungsgeschichtlich bei Gotthelf. Beidemal aber gestattet es die Gattung der Idylle, das Ursprüngliche ins Gedächtnis zu rufen und ihm gegenwärtig Raum zu geben, einen Vorschein von Heimat (Bloch).

Idyllische Motive ziehen sich bei Hebel durch den weiteren Verlauf seiner Biblischen Geschichten. Dabei werden immer eindeutiger biedermeierliche Bezüge im Sinne der Verbürgerlichung deutlich. Insbesondere lassen sich Hebels biblische Familien-, Kinder- und Jugendschilderungen unter dem Gesichtspunkt biedermeierlicher Idylle interpretieren. Das gilt es zu berücksichtigen, wenn wir im Abschnitt III,3 des 3. Kapitels die Biblischen Biographien in ihrer pädagogischen Funktion analysieren. An dieser Stelle soll aber noch ein unwiderleglicher Beweis einer Zuordnung zur Literatur biedermei-

[10] J. Gotthelf, Erzählungen, Leipzig ^{3}1976 [= Sammlung Dieterichs, Band 278], S. 37.

[11] Gotthelf, Erzählungen, S. 38.

erlicher Idyllen angetreten werden. An drei Stellen seiner Bibeldichtung verwendet Hebel nämlich das homerische Motiv der Charakterisierung der Hausfrau, wie es J.H. Voß in seinen bürgerlichen Idyllen hat unsterblich werden lassen. Was bei Voß an zahllosen Stellen „die (alte) verständige Hausfrau“ redet und tut,[12] das entspricht bei Hebel folgenden biblischen „Hausfrauen“:

– „Als aber David auf dem Wege zu der großen Sünde war, die er begehen wollte, schickte ihm Gott so zu sagen einen warnenden Engel entgegen, nämlich die Abigail, des Nabal verständige Hausfrau.“ (AT Nr. 35, S. 162)

– „Als sie aber dahin kamen, und ihre Frauen und Kinder begrüßen wollten und David die Abigail, seine verständige Hausfrau, da waren Frauen und Kinder und Vieh und alle Habe geraubt und weggeführt von den Amalekitern, und Ziklag war verbrannt.“ (AT Nr. 37, S. 168)

– „Indem kommt aus der Stadt ein verständiges und merksames Weib, Wasser zu schöpfen aus dem Brunnen.“ (NT Nr. 10, S. 33)

Einen deutlicheren Bezug zum literarischen Biedermeier findet man allenfalls noch in der expliziten Verwendung des Adjektivs „bieder“:

– „Was will noch aus der Sache werden? Als Boas die rechtschaffene Aufführung der Moabitin mit eigenen Augen gesehen hatte, gewann er eine Liebe zu ihr, so arm sie war; denn nicht das Geld, sondern die Tugend ist Reichthum. Auch erkannte sein biederes Gemüth eine Pflicht dazu.“ (AT Nr. 28, S. 131)

– „Damals sprach das Volk: ‚Nun gebt die her, welche den Saul nicht wollten zum Könige haben, daß wir sie tödten! Aber der biedere König sagte: ‘Es soll auf diesen Tag niemand sterben; denn der Herr hat heute Heil gegeben in Israel.“ (AT Nr. 31, S. 143)

– „Naeman gab der verständigen Rede Gehör. Als er sich siebenmal in dem Jordan gewaschen hatte, wie ihn der Prophet geheißen hatte, ward er gesund und rein. Sogleich kehrte der biedere Mann zu dem Propheten zurück, daß er ihm seinen Dank abstattete. Nicht alle Leute thun es, wenn man ihnen geholfen hat.“ (AT Nr. 49, S. 214)

Die Zitate machen erneut deutlich, daß die populäre Konnotation zu „bieder“, nämlich dumpfe, enge Kleinbürgerlichkeit, mindestens für die Zeit des Biedermeier selbst die Intention des Adjektivs und damit der ganzen nach ihm benannten Epoche verfehlt! Die „verständige“ Aufklärung blieb der Literaturepoche des Biedermeier eingeschrieben.

Hebels Verwendung typisch biedermeierlicher Stilelemente vermag noch nicht hinreichend die individuelle Färbung zu beschreiben, die wohl das auffallendste Merkmal der literarischen Konstruktion seiner biblischen Geschichten ausmacht. Freunde wie Gegner Hebels brachten dieses Spezifikum seiner Bibelbearbeitung immer wieder als entscheidendes Argument in ihrer

[12] J.H. Voß, Luise. Erste Idylle, in: J. Schneider (Hg.), S. 245, u. ö.!

Zustimmung wie auch Verwerfung zum Ausdruck. Jede Epochen- und Gattungszuordnung muß also ergänzt und präzisiert werden um das, was wir den eigentlichen *Hebel-Ton* nennen wollen. Natürlich bleibt dabei das Hebel vorgeformt zur Verfügung stehende Ausdrucks- und Stilpotential integrativer Bestandteil seines künstlerisch-ästhetischen Gestaltungswillens. Aber wiederholend müssen wir darauf hinweisen, daß jede Analyse der isolierenden Unterscheidung bedarf, um gerade die Elemente herausstellen zu können, die in geschichtlicher Perspektive Individuelles und damit oft genug Innovatorisches bergen. Die Gegner des Hebelschen Schulbuches erkannten sehr genau, daß darin Hebels ansonsten viel gerühmter „Kalenderton vorwaltet"[13]; ihre Empörung über den Kalenderton, den sie mit dem Verdikt „unbiblisch" formulierten, braucht uns an dieser Stelle einer literarischen Analyse nicht weiter zu interessieren. Die Erkenntnis des obwaltenden Hebelschen Kalendertons brachte den Germanisten E. Keller fünfzig Jahre später zu dem bislang einzigartigen, aber völlig unbeachtet gebliebenen Urteil:

> „Die Eigenart der Hebelschen Prosa läßt sich am deutlichsten in seinen Biblischen Geschichten nachweisen. [...] Am Ende seines sechsten Lebensjahrzehnts entstanden, stellen diese Erzählungen das Ergebnis von Hebels stilistischer Lebensarbeit dar; und weil sie für Kinder bestimmt waren, hat er sich am meisten und, wie mich dünkt, am erfolgreichsten bemüht, schlicht und gemeinverständlich zu schreiben."[14]

Im folgenden sollen deshalb die sichtbaren Ergebnisse von „Hebels stilistischer Lebensarbeit" im Überblick zusammengestellt werden, wobei auf Beobachtungen früherer Interpreten zurückgegriffen werden kann.

b) „Spuren der Merkbarkeit"

Allem voran steht das ‚Markenzeichen' Hebels, sein „Merke", das dem erhobenen Zeigefinger seine Lehrhaftigkeit beläßt, ihm aber die Penetranz des Besserwissens nimmt, indem die Formulierungen nichts anderes als das intendierte Selbstdenken des Lesers im Ergebnis wie selbstverständlich antizipieren. Viermal hat es Eingang in die Biblischen Geschichten gefunden; sparsam also streut Hebel seine sprachlichen Unterstreichungen ein, als ob die Gewichtigkeit seiner ethischen Kontrapunktik eher in Nebensätzen, denn in prononcierten Ausrufesätzen zum Tragen käme. Aber ganz verzichten möchte er nicht auf dieses Stilmittel, das er in so modifizierter Weise aus den Moritaten und ihrer „Moral von der Geschicht" übernommen hat.

---

[13] So die 44 Hausvorstände aus Allmannsweiler in ihrer Petition an den Großherzoglichen Oberkirchenrat 1849; zitiert bei Mayer, Biblische Geschichten, S. 453.

[14] E. Keller, Hebels Leben und Schaffen, in: ders. (Hg.), Johann Peter Hebels sämtliche poetische Werke nebst einer Auswahl seiner Predigten, Aufsätze und Briefe in sechs Bänden, 1. Bd., Leipzig 1905, S. 1-152, hier: S. 115.

– Das erste „Merke“ (noch ohne den unmittelbar folgenden, konzentrierenden Doppelpunkt) weist auf den ambivalenten Zusammenhang zwischen Traumdeutung und Gotteserfahrung hin, den Hebel im Anschluß an Josephs Traumanalysen thematisiert. (AT Nr. 16, S. 69)

– Das zweite „Merke“ steht an herausragender Stelle unmittelbar nach den zehn Geboten: „Merke: Gott hat die Kinder nicht vergessen. Er vergißt die Kinder nicht. ‚Du sollst deinen Vater und deine Mutter ehren.‘“ (AT Nr. 22, S. 100) In pädagogischer Verantwortung wird aus der inhaltlichen Fülle der zehn Gebote das dem kindlichen Erfahrungskreis am einleuchtendsten erscheinende Gebot herausgegriffen und dreifach rhetorisch variiert.

– Das dritte „Merke“ leitet eine der witzigsten und hintergründigsten Exegesen ein, die sich Hebel in seinen Biblischen Geschichten ausgedacht hat. Die Episode vom zwölfjährigen Jesus im Tempel ist in der Tat „die einzige Begebenheit aus den Jugendjahren Jesu, welche man weiß.“ (NT Nr. 5, S. 16) „Von dem zwölften Jahr bis zu dem dreißigsten Jahr seines Lebens weiß man nichts von ihm. Merke: Von gutgearteten und wohlerzogenen Kindern hört man in ihrer Jugend gewöhnlich nicht viel, als daß sie ihren Eltern untertänig sind, daß sie an Weisheit und Liebenswürdigkeit bei Gott und den Menschen zunehmen, und gerne in die Kirche und Schule gehen, wo viel Gutes zu hören und zu lernen ist.“ (S. 16f.) Wer sich die wuchernde Legendenbildung der Kindheitsgeschichten Jesu vor Augen hält, vermag zu ermessen, welche Spitze gegenüber vielen konkurrierenden Biblischen Geschichten hier gesetzt wird!

– Das vierte biblische „Merke“ verwendet Hebel für seine fundamentale hermeneutische Überlegung in der Versuchungsgeschichte Jesu (NT Nr. 7, S. 25), die wir bereits zitiert haben.

Viermal unterstreicht Hebel sprachlich seine eigenwilligen und unkonventionellen Kommentare bzw. Appelle mit einem „Merke“ – viermal könnte man mit E. Bloch formulieren „Vorhang zu, und die Fragen sind nicht offen, insgesamt aber ist die Komposition des Kalendermachers [sc. und Bibelmachers; R. W.] ein Korrektiv – nicht nur für freundliche Erzählung, auch für alle ihre *Spuren der Merkbarkeit*.“[15]

c) *Eine Palette von Fragen*

„Spuren der Merkbarkeit“ wurden – insbesondere im Laufe des 18. Jahrhunderts – in besonderer Weise durch eine immer ausgefeiltere Fragetechnik im Unterrichtsgeschehen selber, aber eben auch innerhalb der Schulbücher und Schulbibeln gesichert. Die wirkungsmächtigste Tradition innerhalb der Bi-

[15] E. Bloch, Nachwort, in: Johann Peter Hebel, Kalendergeschichten. Ausgewählt und mit einem Nachwort von E. Bloch. Mit neunzehn Holzschnitten von L. Richter, Frankfurt [4]1977, S. 135–149, hier: S. 144. Hervorhebung durch R. W.

belbearbeitungen für Kinder hatte zweifelsohne J. Hübner geschaffen, der *nach* jeder seiner „Zweymal zwey und funffzig Auserlesene(n) Biblische(n) Historie(n), der Jugend zum Besten abgefasset ..." (erstmals erschienen Leipzig 1714) sog. „Deutliche Fragen" angehängt hat, die als Zergliederungsverfahren den jeweiligen Stoff (Namen, Orte, Fakten, Ablauf etc.) in bis zu 53 Einzelpunkte auffächern.[16] Hübner bildet sicherlich die beste Kontrastfolie für Hebels völlig anders gearteten Umgang mit dem Stilmittel der Frage. Im Gegensatz zu Hübner und vielen seiner Nachfolger benutzt Hebel die Frage nicht als mnemotechnisches Hilfsmittel, sondern setzt sie – wie bereits in den Kalendergeschichten erprobt – als literarisches Gestaltungsmittel *innerhalb* einer Erzählung und mit durchaus variierender Intentionalität ein.

Vor allem anderen kommt dabei der *Funktion der Spannungserzeugung* die größte Bedeutung bei. In der Geschichte von „Ruth" (AT Nr. 28, S. 128) fragt der Autor nach dem recht aussichtslosen Versprechen der Ruth an Naemi, niemals von ihr zu scheiden, mit ersichtlicher Besorgnis: „O Gott, wirst du solche Kindesliebe nicht vergelten; willst du dieses arme Herz nicht trösten!" Und wenig später, nachdem Boas die Erlaubnis zur Ährennachlese ausgesprochen hat, bildet die Frage „Was will noch aus der Sache werden?" (ebd., S. 131) wiederum eine Unterbrechung des Autors, um den Fortgang der Erzählung bei den Lesern und Zuhörern sehnlichst und gespannt erwarten zu lassen.

Das spannungserzeugende Moment der Frage fügt Hebel auch in die weiträumige Dynamik des Verheißungsgeschehens ein; hier bekommt die Frage die *Funktion, die Offenheit der zukünfigen Heilsereignisse wachzuhalten*. „Aber wer wird jetzt das verwaiste Volk in das Land seiner Verheißung führen? Der Mensch kann sterben, aber Gott lebt." (AT Nr. 24, S. 107) Mit solchen und ähnlichen Fragen schafft Hebel Verbindungslinien und Zusammenhänge, die weit über die einzelnen Geschichten hinausreichen und damit das Gesamtkonzept einer Bibeldichtung erkennbar machen. Die pädagogisch notwendige Zergliederung in einzelne, abgeschlossene Episoden bekommt mit solchem Fragen ein Gegengewicht, das die Einheit der biblischen Verheißungsgeschichte immer wieder auszuloten versucht.

Diesem Ziel der einheitlichen Gesamtdarstellung dient aber auch die *Funktion* der Frage, *an Zurückliegendem wieder anzuknüpfen und es fortzuführen*. „Aber warum kommt Johannes der Täufer so lange nicht mehr zum Vorschein?" (NT Nr. 19, S. 69) fragt Hebel, um die Geschichte der Johannes-

---

16 Vgl. J. Hübner, Zweymahl zwey und funffzig Auserlesene Biblische Historien Aus dem Alten und Neuen Testamente, Der Jugend zum Besten abgefasset. Mit einer Einleitung und einem Theologie- und illustrationsgeschichtlichen Anhang hg. von R. Lachmann und Chr. Reents, Hildesheim u. a. 1986, S. 104–110! Zu den „Deutlichen Fragen" insgesamt vgl. Chr. Reents, Die Bibel als Schul- und Hausbuch für Kinder, Göttingen 1984, S. 50–54, wo auch die verheerenden Auswirkungen dieses mechanischen Realienrepetitoriums geschildert werden.

frage und der Tötung des Johannes im Zusammenhang mit dem Herodes-Salome-Komplex in den Fortgang der Jesusgeschichten sinnvoll einzugliedern: „Johannes der Täufer kommt nicht mehr zum Vorschein." (ebd.)

Alle bisherigen Fragefunktionen waren ihrem Gefälle nach bereits rhetorisch angelegt, insofern die jeweiligen Antworten im Rahmen der theologischen Dimension der Verheißung keinen negativen Ausgang erwarten lassen: „Der Verheißene kann im Grabe nicht bleiben. Die Verheißung kann nicht sterben." (NT Nr. 50, S. 170) Auch der Vorsehungsglaube erfährt durch solcherart rhetorisches Fragen eine indirekte, wiewohl kalkuliert eingesetzte Verstärkung: „Aber wie oft will der schwache Mensch noch sorgen, wann Gott schon gesorgt hat?" (Ebd., S. 171) Die *Funktion einer gewißmachenden Zuversicht in aller Anfechtung* kommt besonders schön in den rhetorischen Fragen zum Ausdruck, die den positiven Ausgang des Geschehens vorwegnehmen:

– „Aber wie hat der Unbekannte zu Abraham gesagt: ‚*Sollte Gott etwas unmöglich sein*', und geht nicht schon die Tochter des Königs am Wasser spazieren?" (AT Nr. 20 „Mose", S. 87; Sperrdruck wurde kursiv wiedergegeben)

– „Kam nicht die Königin von Arabia eines Weges mit großen Geschenken, daß sie seine Herrlichkeit schaute, und aus seinem Munde seine Weisheit hörte?" (AT Nr. 44 „Der König Salomon", S. 197)

– „Aber wird sich der Auferstandene nicht selbst erzeigen und seine zweifelnden und trauernden Freunde trösten?" (NT Nr. 51, S. 173)

Eine *leitmotivische Funktion* übernimmt die zweifache Wiederholung einer anaphorischen Frage im Vorfeld des „Untergang(s) des Reiches Juda": „Wie kann ein Land glücklich seyn, wie kann ein Land bestehen, wie kann ein Ort, wie kann ein Haus bestehen, wo die Gottlosigkeit das Regiment führt und keine Warnung mehr Gehör findet?" (AT Nr. 51, S. 219; um weniges gekürzt nochmals in AT Nr. 53, S. 227)

Die Fragen sind bei Hebel rein äußerlich ihrer pädagogischen Funktionalisierung enthoben, sie erweisen sich in ihrer ganzen Variationsbreite der Verwendung als bewußte literarische Gestaltungsmittel, um im Fluß der langen Verheißungsgeschichte Akzente zu setzen, die eben diesen Fluß in Bewegung halten. Gleichwohl ist angesichts der spezifisch Hebelschen Fragen ein sehr aufmerksamer Leser bzw. Hörer gefordert, dem der Autor immer wieder ein aller Konventionalität abholdes Selbst- und Querdenken abverlangt. Insofern erweist sich die Literarisierung der Frage bei Hebel als pädagogische Potenzierung: Der Rezipient ist in ganz anderer Weise ein aktiv Beteiligter als das bei Hübner und anderen jemals der Fall hätte sein können. Die „sokratische Frage", die im Jahrhundert der Aufklärung zu neuen Ehren kam[17], könnte durchaus den positiven Hintergrund für Hebels (rhetorische)

[17] Vgl. M. Schian, Die Sokratik im Zeitalter der Aufklärung, Breslau 1900. Vgl. auch speziell

Fragen abgeben: Allerdings ist sie viel zu sehr *methodisches Instrumentarium* eines Unterrichtsgeschehens, um in ihrer ganzen Ausdifferenziertheit in eine Bibeldichtung eingearbeitet werden zu können. Hebel hat auch hier individuell *seine* Vorstellungen einer Populärästhetik sprachlich und rhetorisch verwirklicht.

d) Schriftsprachliches Antlitz und alemannischer Schleier

Hebel erzählt seine Biblischen Geschichten in hochdeutscher Prosa; und dennoch gibt es immer wieder sprachliche Wendungen, aber auch inhaltliche Vorstellungen, die den alemannischen Sprach- und Kulturraum transparent werden lassen. Die Wertungen der Interpreten ziehen aus dieser Tatsache allerdings eine bezeichnende Umkehrung der eigentlichen Zusammenhänge. So zitiert Tr. Mayer[18] zustimmend den Satz aus O. Frommels Vorrede zu seiner Ausgabe der Biblischen Geschichten von 1946: „Wie ein zarter Schleier liegt die Schriftsprache über dem alemannischen Antlitz.“[19] Abgesehen davon, daß Frommel dieses Urteil über die Kalendergeschichten Hebels fällt, und nicht – wie Mayer suggeriert – über die Biblischen Geschichten, spürt man sehr deutlich den Willen, Hebels Prosa der Norm seiner Alemannischen Gedichte zu subsumieren, was den Befund sowohl in den Kalendergeschichten als auch in den Biblischen Geschichten auf den Kopf stellt. Dies führt dann ohne Umschweife zu einer inhaltlichen Vereinnahmung der Biblischen Geschichten als „Heimatkunst im vollen Sinn!“[20] Frommel führt diese Linie der Interpretation nur konsequent fort, wenn er schreibt, bzw. dichtet:

> „Den Schein der Heimat hat er [sc. Hebel; R. W.] über seine biblischen Geschichten ausgegossen; Oberländer Wald- und Rebenduft atmen sie. Oberländer sind die biblischen Helden geworden. Selbst der Heiland trägt Oberländer Gewand.“[21]

Es genügt, pauschal auf unsere bisher vorgetragenen Untersuchungsergebnisse zu verweisen, um die heimatlichen Vorurteile, die sich besonders am Anfang des 20. Jahrhunderts verfestigt haben, endgültig als Fehlurteile zu entlarven. Nur in Umkehrung des Satzes von Frommel werden die sprachlichen Zusammenhänge von Hochsprache und Dialekt in ein richtiges Verhält-

zur religionspädagogischen Thematik W. Schulz, Die Institutionalisierung der Katechetik an den deutschen Universitäten unter dem Einfluß der Sokratik – dargestellt am Beispiel J.F.C. Graeffe, (Theol. Diss.) Göttingen 1979.

18 Mayer, Biblische Geschichten, S. 433.

19 O. Frommel, Vorrede, in: Johann Peter Hebel, Biblische Geschichten, Karlsruhe 1946, S. 5-24, hier: S. 6.

20 So schon Keller, Johann Peter Hebels Leben und Schaffen, S. 116.

21 Frommel, Vorrede, S. 9. Vgl. auch W. Zentner, Einleitung, in: Johann Peter Hebel, Biblische Geschichten. Eingeleitet und herausgegeben von W. Zentner, Karlsruhe 1959, S. 5-24, hier: S. 13.

nis gerückt: Wie ein „zarter Schleier" liegen nämlich einige alemannische Eigentümlichkeiten über dem schriftsprachlichen „Antlitz".

So umgeht Hebel gerne den Umlaut („verrathest du" statt „verrätst du"; NT Nr. 45, S. 153 u. ö.) und den Ablaut (Maria „preisete" statt „pries"; NT Nr. 1, S. 3 u. ö.) im Sinne des alemannischen Dialekts. Er greift hin und wieder auf den alemannischen Wortschatz zurück (Eva schaut den Baum „darum an" statt „daraufhin"; NT Nr. 3, S. 9. Obadiah „flüchtete" hundert Propheten statt „verhalf ihnen zur Flucht"; AT Nr. 46, S. 203. Das Gesetzbuch wurde „gemangelt" statt vermißt; AT Nr. 52, S. 225 u. ö.) Einiges aber, was E. Keller noch zu „rein alemannische(n) Formen, Wörtern und Wendungen" rechnet,[22] erweist sich als „altes Sprachgut", wie Zentner richtig einschränkt[23]. So ist etwa das „handvoll Mehl im Kad" der Witwe von Sarepta (AT Nr. 46, S. 204) eine wörtliche Übernahme aus Luthers Bibelübersetzung. Und Tr. Mayer ist zuzustimmen, wenn er die Wendungen, die Keller noch unter „allzuheimatlich(e)" Farben subsumiert[24], neutral als „mit leichter Hand zur Gegenwart geöffnet" charakterisiert[25]. Es handelt sich dabei um die immer wieder zitierten *aktualisierenden Erklärungen*, die biblische Geschehniszusammenhänge und Beziehungsstrukturen einem zeitgenössischen Leser erläutern (vgl. die Erzählungen **AT** Nr. 29, S. 135; Nr. 31, S.144; Nr. 33; S. 150; Nr. 34, S. 156; Nr. 52, S. 223; **NT** Nr. 62, S. 208 u. ö.) Nur wenn man die hermeneutischen Grundsatzentscheidungen bedenkt, die Hebel seinen Biblischen Geschichten eingeschrieben hat, kann man den alemannischen Schleier, der über die Bibelprosa Hebels gelegt ist, richtig einordnen. Mit Heimatkunst hat das alles nichts zu tun.

Erwägenswert für eine gerade auch literarhistorisch verantwortete Interpretation des „alemannischen Schleiers" scheinen mir die Thesen J. Kühns zur „Sprachauffassung Johann Peter Hebels" zu sein.[26] Kühn orientiert sich in seinem Aufsatz vor allem an den entsprechenden Titeln in Hebels Exzerptheften![27] Er kommt nämlich zu dem fundierten Schluß, daß die Mundart Hebel als „zerfallene Ruine" erscheint (vgl. Briefe, Nr. 53, S. 97 [An Hitzig, 6. Febr. 1801]), ihr Absterben sei für ihn unvermeidlich.[28]

Der „Verlust des Alemannischen als lebendiger Umgangssprache war auch die Voraussetzung dafür, daß sie ihm untrennbar mit der eigenen Vergangenheit, mit Kindheit und Heimat verschmelzen konnte, daß sie aus dem alltäglichen in den mythischen Bereich erhoben wurde [...] Die Ruine sollte nicht restauriert werden, Alemannisch war für Hebel die Sprache seines Mythos geworden, deren Bindung zur Wirklichkeit verlorengegangen war."[29]

---

22 Keller, Johann Peter Hebels Leben und Schaffen, S. 116.
23 Zentner, Einleitung, S. 14.
24 Keller, Johann Peter Hebels Leben und Schaffen, S. 119.
25 Mayer, Biblische Geschichten, S. 434.
26 J. Kühn, Zur Sprachauffasung Johann Peter Hebels, in: ZdPh 97/1978, S. 126–135.
27 Kühn, Zur Sprachauffassung, S. 128–131
28 Kühn, Zur Sprachauffassung, S. 131.
29 Kühn, Sprachauffassung, S. 132.

Wenn Kühn recht haben sollte, so hätten die alemannischen Anklänge innerhalb der Biblischen Geschichten mehr mit einer Repristination im Sinne einer biedermeierlichen Idylle zu tun, als daß sie sich einem umgangssprachlichen Idiom vermuteter Rezipienten näherten. Der Mythos der Kindheit, wie er uns im Motiv des Morgenländischen bereits begegnete, hätte eine weitere Sprachform gefunden. Damit aber bliebe – wenn auch literarisch gebrochen – das religionspädagogische Anliegen einer Bibelbearbeitung *für Kinder* gewahrt. Literarisierung könnte dementsprechend auch im Zusammenhang des alemannischen Dialekts als pädagogische Potenzierung interpretiert werden, was wiederum dem Konzept einer Populärästhetik inhärent bliebe.

e) *Grammatikalische Besonderheiten*

Abschließend sei nun der Hebel-Ton im Hinblick auf die „Schriftsprache" der erzählenden Passagen untersucht. Einige stilistische und grammatikalische Eigentümlichkeiten sind hier zu beobachten, die uns zum Kern der literarischen Konstruktion von Hebels Bibeldichtung führen.

Die Funktion der Spannungserzeugung wird bei Hebel nicht nur durch gezielt gesetzte Fragen stilistisch bewältigt, sondern daneben auch mit einem stets überraschenden *Tempuswechsel* vom dominanten Imperfekt zum Gegenwärtigkeit suggerierenden Präsens. Die Distanz zum vergangenen Geschehen wird so punktuell aufgebrochen zu einer Unmittelbarkeit, wie sie ansonsten allenfalls in Bibeldramen bzw. den Hebel faszinierenden „stehenden Bildern" vermittelt werden konnte.

„Eines Tages kam Esau müde vom Felde heim, Jacob aber saß daheim und kochte sich ein Gemüse, ein Linsengericht. Esau sagt: ‚Laß mich auch essen von dieser Speise, denn ich bin müde.' Jacob sagt: ‚Wenn du mir heute deine Erstgeburt verkaufst.' Esau erwiedert: ‚Sterben muß ich doch; was hilft mir denn die Erstgeburt!' – Also verachtete der Leichtsinnige seine Rechte und sagte sie mit Eid seinem Bruder zu." (AT Nr. 11, S. 45f.; vgl. auch Nr. 38, S. 172f.; Nr. 56, S. 238; NT Nr. 10, S. 33 u.ö.)

Einen völlig anderen Akzent setzt Hebel, wenn er den Tempuswechsel zum Präsens koppelt mit einer Wiederholung einzelner Ausdrücke oder ganzer Sätze. So heißt es etwa nach dem Selbstmord des Judas: „Solchen Gewinn brachte ihm sein Frevel. Solchen Gewinn bringt der Frevel." (NT Nr. 47, S. 163) Und Hebels Werk endet mit einer solchen Wiederholung im Präsens! (Beschluß, S. 221) Diese und weitere Behauptungssätze finden sich auf der Appell-Ebene und steigern die Sentenzen zu apodiktischen Maßgaben, wie sie insgesamt eher vermieden werden. Natürlich gibt es aber auch, vor allem im NT anzutreffende, ganze Reihen reiner Wiederholungen, die sehr verhalten „Spuren der Merkbarkeit" im Redefluß der Erzählung sichern.

Jesu Freunde „wälzten vor die Oeffnung einen großen schweren Stein, als wenn jetzt alles am Ende wäre [...] Es war noch nicht alles am Ende." (NT Nr. 49 und 50, S. 169f.)

Gamaliel bedenkt das Werk der Jünger im Prozeß der sich entfaltenden Mission:

„‚Ist ihr Werk von Menschen, sagte er, so wird es untergehen. Ist es aber von Gott, so könnt ihr [sc. Juden; R. W.] es nicht dämpfen.‘ Es war von Gott. Sie konnten es nicht dämpfen.“ (NT Nr. 58, S. 198)

Diese schlichten Wiederholungen erreichen ein Höchstmaß an reflexiver Kraft, die ohne großen ‚Apparat‘ direkt dem Gefälle der Erzählungen entnommen wird. Ihr verheißungsgewisser Charakter verliert dabei jegliche triumphale Geste; bescheiden und selbstverständlich gewähren sie Zukuntshoffnung.

Hebel hat ein *freies Verhältnis zu Grammatik* – er, der immer wieder neue und alte Sprachen erlernte und eine durchaus repräsentative Auswahl deutscher Grammatiken besaß![30] Gerne vertauscht er logische Zwischenglieder („Herr [...] ich habe keinen Menschen, wenn das Wasser sich bewegt, der mir hineinhelfe.“ NT Nr. 15, S. 53) oder gibt seine Gedanken unmittelbar in ihrer logischen Abfolge wieder:

Die Jünger „waren anfänglich gar furchtsam, nachher zwar auch noch.“ (NT Nr. 23, S. 83)

Der Königsknabe Joas „war so zu sagen bei dem lieben Gott in Kost und Pflege. Wiewohl alle Kinder sind in der Kost und Pflege Gottes, die Erwachsenen auch.“ (AT Nr. 52, S. 223)

Konjunktionen gebraucht er oft gegensinnig oder verwehrt ihnen die notwendige Fortsetzung, was zu elliptischen Formen führt.

„Mose war ein kraftvoller junger Mann, wiewol er hatte eine schwere Aussprache.“ (AT Nr. 20, S. 88)

„Zwar wie konnte ein Herz glücklich seyn, das Tag und Nacht an Jerusalem und an die vorigen Zeiten dachte?“ (AT Nr. 55, S.237)

Manche Sätze sind anakoluthisch geformt, auch wenn am Schluß die Fortsetzung des Beginns gelingt:

„Einst als er eine ganze Nacht allein auf einem Berg zugebracht und gebetet hatte, am Morgen darauf, als sich seine Jünger wieder um ihn versammelten, wählte er zwölf von ihnen, welche er wollte, nach der Zahl der Stämme in Israel.“ (NT Nr. 16, S. 57)

Inversionen sind ebenso gebräuchlich wie die pleonastische doppelte Verneinung:

„Es ward die verständige Abigail zur Ehefrau dem David, den Gott zum König über Israel ersehen hatte.“ (AT Nr. 35, S. 164 u. ö.)

„Auf dem Heimweg verbot er ihnen, daß sie von dieser Erscheinung zu Niemand etwas sagten, bis er von den Todten auferstanden sei.“ (NT Nr. 26, S. 96)

Nimmt man alle Beobachtungen zusammen, so wird deutlich, daß Hebels freier und flexibler Umgang mit der Sprache ein wesentliches Konstituens des sog. Hebel-Tons ausmacht. Alle aufgezeigten Besonderheiten konvergieren nun aber im Moment der gesprochenen Sprache, in der *schriftlich fixierten freien Rede*. Hebel läßt drucken wie er spricht! Der Akt des Erzählens bleibt zwischen den Zeilen stets gegenwärtig. Damit erreicht Hebel eine Spontaneität nach allen Seiten: Gegenüber dem Inhalt, gegenüber den Formen der Sprache, gegenüber den intendierten Lesern, die geradezu als Hörer apostrophiert werden können.

Natürlichkeit stellt sich spielerisch ein. Aber es ist ein kalkuliertes Spiel, es

[30] Vgl. Verzeichniß, Nr. 167; 194; 227; 228; 230; 255; 256; 312; 315.

ist eine populärästhetisch abgewogene *Kunst der Darstellung*. Insofern ist Hebels Bearbeitung für die Jugend Bibel*dichtung* im strengen Sinne des Wortes.

3. Hebels Variante einer Bibeldichtung

Das „allgemeinste definierende Kriterium" der Bibeldichtung konnten wir – mit Kartschoke – in der kontinuierlichen „stofflichen Kohärenz" entdecken, in der „poetischen Bewältigung der biblischen Heilsgeschichte von der Schöpfung dieser Welt bis zu ihrem Untergang und dem Jüngsten Tag".[31] Legt man dieses Kriterium an die Ergebnisse unserer bisherigen Untersuchungen der Biblischen Geschichten von Johann Peter Hebel an, so muß Hebels Schulbuch als der Gattung Bibeldichtung zugehörig gewertet werden. Sowohl die drei theologischen Grunddimensionen als auch die vier sprachlichen Grundbausteine in ihrem Zusammenspiel mit den epochenspezifischen und individuellen literarischen Einfärbungen wahren das Prinzip der Kohärenz von der Erzählung „Die Erschaffung der Erde" (AT Nr. 1) bis zu den endzeitlichen Visionen im Abschnitt „Die Vermächtnisse der Apostel" (NT Nr. 64). Wiederkehrende inhaltliche Motive im Rahmen eines einheitlichen theologischen Horizontes der Verheißungsgeschichte werden sprachlich durch wohldosierte Vor- und Rückverweise, gleichbleibende rhetorische Muster und geschickte Kombination unterschiedlicher Bearbeitungsebenen zu einem kohärenten Ganzen komponiert.

Überblickt man dieses Ganze, so kann man erkennen, daß die von uns entwickelte Matrix zur Näherbestimmung von Bibeldichtung (rhetorische Paraphrase – grammatische Paraphrase; abbrevatio – amplificatio) in hinreichender Weise das individuelle Gefälle von Hebels Gesamtkonzeption zu erfassen vermag. Es zeigt sich, daß Hebel ein ausgewogenes Verhältnis aller vier Merkmale verwirklicht hat! Die beiden ersten sprachlichen Grundbausteine (Anlehnung an der bzw. Übernahme aus der Lutherbibel) können dabei der grammatischen Paraphrase zugeordnet werden. Hebel erleichtert das Verständnis wörtlicher Passagen aus dem Urtext durch eine Einbettung der Zitate in – gegenüber dem Bibeltext – nur gerinfügig modifzierte Kontexte. Er versucht, aus den sprachlich vorgegebenen Fügungen und Wendungen Sinn und Verständnis zu wecken, ohne sich allzu weit vom Original zu entfernen. Mit den beiden weiteren Grundbausteinen (Sprache tradierter Frömmigkeit und Sprache der eigentlichen Erzählpassagen) nähert sich Hebel der rhetorischen Paraphrase, die darüber hinaus durch die drei Bearbeitungsebenen (Kommentar, Appell und Erklärung) in kongenialer Weise zu

[31] Vgl. Kartschoke, Bibeldichtung, S. 225.

ihrem spezifischen Ausdruck kommt. Kennzeichnend sind dabei allemal die dichterische und die theologische Freiheit, die aber – und das ist das Besondere bei Hebel – keine ästhetische bzw. dogmatische Autonomie anstreben, sondern sich der in der grammatischen Paraphrase vorgegebenen didaktischen Abzweckung einfügen.

Die weitere Ausdifferenzierung einer Bibeldichtung verteilt sich naturgemäß ungleichgewichtiger auf die beiden Paraphrasierungsmöglichkeiten. Während die abbrevatio Bestandteil sowohl der grammatischen als auch der rhetorischen Paraphrase ist, findet sich die amplificatio nur bei der rhetorischen Paraphrase.

An vielen Stellen strafft Hebel in systematisierender Absicht. Dabei entwickelt er die abbrevatio teils direkt aus der grammatischen Paraphrase heraus, indem er die Intention des Urtextes durchaus bewahrt und wörtliche Anleihen übernimmt, teils sich aber auch von den zu bearbeitenden Stoffmassen völlig löst und mit eigenen Intentionen und Formulierungen generelle Strukturaussagen trifft.

So erzählt er etwa das absehbare Ende des Königtum Sauls ganz im Duktus von 1. Sam 15 (AT Nr. 31, S. 145 f.). Das entscheidende Wort Samuels an Saul wird mit geringfügiger Modifikation wiedergegeben: „Weil du der Stimme des Herrn deines Gottes nicht gehorcht hast, so hat der Herr heute das Königreich Israel von dir genommen." (S. 145; vgl. 1. Sam 15, 28) Den Grund für Gottes Zorn auf Saul, nämlich dessen Verweigerung einer schonungslosen Vernichtung der besiegten Amalekiter, kürzt Hebel auf eine bloße Andeutung: „Da gieng etwas vor, was nicht hätte seyn sollen."(Ebd.) Diese abbrevatio ist theologisch und pädagogisch begründet, insofern weder Hebels theologisches System noch seine Adressatenorientierung Verständnis für Gottes Zumutung aufbringen könnten. Der Schluß der Erzählung „Saul, der König in Israel", der ebenfalls als abbrevatio in grammatischer Paraphrase zu werten ist, ist dagegen streng auf zusammenfassende Strukturierung ausgerichtet: „Von dieser Zeit an sah Samuel den Saul nicht mehr, solange er lebte. Saul aber wurde schwermütig in seinem Herzen und von Zeit zu Zeit überfielen ihn unruhige und schreckhafte Gedanken." (Ebd., S. 146)

Im Gegensatz zu diesen Funktionen von abbrevatio steht die abbrevatio auf der Ebene der rhetorischen Paraphrase, wo Hebel etwa das Phänomen der Prophetie in Israel, und damit mindestens die siebzehn Prophetenbücher des Alten Testaments (abgesehen von der Schilderung der Prophetie in anderen Text- und Inhaltszusammenhängen) in einigen wenigen Sätzen zusammenfassen kann: „In diesen bösen und gefahrvollen Zeiten sandte zwar der treue Gott Israels seinem Volk viele Propheten zur Warnung für die Gottlosen und zum Trost für die Frommen, die mitten in der verkehrten Welt treu bei ihrem Gott blieben, und über das Unglück ihres Vaterlandes weinten. Als lebendige Gottesstimme ermahnten sie ihre Zeitgenossen unermüdet zur inwendigen Besserung des Herzens. Die warnende Gottesstimme fand kein Gehör [...] Hinwiederum verkünden die nämlichen Propheten zum Trost der Frommen und einer besseren Nachwelt, daß nach allen Trübsalen glückliche Zeiten und eine selige Wiedervereinigung der Menschen mit Gott zurückkehren werde." (AT Nr. 54, S. 230) Hier wie an anderen Stellen entfernt sich Hebel sehr weit von den konkreten Intentionen der Prophetenbücher und faßt in freier Paraphrase zusammen, was im Einzelnen durch divergierende Tendenzen auseinanderstrebt. Gerade an der zitierten Stelle aber wird deutlich, wie das Kriterium der Kohärenz in Hebels Bibeldichtung beachtet bleibt, ist doch der anthropologische Ausblick auf die „selige Wiedervereinigung" eine wörtliche Antizipation der entsprechenden Sentenz in Hebels Kleinem Credo! (vgl. Nr. 55, S. 187f.)

Die amplificatio gerät Hebel zu einer streng begrenzten und gezügelten theologischen Erweiterung, deren hauptsächliche Bestandteile (Kommentar, Appell und Erklärung) wir ausführlich vorgestellt haben. Die literarischen Ausschmückungen (hierzu zählen vor allem die biedermeierlichen Elemente und der individuelle Hebel-Ton) bleiben eng bezogen auf die theologischen Dimensionen und religionspädagogischen Transformationen. Gerade weil in Hebels Bibeldichtung keine über den Urtext hinausführenden Personen, Konstellationen und Situationen erzählt werden, kommt der amplificatio insgesamt ein geringerer Stellenwert zu. Hebels Schulbuch läßt sich insofern mit der knappen Formel einer *gedichteten Bibelabbreviatur* zusammenfassen.

Diese Formel kennzeichnet Hebels Spätwerk allerdings nur unter formalen Gesichtspunkten. Zwar wurde schon deutlich, daß die eingeschriebenen theologischen Dimensionen in deutlichem Bezug zu Hebels theologischen Voraussetzungen stehen. Das Verhältnis von theologischem System zur literarischen Freiheit, das konzeptionell einer jeden Variation der Gattung Bibeldichtung zugrunde liegt, ist bei Hebel – gerade nach den extremen Entwicklungen von Klopstocks Messiade und biedermeierlichen Nach- und Ausläufern – wieder zu einem beide Anspruchsgrößen befriedigenden Ganzen gefügt. Exegetische, systematische und ethische Theologumena bleiben historisch und existentiell verantwortet und werden populärästhetisch so bearbeitet, daß bibeldichterische Kohärenz gewährleistet bleibt. Aber damit ist noch keine Aussage über Probleme der Abfolge und Anordnung der einzelnen biblischen Geschichten getroffen, ist das inhaltliche und methodische Arrangement der Präsentation nur ungenügend erfaßt. Kurz: Die für eine religionspädagogische Perspektivierung entscheidende Frage nach den didaktischen Entscheidungen innerhalb von Hebels Bibeldichtung steht für eine vollständige Beschreibung dieser Gattungsvariante noch aus. Sie soll eine eingehende Untersuchung im folgenden Abschnitt erfahren, der sich insgesamt den religionspädagogischen Transformationen Hebels zuwendet.

Die Tatsache aber, daß Hebel es verstanden hat, sein spätaufklärerisches Programm der Theologie in biedermeierliche Bibeldichtung zu gießen, verdankt sich vor allem seiner glücklichen Entscheidung, eine adäquate Stilebene neu und erstmalig in die Gattung Bibeldichtung eingeführt und verwendet zu haben. Wie sehr Stilfragen theologische Grundsätze prinzipiell berühren, hat jüngst G. K. Mainberger in einer originellen Miszelle aperçuhaft aufgewiesen.[32] Er geht dabei vom Rabbi Jesus aus, der ein „Meister der Form, des redenden Umganges mit Menschen gewesen" sein muß.[33] Dabei zeigt sich die „Gott-Grammatik des Christentums" in der „Stil-Regel", „von andern als anders verstanden und geduldet (zu) sein, im eigenen Stil weiterfahren, den Nicht-Gott zum Gott-mit-Uns umstilisieren (zu) dürfen."[34] „Wer Gott zur Stilfrage macht – und das tat Jesus vermutlich –, der hebt Gott aus den Angeln. Er zeigt, daß der unverrückbare Thron der Allmacht leer steht. Gott als Stilfrage angehen heißt, Gott in die Welt setzen, Gott inkarnieren [...] heute ist die Sprache selbst Gottes stilvoller Schemel. Sie, die Sprache, ist unser aller Besitz und Armutstitel zugleich. Mit ihr geben wir Zeugnis dafür ab, daß das, was wir sagen, von uns so gemeint ist, wie wir es sagten, und daß alles Gesagte von andern anders gehört, empfunden und verstanden werden darf. Unbekümmerte Sorgfalt im Stil ist Angebot der Freiheit.

Gott gibt es fortab für uns als der in Stilfragen geprägte, artikulierte Gott."[35]

Mit diesen Hinweisen von Mainberger befinden wir uns mitten in den populärästhetischen Realisationen des Hebel-Tons. Dessen gesprochene Sprachkraft kennt den unauflöslichen Zusammenhang von unbekümmertem Umgang mit der Schulgrammatik in sorgfältigster Plazierung der kalkulierten Abweichungen. Der Hebel-Ton weiß um die verborgenen Schätze *aller* Sprachteilnehmer und ist sich zugleich um die Grenzen eines sprachlichen Zugriffs zur Heilsgeschichte bewußt. Der Hebel-Ton kümmert sich in verantworteter Modifikation um Paraphrasen des Urtextes und stellt gleichzeitig eine mögliche dogmatisch-positionelle Auslegung zur Disposition anderer Seh- und Verstehweisen (das überzeugendste Beispiel für ein solches „Angebot der Freiheit" liegt unabweisbar in dem erschütternden Ausruf voller überzeugender Ehrlichkeit am Ende der Perikope „Die Kreuzigung", NT Nr. 48, S. 167: „Man weiß nicht, was man dazu sagen soll."). Der Hebel-Ton stilisiert schließlich – in ernster Nachfolge der von Jesus inaugurierten „Gottgrammatik" – den Nicht-Gott einer durch vielfältigste Anfragen verunsicherten Leser- und Hörerschaft in einer Zeit des säkularisierenden Umbruchs zu einem behutsam adressatenorientierten „Gott-mit-Uns", zu ei-

[32] G. K. Mainberger, Verkündigung als Stilfrage, in: EvErz 39/1987, H. 1, S. 46–50.
[33] Mainberger, Verkündigung, S. 47.
[34] Mainberger, Verkündigung, S. 49.
[35] Ebd.

nem Gott, dem man seine Relevanz in allem geschichtsgebundenen Natur-, Geschichts- und Alltagsverständnis abzunehmen bereit ist (wie insbesondere unsere Beobachtungen zu den religionspädagogischen Transformationen noch hinreichend belegen werden). Auch für Hebel ist also die Gottesfrage, die Frage nach seinem heilvollen Verheißungshandeln in der Geschichte, eine Stilfrage. Und ohne daß Mainberger die entsprechende Stiltradition erinnert, thematisieren seine Sätze und Hebels Bibeldichtung insgesamt das, was wir als sermo humilis bereits entfaltet haben. Denn eben der Gedanke der Inkarnation Gottes in die *Welt* mit all ihren pluralen Ambivalenzen nötigte bereits die neutestamentlichen Schriftsteller zu einer auch das Außen- und Widerständige akzeptierenden und integrierenden Stilentscheidung. Und dabei brachte der theologische Begriff der Inkarnation nur das zu präziser Bestimmheit, was im alttestamentarischen Begriff der „Schöpfung" bereits vorgebildet war und in den geschichtlichen Erzählungen von der Erwählung Israels in einen weltoffenen Horizont gestellt wurde. Natürlich sind in den urbiblischen Texten auch andere Stilebenen angelegt (zu denken wäre an die Lyrik der Psalmen, die stilisierte Lakonik der Hymnen, die forensische Begrifflichkeit des Deuteronomiums und der neutestamentlichen Paränesen usw.) Von daher gesehen haben andere Stilentscheidungen in anderen Bibeldichtungen durchaus ihre auch jeweils biblische Legitimation, einmal abgesehen von den jeweils prägenden kulturellen Bestimmungs- und Orientierungsgrößen. Aber mit dem sermo humilis stehen wir doch auf *genuin* biblischem und, überlieferungsgeschichtlich gesehen, christlichem Boden. Hebel hat, indem er den sermo humilis in die Gattung der Bibeldichtung einbrachte, nur angeknüpft an Stiltraditionen, die zum Kernbestand der biblischen Botschaft führen und somit auch gehören. Dazu war freilich auch eine theologische Erkenntnisbemühung nötig, die – wissenschaftlich abgesichert – die Bibel von ihrer dogmatisch-orthodoxen „Stilisierung" befreite und sie einer sowohl historischen als auch aktualisierenden Stilisierung öffnete. Der sermo humilis im Hebel-Ton war eine gültige Antwort auf die offenen Fragen der Bibeldichtung an der Wende vom 18. zum 19. Jahrhundert.

Hebels Biblische Geschichten wollten freilich keine Gattungsfragen lösen. Dies ist in gewissem Sinne nur ein literarhistorisches Nebenprodukt, eine mehr oder weniger zufällige ‚Frucht vom Gattungsbaum der Bibeldichtung'. Hebel wollte Kinder, Jugendliche und auch Erwachsene mit der biblischen Verheißungsgeschichte konfrontieren. Dies ist in religionspädagogischer Perspektive zu verifizieren.

Aber schon für Jesus gilt, daß er „mit seinem wundersamen Redestil [...] der Tyrannis stilloser Gott-Redner" auswich. „Er annullierte jene Sprechweisen, die von sich selber behaupten, sie würden auf Stil verzichten, weil ihnen allein der Inhalt wichtig sei. Sie errichten damit die Herrschaft der

Signifikate und leisten dem Totalitarismus Vorschub, der immer zuerst die Stilfeinheiten löscht."[36]

III. Religionspädagogische Transformationen

1. Anordnung und Auswahl der Biblischen Geschichten: Zentrale didaktische Entscheidungen

Die bisherigen Untersuchungen haben die Biblischen Geschichten von Johann Peter Hebel als literarisch gestaltete Bibeldichtung der Biedermeierzeit erwiesen, deren theologische Dimensionen („Verheißung", „Vorsehung" und „Das Morgenländische") als wissenschaftlich abgesichert und verantwortet vor der Theologie der Spätaufklärung beurteilt werden können. Insofern die theologischen Dimensionen zentrale integrierende Funktionen übernehmen und auch die literarische Konstruktion auf Grundbausteine zurückzuführen ist, die die Kohärenz aller 123 Geschichten gewährleisten, konnten bereits wichtige Transformationen des zur Bearbeitung vorausgesetzten Ur-Textes herauspräpariert werden. Diese bewußte Transformationsleistung ist nun in religionspädagogischer Perspektive zu thematisieren, wobei damit die eigentliche Aufgabe der Religionspädagogik gestellt ist: Welche Auswahl und Anordnung des jeweiligen Inhaltes bzw. Themas ist im Hinblick auf eine näher spezifizierte Adressatengruppe zu treffen, um religiöses Lernen zu ermöglichen. Da der sehr weite Begriff des Lernens hier durch das schulisch organisierte Lernen mit Schülern spezifiziert und definiert ist, stoßen wir auf genuin religionsdidaktische Fragestellungen, die unter den vielen religionspädagogischen Handlungsfeldern das schulische Handlungsfeld zu reflektieren haben. Im Näheren sind die Vermittlungsstrategien zu bedenken, die Hebel in seinem Schulbuch eingeschlagen hat, um im Religionsunterricht Biblische Geschichten Schülern näherzubringen.

Die erste didaktische Entscheidung Hebels betrifft die *Verteilung und Anordnung* des ausgewählten Bibelinhalts Alten und Neuen Testaments auf 123 völlig gleichberechtigt nebeneinander stehende und entsprechend numerierte Geschichten. Diese Parzellierung transformiert die großen Einteilungskategorien des Alten wie des Neuen Testaments (Geschichtsbücher; Lehrbücher; Prophetenbücher; Evangelien; Briefliteratur; Apokalypsen; aber auch Kapiteleinteilungen und Verszählungen) in in sich abgeschlossene, ja abgerundete Erzähleinheiten, die jeweils aus sich selbst eine gewisse gespannte Erwartungshaltung der Kinder bzw. Schüler befriedigen, indem das

[36] Mainberger, Verkündigung, S. 49.

Ende entweder ab*seh*bar ist oder die Vorlesezeit der nötigen Konzentrationskraft höchstens fünf Minuten abfordert. Drucktechnisch beginnt in der Erstausgabe jede einzelne Geschichte auf einer neuen Seite: Dieses übersichtliche Gliederungsprinzip wurde leider in sämtlichen späteren Editionen aufgegeben. Das Format der beiden Bändchen der Erstausgabe (16,5 x 10,5 cm) ergibt dann einen durchschnittlichen Umfang einer Geschichte von 3–4 Seiten. Dabei ist ein erster Unterschied zwischen AT und NT festzuhalten. Während im AT von 59 Geschichten immerhin 21 Geschichten einen Umfang von 4,5 und mehr Seiten aufweisen, sind es im NT von 64 Geschichten nur 13 Geschichten, die derart anwachsen. Entsprechend finden sich im AT nur 2 Geschichten mit bis zu 1,5 Seiten, während sich im NT immerhin 8 solcher Kurz-Geschichten befinden. Das weist uns auf die naheliegende Tatsache, daß das alttestamentliche Erzählmaterial umfangreichere Einheiten nötig macht, während man neutestamentlich den erzähltechnisch idealen Umfang von 3–4 Seiten besser einhalten kann.

Die Verteilung des Bibelinhalts auf 59 alttestamentliche und 64 neutestamentliche Geschichten ist natürlich primär von der thematischen Auswahl her zu motivieren. Sekundär aber darf nicht übersehen werden, daß die Hübner-Tradition einen durchaus ausgewogenen Rahmen von 2 x 52 Biblischen Historien geschaffen hatte, der aus pragmatischen (und das heißt in der Aufklärung immer adressatenbezogenen) Gründen das Fassungsvermögen der Kinder gerade noch nicht überschritt und darüber hinaus auch dem Wochenrhythmus des Jahres in sinnfälliger Weise entsprach. Dementsprechend fand dieser Umfang eine nur leicht modifizierte Abwandlung in anderen Schulbibelprojekten (Chr. von Schmids Bearbeitung schwillt dagegen um etwa das Doppelte des Umfangs an). Die Seitenzahl der beiden Hebelschen Bändchen zeigt ein leichtes Übergewicht des alttestamentlichen Teils (254 gegenüber 224 Seiten), was aber durch die Mehrzahl der neutestamentlichen Geschichten wieder ausgeglichen wird. Bereits die erwiesene Gleichrangigkeit von Altem und Neuem Testament muß als weitreichende didaktische Entscheidung gewertet werden: Die heilige Schrift selbst besteht umfangmäßig zu 75% aus alttestamentlichen Schriften, von der Bedeutsamkeit innerhalb des christlichen Glaubens her geurteilt kommt aber dem „Evangelium" natürlich ein ungleich höherer Rang zu als dem „Gesetz".

Die Anordnung aller biblischen Geschichten beruht auf dem Erzähl-Prinzip. Hebel benutzt keinerlei methodischen oder kommentierenden Apparat, keine Fragen, keine besonderen Merksprüche, keine gedichteten bzw. gereimten Schlußbetrachtungen, auch keine Illustrierung mit Kupferstichen o.ä. Das einzige ‚graphische' Element ist der abschließende bzw. eröffnende Querstrich und der äußerst sparsam verwendete Sperrdruck. Diese bewußte Abstinenz von allen außererzählerischen Möglichkeiten ist eine für ein Schulbuch außergewöhnliche Konzentration auf das erzählte Wort, auf die

Erzählung. Damit nähern sich Hebels Biblische Geschichten schon rein äußerlich der Belletristik und deren Editionsprinzipien: Auch so wird die Transformation einer (Schul-)Bibel in Bibeldichtung verständlich. Im Hinblick auf den Schüler gibt Hebel ein Schulbuch heraus, das nach außen hin den Charakter eines Arbeitsbuches vermeidet, ja, das den Übergang zur Privatlektüre geradezu provoziert! Der Schüler findet also zunächst ein übersichtlich angeordnetes, kleinformatiges, zweibändiges Schulbuch vor, das ihn ohne Umschweife in die zu erzählenden Inhalte lockt, ganz auf die Bannkraft der Sprache vertrauend! Selbst die Drucker scheinen davon berührt worden zu sein, setzen sie doch statt des ausgewiesenen neutralen Titels „Biblische Geschichten" als orientierendes Kennzeichen auf den Druckbögen „Hebels bibl. Erzähl. I (bzw. II)". Daher rührt dann auch die Titelbegriffsverwirrung, wie sie die Geschichte der Edition belegen kann. Doch formal betrachtet ist das Erzähl-Prinzip tatsächlich der entscheidende didaktische Gesichtspunkt für die Anordnungsfragen.

Die zweite zentrale didaktische Entscheidung betrifft die *Auswahl* der Biblischen Geschichten. An dieser Auswahl entscheidet sich auch eine letzte Näherbestimmung der Gattung Bibeldichtung. Vor allem aber wird deutlich, welche inhaltliche Auffüllung der verheißungsgeschichtliche Rahmen der Biblischen Geschichten erfährt und was aus der Bibel als Ur-Text der Schüler zu ‚lernen' hat. Dabei wollen wir in unserer Auswahl-Analyse an beiden Testamenten getrennt vorgehen.

a) Hebels Auswahl alttestamentlicher Geschichten

Quer zu den 59 alttestamentlichen Geschichten lassen sich 8 Themenkomplexe ausmachen, die einen ersten orientierenden Überblick zu Hebels didaktischen Entscheidungen zu liefern vermögen. Zwei Themenkomplexen räumt Hebel eine absolute Priorität ein: 14 Geschichten widmet er den Erzväter-Erzählungen von Abraham, Isaak und Jacob und der eng damit verknüpften Josephs-Legende; und 16 Geschichten werden für König David, seine unmittelbaren Vorgänger und seinen glanzvollen Nachfolger reserviert. Daneben nehmen sich die restlichen Themenkomplexe bescheiden aus. 5 Erzählungen decken die Urgeschichte ab, 5 Geschichten schildern Mose, den Exodus des Volkes bis zum Sinai und die darauffolgende Landnahme ohne Mose; mit 3 Geschichten wird die Richterzeit bedacht; die Propheten werden quasi ausschließlich an Elias exemplifiziert, dem 3 von 5 Prophetenerzählungen gewidmet sind; der Untergang beider Reiche und die darauffolgende Babylonische Gefangenschaft erhalten immerhin 5 Geschichten und der Neubeginn in Jerusalem einschließlich der sog. zwischentestamentarischen Zeit kann mit 4 Geschichten verbucht werden. Ergänzend zu diesem Befund möchte ich die interessante Beobachtung stellen, daß 43 der insgesamt 59

Geschichten einen Eigennamen im Titel erhalten haben. Signifikant erscheint David 12 mal, Jacob 5 mal, gefolgt von Abraham, Isaak und Esau, die je 2 mal genannt werden, so wie Samuel und Saul. Allein der Prophet Elias kann noch 3 Nennungen verbuchen. Mose wird nur ein einziges Mal genannt, genauso oft wie die Richter Gideon, Abimelech und Jephta, die Propheten Elisa und Gehasi, daneben noch Ruth, Daniel und Nehemia.

Die eher äußerliche Bestandsaufnahme erlaubt mehrere Rückschlüsse auf grundsätzliche didaktische Entscheidungen.

1. Zunächst kann eine *Personalisierung* des umfangreichen biblischen Geschichtsmaterials festgestellt werden. Wir wollen dieser Personalisierung einen eigenen Abschnitt widmen, weil sich zeigen wird, daß Hebel gerade über dieses Prinzip seiner populärästhetisch begründeten Adressatenorientierung, hier also einer Orientierung am Schüler, besonders gut nachkommen kann.

2. Die *Mose-Tradition* tritt gegenüber den Erzväter-Erzählungen und dem König-David-Bericht auffällig zurück. Mit Mose wird zum einen die umfangreiche Gesetzgebung des Volkes Israel in Verbindung gebracht, deren weitschweifige Ausdifferenzierung einen Großteil der sog. fünf Bücher Mose ausmacht. Diese strenge gesetzliche Linie, die dann ja auch das zeitgenössische Judentum mit Jesus in Konflikt brachte, rückt in Hebels Bearbeitung völlig aus dem Blickfeld. Natürlich gibt Mose die am Sinai offenbarten 10 Gebote weiter (AT Nr. 22, S. 98–100), aber ihre Verwahrung auf zwei Steintafeln werden ausdrücklich als „ein Zeichen der gnadenreichen Gegenwart Gottes in der Mitte des Volks" gewürdigt (S. 101) und damit von vorneherein in eine evangeliumsgemäße Linie einbezogen. Das andere entscheidende Motiv, das mit Mose in Verbindung gebracht wird, ist das Exodus-Motiv. Dieses Motiv, das etwa in der heutigen Befreiungstheologie nicht nur Lateinamerikas eine herausragende Rolle zu spielen bekommt, erhält im Verhältnis zum Versöhnung stiftenden Verheißungsmotiv bei Hebel eine untergeordnete Bedeutung.

3. Vergegenwärtigt man sich die kritische und emanzipatorische Lesart der Mosetradition und ihre geringe Repräsentanz in den Biblischen Geschichten, so erscheint das Fehlen der *Propheten-Tradition*, vor allem ihrer Sozial- und Gesellschaftskritik, als eine parallel motivierte didaktische Entscheidung Hebels, die natürlich auch im Rahmen einer politisch vorsichtigen Biedermeierkultur gesehen werden muß. Ein nicht zu Ende geführter Einräumungssatz transformiert die biblisch intendierte Funktion der Propheten, nämlich angesichts des veruntreuten Bundes Gottes mit dem Volk Israel in der Vergangenheit seiner Geschichte den Blick auf das zukünftige Handeln Gottes zu richten, in allgemeine moralische Sentenzen, denen jedes konkrete Profil relevanter ethischer Situationen genommen ist:

„In diesen bösen und gefahrvollen Zeiten sandte zwar der treue Gott Israels seinem Volk viele Propheten zur Warnung für die Gottlosen und zum Trost für die Frommen, die mitten in der verkehrten Welt treu bei ihrem Gott blieben, und über das Unglück ihres Vaterlandes weinten." (AT Nr. 54, S. 230)

Die Mittelpunktstellung des Propheten Elias (Nr. 46–49) hängt mit den biographisch und vor allem überlieferungsgeschichtlich bedingten Handlungseinheiten zusammen, die bei der Mehrzahl der übrigen Prophetengestalten nur weitaus spärlicher und abgeschatteter vorhanden sind. Nicht umsonst hat später auch Mendelssohn-Bartholdy dem Propheten Elias ein dramatisches Oratorium gewidmet (1846 in Birmingham uraufgeführt). Ähnlich dem Ausklammern der neutestamentlichen Briefliteratur scheidet Hebel hier sämtliche Gottes- und Prophetenreden der sog. Schrift-Prophetie aus. Wahrscheinlich sind für Hebel beide angedeuteten Motive seiner „didaktischen Analyse" der prophetischen Überlieferung bestimmend gewesen: zum einen durchaus die enorme Schwierigkeit, lange Redepassagen angemessen für Kinder zu bearbeiten, zum anderen aber gewiß auch die moralische Befangenheit, exponierte gesellschaftskritische Äußerungen – bei aller theonomen Eingebundenheit – in ein Schulbuch aufzunehmen.

In diesem Zusammenhang ist es dann nur konsequent, wenn auch Hebels biblische Geschichten *die* Thematik unter allen Umständen zu vermeiden suchen, die bei der Analyse von Kinderbibeln im allgemeinen am häufigsten in den Blick genommen wird: *die sexuellen Beziehungen* und Verstrickungen biblischer Personen.[1] „Eine Liebe gewinnen zu" (vgl. AT Nr. 40, S. 180) ist da fast schon eine zu gewagte Formulierung, wenn man sie vergleicht mit der weitaus vageren Umschreibung bzw. Transformation „Eine große Untreue zumuten" (vgl. AT Nr. 16, S. 63). Und natürlich muß Jephtas Herkunft unklar bleiben; seine Herkunft aus der Verbindung Gileads mit einer Hure (Richter 11,1 ff.) wird einfach verschwiegen und in die unbestimmte Formel transformiert: „Er war nicht der Sohn ihrer [sc. seiner Brüder; R. W.] Mutter, deswegen wollten sie ihn auch nicht theilen lassen an dem väterlichen Erbe." (Nr. 27, S. 121 f.) Andererseits ist zu beachten, daß Hebel seinen ethischen Kontrapunkt, verankert im Theologumenon des „Vorsehungsglaubens", auch auf die genannte Thematik anwenden kann und dadurch zu einer eigenartigen, ambivalenten Figur von Vermeidungsstrategie und Beherrschungsgewißheit gelangt: „Es folgt nun eine schlimme Geschichte, und es wäre ja wohl besser, daß sie sich nicht zugetragen hätte. David fiel in eine große Sünde. Ein mächtiger König hat größere Verlegenheit und Versuchung zur Befriedigung seiner Begierden, als ein anderer, wenn er Gott nicht stets vor Augen behält. Mancher, der sich in seiner Armuth und Niedrigkeit wohl für fromm hält, wer weiß wie es wäre, wenn er in Macht und Reichthum lebte, und ungeschont thun könnte, was er wollte. [...] Auch ein gutes Herz kann tief fallen. Aber je tiefer es gefallen ist, desto schneller muß es sich auch wieder in die Höhe heben, und seinen Gott wieder suchen, den es verloren hat. Es kann nicht lange in der Sünde verharren, und ohne seinen Gott seyn. Sein Gott kommt ihm wieder entge-

[1] Ungeschminkt erscheinen sie allerdings in den Hübnerschen Historien!

gen." (AT Nr. 40, S. 180) Der große kommentatorische Aufwand läßt sofort erkennen, wie schwierig es wird, wenn man das Sexualverhalten biblischer Personen erwähnen muß, weil es der Fortgang der Erzählung notwendig macht, gleichzeitig aber pädagogisch eine Transformation in ein gesellschaftlich akzeptables und dem Kinde förderliches Exempel zu leisten ist. Die Zeitgebundenheit von Hebels Lösungsversuchen darf an solchen Stellen nicht hyperkritisch und ideologieverdächtigend gegen seinen Gesamtentwurf gewendet werden: Sie ist der Preis, den alles geschichtliche Bemühen um jeweilige Modernität und Aktualität zu zahlen hat. Alle religionspädagogischen Transformationen sollten sich aber der gefährlichen Gratwanderung bewußt bleiben zwischen der Skylla rigiden Moralisierens und der Charybdis theologisch bzw. biblisch begründeter Freigabe des Menschen coram deo.

4. Hebels theologisch verantwortete Entscheidung, daß das messianische Verheißungsschema als Grunddimension sein ganzes Religionsbuch organisieren soll, hat deutliche didaktische Auswirkungen. Denn mit Abraham und den weiteren *Erzväter-Traditionen*, aber auch mit der *König-David-Überlieferung* greift Hebel die entscheidenden biblischen Berichte auf, die Grund und Anlaß zu dieser spezifischen Struktur einer Gliederung der alttestamentlichen Stoffmassen im Hinblick auf eine neutestamentliche Fortführung bieten. Die zahlreichen Rückgriffe auf David in den Evangelien und die typologische Verwendung der Gestalt Abrahams bei Paulus sind eine hinreichende neutestamentliche Legitimation für Hebels Vorgehen. Dabei sei nochmals betont, daß Hebels Erzählprinzip (gestaltgeworden in seinen Anordnungs-Entscheidungen) gerade bei diesen Stoffkomplexen einen besonderen Gleichklang von Sachanspruch und Adressatenorientierung verwirklichen konnte.

5. Als eigenständige Komplexe sind bei Hebel die *Lehrbücher und Psalmen*, und damit die weisheitliche und lyrisch-hymnische Tradition ganz herausgefallen. Es ist bezeichnend, daß er den Psalter auf David hin personalisiert und ihn mit wenigen Auszügen unter „Davids königliche Thaten" (AT Nr. 39, hier: S. 177–179) subsumiert.

David errichtete in Jerusalem „zwar auch die Stiftshütte, und brachte die heilige Bundeslade hinein, daß die schönen Gottesdienste unter seinen Augen gehalten würden. Aber inwendig in seinem Herzen hatte er seinem Gott einen viel heiligern Tempel gebaut, in welchem er gar schöne Gebete und Kinderlehren hielt." (S. 177)

Was die weisheitliche Tradition Israels angeht, wie sie in den Büchern Hiob und Kohelet explizit überliefert ist, so ist allgemein eine grundsätzliche Nähe zu Hebels theologischer Position nicht zu übersehen, insofern auch bei ihm das Durchschreiten der Welt, ihrer regulierenden Gesetze und ihrer kosmischen *und* verwirrenden Vielfalt integriert ist in ein demütiges Gotteslob, das beides aufnehmen kann: Einsicht in Beziehung stiftende Zusammenhänge und in Vergeblichkeit markierende Fragmentarität. Beides aber fließt bei

Hebel in so deutlicher Weise in seinen ethischen Kontrapunkt des Vorsehungsglaubens ein, daß ihm wohl eine implizite Thematisierung genügt. Wiederum ist festzuhalten, daß die Menge der überlieferten Weisheitsregeln, wie auch der hymnisch-lyrischen Gebetsliteratur und entsprechender Liturgieformulare nicht adäquat mit Hebels Erzählprinzip zu einer kunstgerechten „story“ zu transformieren ist, wenn man über den in der Bibel vorgegebenen Handlungsrahmen hinaus nicht zusätzliche fiktive Konstellationen schaffen will.

6. Bei aller Abgeschlossenheit und Abgerundetheit der 59 Biblischen Geschichten, bei aller Konzentration auf die 8 von uns herausgestellten Themenkomplexe, die ja eine enorme Ausgrenzung vieler anderer Themenkomplexe impliziert und so auf höherer Ebene ebenfalls eine Parzellierung und Atomisierung der biblischen Überlieferung bewirkt, schafft Hebel mit dezent eingeflochtenen *Überleitungsmodi* den durch die Gattung Bibeldichtung erforderlichen Kohärenzrahmen eines einheitlichen Zusammenhangs. Diese Überleitungsmodi gehen über die theologische Motivkohärenz und über kontinuierlich eingesetzte literarische Grundbausteine noch hinaus, indem sie dem Leser bzw. Hörer explizit den augenblicklichen Stand und Stellenwert im Verlauf des größeren Ganzen vermitteln. Hier kommen Erfahrungen aus jeglicher Unterrichtspraxis besonders sinnvoll zum Tragen, denn Unterrichten sieht sich ebenfalls vor die Aufgabe gestellt, die Parzellierung der Unterrichtsfächer in unzusammenhängende Schulstunden und die Aufbereitung des jeweiligen Stoffes in viele kleine Einzelschritte der Bearbeitung immer wieder durch eine Perspektive des Überblicks und der Vorausschau zu überwölben und den Gesamtbogen des Unterrichts präsent zu halten. An richtig gesetzten Überleitungen hängt schließlich der gesamte Unterrichtserfolg: Überleitungen sind der Königsweg des Unterrichts, ohne sie verlaufen die ‚Handelswege‘ der Einzelschritte im Sande. Hebel konnte den Königs- und die Handelswege für alle am Unterricht Beteiligten begehbar machen.

Ein von der Bibel bereits vorgegebener Überleitungsmodus ist die Genealogie, mit der Hebel am Schluß der ‚Urgeschichte‘ die ‚Erzvätergeschichten‘ eröffnet (AT Nr.5, S. 20). Doch bereits mit Mose wird die reine Genealogie als Modus der Überlieferung durchbrochen: „Also war jetzt von Abrahams Namen und Nachkommenschaft Niemand mehr in dem schönen Land Canaan übrig, als die Todten.“ (AT Nr. 20, S. 86) Garant des Zusammenhangs wird jetzt das Volk Israel insgesamt, das sich „in der Länge der Zeit zu einem zahlreichen Volk“ entwickelt hat. (Ebd.) Aus diesem Volk heraus wird nicht nur Mose von Gott berufen (AT Nr. 21, S. 90f.), sondern auch der Themenkomplex „Richterzeit“ erhält sein Profil durch die Initiative Gottes: „Alsdann weckte Gott Helden auf unter ihnen.“ (AT Nr. 25, S. 111) Ein neuer Abschnitt der Geschichte Israels wird unter das Stichwort der „Priesterherrschaft“ gestellt: „Nach den Kriegshelden richtete der Priester Eli in Israel vierzig Jahre“. (AT

Nr. 29, S. 133) Doch bereits mit seinem Nachfolger Samuel wird zum Königtum übergeleitet (AT, Nr. 30, S. 139 und Nr. 31, S. 142), das eine ganz besondere Art der „Kontinuität" freisetzt: „Anfänglich wohnten die Könige in Thirza. Aber kaum saß einer auf dem Thron, so warf ein anderer ihn herab und tödtete ihn und sein ganzes Geschlecht, damit immer ein schlimmerer folgte." (AT Nr. 45, S. 201) Das negative Gefälle des äußeren Ablaufs der Geschichte Israels kann auch durch die summarisch erwähnten Propheten nicht aufgehalten werden, die bezeichnenderweise im Rückgriff auf Abraham charakterisiert werden: „Propheten, welche in seinem [sc. Abrahams; R. W.] Namen redeten." (AT Nr. 46, S. 203; vgl. auch S. 230!) Die Überleitungsmodi kennzeichnen also eine Abfallsgeschichte des Volkes Israel, dessen stabilste Phase in den Zeiten einer geschlossenen Genealogie von der Schöpfung her zu sehen ist. Die Struktur des Abfalls bildet den äußeren Rahmen, der die Einzelgeschichten in ein zusammenhängendes Ganzes rückt. In Kontrast dazu ist dann das theologische Motiv der Verheißung zu sehen, dessen ethischer Kontrapunkt – im Vorsehungsglauben verankert – Möglichkeiten einer vorwärts- und aufwärtsgerichteten Entwicklungslinie thematisiert.

7. Hebels didaktische Auswahl richtet sich primär an der geschichtlichen Abfolge von theologisch wie pädagogisch relevanten Stationen des Volkes Israel aus. Aus der Zusammenschau mit dem neutestamentlichen Teil ergibt sich ein *heilsgeschichtliches Schema*, das allen didaktischen Entscheidungen zugrundeliegt. Doch beharrt Hebel auf einer geschichtlich-allgemeinen Zugänglichkeit zu den Themenkomplexen der Bibel. Seine didaktische Entscheidung nutzt also die für Kinder und Jugendliche besonders übersichtliche und handhabbare Zeiteinteilung der Geschichte als äußeren Rahmen, von dem aus dann die jeweilige Plausibilität vergangener Zeiten hermeneutisch zu verifizieren ist (vgl. „Kommentar", „Appell" und „Erklärung"). Besonders deutlich läßt sich dieses didaktische Prinzip an der „Biblische(n) Zeittafel nach runden Zahlen" ablesen, die Hebel mit großem Bedacht seinen Biblischen Geschichten angehängt hat. Der Gang der Geschichte wird hier nämlich bezeichnenderweise nicht durch negative Zahlen markiert, die zum Ereignis der Geburt Jesu von Nazareth hin abnehmen: Das wäre eine für Kinder zu abstrakte Zeitrechnung, die über die Vorstellungskraft einer kontinuierlichen Entwicklung hinausgeht und eine völlige Umkehrung unserer gewohnten Zeitrechnung erforderlich machte. Vielmehr wählt Hebel die „Erschaffung" der Erde als ersten Bezugspunkt, von dem aus dann die entsprechende Anzahl von Jahren „verflossen" sind (S. 223): 4000 Jahre sind es „bis zur Geburt Christi". „Von hier an beginnt die christliche Jahrzahl, und es sind nach gemeiner Rechnung verflossen ...": so beginnt dann das Zeitschema post christum natum. Zweimal also „fließt" die Zeit aus von Gott vorbereiteten und qualifizierten Quellen, zweifach bildet der „Fluß der Zeit" das Material von Gottes heilsschöpferischem Handeln. Die Massivität des Zahlenmaterials ist freilich ein Produkt eines noch durchaus naiv zu bezeich-

nenden Geschichtsbewußtseins, das besonders in den Anfängen der Menschheitsgeschichte eine weltgeschichtliche Gewißheit suggeriert, wie sie verfeinerten historisch-kritischen Methoden des 19. Jahrhunderts suspekt werden mußten. Indes ist sich Hebel der Relativität der linear definierten Zeitschiene sehr wohl bewußt. Im Dezember 1824 schreibt er nämlich dem Setzer der Biblischen Geschichten den einzig erhalten gebliebenen Korrekturhinweis, der dokumentiert, mit welcher Präzision Hebel nicht nur die Auswahl der Geschichten, sondern auch kleinste Anordnungsaspekte bedachte:

„In der Anlage gebe ich die mir gefällig mitgetheilte Revision zurück. In der Zeittafel wünschte ich bei II noch beigesetzt *ungefähr*, welches alsdann auch für die folgenden Nummern ein für allemal gilt. Bedeutende Druckfehler, die einer Anzeichnung bedürften, sind mir noch nicht vorgekommen.“[2]

Der Setzer der Erstausgabe – wie im übrigen alle Setzer aller weiteren Editionen bis zur Ausgabe im Manesse Verlag 1982 – hatte für diese feinen Akzente didaktischer Detailanalyse keinen Sinn, und so blieb es bei einem einzigen „ungefähr“ zur „Sindfluth“, als ob die darauffolgenden Geschichtszahlen neben ihrer orientierenden Funktion auch noch geschichtliche Exaktheit vermitteln könnten.

b) Hebels Auswahl neutestamentlicher Geschichten

Von den 64 neutestamentlichen Geschichten beziehen sich 55 auf die Jesus-Überlieferung der Evangelien, die restlichen 9 orientieren sich vornehmlich am Schema der lukanischen Apostelgeschichte, wobei kurze Zitate aus der Briefliteratur eingestreut sind (vor allem NT Nr. 64, S. 216–220!) Insgesamt läßt sich das „Zweite Bändchen“ (man beachte den pädagogisch und biedermeierlich typischen Diminutiv!) als gedichtete Evangelienharmonie charakterisieren. Daß wiederum 21 Geschichten einen Eigennamen im Titel aufweisen (einschließlich des Namens Jesus), wird uns in seiner pädagogischen Funktion im nächsten Abschnitt beschäftigen. Die zentrale Frage im Zusammenhang didaktischer Auswahl ist aber die nach dem Anteil der Synoptiker und des Johannesevangeliums am Gesamt der Evangelienharmonie bis einschließlich Nr. 55 „Lezte Reden Jesu und Himmelfahrt.“

Das heilsgeschichtliche Schema als äußerer Rahmen legt dominante Konvergenzen mit dem Lukas-Evangelium nahe. Und in der Tat kann man insgesamt 12 Geschichten ausmachen, die sich strukturell und inhaltlich primär an Lukas orientieren: Nr. 1–3; 5; 11; 18; 28; 29; 31; 34–36. Demgegenüber treten die rein auf Matthäus sich beziehenden Erzählungen zurück: Nr. 4; 7; 17; 20; 30; 33. Beidemal befindet sich natürlich unter diesen Ge-

[2] Vgl. den Abdruck des Zettels samt Veröffentlichung eines Faksimiles des Originals in: W. Osterrieth, Altersschrift Hebels, in: Badische Heimat 40/1960, H. 1/2, S. 74f.

schichten das, was im Zuge der sog. 2-Quellen-Theorie als „Sondergut" apostrophiert wurde. Den Hauptteil der Geschichten, nämlich insgesamt 29, machen diejenigen aus, die sich auf synoptische Überlieferung berufen können, und es ist im einzelnen nicht mehr auszumachen, welche Version eines bestimmten Evangelisten von Hebel bevorzugt wurde. Die eigentliche Überraschung bietet die Tatsache, daß von diesen 29 Geschichten immerhin 7 eindeutige Elemente aus dem Johannesevangelium aufweisen: Nr. 6; 9; 12; 24; 43; 45; 46. Darüber hinaus sind 8 Geschichten ausschließlich dem Johannesevangelium entlehnt: Nr. 8; 10; 15; 25; 37; 38; 51; 54. Damit ergeben sich insgesamt 15 Geschichten mit johanneischen Bezügen, so daß der Evangelist Johannes mit ca. 25% am Aufbau von Hebels Evangelienharmonie beteiligt wurde. Die gnostischen und weisheitlichen Züge des Johannesevangeliums scheinen prima facie nicht so recht passen zu wollen in eine Bibelbearbeitung für Kinder, die an Handlungs- und Personenkonstellationen ausgerichtet werden muß und sich schwer tut mit ausgeklügelten christologischen Selbsterläuterungen Jesu. Gleichwohl scheut sich Hebel nicht, christologische Antizipationen (vgl. Nr. 25) und „schöne Lehren", die einladen „in das Reich Gottes" (vgl. Nr. 37, S. 124), zu zitieren und immer wieder die Gottessohnschaft des Jesus von Nazareth zu betonen. Der Verheißene wird in seinem Versöhnungsanspruch ernstgenommen, indem er locker, „quasi aliud agendo", als Autor vieler „Wohlthaten" gleichwohl im Lichte seiner *Heilstat* gesehen wird. Das Johannesevangelium in seiner Verwendung durch Hebel bürgt dafür, daß „die selige Wiedervereinigung der Menschen mit Gott" (Nr. 55, S. 188) vorbereitet wird mit und seinen Ausdruck findet in einer Charakteristik Jesu, die über einen reinen Tugendlehrer hinausgeht.

„Er [sc. Jesus; R. W.] wollte ihn [sc. Petrus; R. W.] zur Erkenntniß seiner selbst, zur Demuth und zur Gerechtigkeit gegen die andern Jünger führen. Selbsterkenntniß führt zur Demuth und zur Gerechtigkeit." (Nr. 54, S. 183)

„Das war das herrliche Werk, das Jesus durch Gottes Kraft verrichtete, daß er den Todten zum Leben erweckte. Der Tod ist nur der Weg zu einem neuen Leben." (Nr. 38; S. 129)

Der spezifischen Auswahl aus den Synoptikern und dem Johannesevangelium liegt nun allerdings ein wesentlich durchsichtigeres Raster von fünf Themenkomplexen zugrunde (plus dem Themenkomplex, der sich an der Apostelgeschichte orientiert), die den Stoff der Evangelienharmonie wiederum nach primär geschichtlichen Abfolgen strukturieren:

I) *Geburt* und Kindheit Jesu (5 G.)
II) Wirken Jesu bis zu seiner *Verklärung* (21 G.)
III) Gleichnisse Jesu (9 G.)
IV) Wirken Jesu bis zu seiner *Kreuzigung* (13 G.)

V) Wirkung Jesu bis zu seiner *Himmelfahrt* (7 G.)
VI) Wirkung Jesu in der *apostolischen Zeit* (9 G.)

Diese implizite Gliederung wird durch gewisse *Überleitungsmodi* so transparent gemacht, daß der Zuhörer/Leser immer wieder seinen augenblicklichen Stand im Fluß der (Heils-) Zeit ermitteln kann.

Das Wirken Jesu erhält einen markanten Eröffnungssatz: „Als sich die Zeit nahete, daß Jesus die Werke der Erlösung unter den Menschen beginnen sollte [...]". (Nr. 6, S. 18) Neben der *zeitlichen Einteilung* wird besonders die *geographische Orientierung* betont: „Jesus kehrte hierauf [sc. nach der Nikodemus-Szene; R. W.] von Jerusalem wieder nach Galiläa in seine Heimath zurück. Nach Jerusalem kam er nur zu den hohen Festen und zu seinem Tod." (Nr. 10, S. 33) Diese geographische Orientierung strukturiert besonders den IV. Abschnitt: „Einst gieng Jesus wieder nach Jerusalem auf ein Fest. Es war die Zeit schon ziemlich nahe, daß er sollte von der Erde genommen werden. Auf dieser Reise wollte er in einem samaritanischen Flecken Herberge halten." (Nr. 36, S. 120) „Als sie auf selbiger Reise in einen andern Flecken kamen [...]." (S. 121); vgl. auch die Seiten 123; 124; 126; 129; 130) „Des andern Morgens begab sich der Herr nach Jerusalem – er gieng von dieser Zeit an jeden Morgen nach Jerusalem, aber am Abend kehrte er nach Bethanien zu seinen Freunden zurück." (Nr. 40, S. 135; vgl. dann S. 145). – Schließlich benutzt Hebel *inhaltliche Zusammenfassungen* als Überleitungsmodi. „Der Herr gewann immer mehr Jünger, und wo er sich sehen ließ, versammelte sich um ihn eine große Menge von Menschen aus allen Orten des Landes. Viele brachten ihm ihre Kranken, daß er sie heilte, und ihren Kummer, daß er sie tröstete. Viele wollten auch seine holdselige Rede hören, und von ihm lernen, wie man fromm und selig wird. Wo er hingieng, begleiteten sie ihn. Aber oft entzog er sich den Augen des Volks und der Jünger, daß er allein wäre und mit Gott redete." (Nr. 16, S. 57) Den Abschluß des Erdenwirkens setzt das uns schon bekannte Kleine Credo (S. 187f.); und der inhaltlichen Strukturierung der Ausbreitung des Evangeliums dient das Gleichnis vom Senfkorn. (S. 189 u. ö.) – Einen besonderen Stellenwert nimmt der Gleichnis-Komlex ein (Nr. 27–35). Er wird zwar übersichtlich eingeleitet durch eine interessante Kontrastierung zur Verklärungsgeschichte: „Dennoch sahen die Jünger etwas von der Herrlichkeit Jesu, wie das irdische Auge sie wahrnehmen konnte. Aber noch gar viel herrlicher verklärte er sich ihnen doch in seiner Liebe, in seinen fortgesetzten wohlthätigen Handlungen und in seinen erfreulichen Himmels=Lehren." (Nr. 26, S. 96) Der Gleichnis-Komplex selber jedoch bettet die einzelnen zusammengestellten Gleichnisse nicht mehr erzählerisch in eine für sie typische und wesentliche Jesussituation ein, sondern präsentiert alle 9 ausgewählten Gleichnisse (davon allein 6 aus dem Lukas-Evangelium) als eigenständige, in sich abgeschlossene Erzählungen. (Ausgenommen ist davon lediglich das Gleichnis „Von dem barmherzigen Samariter", Nr. 31.) Hier erweist der Erzähler Hebel dem ‚Erzähler' Jesus seine Referenz, indem er – ganz ähnlich der neueren metaphorischen Auslegungsstrategie literaturwissenschaftlich geschulter Exegeten[3] – das einzelne

[3] Vgl. den Sammelband „Die neutestamentliche Gleichnisforschung im Horizont von Hermeneutik und Literaturwissenschaft", hgg. von W. Harnisch, Darmstadt 1982 [= WdF Band 575].

Gleichnis ganz aus sich selbst heraus zu Wort kommen läßt – im wörtlichen Sinn! Der Kunst-Charakter der „Gleichniserzählungen Jesu"[4] kann so nicht besser zum Ausdruck gebracht werden. Freilich geschieht das um den Preis einer Immunisierung gegenüber den rhetorischen und didaktischen Intentionen, die ebenfalls in der Gleichnistradition Jesu angelegt sind.[5]

Wie wir gesehen haben, ist besonders der IV. Themenkomplex ganz auf Jerusalem und die dort sich zuspitzende Entwicklung von Passion und Auferstehung ausgerichtet, die sich kontinuierlich in ihrer Heilsbedeutung im V. und VI. Themenkomplex entfaltet. Die vorgegebene biblische Tradition läßt in diesen Bereichen ersichtlich wenig Spielraum: Die Dichte der sukzessiv aufeinanderfolgenden Ereignisse läßt bestimmte Akzentuierungen höchstens im Detail (Kommentar oder Appell) zu. Anders verhält es sich dagegen mit dem weiten Themenfeld des Lebens und Wirkens Jesu als palästinensischer Wanderprediger aus Nazareth. Hier besteht wohl die größte dichterische und theologische Freiheit einer Auswahl aus dem überlieferten Material der vier Evangelien. Die Gefahr einer gewissen additiven Beliebigkeit ist dabei allerdings nicht zu übersehen, auch die Versuchung einer spekulativen Biographik liegt nahe. Läßt sich in diesem Teil von Hebels Biblischen Geschichten ein didaktisches Auswahlprinzip eruieren, das der religionspädagogischen wie populärästhetischen Vermittlungsintention gerecht wird?

Hebel hat gerade diesen äußerst schwierig zu strukturierenden Teil des Neuen Testamentes mit einer bewunderungswürdigen didaktischen Idee gemeistert. Er ordnet nämlich die einzelnen Geschichten immer paarweise unter ein bestimmtes Thema, so daß sich je zwei Geschichten wechselweise erklären; dabei setzen manche Paare einen zweifachen positiven Akzent, während andere gerade aus dem Kontrast von positivem und negativem Aspekt eine erhellende Wirkung zeitigen. Mit seiner didaktischen Idee schafft Hebel inhaltliche Bezüge zwischen einzelnen Geschichten, wie sie ohne solche Transformationsarbeit niemals zustande gekommen wären. Gleichzeitig gewährleisten die vielen thematischen Schwerpunkte ein Abdecken des breiten Spektrums jesuanischer Wirksamkeit und ermöglichen orientierende Gliederungspunkte. Das Paarungsschema ist bis auf drei Ausnahmen bei insgesamt dreißig Geschichten durchgehalten (Nr. 6 bis Nr. 35) und deckt damit exakt die beiden Themenkomplexe II) und III) ab. Im folgenden soll ein vollständiger Überblick über die zu abstrahierenden Themata mit den dazugehörigen Erzählungspaaren gegeben werden.

Hebel stellt Jesus gleich zu Beginn in die fundamentale *Polarität der*

---

[4] Vgl. den gleichnamigen Titel von W. Harnisch, Die Gleichniserzählungen Jesu. Eine hermeneutische Einführung, Göttingen 1985.

[5] Vgl. Fr. Johannsen, Gleichnisse Jesu im Religionsunterricht. Anregungen und Modelle für die Grundschule, Gütersloh 1986, besonders S. 13–15.

Einflußsphären: als „Mensch zwischen Gott und Teufel"[6]. „Das war die Taufe, welche Jesus empfangen hat. [...] Die Stimme: ‚Dies ist mein lieber Sohn,' hörte unter anderen auch ein Unrechter. Jesus gieng von seiner Taufe weg in die Wüste, in eine einsame ungebaute Gegend. Dahin schlich ihm nach ein böser Geist. Der böse Geist schleicht gerne nach in die Einsamkeit." (Nr. 6 und 7, S. 22f.) „Also ward Jesus zur Sünde versucht, und hat in der Versuchung obgesiegt und ist gerechtfertigt als der Sohn Gottes." (S. 25)

Nach diesem Grundakkord, der in seiner Struktur an die Konstellation der literarisch vielfach gestalteten Vorspiele im Himmel erinnert, wird das persönliche *Umfeld und Thema* des Wirkens Jesu abgeschritten: Der Kreis der ersten Jünger, als „Zeugen seiner Lehren und Thaten" (Nr. 8, S. 28), ist eine notwendige Voraussetzung der Botschaft vom Reiche Gottes, die auf Menschen angewiesen ist, weil sie die Liebe Gottes zu den Menschen zum Inhalt hat (vgl. Nr. 9, S. 29).

Das Schicksal dieser Botschaft aber ist es, daß sie gleichermaßen auf *Akzeptanz und Aversion* stößt. Hebel bündelt diese Erkenntnis nach den zusammengestellten Geschichten vom samaritanischen Weib und Jesu Predigt in Nazareth (Nr. 10 und 11): „Also ward er sogleich im Anfang angenommen und geliebt von den fremden Samaritern, und verworfen von den Bekannten in Nazareth, wie noch geschieht. Viele, die ihm fremd sind, suchen und finden ihn. Viele, die ihm nahe sind, verachten den Sohn Josephs." (S. 40)

Das nächste Erzählpaar bildet die erste Einheit von Wundern Jesu: *Wohlthaten I*. Sie wird eingeleitet mit einer Explikation der biblischen Intention von Wundern: „Jesu hatte von Gott auch wundersame Gaben erhalten, kranke und gebrechliche Menschen durch sein Wort gesund zu machen, auch andere wohlthätige und erfreuliche Thaten auszuüben, die kein Mensch sonst auszuüben im Stande ist, daß man erkennen sollte, wer er sey, und wer ihn gesendet habe." (Nr. 12, S. 41; Hebel stellt folgende Wundergeschichten zusammen: **Nr. 12** Joh 4, 43–53; Lk 5,1–11; Mk 1,30f.; **Nr. 13** Lk 5,17–26par.)

Hebel wendet sich nun dem Thema *Jesu Kontroversen mit den Juden* zu. Unter die Geschichten Nr. 14 und 15 subsumiert er eine ganze Reihe unterschiedlicher Gattungen der Evangelien, um die Brisanz des Konfliktes von allen Seiten beleuchten zu können. (Vgl. Mt 9,9–13par., Mk 7,1–23par., Joh 5,1–18.28.24)

Die Gruppen, auf die sich Jesus immer wieder bezieht, sind gekennzeichnet durch die durchgängige *Dialektik von innerem Kern und weitem Kreis*. Jünger und Volk erhalten jeweils spezifische Lehren. Die Wahl der zwölf

[6] Vgl. den gleichnamigen Untertitel des Martin-Luther-Buches von H. A. Obermann, Berlin 1981.

Apostel (Nr. 16) vollzieht sich in abgeschiedener Stille, ihr Auftrag ist ein besonderer: Als „Gesandte“ (= Apostel!) sollen sie „alle seine Thaten sehen, und alle seine Reden hören, und noch besonders von ihnen lernen, daß sie recht durchdrungen würden von seiner heiligen Lehre und von seiner Liebe.“ (Ebd., S. 58) Das Kriterium einer solchen engen und intensiven Nachfolge – die allerdings prinzipiell jedermann möglich ist – besteht darin, „Jesu Christo mit Liebe und Gehorsam bis in den Tod treu (zu) bleiben“. (Ebd., S. 59) Dagegen sprechen die Weisungen der Bergpredigt das ganze Volk an. Ihre „Ermahnungen zur Gottseligkeit“ sind also keineswegs auf den innern Kern der Nachfolger Jesu beschränkt. Jesus liebt „sein Geschlecht und sein Volk so sehr“ (Nr. 17, S. 64), daß er auch durchaus Konzessionen an ihre gesellschaftlich-gebundene Vorstellungskraft macht. „Ein Körnlein Goldes ist in allem, was Jesus gesprochen hat, für den, der es suchen und erkennen mag.“ (Ebd., S. 65) Damit bleibt bei aller Konzentration auf das Zentrum der Botschaft ihre Universalität für alle Menschen guten Willens gewährleistet.

Die nächste Biblische Geschichte steht alleine, weist aber gleichwohl eine Duplizität der *Wohlthaten (II)* auf: „Der Hauptmann von Capernaum. Der Jüngling zu Nain“. (Nr. 18) Beide Geschichten werden eingeleitet durch einen deutlichen Bezug zum vorausgegangenen Wunder-Komplex (Nr. 12 und 13): „Jesus fuhr fort, wohlthätige Handlungen zu verrichten an allerlei unglücklichen Menschen.“ (Nr. 18, S. 46)

Die Simultaneität von Gut und Böse ist wohl eine der schärfsten Herausforderungen des Vorsehungsglaubens: Hebel greift diese zentrale Problematik in den Geschichten Nr. 19 und 20 auf. Johannes der Täufer wird mit heimtückischer Bosheit am Königshof des Herodes gemordet. Hebel arbeitet mit gezielter Offenheit die *ganze* Problematik heraus: „Während als diese erschreckliche Sünde an Johannes vollbracht wurde, fuhr Jesus fort, die Menschen in das heilige und selige Reich Gottes einzuladen. Es wird zu gleicher Zeit viel Gutes unter den Menschen durch Gottes Geist im Stillen befördert, wann zu gleicher Zeit der Feind des Guten viel Böses stiftet.“ (Nr. 20, S. 73) Hebel spitzt die Fragestellung auf die Theodizee-Frage zu: „Warum sind so viel böse Menschen auf der Welt? Warum folgen sie nicht alle der Einladung in das heilige und selige Reich Gottes?“(Ebd.) Die Antwort darauf kann nur im Gleichnis gegeben werden, im „Gleichnis vom Säemann“ (Nr. 20, S. 73–75), das Hebel mitsamt seiner allegorisierenden Auslegung aus Mt 13 übernimmt.

In einer Kinderbibel rückt begreiflicherweise die *Verwandtschaft Jesu* immer wieder in den Blickpunkt der Bearbeitung. Hebel stellt sich der Ambivalenz der synoptischen Überlieferung zu diesem Thema. In der kurzen Einzelgeschichte Nr. 21 fokussiert er die beiden gegensätzlichen Äußerungen Mt 12,46–50par. und Lk 11,27: Hier die harte Abweisung *aller* verwandtschaftlichen Bindungen, dort die liebevolle Verehrung der eigenen

Mutter. Aber letztlich bricht auch Hebel die biedermeierlich geforderte Familienbindung auf zugunsten einer schrankenlosen Gemeinschaft der Gläubigen: „Ohne Zweifel hatte Jesus große Freude daran, daß seine Mutter so glücklich gepriesen und um seinetwillen geehrt und geliebt wurde. Doch sprach er: ‚Ja selig, die Gottes Wort hören und bewahren.'“ (Nr. 21,S. 77; vgl. Lk 11,28)

Noch einmal werden in der darauffolgenden Einzelgeschichte Nr. 22 „Mehrere Wunderwerke Jesu“ aufgegriffen: *Wohlthaten III*. Es handelt sich einmal um die Stillung des Sturms (Mk 4, 35–41par.; man beachte den humanen Überleitungssatz: „von den wohltätigen Handlungen des Tages ermüdet [...].“; Nr. 22, S. 78); zum anderen um das Doppel-Wunder aus Lk 8,40–56par.

Ein zweites Mal kontrastiert Hebel die *Sendung der Jünger und* die *Nachfolge des Volkes*. Beinahe idyllisch mutet die Rückkehr des inneren Kerns der Jünger Jesu an, nachdem sie ihren Auftrag erstmals alleine auszuführen hatten (Nr. 23): „Als der Herr seine Jünger wieder bei sich hatte, – es mag ihm wohl gewesen seyn, wie einem Vater, wenn er seine Kinder wieder hat, – gieng er mit ihnen in ein Schiff, daß sie in eine einsame Gegend führen und ein wenig ruheten.“ (Nr. 24, S. 87) Doch diese Konzentration darf nicht zur Abschottung führen, die Öffentlichkeit der Botschaft bedarf der Öffnung gegenüber allen Menschen, die sich tastend auf der Suche nach Jesus befinden. „Es gieng aber auch ein Weg zu Lande an demselben Ort, wohin sich Jesus begeben wollte, als ob er bedacht hätte, er wolle es den Leuten doch nicht ganz unmöglich machen, zu ihm zu kommen, er wolle sich finden lassen, wenn jemand so viel daran gelegen sey, daß er einen so langen Weg ihm nachgehe.“ (Ebd.)

Die letzten beiden Geschichten vor dem Gleichniskapitel reserviert Hebel für *christologische Antizipationen*, wie sie sowohl die Synoptiker als auch Johannes überliefern (**Nr. 25** Joh 6,14f. 31. 49. 51. 67. 68–70; Mt 16,13–20; die Leidensweissagungen aus Mk 8,31–33; 9,30–32 und 10,32–34 werden auf einen Satz reduziert [S. 94]; **Nr. 26** Mt 17,1–9par.) Die Jesusgeschichten, wie sie Hebel mit seiner didaktischen Idee der thematischen Paarung so kunstvoll strukturiert hat, werden mit der Verklärung Jesu zu einem ersten Höhepunkt geführt, der bereits das irdische Leben Jesu theologisch zu qualifizieren vermag; damit erreicht Hebel eine Gleichwertigkeit von Jesusgeschichten und Christusgeschichten, wie es besonders sein Kleines Credo eindrucksvoll zum Ausdruck bringt, indem es die biographische Lücke des Glaubensbekenntnisses zwischen Jungfrauengeburt und Passion mit präziser Sorgfalt auffüllt.

Auch Hebels Gleichnis-Sammlung ist thematisch strukturiert; folgende Themen bilden einen die Geschichten jeweils wechselseitig erhellenden Kristallisationspunkt:

Von der Bedeutung des Verlorenen (Nr. 27–29); Von der Barmherzigkeit Gottes (Nr. 30 [negativer Aspekt] und Nr. 31 [positiver Aspekt]); Leistung und Rechtfertigung (Nr. 32 und 33); Von wahrer Armut und falschem Reichtum (Nr. 34 und 35).

Im Zusammenhang einer Analyse der didaktischen Strukturierungen sei auch noch darauf hingewiesen, daß Hebel die Kreuzigung (Nr. 48) in Übereinstimmung mit der Tradition der Evangelienharmonie nach den sog. Sieben letzten Worten Jesu gestaltet: „,Vater, vergib ihnen! sie wissen nicht, was sie thun.' Das war das erste Wort, welches Jesus am Kreuze sprach [...] – ,Vater,' rief er, ,in deine Hände befehl ich meinen Geist!' Das war sein letztes Wort." (S. 165–167)

Der VI. Themenkomplex ist der *Wirkung Jesu* in der apostolischen Zeit gewidmet. Die insgesamt nur 9 Erzählungen (Nr. 56 bis Nr. 64) beruhen zum allergrößten Teil auf der Apostelgeschichte, nur die letzte Erzählung ist eine Kompilation aus der Briefliteratur des NT[7]. Die Entfaltung der Bedeutung Jesu in den ersten christlichen Gemeinden wird strukturiert von der Symbolik des unbedeutenden Samenkorns, dessen große Wirkmächtigkeit in den bescheidenen Anfängen zunächst nicht vermutet werden kann.[8] Daneben erweist sich das Prinzip der Personalisierung als ausschlaggebend: Stephanus (Nr. 59), Saulus (Nr. 60), der Mohr (Nr. 61) und Cornelius (Nr. 62) bilden hier mit ihren im wahrsten Sinne des Wortes ,gemischten Charakteren' den exemplarischen Grundstock einer Gemeinde, die nicht von Heiligen, sondern von im Leben stehenden Menschen aufgebaut wird, denen die Zerissenheit von den unterschiedlichsten kulturellen und existentiellen Einflußsphären her eingeprägt bleibt und die dennoch der noch ausstehenden endgültigen Verheißung vertrauen und „dem Heiland auf halbem Weg entgegen" kommen, meist ohne es zu wissen (Nr. 61, S. 206).

Dementsprechend soll Hebels Akzentuierung der Personengruppe hervorgehoben werden, die grundsätzlich auf der Seite Jesu steht, aber der machtpolitisch die Hände gebunden sind. „Zwar einer von ihnen, Joseph von Arimathia, willigte nicht in ihren Rath. Nikodemus auch nicht, der einst in der Nacht zu Jesus gekommen war. Sie liebten und ehrten ihn, aber sie konnten ihn nimmer retten." (Nr. 47, S. 158; vgl. schon Nr. 8, S. 32: „Nikodemus hielt von dieser Zeit an Jesus in Ehren, und war wohl

[7] Folgende Briefzitate (in der Reihenfolge ihrer wörtlichen Verwendung in Nr. 64, S. 216–220) sollen zum „Vertrauen auf Gott in mancherlei Trübsalen und zu einem gottseligen Sinn und Leben" (ebd., S. 216) anleiten:

Paulus Kol 3,20; Röm 12,9; Röm 13,10; 2. Tim. 2,16; Kol 4,6; 1. Thess. 5,1b; Eph. 4, 25a; Röm 12,11a; 1. Kor. 13,11; **Petrus** 1. Petr. 5,5.6ab; 3,9; 1,15; **Johannes** 1. Joh. 3,7a. Auch der Verfasser der Apokalypse wird mit dem Apostel Johannes identifiziert und folgende Zitate von ihm in eine kurze Zusammenfassung des letzten Buches der Bibel eingestreut: Apk. 1,18f; 2,10c; 21,1.3f.; 22,5.12.

Wie schon die einleitenden Worte Hebels in dieser „Erzählung" vermuten lassen, befinden wir uns hier auf der Appell-Ebene, die sich dem Vorsehungsglauben mit seiner ethischen Kontrapunktik verpflichtet weiß. Eine weitergehende Systematik läßt sich allerdings nicht ausmachen.

[8] Ausführlich wird dieser entscheidende Gesichtspunkt im 3. Kap. I,1 dargestellt und mit Hilfe der Kategorie der „Verheißung" interpretiert.

einer von seinen getreuen Anhängern, wiewohl in der Stille.") Später wird dann noch Gamaliel in diese Art von Jüngerschaft eingereiht: „Aber einer von den Herrn des Raths, mit Namen Gamaliel, ein Mann wie Nikodemus und Joseph, sprach: ‚Nehmt euch in Acht, was ihr thut mit diesen Leuten! Ist ihr Werk von Menschen, sagte er, so wird es untergehen. Ist es aber von Gott, so könnt ihr es nicht dämpfen.' Es war von Gott. Sie konnten es nicht dämpfen." (Nr. 58, S. 197f.)

Wir fragten nach den zentralen didaktischen Entscheidungen Hebels und konnten feststellen, daß sowohl die Anordnung als auch die Auswahl aller 123 biblischen Geschichten jeweils systematisch geordnet und spezifisch realisiert wurden. Als Hauptkriterien schälten sich ein durchgängiges Erzähl-Prinzip, ein heilsgeschichtliches Rahmenschema, orientierende Überleitungsmodi und eine besondere Paarungsstruktur heraus. Diese Kriterien der Anordnung und Auswahl ermöglichen es Hebel, das Gesamt seiner Bibeldichtung einem durchgängigen Verstehen der Kinder, Jugendlichen (und Erwachsenen) zu öffnen, indem er eine bloße addierende Akkumulation von Bibelgeschichten abweist und dafür eine Bezüge herstellende Orientierung anbietet.

Noch aber bewegen wir uns im Raum eher formaler, an der Oberflächenstruktur des Textes gewonnener Bestimmungen mit nur impliziten inhaltlichen Auswirkungen. Wie kommt ein pädagogischer Bezug in diese allgemeine Struktur und wie entgeht dieser pädagogische Bezug seiner möglichen moralisierenden Penetranz? Die beiden folgenden Abschnitte wollen die angeschnittenen Fragen einer befriedigenden Antwort zuführen. Hebels Populärästhetik wird uns den Weg durch seine religionspädagogischen Transformationen weisen.

2. Personalisierung: Biblische Biographien in pädagogischer Funktion

Die von Hebel vorgenommene Titelei seiner Einzelgeschichten weist einen signifikant hohen Anteil an Eigennamen auf. Das Phänomen führt uns zu einer weiteren fundamentalen didaktischen Entscheidung Hebels: Biblische Frauen und Männer sind als bestimmende Handlungsträger in besonderer Weise in den Vordergrund gerückt, ihr jeweiliger Anteil am Fortgang des Geschehens wird herausgearbeitet, alles weitere Geschehen wird entweder um sie herum gruppiert bzw. auf sie hin konzentriert oder es bleibt gänzlich unberücksichtigt. Ein Hauptkriterium der religionspädagogischen Transformationsarbeit ist also die *Personalisierung* aller ausgewählten Inhalte biblischer Überlieferung. Solche Personalisierung realisiert Hebel in vierfacher Weise; er kann damit ein weites Spektrum didaktischer Möglichkeiten ausschöpfen, die alle begründet sind in seiner populärästhetischen Forderung nach exakter Adressatenorientierung:

a) Zunächst schafft Hebel für die Hauptträger der Verheißungsgeschichte *Biographische Strukturzusammenfassungen*, die mit einem Blick die lebensgeschichtlich verankerte Bedeutung des Vorsehungsglaubens (durch Leiden zu vorläufigem Heil) veranschaulichen.

b) Einige biblische Figuren werden in genuin pädagogische Zusammenhänge gestellt; wir wollen das eine *Pädagogisierung auf der Erzählebene* nennen.

c) Eng damit zusammen hängt die psychologische Motivierung verschiedenster Handlungsträger bzw. ihre psychologische Charakterisierung: Hebel schafft also eine *Psychologisierung auf der Erzählebene*.

d) Schließlich nutzt Hebel an vielen Stellen das Prinzip der Personalisierung, um auf der Appell-Ebene eine Aktualisierung für die intendierten Leser bzw. Hörer anzuknüpfen: Es erfolgt also eine *Pädagogisierung in appellativer Absicht*.

Das Prinzip der Personalisierung biblischer Inhalte wird durchgehend pädagogisch funktionalisiert, sei es um die *Exemplarität* biblischer Personen zu verdeutlichen, sei es um die *Aktualität* für zeitgenössische Personen zu verbürgen. Diese pädagogische Funktionalisierung findet ihre eindeutige Spitze darin, daß – wo immer möglich – die Phase der *Kindheit* in der betreffenden biblischen Biographie in markanter Weise *akzentuiert* wird. Gleichzeitig werden auch auf der Appell-Ebene besonders die Bezüge zum Kind-Sein der Rezipienten hergestellt. Der Status der Kindheit aber zieht notwendig die Strukturen von Familienkonstellationen nach sich, als entscheidender Kontext und bestimmender Sozialisationsfaktor. Nicht von ungefähr schimmert in allen diesen Bezügen natürlich das literarische Biedermeier mit seinen zentralen Motiven der Familienidylle, der Kind-Stilisierung und den Mutter-Kind-Genre-Szenen durch. Mit dem Prinzip der Personalisierung schafft Hebel ein Höchstmaß an Konvergenz von theologischem und literarischem Anspruch und pädagogischer Intention, und dieses ideale Geflecht genügt gleichermaßen der populärästhetischen Forderung einer bewußten Adressatenorientierung, in unserem Fall also explizit einer Orientierung an den Kindern und Jugendlichen, für die Hebel sein Schulbuch konzipierte.

a) Biographische Strukturzusammenfassungen

Die biographischen Strukturzusammenfassungen in Hebels Biblischen Geschichten erhalten ihre wahre Bedeutung, ja Dignität erst in der letzten ihrer Art im neutestamentlichen Teil. Dort wird in Hebels Kleinem Credo das ‚Leben Jesu' in seinen entscheidenden Stationen – und mit den gegenüber dem Glaubensbekenntnis signifikanten Erweiterungen – deutlich strukturiert. Um der Vollständigkeit dieses Abschnittes zu genügen, wollen wir die betreffende Passage nochmals zitieren:

– „*Das ist* der Verheißene, in welchem alle Geschlechter der Erde sollen gesegnet werden, *geboren* in Bethlehem, schon in seiner Kindheit *verloren und wiedergefunden* am dritten Tag in Jerusalem, *getauft* von Johannes im Jordan, *versucht* in der Wüste, *gesendet* von Gott, zu stiften das heilige Reich Gottes auf der Erde und die selige Wiedervereinigung der Menschen mit Gott, *geliebt* von den Guten, *verfolgt* von den Bösen, *verrathen* von seinen Jüngern, *gekreuziget, gestorben und begraben*, am dritten Tag *auferstanden* von den Todten, *aufgefahren* gen Himmel." (NT Nr. 55, S. 187f.; Hervorhebungen dieses Zitates und aller weiteren im folgenden Text von R. W.)

Vergleicht man diese biographische Strukturzusammenfassung mit den fünf im alttestamentlichen Teil gestalteten, so fällt zunächst die formale Parallelität im Sprachduktus, aber auch die inhaltliche Konvergenz des jeweils zentralen lebensgeschichtlichen Gefälles auf:

– „*Das ist* nun des Josephs wunderbarer Weg, den er wandeln mußte, aus des Vaters Haus in eine tiefe Grube, aus der Grube als ein verkaufter Knecht nach Aegypten in das Haus des Potiphars, aus dem Haus des Potiphars in das Gefängniß, aus dem Gefängniß in des Königs Palast." (AT Nr. 16, S. 69)

– „*Das ist* das Knäblein, welches einst in einem Kästlein in Aegypten im Wasser lag, und von des Königs Tochter herausgezogen wurde. Das Knäblein hat Israel aus Aegypten geführt." (AT Nr. 23, S. 105f.)

– „Also ließ sie [sc. Samuels Mutter; R. W.] ihren Sohn zurück in dem Schutze Gottes und in der Pflege der Priester, daß er den Gottesdienst lernte, und gleichsam geistlich studierte. Aber alle Jahre, wenn sie wiederkam, und ihrem Kind zum Gruß ein neues Röcklein brachte, war Samuel wieder größer und kräftiger, und, was noch mehr sagen will, sie hörte, daß er auch immer gottesfürchtiger und geschickter werde, und bei allen Leuten beliebt sey [...]"; Nr. 29, S. 135

„War Samuel einst ein frommer und aufgeweckter Knabe, so war er jezt auch ein eifriger und gerechter Vorsteher des Volkes, und sah streng darauf, daß das Gesetz Mose gehalten wurde, nicht nur auswendig in den Werken, sondern auch mit inwendigem Gehorsam des Herzens." (Nr. 30, S. 138)

„Samuel starb nachher zu Rama in seiner Vaterstadt, und *das war* der Knabe, dem seine Mutter ein neues Röcklein brachte, wenn sie auf das Fest nach Silo kam. Der hat sein Volk zu dem Herrn seinem Gott zurückgebracht, und zwei Könige in Israel gesalbet." (Nr. 132, S. 149)

– „Einen solchen Gang that David, von der Schafherde hinweg zur königlichen Salbung." (Nr. 132, S. 148)

„Also brav und edel handelte der Sohn Isai's, wie einst Abraham, sein frommer Ahnherr, gehandelt hatte, und legte die Probe ab, daß er würdig sey, nun bald den Thron von Israel zu besteigen." (Nr. 37, S. 171)

„*Das ist* der Nachkomme der frommen Ruth, die auf den Feldern Aehren auflas. Aus ihm ist etwas geworden. Der Vater des David war Isai oder Jesse; der Vater des Isai war Obed, welchen die Ruth dem Boas geboren hatte. Also kam das Geschlecht der armen Ruth auf den Königsthron. Gott hat ihre Liebe noch nach ihrem Tod an ihren Nachkommen vergolten." (Nr. 38, S. 174)

(„Vgl. Nr. 28, S. 132: „*Das war* die Geschichte der frommen Ruth und aus einem ihrer Nachkommen wird noch etwas.")

Bereits der durchgängige Gestus der Präsentation („Das ist...; das war...") macht deutlich, daß es in allen biographischen Strukturzusammenhängen um herausgehobene Persönlichkeiten mit einem relativ einheitlichen lebensgeschichtlichen Gefälle geht. In allen Biographien werden die bescheidenen Anfänge dem göttlichen Durchsetzungs- und Vollendungswillen kontrastiert. Die bescheidenen Anfänge sind zwar partiell von wundersamen Umständen und Zufällen getragen, doch verlieren sie niemals die Züge einer durchaus normalen, verallgemeinerbaren, grundsätzlich jedem widerfahrbaren und erlebbaren Kindheit. Die zentrale Intention Hebels liegt in Folgendem: Die Perspektiven einer Kindheit können für den Augenblick noch so trostlos und aussichtslos scheinen, Gott hat mit allen Trägern seines verheißungsstiftenden Handelns gerade in solchen Situationen begonnen. Die Struktur des ethischen Kontrapunktes des Vorsehungsglaubens erhält auch in den biographischen Strukturzusammenhängen ihre orientierende Transparenz – und gerade der Lebensweg Jesu ist davon nicht ausgenommen!

b) Pädagogisierung auf der Erzählebene

Wesentlich unprätentiöser, aber in seiner feinen, impliziten Art nicht weniger wirksam, sind die pädagogisierenden Bemerkungen auf der Erzählebene:

– „Zuerst wollten sie ihn [sc. Joseph; R. W.] tödten. Aber Ruben, *der älteste unter ihnen, war auch der besonnenste*, wie es den Jahren geziemt." (Nr. 15, S. 61)
– „Aber was für eine Freude wartete unterwegs auf Mose? Kam nicht zu ihm aus dem Lande Midian sein Schwiegervater Jethro, und brachte ihm seine *Ehefrau*, und seine *Kinder* den Gerson und den Elieser, *daß sie mit ihm zögen, und jezt bei ihm blieben.*" (Nr. 22, S. 97)
– „Als die Israeliten sich wieder zu dem Gott ihrer Väter wendeten, weckte Gott durch wunderbare Erscheinungen *einen kraftvollen jungen Mann* aus Manasse, daß er sein armes Vaterland erretten sollte. Gott kann *durch schwache Menschenkraft*, die ihm vertraut, große Wunder thun." (Nr. 25, S. 113)
– Es „war ein einjähriges Knäblein da, mit Namen Joas. Das Knäblein kam abhanden, als die übrigen getödtet wurden. Es konnte niemand sagen, wo es hingekommen war. [...] Unter ihrer [sc. der Priester; R. W.] Aufsicht wurde es sechs Jahre lang geheim gehalten und erzogen in einem Seitengemach des Tempels, und war *sozusagen bei dem lieben Gott in Kost und Pflege. Wiewohl alle Kinder sind in der Kost und Pflege Gottes, die Erwachsenen auch.*" (Nr. 52, S. 223)

Es ist bemerkenswert, wie Hebel hier und an vielen weiteren Stellen genau die pädagogischen Zusammenhänge unterstreicht, die den Kindern unter seinen Lesern und Hörern aus unmittelbarer Erfahrung heraus bekannt sein dürften: Geschwister, Eltern, eigene Kräfte, eigene Abhängigkeiten usw. Das weitgespannte Netz solcher Bezüge ist der spezifische Ausdruck des zentralen didaktischen Prinzips der Personalisierung.

c) Psychologisierung auf der Erzählebene

Solche Personalisierung schafft auch weiten Raum für die psychologische Motivation der Handlungen und Entscheidungen. Hebel ist sich der Gefahr einer superlativischen oder verniedlichenden und damit trivialisierenden Überdrehung solcher Psychologisierung bewußt (beachte die scharfe Abrechnung mit der Ausgestaltung der von Schmidschen Schulbibel). Wenige skizzenhafte Andeutungen müssen genügen, um einen Charakter als solchen vor dem geistigen Auge entstehen zu lassen. Die Motive müssen kindgemäß entfaltet werden, um von Kindern nachvollzogen werden zu können. Bibeldichterische amplificatio hat hier den schmalen Pfad zwischen freischwebender, spekulativer Fiktion und textgebundener, sklavischer Imitation zu beschreiten. Die kleine Auswahl der Zitate aus dem neutestamentlichen Teil von Hebels Biblischen Geschichten mag ausreichen, um seine Realisation der Lösung des Problems hinreichend zu verdeutlichen:

– „Sie [sc. Maria; R. W.] dachte, er werde bei den Gefreundten und Bekannten seyn, die etwas früher von Jerusalem weggegangen waren, wie gar oft die Kinder lieber mit den Verwandten als mit den Eltern gehen. [...] Ein verständiges Kind begibt sich in keine Gefahr. Die Mutter darf es schon bisweilen aus den Augen lassen." (Nr. 5, S. 14f.)

– „Aber es giebt unter allen Ständen Leute, welche für das Reich Gottes geschickt sind. Matthäus war ein solcher und Jesus verachtet Niemand, er weiß die guten Menschen überall zu finden. Er sprach zu dem Zöllner mit freundlichem Blick und Wort: ‚Folge mir nach!' Dem Zöllner that das freundliche Wort so wohl." (Nr. 14, S. 48)

– „Diese Unfreundlichkeit [sc. der Abweisung Jesu aus einem ‚samaritanischen Flecken'; R. W.] that den Jüngern Jakobus und Johannes so wehe und entrüstete sie so sehr, daß sie sprachen: ‚Herr, willst du, so wollen wir sagen, daß Feuer vom Himmel falle, und verzehre sie!' Also kann denken und sprechen der arme Mensch, der selbst Schonung und Nachsicht mit seinen eigenen Schwachheiten unaufhörlich bedarf." (Nr. 36, S. 120f.; der ironische Unterton des Kommentars stellt allerdings einige Anforderungen an den Rezipienten!)

– „Ischariot der Bösewicht [...] der Tückische und Verworfene [...]"; „Aber ist's nicht schon einmal gesagt? Wen der böse Geist zu einer schrecklichen That verleiten will, den macht er vorher rachsüchtig oder eifersüchtig oder geldbegierig." (Nr. 43, S. 144f.)

– „Es war ein tiefer Schmerz für das fromme heilige Gemüth Jesu, daß das schöne Zeichen der Freundschaft und der Liebe, Gruß und Kuß zu einer so schändlichen Treulosigkeit konnte gemißbraucht werden." (Nr. 45, S. 153)

– „Sie [sc. die zwei Jünger auf dem Weg nach ‚Emahus'(!); R. W.] meinten, es müssen alle Menschen wissen, und alle an das denken, was sie so traurig machte, und so schwer in ihrem Herzen lag. Er [sc. Jesus; R. W.] fragte sie, was sie meinten. Er wollte ihnen Gelegenheit geben, ihr Herz durch Mittheilen zu erleichtern." (Nr. 52, S. 177)

– Ein schönes Beispiel für solche Psychologisierung der jeweiligen Motive gibt auch die Stephanus-Episode in der Spezial-Fassung J.P. Hebels.[9]

d) Pädagogisierung in appellativer Absicht

Zeigten die bisherigen Zitate, daß Hebel mit dem didaktischen Prinzip der Personalisierung die *Exemplarität* biblischer Personen mit dem Erfahrungshorizont der Kinder zu vermitteln versucht (und dabei hauptsächlich auf der Erzählebene und mit eingeschobenen Kommentaren operiert), so geht es im Folgenden um die *Aktualität* pädagogischer Bezüge. Religionspädagogische Transformation zieht die biblischen Linien direkt in die Gegenwart der Rezipienten und formuliert Appelle adäquaten Verhaltens bzw. Urteilens. Während die Exemplarität als Ausdruck einer assimilierenden Bearbeitung zu werten ist, muß der aktualisierende Appell als Akkomodation bezeichnet werden. Exemplarität und Aktualität sind wie die beiden Schwerpunkte einer Ellipse aufeinander bezogen, ihre unterschiedliche Akzentsetzung muß und kann aber – trotz aller fließender Übergänge – unterschieden und spezifisch profiliert werden.

An betonter Stelle des Abschlusses der Erzvätererzählungen flicht Hebel in den Bericht der Zusammenführung von Joseph, seinen Geschwistern und Vater Jacob deutliche Appelle zur wünschenswerten Ausgestaltung der Eltern-Kind-Beziehung ein, die für Hebel die Grundlage allgemeinmenschlichen Wohlverhaltens bildet. „Das ist die lezte Freude der Eltern, wenn die Erde nichts mehr für sie hat, ihre Kinder, wenn sie auf Gottes Wegen wandeln und glücklich sind. Das ist die größte Freude frommer Kinder, daß sie ihren Eltern im Alter Gutes thun, und ihre Liebe vergelten können. [...] Ganz richtig! Wer seine Eltern liebt, der liebt auch seine Geschwister. Wer sein Glück für einen Segen Gottes erkennt, der ist auch gütig und freundlich gegen die Menschen.-" (AT Nr. 19, S. 82 und 85) Parallel zu dieser pädagogischen Stilisierung der Familie wird dann auch das vierte Gebot am Schluß der Vorstellung aller zehn Gebote eigens noch einmal wiederholt: „Merke: Gott hat die Kinder nicht vergessen. Er vergißt die Kinder nicht. ‚Du sollst deinen Vater und deine Mutter ehren!" (Nr. 22, S. 100) Auch an ihr eigenes Altwerden sollen die Kinder denken – und ihr jetziges Verhalten entsprechend ausrichten: „Gottesfürchtige Jugend bereitet sich ein gutes Alter." (AT Nr. 25, S. 114) Hebel läßt aber keine autoritären Einseitigkeiten in der Eltern-Kind-Beziehung aufkommen: „Gute Eltern denken immer zuerst an ihre Kinder. Das Unglück ihrer Kinder ist ihnen schmerzhafter als ihr eigenes." (AT Nr. 37, S. 169) Mit der Botschaft Jesu kommt sogar eine gewisse Vorrangstellung der Kinder wieder zum Durchbruch: „Fromme Menschen sind hier auf der Erde schon im Reich Gottes, fromme Kinder zum voraus." (NT Nr. 9, S. 29) Sie war nach Hebels Konzeption grundsätzlich im Paradies verwirklicht, wo „Adam und Eva [...] noch nackt umher(gingen), wie die Kindlein, und wußten es nicht. Sie waren noch unschuldig wie die Kindlein, und kannten noch nicht den Unterschied

[9] Vgl. 3. Kap. I,1.

zwischen Gut und Böse." (AT Nr. 3, S. 7) Aber die „seligen Kinderfreuden des Paradieses" waren durch den Sündenfall endgültig vorbei – mit Jesus ist das heilsgeschichtliche Thema der kindlichen Unschuld und sein Verheißungscharakter wieder zu einer realen menschlichen Möglichkeit geworden: „Ich will Jesus wiederlieben, der also die Kinder lieb hat und segnet. Ich will seine Ermahnungen zur Gottseligkeit kindlich befolgen und mich seiner schönen Verheißungen erfreuen. Ich will meine Unschuld bewahren, daß ich mein Leben lang und ewig in dem heiligen und seligen Reich Gottes bleibe, in welchem ich bin. Mein Engel im Himmel sieht allezeit das Angesicht seines Vaters im Himmel." (NT Nr. 9, S. 30f.) Der Appell, im Gebetsstil formuliert und mit einem starken Gefälle zum Bekenntnis, zielt zwar – ideologiekritisch perspektiviert – auf eine Anpassungs- und Sittsamkeitsmentalität, deren pädagogische Funktionalisierung und Auswirkung eine „schwarze Pädagogik" nur allzu drastisch verifizieren konnte.[10] Im Gesamtzusammenhang der Biblischen Geschichten jedoch muß diese ideologiekritische Perspektive nochmals kritisch reflektiert werden. Denn Hebel intendiert eben nicht ein bürgerliches Individuum, sosehr er den bürgerlichen Kontext der Schüler seiner Zeit maßgeblich beachtet („die bürgerliche Ordnung nach der Weise der Voreltern"; AT Nr. 57, S. 245).

Hebel hat die theologisch begründete Gotteskindschaft im Blick, die gerade nicht aufgeht in vermeintlichen Zwängen der Gesellschaft, sondern die menschliches Miteinander öffnet für liebevolle und tolerante Strukturen, die ihre Erfüllung immer erst in der Zukunft des Reiches Gottes finden, von der her eine wahre Qualifizierung einer jeweiligen Gegenwart erfolgt. Die religionspädagogische Transformation Hebels stellt die Gotteskindschaft zwar in einen bürgerlich-pädagogischen Kontext des ‚frommen' Kindseins im vertrauten Rahmen der Familie; dieses ‚fromme' Kindsein aber geht in der Wohlanständigkeit nicht auf; es ist Vorschein und Antizipation der Wirklichkeit des Auferstandenen: „Fromme Kinder wollen schon vermuthen, daß es der Auferstandene war, und haben auch noch kaum das Herz, es recht zu glauben." (NT Nr. 51, S. 174) Hebels Pädagogisierung auf der Appell-Ebene verfällt keineswegs einem puren Ethizismus. Kindsein bedeutet mehr als Gehorchen; Lieben umfaßt mehr als Erfüllung der Pflicht. „Er [sc. Jesus; R. W.] liebte sie, als wenn sie seine Kinder wären. Wen man herzlich und vertraulich liebt, den nennt man sein Kind." (NT Nr. 54, S. 182) Und bei aller – positiven! – Vertrauensseligkeit darf dann auch der spätaufklärerische Impuls nicht vergessen werden, der immer wieder den Anteil des Menschen an seiner „selbstverschuldeten Unmündigkeit" (Kant) überwinden möchte: „Manche Menschen wollen lieber unwissend seyn als unwissend scheinen. Sie schämen sich zu fragen, was sie nicht wissen. Lernen, was man noch nicht weiß, ist keine Schande und führt oft zu großem Heil." (NT Nr. 61, S. 206f.) Auch das Heil des Menschen und damit sein Heil-Werden sind erlernbar!

[10] Vgl. K. Rutschky (Hg.), Schwarze Pädagogik. Quellen zur Naturgeschichte der bürgerlichen Erziehung, Frankfurt u. a. 1977.

3. „Quasi aliud agendo“ – kommentierende, appellierende und erklärende Sentenzen

Die religionspädagogische Transformierung biblischer Inhalte führt – wie wir aufzuzeigen versuchten – zu einer Personalisierung in pädagogischer Funktion und Intention. Dabei wurde deutlich, daß Hebel den größeren Zusammenhang mit den theologischen Dimensionen von Verheißungsmotiv und Vorsehungsglauben stets mit im Blick hat, wenn er im didaktischen Mikrobereich von Kommentar und Appell adressatenorientiert den Erfahrungshorizont von Kind-Sein und Familie-Sein in besonderer Weise hervorhebt.

Welches methodische Verfahren aber wendet Hebel an, um seine didaktischen Entscheidungen, seine Anordnung, Auswahl und spezifische inhaltliche Transformierung so zu vermitteln, daß Belehrung und Unterhaltung, uti und frui, Texttreue und bibeldichterische Freiheit, Einzelzüge und Gesamtstrukturierung, Exemplarität und Aktualität, vernünftige Aufklärungsimpulse und sinnliche Herzensgüte nicht auseinanderfallen? Welches methodische Verfahren ist einem Autor gemäß, den neben der *humilitas* seines Stils als anerkannten Erzähler die *hilaritas* seines Stils als wirkenden und wirkungsvollen Pädagogen auszeichnet, und der darüber hinaus die Beschränkungen eines Bearbeiters (seien es die ökonomischen des Kalendererzählers, seien es die öffentlich-rechtlichen des Gymnasialdirektors und des Kirchenprälaten) als Vorauszusetzendes konstruktiv-kritisch zu akzeptieren bereit ist? Alle didaktischen Entscheidungen, deren stringente Systematik und flexible Originalität wir glauben feststellen zu können, wären vergebens, wenn nicht ein modus dicendi hinzuträte, den Hebel in seinen popularästhetischen Reflexionen zum Schlüssel des intellektuell wie theologisch anzustrebenden Ideals einer ‚zweiten Unschuld‘ erklärt hat: Das Bei-Seite-Sprechen, das bei-spielende Einflechten, das lockere Hinwerfen und Verstreuen; mit einem Wort den modus dicendi „quasi aliud agendo“! Dieser modus dicendi und docendi ist natürlich mehr als bloßes methodisches Instrumentarium. Er ist prall gefüllt mit didaktischen Entscheidungen, er läßt sich nicht trennen und unterscheiden von dem, was wir insgesamt als religionspädagogische Transformation bezeichnet haben. Aber die hier zu leistende Isolierung und Konzentrierung des Elementes „quasi aliud agendo“ ist unter systematischem Aspekt jedenfalls als formales, methodisches Konzept zu analysieren, das kontinuierlich alle inhaltlichen und didaktischen Entscheidungen begleitet und einer letzten, alles entscheidenden Transformation unterzieht.

Je eine neutestamentliche und eine alttestamentliche Biblische Geschichte sollen eine – am Text orientierte – Hinführung zum Phänomen des „quasi aliud agendo“ vermitteln.

Mit dem Gleichnis vom Barmherzigen Samariter (NT Nr. 31, S. 107–109) haben wir eine Hebelsche Geschichte vor uns, die auf den ersten Blick eine wörtliche Übernahme der Lutherübersetzung von Lk 10,25–37 zu sein scheint. Diese Biblische Geschichte sollte Teil einer Bibeldichtung zwischen Spätaufklärung und Biedermeier sein? Lassen wir den entscheidenden zweiten Blick den Germanisten R. Faber werfen, der, ähnlich wie W. Jens[11], gerade diesen Abschnitt zum Ausgangspunkt seiner Argumentation über die „Krise des Erzählens oder: J. P. Hebel, Voraussetzungen und Folgen"[12] gemacht hat:

„Mit Ausnahme des kurzen, vom ‚nämlich' eingeleiteten Schluß-Kommentars weicht Hebel nur dreimal vom Lukas-Text ab, schaltet er sich nur dreimal – in ‚Hausfreund'-Manier – in den Text ein. Dort, wo es heißt: ‚Die Frage wäre gut.' – ‚Die Antwort war wieder gut' [sc. S. 107 und S. 109 im Erstdruck; R. W.] und dort, wo Hebel das pharisäische Rechtfertigungssuchen mit Hinblick auf seine kindliche Leserschaft so erklärt: ‚Er schämte sich, daß er eine Frage getan haben sollte, die er und jedes Kind sich selbst beantworten konnten.'[sc. S. 107; R. W.] – An der Antwort des Schriftgelehrten hängt, wie Matth. 22,36–40 expliziert, ‚das ganze Gesetz und die Propheten': an den Geboten der Gottes- und Nächstenliebe. Das heißt, das Gleichnis vom guten Samariter ist nicht irgendeine synoptische Erzählung, hebräisch ‚Aggada', sondern die zentrale, und Hebel, bei dem – nach Benjamin – das ‚Haggadische ... so stark' ist wie ‚wohl bei keinem außerjüdischen Autor' sonst, brauchte eigentlich keinen ‚Merke'-Kommentar seiner Nacherzählung mehr anzuhängen; sie enthält ihre Lehre, hebräisch: ‚Halacha' selbst. Dem entspricht Hebel dann ja auch, indem er Jesus' ‚Tue das, so wirst du leben!' seinem Kommentar nochmals folgen läßt."

Faber fokussiert Hebels modus dicendi et docendi auf das der jüdischen Tradition verpflichtete Begriffspaar Halacha und Aggada; er greift damit einen Kontext auf, dessen christlich-theologische Rezeption – wie wir explizit nachweisen konnten – Hebel ein echtes Anliegen war, zumindest auf der inhaltlichen Ebene des jüdisch-messianischen Verheißungsmotivs. Mit Halacha und Aggada werden tatsächlich auch für Hebel typische Strukturzusammenhänge virulent, die man mit Ch.N. Bialik so umschreiben könnte:

„[...] dort dürre Prosa, ein präciser und feststehender Stil, graue, eintönige Sprache – Vorherrschaft des Intellekts; hier die Frische der Dichtung, ein fließender und abwechslungsreicher Stil, buntfarbene Sprache – Vorherrschaft des Gefühls."[13]

Bei aller Antithetik der jüdischen Lehrweisen, die als Interpretation des nach 70 n.Ch. endgültig kanonisierten Alten Testaments jüdischer Überlieferung ihre große Blüte erlebten, muß ihre unauflösliche Einheit betont werden:

---

[11] Vgl. W. Jens, Das Gleichnis vom Barmherzigen Samariter. Von der Liebe des Nächsten, in: ders., Kanzel und Katheder. Reden, München 1984, S. 153–162, hier: S. 155f.

[12] In: Praxis Deutsch. Zeitschrift für den Deutschunterricht 53/1982, S. 7-14, hier: S. 7.

[13] Ch.N. Bialik, Halacha und Aggada, in: ders., Essays, Berlin 1925, S. 82–107, hier S. 82 [Die Übersetzung aus dem Hebräischen besorgte G. Scholem].

„So sind auch Halacha und Aggada in Wahrheit zwei Dinge, die eines sind, zwei Gesichter *eines* Wesens."[14]

Fabers Rückgriff auf die quasi als Kategorien verwendeten Begriffe Halacha und Aggada versuchen dem Hebelschen Phänomen auf die Spur zu kommen, das ernsthafte inhaltliche Auseinandersetzung in eine ästhetische, spielerisch-dichterische Form aufhebt – und damit eine Möglichkeit bildet, wie sie das Erzählen im 20. Jahrhundert – durchaus auch in Verkennung seiner didaktischen Elemente – so nicht mehr bereit hält. Mit Bialik gesprochen:

„Das Ende der Literatur – wenn dies das Ende ist – sehen wir. Sie ist leer wie jene Tiefsee, in der keine Fische leben. Wer wirklich und wahrhaftig irgend etwas lernen will, muß [...] auf ein ‚anderes Feld' hinausgehen. Und es ist zu befürchten, daß auch das bißchen Aggada in ihr – die Schönheit – immer mehr dahinsiecht, aus Mangel an Zustrom, der von Zeit zu Zeit aus höheren Geistesquellen zu ihr käme."[15]

Hebel kann noch so erzählen, daß er das zu christlicher Lehre schlechthin geronnene Gleichnis vom barmherzigen Samariter mit drei kurzen Einschüben dem „Gefühl" der Leser/Zuhörer unmittelbar öffnen kann, ohne die theologisch und intellektuell zu verantwortende Botschaft des Evangeliums zu verletzen. Allein der Konjunktiv in der ersten Sentenz „Die Frage wäre gut" erheischt die ganze Zustimmungskraft des Rezipienten gegenüber dem Fragesteller und seiner Frage nach dem Heil. Andererseits klingt der entscheidende Vorbehalt gegenüber aller möglichen Selbstgewißheit in der Beantwortung der Frage an. Und der explizite Kommentar Hebels legt denn auch den Akzent auf die Entgrenzung aller möglichen Selbstversicherungen und ihre entsprechenden Schutzmaßnahmen: „Ich bin jedem sein Nächster [...] auch wenn er nicht meines Volkes oder meines Glaubens wäre." Aber – wie Faber bereits festgestellt hat – der Kommentar ist implizit schon im Text selber vorbereitet; denn indem Hebel der Schlußantwort des Schriftgelehrten in Aufnahme eines früheren Gedankens aus Lk 10,28a (den Hebel an der entsprechenden Stelle transformiert in: „Die Antwort war auch gut" [S. 107] und die Faber eigentümlicherweise nicht zitiert!) wiederum anfügt: „Die Antwort war wieder gut" (S. 109) ist der berechtigte Zweifel, den der Konjunktiv geweckt hat, einem Lernprozeß gewichen, der den Samariter und seine grenzenlose Liebe als Exemplum für die Erlangung des Heils akzeptiert. Der Kommentar am Schluß kann also mit gewachsener Zustimmung rechnen – bereits im Vorfeld will man sich ja nicht ausschließen aus einem Lernprozeß, in dem „jedes Kind sich selbst" (S. 107) die verhandelte Frage beantworten kann. Der Kommentar ist damit alles andere als aufgesetzt – und

[14] Ebd.
[15] Bialik, Halacha und Aggada, S. 106.

genau dies bezweckt die Methode des „Quasi aliud agendo“, um mit Hebels eigener Kategorie zu sprechen: Das Selbstdenken und -fühlen anregen, explizite Antworten als eigene verinnerlichen, Lehre nicht deduktiv aufschütten, sondern induktiv sich entfalten lassen.

Mit dem alttestamentlichen Beispiel wollen wir eine Biblische Geschichte ins Auge fassen, die ganz dem bibeldichterischen Prinzip einer zusammenfassenden Paraphrase verpflichtet ist: „Die kümmerlichen Zeiten dauern fort“ (AT Nr. 59, S. 252–254) und eben sie bilden die politisch bewegte Brückenfunktion zwischen der alt- und der neutestamentlichen Tradition im engeren Sinne. Die Zusammenhänge herstellenden *Kommentare* erhalten ihren geschichtlichen Wurzelgrund durch eingeflochtene *Erklärungen*. Hebel gelingt so die schwierige Aufgabe, eine wechselvolle Epoche sinnvoll zu strukturieren, ohne sich in einer Addition von Geschichtsfakten zu erschöpfen.

„Aber die schönen Zeiten Davids wollten nicht mehr zurückkehren. Das Reich der Perser wurde von den Griechen erobert. Da wurden Abrahams unglückliche Nachkommen Unterthanen der Griechen, *wie ein anderes gemeines Volk*.

Als die griechischen Feldherren die eroberte Welt unter sich theilten, und *zwar mit dem blutigen Schwert*, wurden sie bald syrisch, bald ägyptisch, bald wieder syrisch.

Ein preiswürdiges Heldengeschlecht, die Macabäer, machten das Land wieder frey von aller fremden Herrschaft. *Viel Blut wurde um die edle Freiheit vergossen*. Aber die schönen Zeiten Davids wollten doch nicht zurückkehren.

Nach diesen wurden sie zu ihrer lezten Schmach Unterthanen eines Edomiters, des Herodes und seiner Nachkommen. Damals wurde das Land auf der Abendseite des Jordans eingetheilt in Judäa, Samaria und Galiläa. Es kamen *die Römer* in das Land, *die überall hinkamen*, und sezten in Judäa ihre Landpfleger ein.“ (Nr. 59, S. 252f.)

Auch hier sind es winzige Nebensätze, die in diesem Fall Leid, Not und Elend auf der einen, Macht, Gewalt und Anmaßung auf der anderen Seite als präzise Assoziationen evozieren (vgl. die von uns hervorgehobenen Zitate; R. W.).

Das Besondere der geschilderten Epoche liegt nun in der immer dringlicher artikulierten Hoffnung auf den Verheißenen, auf den Messias, der das Heil, der die Vollendung bringen soll. Hebel erläutert zunächst einige der Begriffe und Eigennamen, mit denen sich damals der Verheißungsglaube verband. Dann aber bereitet er den *Schlußappell* vor (eine in die 3. Person Sg. transformierte Selbstaussage Jahwes aus Jes. 55,8f.) und benutzt dazu wiederum einen Konjunktiv – anzeigend, daß ein Mitdenken und Mitfühlen am Erzähltext selbst implizit die Schlußsentenz schon antizipiert. Hebel transzendiert – quasi aliud agendo – die Erzählung hier auf eine allgemeine Schlußbetrachtung, er transformiert das Epochenbewußtsein in eine gegenwärtige aktualisierende Selbstaussage des Vorsehungsglaubens und er verfährt methodisch so, daß sich eins aus dem anderen ergibt, daß der Text selbst transparent ist für den Lernprozeß:

„Aber die Thörichten hoffen, daß er [sc. der Verheißene; R. W.] werde die Herrschaft der Römer in dem heiligen Lande zerstören und den weltlichen Thron Davids wieder herrichten, und hätten doch schon lange erkennen können, daß ein *solcher*, wie *sie* ihn erwarteten und wünschten, nicht kommen werde – *Gottes Gedanken sind nicht eure Gedanken, und seine Wege sind nicht eure Wege, sondern so viel der Himmel höher ist als die Erde, so sind auch seine Gedanken höher, als der Menschen Gedanken.*" (S. 254; Kursivdruck entspricht dem Sperrdruck des Originals; R. W.)

Fast alle Biblischen Geschichten Johann Peter Hebels sind gekennzeichnet von der Transparenz des Lernprozesses durch das methodische Prinzip des „Quasi aliud agendo"; eine vollständige Auflistung ergäbe eine Verdoppelung des zu Interpretierenden auf der analytischen Metaebene.

So soll zum Schluß nur noch eine Metapher hervorgehoben werden, die Hebel sowohl im alttestamentlichen wie im neutestamentlichen Teil für die Umschreibung der Todeswirklichkeit verwendet: *der Tod als Schlaf*. Diese Metapher kann gleichermaßen mit allgemeiner Verständlichkeit als auch mit hintergründiger Nachdenklichkeit rechnen und erfüllt mit ihrer Präsentation – quasi aliud agendo – das Ideal einer wahrhaften Populärästhetik im didaktisch verantworteten Schulbuch Johann Peter Hebels.

Die Männer von Jabes können den Philistern die Leichname des Königs Saul und seiner Söhne entwenden, um sie in ihrer Heimatstadt „unter einem Baum" zu begraben. Hebels modus dicendi et docendi fügt folgenden Kommentar bei: „Es ist eine schöne Grabstätte unter einem Baum, wie wenn ein müder Wandersmann unter einem schattenreichen Baum Kühlung und Erquickung sucht. Er schläft ein Stündlein oder etwas, und steht alsdann wieder auf." (AT Nr. 39, S. 175) Im neutestamentlichen Teil erfährt dann der angedeutete Zusammenhang von Schlafen, Aufwecken und – metaphorisch – Auferweckung seine inhaltliche Zuspitzung, zunächst in der Wundergeschichte von des Jairus Töchterlein. „Jesus sprach: Weinet nicht, das Kind ist nicht todt, es schläft. Etliche lachten über dieses schöne trostreiche Wort. Gar oft lacht der Unverstand. Jesus aber sorgte dafür, daß alle Leute hinweggeschafft wurden, daß das Töchterlein nicht erschrecken sollte, wenn es aufwachte aus seinem tiefen Todesschlaf. Ein menschenfreundliches Gemüth giebt auf alles Acht. [...] Jesus [...] sprach, ‚Kind, stehe auf,' wie wenn am Morgen eine Mutter ihre Kinder weckt. Sie stehen frisch und munter auf und begrüßen das freundliche Tageslicht." (NT Nr. 22, S. 81f) Dann – als typologische Vorwegnahme der Auferweckung Jesu und seiner allgemeinen Bedeutung – wird die Metapher in der Geschichte „Auferweckung des Lazarus" noch einmal voll ausgeschöpft: „Er kam hervor, wie wenn er nur geschlafen hätte, und kehrte nachher mit den Seinigen in ihre Wohnung zurück. Das war das herrliche Werk, das Jesus durch Gottes Kraft verrichtete, daß er den Todten zum Leben erweckte. Der Tod ist nur der Weg zu einem neuen Leben." (NT Nr. 38, S. 128f.)

Es darf an dieser Stelle wohl mit Paulus argumentiert werden: Wenn Hebel es schafft, den komplexen Zusammenhang von Tod und Leben quasi aliud agendo in seinen Biblischen Geschichten zu thematisieren, *um wieviel mehr* wird dieses Verfahren ihm in all den anderen Zusammenhängen glücken, die sich den überschaubaren Lebensumständen allein widmen, *um wieviel mehr* wird ihm die Transparenz eines Lernprozesses in und an den Texten gelingen, die die Vielfalt des menschlichen und endlichen Lebens allein orientierend vergegenwärtigen möchten.

Kein Appell wird von Hebel gewaltsam eingetrichtert, jeder entwickelt sich organisch aus dem Erzählzusammenhang. So bleibt dann auch noch ein so unerhörter Satz wie „Der Tod ist nur der Weg zu einem neuen Leben" gedeckt und vorbereitet – in theologischer, literaturästhetischer und pädagogischer Verantwortung!

IV. Hebels Modell einer Bibelbearbeitung für Schüler

1. Die Entstehungsgeschichte des Schulbuches[1]

Gleich nachdem im März 1824 zehntausend badische Schulexemplare von Hebels Bibelbearbeitung gedruckt worden waren, ordnete das Landeskirchenamt in Karlsruhe in einem „Circulare" allen badischen Dekanaten die Einführung des neuen Schulbuches an.[2] Fast zehn Jahre waren vergangen, seitdem Hebel zum ersten Mal – in einem Brief an Hitzig vom 6. Mai 1815[3] – vom Streit in der Kirchenkommission berichtet hatte, der sich an der beabsichtigten Einführung einer evangelischen Bearbeitung der katholischen „Bibelgeschichte"[4] Christoph von Schmids entzündet hatte; immerhin sechs Jahre waren verflossen, seitdem er zum ersten Mal – in einem Brief an Haufe vom 15. Dez. 1818 – Einblick in die laufenden Arbeiten an seiner Bibeldichtung gibt. Ganz im Sinne der Adressatenorientierung seiner Populärästhetik hat er – stellvertretend für viele – besonders die Kinder seines Freundes Haufe in Straßburg im Blick (nicht nur im erläuternden Brief, sondern vor allem auch während der Gestaltungsarbeit, die er zeitlich allerdings völlig unterschätzt):

[1] Summarisch sei hier auf die Ausführungen bei Mayer, Biblische Geschichten im evangelischen Religionsunterricht, S. 421–432, verwiesen. R.Feger beschränkt sich in seinem Aufsatz „Die Entstehung der Biblischen Geschichten" (in: ders., Annäherung an einen Prälaten. Fragestellungen zu Leben und Werk von Johann Peter Hebel, Lahr 1983) vor allem auf ausführliche Zitate aus dem Gutachten Hebels von 1815: „Meine Bemerkungen über das mit Abänderungen in unseren Schulen einzuführende biblische Geschichtsbuch von Schmidt."

[2] Vgl. LKA; Rep. EOK, Gen 2707, Bl. 74 (Landeskirchliches Archiv Karlsruhe).

[3] Briefe, Nr. 377, S. 549.

[4] Ebd.

„Denn ich schreibe wirklich eine heilige Geschichte für die Kinder, für unsere Kinder in Kl. Straßb. und lebe am Berg Tabor, unter den Palmen von Jericho, am Brunnen Jakobs am heiligen Grab, und wie gesagt bei euch. Ich möchte gerne, daß dieses Geschäft, welchem die Weihnachtsferien unentbehrlich sind, als geltende Verhinderung von euch angesehen würde, denn ich habe keine wichtigere. Die Arbeit muß wills Gott bis Ostern fertig seyn. Es ist mir jede Stunde der freien Zeit und frommen Geistesstimmung dazu theuer, absonderlich die heilige Zeit, wann die Festglocken läuten und nachklingen, und die Spätzlein ans Fenster kommen."[5]

So also kann man die Biblischen Geschichten auch perspektivieren: Drei Jahre *kirchenoffizielle Planungen* unter heftig geführten Konzeptionsauseinandersetzungen der beteiligten Kirchenräte und sechs Jahre *subjektiv authentische Gestaltungsarbeit* unter liebevoll geführten Dialogen mit erinnerten[6] und lebenden Schülern bzw. Kindern. ‚Bearbeitung' erwies sich beim Projekt der Biblischen Geschichten wieder einmal als der anstrengende, gleichwohl kunstvolle Weg, *öffentliche Standards* (immerhin ging es um ein ordentlich einzuführendes Schulbuch für das gesamte Großherzogtum Baden) und *private Vorlieben* (immerhin hatte man sich populärästhetisch ganz den Adressaten verpflichtet) auf einen Nenner zu bringen: nämlich den Nenner eines offiziell autorisierten *und* schülernah modifizierten Nachfolgers der „Hübnerischen B.G." (deren letzte Auflage war 1823 endgültig in Baden vergriffen und somit war allein schon aus verlegerischen Gründen des „Gymnasiums Verlags" das neue Buch unumgänglich[7]). Selbst die verlegerische Entstehungsgeschichte spiegelt diese eigentümliche Verbindung von privatem *und* öffentlichem Anspruch der Arbeit Hebels wider. Hebel bleibt seinem Verleger Cotta treu, der ihm mit dem ‚Sammelband' der Kalendergeschichten („Schatzkästlein des rheinischen Hausfreundes", Tübingen in der Cotta'schen Buchhandlung 1811) zu einem weit über das Verbreitungsgebiet des Kalenders hinausgehenden literarischen Ansehen verholfen hatte.[8] Gleichzeitig aber stellt er in den Verhandlungen die „Hauptbedingung voran",

[5] Briefe, Nr. 407, S. 579f.

[6] Briefe, Nr. 488, S. 646 (An Sophie Haufe, Februar 1824): „Denn immer wenn ich schrieb habe ich mir meinen alten Schulmeister Andreas Grether in Hausen und mich und meine Mitschüler unter dem Schatten seines Stabes, oder ich habe mir eine Repräsentantin aller Mütter unter ihren Kindern, und immer die nemliche gedacht, und uns um unser Urtheil, mich als Schulbüblein mit gerechnet, um unser Urtheil [so] gefragt."

[7] Vgl. Briefe, Nr. 466, S. 630f. (An Cotta, 15. Juni 1823).

[8] Im Dezember 1820 nimmt Hebel nur äußerst zögerlich und mit großem Vorbehalt das Ansinnen des Frankfurter Buchhändlers und Verlegers H.L. Brönner auf, die Biblischen Geschichten zu drucken. (Briefe, Nr. 423, S. 591f.) Ab Januar 1823 sind dann die Verhandlungen mit Cotta brieflich dokumentiert: Vgl. Briefe, Nr. 456; 459; 460; 466; 467; 469; 474; 484; 491; 497; 511.

„daß dem hiesigen Lyceumsverlag oder den ieweiligen Pächtern desselben das Recht vorbehalten bleibe, wenn diese biblische Geschichte als Schulbuch eingeführt wird, das Bedürfnis für die evangelischen Schulen im Land auf eigene Rechnung zu drucken und zu verkaufen."[9]

Auf der einen Seite verliert er sich in bibliophile und ästhetische Einzelheiten („Vielleicht ist es Ihnen gefällig, dem Werklein einen artigen Umschlag, ein Röcklein auf die Reise geben zu lassen -"[10]), auf der anderen Seite wahrt er die Rechte des Lyceums-Verlags in Baden auf Belieferung der Schulen[11] und verzichtet großzügig auf Honorarerstattung wegen einer „Ausgabe zum Gebrauch in catholischen Schulen mit wenig Verbesserungen und Zusätzen".[12]

Bis 1824 waren im evangelischen Religionsunterricht in Baden Johann Hübners „Zweymal zwey und funffzig Auserlesene Biblische Historien, der Jugend zum Besten abgefasset ..." offiziell im Gebrauch. Seine Einführung in Baden geschah 1748 auf Grund eines Visitationsberichtes, der mit Verwunderung vermerkt, daß das Buch bereits inoffiziell Verwendung gefunden hatte. Angeblich soll die Markgräfin Magdalene Wilhelmine es „ohne Wissen des Fürsten und der Schulbehörde aus ihren Mitteln in vielen Exemplaren an die Landschulen verschenkt haben."[13] Der regierende Enkel Karl Friedrich verwandelte daraufhin den status quo in eine hochoffiziell legitimierte landeseinheitliche Regelung. Bereits 1784 aber setzte die erste Kritik am Hübner ein[14], und tatsächlich kam es zu einer badischen Revision, die allerdings vor allem in beträchtlichen Kürzungen ihren Niederschlag fand. Mit dem Kirchenrat Johann Ludwig Ewald (1747–1822)[15] kamen dann die Auseinandersetzungen auf, von denen Hebel in seinem Brief an Hitzig 1815 erstmals berichtet hatte.[16] Schon 1813 hatte Ewald die ‚Biblische Geschichte' Hübners als „die schlechteste von allen" abgekanzelt und hinzugefügt: „Ich würde etwas Überflüssiges tun, wenn ich dies weitläufig zu beweisen suchte".[17] Doch sein Vorschlag, stattdessen Christoph von Schmids „Biblische Geschichte für Kinder, zum planmäßigen Unterricht in sämmtlichen Schulen Baierns" (München 1801 u. ö.) für die badischen Verhältnisse ‚evangelisch zu adaptieren', stößt auf den erbitterten Widerstand nicht nur Hebels, der seine

[9] Briefe, Nr. 459, S. 624.

[10] Briefe, Nr. 460, S. 625; vgl. auch Nr. 459, S. 624 (Farben); Nr. 463, S. 626 (Formate) und Nr. 474, S. 636 (Bilder).

[11] Briefe, Nr. 484, S. 643.

[12] Briefe, Nr. 491, S. 649.

[13] Mayer, Biblische Geschichten im evangelischen Religionsunterricht, S. 410.

[14] Mayer, Biblische Geschichten im evangelischen Religionsunterricht, S. 417.

[15] Vgl. den Artikel von P. Katz ‚Ewald, Johann Ludwig', in: RGG, II. Band, ^{3}1958, Sp. 799.

[16] Vgl. Anm. 3 dieses Abschnittes.

[17] LKA, Rep EOK, Gen 2707. Bl. 53 Zitiert nach Mayer, Biblische Geschichten im evangelischen Religionsunterricht, S. 419.

Meinung 1815 im zitierten Gutachten unmißverständlich zum Ausdruck bringt. Auch Kirchenrat Jakob Friedrich Gerstner verfaßt im selben Jahr ein Gutachten; dieses hebt vor allem auf moralische Bedenken und theologischen Dissens gegenüber von Schmid ab.[18] Ewald setzt sich noch einmal mit beiden Gutachten auseinander[19] und liefert selbst eigene Überarbeitungen der Schmidschen Bibel. Erst nach Ablauf von drei Jahren erhält der Kirchenrat Johann Peter Hebel im Mai 1818 den offiziellen Auftrag, entweder eine vorhandene Biblische Geschichte zu überarbeiten oder ein ganz neues Schulbuch zu verfertigen.[20] Ewald selbst soll den Vorschlag, Hebel endgültig zu bestimmen, in der Kirchenkommission gemacht haben.[21]

Und Hebel nimmt die Herausforderung mit ganzem Herzen an und schafft dabei *etwas ganz Neues*! Schon am Ende des Jahres 1818 stellt er fest:

> „Ich bin schon an Samuel und David und glaube fest, Gott steht mir bei, daß ich etwas Besseres als das Gewöhnliche liefere".[22]

Dies zu bestätigen, war und ist Ziel unserer Ausführungen zu Hebels vielfältigen *Voraussetzungen* und unserer *Untersuchungen* von Hebels Endfassung seiner gestalterischen Bemühungen; beides soll im Folgenden einer zusammenfassenden Synopse zugeführt werden. Doch zuvor wollen wir kurz die Wirkung dieses Schulbuches streifen.

2. Marginalien zur Wirkungsgeschichte des Schulbuches

> Die „bibl. Geschichte wird im Lande für den Gebrauch der inländischen Schulen wirklich abgedruckt. Das Exemplar wird ungefähr 24 kr. kosten. Sie wird gemäs den Beschlüssen der G[enral] Synode allgemein eingeführt werden."[23]

Hebel war es nicht vergönnt, den Gebrauch seiner Bibeldichtung in den Elementarschulen des Großherzogtums Baden länger als eineinhalb Jahre zu verfolgen. Im September 1826 verstarb er während einer Visitationsreise nach Mannheim. Der Tod riß ihn aus einem Leben, dessen eigentliche Kontinuität im Wirken für die und in den Schulen Badens lag. Sein Leben war in dominanter Weise den Schülern gewidmet; ein Schulbuch war es, das seine literarische Begabung und seine theologischen Interessen in einer Bibeldich-

[18] LKA, Rep EOK, Gen. 2707, Bl. 57. Zusammengefaßt bei Mayer, Biblische Geschichten im evangelischen Religionsunterricht, S. 424f.

[19] LKA, Rep EOK, Gen. 2707, Bl 59 und 68. Zusammengefaßt bei Mayer, Biblische Geschichten im evangelischen Religionsunterricht, S. 428–430.

[20] Vgl. LKA, Rep. EOK, Gen. 2707, B. 63.

[21] Mayer, Biblische Geschichten im evangelischen Religionsunterricht, S. 430.

[22] Briefe, Nr. 408, S. 580 (An Fecht). Hervorhebung von R. W.

[23] Briefe, Nr. 486, S. 645 (An Winter, 29. Januar 1824).

tung für Schüler zusammenbrachte und so sein schriftstellerisches Können sinnvoll abrundete.

Daß es kein gewöhnliches Schulbuch war, das in trockener Selbstgefälligkeit allein einem Stoffpositivismus frönte, ließ sich auf jeder Seite seiner Bibelbearbeitung nachweisen. Der Schüler mit seinen kognitiven und affektiven Möglichkeiten stand im Mittelpunkt, er sollte zu eigenbestimmter Selbsttätigkeit provoziert werden, indem er verstrickt wurde in Verstehensprozesse und Aktualisierungsstrategien, die quasi aliud agendo im Erzählprinzip des Werkes unauffällig versteckt waren. Die *intendierte Unmittelbarkeit* der Rezeption war insofern eine reflektierte, als diese Unmittelbarkeit den Prozeß der geschichtlichen Überlieferung schon hinter sich hatte. Der Palimpsestcharakter des Textes vereinte auf einer dritten Ebene die Historizität und die Aktualität der Geschichte Gottes mit den Menschen und schuf so – entsprechend der historischen Situation *nach der Aufklärung* – *eine zweite Naivität*, wie sie Hebel mit erstaunlichem Problembewußtsein in seiner Populärästhetik als entscheidende Forderung gegenüber biblisch-theologischer Überlieferung erhoben hatte. Hebels Bibeldichtung war für Schüler vor allem auch deshalb etwas „Besseres als das Gewöhnliche", weil Hebel erzählen konnte, wie man eigentlich – nach den Erkenntnissen der radikalen Aufklärung – gar nicht mehr erzählen durfte, weil doch der ‚garstige Graben der Geschichte' durch die historische Kritik immer tiefer und breiter, immer unüberwindlicher geriet. Doch Hebel schrieb sich ‚durch diesen Graben', er hatte ihn hinter sich, wenn er seine *Appelle* aus dem Vorsehungsglauben entwickelte; er hatte ihn hinter sich, wenn er das fremde, distanzierte Geschehen in der Bibel verheißungsvoll *kommentierte* oder es akkomodierend und assimilierend einer *Erklärung* zuführte. Nur so gelangten die Schüler auf eigenen Boden, der ihrem geschichtlichen Selbst- und Weltverständnis vertraut war und der gleichwohl als fremder, jedoch aktuellbezüglicher Grund transparent gemacht wurde.

Es liegt in der Logik von Hebels Populärästhetik, daß er gerade von den Adressaten selbst ein Urteil über sein Werk erwartete:

„Ich suche dismal meine Recensenten in der Kinderwelt u. wo lieber als in dem Hause der frommen und zarten Erziehung?"[24] (*An Nüßlin*)

„Ich suche diesmal den Beifall, wiewohl auch sonst am liebsten, nicht in der Welt meiner Recensenten, sondern in Familienkreisen, in der Kinderwelt, und wo zuerst als in dem Hause, wo die Liebe fromm und zart verzeiht."[25] (*An Nüßlin*)

„Allein ich suche diesmal meine Recensenten wirkl. nicht in den gelehrten Stuben, sondern in den Kinderstuben und bei den Gemüthreichen".[26] (*An Stöber*)

24 Briefe, Nr. 480, S. 641.

25 Briefe, Nr. 481, S. 641.

26 Briefe, Nr. 510, S. 663.

Zwar spricht Hebel hier nicht direkt die Wirkung seines Schulbuches auf Schüler an, doch dürfte das augenscheinlich auf den fehlenden engen Kontakt mit Kindern der entsprechenden Altersstufe außerhalb der befreundeten Familien zurückzuführen sein. Jedenfalls stand für Hebel die Opposition von Schulbuch und Hausbuch immer schon fest, und er wußte, daß das Projekt einer Schulbibel anderen Voraussetzungen genügen muß, als eine Erbauungsschrift im Familienkreis. Schon 1815 hatte er in der Diskussion um die Schmidsche Schulbibel einen klaren Kurs für ein Schulbuch vertreten,

„denn es gehört nur Verstand, keine Theologie dazu, um sich zu überzeugen, daß Schm. ein gutes Haus- und Lesebüchlein unter den Augen der Mutter und eben deshalb ein schlechtes Schulbuch sey."[27]

Daß Hebel dann ein Schulbuch als Bibeldichtung konzipiert und gefertigt hatte, änderte nichts an der grundlegenden Bestimmung eines Gebrauchs in den Schulen.

Wie aber sollte man im Religionsunterricht an badischen Elementarschulen umgehen mit diesem Schulbuch, das die didaktischen und methodischen Entscheidungen in den Bibelerzählungen selbst bereits enthielt? Welcher Gebrauch wurde von Hebels Bibeldichtung von den Lehrern gemacht, die nach wie vor für den biblischen Teil des Religionsunterrichts verantwortlich waren (im Gegensatz zu den Pfarrern, die qua Katechismusunterricht, für den sie verantwortlich waren, die Biblischen Geschichten teilweise nicht einmal kannten[28])?

Für eine religionspädagogische Perspektivierung, die den gesamten Mikrobereich unterrichtlicher Vermittlungsarbeit und nicht nur die entsprechenden Unterrichtsmedien zu analysieren hat, wäre gerade diese Fragestellung von erheblichem Interesse. Aber genau an diesem Punkt stoßen wir auf eine unübersehbare, im Ergebnis vermutlich auch nur sehr unergiebige Quellenlage; denn um die entsprechenden Unterrichtsverfahren und ihre expliziten und impliziten Wirkungen auf die Schüler auch nur umrißartig feststellen zu können, müßte man in den vorhandenen schulorganisatorischen Dokumenten aller damals im Großherzogtum Baden existierenden Elementarschulen Hinweise eruieren und Spuren sichern, die eventuell Rückschlüsse auf jeweils aktuelle Vorgänge und längerfristige Abläufe im Unterricht zuließen. Und die Wirkung auf die Schüler gar ließe sich nur verifizieren, wenn zumindest sporadisch Eindrücke oder Rückerinnerungen im Zusammenhang eines Unterrichts mit den Biblischen Geschichten Hebels aufgezeichnet worden wären. Beide Forschungsrichtungen aber würden den Rahmen unserer Arbeit bei weitem überspannen und hätten darüber hinaus auch nur eine geringe Chance des Fündig-Werdens. Erst in unserem Jahrhundert wurde die

[27] Briefe, Nr. 377, S. 549 (An Hitzig, 6. Mai 1815).
[28] Vgl. Mayer, Biblische Geschichten im evangelischen Religionsunterricht, S. 455!

Unterrichtsbeobachtung auf wissenschaftliche Grundlage gestellt und ist als Faktor einer Religionspädagogik im engeren Sinne (also bezogen auf den schulischen Religionsunterricht) nicht mehr wegzudenken. Das 19. Jahrhundert reflektierte die pädagogischen Zusammenhänge im Unterricht aber ohne die empirische Mikroskopie, wie sie für heutige Verfahren der Unterrichtsbeobachtung unerläßlich ist. Man dürfte also bei weiteren Forschungen in dieser Richtung, die vor allem in der badischen Territorialgeschichte anzusiedeln wären, eher auf zufällige Beobachtungen und Feststellungen, denn auf exakte Erkenntnisraster stoßen.

Die Wirkungsgeschichte der Biblischen Geschichten Hebels im Sinne ihrer unterrichtlichen Vermittlung wäre jedenfalls noch zu schreiben.[29]

Doch auch die Wirkungsgeschichte des Schulbuches auf der Metaebene von Besprechungen in Zeitschriften für Lehrer oder anderen im Zusammenhang stehenden Publikationsorganen bleibt für den Zeitraum der Verwendung des Buches im evangelischen Religionsunterricht in Baden merkwürdig verschlossen. Hebel selbst deutet diese erstaunliche Zurückhaltung in dem schon zitierten Brief an Stöber vom 19. Februar 1825 an:

> „Sie empfangen, Theuerster und Geehrtester mit dem nächsten Botentag meine iungen Zwillinge, die biblischen Geschichten, von denen zwar die gelehrte Welt, obgleich bei Cotta gedruckt, noch nicht viel Notiz hat nehmen wollen, so daß es fast scheint, es sei nicht einmal viel daran."[30]

Hier wird schon deutlich, daß Hebel nicht nur auf den Beifall seiner eigentlichen Adressaten gehofft, sondern auch vor der wissenschaftlichen Öffentlichkeit – berechtigten! – Anspruch auf Anerkennung erhoben hat. *Diese* Anerkennung blieb ihm zeitlebens verwehrt, und auch nach seinem Tod ist uns eine entsprechende Würdigung nicht bekannt, wobei Äußerungen etwa im Nekrolog oder in der Einleitung zur ersten (und bislang einzigen) Gesamtausgabe nicht in den hier thematisierten Kontext gehören. Sollte das Bessere „als das Gewöhnliche", das Hebel mit seinem Schulbuch geschaffen hatte, den Rahmen gewöhnlicher Vorstellungs- und Beurteilungskraft gesprengt haben? Oder muß das öffentliche Stillschweigen besonders in den Rezensionsorganen der Zeit als ein heimliches Mißfallen gedeutet werden?

Die Generalsynode der badischen unierten Landeskirche von 1834 jedenfalls sah sich veranlaßt, wenn auch „mit der größten Schonung", Veränderun-

---

29 Ein winziger, wenn auch höchst aufschlußreicher Baustein findet sich im Beschluß des Schulvorstandes der Stadt Kirchen am Rhein vom 20. Januar 1846: „Den israelitischen Schülern wird, im Einverständniß mit dem Synagogenrathe, aufgegeben, die biblischen Historien Alt. Testaments von Hebel anzuschaffen". (Vgl. J. Schmidt, Kirchen am Rhein – Eine karolingische Königspfalz. Ein Beitrag zur Kulturgeschichte des Oberrheins von der Steinzeit bis zur Gegenwart, Bühl (Baden) 1912, S. 244, Anm. 156). Eine schönere Bestätigung hätte Hebels messianisch-jüdisches Verheißungsmotiv im AT nicht finden können.

30 Briefe, Nr. 510, S. 663.

gen am Schulbuch vorzunehmen, die gerade die spezifische Charakteristik dieses biblischen Palimpsestes auf der Kommentar-, der Appell- und der Erklärungsebene betrafen.[31]

Doch auch diese Modifikationen konnten nichts daran ändern, daß aus einer für ein Schulbuch eher ungewöhnlichen Ecke – nämlich seitens der Eltern – ein Schwall der Entrüstung sich entlud, den Mayer geradezu „als eine badische Kirchenrevolte gegen Katechismus und Biblische Geschichte" bezeichnet hat. Es waren pietistische Eltern, die sich zu den sog. „Stillen im Lande" zählten, die im Jahre 1849 eine Unterschriftenaktion starteten, die mit meist vorgedruckten Petitionen aus nachweislich 28 badischen Gemeinden beim „Oberkirchenrath" „die Hinwegnahme der Hebelschen Biblischen Geschichten und Einführung der Heiligen Schrift in den Schulen" nach Luthers vertrauter Übersetzung forderten.[32] 25 Jahre nach der offiziellen Einführung von Hebels Bibeldichtung zwischen Spätaufklärung und Biedermeier war eine religiös-konfessionelle Verengung eingetreten, die keinerlei Verständnis für die historische Situation *nach der Aufklärung*, wie sie Hebels Schaffensperiode kennzeichnete, aufbringen konnte. Durch die Fixierung auf den theologischen und glaubensmäßigen Dissens blieb natürlich keine Sensibilität für das subtile Zusammenspiel von theologischen, literarischen und pädagogischen Elementen dieser kohärenten Bibeldichtung. Hier ging es um die Wahrheit des eigenen, subjektiven Glaubens, der sich durch eine angebliche subjektive Unmittelbarkeit der Glaubensgewißheit gestärkt sah und sich so immunisierte gegenüber allen von Hebel angestrebten Grenzüberschreitungen. Allotria sollte mit der Schrift nicht getrieben werden:

> „Wenn man eine biblische Geschichte in der Bibel und dann diesselbe Geschichte in Hebels Historie liest, so kann man die letztere in Ton und Inhalt kaum ertragen. Wenn die Kinder daheim in der Bibel lesen, so sagen sie oft: In der Historie heißt es anders. So aber soll es in einer Gottessache nicht sein."[33]

Die Tatsache, daß die Kinder daheim „ihren" Hebel immerhin so gut kannten, daß sie überhaupt einen Unterschied zum Wortlaut der Bibel bemerkten, war für diese Eltern kein Anlaß, in ein didaktisch fruchtbares Gespräch zu treten. Auch kam ihnen die Überlegung gar nicht erst in den Sinn, daß ein ‚reiner' Umgang mit der Schrift möglicherweise keinerlei Resonanz bei den Schülern hinterläßt.

Das von Hebel mühsam aufgebaute bibeldidaktische und bibeldichterische Gebäude bot den Pietisten keine bleibende Heimstatt mehr. Es mußte abgerissen werden. Die Stellung der Pietisten war in der Generalsynode von 1855 zwar nicht so groß, daß ihre Revolte von 1849 noch einmal zur Sprache

[31] Vgl. Mayer, Biblische Geschichten im evangelischen Religionsunterricht, S. 450f.
[32] Zitiert bei Mayer, Biblische Geschichten im evangelischen Religionsunterricht, S. 453.
[33] Ebd.

gekommen wäre, aber auf dieser Synode wurde nun doch der damalige Vorstoß in seiner Absicht vollzogen: Thematisch war sich der Oberkirchenrat mit ihnen einig![34]

Das Ende des Hebelschen Schulbuches, das nach über dreißig Jahren Verwendung einem ‚Auszug' aus der Heiligen Schrift weichen mußte, war nicht das Ende der Hebelschen Biblischen Geschichten. Ihre weitere Wirkungsgeschichte aber lief nun ganz auf der Ebene der Haus- und Erbauungsbücher, wovon die zahlreichen Editionen im 19. und 20. Jahrhundert beredtes Zeugnis ablegen.[35] Ein erster Blick bereits auf die massiven Texteingriffe, die vorgenommen wurden, und in die des öfteren beigegebenen Illustrationen zeigt, daß Hebels Werk zwischen Spätaufklärung und Biedermeier zu einem harmlosen und gefälligen Erbauungsbuch verkommen ist, das seine ursprüngliche religionsdidaktische Funktion im Rahmen des Religionsunterrichts an öffentlichen Schulen vollkommen eingebüßt hat und dem die alles entscheidenden Hebelschen Spitzensätze genommen sind. Ohne diese aber bricht das grazile bibeldichterische Gebäude von selbst ein; massive Zensurmaßnahmen sind dann gar nicht mehr erforderlich.

Umso erstaunlicher ist es, daß die *Übersetzungen ins Rätoromanische*, *ins Dänische und ins Niederländische*, die Hebels Biblische Geschichten immerhin erfahren haben, allesamt als wortgetreu charakterisiert werden können, was bei dem eigenwilligen Hebel-Ton sicher nicht immer leicht zu realisieren war.[36] Jedenfalls spricht aus dieser Tatsache eine größere Sensibilität und Bereitschaft, sich auf Hebels Bibeldichtung im Ganzen einzulassen und sie für den Unterricht zu akzeptieren, als es im eigenen Land und unter Hebels Landsleuten, die ihn ansonsten doch so überaus verehrten, je stattgefunden hatte. Vor allem in Dänemark und den Niederlanden hielt sich auch dieses

[34] Vgl. Mayer, Biblische Geschichten im evangelischen Religionsunterricht, S. 454 f., der auch didaktische Bedenken der Synode gegenüber den Biblischen Geschichten Hebels *als Schulbuch* zitiert und ihnen letztlich selbst zustimmt.

[35] Diesem Strang der Wirkungsgeschichte möchte ich im Zusammenhang eines beabsichtigten Faksimile-Nachdrucks der Erstausgabe der Biblischen Geschichten von Hebel im Einzelnen nachgehen.

[36] Im einzelnen handelt es sich um folgende Ausgaben:

– Istorias Biblicals da J. P. Hebel. Vertidas or d'ilg tudes tier diever della Juvenigna en las Scholas romanschas evangelicas dador ils Culms, Cuera 1831.

– Bibelske Fortıllinger. Fortalte for Ungdommen af Dr. J. P. Hebel, Kjbenhavn 1826.

– Geschiedenissen des Bijbels, voor de Jeugd. Naar het hoogduitsch van Dr. J. P. Hebel, Amsterdam.1847.

Vgl. auch die Ausgaben im Engadiner Dialekt und in italienischer Sprache, die in das Umfeld der rätoromanischen Ausgabe gehören:

– Istorias della sencha Scrittüra, tres G. Heinrich ed E. Lechner, Nel dialect d, Engiadina ota, Coira 1857.

– Storie Bilbiche di J. P. Hebel, Coira 1844.

geistige Spannungsverhältnis von Aufklärung und Biedermeier (bzw., wenn man den Begriff sehr weit nimmt, der Romantik) wesentlich länger.[37]

Die allererste Übersetzung lieferte die Dänische Ausgabe von 1826. Ihr begeistertes Vorwort des Übersetzers N. Fogtmann sei zum Schluß unseres kurzen Überblicks über die Wirkungsgeschichte vollständig abgedruckt, weil sie unseres Erachtens eben die adäquate Resonanz zum Ausdruck bringt, auf die Hebel letztlich vergebens im eigenen Lande gewartet hat.

„Vorwort

Vorliegende biblische Geschichte habe ich übersetzt, weil ich sie für ein gutes Buch halte und weil ich meine, daß wir in dänischer Sprache keine so gute biblische Geschichte in dieser Art haben.

Ich weiß wohl, daß viele meinen, es sei eine unbedeutende Arbeit, ein deutsches Buch zu übersetzen, doch kümmere ich mich nicht darum; denn ich bin überzeugt, daß diese Arbeit nützlicher ist, als wenn ich eine gelehrte Abhandlung geschrieben hätte, die nur wenige lesen und vielleicht noch weniger eigentlich etwas daraus lernen können. Auch habe ich mich nicht von den Worten abschrekken lassen, die der fromme und liebenswürdige Matthias Claudius bereits im Jahr 1778 über die Theologie in Deutschland äußerte. ‚Theologie war leider krank durch Übersetzungen und Zank.' Diese Worte hat man vor nicht allzu langer Zeit und nicht ganz ohne Grund [auch] auf den Zustand der theologischen Literatur bei uns angewendet. Aber erstens kann dies ja nur für Übersetzungen schlechter Bücher gelten, wohingegen die Übersetzung eines guten Buches – gute Bücher sind weitaus seltener, als man im allgemeinen glaubt – ein wirklicher Gewinn für die Literatur ist. Und zum anderen kann das vorliegende Buch gerade dazu beitragen, unnötigen Zank und Streit auszurotten und ihm vorzubeugen, nachdem es eine fromme und liebende Gesinnung ausstrahlt und eingibt, d.h. eine christliche Gesinnung. An dieser fehlt es doch gerade, und wo sie fehlt, da kommt es zu Zank und Streit und dort machen sich Verwirrung und allerlei schlechte Geschäfte breit.

Doch diese biblischen Erzählungen hat Prälat Dr. Hebel, ein Mann, der ebenso für seinen poetischen Geist, wie für seine klassische Gelehrsamkeit bekannt ist, mit gläubiger und frommer Gesinnung erzählt, wie ein Vater, dem es angelegen ist, seinen Kindern Gottes Willen aus Gottes eigenem Wort zu lehren und ihnen Gottes sonderbare, aber weise Wege in Lenkung und Lauf menschlichen Lebens zu weisen, damit die jungen Leute dadurch zu Frömmigkeit und Tugendhaftigkeit, zu Demut und Zuversicht und zum sicheren ewigen Leben geführt werden können. Seine einfache, herzliche und lebendige Erzählweise hat einen so wohltuenden Eindruck auf mich gemacht, daß ich mir wünsche, diesen an mehr [Leute] weitergeben zu können; vornehmlich deswegen habe ich das Buch übersetzt.

Es ist selten in unserer Zeit, in theologischen Schriften eine so echte und reine Einfalt und eine so gesunde und kraftvolle Frömmigkeit zu finden. Dagegen findet

[37] Vgl. etwa den Aufsatz von Sv.-A. Jrgensen, Adam Oehlenschlägers „Die Inseln im Südmeer" und J. G. Schnabels „Wunderliche Fata". Aufklärung, Romantik – oder Biedermeier?, in: Nerthus II, Düsseldorf/Köln 1970, S. 131–150.

sich überall genug an systematischer Starrheit und an Phantastereien. Doch das wahre Licht und Leben ist weder ein streng geschnürter Leib [i.S. von starrem Korsett] noch eine hübsche Figur, weder ein flackerndes Licht noch ein wohlklingender Laut. Es ist eigentlich bedenklich, in diesen unruhigen Zeiten mehr darüber zu reden; aber die Einsichtigen und Redlichen werden trotzdem verstehen, die nämlich, die das Licht in Jesu Christi göttlichem und einfältigem Wort suchen und die in sich selbst die Kraft des ewigen Lebens, Jesu heiligen Geist, den Geist der Liebe, der Gerechtigkeit und des Friedens verspüren. Denn in diesem Wort und in diesem Geist sind das Licht und das Leben. Lehrformen und Bilder sind nur Einkleidungen und Hilfsmittel, die wohl keineswegs zu verachten sind, aber die niemals dazu verwendet werden dürfen, das zu verhindern und einzuschränken, zu deren Entwicklung und Förderung sie ausersehen sind. Zu verschiedenen Zeiten und bei verschiedenen Menschen mag diese Einkleidung [Umschreibung] unterschiedlich sein; doch ist und bleibt der Geist ewig derselbe. Zu beklagen sind jene, die sich ihm widersetzen und ihn verspotten. Denn er ist der Geist der Liebe und der Gerechtigkeit und des Friedens. – Ich möchte hinzufügen, daß ich nicht auf eine bestimmte Gruppe allein abziele. Extra peccatur et intra.

Dr. Hebel hat selbst zum Teil die Bestimmung seines Buches angegeben, indem er es ‚biblische Erzählungen für die Jugend' nennt, obwohl ich davon überzeugt bin, daß selbst ältere und alte Menschen, die frommen und christlichen Sinnes sind, das Buch mit viel Freude und zu ihrer wahren Erbauung lesen werden. Aber vornehmlich, so meine ich, wird dieses Buch besonders passend anzuwenden sein, wenn ein Vater oder eine Mutter selbst ihren Kindern lehren will, Gott und seinen Willen kennenzulernen, sich an seiner unendlichen Güte zu erfreuen, auf seine allmächtige Hilfe im Leben wie im Tod zu vertrauen und auf die ewige Seligkeit zu hoffen; mit anderen Worten, wenn ein christlicher Vater oder eine [christliche] Mutter ihre Kinder selbst in der wahren Religion oder im [wahren] Christentum unterweisen will: Ich glaube nicht, daß sie dann ein passenderes Buch finden können, als dieses. Doch kann es wohl möglich sein, daß Kinder unter zehn Jahren die Sprache des Buches nicht zu verstehen vermögen.

Darüber hinaus meine ich, daß dieses Buch besonders gut für die Unterweisung der Konfirmanden in biblischer Geschichte geeignet ist. Einige sehr ehrwürdige Pfarrer haben mich bereits in dieser Meinung bestärkt. Und deshalb wage ich, die Herren Pfarrer, die ihre Konfirmanden mit biblischer Geschichte bekannt machen, zu bitten, daß sie diesem Buch ihre Aufmerksamkeit schenken mögen; denn ich hoffe, wie gesagt, daß viele es vorzüglich gut und brauchbar finden werden. Der Konfirmand, der sich die Erzählungen und Lehren dieses Buches eingeprägt hat, hat bestimmt mehr an Weisheit für die Seligkeit gelernt und eine bessere Anleitung für sein Leben erfahren, als jener, der noch so viel von der Weisheit und Klugheit der Welt gelernt hat. Ich halte nun das Buch zum Gebrauch in dieser Hinsicht als für besonders gut geeignet. Vor allem meine ich, daß es ebenso in den untersten Klassen der höheren Schulen Verwendung finden kann; dagegen wird es für die obersten Klassen nicht passend sein, weder in Hinsicht auf die Examensanforderungen, noch in Hinsicht auf die Art der Darstellung. Aber ich könnte mir fast denken, daß es sich gut zum Gebrauch in den Bürgerschulen der Provinzstädte eignen würde, zumindest in der obersten Klasse. Doch wage ich nichts Bestimmtes darüber zu sagen, da ich diese Schule so gut wie nicht kenne.

Da es oft schwerfällt, zwischen den vielen Lehrbüchern, die wir – auch in biblischer Geschichte – haben, zu wählen, sah ich es für richtig und nützlich an, darauf aufmerksam zu machen, zu welchem Gebrauch dieses Buch vorzugsweise gewählt werden und besonders dienlich sein kann. – Ich wünsche mir nun, daß viele es in Gebrauch nehmen werden und sie daran soviel Freude und Nutzen haben werden, wie sie – bei richtigem Gebrauch – haben können.

Sørde, den 2. Februar 1826
Der Übersetzer."[38]

So also konnte die Wirkung Hebels auch aussehen, und es bleibt eine echte Frage, ob er die erste Übersetzung seiner Bibeldichtung samt diesem großartigen Loblied auf sein Alterswerk vielleicht noch selbst eingesehen hat.

3. Bibeldichtung zwischen Spätaufklärung und Biedermeier: Bilanz und Wertung

a) Das „Modell" der Biblischen Geschichten von J.P. Hebel

Zunächst sei noch einmal im Zusammenhang aller relevanten Faktoren das Aufbauprinzip der Biblischen Geschichten Hebels modellartig verdeutlicht.

123 etwa gleich große Erzähleinheiten, die ausgewogen aus dem Alten und Neuen Testament schöpfen, sind durchgängig nach dem Erzähl-Prinzip gestaltet. Selbst die *Edition* der Erstausgabe orientiert sich an Dichtungsmaßstäben, wie sie für ein Schulbuch unüblich sind.

Acht große Themenkomplexe sind für den alttestamentlichen Teil zu erkennen:

I) Urgeschichte (5 Erzählungen)
II) Erzväter-Geschichten (14 Erzählungen)
III) Mose-Geschichten (5 Erzählungen)
IV) Richter-Geschichten (3 Erzählungen)
Ruth (1 Erzählung)
V) Königs-Geschichten (16 Erzählungen)
Reichsteilung (1 Erzählung)
VI) Propheten-Geschichten (5 Erzählungen)
VII) Das Ende der beiden Reiche (5 Erzählungen)
VIII) Zwischentestamentarische Zeit (4 Erzählungen)

Sechs große Themenkomplexe sind es im neutestamentlichen Teil:

I) Geburt und Kindheit Jesu (5 Erzählungen)
II) Wirken Jesu bis zu seiner Verklärung (21 Erzählungen)
III) Gleichnisse Jesu (9 Erzählungen)
IV) Wirken Jesu bis zu seiner Kreuzigung (13 Erzählungen)
V) Wirkung Jesu bis zu seiner Himmelfahrt (7 Erzählungen)

[38] Bibelske Fortællinger. Fortalte for Ungdommen af Dr. J.P. Hebel, Kjbenhavn 1826, S. III–VIII. Die Übersetzung besorgte freundlicherweise Herr Prof. Dr. Schier, München.

VI) Wirkung Jesu in der apostolischen Zeit (9 Erzählungen)

Alle diese Erzählungen und Erzählungseinheiten sind einer didaktischen Transformation unterzogen, die auf den neun folgenden Prinzipien beruht:

1. Adressatenorientierung (Affektive und kognitive Voraussetzungen von Schülern werden berücksichtigt).

2. Personalisierung (Sie wird vollzogen als biblisch-biographische Struktur-Zusammenfassung, als Pädagogisierung und Psychologisierung auf der Erzähl-Ebene und als Pädagogisierung in appellativer Absicht).

3. Erzählen nach dem populärästhetischen Prinzip des quasi aliud agendo.

4. Gliedern nach dem heilsgeschichtlichen Schema von Verheißung und Erfüllung.unter dem eschatologischen Vorbehalt.

5. Schaffung von Überleitungen in orientierender Funktion.

6. Vernachlässigung der eher belehrend-theoretischen Literatur der Bibel (Weisheitsliteratur, Prophetische Überlieferung, apostolische Briefliteratur).

Für das Neue Testament gilt:

7. Paarung von kontrastierenden biblischen Geschichten zur Erhellung innerbiblischer Bezüge.

8. Erstellung einer Evangelienharmonie (unter Verwendung der Synoptiker *und* des Johannesevangeliums).

Für das Alte Testament gilt:

9. Verkürzung der eher kritisch-emanzipatorisch zu deutenden Moses- und Propheten-Überlieferung.

Die didaktischen Transformationsprinzipien werden durch literarische Konstruktionsprinzipien und durch Prinzipien einer theologischen Grunddimensionierung unterstützt und begleitet im Sinne einer konvergenztheoretischen Intentionalität, wie sie Hebels Populärästhetik inhärent ist.

Die *rhetorische Paraphrase* der Bibel ist vor allem durch *amplificatio* gekennzeichnet, die sich auf drei Ebenen verteilt, auf denen das Prinzip des *quasi aliud agendo* und die *hilaritas Hebelii* besonders zum Tragen kommen:

1. Kommentar-Ebene	mit dem Verheißungsmotiv als theologischer Leitlinie.
2. Erklärungs-Ebene	mit dem Motiv des Morgenländischen als hermeneutischem Katalysator: a. Vergangenheit als das Fremde. b. Vergangenheit als das Eigene. c. Vergangenheit als das aktuell zu Akkommodierende.
3. Appell-Ebene	mit dem Vorsehungsmotiv als ethischem Kontrapunkt.

Die *grammatische Paraphrase* wird vor allem durch den Palimpsest-Charakter der Bibelbearbeitung in der Überlappung der vier Grundbausteine des Erzählens charakterisiert:

1. Wörtliche Zitation aus der Luther-Bibel (meist die „direkten" Reden).
2. Kommentierende Verwendung von Bibelstellen.
2. Wörtliche Zitation tradierter Frömmigkeitssprache.
4. Erzählsprache Hebels.

Der 1. bis 3. Grundbaustein lassen sich als Reminiszenzen identifizieren, während der 4. Grundbaustein unter anderem die Funktion einer Repristination erfüllt, wie sie deutlich im biedermeierlichen Motiv der Idylle zum Ausdruck kommt.

Hebels Erzählsprache selbst, das tragende Element des ganzen Werks, erfüllt die Aufgabe, die der abbrevatio innerhalb der grammatischen Paraphrase zukommt. Insgesamt läßt sich Hebels Sprachstil dem sermo humilis zuordnen. Im einzelnen lassen sich vier individuelle Eigentümlichkeiten des Hebel-Tons ausmachen:

1. Das typische „Merke" ohne belehrende Penetranz.
2. Die typischen Frage-Variationen.
3. Die typisch alemannisch eingefärbte Schriftsprachlichkeit.
4. Der typisch freie Umgang mit der Grammatik (i. S. mündlichen Erzählens).

Zusammenfassend kann von einer gedichteten Bibelabbreviatur für Schüler gesprochen werden, die theologiegeschichtlich der Spätaufklärung, literaturgeschichtlich aber dem Biedermeier zuzuordnen ist. Gattungsgemäß ist das Kriterium der durchgängigen Kohärenz des heilsgeschichtlichen Duktus gestalterisch wirksam geworden. Religionspädagogisch ist die Vermittlungsaufgabe, die das religiöse Lehren und Lernen ermöglicht, in die Gestaltung dieser Bibeldichtung für Kinder eingeschrieben und textimmanent wirksam geworden. Populärästhetisch wurden Hebels Maßgaben für ein Popularisieren, Didaktisieren, Elementarisieren und Aktualisieren verwirklicht.

b) Versuch einer Wertung

Um die Leistung Hebels, „etwas Besseres als das Gewöhnliche" geliefert zu haben, richtig beurteilen zu können, mußten wir dem Gesichtspunkt der *Bearbeitung* in vollem Umfang Rechnung tragen. Bearbeitung nämlich setzt immer etwas voraus, das in eine bestimmte Richtung umgeformt werden soll. Dabei fließen in diesen Transformationsprozeß stets weitere *Voraussetzungen* (a) ein, die nicht direkt im Gegenstand der Bearbeitung angelegt sind, sondern andere Aspekte, die für den Transformationsprozeß selbst konstitutiv erscheinen, umfassen. Gerade diese dem Transformationsprozeß inhärenten Gesichtspunkte, die *Transformationsprinzipien* (b), sind es dann, die eine

Zielsetzung (c) des ganzen Unternehmens bestimmbar machen. Erst wenn man sich dieses Ziel vor Augen hält, das sich aus den Faktoren der Bearbeitung ergibt, kann das gestaltgewordene Ergebnis der Bearbeitung abschließend bewertet werden. Das *Kriterium* (d) dieser Beurteilung liegt dann in der Adäquanz von notwendigen Transformationsfaktoren mit ihren impliziten Zielvorgaben und dem realisierten Transformationsprodukt. Die entscheidende Frage muß dann lauten: Inwieweit wurde verwirklicht, was im Transformationsprozeß selbst intendiert war?

a) Sollte und wollte Hebel die Bibel als Ganze für Schüler bearbeiten, so mußte er auf drei Feldern Klarheit gewinnen:

– Welches theologische Gesamtkonzept soll der Geschichte Gottes mit den Menschen zugrundegelegt werden?

– Welche Sprachform soll dieses Gesamtkonzept tragen und gestalten?

– Welche Vermittlungsformen sind im einzelnen notwendig, um den Erfordernissen eines Schulbuches gerecht zu werden?

Wie wir gesehen haben, stand Hebel für alle drei Problemfelder eine erstaunlich breite und wohlgrundierte Palette von Erfahrungen und Kunstfertigkeiten zur Verfügung.

Das Besondere an Hebels Voraussetzungen für eine schülernahe Transformation der Gesamtbibel erschloß sich uns in der präzisen historischen Verortung der theologischen, literarischen und pädagogischen Bezüge. Alle drei Bezugsfelder nämlich waren in ihrer jeweiligen historischen Ausformulierung bereits angelegt auf *Transformation* in aktueller Intentionalität:

– Hebels theologische Beheimatung in der Populartheologie der Spätaufklärung drängte per definitionem nach populärer Verallgemeinerung und Elementarisierung; inhaltlich konnte insbesondere der Vorsehungsglaube in der prekären Situation der beginnenden geistigen Säkularisation gleichwohl den problematisch gewordenen Gottesglauben thematisieren.

– Hebels literarische Bezüge zur Literatur der beginnenden Biedermeierzeit konnten im Rückgriff auf rhetorische Traditionen insbesondere die didaktischen Gattungen wieder als angemessenen dichterischen Ausdruck aufscheinen lassen.

– Und Hebels pädagogische Bezüge zum öffentlichen Schulwesen seiner Zeit nebst seiner Praxis eines heiter-aufgeschlossenen Schulmannes machten eine genuin didaktische Besonnenheit für eine Schulbuchgestaltung zur Notwendigkeit.

Es darf als seltene historische Konstellation gewertet werden, daß die drei für eine Bibelbearbeitung prinzipiell notwendigen Kontexte – nämlich Theologie, Literatur und Pädagogik – in der Person Hebels ihre gegenseitig vorhandene Konvergenz, Durchlässigkeit und Bezüglichkeit in ganzem Umfang entfalten konnten, wie wir es in der Darstellung von Hebels Populärästhetik verdeutlicht haben. Diese besondere historische Konstellation machte letztlich die heutzutage in der Religionspädagogik angesiedelte explizite konvergenztheoretische Reflexion überflüssig, da alle drei Bereiche *von sich aus* den Überstieg in das jeweils andere Bezugssystem eröffneten, wie wir das in jeder Hinsicht und in jeder Kombination bestätigen konnten. Der Konvergenzpunkt, der die Verschränkung der theologischen, literarischen und pädagogischen Kontexte deutlich werden läßt, liegt im *Adressatenhorizont*; d. h. alle dem jeweiligen Bereich inhärente Transformationsdynamik zielt auf eine verstehensmäßige und gefühlvolle Aktualisierung im intendierten Empfänger, der in unserem Fall *Schüler eines evangelischen Religionsunterrichtes* ist, mit allen altersmäßigen und gesellschaftsrelevanten Implikationen, die dabei zu berücksichtigen sind.

b) Man kann nun allein aufgrund der Voraussetzungen, die Hebel überhaupt befähigten, sein Alterswerk zu vollenden, folgende *Transformationsprinzipien* festhalten:

– Theologisch ist die Bibel zu transformieren in eine Geschichte Gottes mit den Menschen, die (in Aufnahme typisch spätaufklärerischer Theologumena) das messianisch-jüdische Motiv der Verheißung im Alten Testament fragmentarisch sich entfalten, im Neuen Testament sich in Jesus Christus erfüllen und diese Erfüllung kontinuierlich-geschichtlich sich realisieren und universalisieren läßt.

– Literarisch ist die Bibel zu transformieren in eine einheitliche Erzählung, die mit durchaus traditionellen, rhetorischen Elementen (in Aufnahme der Gattungsvielfalt, die für das Biedermeier typisch ist) eine leicht verständliche Dichtung anstrebt. Diese Dichtung muß dabei variabel und flexibel genug sein, die zeittypische Spannung von empirischem Vielerlei und religiös-metaphysischem Einheitsstreben zu integrieren.

– Pädagogisch ist die Bibel zu transformieren in ein Schulbuch, das sowohl den divergierenden Interessen einer öffentlichen Schule genügen muß (in Aufnahme der Bedenken gegenüber einem rein kirchlichen und gegenüber einem rein privaten Unterricht), als auch den maßgeblichen Erfahrungen des Schulmannes Hebel, der sein didaktisches Arbeiten mit Schülern nur unter der Prämisse einer humanen Heiterkeit verwirklichen wollte, die dann den Schülern den nötigen Freiraum gewähren konnte.

c) Perspektiviert man diese drei Transformationsprinzipien auf ein gemeinsames *Ziel*, so mußte tatsächlich Hebels Projekt einer Bibelbearbeitung für Schüler auf eine *Bibeldichtung* hinauslaufen, auch wenn Hebel selbst diese Gattungsbestimmung nicht explizit vorgenommen hat und selbstverständlich entscheidende Modifikationen an der überkommenen Gattungsgestaltung vorgenommen wurden. Allein die Gattung Bibeldichtung nämlich vermag eine einheitliche Erzählung der gesamten Bibel unter speziellen theologischen Vorzeichen und mit speziellen pädagogischen bzw. didaktischen Intentionen zu realisieren. Mit dem immanenten Ziel einer Bibeldichtung war das Transformationsprodukt im einzelnen noch nicht näher bestimmt, aber dieser implizite Zielhorizont gewährleistete, daß alle drei wirksamen Transformationsprinzipien gleichrangig miteinander Berücksichtigung finden konnten.

d) Die wirksamen Transformationsprinzipien mit ihrem immanenten Ziel einer Bibeldichtung für Schüler brachten ein erstaunliches Transformationsprodukt auf den Schulbuchmarkt, das nach unserem *Kriterium der Adäquanz* nun in der Tat besser war „als das Gewöhnliche"!

Nicht nur unterschied es sich in Bezug auf alle drei Ebenen: des Theologischen, des Literarischen und des Pädagogischen, von den Schulbibeln, die Hebel nachweislich bekannt waren: also von denen Hübners, Millers, Feddersens, Göhrungs, Seilers und von Schmids. Im Vergleich zu diesen ‚Vorgängern' hatte er ersichtlich etwas völlig Neues geschaffen, eben Bibeldichtung für Schüler.

Vor allem aber muß die eingangs formulierte Frage, ob das, was im Transformationsprozeß intendiert war, in Hebels Biblischen Geschichten nun auch verwirklicht wurde, entschieden bejaht werden.

• Die theologischen Grunddimensionen der Biblischen Geschichten machen das theologische Transformationsprinzip transparent:

– Kommentare erheben systematisch die Verheißung zum zentralen theologischen Vorzeichen, Appelle akzentuieren den Vorsehungsglauben in kontrapunktischer Beziehung zur Verheißung als theologisch-ethische Konsequenz, Erklärungen thematisieren in vielfältiger Weise aktuelle Möglichkeiten des Verstehens, wobei vor allem das morgenländische Kolorit auf historisch-exegetischer Grundlage seine Imaginationskraft bewähren kann.

• Die literarischen Konstruktionen machen das literarische Transformationsprinzip transparent:

– Unter geschickter Ausnutzung mehrerer überlieferungs- und wirkungsgeschichtlicher Sprachebenen in und nach der Bibel und mit Hilfe typisch biedermeierlicher Gattungs- und Sprachelementen, die mit eigenen, individuellen Spracheigentümlichkeiten angereichert sind, entsteht eine kohärente Bibeldichtung, die in charakteristischer Weise das Niedere der Realität mit dem Heiligen, Verheißungsvollen der gleichen Realität zur Versöhnung bringt.

• Die religionspädagogischen Transformationen machen das pädagogische Transformationsprinzip transparent:

– Ein radikal durchgeführtes Erzählprinzip eröffnet entscheidende Lichtungen im unübersichtlichen Dickicht biblischer Zeugnisse der Geschichte Gottes mit den Menschen und bringt durch didaktische Auswahl und Anordnung der einzelnen Geschichten noch einmal die expliziten theologischen Dimensionen schülernah zum Ausdruck. Biblische Biographien werden besonders unter dem Aspekt der Kindheit pädagogisch fruchtbar gemacht, insofern sie die Heterogenität der damaligen Zeugen einem ebenso heterogenen aktuellen Empfängerkreis vor Augen führen. Heitere Gelassenheit flicht quasi aliud agendo die pädagogischen und hermeneutischen Impulse dem Text selbst ein, ohne daß eine aufdringlich-unentrinnbare Funktionalisierung der Geschichten zu spüren wäre.

Eine adäquate Leistung also hat Hebel vollbracht, indem er Bibeldichtung als Idealtypus für eine Schülerbibel konstituierte, die in jeder Hinsicht den alle Perspektivierungen bündelnden Maßgaben seiner Populärästhetik standhielt.

Viertes Kapitel: Aktualisierungen

1. Sinn und Unsinn von Aktualisierungsbemühungen

Hebels Modell einer Bibelbearbeitung für Kinder und Jugendliche erwies sich uns unter der Perspektivierung in theologischer, literarischer und religionspädagogischer Akzentuierung als *eine adäquate Leistung.* Das Kriterium der Adäquanz erlaubte es, sowohl das Zusammenspiel von historischen Voraussetzungen (also den individuell-biographischen *und* den generell-objekivierten Voraussetzungen) und transformierender Gesamtgestaltung, als auch den Zusammenhang von offizieller Aufgaben- und Problemstellung (Auftragsarbeit eines Schulbuches im evangelischen Religionsunterricht in Baden) mit der individuellen Aufgabenbewältigung und Problemlösung (bibeldichterisches Erzählprinzip als pädagogische Potenzierung durch Literarisierung) mit hinreichenden Gründen als gelungen zu bezeichnen. Hebels Biblische Geschichten sind damit die adäquate Antwort auf Fragestellungen, wie sie sich in der historischen Übergangszeit von der Spätaufklärung zum Biedermeier als notwendig und aktuell verifizieren ließen. Für die damalige geschichtliche ‚Gegenwart' kann man Hebels Alterswerk durchaus als einen Idealtypus der Gattung Schulbibel bzw. Bibel für Kinder bezeichnen, auch wenn wir einen umfassenden Strukturvergleich mit den vielen zeitgenössischen Schulbibelproduktionen nicht durchführen konnten. Adäquat war Hebels Leistung ja nicht zuletzt dadurch, daß seine Populärästhetik ihn die entscheidenden Fragen der adressatenorientierten Vermittlung *radikal* stellen ließ. Wo dermaßen eine Verwurzelung in den Fähigkeiten und Bedürfnissen der Kinder und Jugendlichen (die spätaufklärerisch immer im Kontext von ‚Volk' im allgemeinen gesehen werden müssen), wo gleichzeitig aber auch falsche literarische Alternativen kritisch bedacht und grundstürzende Zweifel, Unsicherheiten und Ablehnungen in theologischer Hinsicht aufgenommen werden, da gelangt man – bei dem hohen Anspruch, den sich Hebel mit seiner Populärästhetik gesetzt hat, – zu der gerade nach der Aufklärung vielbeschworenen ‚zweiten' Unschuld, ‚zweiten' Naivität, zu einer ‚zweiten' Unmittelbarkeit der biblischen Überlieferung gegenüber. Genau diese ‚zweite' Naivität ist es, die es uns nahelegt, Hebels Biblische Geschichten als Idealtypus zu bezeichnen, dem es gelungen ist, in der allgemeinen geistesgeschichtlichen Situation einer rasch sich ausbreitenden Säkularisation, und damit am eigentlichen Beginn der Neuzeit, die biblische Botschaft von den Verheißungen Gottes und dem mit fester Zuversicht darauf antwortenden und danach handelnden Vorsehungsglauben ohne falsche Sentimentalität (rückwärtsgewandte Glaubensfixierung) und ohne billige Unmittelbarkeit (gegenwartsvergessene Glaubensfixierung) *quasi aliud agendo* plausibel zu machen und damit in das Zeit- und Lebensgefühl der Kinder und Jugendlichen am Anfang des 19. Jahrhunderts einzuweben. Uneingeschränkt darf hier von einer gelungenen *Aktualisierung* der biblischen Botschaft gesprochen werden. Hebel bemühte sich, *in actu* – hier und jetzt, in einem ‚gegenwärtigen' Vollzug – die geschichtlichen Intentionen der Bibel mit den geschichtlichen Implikationen seiner Gegenwart in Beziehung zu setzen: einen aktuellen Dialog in weiterführender (nicht nur repristinierender) Absicht zu gestalten.

Wäre Hebels Schulbibeldichtung nicht auch ein aktueller Aktualisierungsversuch für unsere Zeit am Ende des 20. Jahrhunderts? Könnte der von ihm geschaffene Idealtypus einer Bibeldichtung für Schüler, also einer Schulbibel in ganz eigener Form und Gestalt, seine adäquate Integrationskraft eines aktuellen Dialogs mit der Bibel nicht auch gegenwärtig entscheidende Impulse freisetzen und sein unbezweifelbares Lösungspotential in actu unter Beweis stellen? Hat ein Idealtypus denn nicht mit Klassizität in dem Sinne zu tun, daß seine Maßstäbe und Maßgaben eine in gewissem Sinne unwandelbare, die Zeiten überdauernde Plausibilität besitzen? Liegen wir Hebels Dialogen mit der Bibel – nach der Aufklärung! – nicht viel näher als den biblischen Schriften selbst? Und könnte seine kritische Aufarbeitung entsprechender Probleme und Fragestellungen im Umgang mit der Bibel uns nicht viel Zeit und Mühe sparen, wenn wir versuchten, es einfach und unmittelbar einmal mit seinen Biblischen Geschichten im Unterricht (und auch außerhalb) zu probieren?

Ganz im Sinne einer solchen unmittelbaren Aktualisierung von Hebels Bibeldichtung liegen wohl einerseits die Veröffentlichung der Biblischen Geschichten Hebels als Diogenes-Kindertaschenbuch in Zürich 1981, andererseits die regelmäßige Ausstrahlung eben dieser Geschichten im Kinderfunk des Bayerischen Rundfunks 1986. Erinnert sei auch an die in der Sekundärliteratur des 19., aber auch 20. Jahrhunderts immer wieder erhobene Forderung, die Lehrer sollten sich an Hebel ein unmittelbares Vorbild für ihr eigenes Erzählen der biblischen Geschichten nehmen: Von geschichtlicher Brechung war da nirgends die Rede, allenfalls von gewissen Abstrichen an den allzu freien (zeitbedingten!) Kommentaren, Appellen und amplifikatorischen Paraphrasen.

Sollte man Hebel vielleicht auf eine maßvolle Mitte zurechtstutzen, um so – aller geschichtlichen Ecken und Kanten entledigt – endlich den ‚Klassiker' Hebel hochstilisieren zu können, der gerade so für eine aktuelle Verwendung zu funktionalisieren wäre? Oder hindert einfach der ‚Spätaufklärer' Hebel den ‚Biedermann' Hebel, in unserer Gegenwart seinen ganzen Charme in bibeldidaktischer Hinsicht auszuspielen?

Es gibt – gerade bei Hebel – sicherlich viele Spielarten möglicher und unmöglicher Aktualisierungen. Erinnert sei hier nur noch einmal an allzu einseitige heimatliche Beschwörungsrituale. Aber wenn wir Hebel in seinen populärästhetischen Reflexionen ganz ernst nehmen wollen, dann verbieten sich von selbst alle unmittelbaren Vereinnahmungen in aktualisierender Funktionalisierung. *Aktualisierung* kann dann nur bedeuten, die Fragestellungen, Problemanalysen und formalgestalterischen Überlegungen Hebels aufzugreifen und sie in einer völlig gewandelten Situation in ihrer Möglichkeit als *Suchbegriffe*, als *hermeneutische Indikatoren*, zu testen: Verifizierende – aber auch falsifizierende Ergebnisse bezüglich der Wirksamkeit dieser Kriterien müssen dann unvoreingenommen erwartet werden können. Eine solchermaßen bemühte Aktualisierung Hebels nimmt eine große Herausforderung an:

Denn der Anspruch Hebels, den er gegenüber den drei Bestimmungsgrößen seiner Populärästhetik erhebt, nämlich gegenüber Theologie, Literatur, (Religions-)Pädagogik, war unnachgiebig radikal.

Und das Ergebnis aller seiner populärästhetischen Gestaltungen war unnachahmlich unbeschwert, leicht, graziös.

Eine theologische und eine literaturwissenschaftliche Perspektivierung eines vergangenen, geschichtlichen Zeugnisses haben es in gewissem (und daher eingeschränktem!) Sinne leicht in der Bewältigung ihrer Aufgabenstellung: Sie können ohne Substanzverlust bei der Rekonstruktion ihres Gegenstandes auf der beschreibenden und verstehenden Metaebene ihres jeweiligen Wissenschaftssystems Halt machen und stehen bleiben. Eine religionspädagogische Perspektivierung muß – bei aller historischen Wahrhaftigkeit – weiterschreiten zu den aktuellen religionspädagogischen Handlungsfeldern gegenwärtiger Glaubensvermittlung. Sie ist deshalb noch einmal von der Arbeit der systematischen Theologie unterschieden, insofern sie neben den systematisierenden, um eine theoretische Kohärenz des christlichen Glaubens in Auseinandersetzung mit nichttheologischen Theorie- und Systembildungen ringenden Bemühungen, besonders auf die praktische Vermittlungs- und Gestaltungsebene zu reflektieren hat, eben auf Handlungsfelder – auf Praxis. Aktualisierung bedeutet demnach religionspädagogisch: Wie stellt sich christlicher Glaube dar, wie vollzieht er sich *in actu* – und wie sollte und könnte er sich vollziehen: nicht nur theoretisch, sondern eben *in actu*. Aktualisierung vollzieht sich jedoch nie isoliert, in den Schutzräumen jedweder Unmittelbarkeit, sie ist bedingt durch ein mehr oder weniger exakt bestimmbares Faktorengeflecht der Vermittlungen. Dieses Faktorengeflecht ist es, was enormen geschichtlichen Veränderungen unterworfen ist. Insofern ist eine Aktualisierung der Aktualisierung in kurzschlüssiger Identifikationsabsicht nicht denkbar. Konkret: Hebels geschichtliche Aktualisierungen der Biblischen Botschaft in seiner Bibeldichtung von 1824 kann mehr als 150 Jahre später nicht das gleiche Aktualisierungspotential bereitstellen; das Bedingungsgeflecht der vermittelnden Faktoren hat sich unübersehbar verändert. Es gilt also zu unterscheiden:

– Aktualisierung im Sinne von Hilfe und Anleitung zum aktuellen Vollzug christlichen Glaubens, und

– Aktualisierung im Sinne von behutsamer Aufnahme (vgl. das Stichwort der hermeneutischen ‚Indikatoren'!) von geschichtlichen Impulsen, die einem jeweiligen aktuellen Vollzug dienlich und förderlich waren, und die potentiell und in geschichtlicher Modifikation auch gegenwärtig einen Beitrag zu einer Glaubenspraxis in actu zu liefern vermögen.[1]

Beiden Aspekten der Aktualisierung hat eine religionspädagogische Perspektivierung Rechnung zu tragen, die sich der Matrix von geschichtlichen und gegenwärtigen ‚Akten' des christlichen Glaubens in seinen vielfältigen Gestaltungsmöglichkeiten bewußt bleiben will. Religionspädagogik ist damit radikal einzutauchen in den Strom christlicher Überlieferung, dessen ständig sich wandelnde Wellenbewegungen schier uneinfangbar scheinen; doch es bleibt die fundamentale Aufgabe der Religionspädagogik, sich um jede einzelne Welle zu kümmern, bildet sich doch je eine geschichtlich mögliche Aktualisierung ab, die spezifische Weiterungen in wiederum aktualisierender Intention nach sich zieht. Bleibt der Beschreibungs- und Ermöglichungsversuch solcher Wellenbewegungen uneingelöst, wird der christliche Glaube zwar weitergetragen werden, jedoch profillos im Ungewissen versanden.

Wir hoffen, unser zweipolig ausdifferenziertes Verständnis von Aktualisierung hinreichend deutlich gemacht zu haben, um abschließend entschieden der allem didaktischen und pädagogischen Problembewußtsein abholden Polemik W. Killys zu widersprechen, der in seinem im übrigen äußerst geistreichen Vortrag „Die Bibel in der Welt" zum Problem der ‚Aktualisierung' folgende Dialektik entfaltet:

„Jede Aktualisierung von heute programmiert schon die nächste Aktualisierung von morgen und übermorgen und weckt überdies die fatale Meinung, daß der Wortlaut der Schrift von heute sei. Er ist aber von gestern und ehegestern und für die Zukunft, und seine unüberbietbare Aktualität besteht gerade darin, daß er nicht von heute ist."[2]

---

[1] Glauben wird hier durchgängig in einem sehr weiten Sinne verstanden, der auch bereits bestimmte Haltungen im Vorfeld des eigentlichen Glaubens mit umgreift. Angesichts der Fragmentarität aller unserer Glaubensbemühungen scheint mir diese Erweiterung gerechtfertigt.

[2] W. Killy, Die Bibel in der Welt, in: Neue Sammlung 22/1982, S. 2-13, hier: S. 10.

Mit einem solchen Verständnis von Aktualisierung wäre in der Tat das Programm Hebels einer Populärästhetik und ihrer Umsetzung in eine Bibeldichtung von vorneherein zum Scheitern verurteilt und unsere Aktualisierungsbemühungen prinzipiell falsch. Denn folgerichtig muß Killy im Anschluß an seine Polemik schließen:

„Das scheinbar leichtere Verstehen, das Leichtmachen des Verstehens einer Sache, die nicht leicht ist, kann das Verständnis kaum befördern."[3]

Eben solches Leichtmachen, solches Bei-mischen – *quasi aliud agendo* – aber war das Ziel Hebels zu seiner Zeit und soll das Ziel unserer aktualisierenden Überlegungen bleiben. Es ist das wahre Zentrum aller Didaktik: Man merkt keine Absicht, und man ist entzückt!

2. Zum marginalen Stellenwert der Bibel in der kulturellen und religiösen Situation der Bundesrepublik Deutschland

„Die Bibel ist das am weitesten verbreitete Buch der Welt. In weit über 1000 Sprachen übersetzt, ist sie mit der Sprachgeschichte vieler Völker eng verbunden. Ohne eine gewisse Kenntnis ihrer Inhalte ist die Kultur des Abendlandes ebensowenig zu verstehen wie eine Fülle unserer Gefühls- und Verhaltensmuster, die unser Leben wesentlich mitbestimmen. Auf der anderen Seite gilt aber, daß z.T. fremdartige und einem anderen Weltbild verpflichtete Vorstellungen der Bibel oft ein unmittelbares Verständnis des in ihr Gemeinten verstellen."[4]

Was in den nüchternen Worten eines Lexikonbeitrages von Kl. Wegenast nur vage zum Ausdruck kommt, ist die in ihrer wahren Dimension kaum auslotbare Diskrepanz zwischen dem Grund-Text der Christenheit, dem Fundament der christlichen Weltreligion und dem aktuellen Stellenwert eben dieser Bibel, ihrer kulturellen, gesellschaftlichen und religiösen Bedeutsamkeit. Anspruch und Wirklichkeit klaffen hier wie kaum sonst an einem Buch von Weltbedeutung auseinander. Auf der einen Seite die große und dramatische Geschichte eines kleinen Teiles der Menschheit mit dem Gott, der als Herr der Welt und ihrer Geschichte geglaubt wird, auf der anderen Seite die alltägliche, gleichsam banale Geschichte eines Großteils der Menschheit (nicht nur der Menschen in der Bundesrepublik Deutschland), der mit großer Selbstverständlichkeit und Selbstsicherheit nicht nur großen Mißverständnissen mit diesem Geschichtsbuch Gottes mit den Menschen ausgesetzt ist (die wären immerhin behebbar), sondern schlicht *ohne* dieses Buch sein

[3] Ebd.

[4] Kl. Wegenast, Bibel, Bibelkritik, Bibelwissenschaft, in: Wörterbuch zum Religionsunterricht. Für alle Schularten und Schulstufen, Freiburg 1976, S. 23.

Selbst- und Weltverständnis (teilweise sogar mit christlichem Vorzeichen) zu entwickeln und zu leben gelernt hat. Hat dieses Buch in der heutigen säkularen Gesellschaft und Kultur überhaupt noch eine Chance, zur Kenntnis, geschweige denn ernst genommen zu werden? Die Frage wird umso virulenter, wenn man sich vergegenwärtigt, daß der *Umbruch zur Bedeutungslosigkeit der Bibel* nur wenige Generationen vor unserer Zeit stattgefunden haben muß (ein Prozeß allerdings, den wir hier nicht nachzuzeichnen vermögen). Jedenfalls im 19. Jahrhundert – und ganz gewiß zur Zeit von Hebels Biblischen Geschichten – gehörte die Bibel zum täglichen Leben:

„Früher gab es eine Gesellschaft, die nicht oder nicht so säkular war, also nicht so weltlich, wie die heutige. Sie war eine Welt, die sich mehr christlich verstand oder verstehen wollte. Es ist klar, daß in solcher Zeit die Bibel einen anderen Stellenwert – oder wenn man so will – eine andere Chance gehabt hat. In vielen Häusern, vor allem in den Bauernhäusern, besaß man zu jener Zeit in der Regel drei Bücher: den Kalender, in dem man gute Lebensregeln, auch ein paar Geschichten, Kalendergeschichten, nachlesen konnte, dann das Gesangbuch, das man zum Sonntag brauchte, und eben die Bibel, das selbstverständlichste Buch unter den dreien, die man hatte. Und wenn Hans Thoma vor noch nicht allzu langer Zeit die Großmutter mit ihrer Enkelin zeigte, dann über dem gemeinsamen Lesen der Bibel. Und wenn Jakob Tarasowitsch, der Pate von Gorkis Foma Gordejew, am Nachmittag mit der Familie etwas zusammensitzen und vorlesen will, dann liest er aus der Bibel vor. Und viele Kinder sind vor Zeiten aufgewachsen mit der Bilderbibel, in der sie die Welt kennenlernen und vielleicht auch lesen lernen konnten."[5]

Gerade wenn wir uns Hebels Bemühungen um Bibel *und* Kalender vergegenwärtigen, erscheint dieses Streiflicht vergangener Zeiten keineswegs als stilisierende Idylle: Die Probleme der Vermittlung, der Verstehenshilfen, der Übersetzungsstrategien waren natürlich auch damals anstrengende Arbeit – theoretisch wie praktisch. Aber das ändert nichts an dem selbstverständlichen Vorhandensein der Bibel, deren Auswirkungen zwar unterschiedlich, aber immerhin spürbar, hörbar, vielleicht sogar sehbar waren. Und genau dieses selbstverständliche Vorhandensein – noch vor aller inhaltlichen Auseinandersetzung, die aber immerhin und nicht zuletzt zu einem Streit, zu einer Konfrontation führen kann – scheint heute radikal in Frage gestellt zu sein. Stellvertretend für den Bereich der zunehmend wichtiger werdenden öffentlichen Medien möchte ich einen Journalisten zitieren: „Die Bibel haben wir wohl nie zum Thema gemacht ... aber die Bibel als ganze – ist das ein Thema?"[6]

Verdeckt aber nicht die allzu mächtige Folie vergangener, intakt erschei-

---

[5] Kl.-P. Hertzsch, Chancen der Bibel in der säkularen Gesellschaft, in: S. Meurer (Hg.), Mittelpunkt Bibel. Ulrich Fick zum 60. Geburtstag, Stuttgart 1983, S. 278–292, hier: S. 278.

[6] Zitiert nach H. Marquardt, Die Bibel in den öffentlichen Medien, in: Meurer, Mittelpunkt Bibel, S. 293–308, hier S. 294.

nender Bibelfrömmigkeit[7] einen unbefangenen Blick auf unsere gegenwärtige Kultur? Übersehen wir mit einer so gearteten kulturpessimistischen, den ‚Abfall' fixierenden Perspektive nicht all jene Indizien, die gegen die allgemeine Behauptung eines marginalen Stellenwertes der Bibel sprechen könnten? Wäre es nicht sachangemessener, die spezifisch religiöse Situation unserer Gesellschaft zu fokussieren?

1981 führte das EMNID-Institut, Bielefeld, im Auftrag des Präsidiums der Synode der Evangelischen Kirche in Deutschland und der Deutschen Bibelgesellschaft eine Untersuchung zur „Bibelfrömmigkeit" in der Bundesrepublik durch. Dabei handelte es sich zunächst um eine Repräsentativerhebung unter Protestanten allgemein (Gruppe R), sodann bei Mitgliedern der Kerngemeinde im besonderen (Gruppe K). Regelmäßige Bibelleser finden sich unter der Gruppe K zwar immerhin 30%, signifikant aber erscheint das Ergebnis für die Gruppe R: „Die regelmäßigen Bibelleser stellen hier 5%."[8]

5% aller derjenigen, die *der* Konfession angehören, die traditionell und aktuell die Bibel zum Maßstab und hermeneutischen Schlüssel ihres Glaubens bestimmt, haben regelmäßig Kontakt mit dem Fundament ihres Glaubens! Nun liegt es ja nahe, die Gründe für diese innerreligiöse Marginalität der Bibel in der allgemeinen kulturellen Ignorierung der Bibel zu suchen. Dem aber widerspricht die Kirchensoziologie: Es bestehe aller „Grund zur Annahme, daß sich die Kirchen in ihrer konkreten gesellschaftlichen Verfassung selbst im Wege stehn, daß ihre konkrete Verfassung ihrer eigentlichen Aufgabe der Glaubensvermittlung zumindest teilweise entgegensteht."[9] Und der Theologe R. Volp sieht neben der elektronischen Kulturwende vor allem „spezifisch kirchliche Selektionsanlässe"[10], die er in seiner „Problemskizze zum Umgang mit der Bibel in einem nachliterarischen Zeitalter" so zusammenfaßt:

---

7 Aus den endlos aufzählbaren Beispielen sei – pars pro toto – besonders auf das Vorwort zum Kapitel „Biblische Citate" aus G. Büchmann, Geflügelte Worte, 1864, hingewiesen, wo eine Collage aus lauter Bibelzitaten, die als volkstümlich geläufig vorausgesetzt werden konnten, einen ganzen menschlichen Lebensabriß abbildet, der exemplarisch auf die Verwobenheit von Alltag und biblischen Deutemustern verweist. Vgl. W. Killy, Die Bibel in der Welt, S. 2f. „Die Unbekanntschaft mit den Gestalten der Bibel und mit den Zusammenhängen, aus denen die ‚Geflügelten Worte' sich abgelöst haben, ist auch nicht nur ein Indiz für die Bibelferne unserer Kultur, sondern affiziert eben diese Kultur unmittelbar, indem sie ihr die Möglichkeit nimmt, eine gemeinsame Sprache zu sprechen." (S. 3)

8 K.-Fr. Daiber, J. Lukatis, R. Schloz, R. Volz, Erste Ergebnisse einer Untersuchung zur „Bibelfrömmigkeit", in S. Meurer (Hg.), Erneuerung aus der Bibel, Stuttgart 1982, S. 158–167, hier S. 159.

9 Vgl. Fr.-X. Kaufmann, Gesellschaftliche Bedingungen der Glaubensvermittlung, in: G. Stachel u. a., Sozialisation – Identitätsfindung – Glaubenserforschung, Zürich u. a. 1979, S. 67–100, hier: S. 74.

10 R. Volp, Wie können Laien heute die Bibel lesen? Problemskizze zum Umgang mit der Bibel in einem nachliterarischen Zeitalter, in: Pastoraltheologische Informationen 3/1983, H. 1, S. 60–92, hier: S. 64.

– Theologen besetzen „die Kontaktfelder mit der Bibel“ in Gruppen, Familien, Kunst und Massenmedien.

– Die „Bibellektüre gilt als etwas professionell Theologisches“ und man könne es folglich den Theologen überlassen, die Bibel nach bestimmten Themen abzugrasen.

– Schließlich unterstehe die Bibel natürlich „konkurrierenden Wertvorstellungen“.[11]

Was aber machen die Kirchen und ihre Theologen falsch? Sind es nicht immerhin 30% der Kerngemeindeglieder, die regelmäßig privaten Kontakt mit der Bibel pflegen? Wie stellt sich diese Gruppe einer möglicherweise interessierten Öffentlichkeit dar? K.-Fr. Daiber faßt den Befund im Hinblick auf die Gruppe K folgendermaßen zusammen:

> „Christliche Frömmigkeit, die sich in der Gestalt von privater Bibellektüre äußert, ist ein umfassendes Verhaltensmuster religiöser Praxis. Die persönliche Bibellesefrömmigkeit steht im Zusammenhang einer deutlich positiven kirchlichen Orientierung mit einer entsprechenden rituellen Praxis und gemeindlicher Gruppenzugehörigkeit. Bibellesefrömmigkeit gründet in einer entsprechenden religiösen Erfahrung. Für sie ist die Schrift Autorität, autoritätsbezogene Orientierungen bestimmen darüber hinaus Einstellungen zu Religion und sozialem Leben.“[12]

Diese autoritätsfixierte Ritualisierung des Umgangs mit der Bibel muß in ihrer abschreckenden Wirkung auf die allgemeinreligiöse und gesamtkulturelle Situation nicht näher ausgeführt werden. Aber sie hat unabsehbare Weiterungen bis ins Atmosphärische hinein.

Gerade Kinder und Jugendliche, bei denen die Befragung durch EMNID übrigens auch nicht über die 5% – Marke der Gruppe R hinauskam,[13] sehen sich oft folgender, allerdings ins Groteske gesteigerter, Situation konfrontiert:

> „Das Buch ‚Bibel‘ reiht sich gewöhnlich als theologisch konnotierte Pflichtlektüre in das Universum von Schulbüchern oder als Krisenorakel in die elterlich tresorierten Ziergeschenke ein. Papier, Schriftbild und steile Anhänge dienen dem Hobby-Schriftgelehrten, nicht jedoch dem Laien, der erst darauf neugierig werden will, ‚wie man die Hl. Schrift lesen kann‘. Ihn interessieren weniger die exakten Maße, Gewichte und das in Sach-, Zeit- und Ortsregister Magazinierte als vielmehr didaktisch kluge und anschauliche Hinführungen.“[14]

---

[11] Ebd.

[12] K.-Fr. Daiber, Die Bibel – ein Volksbuch? Zur Bibelfrömmigkeit in der Bundesrepublik, in: LuMo 21/1982, S. 439–443, hier: S. 440.

[13] K.-Fr. Daiber, Die Bibel in der Sicht der Jugend, in: Meurer, Erneuerung aus der Bibel, S. 168–177, hier: S. 169, wo Daiber explizit von „marginaler Bibelfrömmigkeit“ spricht!

[14] R. Volp, Wie können Laien heute die Bibel lesen, S. 74f.

Gerade bei Kindern und Jugendlichen läge ja die unüberbietbare Chance, gerade *wegen* des marginalen Stellenwerts der Bibel in unserer Gesellschaft bzw. *vor* einer verknöcherten Ritualisierung des Umgangs mit ihr, eine Erstbegegnung mit der Bibel zu leisten, die entweder frei von allen Vorurteilen wäre (diese Perspektive müßte in ihren eigentümlichen Möglichkeiten einmal grundsätzlich reflektiert werden!) bzw. die abschreckenden Vorbilder zu überwinden hülfe. Mit solch einer Erstbegegnung begibt man sich allerdings auf ein lernpsychologisch äußerst riskantes Unternehmen:

„Dem ersten erprobenden Handeln (Experiment; Modell) kommt eine besondere Bedeutung zu. Es bildet oft eine lebenslange Grundlage für das ethische Verhalten in einem bestimmten Bereich und hat die Vermutung für sich, daß sein Gelingen beziehungsweise Mißlingen vielfältig transferiert wird. Wir legen die Hypothese zugrunde, daß mit den Möglichkeiten, die das erfolgte kognitiv-affektive Lernen (auf der Basis bereits gegebener praktischer Erfahrung) zur Verfügung stellt, ein Verhaltensplan entworfen wird, gewissermaßen ein ‚Vorspiel' zum ‚Hauptspiel' des ersten Handelns auf einem neuen Niveau, mit einer neuen Fähigkeit oder unter einer neuen Bewertung".[15]

In unserer gesellschaftlichen Situation ist für solche Erstbegegnung kaum mehr die Familie, in hohem Maße jedoch die Schule (evtl. noch der Kindergarten) verantwortlich. Inwieweit wird hier ‚didaktisch klug und anschaulich hingeführt' zur Bibel? Welche kontrafaktischen Akzente zum marginalen Stellenwert der Bibel setzt der Religionsunterricht, der hier wohl vor allem angesprochen ist? Auch hier müssen – immer noch! – die Ergebnisse zunächst erschrecken machen:

„Nicht selten werden jene emotional angeheizten Aussagen, die man als biblische Eingangserfahrung als Kindergartenkind [aber auch als Schüler der unteren Klassen der Grundschule; R. W.] gehört hat, und die durch kitschige Bibelillustrationen noch vertieft worden sind, zu jenen harten Argumenten gegen die Glaubwürdigkeit der Bibel, die man als Echo aus den oberen Gymnasialklassen heraushört."[16]

A. Läpple spricht in Konsequenz seiner Beobachtungen von den „Infantilismen"[17], die die Beurteilung der Bibel weithin prägten. Und wirklich ernsthaft müssen wir fragen: Sollte man tatsächlich alle Didaktik ausschalten und ganz auf die unbefangene Rezeption, auf das quasi naive Lesen der Rezipienten setzen, die ihre Leseregeln nur entsprechend zu trainieren hätten, um die „Leerstellen" der Bibel mit ihrem eigenen Bewußtsein aufzufüllen, und damit jeglicher theologischen Skopus-Vereinnahmung zu entkom-

15 G. Stachel/D. Mieth, ethisch handeln lernen. Zu Konzeption und Inhalt ethischer Erziehung, Zürich 1978, S. 132.

16 A. Läpple, Der kritische Punkt im Bibelunterricht. Zum Problem der Prägung durch die Erstbegegnung mit der Bibel, in: rhs 19/1976, H. 1, S. 42–44.

17 Ebd.

men. Dem Vorschlag R. Volps, den dieser im Anschluß an die Rezeptionstheorie W. Isers formuliert,[18] brauchen wir nur die Bibel-Erst-Lese-Erfahrungen von J. Amery entgegenzuhalten, die immer wieder zu dem für Amery zwingenden Schluß gelangen lassen:

„Der Gott, der mir da aus der Schrift entgegentritt, ist ein *grausamer* Gott. Er ist in seiner Bedürftigkeit nach dem menschlichen Bündnispartner auch ein machtloser."[19]

Das also kann auch herauskommen, wenn man den Dialog mit der Bibel explizit „naiv" und nach den eigenen Leseregeln führt! Abgesehen davon, daß es schwierig wäre, im Unterricht solche ‚Laien-Willkür' zu praktizieren: Ohne didaktische Konzeptionen wird man dem marginalen Stellenwert der Bibel in Kultur, Gesellschaft und Religion der Bundesrepublik Deutschland nicht beikommen können. Von solcherart didaktischer Notwendigkeit wußte im übrigen schon M. Luther, der sein didaktisches Konzept in den „Vorreden" zur Bibel ausformulierte und exemplifizierte:

„Es wäre wohl recht und billig, daß dieses Buch ohne alle Vorrede [...] ausginge und nur sein selbst eigene Rede führte. Aber dieweil durch manche wilde Deutung [...] der Christen Sinn dahin vertrieben ist, daß man schier nicht mehr weiß, was Evangelium, Neu oder Alt Testament heiße, fordert die Notdurft eine [...] Vorrede zu stellen, damit der einfältige Mann [...] auf die rechte Bahn geführt und unterrichtet werde, wes er in diesem Buch gewarten solle, auf daß er nicht Gebot und Gesetz suche, wo er Evangelium und Verheißungen Gottes suchen sollte."[20]

Die Religionsdidaktiker unseres Jahrhunderts haben neben und gegen das von Läpple so nachhaltig monierte ‚Infantilismus-Konzept' eine ganze Reihe von Modellüberlegungen angestellt, wie der marginale Stellenwert der Bibel schulunterrichtlich zumindest graduell verbessert werden könnte.

3. Gegenwärtige religionspädagogische Versuche, Schüler mit der Bibel ins Gespräch zu bringen

Angesichts des marginalen Stellenwerts der Bibel im gesellschaftlich-kulturellen wie im religiösen und teilweise sogar kirchlichen Bereich unserer Gegenwart, verschafft ein Blick auf den Religionsunterricht an den öffentlichen Schulen, gerade weil er sich qua Verfassungskonstitution als *res mixta* verstehen muß, eine besonders deutliche Einsicht in die komplexe Problematik, die mit den Aktualisierungsbemühungen um die Bibel verbunden ist.

---

18 Volp, Wie können Laien heute die Bibel lesen?, besonders S. 66ff.

19 J. Amery, Zum ersten Mal gelesen, in: H.J. Schultz, Sie werden lachen – die Bibel. Überraschungen mit dem Buch, Stuttgart 1975, S. 57–66, hier: S. 62.

20 M. Luthers Vorreden zur Bibel (hgg. von H. Bornkamm), Hamburg 1967, S. 135.

Sensibilisiert durch Hebels Meisterleistung eines bibeldichterischen Schulbuches fokussieren wir den Bereich der *Textgrundlage und der Textgestaltung*, und fragen im Zusammenhang eines Bibelunterrichts – ohne auch nur entfernt auf inhaltliche und funktionale, legitimierende und destabilisierende Aspekte desselben eingehen zu können – welche Reflexionen die Religionspädagogik darauf verwandt hat. M.a.W.: Welche Konsequenzen zieht die Religionspädagogik aus der Tatsache, daß eine Aktualisierung der Bibel allein und ausschließlich mit dem kanonisierten hebräischen und griechischen Wortbestand der Bibel wohl nicht möglich ist?

Die erste Antwort darauf ist richtig und ungenügend zugleich: Man verweist auf die zahlreichen Übersetzungsversuche in die deutsche Sprache von Martin Luthers „Biblia: das ist: Die gantze Heilige Schrifft: Deudsch. Auffs new zugericht" 1545 (Wittenberg/Durch Hans Lufft) bis zur Einheitsübersetzung von 1980 (Stuttgart), von den heftig umstrittenen Lutherbibel-Revisionen bis zu den Übertragungsversuchen „in ein modernes einfaches Deutsch" (Die Bibel in heutigem Deutsch, Stuttgart 1982); man weiß aber zugleich, daß damit so gut wie nichts gewonnen ist, weil kein durchschnittlich begabter Schüler alle ca. 1300 Seiten der Bibel lesen oder gar begreifen, er aber auch keinerlei Einstiegs- oder Überblickshilfen durch das Buch selbst bekommen kann.

Es bleiben also prinzipiell nur zwei Möglichkeiten: Entweder verlegt man die Probleme des verstehenden Lesens, des Einstiegs, des Überblicks etc. vollständig in das Unterrichtsgeschehen; oder man nimmt an den Texten selbst bereits Veränderungen vor, die über das für einen Vermittlungsprozeß ungenügende Maß einer reinen Übersetzung mehr oder weniger hinausgehen. Entweder man verwendet die *Bibel im Unterricht*, oder man verwendet die *Bibel als Schul- bzw. Kinderbibel*. Entweder man vertraut auf den Vermittlungsprozeß und kann damit den Urtext rein halten; oder man legt ein Textfundament, das den Vermittlungsprozeß sowohl entlastet als auch möglicherweise noch steigert, indem der Vermittlungsaspekt bereits im Text selbst angelegt wird. *Tertium non datur*![21]

Es ist nun äußerst aufschlußreich zu beobachten, daß diese prinzipielle Alternative sich in der religionspädagogischen Theorie konfessionell widerspiegelt, insofern in der gegenwärtigen katholischen Religionspädagogik das

---

[21] Grundsätzlich gibt es für den Religionsunterricht *drei* mögliche Bibelwerke: die Vollbibel, die Auswahlbibel und die im Wortlaut didaktisch transformierte Bibel (die natürlich auch durch eine gewisse Auswahl geprägt ist).

Die sog. Auswahlbibeln gehören aber in gleicher Weise entweder ganz in die unterrichtliche Vermittlung (bei urtextgetreuem Wortlaut; das wichtige didaktische Moment der *Auswahl* kann dann für unsere Unterscheidung zunächst vernachlässigt werden) oder aber ganz zu den Schulbibeln mit didaktischen Implikationen im transformierten Bibeltext selbst (das didaktische Moment der *unterrichtlichen* Vermittlung kann dann für unsere Unterscheidung ebenfalls zunächst vernachlässigt werden).

Problem der *Textgrundlage und Textgestaltung* der Bibel im Rahmen einer kontinuierlichen Schulbibel-Diskussion erkannt und kritisch bearbeitet worden ist, während in der evangelischen Religionspädagogik fast ausschließlich Impulse zur *unterrichtlichen Aktualisierung* entwickelt und auch praktiziert worden sind.

Textgrundlage versus Unterrichtsgeschehen: Darf die Grenzlinie überhaupt so scharf gezogen werden? Der Konvergenzpunkt beider Alternativen liegt natürlich in der Intention der Aktualisierung, und insofern verdienen beide Entwicklungen unser Interesse. Bei Hebel haben wir gelernt, daß typisch unterrichtspraktische Elemente, wie z.B. die rhetorische oder die sokratische Frage, die Überleitungskunst und das wiederholte Leitmotivprinzip etc., durchaus Eingang in eine Text-Konzeption finden können. Um also gegenwärtig die Chancen eines unter völlig veränderten Bedingungen dennoch gewagten Konzeptes einer Schulbibeldichtung (als kohärenter Text-Corpus) austesten zu können, dürfen wir gerade an den unterrichtspraktischen Vermittlungsimpulsen nicht vorbeigehen.

a) Die Bibel im Unterrichtsgeschehen

Ein Grund dafür, daß besonders in der evangelischen Religionspädagogik die Theorie sich nahezu ausschließlich auf die Diskussion der Verwendung *der Bibel als solcher* im Unterricht kaprizierte, also letztlich immer die Vollbibel als Unterrichtsmedium thematisierte, liegt zweifellos in den beiden prägenden religionspädagogischen Konzeptionen nach dem zweiten Weltkrieg begründet: Die „evangelische Unterweisung" setzte ganz auf die *Verkündigung* des Wortes Gottes, das nun einmal durch die Bibel als ganze repräsentiert wird; das Modell des „hermeneutischen Religionsunterrichts" versuchte, die wissenschaftliche Methode der historisch-kritischen Exegese in ihrer existentiellen Dimension und Intention fruchtbar zu machen und war von daher in noch viel stärkerem Ausmaß am Urtext interessiert, dabei allerdings auch der im Urtext sich vielfältig überlappenden Überlieferungsschichten gewärtig. Die darauffolgende, nicht nur ‚empirisch' zu apostrophierende Wende in der Religionspädagogik Ende der sechziger Jahre war sich einig in der Kritik an beiden Umgangsweisen mit der Bibel:

> „Während im Blick auf die ‚Evangelische Unterweisung' der unterrichtlichen Bemühung um die Bibel eine nahezu vollständige Ignoranz, was die didaktische Frage anbelangt, attestiert wird und darin ein merkwürdig ungeschichtliches Bibelverständnis, sind die Vorwürfe an die Adresse des hermeneutischen Bibelunterrichts ‚Verwissenschaftlichung', individuell-existentielle Engführung und Erfahrungsferne."[22]

[22] Kl. Wegenast, Der Religionsunterricht in der Sekundarstufe I. Grundsätze – Planungsformen – Beispiele, Gütersloh 1980, S. 66.

Die Wende aber setzte sich um in neue didaktische Entwürfe eines problemorientierten Umgangs mit der Bibel, der diese zum Teil ihrer traditionellen Mittelpunktstellung beraubte[23], insgesamt jedoch um eine an den *Erfahrungen der Schüler* orientierte und somit bereicherte Integration der Bibel in den schulischen Religionsunterricht bemüht blieb. So entwickelte K. E. Nipkow den sog. ‚komplementären Typus' des Religionsunterrichts,[24] H. Angermeyer sprach vom ‚Konvergenzdenken' in der Religionspädagogik, die Curriculumtheorie forderte die Legitimierung der Bibel an gesellschaftlichen Normen. Stets aber setzte man die Bibel – meist unausgesprochen – als Vollbibel ein, oder benutzte – was häufiger zu sein scheint – punktuell geschaffene und didaktisch reflektierte Ausschnitte bzw. Auszüge (Textabschnitte im Religionsbuch; Photokopien o. ä. in bestimmten Unterrichtsmodellen) aus der Vollbibel. Thematisch blieb die biblische Botschaft damit präsent und erhöhte sich das Aktualisierungspotential unterrichtlicher Umsetzung. Die Bibel als Buch jedoch, als Grundbestand und Fundus des christlichen Glaubens, als Zusammenhänge der Geschichte Gottes mit den Menschen bezeugendes Grunddokument, kam allenfalls in speziellen Bibeleinheiten in den höheren Klassen des Gymnasiums zum Ausdruck; die dort geleistete methodische Einführung (Einleitungsfragen) verkam dabei allerdings unter Umständen „zu einem Schulungskurs in angeblich gesicherter Pseudokritik"[25], und setzte damit die Probleme des hermeneutischen Religionsunterrichts auf ‚höherer Ebene' fort.

Insgesamt bleibt es das Verdienst der Problemorientierung gerade innerhalb des Bibelunterrichts, eine unaufgebbare didaktische Grundeinsicht nachhaltig eingeprägt zu haben: daß nämlich bloße Begriffe, seien es kerygmatische oder solche aus dem historisch-kritischen Instrumentarium der Bibelwissenschaft, allein noch keine Aktualisierung bedeuten!

„Das Wort ‚Problemorientierung' nimmt teil an einem Vorgang, den man die Transformation analytisch-deskriptiver Begriffe in Formeln für Orientierung und Sinngebung nennen könnte".[26]

---

[23] Vgl. H. B. Kaufmann, Muß die Bibel im Mittelpunkt des Religionsunterrichts stehen?, in: G. Otto/H. Stock (Hg.), Schule und Kirche vor den Aufgaben der Erziehung, Hamburg 1968, S. 79–83.

[24] K. E. Nipkow, Schule und Religionsunterricht im Wandel, Heidelberg und Düsseldorf 1971.

[25] So E. Paul, „Die Bibel unter heutigen Bedingungen verstehen". Zu den bibeldidaktischen Neuerscheinungen, in: Religionspädagogische Beiträge 1978, H. 1, S. 3-23, hier: S. 11, in Auseinandersetzung mit W. Langer, Praxis des Bibelunterrichts. Ziele, Gestaltungsformen, Entwürfe, Stuttgart 1975.

[26] K. Dienst, Die Bibel in der gegenwärtigen Religionspädagogik, in Meurer, Erneuerung aus der Bibel, S. 178–194, hier: S. 180, im Anschluß an H. Schelsky, Die Arbeit tun die andern, Opladen 1975, S. 264.

Aber was passiert, wenn solche „Formeln für Orientierung und Sinngebung“ dem Schüler und Jugendlichen nicht zuhanden sind, falls er einen Blick in die Schrift wagen sollte; was passiert, wenn er sie vergessen hat oder nur halbherzig vermittelt bekam? Anders gefragt: Wie weit trägt und prägt schulischer (Religions-)Unterricht über das Unterrichtsgeschehen hinaus so den Bibelgebrauch, daß dieser gefeit ist gegenüber den kulturellen Ignorierungen und den religiösen Isolierungen der Bibel? Die Tendenz der Verlagerung der didaktischen Probleme im Dialog mit der Bibel in das Unterrichtsgeschehen fördert implizit das, was D. Stollberg als „Unmittelbarkeit im Umgang mit der biblischen Tradition“ konstatiert hat.[27] Damit geht der einzelne biblische Text im Hier und Jetzt der jeweiligen Vermittlungsebene auf und verliert potentiell seine kontinuierliche Kommunikationsfähigkeit. K. Dienst erinnert zurecht an die Mahnung des großen Theologen der religionsgeschichtlichen Schule W. Bousset:

„Es scheint, als wenn das Zeitalter einer neuen christlichen Gnosis heraufzieht und als wenn gerade spezifisch christliche Kreise für diese Gefahr nicht das Auge und den genügenden Scharfblick besitzen und mit ihr zu spielen beginnen. Man möchte den Rausch der Unmittelbarkeit, man sucht nach dem unerhört neuen Erlebnis. Man stimmt in den so verlockenden revolutionären Ruf ein: Fort mit aller historischen Belastung.“[28]

Die entscheidenden Probleme der Problemorientierung und der in ihrem Gefolge vielfältig sich ausbreitenden neuen Begegnungsformen mit der Bibel im Religionsunterricht liegen m. E. in zwei Bereichen, die wie die Punkte einer Ellipse aufeinander bezogen sind:

– Zum einen vermißt man so etwas wie ‚bleibende Gestaltung‘, die über den Tag hinaus Kontinuität der Kommunikation mit der Bibel schaffen könnte, ohne der Gefahr steriler Ritualisierung zu verfallen.

– Zum anderen fehlt ein explizites historisches Bewußtsein, das klar und präzise geschichtliche Distanz und Nähe der Bibel so zum Ausdruck brächte, daß Aktualisierung gelänge, ohne der Gefahr platter Unmittelbarkeit zu verfallen.

Faßt man diese zwei Problemkreise kategorial, so läßt sich unschwer ein Modell erkennen, das in der Lage ist, eine adäquate Lösung der Probleme zu ermöglichen. Es handelt sich um das erst seit etwa 15 Jahren für die Theologie wiederentdeckte ‚Erzählen‘, das unter dem Stichwort ‚Narrative Theologie‘ eine breite Diskussion ausgelöst hat, die schnell in der Religionspädagogik aufgegriffen wurde, wo das Erzählen als Methode ja schon immer gelehrt und

[27] D. Stollberg, Gibt es eine neue Unmittelbarkeit im Umgang mit der biblischen Tradition?, in: Pastoraltheologische Informationen 3/1983, H. 1, S. 11–20.

[28] Vgl. Dienst, Die Bibel in der gegenwärtigen Religionspädagogik, S. 191, der aus dem Manuskript eines Vortrags von W. Bousset, Religion und Theologie, Gießen 1916 zitiert.

geübt wurde. J. B. Metz[29], H. Weinrich[30] und G. Lohfink[31] werden immer wieder als ‚Gründungsväter' dieser Rehabilitation des Erzählens zitiert und diskutiert. Worum geht es?

„Der Logos des Kreuzes und der Auferstehung hat indispensable Erzählstruktur. Der Austausch von Glaubenserfahrung wie von jeder ursprünglichen Erfahrung des Neuen, nie Dagewesenen, hat nicht die Gestalt des Arguments, sondern der Erzählung."[32]

Wichtig für unseren Zusammenhang ist die wiederholt vorgebrachte Präzisierung, daß es sich beim Begriff der Erzählung nicht um eine literarische Gattung, vielmehr um eine spezifische Funktion der Sprache im allgemeinen handle.[33] Kl. Schilling schlägt daher zurecht vor, den Begriff der *Narrativität* einzuführen und in allen seinen Dimensionen neu zu durchdenken.[34] Vorläufig legt er sich auf folgenden Sprachgebrauch fest:

„Narrativ ist Sprache dann, wenn sie den Menschen als ganzes [sic!] ansprechen soll, nicht aber nur einen bestimmten Bereich. Man kann auch sagen: narrative Sprache ist existentielle Sprache."[35]

Diese *existentielle* Sprache aber schließt bewußt eine *rationale, argumentierende und appellierende Sprache* mit ein! Narrativität sei insofern „eine umfassende Vermittlungsform", die es erlaube, „alle Fähigkeiten des Schülers zu berücksichtigen".[36]

Damit nähert sich die noch längst nicht zu Ende gedachte Theorie der Narrativität nicht nur in vielen Einzelheiten der Hebelschen Theorie einer Populärästhetik, sondern auch der spezifischen Tradition jüdischen Erzählens, wie wir ihr etwa im Verhältnis von Aggada und Halacha auf der Spur waren und wie sie in unserem Jahrhundert vor allem Martin Buber besonders in seinen chassidischen Erzählungen[37] praktiziert hat. O. Betz faßt Bubers Bemühen, in Geschichten zu „verstricken", so zusammen:

„Die lebendig erzählte Geschichte darf zwar nicht zum zweckvoll eingesetzten pädagogischen Hilfsmittel mißbraucht werden, aber lernen sollen wir schon: da wo die nüchterne Argumentation und die logische Systematik kein Ohr öffnen und kein

29 J. B. Metz, Kleine Apologie des Erzählens, in: Concilium 9/1973, S. 334–341.

30 H. Weinrich, Narrative Theologie, in: Concilium 9/ 1973, S. 329–334.

31 G. Lohfink, Erzählung als Theologie. Zur sprachlichen Grundstruktur der Evangelien, in: Stimmen der Zeit 192/ 1974, S. 521–532.

32 J. B. Metz, Erlösung und Emanzipation, in: Stimmen der Zeit 191/1973, S. 171–184, hier: S. 183.

33 Vgl. G. Lohfink, Erzählung als Theologie, S. 522.

34 Kl. Schilling, Narrative Theologie und Religionsunterricht, in: KatBl 100/1975, S. 257–267, hier: S. 264.

35 Ebd.

36 Schilling, Narrative Theologie, S. 267.

37 M. Buber, Die Erzählungen der Chassidim, Zürich 1949.

Herz gewinnen kann [,] da überspringt die Erzählung, wenn sie sich auf Erfahrung berufen kann, mit Leichtigkeit die Hürden und bewegt die Gemüter. So wie nur der persönliche Anspruch die ebenso persönliche Antwort möglich macht, so weckt auch in ganz besonderer Weise die erzählend vermittelte Geschichte die ganz persönliche Geschichte im Hörer: in die ‚fremde' Geschichte verstrickt, begegnet er seiner eigenen Geschichte."[38]

Es scheint, daß in der Perspektive eines narrativen Umgangs mit der Bibel nicht nur die „*Erzählung* von dem, was Menschen in ihrem Geschick von göttlicher Wirklichkeit erfahren haben"[39] stattfinden könnte, sondern darüber hinaus für die beiden genannten Probleme der ‚bleibenden Gestaltung' und des ‚historischen Bewußtseins' Lösungen bereitliegen. Narrativität berücksichtigt nämlich gerade die durch die historische Forschung herausgearbeitete *Überlieferungsstruktur* der Bibel und setzt damit die in dieser und durch diese Struktur konstituierte Geschichtserfahrung kontinuierlich fort. Narrativität ist zum anderen auf Gestaltung angewiesen, die in der Erzählforschung der Literaturwissenschaft sowie in den religionspädagogischen Erzähltheorien (Steinwede – Neidhart – Kegel) in ihren typischen Elementen herausgearbeitet wurde. Doch auch hier bleibt eine entscheidende Einschränkung: Die Bibel in ihren großen Zusammenhängen von Geschichte und Glauben, ein kohärenter Gesamtentwurf der Bibel in narrativer Perspektive ist bis jetzt nirgends angemahnt worden. Aktualisierung scheint sich um bleibende Formen nicht kümmern zu wollen! Wohl weist H. Angermeyer darauf hin, daß die narrative Aktualisierung „einzelne(r) isolierte(r) Abschnitte" der Bibel gerade nicht die erhoffte Verstrickung in die fremden Geschichten der Bibel ermögliche: Nur an den „große(n) zusammenhängende(n) Erzählstücke(n)" könne man den „Zusammenhang von Lebensbewältigung und Gottesbegegnung gleichsam ‚biographisch' einsichtig" machen.[40] Aber der Durchbruch zur Erkenntnis einer *narrativen Aktualisierung der Bibel in einem gestaltgewordenen (Schul-) Buch*, einer Schulbibel, einer Bearbeitung für Kinder hat bislang in der allseitig auf das Unterrichtsgeschehen fixierten Diskussion noch nicht stattgefunden.

Man muß auf evangelischer Seite sehr weit in die Geschichte der Religionspädagogik zurückgehen, um auf Kronzeugen in Sachen Textgrundlage und Textgestaltung des Bibelunterrichts zu stoßen. Bei R. Kabisch, dem Vertreter der liberalen Religionspädagogik an der Wende zum 20. Jahrhundert, finden wir im Rahmen einer Darstellung des Lehrverfahrens im Religionsunterricht

---

[38] O. Betz, Chassidische Dialogik. Martin Bubers pädagogische Impulse aus dem Geist der Bibel, in: Lebendige Seelsorge 36/1985, H. 3, S. 117–129, hier: S. 129. Zuvor prägt Betz die erhellenden Stichworte von der „via indirecta" und von der „Spiritualität der Sinne"! (S. 124)

[39] Wegenast, Der Religionsunterricht, S. 70.

[40] H. Angermeyer, Die elementare Bedeutung biblischen Erzählens. Am Beispiel des Religionsunterrichts dargestellt, in: WPKG 65/1976, S. 161–172, hier: S. 164.

konsequent als ersten Abschnitt „Die Textgestaltung der biblischen Geschichten“[41]:

„Früher hat man diese Seite des Unterrichts viel zu leicht genommen. Man ging von der Meinung aus, daß der biblische Stil in seiner feierlichen Erhabenheit der beste sei auch für die Kleinen, und daß man nicht nur der Bibel die größte Ehrfurcht erweise, sondern auch unterrichtlich die bedeutsamsten Wirkungen erziele, wenn man in möglichst getreuem Anschluß an den biblischen Wortlaut erzähle. [...] Der Gedanke ist sicher fehlerhaft. Die Ehrfurcht vor der Bibel beweise ich am tiefsten dadurch, daß ich ihren Geist am lebendigsten löse, um ihn den Seelen fruchtbar zu machen. Ich rede ja auch nicht hebräisch mit den Leuten, sondern übersetze den Wortlaut der Bibeltexte in unsere Sprache. Die Übersetzung geht aber für Ungelehrte und Kinder noch weiter; es muß auch in ihrer Redeweise, ja wegen der Kürze und grandiosen Geistigkeit der biblischen Berichte in ihre konkrete Denkart übersetzt werden, damit wirklich der biblische Geist in ihrem Geist auflebe.“[42]

Wie nah Kabisch an unsere durch Hebel inspirierte Forderung nach einer kohärenten Bibelbearbeitung für Schüler gelangt (dabei Hebel allerdings nirgends erwähnend), liegt in einer kleinen Selbstreflexion am Rande offen zu Tage:

„Ich selbst bin wohl mit dem Gedanken umgegangen, einmal die ganze biblische Geschichte so zu bearbeiten, habe aber doch noch nicht die Überzeugung gewonnen, daß ein solches Bedürfnis vorliegt.“[43]

Seit der liberalen Religionspädagogik am Anfang unseres Jahrhunderts scheint es evangelischerseits keine nennenswerte Diskussion dieses Problems gegeben zu haben.

Auf der katholischen Seite gegenwärtiger Religionspädagogik wurde das erwähnte „Bedürfnis“ allerdings immer wieder virulent. Unter dem Stichwort „Schulbibel“ blieb eine beachtliche Diskussion über Jahrzehnte hinweg lebendig.

b) Die Bibel als Schulbibel

„Die Entwicklung einer Schulbibel ist keineswegs abgeschlossen; ihr eigentlicher Beginn steht noch aus ...“

Mit diesem Ausblick, dessen Aufforderungscharakter allerdings keine klare Konturierung zukünftiger Gestaltungsreflexionen vorzeichnet, schließt

---

[41] R. Kabisch/H. Tögel, Wie lehren wir Religion?, Göttingen [7]1931 (1910, noch ohne den späteren Herausgeber und Bearbeiter H. Tögel), S. 153–172.

[42] Kabisch/Tögel, Wie lehren wir Religion?, S. 153. Kabisch knüpft bei seinen umfangreichen Ausführungen zur Aufgabe der Textgestaltung vor allem an O. und E. Zurhellen, W. Classen und S. Tank an. (S. 156–158)

[43] Kabisch/Tögel, Wie lehren wir Religion?, S. 158.

A. Wuckelt ihren resumierenden Bericht „Schulbibeln im 20. Jahrhundert".[44] Und G. Miller gar fragt sich, „wo die Abenteurer heute sind", die es wagen, über die letzten beiden, von der Deutschen Bischofskonferenz 1979 autorisierten, Schulbibeln (nämlich die „Bibel für die Grundschule" sowie die „Schulbibel für 10–14jährige", jeweils Kevelaer/Stuttgart/München/Düsseldorf 1979) hinaus eine Schulbibel zu konzipieren, die endlich nicht mehr „dem Diskussionsstand nachhinkt".[45] Die Situation scheint sich für sie mit den Schulbibeln von 1979 nicht wesentlich gegenüber der nach 1957 geändert zu haben, wo gleich drei neue Schulbibeln auf den Markt und in die Schulen kamen (nämlich die Katholische Schulbibel, Düsseldorf 1957 [eine Revision der sog. Ecker-Bibel von 1906]; die Reich-Gottes-Bibel. Nach den Urkunden der Heiligen Schrift, München 1957 [an ihr war G. Miller wesentlich beteiligt]; die Katholische Bibel für Jugend und Volk, Freiburg 1957); im Blick auf diese Schulbibeln, die in den sechziger Jahren im katholischen Religionsunterricht in offizieller Verwendung waren, mußte sie 1975 nämlich feststellen:

> „Das Ergebnis ist – bis auf den heutigen Tag – recht zwiespältig: Einerseits wird (wenn überhaupt) viel mit der Vollbibel gearbeitet (als Spätfrucht des ‚biblischen Frühlings'); in manchen Schulen selbst in Grundschulklassen. [...] Die Schulbibeln verstauben inzwischen in den Schränken *und mit ihnen der letzte Rest eines ‚Durchblicks' beim Schüler.*"[46]

Das erklärte Ziel aller Schulbibeln (und damit selbstverständlich auch der insgesamt seltenen evangelischen Beiträge, etwa: O. Dietz, Die Biblische Geschichte, München 1932 oder die Neue Schulbibel, Köln u.a. 1973 [von einem evangelisch-katholischen Team erarbeitet!]) ist es tatsächlich, einen ‚Durchblick' durch die Bibel zu schaffen, und zwar im Schulbuch selbst angelegt. Der – notwendige – Streit entzündet sich an der jeweiligen didaktischen Konzeption!

Die katholische Tradition, der keine vergleichbare evangelische Schulbibeltradition gegenübergestellt werden kann, ist dabei generell durch *zwei Typen* gekennzeichnet, die bis heute – zumindest indirekt – ihre Wirkung entfalten: einmal die Schulbibel von B.H. Overberg (1754–1826), „Geschichte des Alten und Neuen Testaments zur Belehrung und Erbauung besonders für Lehrer, größere Schüler und Hausväter", 1799; zum anderen die Schulbibel von Chr. von Schmid, „Biblische Geschichte für Kinder zum allgemeinen Gebrauch in den Volksschulen Bayerns", München 1801. Die

[44] A. Wuckelt, Schulbibeln im 20. Jahrhundert, in: KatBl 112/1987, H. 5–6, S. 380–383.

[45] G. Miller, Bibelunterricht: vor – mit und nach der Reich-Gottes-Bibel, in: KatBl 112/1987, S. 477–482, hier: S. 481.

[46] G. Miller, Biblische Schulbücher – Schulbibeln – Auswahlbibeln, gestern – heute – morgen, in: KatBl 100/ 1975, S. 738–749, hier: S. 746f. Hervorhebung von R. W.

verschiedenen Intentionen zeigen sich in der jeweils didaktisch zugrundegelegten Fragestellung, nämlich ob

> „die biblischen Geschichten durch lebensnahes Erzählen mehr der unmittelbaren moralischen Erziehung dienen und Modell rechten Lebens und Verhaltens bieten sollen (*v. Schmid*), oder ob der übernatürliche Charakter des göttlichen Heilsplans – durch größere Texttreue zum Ausdruck gebracht – mehr im Vordergrund steht, und dadurch ‚Glauben, Vertrauen und Bewunderung in den Seelen geweckt' werden soll (*Overberg*)."[47]

Damit stand – und steht man teilweise immer noch – vor der Alternative einer Schulbibel als „narratio salutis" oder als einem „Lehrbuch der Moral".[48] Die im katholischen Religionsunterricht lange Zeit (bis in die sechziger Jahre unseres Jahrhunderts) übliche Zweiteilung in einen Katechismusunterricht und einen biblischen Unterricht (hier der dogmatisch gebildete Priester, da der pädagogisch versierte Laie als jeweils Lehrender) förderte die Entwicklung der Schulbibel zum moralischen Exempelbuch.[49] Das läßt sich besonders gut an den in den zwanziger Jahren unseres Jahrhunderts erschienenen Schulbibeln ablesen, auch wenn sie sich eher dem Typus Overbergs verpflichtet fühlten.

> „Schlägt man die *Buchberger-Bibel* von 1922 [in der Tradition von Schmids; R. W.] oder die alte *Ecker* – oder die *Kastner-Bibel* von 1927 auf [in der Tradition Overbergs bzw., die Kastner-Bibel betreffend, in Verschränkung beider Typentraditionen; R. W.], so kann man sich zunächst wundern über den Vorwurf der ‚Verzweckung' biblischer Texte. Diese Schulbücher bringen kaum Beitexte moralischer oder dogmatischer Art; da und dort finden sich spruchartige Zitate aus anderen biblischen Abschnitten (bei *Buchberger* fehlt sogar dies). Doch der Verzicht auf moralisierende oder lehrhafte Intention ist nur scheinbar; diese sind unmerklich in die Textdarbietung verwoben. Und wo die Schülerbücher noch zurückhaltend sind, holen die Handbücher Moralisierung und Textverzweckung nach und zeigen dem Lehrer, wie sein Unterricht ‚laufen' soll."[50]

Auf der einen Seite ist es verständlich, daß diese inhaltliche Engführung der Bibel unter theologischen wie didaktischen Gesichtspunkten keine wirkliche Neubelebung erfahren hat. Auf der anderen Seite wurde aber das dahinterliegende Problem einer kohärenten Transformation der Bibel aufgrund der inhaltlichen Desavouierung dieser Konzepte auf lange Sicht verabschiedet; man näherte sich dem Urtext so weit wie möglich an und diskutierte nur noch – unter dem Stichwort *„Auswahlbibel"* – mögliche Kombinationen ausge-

---

[47] Miller, Biblische Schulbücher, S. 738.

[48] W. Langer, Das Religionslehrbuch – Glaubenslehre oder Lebensdeutung?, in: KatBl 103/1978, S. 909–912, hier: 907.

[49] Hebel hat das aufdringliche Moralisieren in seinem Gutachten zu den Biblischen Geschichten Chr. von Schmids scharfsinnig herauskristallisiert und zum massiven Kritikpunkt erhoben.

[50] Miller, Bibelunterricht, S. 478.

wählter Teile der Bibel im Rahmen des religionsunterrichtlichen Lehrplans bzw. des späteren Zielfelderplans.

1957, also dreißig Jahre nach dem Erscheinen der ‚Lehrbücher der Moral', versuchte man sich in der ‚narratio salutis', verlegte aber den Akzent der *Heils*geschichte auf den Akzent der Heils*geschichte:* Der „Ton liegt mehr auf ‚Geschichte', nicht so sehr auf einem festgefügten, vorgegeben Heilsplan."

„Die je neue geschichtliche Situation, in der Gott am Werk ist und mit den Menschen Geschichte macht, gewinnt an Gewicht. Der einzelne Text wird für sich betrachtet und erst dann mit andern verglichen. Die Einordnung in den Zusammenhang der Schulbibelkapitel gibt den heilsgeschichtlichen Rahmen."[51]

Statt unmerklicher Texttransformation (mit dem unbestreitbaren Vorteil eines zusammenhängenden Erzähltextes) hatte man nun – etwa mit der Reich-Gottes-Bibel – einen relativ komplexen Apparat zu bewältigen (mit dem ebenso unbestreitbaren Vorteil einer klaren Transparenz des Urtextes, dessen eingeblendete Verszählung auch den vieldiskutierten Übergang zur Vollbibel ermöglichen sollte). Typographisch wurde

„streng unterschieden zwischen wörtlichem Text (Fettdruck), Kürzungen und Nacherzählungen (magerer Druck), historischen Vorbemerkungen und inhaltlichen Erklärungen (kursiv) und didaktischen oder liturgischen Hinweisen (Petit)."[52]

Von zwei Seiten mußte aber gegen dieses heilsgeschichtliche Konzept einer Auswahlbibel mit didaktischem Beiwerk (wie es dann ähnlich, auf der Grundlage der Einheitsübersetzung, noch einmal – von der deutschen Bischofskonferenz autorisierte – Gestalt gewann[53]) Kritik erfolgen.

Einmal geschah dies aus der puristischen Ecke, die in viel umfassenderer Weise den Akzent auf die ursprünglichen Sprachformen des Urtextes gelegt wissen wollte und der bereits die Zwischenüberschriften der vorliegenden Schulbibeln zu weit gingen.[54] Theologisch berufen sich die Sprachpuristen auf den paradigmatischen Charakter jeder einzelnen biblischen Perikope:

„Da in jeder Geschichte das ganze Kerygma hörbar wird, wie Form- und Redaktionsgeschichte erwiesen haben, wenn auch in der jeweiligen Einmaligkeit einer Geschichte, ist die Anzahl der aufgeführten Einzelperikopen nicht entscheidend."[55]

---

51 Ebd.

52 Miller, Biblische Schulbücher, S. 742.

53 Vgl. A. Heck, Zwei neue Schulbibeln, in: KatBl 103/ 1978, S. 403–406.

54 G. Bellinger, Bibelwissenschaft und „Schul-Bibel". Die aus der neueren Exegese sich ergebenden Konsequenzen für ein künftiges biblisches Unterrichtswerk, in: KatBl 95/ 1970, S. 193–205, hier S. 202, Anm. 35: „Dadurch [sc. durch die ‚Zwischenüberschriften'; R. W.] werden das Interesse im voraus aufgehoben und ein zusammengehörender Text ständig unterbrochen."

55 Bellinger, Bibelwissenschaft und „Schul-Bibel", S. 202, Anm. 35.

Damit ist von vorneherein ein systematisierender, um Kohärenz bemühter Zugriff auf die Bibel verwehrt, der ja immerhin noch ein theologisches Anliegen der 1957er Bibeln war. Die polemischen Wellen gegen Schulbibeltypen jeglicher Couleur brechen gewaltig ein:

– „Nur das echte Gottes Wort ist mächtiger als jedes paraphrasierende Menschenwort. Von einer Bibel, auch von einer ‚Schul-Bibel', sollte man daher erwarten, ja verlangen, keine ‚Biblische Geschichten' in freier Paraphrase oder harmonisierte Mischtexte und keine Willkür der Übersetzung zu bieten, da diese das Wort der Schrift verharmlosen oder verfälschen, sondern den nach Inhalt und Form der Übersetzung urtextgetreuen, authentischen Text der Bibel, da nur dieser das wirkliche Wort Gottes an die Menschen darstellt." (*G. Bellinger*)[56]

– „Die sprachliche Form ist schlechterdings nicht austauschbar. Das wird der biblische Unterricht beachten müssen. Was einmal in eine bestimmte sprachliche Form gefaßt ist, läßt sich nicht (etwa um Kinder das Verständnis zu erleichtern) in irgendeine andere Form umgießen – es würde etwas völlig anderes daraus. Und ebensowenig ist es möglich, den Inhalt von der Form abzulösen und ihn nur in einem kurzen Satz begrifflich exakt zusammenzufassen. Unter der Hand entzieht sich der Inhalt. Was ein Text in seiner besonderen Form einzufangen vermocht hatte, geht unweigerlich verloren, wenn man die Form zerschlägt." (*I. Baldermann*)[57]

Das Anliegen der Sprachpuristen läuft auf ein „Biblisches Unterrichtswerk"[58] hinaus, auf ein „biblisches Lesebuch"[59], das der heils*geschichtlichen* Anordnung eine *kerygmatische Anordnung* entgegensetzt. Aufgabe einer solchen Auswahlbibel sollte es sein,

„ein grundsätzliches Verstehen bedeutsamer biblischer Texte in der Vielfalt ihrer Sprachformen anzubahnen und zu ermöglichen. Vollständigkeit kann und darf nicht Ziel eines solchen Schulbuches sein." Diese Schulbibel „wird sich eher auf wenige, begründet nach Kriterien, ausgewählte Texte beschränken, als daß sie eine übergroße Vielfalt von Texten zu einer beliebigen Auswahl anbieten würde."[60]

Abgesehen davon, daß hier die ‚katholische' Schulbibeldiskussion die didaktischen Probleme wieder vollständig in das Unterrichtsgeschehen verlagert, ist die didaktische Grundentscheidung der Sprachpuristen zu hinter-

---

56 Bellinger, Bibelwissenschaft und „Schul-Bibel", S. 198.

57 I. Baldermann, Biblische Didaktik. Die sprachliche Form als Leitfaden unterrichtlicher Texterschließung am Beispiel synoptischer Erzählungen, Hamburg ³1964, S. 24. Baldermann (wie auch die folgenden evangelischen Religionspädagogen) repräsentiert hier eine evangelische Stimme, die nicht aus einem evangelischen Schulbibelstreit heraus erwachsen ist, vielmehr nur inhaltliche Gesichtspunkte vorträgt, wie sie katholischerseits im Schulbibelstreit ausgefochten wurden.

58 Bellinger, Bibelwissenschaft und „Schul-Bibel", S. 205.

59 W. Simon, Zwei neue Schulbibeln – und das Problem einer altersangemessenen Einführung in die Vielfalt biblischer Sprachformen, in: Christlich-pädagogische Blätter 94/1981, S. 274–283, hier: S. 278.

60 Ebd.

fragen. Die Tatsache, „daß ein Text zu bestimmten Zeiten beredt war, (besagt) nicht ohne weiteres, daß er es immer in gleicher Intensität ist. Die heutige Aufgabe kann deshalb nicht nur in der Entfaltung der ‚Dichte' der Sprache bestehen."[61] Außerdem verführen die Sprachpuristen zu der fatalen Annahme, „daß es konstante Strukturen des Glaubens und seiner Aneignung gäbe [...] Auf die Suche nach Konstanten kann gewiß nicht verzichtet werden, aber die fast naive Gleichsetzung von damals und heute blendet entscheidende Fragestellungen aus und macht blind gegenüber dem eigenen Verfahren."[62]

Die zweite Kritik an der ‚narratio salutis' von 1957 und ihrer Fortsetzung 1979 *kam aus der pragmatischen Ecke*, die in viel umfassenderer Weise die Erfahrungen der Schüler akzentuiert wissen wollte. Selbst G. Miller, die Mitverfasserin der Reich-Gottes-Bibel, modifiziert zwanzig Jahre später das damalige heils*geschichtliche* Konzept: sie spricht heute lieber von einem „glaubensgeschichtlichen Konzept"[63], das den Anteil der Menschen an der Geschichte Gottes mit den Menschen stärker berücksichtige. Aber nicht nur konzeptionell, auch im Detail waren die Schulpraktiker mit den vorgelegten Schulbibeln nicht zufrieden. Bezüglich der „Bibel für die Grundschule" fragt etwa M. L. Stembert:

> „Warum hat man Umformungen des Einheitstextes vorgenommen, wenn gerade dieser in vielen Textformulierungen einer ‚narrativen Theologie' näher steht als der gewählte Wortlaut der Grundschulbibel?"[64]

Und sie kommt zu dem bestimmten Urteil:

> „So wird der Grundschüler in der eigens für ihn verfaßten Bibel mit einer teilweise altertümlichen Sprache konfrontiert, die ihm den Zugang zur Heiligen Schrift eher versperrt als eröffnet."[65]

Gerade von Seiten der Pragmatiker wird das Desiderat eines völlig neuen didaktischen Konzeptes besonders deutlich bezeichnet (vgl. die eingangs zitierten Äußerungen); aber wie man auf die selbsterrichteten didaktischen Kriterienpfähle ein solides und be-gehbares, be-greifbares ‚Bibelhaus' für Kinder bauen könnte, das scheint noch nicht einmal konzeptionell hinreichend durchdacht zu sein. Denn gerade eine glaubensgeschichtliche Perspek-

[61] Angermeyer, Die elementare Bedeutung biblischen Erzählens, S. 170.

[62] H. Buß, Evangelientexte im RU, in: Evangelientexte auf dem Weg zum RU, Loccum 1975 [= Loccumer religionspädagogische Studien Nr. 13], S. 6-13, hier: S. 11.

[63] Miller, Bibelunterricht, S. 479. Zum Stichwort ‚Glaubensgeschichte' zitiert G. Miller in ihren diversen Veröffentlichungen immer wieder M. Buber, Werke I, Schriften zur Philosophie, Heidelberg/München 1962, S. 657: „Unter Glaubensgeschichte verstehe ich die Geschichte des uns bekannten menschlichen Anteils daran, was zwischen Gott und Mensch geschehen ist."

[64] M.L. Stembert, Eine Bibel für die Grundschule, in: KatBl 109/1984, S. 207–213, hier S. 209.

[65] Stembert, Eine Bibel für die Grundschüler, S. 211.

tive oder die Forderung nach sprachlicher Transformation der Bibeltexte (durchaus auch einer bestimmten Auswahl!) kommen um das Problem der Kohärenz der biblischen Bücher nicht herum, wenn man, mit Hilfe der überlieferungsgeschichtlichen Erkenntnisse, nicht zulassen kann und will, daß die Bibel einer Perikopisierung in kerygmatischer Verengung verfällt.

Ist die Schulbibeldiskussion also in einer Sackgasse, in die hinein *beide* prinzipiellen Möglichkeiten des Umgangs mit der Bibel geführt haben, sowohl die *Möglichkeit der Bibel im Unterricht* als auch die *Möglichkeit der Bibel als Schulbibel?* Drängt letztlich nicht doch alles auf eine Atomisierung der biblischen Texte, um sie jeweils didaktisch klug und geschickt im Unterricht aufbereiten zu können. Verträgt sich die Bibel als ganze eben doch nicht mit didaktischen Anforderungen?

Unter dem Stichwort „Transformation“ bahnt sich in jüngster Zeit ein bibeldidaktisches Konzept an, das zwar noch nicht in Richtung auf eine vollständige Schulbibel weitergedacht wurde, das aber gleichwohl wichtige Impulse dafür freisetzen dürfte.

4. Impulse zum Problem einer schülernahen Transformation der Bibel

Mehrere katholische Religionspädagogen haben sich in den letzten zehn Jahren unabhängig voneinander und mit unterschiedlicher Akzentuierung ihrer Fragestellungen um das Problem einer Transformation biblischer Texte bemüht. Generell ging es ihnen zwar nicht um die Entwicklung und Gestaltung einer schülernahen Schulbibel, explizit aber erkannten und benannten sie das Problem einer Textgrundlage und Textgestaltung, das das aus der Problemorientierung des Religionsunterrichts und seiner curricularen Ausformulierung erwachsene didaktische Kriterienpotential in die Texte selbst integrieren sollte. Damit konnte die für Texte primär zuständige Literaturwissenschaft – mehr als dies in der Narrativen Theologie erklärtermaßen geschehen durfte – ansatzweise und noch sehr allgemein und unpräzise in die Diskussion der didaktischen und theologischen Probleme mit einfließen. Es entstand die Frage, „ob der poetische Umgang mit der Bibel für den didaktischen Umgang mit der Bibel etwas austragen kann.“[66] Genau diese Fragestellung konnten wir in Hebels Reflexionen einer Populärästhetik an ihrem historischen Ort und in ihrem literaturgeschichtlichen Kontext herauspräparieren. Hebel hatte größten Wert gelegt auf eine sprachliche Gestaltung im und als Vermittlungsprozeß, Literarisierung war ihm gleichbedeutend mit

[66] A. Stock, Drei poetische Lektionen zur Bibeldidaktik, in: KatBl 105/1980, S. 606–611, hier: S. 606.

Pädagogisierung. Auf dieser formalen Ebene ist das leitende Interesse heutiger Religionspädagogen, wie es A. Stock 1980 formuliert hat, durchaus vergleichbar:

> „Das Interesse ist gerichtet auf poetische Verfahren und Produktionsweisen, die so verallgemeinerbar wären, daß sie in den bibeldidaktischen Verwendungszusammenhang übertragen werden könnten."[67]

Drei Impulse möchte ich im folgenden vorstellen, die diesem Interesse indirekt eine religionspädagogische Legitimation bzw. eine weiterführende Orientierung vermitteln können.

Erster Impuls

In sehr grundsätzlicher Weise geht W. Bartholomäus auf die aktuelle Problematik bibeldidaktischer Versuche ein, ohne den marginalen Stellenwert der Bibel zu verkennen:

> „Heutiger Glaube existiert nicht in Form biblischer Texte, nicht einmal in biblischer Sprache. Heutiger Glaube ist das Ergebnis einer produktiven Transformation biblischer Texte und Motive in die Erfahrungen und Sprachen heutiger Menschen."[68]

Dennoch geht eine solchermaßen beschriebene ‚Aktualität' durch Transformation nicht auf in planer Geschichtslosigkeit.

> „Als geschichtlicher Glaube bleibt der christliche Glaube an der geschichtlichen Einmaligkeit und Maßgeblichkeit seines Ursprungs orientiert. Der didaktische Blick auf die Bibel hat darum zwei Zeitaspekte: Gegenwart und Vergangenheit, wobei der erste dominierend und der zweite in Funktion zum ersten steht."[69]

Bartholomäus ist nun daran gelegen, daß im Religionsunterricht Produkte von Transformationen zur Behandlung gelangen, die er als „neue ‚Aufführungen' biblischer Texte"[70] kennzeichnet. Dabei stellt er deutlich heraus, daß hier eine ursprüngliche Aufgabe der systematischen Theologie, nämlich „biblische Motive in Heutiges" zu verstricken[71], von der Religionspädagogik wahrgenommen wird, allerdings mit der entscheidenden Modifikation, daß es nun speziell auf ein „Mehr oder Weniger an Relevanz" ankomme, während sich die Systematische Theologie letztlich mit absoluten Entscheidungen zur Wahrheitsfrage begnügen könne. Bezüglich der methodischen Möglichkeiten einer Texttransformation greift er auf Vorschläge von A. Stock zurück: Adaptieren – Magnifzieren – Minifizieren – Substituieren – Rearrangieren –

---

67 Ebd.

68 W. Bartholomäus, Zur Didaktik im Religionsunterricht, in: KatBl 101/1976, S. 146–154, hier S. 149f.

69 Bartholomäus, Zur Didaktik im Religionsunterricht, S. 150.

70 Bartholomäus, Zur Didaktik im Religionsunterricht, S. 152.

71 Ebd.

Umkehren – Anders verwenden – Kombinieren.[72] Bei den Schülern will er erreichen, daß sie sich dem „Problem der Gegenwart als geschichtlichem Problem“ bewußt werden und es als relevant für ihre Lebenswelt zu berücksichtigen lernen.[73] Insgesamt denkt Bartholomäus zwar mehr an thematisch geordnete und von daher punktuell isolierte Transformationen, doch sind seine Analysen, Begründungen und Zielformulierungen problemlos auf eine Schul-Bibeldichtung zu übertragen.

Zweiter Impuls

H. Zirkers Impulse zum Problem der Texttransformation entzünden sich nicht an fundamentaldidaktischen Beobachtungen zur gegenwärtigen Bibelfrömmigkeit, sondern werden freigesetzt durch die ‚Reibungsenergie‘, die entsteht, wenn man sich *unvoreingenommen, quasi von außen*, einer der vorhandenen und verwendeten Schulbibeln anzunähern versucht. Dabei macht Zirker Entdeckungen, die im Hinblick auf die in letzter Zeit ausschließlich diskutierten Auswahlbibeln ein unausweichliches Kritikpotential zutage fördern, dem wir – *mit Hebel! – vollinhaltlich zustimmen* können:

„Der Ort der Rezeption dieser Texte und die dort gegebenen hermeneutischen Voraussetzungen bleiben völlig außerhalb dessen, was sie ansprechen (im Unterschied etwa zu sonstigen Religionsbüchern, die die Situation ihrer Adressaten mitthematisieren). Die Distanz gegenüber den wechselnden Lesebedingungen wird auch dadurch unterstrichen, daß sich die Schulbibel – anders als die ‚Biblische Geschichte‘ [...] weitgehend an die sprachliche Gestalt ihrer Vorlage anlehnt und auf didaktisch motivierte, adressatenorientierte Transformation der Texte möglichst verzichtet. Dieses Schulbuch will damit von sich aus in einem besonderen Maß *unoriginell* sein, damit es, soweit es vermag, *die Originalität der Bibel* bewahre.“[74]

Der Aufsatz Zirkers setzt sich nun zum Ziel, diese vermeintliche Urtextauthentizität, die immer wieder als entscheidende tragende Säule aller Befür-

[72] Vgl. A. Stock, Umgang mit theologischen Texten. Methoden. Analysen. Vorschläge, Zürich, Einsiedeln, Köln 1974, S. 70. Stock selbst entlehnt die genannten Operationen für einen ‚produktiven Umgang mit Texten‘ (so der Inhalt des Abschnitts auf S. 68–72) der Kreativitätsforschung (G. Ullmann, Kreativität, Weinheim 1970, S. 142f.). Folgende Fragen sind demnach bei den genannten Operationsstichworten zu stellen: Was ist so ähnlich? Welche Parallelen sind zu ziehen? Was kann man verändern? Was kann man hinzufügen; was kann man wegnehmen? Was kann man durch was ersetzen? Kann man Komponenten austauschen? Andere Reihenfolge? Was ist das Gegenteil? Welche Rollen lassen sich vertauschen? Was läßt sich anders verwenden? Welche Einheiten, Absichten, Ideen können zueinander in Beziehung gesetzt werden?

Eine wichtige Beobachtung kann Stock vorausschicken: Die meisten der angeführten Transformationstechniken konnte die historisch-kritische Forschung an den Texten der Bibel selbst identifizieren! (S. 68f.)

[73] Bartholomäus, Zur Didaktik im Religionsunterricht, S. 153, in Anspielung auf G. Lukács.

[74] H. Zirker, Die Könige Israels im Schulbibelformat. Strukturale und pragmatische Auswirkungen der Texttransformation, in: Religionspädagogische Beiträge 1979, H. 4, S. 86–115, hier: S. 86f.

worter einer Auswahlbibel dingfest gemacht werden kann (sei es bei den kerygmatischen, sei es bei den heils- oder glaubensgeschichtlichen Perspektivierungen einer Auswahlbibel), als ein pures Selbstmißverständnis zu entlarven. In einer sehr detaillierten, diffizilen Analyse der Königsgeschichten im Vergleich von Auswahlbibel[75] und Vollbibel kann er die enormen impliziten, uneingestandenen Transformationen herauspräparieren, die die Ironie seiner Titelei „Die Könige Israels im Schulbibelformat" in vollem Umfang plausibel macht.[76] Quasi aliud agendo entwickelt er dabei Transformationsgesetze, die, bewußt und systematisch wahrgenommen, es gestatteten, eine weitere Matrix für eine zu planende neue Bibeldichtung abzugeben; im übrigen scheinen viele Überlappungen mit unserer Matrix aus der Diskussion der Gattung Bibeldichtung zu bestehen. Im folgenden formulieren wir seine negativen Beanstandungen an der Auszugsbibel in positive Kriterien um:

– Bewahrung der Verlaufsstruktur trotz Ausgrenzungen und Auslassungen;
– Steigerung individuell benannter Realität;
– Gewinnung und Einbeziehung der ‚niederen' Realität;[77]
– keine falsche Verharmlosung von Brüchen und Unstimmigkeiten.

Warum sollte nicht eine Schulbibel möglich sein, die alle diese Kriterien positiv berücksichtigt, ja bewußt als ihre Gestaltungsmotive transparent werden läßt. So hätten die völlig unbewußten ‚Sünden' der Auswahlbibelproduzenten[78] am Ende doch die didaktische Neukonzeption einer Schulbibel freigesetzt. Nicht ohne inneren Grund finden wir bei Zirker auch einen Hinweis auf den von uns so exponiert herausgehobenen Zusammenhang von Schul-Bibeldichtung und kohärenter Darstellung.

> „Man kann die Schulbibeln zunächst zur Gruppe der Bücher stellen, die ein ursprünglich für Erwachsene geschriebenes Werk bereits Jugendlichen, gar Kindern zugänglich machen wollen [...] Bei diesen freien Nacherzählungen [sc. der ‚Biblischen Geschichten'] soll aus einem ursprünglich Ganzen durch die Umformulierung wieder ein Ganzes zustande kommen, wie nahe oder entfernt es dem Original auch immer stehen mag. Da wird man hier und dort auswählen, aber so, daß die Fäden wieder miteinander verwoben werden und der Text wieder geschlossen scheint."[79]

---

[75] Zirker benutzt die 1979 erschienene „Schulbibel für 10–14jährige".

[76] Zirker, Die Könige Israels im Schulbibelformat, S. 95ff.

[77] Mit explizitem Rekurs auf B. Auerbachs „Mimesis"!

[78] Vgl. Zirker, Die Könige Israels im Schulbibelformat, S. 114: „Die Schulbibeln sind *in ihrer Organisation* bis jetzt *alle* keine guten Lesebücher. Die theologischen Interessen und die methodische Rücksicht auf ‚Unterrichtseinheiten' sind mit den literarischen Strukturen noch nicht versöhnt."

[79] Zirker, Die Könige Israels im Schulbibelformat, S. 87f.

Oder, mit dem Jugendbuchforscher K.E. Maier gesprochen: „Das gute Jugendbuch besitzt organische Einheit."[80]

Dritter Impuls

Erhalten wir von Bartholomäus den Impuls, Transformation als fundamentale religionsdidaktische Kategorie zu gebrauchen, und von Zirker den Impuls, Transformation als generelles Prinzip jeglicher Art von Schulbibel zu erkennen, so führt uns G. Baudler vor, wie solch ein Transformationsprozeß in concreto entwickelt werden könnte.

Wie seine ‚Mitstreiter' geht auch Baudler von säkularen Voraussetzungen aus, die es bedingen, daß im Religionsunterricht an öffentlichen Schulen „heterogene Gruppen" angetroffen werden, in denen der Großteil der Schüler in den „eigenen, konkret gelebten Lebensvollzügen" keine Brücken „zum Verständnis des zweitausend Jahre alten, aus einem völlig fremden Kulturraum stammenden Textes" bereits vorfindet.[81] Baudler möchte nun an einem „Netz von Texten" weben, das

> „einerseits möglichst eng (wenn auch vielleicht konträr) am ‚Webmuster' (Textstruktur, Erzähl-Matrix) und an der ‚Farb- und Stoffqualität' (Inhalte, Erzählgeschehen) des Bibeltextes" anknüpft „und andererseits möglichst viel an Assoziationen und Sprachmustern aus dem eigenen (jedenfalls aus einem als wesentlich näher erfahrenen) Lebens- und Sprachbereich" enthält.[82]

Um nun diese eminent schwierige, aber vielbeschworene Aufgabe adäquat lösen zu können, sucht Baudler Hilfe bei der Übersetzungstheorie und findet sie im Stichwort der ‚Übertextung', dem wir in ähnlicher Weise begegnet sind, als wir die literarhistorische Konstante des Palimpsest-Phänomens diskutierten und an Hebels biblischen Geschichten verifizieren konnten.

Die Übersetzungstheorie nach K. Reiß[83] kennt neben den gegenstandsorientierten und den lyrischen Texten auch sog. „operative Texte", die dadurch gekennzeichnet sind, daß ihre Sprache und ihr Inhalt an die jeweiligen Empfänger angepaßt sind. Die historisch-kritische Bibelwissenschaft hat gerade diesen Sachverhalt für beinahe den gesamten Bestand biblischer Bücher und Texte überzeugend nachweisen können. Blickt der ‚Übersetzer' nun auf die neuen Empfänger/Leser eines operativen Textes, so muß

---

80 K.E. Meier, Jugendschriften. Formen, Inhalte, pädagogische Bedeutung, Bad Heilbrunn 71973, S. 192.

81 G. Baudler, Mit Talenten wuchern? Das „bibeldidaktische Viereck" als möglicher Weg zu einer notwendigen Übertextung biblischer Perikopen im Religionsunterricht, in: KatBl 103/1978, S. 367–381, hier: S. 368.

82 Ebd.

83 K. Reiß, Texttyp und Übersetzungsmethode. Der operative Text, Kronberg/Ts. 1976.

„die ‚Botschaft' des Textes ‚umcodiert' werden auf die vom [sc. neuen; R.W.] Empfänger mitgebrachten Voraussetzungen sprachlicher und pragmatischer Art; der Text muß zielsprachlich wirksam umprogrammiert, adaptiert werden, damit er auch hier seine Funktion erfüllen kann."[84]

Im Gegensatz zu den Bestrebungen vieler Befürworter von Auswahlbibeln ist es für eine Bibeltransformation durch Übertextung dem entsprechenden ‚Übersetzer' verwehrt,

„mit Hilfe von Zusätzen, Erläuterungen und Anmerkungen die notwendige Anpassung anzustreben. Der Impuls soll ja unmittelbar wirken."[85]

Wir sehen darin *ein Plädoyer für die quasi-aliud-agendo-Methode* Hebels, der völlig auf einen komplizierten Apparat verzichten konnte und dennoch seine ‚neuen Empfänger' mit der ‚alten Botschaft' konfrontierte, ohne daß seine Sprache „den Charakter eines religiösen ‚Kunstgewerbevokabulars'"[86] angenommen hätte.

Für die entsprechenden Operationen, die den Vorgang der Übertextung bestimmen sollten, schlägt Baudler folgendes Schema vor:

1. Form-Analyse (sprachliche Struktur) ⟵ 4. Neukonstruktionen
↓ ↑
2. Inhaltsanalyse (auf historischem Hintergrund) ⟶ 3. Assoziationen

Baudler denkt bei Schritt 3.) an eine behutsame Interaktion mit heutigen Erfahrungen. Bei Schritt 4.) müßte für unseren speziellen Zusammenhang die Neukonstruktion einer Schulbibeldichtung ergänzt werden, da Baudler – wie seine Exemplifizierung am Gleichnis von den Talenten zeigt – zunächst nur an einzelnen Perikopen interessiert ist.

Sehr präzise gibt Baudler zum Schluß seiner Überlegungen ein Kriterium in definierender Absicht an:

„Eine Übertextung ist dann und in dem Maß gelungen, als es ihr gelingt, einen in der Ursprungssituation intendierten Impuls nach Art, Richtung und Stärke auch in der neuen Empfängersituation lebendig zur Geltung zu bringen. Das Kriterium der Übertextung ist also eine Art Annäherungs-Gleichung:

$$\xrightarrow[\text{Ursprungssituationen}]{\text{Bibeltext}} \quad \xrightarrow[\text{heutige Situation}]{\text{Übertextung}} \quad \text{Grundbotschaft des NT.}$$"[87]

Ob es gelingen könnte, eine ‚Übertextung' der gesamten Bibel für Kinder und Jugendliche zu ‚inszenieren', ein ‚Sprachspiel' aufzuführen, das gerade

[84] Reiß, Texttyp und Übersetzungsmethode, S.101. Zitiert bei Baudler, aaO., S. 369.
[85] Ebd.
[86] Baudler, Mit Talenten wuchern?, S. 369.
[87] Baudler, Mit Talenten wuchern?, S. 370.

nicht „eine Bereitschaft zu dieser lebensmäßigen Identifikation mit der biblischen Überlieferung für den Aneignungsprozeß" notwendig voraussetzt und – völlig unpädagogisch – zur conditio sine qua non erhebt, sondern den Schülern einen gewissen Freiraum zugesteht, den Grad ihres ‚Mitspielens' selbst zu bestimmen?[88]

Bei allem Transformationseifer darf schließlich der ganz konkrete Empfänger nicht aus den Augen verloren werden. W. Simon hat sich die dafür entscheidende Frage gestellt: „Welche Bibeltexte eignen sich für welches Alter?"[89] Er bearbeitet sie unter entwicklungspsychologischen *und* literaturdidaktischen Gesichtspunkten. Auch wenn seine Ergebnisse im Hinblick auf eine Auswahlbibel gewonnen wurden, läßt sich eindeutig ablesen, daß eine kohärente Bibeldichtung für Schüler nur für die sog. späte Kindheit, also etwa für das 8./9. bis 12./13. Lebensjahr sinnvoll erscheint.[90] *Danach* ist ein Umgang mit der Vollbibel in jeder Hinsicht zu verantworten, *zuvor* ist an eine „Ganzschrift" in keiner Weise zu denken. Man sollte also die Anregungen und Impulse Simons in jeden Transformationsversuch der Bibel aufnehmen, um der „Zeit des sich ausweitenden, nun auch kritisch kontrollierten Realitätsgewinns" der späten Kindheit gerecht zu werden, wo „Fernwelten der Gegenwart und der Vergangenheit [...] den Erfahrungshorizont der Heranwachsenden" erweitern.[91]

Wohin hat uns unser bisheriger Gedankengang geführt? Versuchen wir, eine kurze *Bilanz* zu ziehen, bevor wir eigene Überlegungen zu einem Konzept für eine neue Bibeldichtung für Schüler zur Diskussion stellen.

Der marginale Stellenwert der Bibel in Gesellschaft, Kultur und Teilgebieten des Religiösen hat die Aktualisierungsbemühungen der Religionspädagogen unseres Jahrhunderts immer wieder zu neuen Vermittlungsreflexionen und entsprechenden praktischen Modellen der Distanzminimierung angestachelt. Dabei standen einzelne Perikopen der Bibel stets im Mittelpunkt der Überlegungen, gesamtbiblische Verantwortung mochte aus den unterschiedlichsten Gründen niemand so recht übernehmen. Die Folge war eine Verlagerung der didaktischen Bemühungen in das Unterrichtsgeschehen bzw. die Tendenz, von den Biblischen Geschichten zu einer Auszugsbibel überzugehen, die wiederum einer Perikopisierung Vorschub leistete. Allenfalls in mehr oder weniger umständlichen ‚Apparaten' konnte sich didaktisches Potential in den Schulbüchern einnisten, das aber wiederum auf unterrichtli-

---

88 Baudler, Mit Talenten wuchern?, S. 368.

89 W. Simon, Welche Bibeltexte eignen sich für welches Alter? Vorschläge für eine entwicklungspsychologisch begründete Zuordnung von biblischen Texten zu Altersphasen der Schüler, in: KatBl 106/1981, S. 776–786.

90 Vgl. den ähnlichen Vorschlag für eine Auswahlbibel bei Simon, Welche Bibeltexte eignen sich für welches Alter?, S. 784!

91 Simon, Welche Bibeltexte eignen sich für welches Alter?, S. 778, vgl. auch die detaillierten Textvorschläge auf S. 781 f.

che Vermittlung angewiesen blieb. Gleichzeitig zu diesem unaufhaltsam scheinenden Prozeß konnte aber das Erzählen im Religionsunterricht eine erstaunliche Renaissance erfahren. Beim intensiven Erproben des Erzählprinzips ergaben sich Erkenntnisse, die in der Texttransformation die entscheidende Möglichkeit sahen, das didaktisch neu gewonnene Problembewußtsein im Transformationsprodukt selbst transparent werden zu lassen, so daß nun eine Sensibilisierung für Textgrundlagen und -gestaltungen im Religionsunterricht heranwuchs. Bisher allerdings wurde diese Entwicklung nirgends für eine die ganze Bibel im Zusammenhang betreffende Transformation fruchtbar gemacht, die man in der Perspektive Johann Peter Hebels als Bibeldichtung zu bezeichnen geneigt ist.

Fragt man nach der Legitimität einer solchen Bibeltransformation, so werden wir neben den bereits artikulierten religionspädagogischen Gründen im folgenden auch theologische und literaturwissenschaftliche Gründe für eine Bibeldichtung am Ende des 20. Jahrhunderts anführen können.

Man sollte aber nicht übersehen, daß in der Bibel selbst, wenn auch in ihrem apokryphen Teil, eine der schönsten Beschreibungen eines innerbiblischen Transformationsproduktes zu finden ist: 2. Makkabäer 2, 20–33. Wer vermöchte dem Verfasser des Makkabäerbuches in seiner das Verständnis erleichternden Argumentation nicht zu folgen und sie auf das gegenwärtige Problem der gesamten Bibel zu übertragen? Oder muß die ansonsten so viel beschworene Autorität der Bibel hier außer Kraft gesetzt werden?

„Die Geschichten aber von Judas, dem Makkabäer, und seinen Brüdern [...][92] dies alles, das Jason von Kyrene in fünf Büchern aufgezeichnet hat, gedenken wir hier in eins zusammenzuziehen. Denn wir sehen, um wieviel Zahlen es geht und wie schwer es wegen der Fülle des Stoffs sein wird, wenn sich jemand in die Erzählungen und Berichte einarbeiten will. Wir haben uns also vorgenommen, denen, die gerne lesen, Anregungen zu verschaffen, denen, die ihrem Gedächtnis etwas einprägen möchten, leichtere Übersicht zu geben, allen aber, die das Buch in die Hand nehmen, Gewinn zu bringen. Und wir merken wohl, daß es uns nicht eben leicht werden wird, uns der Mühe dieser Kürzungen zu unterziehen; denn es gehört viel Arbeit und großer Fleiß dazu, wie es auch ohne Arbeit nicht zugeht, wenn man eine Mahlzeit bereiten und den Gästen etwas zugute tun will. Dennoch wollen wir diese Mühe gerne auf uns nehmen, um vielen damit zu dienen, dabei allerdings die genaue Erforschung des einzelnen dem Geschichtsschreiber überlassen, uns selbst aber darum bemühen, die Vorlagen für unsere Zusammenfassung durchzugehen. Denn wie der Baumeister, der ein neues Haus baut, sich um den gesamten Bau zu kümmern hat, der aber, der es unternimmt, das Haus auszumalen, nichts weiter zu bedenken hat, als was man zur Ausschmükkung braucht, so, meine ich, steht es auch bei uns. In die Dinge einzudringen und sie zu durchforschen und sich mit Einzelheiten genau zu beschäftigen, das kommt dem Geschichtsschreiber zu; wer aber nur nacherzählen will, der darf sich kürzer fassen

92 Es folgt eine kurze Aufzählung ihrer Taten, gleichsam ein Inhaltsverzeichnis des Buches.

und sich vor der eingehenden Darstellung der Geschichte freimachen. Und nun wollen wir mit der Erzählung beginnen, nachdem wir so viel dem Voraufgeschickten hinzugefügt haben; es wäre ja töricht, wenn die Vorrede länger würde als die ganze Erzählung."[93]

Dem ist nichts hinzuzufügen!

5. Bibeldichtung zwischen Moderne und Postmoderne? Streiflichter zu einem zukünftigen Schulbibelprojekt

Ausgestattet mit exemplarischen Positionen einer Schulbibeldiskussion und mit punktuellen Reflexionen zur Transformationsarbeit an der Bibel, schließlich auch mit einem kräftigen Impuls aus der Traditionsgeschichte der Bibel selbst, wagen wir zum Ende einen Ausblick auf eine Bibeldichtung, wie sie am Übergang zum 21. Jahrhundert in einem evangelischen Religionsunterricht an öffentlichen Schulen Gestalt annehmen könnte.

Das *Ungenügen* an den vorliegenden Schulbibeln geht aus den zitierten Gravamina klar hervor, die *Notwendigkeit* einer Diskussion der Textgrundlage und -gestaltung brach aber an vielen Stellen der zumeist anders, nämlich vom Unterrichts*geschehen* dominierten Auseinandersetzung immer wieder auf; die *Ziele* eines zukünftigen ‚Unternehmens Schulbibel' müssen begreiflicherweise strittig bleiben – die Pluralität wissenschaftlicher Theologie und wissenschaftlicher Religionspädagogik mit ihren zahlreichen Bezugswissenschaften aus dem Human- *und* dem Kulturbereich lassen keine andere Wahl! Infolgedessen kann es bei unseren Streiflichtern nicht darum gehen, ein religionsunterrichtliches Curriculum zu begründen, in das sinnvollerweise eine Bibeldichtung zu integrieren wäre. Auch der methodische Aspekt eines unterrichtlichen Umgangs mit einer Bibeldichtung, der bei aller Text-Immanenz didaktischer Entscheidungen gleichwohl unumgehbar ist, kann hier nicht zur Debatte stehen.

Exemplarisch wollen wir die theologischen, literarischen und religionspädagogischen Möglichkeiten eines *zukünftigen* Bibeldichtungsmodells durchspielen, in der Hoffnung, daß die daraus sich ergebenden Implikationen und Konsequenzen für das ‚weite Feld' einer Aktualisierung der Bibel im definierten Sinne attraktiv genug erscheinen, um das Projekt Bibeldichtung in der Schule, das mit Hebel auf höchstem Niveau begonnen wurde, das dann aber bereits dreißig Jahre später einer konfessionellen Engführung sang- und klanglos zum Opfer fiel, doch noch einmal in Angriff nehmen zu lassen.

Drei kurze Streiflichter sollen exemplarisch die gegenwärtigen bzw. zu-

[93] Die Apokryphen. Nach der deutschen Übersetzung Martin Luthers. Revidierter Text 1970, Witten und Stuttgart 1971, S. 300f.

künftigen Chancen, die Bibel in einer Bibeldichtung für Schüler zu aktualisieren, beleuchten.

Ob die unterschiedlichen, vorerst noch diffusen Lichtquellen den Umriß einer gestaltannehmenden Bibeltransformation erkennen lassen, müßte dann in einer kritischen *Realisierungs*diskussion erörtert werden, die vielleicht noch andere und wichtigere Lichtquellen zutage förderte. Erst wenn auf breiter Front ein Konsens über die klaren Konturen des Umrisses gewonnen wäre, könnte man Umschau halten nach einem „Bearbeiter" oder einer „Bearbeiterin", die keinen Hebel imitieren sollten, wohl aber mit einer formal ähnlich breiten Voraussetzungsvielfalt begnadet sein müßten, wie wir sie bei Hebel feststellen konnten.

Vorläufig müssen wir uns mit folgenden Belichtungsversuchen begnügen:

Erstes Streiflicht

„Zwischen Spätaufklärung und Biedermeier" ließen sich Hebels Biblische Geschichten einordnen, und uns scheint, daß gerade aus dieser Spannung zwischen aufklärerischem Aufbruch und versöhnlicher Einkehr der spezifische Reiz des Schulbuches erwächst. Keine Schulbibel zuvor und danach war gleichermaßen in beiden geistigen Epochen beheimatet, keine auch konnte deshalb die jeweiligen Schwächen besser auffangen bzw. die jeweiligen Stärken aufeinander beziehen. Der „Aufklärer mit Herz" bleibt in dieser Hinsicht – hermeneutisch gesprochen – uneinholbar *originell.*

Ich sehe nun Anzeichen dafür, daß die Fragestellungen des historisch zu verortenden Übergangs von der Spätaufklärung zum Biedermeier in einer völlig veränderten Situation auf der Ebene der Auseinandersetzung zwischen Moderne und Postmoderne erneut auftauchen, und daß von daher die Zeit reif wäre für eine ‚Bibeldichtung zwischen Moderne und Postmoderne'.

Nun erfährt der Begriff der Postmoderne zwar – wie es dem Begriff des Biedermeier nicht minder heftig widerfuhr – einen Schwall kämpferischer Polemiken,[94] auch verbirgt sich hinter ihm eine unüberblickbare Flut unterschiedlichster Argumentationsstrategien aus Gesellschaft, Wissenschaft und Kultur. Betrachtet man ihn jedoch als „Suchbegriff" – was dem Begriff des Biedermeier leider niemals widerfuhr, da er erst im Nachhinein eine ‚Epoche' zu bezeichnen hatte –, der das noch Ausstehende und Uneingelöste der ‚Moderne' thematisiert, ohne ihr Scheitern auf vielen Gebieten zu negieren, dann läßt er sich gerade in religiöser und theologischer Hinsicht sehr wohl als Perspektivierungstopos gebrauchen, der u. a. auf der Einsicht beruht, daß es aufklärungsresistente Bereiche in Kultur und Gesellschaft gibt, die einer Kontingenzbewältigung in welchem religiösen Sinn auch immer bedürfen.[95]

---

[94] Pars pro toto möchte ich für die Religionspädagogik anführen: Chr. Machalet, Postmoderne. Revision oder Regression, in: EvErz 38/1986, H. 6, S. 517–519.

[95] Vgl. dazu H. Lübbe, Religion nach der Aufklärung, Graz u. a. 1986, bes. S. 127–218.

H. Küng hat den Übergangscharakter unserer Gegenwart im Sinne der Suchbewegung folgendermaßen charakterisiert:

„(1) zu *bewahren* gilt es die *kritische Kraft* der Aufklärung gegenüber gesellschaftlichen Verdinglichungen und intellektuellen Verdunkelungen aller Art;

(2) zu *negieren* aber ist der *Reduktionismus* der Moderne hinsichtlich der tieferen spirituellen und religiösen Schichten der Wirklichkeit, zu negieren sind auch der Vernunft-, Wissenschafts- und Fortschrittsaberglaube der Moderne sowie alles das, was sie an selbstzerstörerischen Kräften (auch des Nationalismus, Kolonialismus, Imperialismus) im Prozeß der Geschichte freigesetzt haben;

(3) zu *transzendieren* schließlich, zu übersteigen ist die Moderne, *hinaufzuheben* in ein Paradigma der Postmoderne hinein, in der die verdrängten und verkümmerten Dimensionen, nicht zuletzt auch die der Religion, eine neue, befreiende, bereichernde Wirkung erzielen."[96]

Und er bejaht das neue ‚Paradigma' der Postmoderne als „eine immanente Kritik der Moderne", als „eine Aufklärung der Aufklärung" und sieht dadurch „den der Zukunft zugewandten, nüchtern-aufrechten Gang nach vorn"[97] ermöglicht.

War es bei Hebel nicht gerade diese theologische Haltung, die *bei* und *in* allem Durchgang durch die Widerständigkeiten der Welt den aufrechten Gang in die Zukunft Gottes freisetzte? Faszinierte nicht gerade seine Redlichkeit im Umgang mit der Welt und ihren rationalen Erkennbarkeiten, um *so dann* dem religiösen Gefühl auch in seiner irrational vertrauenden Geborgenheit Ausdruck zu verleihen?

Anders gewendet: Eine Bibeldichtung, die sich heute im Spannungsfeld zwischen Moderne und Postmoderne etablierte, könnte selbstbewußt biblische, religiöse und theologische Motive entfalten, ohne die gegenwärtigen Anfragen und Zweifel, die sich im marginalen Stellenwert der Bibel aufzeigen ließen, zu negieren. Sie könnte aktuell sein, ohne der Gefahr reflexiver Selbstzerstörung anheimzufallen; sie könnte – kurzgesagt – dem Zeitgeist in seiner historischen Ausprägung am ‚Ende der Moderne' gerecht werden und gleichzeitig orientierend aus der gegenwärtigen Krise herausführen.

Zweites Streiflicht

Überlegungen zur Postmoderne zielen aber nicht nur *theologisch* in eine Richtung, die einen strukturellen Vergleich mit dem Übergang von der Spätaufklärung zum Biedermeier gestattet. Auch auf der künstlerisch-kulturellen Ebene zeigt sich uns eine beachtenswerte Strukturparallele.

Ich denke dabei an Gegenbewegungen, die sich in den fünfziger Jahren in Amerika gegen die nun etablierte und esoterisch sich gebärdende sog. Moderne in allen Bereichen der Kunst richtete, also gegen die nicht umsonst

[96] H. Küng, Theologie im Aufbruch. Eine ökumenische Grundlegung, München 1987, S. 24.

[97] Küng, Theologie im Aufbruch, S. 21.

heute unter dem Begriff ‚Klassiker der Moderne' zusammengefaßten Künstler. A. Huyssen spricht in diesem Zusammenhang von einem „popularistische(n)" Trend der damaligen amerikanischen Avantgarde, die neue, „produktive und unverkrampfte Beziehungen zwischen hoher Kunst und gewissen Formen der Massenkultur" herstellen wollte[98], um „Kunst in Lebenspraxis zu überführen", während „die klassische Moderne immer einem traditionellen Begriff vom autonomen Kunstwerk verhaftet" blieb[99].

War es nicht – unter völlig anderen Konstellationen! – ein zentrales Anliegen der einstigen Biedermeierkultur, den steilen Gipfel der Weimarer Klassik zu ‚untertunneln', um im Rückgriff auf rhetorische Traditionen die Kunst in gewissem Sinne populärästhetisch zu funktionalisieren?

Die künstlerischen Produkte, die die einstige amerikanische pop-art hervorgebracht hat, sind natürlich meilenweit entfernt von den regelgerechten Gestaltungen des Biedermeier, die Gegenbewegung aber gegen eine autonom sich setzende Ästhetik und Reflexivität bildet durchaus eine vergleichbare Perspektive.

In Amerika also bildete sich zuerst heraus, was dann in Frankreich und Deutschland zu (post-)strukturalistischen und philosophischen Höhen- und Tiefenflügen ansetzte, und was gleichwohl unter dem gleichen Schild der *Postmoderne* firmierte – in zustimmender wie ablehnender Rezeption.

Lassen sich aber angesichts dieser eher verwirrenden Situation überhaupt Gesichtspunkte für eine zukünftige Bibeldichtung gewinnen? Verschieben sich hier nicht die jeweiligen Intentionen zu einem heillosen Durcheinander unvereinbarer Interessen?

In der Tat hat sich die Situation gegenüber der Hebels insofern radikal geändert, als z. B. in der *Literatur* des Biedermeier es noch durchaus *plausibel* erschien, spezifisch theologischen oder religiösen Interessen zu dienen, während z. B. eine *Literatur* der Postmoderne solche Interessen höchstens *mit Ironie* zu thematisieren vermag, wie der vom Autor selbst als „postmodern"[100] charakterisierte Bestseller-Roman U. Ecos (Der Name der Rose, München 1984) deutlich belegt.

Eines aber kann an der Literatur der Postmoderne gerade im Hinblick auf eine Bibeldichtung in der Nachfolge Johann Peter Hebels gelernt werden, und dies scheint mir eine weitere Chance – auf literarischer Ebene nun – für

---

98 A. Huyssen, Postmoderne – eine amerikanische Internationale?, in: ders./Kl. Scherpe (Hg.), Postmoderne. Zeichen eines kulturellen Wandels, Hamburg 1986, S. 13–44, hier S. 21.

99 Huyssen, Postmoderne, S. 19. Vgl. zum Problem der Massenkultur als ernstzunehmende Größe einer gleichwohl kritischen Ästhetik das Plädoyer für die Postmoderne bei H. R. Jauß „Das kritische Potential ästhetischer Bildung", in: J. Rüsen/E. Lämmert/P. Glotz (Hg.), Die Zukunft der Aufklärung, Frankfurt 1988, S. 221–232.

100 Vgl. U. Eco, Nachschrift zum ‚Namen der Rose', München 1984, S. 76–84; vgl. auch T. de Lauretis, Das Rätsel der Lösung. Umberto Ecos „Der Name der Rose" als postmoderner Roman, in: Huyssen/Scherpe, Postmoderne, S. 251–269.

ein Bibeldichtungsprojekt zu eröffnen: Es ist der spezifische *Umgang mit dem historischen Zitat*, der eine Intertextualität geschichtlicher Bezüge herzustellen vermag im Sinne des von der Literarhistorie erkannten Prinzips des *Palimpsests*. Vom historischen Roman schreibt U. Eco, er glaube

„daß ein historischer Roman auch dies tun muß: *nicht nur in der Vergangenheit die Ursache dessen aufspüren, was in der Folge entstanden ist, sondern auch den Prozeßverlauf angeben, durch den jene Ursachen dann allmählich begannen, ihre Wirkungen zu zeitigen.*“[101]

Genau diese Transparenz des Überlieferungsgeschehens im Text selbst vermag dabei gleichsam die Quadratur des Kreises: die historische Distanz zu bewahren und aufzuheben, Aktualität und Historizität auf einer dritten Ebene zusammenzufügen.

Der Religionspädagoge A. Stock hat recht mit seinem bedenkenswerten prinzipiellen Satz:

„Im Zitat entsteht ein fester sinnverbürgender Zusammenhang der Zeiten.“[102]

Und der Germanist P. H. Neumann hat in einem – weder von der Postmoderne- noch von der Transformations-Diskussion berührten – Aufsatz sich sogar über die „Wünschbarkeit einer *Theorie* des Zitierens“ geäußert.[103] Dabei stößt er auf „verborgene theologische Dimensionen jedes Zitier-Vorganges“[104], die es legitim erscheinen lassen, das Zitaten-Gewebe des postmodernen Romans für eine Bibeldichtung fruchtbar zu machen.

„Geht man davon aus, daß das Zitieren ein Beziehungsvorgang ist, der in allen Lebensbereichen geschieht, und versteht man *Geistigkeit als Bezüglichkeit*, so greift man gewiß nicht zu hoch, wenn man sagt: wo wir uns keines Zitates zu gewärtigen haben, kann auch vom Geist nicht die Rede sein. *Geist ist die Instanz, welche Beziehungen herstellt und wahrnimmt.* Für das Nicht-Geistige gibt es in unserer Erfahrung keine Versicherungen – es müßte dabei vollkommene Beziehungslosigkeit sein. Den höchsten Geist aber versuchen wir uns als den Ursprung und die Summe aller möglichen Beziehungen zu denken und nennen ihn Gott.“[105]

Nicht jedes Zitat, das solche geistige Bezüglichkeit ausstrahlt – immer seine völlige Eingewobenheit in den Text vorausgesetzt –, muß vom Rezipienten präzise verortet werden können – der gebildete Leser wurde von Hebel damals nicht in erster Linie angesprochen! Und ganz ähnlich freut sich U. Eco über viele mögliche Les-Arten seines Romans „Der Name der Ro-

---

[101] Eco, Nachschrift, S. 88. Hervorhebung von R. W.

[102] Stock, Drei poetische Lektionen zur Bibeldidaktik, S. 608.

[103] P. H. Neumann, Das Eigene und das Fremde. Über die Wünschbarkeit einer Theorie des Zitierens, in: Akzente 27/1980, H. 4, S. 292–305. Hervorhebung von R. W.

[104] Neumann, Das Eigene und das Fremde, S. 298.

[105] Neumann, Das Eigene und das Fremde,S. 297f.

se".[106] Wichtig für eine Bibeldichtung – und damit in Differenz zu den Prinzipien des postmodernen Romans! – wäre allerdings, daß jede Form von Transformation bzw. Übertextung historischer Kritik bzw. den Erkenntnissen der Überlieferungs- und Wirkungsgeschichte der Bibel standhielte. Aber der Gelehrte ist nur *einer unter vielen möglichen* Dialogpartnern, vom religiös sozialisierten eifrigen Schulkind bis zum frustrierten Jugendlichen der Null-Bock-Generation.

In Abwandlung eines J. Barth-Zitates aus dem Jahr 1980 könnte man vom idealen ‚Bibeldichter' (statt vom zitierten „idealen postmodernen Schriftsteller") folgendes fordern:

> Er „imitiert nicht und negiert auch nicht seine Eltern im zwanzigsten, noch seine Großeltern im neunzehnten Jahrhundert. Er hat die Moderne verdaut, aber er trägt sie nicht als bedrückende Bürde mit sich herum [...] er *müßte* hoffen, wenigstens hin und wieder ein breiteres Publikum zu erreichen als nur die Zirkel derer, die Thomas Mann die Urchristen, die Jünger der Kunst nannte." Auch eine Bibeldichtung „müßte den Streit zwischen Realismus und Irrealismus, Formalismus und ‚Inhaltismus', reiner und engagierter Literatur, Eliten- und Massenprosa überwinden".[107]

Nicht zuletzt könnte man am Zitierverfahren des postmodernen Romans wieder lernen, was es heißt, *quasi aliud agendo* in Stoffgebiete und Texteinheiten einzuführen, die von Umfang und Komplexheit her einen unmittelbaren Zugang von vorneherein verstellen.

Drittes Streiflicht

Immer wieder wird – auch seitens der Religionspädagogen, die sich auf einen Schulbibelstreit überhaupt einlassen – *eine zentrale Frage* gestellt, der wir selbst bisher kontinuierlich ausgewichen sind, die Hebel jedoch in geradezu antizipatorischer Intuition auf seine Weise gelöst hat. Diese Frage lautet: Ist es legitim und sinnvoll, *die ganze Bibel* in ihrer kanonischen Gesamtheit für einen epistemologischen oder didaktischen Prozeß in den Mittelpunkt zu stellen. Der kritischen Stimmen gibt es viele, die solches Ansinnen radikal verneinen; einige von ihnen konnten wir bereits zitieren (Stichwort: Das christliche Kerygma läßt sich zumindest implizit an jeder biblischen Perikope verifizieren!), andere würden uns in eine in der wissenschaftlichen Exegese heftig geführte Auseinandersetzung bringen, die wir hier nicht im Einzelnen nachzeichnen wollen. Diese Auseinandersetzung wurde und wird unter dem Leitbegriff ‚Biblische Theologie' geführt und geht begriffsgeschichtlich auf einen Theologen bereits des 18. Jahrhunderts zurück (den Hebel allerdings auf Grund unserer Quellenlage – leider! – nicht rezipiert hat): Johann Philipp Gabler hielt 1787 seine Altdorfer Antrittspre-

[106] Vgl. Eco, Nachwort, S. 59f. u. ö.

[107] Zitiert bei Eco, Nachschrift, S. 81, aus: J. Barth, Die Literatur der Fülle, 1980.

digt mit dem wirkmächtigen Titel: „De iusto discrimine theologiae biblicae et dogmaticae regundisque recte utriusque finibus." Die Implikationen einer analytischen Scheidung von biblischer (= historischer) und dogmatischer (= systematischer) Theologie führt – strukturell gesehen – im Kern zum Problem einer Bibeldichtung, die in neuer Weise ja historische und systematische Gesichtspunkte auf einer dritten Ebene zusammenführen muß. Die Implikationen dieser Trennung führten aber – geschichtlich gesehen – zu zahlreichen Modellen einer ‚Biblischen Theologie' mit ganz unterschiedlichen Konstellationen etwa des Verhältnisses von Altem zu Neuem Testament, von Bibelkultur zu altorientalischer Kultur, von Bibel zu Theologie, von Geschichte zu Heilsgeschichte.[108] Besonders von alttestamentlicher Seite kamen in unserem Jahrhundert Entwürfe einer ‚Biblischen Theologie', die – nun also von bibelexegetischer Seite aus – eine dritte Chance für eine Bibeldichtung zwischen Moderne und Postmoderne eröffnen.

Es war G. von Rad, der die „Nacherzählung" zur „legitimste(n) Form theologischen Redens vom Alten Testament" erhoben hat:

> „Das war jedenfalls die nächste Folgerung, die Israel aus dem ihm widerfahrenen Geschichtshandeln Jahwes zog: Die göttlichen Taten mußten erzählt werden! Jeder Generation sind sie von den Vätern erzählt worden [...], und deshalb mußten sie in immer neuer Aktualisierung weitererzählt werden".[109]

Daneben ist es vor allem H. Gese, der sich um konstitutive Zusammenhänge der ganzen Bibel bemüht hat. Er sieht in der „Traditionsgeschichte" das bleibend notwendige Moment jeder biblischen Theologie, die die *Aufgabe* hat, „*die Theologie der ganzen Überlieferung zu erheben.*"[110] Diese Aufgabe kann sie „weder durch das Abheben einer dogmatischen Lehre als Einheit des Ganzen, noch durch die beschreibende Wiedergabe einer historischen Vielfalt als Zusammensetzung des Ganzen" lösen, vielmehr „muß sie *das Ganze als Zusammenhang* zu fassen suchen".[111] In vielen Einzelstudien[112] versucht Gese die Offenbarungsgeschichte Gottes (systematischer Gesichtspunkt) und das biblische Zeugnis davon (historischer Gesichtspunkt) zusammenzusehen:

---

[108] Vgl. den informativen und systematisch strukturierenden Artikel von J. Barr ‚Biblische Theologie. 1. Begriff und Forschungsgeschichte', in: EKL, Band 1, Göttingen 1986, Sp. 488–494.

[109] G. von Rad, Theologie des Alten Testaments, Band I, Die Theologie der geschichtlichen Überlieferungen Israels, München [9]1987 (1960), S. 134f.

[110] H. Gese, Tradition und biblische Überlieferung, in: O. H. Steck (Hg.), Zu Tradition und Theologie im Alten Testament, Neukirchen-Vluyn 1978, S. 87–111, hier: S. 93. Hervorhebung von R. W.

[111] Ebd.

[112] Vgl. die beiden Aufsatzbände von H. Gese: Vom Sinai zum Zion. Alttestamentliche Beiträge zur biblischen Theologie, München 1974; Zur biblischen Theologie. Alttestamentliche Vorträge, München 1977.

„Daß die fortgeschrittene, auch ontisch vertiefte und erweiterte Erfahrung die ältere nicht verdrängt oder ersetzt, entspricht der wachstümlichen Struktur der Geschichte, in der das Vergangene im Gegenwärtigen anwesend ist. So wie die Offenbarung an die Geschichte Israels gebunden ist, sich in ihr vollzieht, so entspricht ihr die Traditionsbildung Israels, die allein die Traditionsgeschichte nachzeichnen kann. So wenig diese Geschichte ein bloßes Nacheinander ist, so wenig ist die Tradition ein bloßes Nebeneinander, vielmehr entsteht notwendigerweise ein Ganzes."[113]

Die Traditionsgeschichte des Alten Testamentes bricht aber mit der Exilzeit des Volkes Israel nicht ab, und die vielgeschmähte ‚zwischentestamentarische Zeit' bildet eine entscheidende Brücke zum Neuen Testament, das Gottes Offenbarung als Geschichte in Jesus von Nazareth individualisiert und damit gleichzeitig universalisierbar macht. Der erst spät feststehende christliche Kanon ist insofern aus *theologischen* Gründen evident und das Gegenteil einer willkürlichen Ansammlung. Als Kanon aber kanonisiert er eben den Prozeß einer Traditionsgeschichte, die „über historische Fakten und religiöse Phänomene hinaus den Lebensprozeß der Überlieferungsbildung beschreibt."[114]

Biblische Theologie nach H. Gese wäre für ein zukünftiges Bibeldichtungsprojekt ein entscheidender exegetischer Gesprächspartner. Denn unter der Perspektive der Traditionsgeschichte wird der fatalen Perikopisierung der Bibel Einhalt geboten. Die Bibel als ganze kann als eine einzige große Transformationsleistung, als kontinuierlicher Aktualisierungsversuch gelesen werden[115], der in seiner exemplarischen Endgültigkeit bis heute eine bedeutsame Transformations- und Aktualisierungsgeschichte freigesetzt hat, die mit zur ursprünglichen Intention der Bibel gehört.

Bibeldichtung, die sich zeitkritisch und literarisch einstellt auf die gegenwärtige Spannung zwischen Moderne und Postmoderne, könnte von der Biblischen Theologie lernen, wieder in Zusammenhängen, in Bezüglichkeiten, im sinnstiftenden Zitieren zu denken und dabei im Zentrum biblischen Zeugnisses vom lebensvollen und menschenfreundlichen Gott Israels und Jesu' zu stehen, der nicht ohne Beziehung bleiben will und so auch den Tod, als fundamentalsten Ausdruck aller Beziehungslosigkeit, überwunden hat.

---

113 Gese, Tradition und biblische Überlieferung, S. 100.

114 Gese, Tradition und biblische Überlieferung, S. 102.

115 Vgl. auch G. von Rad, Theologie des Alten Testaments, Band 1, S. 130: „Eines der wesentlichsten Formen seines ganzen Theologisierens bestand also für Israel in der Verarbeitung, Kombination und aktualisierender Interpretation dokumentarischer Überlieferungen."

6. Kriterien für ein neues Schulbuch „Biblische Geschichten. Für die Jugend bearbeitet“

Ein 1988 veröffentlichter Leserbrief eines Pfarrers aus der badischen Landeskirche weist in eindringlicher Weise noch einmal auf das von uns aufgezeigte Desiderat hin:

> **„Haben wir keine biblische Geschichte?**
> Der Artikel [...] ‚Fast jeder Schüler kommt ohne Vorwissen in den Religionsunterricht‘ gibt mir Veranlassung, einen dringenden Wunsch zur Diskussion zu stellen und die Frage aufzuwerfen: Warum haben wir in der Schule als Lehrbuch keine biblische Geschichte?
> Man kann über den ‚Traditionsabbruch‘ klagen, aber die Kirche selbst trägt doch daran teilweise Schuld. Denn wir sind eine Landeskirche, in der in der Schule keine biblische Geschichte mehr im Gebrauch ist.
> Wir sind stolz auf unseren Prälaten Johann Peter Hebel, der sich nicht zu schade war, eine biblische Geschichte zu schreiben. Wir haben lange Jahre ein so ausgezeichnetes Buch wie den ‚Schild des Glaubens‘ gehabt. Aber jetzt haben wir nichts als einige Bruchstücke biblischer Texte über mehrere Jahrgänge des Lehrplans verteilt. Es fehlt aber ein Lehrbuch, das mit der biblischen Botschaft *im Zusammenhang* bekannt macht.
> Ein solches Buch zu schaffen, halte ich für wichtiger als vieles, was unsere Kirche bewegt, wenn sie hinter dem jeweiligen Zeitgeist hinterherhinkt.
> Außerdem ist es ja möglich und sicher auch nötig, von den biblischen Geschichten eine Brücke zu den Problemen unserer Zeit zu schlagen. Ich hoffe, daß meine Bitte bald in Erfüllung geht und wir wieder eine biblische Geschichte mit Illustrationen zur Verfügung haben.“[116]

Wir haben bei Johann Peter Hebel gelernt, daß seine Biblischen Geschichten auf einem ganzen Bündel von Voraussetzungen aufruhen, die sich in einer von ihm selbst so bezeichneten Populärästhetik zusammenfassen lassen.

Auch gegenwärtig wird man zunächst – innerhalb der dafür zuständigen Religionspädagogik – konzeptionelle Klarheit gewinnen müssen und Kriterien zu formulieren haben, die hinreichend erfüllt sein müssen, um dann die Realisierung eines *neuen* Schulbuches „Biblische Geschichten. Für die Jugend bearbeitet“ starten zu können.

Vier solcher Kriterien möchte ich abschließend im Anschluß an Hebels Populärästhetik zur Diskussion stellen.

Erstes Kriterium: Popularisierung

Das Kriterium der Popularisierung bedeutet am Ausgang des 20. Jahrhunderts, daß man bei der Schaffung einer biblischen Textgrundlage für den

---

[116] In: Mitteilungen 5/6, Karlsruhe 1988, S. 43. Diesen Hinweis verdanke ich Pfarrer Ulrich Löffler, Karlsruhe.

Unterricht von etwa 8–13jährigen Schülern in wissenschaftlich begründeter Weise die Adressaten eines solchen Schulbuches antizipiert und gleichzeitig den theologischen, gesamtgeschichtlichen und kulturellen Anspruch der Bibel in vollem Umfang präsent hält.

Diese hochkarätige Ausformulierung des ersten Kriteriums darf nicht vorschnell zugunsten von schneller und leichter einzulösenden Kriterien aufgegeben werden. Der Preis wäre ein Rückfall hinter die geschichtlich realisierte Lösung Johann Peter Hebels und eine Ignorierung der bisher geleisteten wissenschaftlichen Standards der Religionspädagogik.

Was die Antizipation von Erfahrungen, Interessen, Bedürfnissen und Hoffnungen von Schülern betrifft, so muß *einerseits* die humanwissenschaftliche Erforschung der psychologischen Entwicklung und soziokulturellen Prägung von Kindern und Jugendlichen (vor allem in religiöser Beziehung), soweit sie heutzutage bereits geleistet werden konnte, berücksichtigt werden. Kognitive, affektive und handlungsorientierte Strukturen der Adressaten müssen in ihrer entwicklungsgeschichtlichen Bedingtheit so weit wie möglich in eine neu zu schaffende Textgrundlage dermaßen eingearbeitet werden, daß ein Verstehen der Bibel prinzipiell auch ohne unterrichtliche Vermittlung möglich wäre. Andererseits aber muß der Freiheit und Eigeninitiative der Rezipienten dermaßen Raum gewährt werden, daß jegliche pädagogische und didaktische Intention als letztlich immer nur im Rezipienten selbst bereits angelegt und selbständig aufgenommen erscheint.

Was den Anspruch der biblischen Texte betrifft, so kann das Problem der historischen Abständigkeit nur durch überlieferungsgeschichtliche Perspektivierung bearbeitet werden, die bestimmte geschichtliche Bedingtheiten (seien sie theologischer, seien sie gesamtkultureller Natur) der Auslegung, die gleichwohl eine notwendige geschichtliche Konkretion der biblischen Wahrheit bedeutet bzw. bedeuten kann, so in eine neu zu schaffende Textgrundlage der Bibel einarbeitet, daß eine geschichtliche Kontinuität der biblischen Wahrheit bezeugt wird, ohne ihre zunehmende Strittigkeit in der Auseinandersetzung mit religionskritischen Strömungen zu ignorieren. Dem Umgang mit dem historischen Zitat kommt dabei eine Schlüsselstellung zu. Im postmodernen Sinne wäre es so zu integrieren, daß es einerseits die historische Eigenständigkeit behält, andererseits aber prinzipiell offen auf Gottes und der Menschen Zukunft bleibt, d. h. in der Lage ist, alte und neue Beziehungen zu knüpfen.

Das Kriterium der Popularisierung soll anzeigen, daß prinzipiell mehrere Lesarten dieser Bibelbearbeitung möglich sein müssen, aber so, daß naive, affektive Lesarten für ihre reflexive Dimension geöffnet werden und intellektuelle, distanzierte Lesarten ihrer existentiellen Dimension überführt werden.

Popularisierung kann niemals bedeuten, bestimmte Anspruchsniveaus zu *reduzieren*! Popularisierung geht vielmehr davon aus, daß es prinzipiell möglich ist, bestimmte Adressaten so auf einen bestimmten Inhalt zu beziehen, daß beide Pole dieser Beziehung *bereichert* aus diesem Prozeß hervorgehen (der Adressat ist um neue Selbsteinsichten bereichert, der jeweilige Inhalt ist um neue Auslegungsperspektiven bereichert). Jede geistige Beziehung aber darf im Prozeß der Popularisierung nicht einer völligen Beliebigkeit des individuellen Erinnerns oder Vergessens anheimfallen.

Popularisierung ist daher auf *Formen* aus (in unserem Fall einer Bibelbearbeitung für Schüler auf literarisch-ästhetische im Rahmen der Gattung Bibeldichtung), die in gewissen Grenzen den Prozeß der Popularisierung begreifbar und damit präsent halten und so auch einen Akt der Wiederholung, den Akt einer ‚Wiederaufführung‘ oder ‚Neu-Inszenierung‘ erlauben.

Das Kriterium der Popularisierung bedeutet letztlich eine Stilfrage, insofern die biblisch bezeugte Geschichte Gottes mit den Menschen nur in bestimmten *Prägungen* (und seien es ab und an auch nur Hohlformen...) zu erfahren ist.

Zweites Kriterium: Didaktisierung

Das Kriterium der Didaktisierung bedeutet, daß man bei der Schaffung einer biblischen Textgrundlage für den Unterricht von etwa 8–13jährigen Schülern in wissenschaftlich begründeter Weise bestimmte Transformationen des überlieferten Textbestandes der Bibel (Altes und Neues Testament) entsprechend den Rahmenbedingungen der Popularisierung vorzunehmen hat, was neue Anordnungs- und Auswahlentscheidungen impliziert.

Vorläufig sind dabei folgende Prinzipien zu beachten:

a) Die Verlaufsstruktur der biblischen Überlieferung ist zu bewahren.

b) Die „niedere Realität“ biblischer Überlieferung ist neu zu gewinnen und einzubeziehen.

c) Die individuell und personal sich ausprägende Realität biblischer Überlieferung ist – wo möglich – zu steigern.

d) Brüche und Unstimmigkeiten biblischer Überlieferung sind deutlich, weil geschichtlich notwendig, zu markieren und einer biblischen, also theonomen und kontingenten Geschichtsvorstellung zu integrieren.

e) Geschichtliche Auslegungsassoziationen sind textimmanent so zu integrieren, daß die Kontinuität biblischer Überlieferung aufscheint.

f) Aktuelle Auslegungsassoziationen sind textimmanent so zu integrieren, daß der heutige Adressat in seiner biographischen Individualität ernstgenommen wird.

Der Prozeß der Didaktisierung ergänzt den Prozeß der Popularisierung im Hinblick auf den *Mikrobereich* der Vermittlungsaufgabe, die beiden Prozessen in gleicher Weise gestellt ist. Didaktisierung bezieht ihre Maßgaben aus den Wissenschaftsbereichen der allgemeinen Didaktik und der Fachdidaktik

Religion im besonderen. Daher müssen auch entsprechende schulorganisatorische und gesamtgesellschaftliche Erfordernisse des Transformationsprozesses hier ihre Berücksichtigung erfahren.

Der Prozeß der Didaktisierung verantwortet vor dem Hintergrund der entsprechenden Bezugswissenschaften und vor allem vor den Adressaten die ‚Neuinszenierung' der biblischen Texte und macht sie als geschichtliche Vermittlungsmodelle in einer präzise zu verortenden Lernsituation transparent.

Drittes Kriterium: Elementarisierung

Das Kriterium der Elementarisierung bedeutet, daß man bei der Schaffung einer biblischen Textgrundlage für den Unterricht von etwa 8–13jährigen Schülern in wissenschaftlich begründeter Weise theologische Grunddimensionen der biblischen Überlieferung favorisiert, die explizit den Zusammenhang der alt- und neutestamentlichen Überlieferungen samt ihren zukunftseröffnenden Perspektiven zum Ausdruck zu bringen vermögen, die aber gleichzeitig geeignet sind, in anthropologisch relevanter Weise die noch uneingelöste Bestimmung des Menschen verwirklichen zu helfen.

Der Prozeß der Elementarisierung ist insofern Arbeit am biblischen Gottesgedanken, als er den biblisch konstitutiven Transzendenzbezug sowohl unter dem Aspekt seiner geschichtlichen Entwicklung als auch unter dem Aspekt seiner systematischen Bedeutung für das Wesen des Mensch-Seins artikuliert.

Beide Aspekte lassen sich mit Hilfe des formalen, an der Gattung Bibeldichtung gewonnenen Kriteriums der *Kohärenz* wohl am eindrucksvollsten verwirklichen.

a) Ausdruck der Kohärenz der gesamten biblischen Überlieferung, die in der sog. „Biblischen Theologie" ihren wissenschaftlichen Fürsprecher hat, könnte dabei in einer neu zu schaffenden Schulbibel das wichtige Element der *Überleitungsmodi* sein, dem die bündelnde Aufgabe zukäme, die geschichtliche Entwicklung des biblischen Gottesgedankens in all seiner personal-existentiellen, gesellschaftlichen und institutionellen Vielfalt für bestimmte grundlegende Strukturen transparent zu machen, die es ermöglichen, die unwandelbare Treue Gottes (und damit seine Wahrheit und Wahrhaftigkeit) gegenüber den Menschen zu verdeutlichen. Implizit wäre damit auch eine Aussage über die systematische Bedeutung des Gottesgedankens für wahres Mensch-Sein gegeben. Damit wäre ein Elementarisierungsprozeß initiiert, der sich nicht in einer Atomisierung der Bibel durch Perikopisierung erschöpfte, sondern in elementarer Weise die Überlieferungsstruktur als solche dem Verstehen des biblischen Gottes dienstbar machte.

b) Ausdruck der Kohärenz der gesamten biblischen Überlieferung könnte zum anderen aber auch das wichtige Element der *Personalisierung* biblischer

Perikopen sein, insofern stets und durch die ganze biblische Geschichte hindurch einzelne Menschen coram deo Handlungs- und Hoffnungsträger ihres Zukunft eröffnenden Gottes waren (auch wenn sie teilweise stellvertretend standen für oder eingebunden waren in ihre jeweilige Gesellschaft). Implizit wäre damit auch – in der Abfolge der biblischen Personen – eine Aussage über die geschichtliche Entwicklung des biblischen Gottesgedankens gewonnen.

Elementarisierung der biblischen Texte im Hinblick auf eine neu zu schaffende Schulbibel wird am stärksten die gegenwärtigen wissenschaftlich-theologischen Positionen herausfordern, denn es geht hierbei um die Grundlagen des christlichen Glaubens. Das formale Kriterium der Kohärenz könnte hilfreich sein im Streit um die ‚richtige' Elementarisierung, da es in seiner Frage nach dem *Zusammenhang* der biblischen Überlieferung sich zunächst an ‚Äußerliches' halten kann, dem nicht sogleich der Makel subjektiver Beliebigkeit aufgedrückt werden kann. Dieses ‚Äußerliche' (die Entwicklung eines Stammesgottes bis hin zum in der ganzen Ökumene verkündeten Herrn der Welt; die Entwicklung der diesem Gott vertrauenden Menschen) könnte eine Chance sein, wieder elementar vom biblischen Gott für Kinder in nachbiblischer Zeit zu erzählen.

Viertes Kriterium: Aktualisierung

Das Kriterium der Aktualisierung bedeutet, daß man bei der Schaffung einer biblischen Textgrundlage für den Unterricht von etwa 8–13jährigen Schülern in wissenschaftlich begründeter Weise, doch weitaus mehr in künstlerisch begnadeter Freiheit, die Anbahnung der Gegenwärtigkeit und Unmittelbarkeit eines je und jäh existentiellen Glaubensvollzuges gleichwohl durch eine Dauer und Vermitteltheit dokumentierende Form zu erreichen versucht. Solche Aktualisierung kann nur mit einem Erzählprinzip gelingen, das die Spannung von Fremdem und Eigenem, von Distanz und Nähe, von Lehre und Leben, von Hagiographie und Biographie, von Hoch und Niedrig, von Sinngewißheit und Sinnlosigkeitsverzweiflung usw. dermaßen umgreift, daß jede positive, biblisch fundierte und verankerte Aussage einem – bildlich gesprochen – ‚postpurgatorischen Optimismus' (Manes Sperber) entspringt und gerade so die errungene zweite ‚Naivität' dem Rezipienten einverleibt, der – mit allen menschlichen Geschöpfen dieser Welt – seiner ersten voraufklärerischen Naivität verlustig gegangen ist. Nur auf dem Hintergrund dieser komplexen Problemlage läßt sich die Zukunftsgewißheit verantworten, die im Messiasglauben vorbereitet und in der Reich-Gottes-Botschaft Jesu endgültig artikuliert worden ist. Allen vorschnellen Gewißheitseuphorien ist in den Aussage-Reihen einer zukünftigen Bibeldichtung vorzubeugen, nur so kann der Gewißheit der Herrschaft Gottes erzählend Sprache gegeben werden. Kein anderes Element von Hebels Populärästhetik kann dabei so unbesehen und unverändert in unsere gegenwärtigen Bemühungen um eine neue Bibeldichtung übernommen werden wie das Prinzip des *quasi aliud agendo*. Denn mit ihm läßt sich der eschatologische Vorbehalt gegenüber allen menschlichen Versuchen, Glauben zu vermitteln, durchhalten, ohne doch die geschichtliche Ernsthaftigkeit aller dieser individuell versuchten Gestaltungen zu leugnen. Das Bei-Seite-Sprechen im Sinne Hebels hat etwas vom ὡι μη des Paulus, hat etwas von der Bescheidenheit und Demut, die zum Stolz und der securitas des christlichen Glaubens gehört, und sich konkret in solchen Sprach-Formen ent-äußern muß. Ein Bibeldichtungsprojekt darf sich vor den großen Worten von den großen Taten Gottes unter den Menschen nicht scheuen – will es aber in actu und subjekthaft Verankerungen finden, so müssen die großen Worte mit einer Leichtigkeit daherkommen, daß man ihnen die Verantwortetheit vor den großen Infragestellungen einer Situation nach der Aufklärung auf den ersten Blick nicht anmerkt, auch wenn sie natürlich längst geleistet ist. Aktualisierung der Bibel durch eine moderne Bibeldichtung für Schüler: Was von der Aufgabenstellung her an die Quadratur des Kreises erinnert, ist im Grunde genommen eher ein Problem der Grazie und Anmut, und die ist bekanntlich ohne gratia, ohne Gnade nicht zu haben. Kriterien, die allemal Forderungen erheben, schlagen dann aber um in Suchbewegungen, die geduldig auf den warten, der wie Hebel sich durch eine *Auftrags*arbeit zur dichterischen Bibeldichtungs*freiheit* beflügeln läßt.

* * *

Ergänzt man nun die drei Chancen für eine Bibeldichtung, die wir in unseren *Streiflichtern* entdecken konnten, um die *Impulse* aus der Religionspädagogik mit ihren didaktischen, genauer: transformatorischen Mikroanalysen, und bewahrt die Intention der vier zuletzt genannten *Kriterien*, so müßte es möglich sein, eine Bibeldichtung Gestalt gewinnen zu lassen, in der in zweiter Naivität so erzählt werden kann, wie es W. Langer, der katholische Religionspädagoge, sich schon 1974 ganz vorsichtig und bescheiden gewünscht hat:

„Zuletzt möchte ich für eine neue Naivität plädieren." Eine bestimmte Art von Aufklärung, Restriktionen, Negationen etc. seien nur „ein Zwischenstadium, ein Purgatorium. Dabei stehen zu bleiben, kann subjektiv redlich sein. Aber die kritische Distanz als feste Komponente des Unterrichts darf doch nicht zur Konstante gemacht werden. Wer ein Gedicht seziert und auf Stimmigkeit geprüft hat, versucht danach, das Räsonierstadium zu überwinden und das Gedicht noch einmal als Ganzes in jetzt geläuterter Naivität auf sich wirken zu lassen. So etwa, meine ich, müßten wir wenigstens von Fall zu Fall über das bloße Räsonieren hinauskommen und in neuer Unbefangenheit zu sagen versuchen, daß Gott sich erhebt und kommt und spricht; daß der Dornbusch brannte und doch nicht verbrannte; daß ein Engel darin war; daß

Gott mehr ist als Antrieb zum Handeln, daß er auch in sich ‚etwas wert' ist, usw. Ich traue mich kaum es zu sagen: Ich plädiere dafür, intensiver Ausschau zu halten nach dem Faszinierenden des Glaubens."[117]

Und hoffentlich kann dann eine zukünftige, faszinierende Bibeldichtung auch so wohlgemut enden, wie der Verfasser des 2. Makkabäerbuches seine ‚Bibeldichtung' beendet hat (15, 38–40) und wie Johann Peter Hebel seine Biblischen Geschichten getrost hätte enden lassen können:

„So will ich nun hiermit dies Buch beschließen [...] Und wenn es gut gelungen und geschickt geordnet ist, so war das meine Absicht. Ist's aber zu einfach geraten, so habe ich doch getan, soviel ich vermochte. Denn immer nur Wein oder nur Wasser trinken wird einem zuwider; wenn aber Wein mit Wasser vermischt erst wirklich Freude macht, so erfreut die Art, wie man die Worte setzt, die Ohren derer, die die Geschichte hören. Damit bin ich am Ende angelangt."[118]

---

[117] G. Lange, Religion und Glaube. Erwägungen zum Gegenstand des Religionsunterrichts, in: KatBl 99/ 1974, S. 733–750, hier: S. 750.

[118] Die Apokryphen, S. 345.

Literaturverzeichnis

1. Lexika und allgemeine Nachschlagewerke:

Allgemeine deutsche Biographie (**ADB**), Leipzig 1875–1910

Deutsche Philologie im Aufriss, hgg. von W. Stammler, 2. überarbeitete Auflage, Berlin/Bielefeld 1966–1967

Deutsches Biographisches Archiv (**DBA**), hgg. von B. Fabian, München 1982–1984

Encyklopädie des gesamten Erziehungs- und Unterrichtswesens, hgg. von K.A. Schmid, Gotha 1859ff.

Evangelisches Kirchenlexikon. Internationale theologische Enzyklopädie (**EKL**), Band 1 A–F, 3. Auflage (Neufassung), Göttingen 1986

K. Goedeke, Grundriss zur Geschichte der deutschen Dichtung aus den Quellen, Berlin, 2., ganz neu bearbeitete Auflage 1966 [Kraus Reprint Nendeln/Liechtenstein 1975]

Handbuch der religiösen Erziehung, 2 Bde., hgg. von W. Böcker, H.-G. Heimbrock, E. Kerkhoff, Düsseldorf 1987

Handlexikon zur Literaturwissenschaft, hgg. von D. Krywalski, München 1974

G. Kranz, Lexikon der christlichen Weltliteratur, Freiburg, Basel, Wien 1978

Lexikon der Kinder- und Jugendliteratur. Personen-, Länder- und Sachartikel zu Geschichte und Gegenwart der Kinder- und Jugendliteratur (**LKJ**), In drei Bänden, hgg. von Kl. Doderer, Weinheim und Basel, München 1975

Meyers Großes Konversations=Lexikon, 6. Auflage, Leipzig und Wien, 1906

Pädagogische Real-Encyclopädie oder Encyclopädisches Wörterbuch des Erziehungs- und Unterrichtswesens und seiner Geschichte, redigiert von K.H. Hergang, Bd. 1 und 2, 2. Auflage Grimma & Leipzig 1851 und 1852

Realencyklopädie für protestantische Theologie und Kirche (**RE**), 3. verb. und vermehrte Auflage, hgg. von A. Hauck, Leipzig 1896–1913.

Reallexikon der deutschen Literaturgeschichte (**RL**). Begründet von P. Merker und W. Stammler, 2. Auflage, Band 1–3 hgg. von W. Kohlschmidt und W. Mohr, Band 4 hgg. von Kl. Kanzog und A. Masser, Berlin, New York 1958–1984

Die Religion in Geschichte und Gegenwart. Handwörterbuch für Theologie und Religionswissenschaft (**RGG**), 3., völlig neu bearbeitete Auflage, hgg. von K. Galling, Tübingen 1957–1965

dass., 2. Auflage, Tübingen 1927–1932

Theologische Realenzyklopädie (**TRE**), hgg. von G. Krause und G. Müller, Berlin, New York 1977ff.

Wörterbuch zum Religionsunterricht. Für alle Schularten und Schulstufen, Freiburg 1976

2. Primärliteratur:

a) Johann Peter Hebel: Werkausgaben und Handschriften

W. Altwegg (Hg.), Johann Peter Hebels Werke, 3 Bände, Berlin 1940

O. Behagel (Hg.), Hebels Werke, 2 Bände, Berlin und Stuttgart 1883/84

Bibeliske Fortıllinger. Fortalte for Ungdommen af Dr. J. P. Hebel, Kibenhavn 1826

Exzerpthefte J. P. Hebels [Ms.] (Badische Landesbibliothek H84–86 und H122)

J. P. Hebel, Biblische Geschichten. Für die Jugend bearbeitet, Stuttgart und Tübingen 1824

J. P. Hebel, Briefe, ausgewählt und eingeleitet von W. Zentner, Karlsruhe und München 1976

J. P. Hebel, Briefe. Gesamtausgabe, hgg. und erläutert von W. Zentner, Erster und Zweiter Band, Karlsruhe 1939

J. P. Hebel, Der Statthalter von Schopfheim. Der Spaziergang an den See, Vorstudie zur Historisch-Kritischen Gesamtausgabe. Hgg. von A. Braunbehrens, und P. Pfaff, Karlsruhe 1988

J. P. Hebel's Sämmtliche Werke, 8 Bände, Carlsruhe 1838

J. P. Hebels Werke 1.–5. Band. Mit Hebels Bildniß, einem Facsimile seiner Handschriften und 4 Musikbeilagen, Karlsruhe 1843

G. Längin (Hg.), Aus Joh. Peter Hebel's ungedruckten Papieren. Nachträge zu seinen Werken. Beiträge zu seiner Chrakteristik, Tauberbischofsheim 1882

E. Keller (Hg.), Johann Peter Hebels sämtliche poetische Werke nebst einer Auswahl seiner Predigten, Aufsätze und Briefe in 6 Bänden, Leipzig 1905

E. Meckel (Hg.), Johann Peter Hebel. Werke 1 und 2, Frankfurt 1968

L. Rohner (Hg.), Johann Peter Hebel, Der Rheinländische Hausfreund, Faksimiledruck der Jahrgänge 1808–1815 und 1819

Vortrag. Die vorgeschlagene Samlung eines neuen Gesangbuchs betr. [Ms.] (Landeskirchliche Archiv Karlsruhe Gen. 83, Fol.)

A. Sütterlin (Hg.), Hebels Werke in vier Teilen, Berlin u. a. 1911

b) Zeitgenössische Literatur bis etwa 1824

Allgemeine Literaturzeitung, Jena, in der Expedition dieser Zeitung und Leipzig, in Comiss. in der Joh. Gottfr. Müllerischen Buchhandlung, 1785 ff.

Alsa. Eine Monatsschrift, hgg. von E. Stöber, Januar bis May 1817

Alsatisches Taschenbuch für das Jahr 1807. Mit Kupfern und Musik, Straßburg und Paris o. J.

Chr. Fr. Ammon, Biblische Theologie, Erlangen ^{2}1801 (1792)

ders., Entwurf einer wissenschaftlich-praktischen Theologie nach den Grundsätzen des Christenthums und der Vernunft, Göttingen 1797

Bestallungsurkunde Johann Peter Hebels am Pädagogium zu Lörrach (Generallandesarchiv Karlsruhe 65/776, 36)

L. Bendavid, Etwas zur Charakteristik der Juden, Leipzig 1793

Berlinische Monatsschrift, hgg. von Fr. Gedike und J.E. Biester, Januar 1786
Bericht von dem in dem Lyceum zu Karlsruhe im verflossenen Schuljahre ertheilten Unterricht, Karlsruhe 1816 und 1818–1825
Die biblischen Geschichten des alten und neuen Testaments in poetischer Bearbeitung von den besten Dichtern unserer Zeit. Eine Liebesgabe an christlich fromme Familien des deutschen Volkes. Mit Bildern, Meißen und Wien o. J.
Freiherr von Biedenfeld (Hg.), Unterhaltungen für müssige Stunden. Zum besten der armen Kehler und der im letzten Feldzug schwer verwundeten Badischen Soldaten und Landwehrmänner, Erstes und zweites Bändchen, Carlsruhe 1815

H. von Chezy, Gedichte. Erster Band. Zweiter Band, Aschaffenburg 1812
J.M. Chladenius, Einleitung zur richtigen Auslegung vernünftiger Reden und Schriften, Düsseldorf 1969 [Repr. der Ausgabe Leipzig 1742]
H.H. Cludius, Wahrheit der christlichen Religion, insbesondere zur Widerlegung der Juden, und zum Unterrichte der Proselyten, Bremen 1782
C.Ph. Conz, Biblische Gemählde und Gedichte, Frankfurt a.M. 1818
ders., Heilige Gemälde, in: Frauentaschenbuch für das Jahr 1823, München o.J., S. 278–281

W.Fr. Daniel, Die Hauptgegenstände des Volksschulen-Unterrichts, gemustert in einer Reihe von Schullehrer-Conferenzen. In zwey Bändchen, Stuttgart 1824 und 1830
I. Demeter, Grundsätze für die Bildung der Schullehrer, Straßburg ³1820
A. Detmer, Musterung unserer deutschen Jugend-Literatur, zugleich ein Wegweiser für Eltern in der Auswahl von passenden, zu Weihnachtsgeschenken sich eignenden Büchern, Hamburg, 2. umgearbeitete Auflage 1844
Der deutsche Jugendgarten. Im Verein mit mehreren Freunden der Jugend, hgg. vom Verfasser der Lebensbilder, Heilbronn 1826
J.Chr. Döderlein, Kurzer Entwurf der christlichen Sittenlehre. Zum Gebrauch für Vorlesungen, Jena 1789

J.G. Eichhorn, Einleitung in das Alte Testament, Göttingen 1823
ders., Einleitung in das Neue Testament, Leipzig 1804
J.J. Feddersen, Biblisches Lesebuch für Kinder von reiferem Alter, darin die Psalmen, die Sprüche und der Prediger Salomos, das Buch Jesus Sirach, und einzelne lehrreiche Stellen des alten Testaments zu ihrer Erbauung angewandt sind, Leipzig 1782

A. Gebauer, Blüthen religiösen Sinnes. Für das höhere Leben, Mannheim 1822
Fr. Gedike, Einige Gedanken über Schulbücher und Kinderschriften, Berlin 1787
ders., Praktischer Beitrag zur Methodik des öffentlichen Schulunterrichts, Berlin 1781
M.C.L. Göhrung, Kleine Bibel für Kinder als Vorbereitung zum heilsamen Gebrauch und fruchtbaren Verständnisse der heil. Schrift selbst, mit einer kurzen Geschichte der Religion, Stuttgart 1817
Gothaische gelehrte Zeitungen 1781ff
J. Gotthelf, Erzählungen, Leipzig ³1976 [= Sammlung Dieterich Band 278]

J. Haffner, Des secour, que l'etude des langues, de l'histoire, de la philosophie et de la literature offre a la Theologie, Paris & Strasbourg 1804
H.Ph.K. Henke, Auswahl biblischer Erzählungen für die erste Jugend, Vierte verbesserte Auflage Leipzig 1803 (1788)
J. G. Herder, Auch eine Philosophie der Geschichte zur Bildung der Menschheit. Beytrag zu vielen Beyträgen des Jahrhunderts (1774), in: Herders Sämmtliche Werke, hgg. von B. Suphan, 5. Bd., Berlin 1891, S. 475–594
ders., Briefe, das Studium der Theologie betreffend, 4 Teile, in: Herders Sämmtliche Werke, hgg. von B. Suphan, 10. Bd.(1.–3. Teil) und 11. Bd.(4. Teil), Berlin 1879
ders., Vorrede zu „Palmblätter. Erlesene morgenländische Erzählungen für die Jugend" (1786), in: Herders Sämmtliche Werke, hgg. von B. Suphan, 16. Bd., Berlin 1887, S. 583–590
Hölderlin, Werke und Briefe, 2 Bände, hgg. von Fr. Beißner und J. Schmidt, Frankfurt 1969
J. Hübner, Zweymahl zwey und funffzig Auserlesene Biblische Historien Aus dem Alten und Neuen Testamente. Der Jugend zum Besten abgefasset. Mit einer Einleitung und einem theologie- und illustrationsgeschichtlichen Anhang hgg. von R. Lachmann und Chr.Reents, Hildesheim, Zürich, New York 1986

Karlsruher Zeitung 1803
H. von Kleist, Über das Marionettentheater. Aufsätze und Anekdoten, Frankfurt ²1982
Fr.G. Klopstock, Der Messias, Oden und Elegien, Epigramme, Abhandlungen, hgg. von U.-W. Ketelsen, Hamburg 1968
F. A. Krummacher, Festbüchlein. Eine Schrift für das Volk. Erstes Bändchen. Der Sonntag, Duisburg und Essen ²1810
Chr. Th. Kuinöhl, Messianische Weissagungen des Alten Testamentes, übersetzt und erläutert zum Gebrauch für angehende Theologen, Leipzig 1792

G. Lange, Biblische Geschichten aus dem alten und neuen Testamente mit lehrreichen Bemerkungen und Sittenlehren für die Jugend, besonders in Bürger- und Landschulen, Vierte verbesserte und vermehrte Auflage, Leipzig 1816
G. Leß, Christliche Moral, Tübingen 1781
ders., Christliche Religions=Theorie fürs gemeine Leben, oder Versuch einer praktischen Dogmatik, Göttingen 1779
J.A. G. Löhr, Die Geschichten der Bibel zum Gebrauch für Lehrer und Schüler. Mit einem Kupfer, Leipzig 1810

Matrikel „Johannes Petrus Badensis" (Universitätsarchiv Erlangen, Teil III, Pos. 14, Nr. 8,9)
J.J. Mayer, Andachtsbuch für Schwangere, Gebährende und Mütter aller christlichen Konfessionen, Ravensburg 1810
ders., Leitfaden beim christlichen Religionsunterrichte der Schuljugend und Konfirmanden, Biberach 1805
A. Meyer, Biographische und litterarische Nachrichten von den Schriftstellern, die

gegenwärtig in den Fürstenthümern Anspach und Bayreuth leben, in alphabetischer Ordnung mitgetheilt, Erlangen 1782
M. Mendelssohn, Jerusalem oder über religiöse Macht und Judentum, Berlin 1783
ders., Morgenstunden oder Vorlesungen über das Daseyn Gottes, Berlin 1786
J.Fr. von Meyer, Tobias, Frankfurt a.M. 1800
J.D. Michaelis, Einleitung in die göttlichen Schriften des Neuen Bundes, Göttingen 1788
J.P. Miller, Anweisung zur Katechisierkunst oder zu Religionsgesprächen, Wien ³1788
ders., Christliches Religionsbuch oder Anleitung zu katechetischen Unterredungen über den gemeinnüzigsten Inhalt der heiligen Schrift, Schaffhausen 1779
ders., Erbauliche Erzählungen der vornehmsten biblischen Geschichten zur Erwekkung eines lebendigen Glaubens und der wahren Gottseligkeit, Helmstedt 1753
ders., Unentbehrliche Exemple zum leichten, faßlichen, erbaulichen und angenehmen Katechisieren, Wien 1788
Monatsblatt für teutsche Volksschul-Lehrer, hgg. von J.W. Strasser, Erster Jahrgang, Constanz 1823
J.L. Mosheim, Sittenlehre der heiligen Schrift, 9 Bde., Helmstedt ³1742ff. (1735ff.)

M.L. Neuffer, Christliche Urania oder Gesänge für Freunde der Religion und eines heitern Christensinnes, Leipzig 1820
Fr. Nicolai, Beschreibung einer Reise durch Deutschland und die Schweiz im Jahre 1781. Nebst Bemerkungen über Gelehrsamkeit, Industrie, Religion und Sitten. Erster Band. Mit Kupferstichen, Berlin und Stettin 1783
A.H. Niemeyer, Handbuch für christliche Religionslehrer. Erster Theil: Populäre und Praktische Theologie oder Materialien des christlichen Volksunterrichtes, Halle 1790; Zweyter Theil: Homiletik, Pastoralwissenschaft und Liturgik, Halle 2. verb. Aufl. 1794
ders., Lehrbuch für die oberen Religionsclassen in Gelehrtenschulen, Halle ³1803
ders., Erläuternde Anmerkungen und Zusätze zu dem Lehrbuch für die oberen Religionsclassen gelehrter Schulen, Halle ²1803
ders., Populäre und praktische Theologie oder Materialien des christlichen Volksunterrichts, Halle 3. verb. Aufl. 1795

Jean Paul, Levana oder Erziehlehre (1807), in: Jean Paul, Werke, hgg. von N. Miller, 5. Bd., München 1963, S. 513–874
C. Pichler, Biblische Idyllen, Leipzig 1812
J.L. Pyrker, Sämmtliche Werke, Neue, durchaus verbesserte Ausgabe, Erster bis dritter Band, Stuttgart und Tübingen 1855
Programme der Universität [Erlangen], Sommersemester 1778 bis Wintersemster 1780 (UB Erlangen H 724 AL 37292 F 477)

H. Rebau (Hg.), Der rheinländische Kinderfreund. Ein Festgeschenk für fleißige Kinder. Zum Haus- und Schulgebrauch, Mannheim 1824
Fr.V. Reinhard, Vorlesungen über die Dogmatik mit litterarischen Zusätzen, hgg. von J.G.J. Berger, Nürnberg und Sulzbach ²1806 (1799)

Chr. Fr. Rinck, Studienreise 1783/84, unternommen im Auftrage des Markgrafen Karl Friedrich von Baden. Nach dem Tagebuch des Verfassers hgg. von Dr. M. Geyer, Altenburg 1897

Fr. Rückert, Leben Jesu. Evangelien-Harmonie in gebundener Rede, Stuttgart und Tübingen 1839

Schematismus Lectiorum, Pensum Semestre est Discipuli Classis Secundae 1805 (Stadtarchiv Karlsruhe)

J.L.W. Scherer, Lehren der Weisheit, Tugend und Religion, in Gedichten, Parabeln und Erzählungen der heiligen Schrift, für die Jugend und ihre Freunde, Elberfeld 1819

F.D.E. Schleiermacher, Hermeneutik und Kritik. Mit einem Anhang sprachphilosophischer Texte Schleiermachers, hgg. und eingeleitet von M. Frank, Frankfurt 1977

L. Schlosser, Biblische Geschichte für Kinder von reiferm Alter aus den gebildeten Ständen aller christlichen Confessionen, Erster Theil. Geschichten des Alten Testaments. Mit einem Kupfer, Gotha 1806

A. Schreiber, Gedichte und Erzählungen, Heidelberg 1812

G.Fr. Seiler, Ausführliche Vorstellung der christlichen Religion, nebst Widerlegung der vornehmsten Einwürfe, und einer Geschichte derselben, Giessen 1781

ders., Grundsätze zur Bildung künftiger Volks- und Jugendlehrer oder der Homiletik, Katechetik, Pädagogik, Zwote, verbesserte Auflage Erlangen 1786

ders., Das kleine biblische Erbauungsbuch oder die biblischen Historien mit erklärenden kurzen Andachten und Gebeten verfaßt und herausgegeben, Erlangen. ^{6}1788

ders., Religion der Unmündigen, Erlangen ^{12}1787 (1772)

ders., Theologia dogmatico-polemica cum compendio Historia dogmatum succinctae, Erlangen 1774

C.V. Sommerlath, Züge teutschen Muthes und Hochsinns nebst einigen Gedichten verschiedenen Inhalts. Gesammelt und zur Ausführung eines wohlthätigen Zwekkes herausgegeben, Erster Theil. Mit vier Kupfern, Basel 1820

E. Stoeber, Gedichte, 2. verb. und verm. Ausgabe, Basel 1815 (Lyrische Gedichte, Strasburg 1811

ders., Kurze Geschichte und Charakteristik der schönen Literatur der Deutschen, Paris & Strasburg 1826

G.A. Tittel, Zum Religionsunterricht. Wie in niedern Schulen die Grundlehren des Christenthums dem Verstande und Herzen der Kinder fruchtbar einzuprägen, in: ders., Dreißig Aufsäze aus Litteratur, Philosophie und Geschichte, Mannheim 1790, S. 377–386

J.S. Vater, Bibel-Geschichte für die Jugend, d.i. die historischen Bücher der heil. Schrift alten Testamentes, Halle 1821

Verzeichniß über diejenigen Bücher, welche aus der Verlassenschaft des verstorbenen Herrn Prälaten J.P. Hebel, Dienstag den 2. Jan. 1827 und die folgenden Tage, in dessen Wohnung, Erbprinzenstraße Nro. 31 der Reihenfolge nach öffentlich gegen baare Bezahlung versteigert werden, Karlsruhe 1826

J.J. Wagner, Religion, Wissenschaft, Kunst und Staat in ihren gegenseitigen Verhältnissen betrachtet, Erlangen 1819

J.H. von Wessenberg, Blüthen aus Italien, Carlsruhe und Baden 1818

ders., Wie soll der Umgang des Seelsorgers mit seinem Schullehrer auch außer der Schule beschaffen seyn?, in: Christliche Monatsschrift mit besonderer Rücksicht auf die Constanzer Diöcese, Strasburg 2/1803, 7.–12. Heft, S. 54–66

3. Sekundärliteratur

ABC und Abenteuer. Texte und Dokumente zur Geschichte des deutschen Kinder- und Jugendbuches. Bd. 1 und 2, hgg. von A.Cl. Baumgärtner und Hch. Pleticha, München 1985

M. Agethen, Geheimbund und Utopie. Illuminaten, Freimaurer und deutsche Spätaufklärung. Mit einem Geleitwort von E. Schmitt, München 1984 [= Ancien Regime, Aufklärung und Revolution, hgg. von R. Reichardt und E. Schmitt, Bd. 11]

N. Altenhofer, Der erschütterte Sinn. Hermeneutische Überlegungen zu Kleist *Das Erdbeben in Chili* , in: D.E. Wellberry (Hg.), Positionen der Literaturwissenschaft. Acht Modellanalysen am Beispiel von Kleists ‚Das Erdbeben von Chili', München 1985

W. Altwegg, Ansprache in der Kirche von Hertingen am 25. Oktober 1953, in: Markgräfler Jahrbuch 3, 1954, S. 134–137

ders., Johann Peter Hebel. Mit 15 Bildern und 3 Handschriftenproben, Frauenfeld/Leipzig 1935

J. Amery, Zum ersten Mal gelesen, in: H.J. Schultz (Hg.), Sie werden lachen – die Bibel. Überraschungen mit dem Buch, Stuttgart 1975

H. Angermeyer, Die elementare Bedeutung biblischen Erzählens. Am Beispiel des Religionsunterrichts dargestellt, in: WPKG 65/1976, S. 161–172

A. Angst, Die religions- und moralpädagogische Jugendschrift in der deutschen Schweiz von der Reformation bis zur Mitte des 19. Jahrhunderts, Zürich 1947

Die Apokryphen. Nach der deutschen Übersetzung Martin Luthers. Revidierter Text 1970, Witten und Stuttgart 1971

E. Auerbach, Mimesis. Dargestellte Wirklichkeit in der abendländischen Literatur, Bern und München ^{5}1971 (1946)

ders., Sacra scripturae sermo humilis, in: ders., Gesammelte Aufsätze zur romanischen Philologie, Bern und München 1967, S. 21–26 (zuerst in: Neuphilologische Mitteilungen 42/1941, S. 57–67)

ders., Sermo humilis (I Spätantike; II Das Frühmittelalter), in: Romanische Forschungen. Vierteljahrschrift für romanische Sprachen und Literatur, 64. Bd., 1952, S. 304–364

A. Augustinus, Vom ersten katechetischen Unterricht. Neu übersetzt von W. Steinmann. Bearbeitet von O. Wermelinger, München 1986 [= Schriften der Kirchenväter, hgg. von N. Brox]

E. Baader, „Hebel, der milde Schutzgeist unseres Landes". Bekenntnisse zu Johann Peter Hebel, In: Badische Heimat 40/1960 H. 1/2, S. 152ff.
ders. Semper lustig, numquam durstig... Johann Peter Hebel in Erlangen, in: Frankenspiegel. Monatsschrift für geistiges Leben in Franken 10/1950 (1. Jg.), S. 25f.
J.S. Bachs geistliche und weltliche Kantatentexte, nach R. Wustmann, Wiesbaden ^{3}1982
K. Barth, Kirchliche Dogmatik, I/1 und 2, Zürich ^{9}1975
Fr. Bartsch u.a. (Hg.), Das Bildnis des evangelischen Menschen. Von Martin Luther bis zur Gegenwart, Berlin (Ost) 1955
W. Bartholomäus, Einführung in die Religionspädagogik, Darmstadt 1983
ders., Zur Didaktik im Religionsunterricht, in: KatBl 101/1976, S. 146–154
G. Baudler, Mit Talenten wuchern? Das „Bibeldidaktische Viereck" als möglicher Weg zu einer notwendigen Übertextung biblischer Perikopen im Religionsunterricht, in: KatBl 103/ 1978, S. 367–381
R. Baumann, Gesichtspunkte für einen „besseren" Umgang mit Bibeltexten, in: KatBl. 102/1977, S. 213–222
A. Baumhauer, Das markgräfliche Pädagogium zu Beginn des 18. Jahrhunderts, in: Das Markgräflerland 1954, S. 25–35
ders., Von der Rötteler Kapitelschule zum Pädagogium und Hebelgymnasium in Lörrach, in: Badische Heimat 40/1960 H. 1/2, S. 102–109
H.-K. Beckmann, Schule unter pädagogischem Anspruch, Donauwörth 1983
G. Bellinger, Bibelwissenschaft und „Schul-Bibel". Die aus der neueren Exegese sich ergebenden Konsequenzen für ein künftiges biblisches Unterrichtswerk, in: KatBl. 95/ 1970, S. 193–205
W. Benjamin, Gesammelte Schriften, Bd. II,3, Frankfurt 1977
G.A. Benrath, Die Entstehung der vereinigten evangelisch-protestantischen Landeskirche in Baden (1821), in: Vereinigte Landeskirche in Baden 1821–1971. Dokumente und Aufsätze. Im Auftrag des Oberkirchenrates hgg. von H. Erbacher, Karlsruhe 1971, S. 49–113
ders., Johann Peter Hebel als Theologe, in: Johann Peter Hebel. Eine Wiederbegegnung zu seinem 225. Geburtstag. Eine Ausstellung der Badischen Landesbibliothek Karlsruhe und des Museums am Burghof in Lörrach. Ausstellungskatalog hgg. von der Badischen Landesbibliothek Karlsruhe, Karlsruhe 1985, S. 119–135
K. Bernhardi, Wegweiser durch die deutschen Volks- und Jugendschriften. Ein Versuch, Leipzig 1852
St. Berning, Zur pietistischen Kritik an der autonomen Ästhetik, in: Literatur und Religion, hgg. von H. Koopmann und W. Woesler, Freiburg, Basel, Wien 1984, S. 91–121
O. Betz, Chassidische Dialogik. Martin Bubers pädagogische Impulse aus dem Geist der Bibel, in: Lebendige Seelsorge 36/1985, H. 3, S. 117–129
L. Bianchi, Johann Peter Hebel. Seine Bedeutung und Stellung in der deutschen Literatur, Bologna 1921
Ch.N. Bialik, Halacha und Aggada, in: ders., Essays, Berlin 1925, S. 82–107
E. Bizer, Katechetische Memorabilien. Vorüberlegungen vor einer Rezeption der evangelischen Katechetik, in Jahrbuch der Religionspädagogik (JRP), Band 4, 1987, Neukirchen-Vluyn 1988, S. 77–97.

M. Marschall von Bieberstein, Hochsprache und Dialekt, Zeit und Zeitfreiheit (Neuere Studien zum Werk J. P. Hebels), in: Studi Germanici 8/1970, S. 452–462
A. Birlinger, J.P. Hebel. 1 Die biblische Geschichte, in Alemannia II, 1875, S. 174–178
H. Birus, Zwischen den Zeiten. Friedrich Schleiermacher als Klassiker der neuzeitlichen Hermeneutik, in: ders. (Hg.), Hermeneutische Positionen. Schleiermacher – Dilthey – Heidegger – Gadamer, Göttingen 1982, S. 15–58
E. Bloch, Nachwort zu: J.P. Hebel, Kalendergeschichten, Frankfurt [4]1977, S. 135–149
ders., Das Prinzip Hoffnung, Frankfurt a.M. 1959
H. Blumenberg, Säkularisierung und Selbstbehauptung, Frankfurt 1974
C. Boll, „... ob's auch ans Herz geht". Johann Peter Hebel/Zu seinem 200. Geburtstag, in: Christ und Welt 13, 1960, Nr. 20, S. 16
Fr. de Boor, Kirchengeschichte oder Auslegungsgeschichte?, in: ThLZ 97/1972, Nr. 6, Sp. 401–414
H. de Boor, Die deutsche Literatur von Karl dem Großen bis zum Beginn der höfischen Dichtung 770–1170, München [8]1971 (1949)
K. Bornkamm, Kirchenbegriff und Kirchengeschichtsverständnis, in: ZThK 75/1978, S. 436–466
A. Braunbehrens, Anmerkungen zu Hebels Texten, in: Johann Peter Hebel. Eine Wiederbegegnung zu seinem 225. Geburtstag, Eine Ausstellung der Badischen Landesbibliothek Karlsruhe und des Museums am Burghof in Lörrach, Ausstellungskatalog hgg. von der Badischen Landesbibliothek Karlsruhe, Karlsruhe 1985, S. 159–173
ders., Überlegungen zu einer Edition der ‚Alemannischen Gedichte' J. P. Hebels, in: Euphorion Bd. 76/1982, S. 156–168
R. Breymayer, Die Erbauungsstunde als Forum pietistischer Rhetorik, in: Rhetorik. Beiträge zu ihrer Geschichte in Deutschland vom 16.–20. Jahrhundert, hgg. von H. Schanze, Frankfurt a.M. 1974, S. 87–104
M. Buber, Die Erzählungen der Chassidim, Zürich 1949
K. Burdach, Die nationale Aneignung der Bibel und die Anfänge der germanischen Philologie, in: Festschrift für Eugen Mogk zum 70. Geburtstag am 19. Juli 1924, Halle a.d. Saale 1924, S. 231–334
Fr. Buri, Wunder und Weisheit in J.P. Hebels Biblischen Geschichten, in: ThPr 3/1968, S. 364–379
H. Buß, Evangelientexte im Religionsunterricht, in: Evangelientexte auf dem Weg zum Religionsunterricht, Loccum 1975 [= Loccumer religionspädagogische Studien und Entwürfe 13], S. 6–13

H. von Coelln, Hebel-Manuskripte in der Badischen Landesbibliothek, in: Johann Peter Hebel. Eine Wiederbegegnung zu seinem 225. Geburtstag, Eine Ausstellung der Badischen Landesbibliothek Karlsruhe und des Museums am Burghof in Lörrach, Ausstellungskatalog hgg. von der Badischen Landesbibliothek Karlsruhe, Karlsruhe 1985, S. 186–195
E. R. Curtius, Europäische Literatur und lateinisches Mittelalter, Bern [2]1954 (1948)

K.-Fr. Daiber, Die Bibel – Ein Volksbuch? Zur Bibelfrömmigkeit in der Bundesrepublik, in: LuMo 21/1982, S. 439–443
ders., Die Bibel in der Sicht der Jugend, in: S. Meurer (Hg.), Erneuerung aus der Bibel, Stuttgart 1982, S. 168–177
ders. u. a., Erste Ergebnisse einer Untersuchung zur „Bibelfrömmigkeit“, in: S. Meurer (Hg.), Erneuerung aus der Bibel, Stuttgart 1982, S. 158–167
Fr. Dehn, Zur Neuentdeckung von Hebels Biblischen Erzählungen, in: Die Furche 25/1939, S. 279f.
A. Detmer, Musterung unserer deutschen Jugend-Literatur, zugleich ein Wegweiser für Eltern in der Auswahl von passenden, zu Weihnachtsgeschenken sich eignenden Büchern, Hamburg, 2. umgearbeitete Auflage 1844
E. Deuerlein, Aus Johann Peter Hebels Erlanger Studentenzeit, in: Erlanger Heimatblätter IX (1926), Nr. 39, unpaginiert
ders., Aus Johann Peter Hebels Erlanger Studentenzeit 1778–1780, in: Erlanger Bausteine zur fränkischen Heimatforschung 7/1960, 2./3. H., S. 41–66; Nachtrag 8/ 1961, 1. H., S. 31
ders., Geschichte der Universität Erlangen in zeitlicher Übersicht. Auf Veranlassung der Direktion der Universitätsbibliothek bearbeitet, Erlangen 1927
P. Diehl, Johann Peter Hebel. Ein Beitrag zu gerechter Würdigung des Schriftstellers, in: Evangelisches Monatsblatt für deutsche Erziehung in Schule, Haus und Kirche, Treptow 1891, No. 6, S. 161–171
K. Dienst, Die Bibel in der gegenwärtigen Religionspädagogik, in: S. Meurer (Hg.), Erneuerung aus der Bibel, Stuttgart 1982, S. 178–194
F.A.W. Diesterweg, Wegweiser zur Bildung für deutsche Lehrer, Erster Band, Essen ^{3}1844
Fr. Dix, Geschichte der Schulbibel, Gotha 1892
Fr. Dornseiff, Lateinische Vorlagen Joh. Peter Hebels, in: Schweizerisches Archiv für Volkskunde, Basel 1927, XXVIII. Bd., H. 1, S. 132f.
H. Draeger, Vom Kulturasketismus zum geistlichen Biedermeier. Protestantisch-konservative Literaturkritik im preußischen Vormärz, [Diss.] Berlin 1981
V. Drehsen, Theologia Popularis. Notizen zur Geschichte und Bedeutung einer praktisch-theologischen Gattung, in: PTh 77/1, 1988, S. 2–20.
A. Dürr, Die Kantaten von Johann Sebastian Bach, Band 1, München ^{2}1975
J. Dyck, Athen und Jerusalem. Die Tradition der argumentativen Verknüpfung von Bibel und Poesie im 17. und 18. Jahrhundert, München 1977

G. Ebeling, Kirchengeschichte als Geschichte der Auslegung der Heiligen Schrift, in: ders., Wort Gottes und Tradition. Studien zu einer Hermeneutik der Konfessionen, Göttingen ^{2}1966, S. 9–27
O. Eberhard (Hg.), Zeugnisse deutscher Frömmigkeit von der Frühzeit bis heute, Leipzig 1940
U. Eco, Der Name der Rose, München 1984
ders., Nachschrift zum ‚Namen der Rose‘, München 1984
W. Eisinger, Johann Peter Hebel, ein menschlicher Christ, Lörrach 1977 [Aus der Schriftenreihe des Hebelbundes Sitz Lörrach e. V. Nr. 26]
ders., Johann Peter Hebels homiletische Einsichten, in: Verkündigung im Gespräch

mit der Gesellschaft. Festschrift zum 65. Geb. von Landesbischof Prof. Dr. H.-W. Heidland, Karlsruhe 1977, S. 43–56

E. Engel, Kultur- und Lebensbilder für Schule und Haus, Bonndorf 1902

J. Erb, Die Wolke der Zeugen. Lesebuch zu einem evangelischen Namenkalender, Bd. 1, Kassel [5]1962 (1951)

H. Erbacher, Zur Geschichte der Gesang- und Choralbücher der badischen Kirche, in: Vereinigte Landeskirche in Baden 1821–1971. Dokumente und Aufsätze. Im Auftrag des Oberkirchenrates hgg. von H. Erbacher, Karlsruhe 1971, S. 329–358

A. Erckenbrecht, Geschichte des kirchlichen Unterrichts und seiner Lehrbücher in der Markgrafenschaft Baden (1556–1821), Karlsruhe 1961 [= Veröffentlichungen des Vereins für Kirchengeschichte in der evang. Landeskirche Badens]

Dr. Erler, Zwei Volksdichter und Volksschriftsteller um die Wende unseres Jahrhunderts, in: Deutsch-evangelische Blätter, Halle 1890, S. 693–711

Evang. Dekanat Schopfheim (Hg.), Der Prälat Johann Peter Hebel. Die Kirchenunion von 1821 und das Markgräflerland, Schopfheim 1972

Evangelischer Schriftverein für Rheinland und Westphalen, Praktischer Wegweiser durch die christliche Volksliteratur, Bonn 1859

J. J. Ewich, Was thut unserm erziehenden Unterricht Noth? Drei zusammenhangende Abhandlungen: über Bildung einer edlen Innenwelt in dem Schüler, das Ideal eines Lesebuches für Volksschulen, und die Errichtung zweckmäßiger Lehrerkonferenzen, Eberfeld 1834

R. Faber, „Der Erzähler“ Johann Peter Hebel. Versuch einer Rekonstruktion, in: Walter Benjamin. Profane Erleuchtung und Rettende Kritik, hgg. von N. W. Bolz und R. Faber, Würzburg 1982, S. 109–186

ders., Die Krise des Erzählens oder: J. P. Hebel, Voraussetzungen und Folgen, in: Praxis Deutsch. Zeitschrift für den Deutschunterricht 53/82, S. 7–14

ders., Sermo Humilis. Erzählung, Moral und Rhetorik Johann Peter Hebels, in: Spiegel und Gleichnis. Festschrift für J. Taubes, hgg. von N.W. Bolz und W. Hübener, Würzburg 1983, S. 215–232

W. Fabricius, Die Studentenorden des 18. Jahrhunderts und ihr Verhältniß zu den gleichzeitigen Landsmannschaften. Ein kulturgeschichtlicher Versuch, Jena 1891

R. Feger, Annäherung an einen Prälaten. Fragestellungen zu Leben und Werk von Johann Peter Hebel, Lahr/Schwarzwald 1983

A. Feßler, Aus dem Leben des Präzeptoratsvikars J. P. Hebel, in: Ekkhart. Jahrbuch für das Badener Land, 1938, S. 69–72

K. Foldenauer, Modell „Musterländle“. Badische Perspektiven 1815–1848, in: Europäische Kulturtage Karlsruhe 1984. Biedermeier und Vormärz. Gesichter einer Epoche, Veranstalter: Stadt Karlsruhe, Kulturreferat, Karlsruhe 1984, S. 59–79

L. Forster, Johann Peter Hebel and *Die Vergänglichkeit*, in: German Life & Letters. A Quarterly Review, vol XXIX/1975–76, S. 59–71

K. Franz, Johann Peter Hebel. Kannitverstan. Ein Mißverständnis und seine Folgen. Texte. Kommentare. Abbildungen, München 1985 [= Hansers Literaturkommentare 23]

E. Friedrich, Ein Stammbuchblatt des Studenten J. P. Hebel, in: Basler Nachrichten, 9. Mai 1948, Sonntagsblatt Nr. 19, S. 74

O. Frommel, Ein halbvergessenes Buch. J.P. Hebels Biblische Geschichten, in: Christliche Welt 22/1908, Sp. 794–803
ders., Johann Peter Hebel und seine „Biblische Geschichten". in: Badische Heimat 40/1960, S. 21–29
ders., Vorrede, in: Johann Peter Hebel, Biblische Geschichten, Karlsruhe 1946, S. 5–24
W. Fuhrer, Johann Peter Hebel, in: Didaskalia 104, 1926, S. 168

H.-M. Gauger, Hebels Gedicht „Die Vergänglichkeit", in: Romanistische Zeitschrift für Literaturgeschichte 8/1984, H. 1–4, S. 80–94
H. Gelbke, Hebel als Volks- und Jugendschriftsteller, wie als Volkserzieher. Ein Gedächtnisblatt zum 22. September, dem Tag der 75. Wiederkehr seines Todes, in: Pädagogische Warte VIII/1901, H. 7, S. 297–299
H. Gese, Tradition und biblische Überlieferung, in: O.H. Steck, Zu Tradition und Theologie im Alten Testament, Neukirchen-Vluyn 1978, S. 87–111
ders., Vom Sinai zum Zion. Alttestamentliche Beiträge zur biblischen Theologie, München 1974
ders., Zur biblischen Theologie. Alttestamentliche Vorträge, München 1977
Fr. Giehne, Studien über Hebel, in: Deutsche Vierteljahrs-Schrift. Einundzwanzigster Jahrgang. Juli – September 1858, Nr. 83, S. 1–54
H. Gier, Was kann der Lehrer aus den Werken Hebels lesen? (Zum 150. Geburtstag Hebels: 11. Mai 1910), in: Katholische Zeitschrift für Erziehung und Unterricht 59, 1910, S. 193–201
H. Göbels, Johann Peter Hebel in der Schule, Düsseldorf 1949 [= Bildung zum Menschen. Zeitfragen der Erziehung und Schule. Heft 6]
J. Golega, Studien über die Evangeliendichtung des Nonnos von Panopolis. Ein Beitrag zur Geschichte der Bibeldichtung im Altertum, Breslau 1930
E. Gottlieb, Schauspieler und Kirchenrat, in: Badische Heimat 40/1960, H. 1/2, S. 61–67
Goya. Caprichos – Desastres – Tauromaqia – Disparates, Madrid 1987
N. Greinacher, Aufklärer mit Herz. Assoziationen zu Johann Peter Hebel und Walter Jens, in: Literatur in der Demokratie. Für Walter Jens zum 60. Geburtstag (hgg. von W. Barner, M. Gregor-Dellin, P. Härtling und E. Schmalzriedt), München 1983, S. 315–321
H. Grosch, Die Bibel – ein Buch, das man hinter sich hat? Vom Umgang mit biblischen Texten, in: ZRP 1979, H. 6, S. 184–190
D. Gutzen (Hg.), Einführung in die neuere deutsche Literaturwissenschaft, Berlin [3]1979
ders., Poesie der Bibel. Beobachtungen zu ihrer Entdeckung und ihrer Interpretation im 18. Jahrhundert, [Diss.] Bonn 1972

H.C. Hampe, Johann Peter Hebel – und die Hebeliaden, in: Sonntagsblatt (Hamburg), 5. Juni 1960, Nr. 23, S. 7
W. Harnisch, Die Gleichniserzählungen Jesu. Eine hermeneutische Einführung, Göttingen 1985

ders. (Hg.), Die neutestamentliche Gleichnisforschung im Horizont von Hermeneutik und Literaturwissenschaft, Darmstadt 1982 [= WdF Band 575]
Johann Peter Hebel. Eine Wiederbegegnung zu seinem 225. Geburtstag, Eine Ausstellung der Badischen Landesbibliothek Karlsruhe und des Museums am Burghof in Lörrach, Ausstellungskatalog hgg. von der Badischen Landesbibliothek Karlsruhe, Karlsruhe 1985
A. Heck, Zwei neue Schulbibeln, in: KatBl 103/1978, S. 403–406
Dr. Hegel, Rede auf Hebel, in: Die Markgrafschaft 7, 1955, Nr. 6, S. 1–2 und 5–6
J. Hein, Berthold Auerbach. Ein Literaturpädagoge des 19. Jahrhunderts, in: J. Tymisker (Hg.), Beiträge zur Didaktik und Erziehungswissenschaft, Paderborn 1971, S. 189–202
ders., Bücher zur Literatur der Biedermeierzeit, in: wirkendes wort. deutsche sprache in forschung und lehre 34/ 1984, H. 2, S. 121–137
K. Herbster, Auf Hebels Spuren, in: Das Markgräflerland. Beiträge zu seiner Geschichte und Kultur 2/1931, H. 3, S. 65–73
K. G. Hergang, Handbuch der pädagogischen Literatur. Ein literarischer Wegweiser mit kritischen Bemerkungen und anderen Notizen, Leipzig 1840
Kl.-P. Hertzsch, Chancen der Bibel in der säkularen Gesellschaft, in: S. Meurer (Hg.), Mittelpunkt Bibel. Ulrich Fick zum 60. Geburtstag, Stuttgart 1983, S. 278–292
K. Hesselbacher, Zum Todestag von J. P. Hebel (22. Sept. 1926), in: Süddeutsche Blätter für Kirche und freies Christentum 67/1926, S. 89–90
J. L. Hibberd, J. P. Hebel's Alemannische Gedichte and the idyllic tradition, in: Forum for modern language studies, Vol. VIII–1972, S. 243–260
J. Hoffmann, Die heilige Schrift, ein Volks- und Schulbuch in der Vergangenheit. Soll sie dieses auch in Gegenwart und Zukunft sein?, Kempten 1902
H. E. Holthusen, Kontrapunktisches Denken. Zu Friedrich Sengles „Biedermeierzeit“, in: Merkur 37/1983, H. 3, S. 332–337
J. Hoymann, Studien zur Ordnung des pädagogischen Diskurses. Schwerpunkt: Johann Peter Hebel, [Habil.-Schrift Päd. Hochschule Westfalen-Lippe] Münster o. J. (1980)
G. W. Hopf, Ueber Jugendschriften. Mittheilungen an Aeltern und Lehrer, Fürth 1850; Zweites Bändchen Fürth 1851; Neue Folge Nürnberg 1861
A. Huyssen, Postmoderne – eine amerikanische Internationale?, in: ders./Kl. Scherpe (Hg.), Postmoderne. Zeichen eines kulturellen Wandels, Hamburg 1986, S. 13–44

K. Ihlenfeld, „Hausfreund“ und noch etwas mehr. Zum 200. Geburtstag von J. P. Hebel, in: Evangelische Welt (Bielefeld) 14, 1960, S. 224–225
ders., Volksgesang der Auferstehung. J. P. Hebels Vermächtnis, in: Ekkart 13/1937, S. 20–34

H. R. Jauß, Das kritische Potential ästhetischer Bildung, in: J. Rüsen/E. Lämmert/ P. Glotz (Hg.), Die Zukunft der Aufklärung, Frankfurt 1988, S. 221–232
W. Jens, am anfang der stall – am ende der galgen: jesus von nazareth, Stuttgart ^{2}1972
ders., Das Gleichnis vom barmherzigen Samariter. Von der Liebe des Nächsten, in: ders., Kanzel und Katheder. Reden, München 1984

ders., Ort der Handlung ist Deutschland. Reden in erinnerungsfeindlicher Zeit, München 1981
ders., Republikanische Reden, München 1976
Sv.-A. Jrgensen, Adam Oehlenschlägers „Die Inseln im Südmeer“ und J. G. Schnabels „Wunderliche Fatä. Aufklärung, Romantik – oder Biedermeier?, in: Nerthus II, Düsseldorf/Köln 1970, S. 131–150
Fr. Johannsen, Gleichnisse Jesu im Religionsunterricht. Anregungen und Modelle für die Grundschule, Gütersloh 1986
O Jordahn, Georg Friedrich Seilers Beitrag zur Praktischen Theologie der Kirchlichen Aufklärung, Nürnberg 1970
ders., Georg Friedrich Seilers Kindheit, Ausbildung und erste Amtsjahre 1733–1770, in: Jahrbuch für fränkische Landesforschung 28 (1968), S. 93–214
ders., Georg Friedrich Seilers Lehrbücher und Schriften zur religiösen und allgemeinen Volkserziehung, in: ZbKg 40 (1971), S. 131–184
ders., Georg Friedrich Seilers Wirksamkeit als Professor in Erlangen 1770–1807, in: Jahrbuch für fränkische Landesforschung 29 (1969), S. 39–211
ders., Georg Friedrich Seilers Wirksamkeit in der kirchlichen Praxis 1770–1807. Seine private Sphäre und sein Lebensende, in: Jahrbuch für fränkische Landesforschung 30 (1970), S. 83–251
ders., Georg Friedrich Seilers schriftstellerische Wirksamkeit auf dem Gebiet der apologetischen Dogmatik und wissenschaftlichen Exegese, in: ZbKg 38 (1969), S. 153–192
K. Jutzler, Johann Peter Hebel – ein Lehrer und Dichter aus Glauben, in: Deutsches Pfarrerblatt 5/85, S. 218–221

R. Kabisch/H. Tögel, Wie lehren wir Religion?, Göttingen ^{7}1931 (1910)
E. Kaiser, Hebelbund Lörrach, in: Badische Heimat 63/ 1983, S. 373–379
G. Kaiser, W. Benjamins Geschichtsphilosophische Thesen. Zur Kontroverse der Benjamin-Interpreten, in: ders., Antithesen. Zwischenbilanz eines Germanisten, 1970–1972, Frankfurt a.M. 1973, S. 197–274
ders. Klopstock. Religion und Dichtung, Gütersloh 1963 [= Studien zu Religion, Geschichte und Geisteswissenschaft Bd. 1]
Fr.W. Kantzenbach, Biedermeier, Junges Deutschland, Vormärz. Zeitgeist in einer Diskussion der Literaturwissenschaft, in: Zeitschrift für Religions- und Geistesgeschichte, Band XXXVII 1985, H. 2, S. 118–142
ders., Evangelischer Geist und Glaube im neuzeitlichen Bayern, München 1980
ders., Die Spätaufklärung. Entwicklung und Stand der Forschung (I), in: ThL 102/ 1977, Nr. 5, Sp. 337–348
D. Kartschoke, Bibeldichtung. Studien zur Geschichte der epischen Bibelparaphrase von Juvencus bis Otfried von Weißenburg, München 1975
M. Kassel, Das Eigen-Curriculum einer Schulbibel, in: rhs 23/1980, S. 203–209
P. Katz, Ein Gutachten Hebels. Neue Hebelliteratur (und ein Nachtrag), in: ThZ 15/ 1959, S. 52–56, S. 267–287 und 450f.
Fr.-X. Kaufmann, Gesellschaftliche Bedingungen der Glaubensvermittlung, in: G. Stachel u.a., Sozialisation – Identitätsfindung – Glaubenserforschung, Zürich u.a. 1979, S. 67–100

E. Keller, Hebels Leben und Schaffen, in: ders. (Hg.), Johann Peter Hebels sämtliche poetische Werke nebst einer Auswahl seiner Predigten, Aufsätze und Briefe in sechs Bänden, Leipzig 1905, Erster Band, S. 1–152

E. Kiefer, Über Hebels Frömmigkeit. Zum 200. Geburtstag des Dichters, in: Badische Heimat 40/1960, H. 1/2, S. 17–19

W. Killy, Die Bibel in der Welt, in: Neue Sammlung 22/ 1982, S. 2–13

H. von Kleist, Über das Marionettentheater. Aufsätze und Anekdoten, Frankfurt [2]1982

J. Klek, Johann Peter Hebel als Schulmann, in: Die Markgrafschaft 4, 1952, Nr. 5, S. 5

P. Kluckhohn, Biedermeier als literarische Epochenbezeichnung (1935), in: E. Neubuhr (Hg.), Begriffsbestimmung des literarischen Biedermeier, Darmstadt 1974 [= WdF Band CCCXVIII], S. 100–145

F. Knöller, J. P. Hebel in neuer Sicht, in: Welt und Wort 21/1961, S. 6f.

ders., J. P. Hebel und seine biblischen Geschichten. Zum 200. Geburtstag des Dichters, in: Welt und Wort (Tübingen) 15, 1960, S. 140

J. Kühn, Zur Sprachauffassung J. P. Hebels, in: Zeitschrift für deutsche Philologie, 97/1978, S. 126–135

H. Küng, Theologie im Aufbruch. Eine ökumenische Grundlegung, München 1987

R. M. Kully, Johann Peter Hebel, Stuttgart 1969

R. Lachmann, Ethische Kriterien im Religionsunterricht. Dargestellt am Beispiel des Agapekriteriums, Gütersloh 1980

ders., Systematische Theologie als Bezugswissenschaft religionsunterrichtlicher Fachdidaktik, in: ZEE 26/1982, S. 400–429

ders., Verständnis und Aufgaben religionsunterrichtlicher Fachdidaktik, in: G. Adam/ R. Lachmann (Hg.), Religionspädagogisches Kompendium. Ein Leitfaden für Lehramtsstudenten, Göttingen 1984, S. 13–29

ders., Was ist und soll religionsunterrichtliche Fachdidaktik? in: ders. (Hg.), Religionsunterricht als religionspädagogische Herausforderung, Festschrift für H. Angermeyer, Aachen 1982, S. 59–65

G. Längin, Johann Peter Hebel. Ein Lebensbild, Karlsruhe 1875

A. Läpple, Der kritische Punkt im Bibelunterricht. Zum Problem der Prägung durch Erstbegegnung mit der Bibel, in: rhs 19/1976, H. 1, S. 42–44

G. Lange, Religion und Glaube. Erwägungen zum Gegenstand des Religionsunterrichts, in: KatBl 99/1974, S. 733–750

W. Langer, Das Religionsbuch – Glaubenslehre oder Lebensdeutung?, in: KatBl 103/1978, S. 909–912

W. Langer/G. Lange, Zur Problematik der Schulbibel und des biblischen Unterrichts, in: KatBl 90/1965, S. 401–412

A. Landenberger, Hebels religiöse Stellung. Zur Erinnerung an den 150. Geburtstag von J. P. Hebel. 10. Mai 1976, in: Allgemeine Evangelisch-Lutherische Kirchenzeitung (Leipzig) 43, 1910, Sp. 560–562

Fr. Laubscher, Johann Peter Hebel. Der rheinische Hausfreund, Stuttgart 1959 [= Gotteszeugen. Eine Schriftenreihe für Jugend und Gemeinde, Heft 55]

F. C. Laukhard, Der Mosellaner- oder Amicisten-Orden, Halle 1799

T. de Lauretis, Umberto Ecos „Der Name der Rose“ als postmoderner Roman, in A. Huyssen/Kl. Scherpe (Hg.), Postmoderne. Zeichen eines kulturellen Wandels, Hamburg 1986, S. 251–269

H. Lauterbach, Eine seltsame Begegnung. Johann Peter Hebel und Jean Paul Friedrich Richter, in: Hesperus. Blätter der Jean-Paul-Gesellschaft 18/1959, S. 38–41

M. Liedtke, Artikel Johann Heinrich Pestalozzi (1746–1872), in: H. Scheurl (Hg.), Klassiker der Pädagogik. Erster Band. Von Erasmus bis Herbert Spencer, München 1979, S. 170–186

G. Lohfink, Erzählung als Theologie. Zur sprachlichen Grundstruktur der Evangelien, in: Stimmen der Zeit 192/ 1974, S. 521–532

S. Löffler, Johann Peter Hebel. Wesen und Werk seiner dichterischen Welt, Frauenfeld-Leipzig 1944

H. Lübbe, Religion nach der Aufklärung, Graz u. a. 1986

M. Luthers Vorreden zur Bibel, hgg. von H. Bornkamm, Hamburg 1967

M. Lutz, Der Erzieher Johann Peter Hebel, Heidelberg 1964 [= Anthropologie und Erziehung Bd.9]

Chr. Machalet, Postmoderne. Revision oder Regression, in: EvErz 38/1986, H. 6, S. 517–519

C. P. Magill, Pure and applied art: A Note on Johann Peter Hebel, in: German Life & Letters vol X/1956–1957, S. 183–188

G. K. Mainberger, Verkündigung als Stilfrage, in: EvErz 39/1987, H.1, S. 46–50

A. Maler, Artikel ‚Versepos‘, in: R. Grimminger (Hg.), Deutsche Aufklärung bis zur französischen Revolution, München 1980 [= Hansers Sozialgeschichte der deutschen Literatur, Bd. 3,2], S. 385–390

P. Malthan, Die Oberrheinische Kulturprovinz im Zeitalter Karl Friedrichs und Hebels, in: Schau-ins-Land. 76. Jahresheft des Breisgau-Geschichtsvereins Freiburg im Breisgau, Freiburg 1958, S. 59–81

Marbacher Magazin. Sonderheft 25/1982: „Den Blick zum Belchem gewendet“. Johann Peter Hebel im Markgräflerland. Bearbeitet von G. Moehring

H. Marquardt, Die Bibel in den öffentlichen Medien, in: S. Meurer (Hg.), Mittelpunkt Bibel. Ulrich Fick zum 60. Geburtstag, Stuttgart 1983, S. 293–308

Tr. Mayer, Biblische Geschichten im evangelischen Religionsunterricht in Baden, in: Vereinigte Evangelische Landeskirche in Baden 1821–1971. Dokumente und Aufsätze, Im Auftrag des Oberkirchenrates herausgegeben von H. Erbacher, S. 392–477

K. E. Meier, Jugendschriften. Formen, Inhalte, pädagogische Bedeutung, Bad Heilbrunn ^{7}1973

O. Meisinger, Ein kleiner Hebelfund. Zum hundertsten Todestag des Dichters, in: Cimbria. Beiträge zur Geschichte, Altertumskunde, Kunst und Erziehungslehre. Festschrift der phil.-hist. Verbindung Cimbria Heidelberg zu ihrem 50jährigen Bestehen, Dortmund 1926, S. 126 f.

A. Merget, Geschichte der deutschen Jugendlitteratur, Dritte Auflage und mit einem Kataloge von Jugendschriften für die Oberstufe mehrklassiger Volksschulen versehn von L. Berthold, Berlin 1882 [Reprint Leipzig 1967]

Fr. Merkel, Die Unionskatechismen der badischen Kirche. Ihre Entstehung, ihre

Theologie, ihre didaktische und methodische Anlage, in: Vereinigte Evangelische Landeskirche in Baden 1821–1971. Dokumente und Aufsätze, Im Auftrag des Oberkirchenrates herausgegeben von H. Erbacher, S. 359–391
J. B. Metz, Erlösung und Emanzipation, in: Stimmen der Zeit 191/1973, S. 171–184
ders., Kleine Apologie des Erzählens, in: Concilium 9/ 1973, S. 334–341
J. B. Metz/Tr. Rendtorff (Hg.), Die Theologie in der interdisziplinären Forschung, Düsseldorf 1971 [= Interdisziplinäre Studien Bd. 2]
G. Miller, Bibelunterricht: vor – mit und nach der Reich-Gottes-Bibel, in: KatBl 112/ 1987, S. 477–482
dies., Biblische Schulbücher – Schulbibeln – Auswahlbibeln, gestern – heute – morgen, in: KatBl 100/ 1975, S. 738–749
R. Minder, Dichter in der Gesellschaft. Erfahrungen mit deutscher und französischer Heimatliteratur, Frankfurt 1972
Lehrer Müller, Ueber den pädagogischen Wert der Dichtungen Hebels, in: Aus der Schule – für die Schule (Leipzig) 13, 1901, S. 163–170
J. Müller, Hebel als Theolog für die Theologen, Aarau 1870
R. Murray/B. Feldmann, Die Entwicklung des Kindes, Weinheim und Basel 1986

E. Neubuhr (Hg.), Begriffsbestimmung des literarischen Biedermeier, Darmstadt 1974 [= WdF Band CCCXVIII]
P. H. Neumann, Das Eigene und das Fremde. Über die Wünschbarkeit einer Theorie des Zitierens, in: Akzente 27/ 1980, S. 292–305
Th. Nissen, J. P. Hebels „Feldhüter" und Vergils siebente Ekloge, in: Schweizerisches Archiv für Volkskunde, Basel 1936, Bd. XXXV, H. 1, S. 243–254
R. Nutzinger, Gott sorgt! Eine nachdenkliche Erinnerung an J. P. Hebel vor 150 Jahren, in: Die Markgrafschaft 9/ 1957, H. 2, S. 2f.
ders., J. P. Hebel. † 22. September 1826, in: Protestantenblatt 59/1926, Sp. 528–531
ders., J. P. Hebels Biblische Geschichten beim C. F. Müller-Verlag, Karlsruhe, in: Die Markgrafschaft 11/1959, H. 12, S. 4
ders., Hebel und die Passionszeit. Ein kleiner Ausflug ins theologische Schaffen des Meisters, in: Die Markgrafschaft 4/1952, H. 3, S. 1f.

K. Obser, Neue Hebelfunde, in: Mein Heimatland 19/ 1932, H. 1/2, S. 17–30
Kl. Oettinger, Der Pyrrhussieg des Mauschel Abraham, in: Europäische Lehrdichtung. Festschrift für W. Naumann zum 70. Geburtstag, hgg. von H. G. Rötzer, Darmstadt 1981
ders., „Wollen wir sie verdammen?" Johann Peter Hebel und die Juden, in: Allmende. Eine alemannische Zeitschrift 1/1981, S. 2–11
A. Ohler, Zu einer neuen Schulbibel, in: KatBl 100/ 1975, S. 359–365
W. Osterrieth, Altersschrift Hebels, in: Badische Heimat 40/1960, H. 1/2, S. 74f.
ders., Lebensspuren Hebels. Aus den Tagebüchern seines Schülers August Hausrath ausgezogen, in: Badische Heimat 40/1960, H. 1/2, S. 31–42

Chr. Palmer, Evangelische Katechetik, Stuttgart ^{4}1856 (1844)
W. Pannenberg, Wissenschaftstheorie und Theologie, Frankfurt a.M. 1977
ders., Systematische Theologie. Band 1, Göttingen 1988

E. Panofsky, Kunstgeschichte als geisteswissenschaftliche Disziplin, in: ders., Sinn und Deutung in der bildenden Kunst, Köln 1977, S. 7–35
E. Paul, „Die Bibel unter heutigen Bedingungen verstehen". Zu den bibeldidaktischen Neuerscheinungen, in: Religionspädagogische Beiträge 1978, H. 1, S. 3–23
ders., Geschichte der christlichen Erziehung und Sozialisation. Zu einem Stiefkind der Forschung, in: ThR 80(1984), S. 177–186
J.H. Petersen, Textinterpretation, in: D. Gutzen u.a., Einführung in die neuere Literaturwissenschaft. Ein Arbeitsbuch, Berlin [3]1979
J. Picard, Ein Homer im Gewand des Subdiakons. Zu J. P. Hebels 200. Geburtstag, in: Der Tagesspiegel 8. Mai 1960, Nr. 457
F.A. Pietzsch, Aus Hebels Erlanger Studentenzeit, in: Badische Heimat 40/1960, H. 1/2, S. 58–60
ders., Johann Peter Hebel. Seine Erlanger Studentenzeit und ihre Auswirkungen auf sein späteres Leben, In: Das Markgräfler Land 31/1969, S. 11–20
Fr. Polack, Was der Lehrer von Joh. Pet. Hebel lernen kann. Eine dankbare Erinnerung, in: Rheinische Blätter für Erziehung und Unterricht 75, 1901, S. 155–163 und 214–222
Praktischer Wegweiser durch die christliche Volksliteratur. Hgg. vom Evangelischen Schriftverein für Rheinland und Westphalen, Bonn 1859
A.G. Preuschen, J.P. Hebels Leben, nebst: Zu Hebels Ehrengedächtniß. Vom Adjunkten des rheinländischen Hausfreundes, in: Johann Peter Hebel's Werke. Erster bis fünfter Band. Mit Hebels Bildniß, einem Facsimile seiner Handschrift und 4 Musikbeilagen, Karlsruhe 1843, Bd. 1, S. I–CIII und S. CV–CXXXV
H. Pross, Johann Peter Hebel 1960 – ein bibliographischer Bericht, in: H.W. Seiffert (Hg.), Studien zur neueren deutschen Literatur, Berlin 1964, S. 185–204

W. Raabe, Sämtliche Werke, Erste Serie Band 5, Berlin o.J.
G. von Rad, Theologie des Alten Testaments, Band 1 und 2, München [9]1987 (1969)
Chr. Reents, Die Bibel als Schul- und Hausbuch für Kinder. Werkanalyse und Wirkungsgeschichte einer frühen Schul- und Kinderbibel im evangelischen Raum: Johann Hübner, Zwey mal zwey und funffzig Auserlesene Biblische Historien, der Jugend zum Besten abgefasset..., Leipzig 1714 bis Leipzig 1874 und Schwelm 1902, Göttingen 1984 [= Arbeiten zur Religionspädagogik, Band 2]
P. Regner, J.P. Hebels „Biblische Geschichten" und der heutige Katechet, in: Oberrheinisches Pastoralblatt 51/1959, S. 160–163
W. Rehm, Goethe und Johann Peter Hebel. Rede, gehalten am Samstag, den 21. Mai 1949 bei der Goethe-Gedenkfeier der Albert-Ludwig-Universität Freiburg i.Br., Freiburg 1949 [= Freiburger Universitätsreden. Neue Folge, Heft 7]
K. Reiß, Texttyp und Übersetzungsmethode. Der operative Text, Kronberg/Ts. 1976
Tr. Rendtorff, Überlieferungsgeschichte des Christentums. Ein theologisches Programm, in: ders., Theorie des Christentums. Historisch-theologische Studien zu seiner neuzeitlichen Verfassung, Gütersloh 1972, S. 13–40
E. Reuss, Die deutsche Historienbibel vor der Erfindung des Bücherdrucks, Stuttgart 1855 [Reprint Wiesbaden 1966]
Tsch.B. Rhie, Johann Peter Hebels Kalendergeschichten. Eine Studie über Heimat und Geschichte, Religion und Sittlichkeit im „Hausfreund", [Diss.] Köln 1976

E. Ribbat, Epoche als Arbeitsbegriff der Literaturgeschichte, in: Historizität in Sprach- und Literaturwissenschaft. Vorträge und Berichte der Stuttgarter Germanistentagung 1972, hgg. von W. Müller-Seidel, München 1974, S. 171–179
F. Rickers, Religionspädagogik zwischen 1975 und 1985, Zweiter Teil, in: ThPr 22/87, H. 1, S. 63–76
S. Rienitz, Johann Peter Hebels Biblische Geschichten, in: entwurf 1/86, S. 11–18
J. Roeßle, J. P. Hebel. Ein Gedenkbüchlein zum 200. Geburtstag des alemannischen Dichters, Konstanz 1959 [= Christliche Lebensbilder 27]
L. Rohner, Kalendergeschichte und Kalender, Wiesbaden 1978
H. Rost, Die Bibel im Mittelalter. Beiträge zur Geschichte und Bibliographie der Bibel, Augsburg 1939
E. Roth, Volksbildung durch Lesebücher im Zeitalter der Aufklärung, in: Literatur – Sprache – Unterricht. Festschrift für Jakob Lehmann zum 65. Geburtstag, Bamberg 1984
P. Rusterholz, Faktoren der Sinnkonstitution literarischer Texte in semiotischer Sicht. Am Beispiel von Hebels Kalendergeschichte ‚Die leichteste Todesstrafe', in: K. H. Spinner (Hg.), Zeichen, Text, Sinn. Zur Semiotik des literarischen Verstehens, Göttingen 1977, S. 78–124
K. Rutschky (Hg.) Schwarze Pädagogik. Quellen zur Naturgeschichte der bürgerlichen Erziehung, Frankfurt u. a. 1977

W. Schäfer, J. P. Hebel. Zum 100. Todestag, in: Universum 42/1926, Sp. 1363–1366
M. Schian, Die Sokratik im Zeitalter der Aufklärung, Breslau 1900
Kl. Schilling, Narrative Theologie und Religionsunterricht, in: KatBl 100/1975, S. 257–267
H. Schlaffer (Hg.), Johann Peter Hebel. Schatzkästlein des Rheinischen Hausfreundes. Ein Werk in seiner Zeit, Mit Bilddokumenten, Quellen, historischem Kommentar und Interpretation, Tübingen 1980
J. Schmidt, Kirchen am Rhein. Eine karolingische Königspfalz. Ein Beitrag zur Kulturgeschichte des Oberrheins von der Steinzeit bis zur Gegenwart, Bühl 1912
K. D. Schmidt, Grundriß der Kirchengeschichte, Göttingen [6]1975 (1960)
ders., Zur Grundlegung der Kirchengeschichte, in: ders., Gesammelte Aufsätze, hgg. von M. Jacobs, Göttingen 1967, S. 314–325
H. F. Schmieder, Übersicht der christlichen Religionsbücher, in: Theologische Studien und Kriterien, 1841, H. 1, S. 269–290
H. J. Schneider (Hg.), Idyllen der Deutschen. Texte und Illustrationen, Frankfurt 1981
J. Schneider, Die evangelischen Pfarrer der Markgrafschaft Baden-Durlach in der zweiten Hälfte des 18. Jahrhunderts, Lahr 1936 [= Veröffentlichungen des Vereins für Kirchengeschichte in der evangelischen Landeskirche Badens X.]
Fr. Schnider/W. Stenger, Überlegungen zur Transformation biblischer Texte am Beispiel des Gleichnisses von den Talenten (Mt 25, 14–30; Lk 19, 11–27), in: Religionspädagogische Beiträge 1978, H. 1, S. 71–103
H. J. Schoeps, Das war Christian-Erlang. Berichte zur Geistesgeschichte der Universität Erlangen im ersten Jahrhundert ihres Bestehens, Erlangen 1950
ders., Zur Geschichte der studentischen Orden des 18. Jahrhunderts, in: ders., Stu-

dien zur unbekannten Religions- und Geistesgeschichte, Göttingen 1963, S. 206–215
Kl. Scholder, Herder und die Anfänge der historischen Theologie, in: Ev Th 22/1962, S. 425–440
T. Schramm/K. Löwenstein, Unmoralische Helden. Anstößige Gleichnisse Jesu, Göttingen 1986
H.-H. Schrey (Hg.), Säkularisierung, Darmstadt 1981 [= WdF Band 424]
H. Schulze, Die Geburt der deutschen Nation, in: H. Boockmann, H. Schilling, H. Schulze, M. Stürmer, Mitten in Europa. Deutsche Geschichte, Berlin 1984, S. 201–288
W. Schulz, Die Institutionalisierung der Katechetik an den deutschen Universitäten unter dem Einfluß der Sokratik – dargestellt am Beispiel J.F.C. Graeffe, (Theol. Diss.) Göttingen 1979
W. Schulze, Die theologische Eigenart G.Fr. Seilers, in: Handreichung für die Pfarrer der badischen Landeskirchen 9/1961, Nr. 6, S. 115–117
W.A. Schulze, Hebels Aufnahme in den badischen Pfarrdienst, in: ThZ 28/1972, S. 425–440
Fr. Sengle, Biedermeierzeit. Deutsche Literatur im Spannungsfeld zwischen Restauration und Revolution 1815–1848, Band I: Allgemeine Voraussetzungen, Richtungen, Darstellungsmittel, Stuttgart 1971; Band II: Formenwelt, Stuttgart 1972; Band III: Die Dichter, Stuttgart 1980
ders. Binsenwahrheiten. Vorläufige Bemerkungen zu dem Thema Fehlerquellen der sozialgeschichtlichen Literaturwissenschaft, in: Jahrbuch der Deutschen Schillergesellschaft, 22/1978, S. 657–673
ders., Formen des idyllischen Menschenbildes, in: ders., Arbeiten zur deutschen Literatur 1750–1850, Stuttgart 1965, S. 212–231
ders., Stilistische Sorglosigkeit und gesellschaftliche Bewährung. Zur Literatur der Biedermeierzeit, in: ders., Arbeiten zur deutschen Literatur 1750–1850, Stuttgart 1965, S. 124–140
ders., Vorschläge zur Reform der literarischen Formenlehre, Stuttgart ^{2}1969
P. Sieber, Zur didaktischen Transformation von Gegenständen, in: H. Moser (Hg.), Probleme der Unterrichtsmethodik, Kronberg/Ts. 1977, S. 66–90
W. Simon, Die Bibel lesen lernen. Überlegungen zum Einsatz von Schulbibel und Vollbibel im Religionsunterricht, in: Christlich-pädagogische Blätter 95/1982, S. 119–126
ders., Welche Bibeltexte eignen sich für welches Alter? Vorschläge für eine entwicklungspsychologisch begründete Zuordnung von biblischen Texten zu Altersphasen der Schüler, in: KatBl 106/1981, S. 776–786
ders. Zwei neue Schulbibeln – und das Problem einer altersangemessenen Einführung in die Vielfalt biblischer Sprachformen, in: Christlich-pädagogische Blätter 94/1981, S. 274–283
G.F.N. Sonntag, Leben des alemannischen Dichters Johann Peter Hebel, in: Johann Peter Hebel. Sämmtliche Werke in 8 Bänden, Karlsruhe 1832/34, Erster Band, S. III–LXXXIII
M. Söntgerath, Das Weiterleben des 18. Jahrhunderts in der Lyrik der Biedermeierzeit, [Diss.] Tübingen 1953

W. Sommer, Der menschliche Gott Johann Peter Hebels. Die Theologie Johann Peter Hebels, Bern 1972
ders., Hebel und seine Mutter, Lörrach 1979 [= Aus der Schriftenreihe des Hebelbundes Sitz Lörrach e. V. Nr. 28]
St. Sonderegger, Johann Peter Hebel als Mundartdichter im Umkreis der Brüder Grimm. Rede beim traditionellen Schatzkästlein des Hebelbundes Lörrach am 11. Mai 1985, Lörrach 1985 [Aus der Schriftenreihe des Hebelbundes Sitz Lörrach e. V., Nr. 34]
G. Stachel, Eine Schulbibel? Ja – aber im Gesamt biblischen Lernens geplant! Vorschläge für ein Gesamt-Curriculum biblischen Lernens in der Schule, vor der Schule und außerhalb der Schule, in: KatBl 102/1977, S. 273–276
G. Stachel/D. Mieth, ethisch handeln lernen. Zu Konzeption und Inhalt ethischer Erziehung, Zürich 1978
M. Stallmann, Die biblische Geschichte im Unterricht. Katechetische Beiträge, Göttingen 1963
M. L. Stembert, Eine Bibel für die Grundschule, in: KatBl 109/1984, S. 207–213
K. Stierle, Die Struktur narrativer Texte. Am Beispiel von J. P. Hebels Kalendergeschichte ‚Unverhofftes Wiedersehen', in: H. Brakert, E. Lämmert (Hg.), Funkkolleg Literatur 1, Frankfurt a.M. 1977, S. 210–233
A. Stock, Drei poetische Lektionen zur Bibeldidaktik, in: KatBl 105/1980, S. 606–611
ders., Umgang mit theologischen Texten. Methoden. Analysen. Vorschläge, Zürich, Einsiedeln, Köln 1974
D. Stollberg, Gibt es eine neue Unmittelbarkeit im Umgang mit der biblischen Tradition?, in: Pastoraltheologische Informationen 3/1983, S. 11–20
D. Stoodt, Arbeitsbuch zur Geschichte des evangelischen Religionsunterrichts in Deutschland, Münster 1985
J. W. Storck, Johann Peter Hebel und die Emanzipation der Juden, in: Johann Peter Hebel. Eine Wiederbegegnung zu seinem 225. Geburtstag, Eine Ausstellung der Badischen Landesbibliothek Karlsruhe und des Museums am Burghof in Lörrach, Ausstellungskatalog hgg. von der Badischen Landesbibliothek Karlsruhe, Karlsruhe 1985, S. 137–157
A. Sütterlin, Zu J. P. Hebels 100. Todestag, in: Jahrbuch der badischen Lehrer 2, 1926, S. 188–195
O. E. Sutter, J. P. Hebels „Biblische Geschichten", in: Das Bodenseebuch 6, 1919, S. 74–80
ders., Der Prälat und der Bistumsverweser. Johann Peter Hebel und der Freiherr Ignaz von Wessenberg, in: Oberländer Chronik, Nr. 228, Konstanz 1960, unpaginiert
P. Szondi, Einführung in die literarische Hermeneutik, hgg. von J. Bollack und H. Stierlin, Frankfurt a.M. 1975

W. Teufel, J. P. Hebel als Pädagoge. Zum 200. Geburtstag des Dichters am 10. Mai 1960, in: Die Schulwarte 13/1960, S. 257–264
F. Teutsch, Auf den Spuren Hebels als Prüfungskommissar, in: Badische Heimat, 65/1985, H. 1, S. 278 f.
N. Thamm/L. Vögely, Das erziehende Wirken Joh. P. Hebels in Karlsruhe, in: Durla-

cher Tagblatt 11/1959, Nr. 2, Beilage: So weit der Turmberg grüßt. Beiträge zur Kulturgeschichte/Heimatgeschichte und Volkskunde, S. 13–36
A. Tholuck, Ueber die Litteratur unserer Jugendschriften in christlicher Beziehung, nebst einem Blicke auf die frühere Periode, in: Litterarischer Anzeiger für christliche Theologie und Wissenschaft ueberhaupt, No 21. Den 9. April 1832, S. 162–166
A. Thoma, Johann Peter Hebel, in: Der Protestantismus am Ende des XIX Jahrhunderts in Wort und Bild, Hg.: Pastor C. Werckshagen, Berlin o. J. (1909), S. 596–598

Cl. Uhlig, Theorie der Literarhistorie. Prinzipien und Paradigmen, Heidelberg 1982

K. F. Vierordt, Geschichte der im Jahr 1724 aus Durlach nach Karlsruhe verpflanzten Mittelschule. Erste Abtheilung: Die Zeit von 1586–1724, Kalrsruhe 1858; Zweite Abtheilung: Die Zeit von 1724 bis 1859, Karlsruhe 1859 [jeweils als „Beilage zu dem Programm des Karlsruher Lyceums." gedruckt]
H. Vollmer, Biblische Geschichte, in: Monatsschrift für die kirchliche Praxis, Januar 1901, S. 29–35
ders., Materialien zur Bibelgeschichte und religiösen Volkskunde des Mittelalters, Bd. I–IV (6 Bände), Berlin 1912–1929
ders., Zur Geschichte des biblischen Unterrichts. Theoduli Ecloga und die Catalogi des Otto Braunfels, in: Monatsschrift für die kirchliche Praxis, August und November 1904, S. 321–333 und 472–479
R. Volp, Wie können Laien die Bibel lesen? Problemskizze zum Umgang mit der Bibel in einem nachliterarischen Zeitalter, in: Pastoraltheologische Informationen 3/1983, H. 1, S. 60–92

Kr. Wachinger, Johann Peter Hebel im Verlag C. F. Müller – Karlsruhe, Karlsruhe 1978
H. Wegehaupt (unter Mitarbeit von E. Fichtner), Alte deutsche Kinderbücher. Bibliographie 1507–1850. Zugleich Bestandsverzeichnis der Kinder- und Jugendbuchabteilung der deutschen Staatsbibliothek zu Berlin, Berlin 1979 [Vertrieb durch Dr. Ernst Hauswedell & Co, Hamburg]
Kl. Wegenast, Geschichte der Religionspädagogik – Wozu eigentlich?, in: EvErz 31/1979, H. 1, S. 33–48
ders., Der Religionsunterricht in der Sekundarstufe I. Grundsätze – Planungsformen – Beispiele, Gütersloh 1980
M. Wehrli, Sacra Poesis. Bibelepik als europäische Tradition, in: S. Gutenbrunner u. a. (Hg.), Die Wissenschaft von deutscher Sprache und Dichtung. Methoden. Probleme. Aufgaben, Festschrift Fr. Maurer, Stuttgart 1963, S. 262–283
H. Weinrich, Narrative Theologie, in: Concilium 9/ 1973, S. 229–334
ders., Tempus, Stuttgart 1964
M. Weinrich, Geschichtsprobleme und Problemgeschichte in der Religionspädagogik, in: Pastoraltheologie 72/1983, S. 224–240
D. E. Wellberry (Hg.), Positionen der Literaturwissenschaft. Acht Modellanalysen am Beispiel von Kleists *Das Erdbeben von Chili*, München 1985
G. Weydt, Literarisches Biedermeier III – Das Problem Stil und Epoche. Ein Autor spricht (auch) in eigener Sache, in: E. Neubuhr (Hg.), Begriffsbestimmung des literarischen Biedermeier, Darmstadt 1974 [= CCCXVIII], S. 313–328

L. Wiesmann, J. P. Hebels Standort im Ablauf der Literaturgeschichte, in: Nationalzeitung (Basel), 9. Mai 1965, Sonntagsblatt
B. Witte, „Die Welt allseitiger und integraler Aktualität". Die Säkularisierung jüdischer Motive in W. Benjamins Denken, in: Der Deutschunterricht 37/1985, H. 3, S. 26–37
A. Wolfhard, Johann Peter Hebel, in: Protestantische Monatshefte 22/1918, S. 266–279
A. Wuckelt, Schulbibeln im 20. Jahhundert, in: KatBl 112/1987, H. 5–6, S. 380–383
D. Wuttke, Didaktische Dichtung als Problem der Literaturkritik und der literaturwissenschaftlichen Wertung. Ein wissenschaftspolitischer Essay (Fr. Dürrenmatt, G. Grass, Der Stricker), in: From Wolfhard and Petrarch to Goethe and Grass. Studies in Literature in Honour of Leonhard Forster. Edited by D. H. Green, L. P. Johnson, D. Wuttke, 1982 [= Saecula Spiritualia Volume 5], S. 603–622
ders., Von der Geschichtlichkeit der Literatur. Fragmente einer bildungspolitischen Bestandsaufnahme, Bamberg 1984

W. Zentner, Einleitung, in: Johann Peter Hebels Biblische Geschichten. Eingeleitet und herausgegeben von W. Zentner, Karlsruhe 1959, S. 5–24
ders., Hebels Biblische Erzählungen. Zum hundertsten Todestag des Dichters, in: Zeitwende 2/1926, H. 9, S. 334–336
ders., Johann Peter Hebel und das Karlsruher Gymnasium, in: Badische Heimat 40/ 1960, H. 1/2, S. 45–57
ders., Hebel und Wessenberg, in: Badische Heimat 40/ 1960, H. 1/2, S. 68–73
H. Zirker, Die Könige Israels im Schulbibelformat. Strukturale und pragmatische Auswirkungen der Texttransformation, in: Religionspädagogische Beiträge 1979, H. 4, S. 86–115
Zu Johann Peter Hebel, hgg. von R. Kawa, Stuttgart 1981 [= Bd 52 der LGW-Interpretationen]

Abkürzungen:

Briefe	J. P. Hebel, Briefe. Gesamtausgabe, hgg. und erläutert von W. Zentner. Erster und Zweiter Band, Karlsruhe 1939
SW	J. P. Hebel's Sämmtliche Werke, 8 Bände, Carlsruhe 1838
Verzeichniß	Verzeichniß über diejenigen Bücher, welche aus der Verlassenschaft des verstorbenen Herrn Prälaten J. P. Hebel, Dienstag den 2. Jan. 1827 und die folgenden Tage, in dessen Wohnung, Erbprinzenstraße Nro. 31 der Reihenfolge nach öffentlich gegen baare Bezahlung versteigert werden, Karlsruhe 1826